Johannes-P. Tim

Englisch lernen und lehren

Didaktik des Englischunterrichts

Cornelsen

Englisch lernen und lehren
Didaktik des Englischunterrichts

Herausgegeben von
Johannes-P. Timm

Technische Umsetzung
Manuela Tanner

Karten
Skip G. Langkafel, Berlin

 http://www.cornelsen.de

1. Auflage ✓   Druck 7 6 5 4   Jahr 04 03 02 01

Druck: Druck-Centrum Fürst, Berlin

ISBN 3-464-00619-0

Bestellnummer 6190

 gedruckt auf säurefreiem Papier, umweltschonend hergestellt aus chlorfrei gebleichten Faserstoffen

Vorwort

Diese Didaktik des Englischunterrichts versteht sich als eine die Praxis reflektierende, wissenschaftlich fundierte Theorie des Fremdsprachenunterrichts, aus der begründete Vorschläge und Empfehlungen für die Gestaltung von Englischunterricht, aber auch von Unterricht in anderen Fremdsprachen, von der Primarstufe bis zur Oberstufe des Gymnasiums abgeleitet werden. Sie wendet sich in erster Linie an Studierende bzw. Referendare, die Englisch an einer Grund- oder Hauptschule, einer Realschule oder an einem Gymnasium unterrichten wollen, sowie an Lehrerinnen und Lehrer, die – nach Jahren der Berufspraxis – die theoretischen Grundlagen ihrer beruflichen Tätigkeit neu reflektieren und darüber hinaus neue, fundierte Anregungen für ihren Unterricht erhalten wollen. Schließlich dient sie natürlich auch den Lehrenden an Universitäten, Hochschulen und Ausbildungsseminaren als Informationsquelle und Arbeitsgrundlage.

Als Didaktik erfüllt dieses Buch eine integrative Funktion zwischen den verschiedensten Bezugswissenschaften des Englischunterrichts und konkreten methodischen Vorschlägen und Empfehlungen für die Unterrichtspraxis. Es diskutiert ausführlich Ziele und Inhalte des Englischunterrichts, das Verhältnis von Lernen und Lehren, kognitive und affektive Aspekte des Fremdsprachenlernens sowie Unterrichtsformen, Methoden und Medien, die unsere derzeitigen Erkenntnisse über diese Faktoren berücksichtigen. Das Buch ist keine Sammlung von Einzelbeiträgen, sondern eine in sich geschlossene Darstellung. Die einzelnen Kapitel folgen einer einheitlichen didaktischen Konzeption, die schlagwortartig unter den Begriffen *Inhaltsorientierung, Lernerorientierung, Prozess-* bzw. *Lernorientierung* und *Handlungsorientierung* zusammengefasst werden kann, und sie sind inhaltlich sowie durch Querverweise vielfach miteinander verzahnt. Ein umfangreicher Sachindex macht gezielte Informationen zu einzelnen Problemfeldern zugänglich. Außerdem enthalten alle Kapitel eine Fülle von Verweisen auf ergänzende und weiterführende Literatur zu fachwissenschaftlichen und fachdidaktischen Grundlagen bzw. auf weitere Veröffentlichungen zu konkreten methodischen Einzelaspekten.

Um unschöne Formulierungen zu vermeiden, ist in diesem Buch meistens von „Lehrern" und „Schülern", daneben aber auch von „Lehrerinnen und Lehrern" „Schülerinnen und Schülern" oder „Schülerinnen" bzw. „Lehrerinnen" allein die Rede. Orthographie und Zeichensetzung folgen der reformierten Rechtschreibung.

Mein herzlicher Dank gilt zunächst allen Autorinnen und Autoren, die von Anfang an eine bewundernswerte Kooperationsbereitschaft und Disziplin zeigten und sich nicht nur den inhaltlichen und formalen Vorgaben, sondern auch anderen Sturheiten des Herausgebers unterordneten, die alle das Ziel einer geschlossenen Darstellung im Auge hatten. Mein Dank geht darüber hinaus an Dr. Christian v. Raumer von der Englischredaktion des Cornelsen Verlags, der das Werk von Anfang an mit großem fachlichen Sachverstand und redaktioneller Akribie betreute. Und schließlich danke ich Stefan Weishaupt für die Hilfe bei der Zusammenstellung der Bibliographie und des Sachindexes sowie Claudia Holweck für tatkräftige Hilfe im Sekretariatsbereich.

Meiner Frau, Barbara Timm, danke ich für die Zeit und die Freiräume, die sie mir für die Arbeit an diesem Buch geschenkt hat.

Heidelberg, 12. Januar 1998   *Johannes-Peter Timm*

Inhalt

Einleitung

Entscheidungsfelder des Englischunterrichts

Johannes-Peter Timm

Wer eine Fremdsprache unterrichtet, hat oft Anlass, sich über Lernerfolge seiner Schüler zu freuen. Oft genug ist man aber auch enttäuscht, wenn Schüler sich weder für die Lerninhalte noch für das Unterrichtsgeschehen interessieren oder wenn sie das, was ihnen vermittelt und mit ihnen geübt wurde, schlecht behalten und anwenden können. Spätestens dann fragt man sich: *Entspricht das Lehrangebot den Interessen und Bedürfnissen der Schüler? Inwieweit lernen sie überhaupt das, was man sie lehrt?* Vor allem: *Mit welchen Materialien, welchen Aufgaben und welchen Hilfen können Lernprozesse in Gang gesetzt und unterstützt werden?*

Auf diese Fragen sind in der Geschichte des Fremdsprachenunterrichts viele Antworten vorgeschlagen oder als Dogmen verkündet worden. Und gerade in den letzten Jahren hat die Fremdsprachenerwerbsforschung sehr große Fortschritte gemacht (vgl. Edmondson & House, 1993; R. Ellis, 1994a). Dennoch wird es den *einen* Königsweg für den Erfolg nie geben, weil wesentliche Einflussvariablen – insbesondere Ziele, Inhalte und organisatorische Rahmenbedingungen des Unterrichts sowie Lernvoraussetzungen und -bedürfnisse der Schüler – sich immer wieder ändern. Wohl aber zeichnen sich empirisch begründete Wege in Erfolg versprechende Richtungen ab. Dennoch muss jede Lehrerin, jeder Lehrer die inhaltlichen und methodischen Entscheidungen letztlich immer selbst treffen. Hierfür will dieses Buch mit wissenschaftlichen Begründungen und methodischen Anregungen Hilfestellung geben. Es diskutiert Ziele und Inhalte des Englischunterrichts, das Verhältnis von Lernen und Lehren im Fremdsprachenunterricht, das Verhältnis von kognitiven und affektiven Aspekten des Fremdsprachenlernens sowie Unterrichtsformen, Methoden und Medien, die unsere derzeitigen Erkenntnisse über dieses Verhältnis berücksichtigen und die schlagwortartig unter den Begriffen *Lernerorientierung, Inhaltsorientierung, Prozess-* bzw. *Lernorientierung* und *Handlungsorientierung* zusammengefasst werden können.

In diesem Kontext erhalten auch die „traditionellen" Aspekte des Unterrichts wie die Arbeit mit dem Lehrwerk, die gezielte Entwicklung sprachlicher Fertigkeiten sowie lexikalischer und grammatischer Kenntnisse, systematisches Üben, die Korrektur von Fehlern sowie die Feststellung von Lernfortschritten neue Funktionen und Gewichtungen, was erhebliche Auswirkungen auf die methodischen Entscheidungen hat.

In diesem Sinne versteht sich diese Didaktik des Englischunterrichts als eine die Praxis reflektierende, wissenschaftlich fundierte „Theorie der Unterrichtspraxis", aus der begründete Vorschläge und Empfehlungen für die Unterrichtsgestaltung abgeleitet werden. In diesem einleitenden Kapitel sollen zunächst, wesentliche Diskussionspunkte der folgenden Kapitel pointierend, die angesprochenen Entscheidungsfelder kurz skizziert werden.

1. Ziele und Inhalte des Unterrichts: Lerner- und Inhaltsorientierung

Die fachdidaktischen Diskussionen der vergangenen Jahre laufen insgesamt auf eine konsequentere *Lernerorientierung* der Curricula hinaus: Zum einen wird verstärkt gefragt, *was* Schülerinnen und Schüler *zu welchen Zwecken* lernen wollen bzw. sollen, zum andern, welche *Voraussetzungen* sie entsprechend ihren Anlagen, ihrem Alter sowie ihren spezifischen Lebens- und Lernerfahrungen für bestimmte Lernprozesse mitbringen und welches ihre bevorzugten *Lernweisen* sind (vgl. Teile A und B).

Lehrpläne nennen als *Ziel* des Englischunterrichts im Allgemeinen die Befähigung der Schüler zum „fremdsprachlichen Handeln", zur „Verwendung des Englischen im privaten und beruflichen Alltag" o. Ä. In einigen wird zusätzlich betont, wie wichtig die Beherrschung des Englischen im zusammenwachsenden Europa ist und welche Rolle es weltweit als Lingua franca spielt, das heißt als Mittler zwischen Menschen verschiedener Muttersprachen. (Man mag diese Tendenz zur Monokultur des Englischen bedauern; ändern lässt sie sich nicht.) Zur „fremdsprachlichen Handlungsfähigkeit" gehört deshalb auch die Bereitschaft, sich – durchaus im Bewusstsein eigenkultureller Spezifika – mit bestimmten sozialen, politischen und kulturellen Gegebenheiten des fremden Landes auseinander zu setzen und sich darüber hinaus auch an kulturtypische Interaktionsformen anzupassen. Diese Fähigkeit zur interkulturellen Kommunikation, die das in den Siebzigerjahren aufgekommene, primär pragmalinguistisch fundierte Ziel der „kommunikativen Kompetenz" erheblich erweitert, ist nicht nur im privaten Bereich hilfreich; im Zuge der Entwicklung vieler Wirtschaftszweige vom Export inländischer Produkte hin zu einer übernationalen Koordination von Planung, Produktion und Vertrieb („Globalisierung") stellt ein solches funktionales Fremdsprachenkönnen auch eine berufliche Qualifizierung dar.

Was die *Inhalte* angeht, so kommt dem Englischunterricht zugute, dass während der Pubertät die Neugier und Empfänglichkeit der Schüler für die Auseinandersetzung mit dem „Fremden" auf dem Hintergrund des „Eigenen" wächst. Außerdem hat Englisch – über die meist englisch bzw. amerikanisch geprägten Formen der Jugendkultur – für viele von ihnen bereits zu Beginn des 5. Schuljahrs eine Art „Kultstatus" erlangt. Auf diesen Motivationsfaktoren kann und muss der Unterricht aufbauen. So berücksichtigen Themenbereiche und Textinhalte verstärkt die persönlichen Erfahrungen und Interessen der Jugendlichen und fordern sie zur emotionalen und kognitiven Auseinandersetzung heraus. Darüber hinaus orientieren sie sich vermehrt an außer- und nachschulischen Bedarfsfeldern im privaten und beruflichen Bereich. Über diese eher „funktionalen" Aspekte hinaus werden, vor allem in der Mittel- und Oberstufe, Texte wieder verstärkt auch unter dem Gesichtspunkt der individuellen „Sinnbildung" und damit der Persönlichkeitsbildung ausgewählt und besprochen (vgl. Kramsch, 1995, sowie Gienow & Hellwig, 1996b, S. 6f.). Aber auch hier sind die Schüler nur dann zur Auseinandersetzung bereit, wenn sie diese Inhalte an persönliche Erfahrungen und damit letztlich auch an ihren Wertehorizont anbinden können.

Indem diese Auseinandersetzung mit bedeutungs- und belangvollen Inhalten in der Fremdsprache stattfindet, erfüllt *inhaltsorientierter Unterricht* eine doppelte Funktion:
- Er hilft den Schülern dabei, individuell und gesellschaftlich bedeutsame Qualifikationen zu erwerben sowie Sinn- und Wertvorstellungen zu entwickeln, und
- er gibt ihnen intrinsische Anreize für den Gebrauch entsprechender sprachlicher Mittel und fördert damit ihre fremdsprachlichen Fähigkeiten und Fertigkeiten.

2. Zum Zusammenhang von Lernen und Lehren

Nach v. Ditfurth (1979, S. 35) sind lebende Systeme nur lebensfähig, wenn sie zwischen verschiedenen Eigenschaften ihrer Umwelt *unterscheiden*, relevante Umweltfaktoren in ihrer Bedeutung für sich selbst *erkennen* und diese bei Bedarf gezielt *auswählen* können.

Im Prinzip lassen sich alle für das Individuum relevanten Lernprozesse auf den Erwerb dieser Fähigkeiten zurückführen. So geschieht auch Sprachlernen nicht über die möglichst fehlerfreie Imitation von Vorbildern, über die reibungslose Anpassung an vorgegebene Formen und Normen, sondern in einem Prozess der aktiven Auseinandersetzung mit der Umwelt bzw. dem Lernstoff (vgl. Kap. B.3). Welche Rolle unterrichtliche Maßnahmen dabei spielen, ist wegen der vielen, größtenteils nicht beobachtbaren Faktoren des Unterrichtsgeschehens nur sehr schwer zu erforschen. Und die Erfahrungen der Unterrichtenden sind von Erfolgen wie von Misserfolgen gleichermaßen geprägt. Sie glauben zwar, deren Ursachen jeweils recht gut an bestimmten Faktoren festmachen zu können: an Voraussetzungen der Lerngruppe oder einzelner Schüler, an Bedingungen der Lernumgebung oder an spezifischen Lehrverfahren; welcher Faktor oder welcher Faktorenkomplex im Einzelfall jedoch wirklich entscheidend war, lässt sich nie mit Sicherheit bestimmen.

So sind sich Fremdsprachendidaktiker wie Hüllen (1987, S. 257ff.), Butzkamm (1993a) und Bleyhl (1995b) sowie Vertreter der Sprachlehrforschung wie Tönshoff (1990, S. 12ff.), Königs (1991) und Edmondson & House (1993) im Prinzip einig, dass der Zusammenhang von Lernen und Lehren viel weniger direkt ist als bis noch vor einigen Jahren angenommen. Angesichts der Gegebenheiten der Institution Schule wird *Lehren* zwar immer noch als notwendig angesehen. Man akzeptiert jedoch, dass es nicht mehr oder weniger automatisch zu entsprechendem *Lernen* führt, selbst wenn die Schüler gut mitarbeiten. So sieht die Fachdidaktik heute in den Schülern keine *„teachees"* mehr, keine Objekte des Lehrens, denen Lerninhalte „vermittelt" werden; sie werden vielmehr als eigenaktive *learners* anerkannt, die das dargebotene Lernmaterial sowie fremdsprachliche Äußerungen und Strukturierungshilfen des Lehrers *für sich* verarbeiten und so ihr Wissen „konstruieren" (*Lernorientierung*; vgl. 3.). (Dieses „Konstruieren" hat nichts mit der alltagssprachlichen Bedeutung des Begriffs im Sinne einer bewusst zielgerichteten Aktivität zu tun.) Sie verstehen Äußerungen oder Texte auf der Grundlage ihrer individuellen Lerndispositionen (intellektuelle und affektive Faktoren) und Lernmodi, d.h. ihres sprachlichen Vorwissens und ihrer vorangegangenen Lebens- und Lernerfahrungen; und in diesen Bestand integrieren sie neue Informationen sowie entsprechende sprachliche Formen und Strukturen.

3. Lern- und Prozessorientierung des Unterrichts

Diese Hinwendung von einem naiven „Instruktivismus" zu einer „konstruktivistischen" Position (vgl. Wolff, 1994a; Timm, 1996b) verändert auch die Funktion der Unterrichtenden: Sie werden verstärkt als *learning facilitators* gesehen, die den Schülern Hilfen für ihre Wissenskonstruktion anbieten *(Lernorientierung)*. Unterricht ist also keinesfalls überflüssig geworden. Allerdings wird seine Funktion jetzt anders gesehen. Auch wenn die Initiative zur Auseinandersetzung der Schüler mit sprachlichem Material nach wie vor größtenteils von den *Lehrern* ausgeht und diese mannigfache Hilfestellungen anbieten: Entscheidend für den Lernprozess sind die rezeptiven und produktiven bzw. interaktiven Tätigkeiten der *Schüler* selbst *(Prozessorientierung)*. Dabei sind gerade die rezeptiven Aktivitäten des Hör- und Leseverstehens in den letzten Jahren erheblich aufgewertet worden (vgl. Teil D).

Obwohl Details in der Forschungsliteratur noch umstritten sind, lassen sich die wesentlichen *Faktoren des lern- und prozessorientierten Ansatzes*, bei dem Lernziele über Schüleraktivitäten „operationalisiert" werden, folgendermaßen charakterisieren (vgl. R. Ellis, 1985, Kap. 6, 7, und 1994a, Kap. 7, 9; Edmondson & House, 1993, Kap. 14):

● *Rich learning environment:* Auf der Grundlage eines vielfältigen, inhaltlich motivierenden Angebots an Texten und sonstigen Materialien aus den verschiedensten Bereichen
und zu den verschiedensten Themen erhalten die Schüler Gelegenheit zu den verschiedensten rezeptiven, produktiven und interaktiven Tätigkeiten (vgl. Gienow & Hellwig,
1996b).

● *Comprehensible input:* Lehreräußerungen und Lernmaterialien liegen inhaltlich und formal (lexikalisch, grammatisch) in der Reichweite der Schüler. Wie bei der Sprache von
Eltern mit kleinen Kindern (*motherese, caretaker speech*), erleichtern deutliche Aussprache, ausgeprägte Intonation, Pausen, lexikalische oder strukturelle Vereinfachungen, Paraphrasen, gelegentliche Rückfragen, Hinweise auf den Kontext, Erklärungen
und andere Verständnishilfen das inhaltliche und sprachstrukturelle Verstehen von
Äußerungen und Texten (vgl. Krashen, 1982, S. 62ff.).

● *Comprehended input:* Nur was vom Lernenden tatsächlich verstanden wird, kann zum
Lernen beitragen (Gass, 1988). Dabei wirken (situativ gebundenes) inhaltlich-funktionales Verstehen und (lexikalisch-grammatisch gebundenes) strukturelles Verstehen
zusammen (vgl. Kap. D.1 und D.2). Dieses „doppelte Verstehen", das im Unterrichtsgespräch schrittweise hergestellt und gesichert wird, ist die Grundlage jeglichen sprachlichen Lernens (vgl. Butzkamm, 1993a, S. 13, 97f., 145).

● *Meaningful interaction:* Gesprächs- und Textangebote sprechen die Schüler thematisch
so an und sind für sie so bedeutsam, dass sie zum Verstehenwollen herausgefordert werden. Erfolgreiche Sprachlernende zeichnen sich nicht zuletzt dadurch aus, dass sie besonders auf Inhalte achten (R. Ellis, 1994a, S. 549). Darüber hinaus werden die Schüler
durch solche Inhalte zu eigenen sprachlichen Äußerungen und anderen (Inter)Aktivi-
täten motiviert (vgl. Teil C). Inhaltliche Unklarheiten, die auf sprachlichen Verstehen-
sproblemen beruhen, werden im Lerngespräch ausgeräumt (*negotiation of meaning*).

● *Comprehensible output:* Der Lernprozess der Schüler wird gefördert, wenn sie sich dabei
um eine angemessene sprachliche Form ihrer Äußerungen bemühen, wofür sie genügend Zeit sowie notfalls behutsame Hilfestellung bekommen (Swain, 1985; vgl. auch
Kap. D.3 und D.4). Darüber hinaus erhalten Schüler desto mehr Rückmeldungen in
Form von Fehlerkorrekturen *und* zusätzlichem sprachlichen Input, je mehr sie selbst
sprechen (Krashen, 1982, S. 60ff.).

● *Training of learning strategies:* Der Unterricht schafft Voraussetzungen und gibt explizite
Hilfen für die Entfaltung jeweils eigener Lernwege. Dazu initiiert und fördert er indivi-
duelle Strategien des Sprachgebrauchs und des Sprachlernens sowie auf bestimmte
Lern(er)typen abgestimmte Lerntechniken, die die Aufnahme und das Behalten neuen
Lernstoffes erleichtern (vgl. zusammenfassend R. Ellis, 1994a, Kap. 12, sowie Kap. B.4).

4. Öffnung und Handlungsorientierung des Unterrichts

4.1 Die schulische Lernsituation

Muttersprachliches Sprachenlernen ist ganz eng mit dem Sozialisationsprozess des Kindes
verknüpft. Dabei ermöglicht das wachsende Verstehen bestimmter Handlungssituationen
auf natürliche Weise das wachsende Verstehen der sie begleitenden Äußerungen und damit
den sprachlichen Lernprozess. Diese natürliche Spracherwerbssituation des allmählich in
sein soziales Umfeld hineinwachsenden Kleinkindes ist beim Fremdsprachenlernen jedoch
nicht mehr gegeben. Vielmehr geschieht unterrichtliches Fremdsprachenlernen im Rah-

men externer und interner Bedingungsfaktoren, die einem solchen natürlichen Lernen entgegenstehen und deshalb zunächst einmal als Handicaps gesehen werden müssen:

(1) *Externe Bedingungsfaktoren:* Das Lernen findet in einem institutionalisierten Rahmen statt, in dem Lernzeit und Lernumgebung äußerst reduziert sind. Darüber hinaus ist es von zahlreichen politisch-administrativen und organisatorischen Vorgaben sowie entsprechenden methodischen Entscheidungszwängen geprägt (vgl. Bausch, Christ, Hüllen & Krumm, 1989). Gerade in den Fremdsprachenfächern wirft dieser reduzierte, nicht natürliche Lernkontext Probleme auf. Sprachliche Begriffe, Regeln und Normen bilden sich nämlich im Zuge sozialer Prozesse und im Rahmen bestimmter kulturspezifischer Gegebenheiten heraus; deshalb können sie ohne direkten Bezug auf solche Erfahrungen nur mit Einschränkungen gelernt werden.

(2) *Interne Bedingungsfaktoren:* Die Schüler sind nach Alter, Reife- und Sozialisationsgrad sowie muttersprachlichem Entwicklungsstand schon weit fortgeschritten. Ihr Erwerb der fremden Sprache ist damit weitgehend losgelöst von ihrem persönlichen Sozialisationsprozess. Deshalb verspüren sie kein elementares Bedürfnis und damit keinen Zwang, ihre Lebenswelt auch fremdsprachlich zu beherrschen. Außerdem fehlt dem Lernprozess die natürliche Lernhilfe einer mit dem Reifungs- und Erfahrungsprozess wachsenden und von liebevollen Bezugspersonen (*caretakers*) geförderten Anbindung von bestimmten Äußerungsmustern an immer vertrauter werdende Situations- und Handlungsmuster.

Trotz dieser schultypischen Bedingungen müssen die Schüler Gelegenheit bekommen, auch die neue, fremde Sprache als Mittel zum sprachlichen Handeln zu *erfahren* und zu *lernen*. Dass dies im Klassenzimmer möglich ist, entspricht nicht nur den Erfahrungen vieler Lehrerinnen und Lehrer (vgl. auch Legutke & Thomas, 1993); es ist inzwischen auch durch die Unterrichtsforschung hinreichend belegt (vgl. R. Ellis, 1994a, S. 602ff.). Hierfür sind allerdings einige Voraussetzungen notwendig, die eng miteinander verknüpft sind und die sich unter den Stichwörtern *Öffnung des Unterrichts*, *Handlungsorientierung* und *Ganzheitlichkeit* zusammenfassen lassen.

4.2 Öffnung des Unterrichts
Eine Öffnung des Fremdsprachenunterrichts kann auf zwei Ebenen stattfinden:

(1) *Inhaltliche und institutionelle Öffnung:* Der Unterricht ermöglicht es den Schülern zumindest ansatzweise, auch ihre Schul- und Klassensituation als offene, nicht in allem institutionell festgelegte Lebenswelt zu sehen und durch das Medium der fremden Sprache neu zu erfahren. Darüber hinaus gibt ihnen die prinzipielle Offenheit von (bedeutsamen) Textinhalten Gelegenheit zu individuellen Erfahrungen und entsprechenden Äußerungen, die vom Lehrer her nicht planbar sind. Und schließlich greift der Unterricht so oft es geht über die Grenze des eigenen Faches (Projektarbeit, fächerübergreifender Unterricht, bilingualer Sachfachunterricht) sowie über die Grenzen des Klassenzimmers und der Schule hinaus (außerschulisches Handeln) (vgl. Kap. C.1).

(2) *Curriculare und methodische Öffnung:* Der Unterricht fördert Schülerinitiativen und Eigenverantwortlichkeit für die Wahl zielorientierter Aktivitäten und die Arbeits- und Zeiteinteilung (bis hin zur Aufstellung von Wochenplänen) sowie Zugriffsmöglichkeit auf authentische Materialien und andere, auch technologische, Ressourcen (vgl. Kap. B.5). Auf diese Weise ermöglicht er Prozesse der Selbsterkundung und Selbsterfahrung auf der Grundlage einer breiten Palette sprachlicher Erfahrungen und fördert so die schülerseitige „Selbstorganisation" der Lernprozesse (vgl. Bleyhl, 1996b, S. 33ff., sowie Kap. B.3).

4.3 Handlungsorientierung und Ganzheitlichkeit

Viele der in Abschnitt 4.2 genannten Momente, mit denen die reduzierten Bedingungen des schulischen Lernens wenigstens teilweise kompensiert werden sollen, berühren sich mit den Konzepten der Handlungsorientierung und der Ganzheitlichkeit.

Handlungsorientierung des Unterrichts kann unter einem Zielaspekt und einem Methodenaspekt definiert werden. Unter dem *Zielaspekt* besagt der Begriff, dass die Schüler fremdsprachliche Handlungskompetenz(en) zunächst für die schulische, darüber hinaus aber auch für die außer- und nachschulische Lebenswelt entwickeln sollen. *Methodisch* wird dieses Ziel über ein aufgaben- und prozessorientiertes *learning by doing* angegangen, bei dem die Schüler im Rahmen authentischer, d. h. unmittelbar-realer oder als lebensecht akzeptierbarer Situationen bzw. Aufgabenstellungen inhaltlich engagiert sowie ziel- und partnerorientiert mündlich oder schriftlich handeln (vgl. Bach & Timm, 1996b).

Bei einem solchen Unterricht wirken kognitive *und* affektive Aspekte zusammen (*Ganzheitlichkeit*): Intellekt, Gefühl und Sinne ansprechende Erfahrungen, ein Wechsel von Anstrengung und Entspannung sowie befriedigende sprachliche und nicht sprachliche Interaktionen mit hoher Fehlertoleranz seitens der Lehrenden (vgl. Löffler, 1996). Diese Momente sind insbesondere im Unterricht mit lernschwachen Gruppen von Bedeutung (vgl. Kap. B.2 und B.6).

Konkret erwächst sprachliches Handeln vor allem aus nicht oder möglichst wenig vorstrukturierten Lernsituationen und -materialien,

- die zur inhaltlichen und sprachlichen Auseinandersetzung anregen (z. B. Fotos, Grafiken, Songs, Gedichte, Kurzgeschichten, Nachrichten, Berichte, Dokumentationen, Broschüren, Briefe, Texte aus dem Internet, Lektüren) und
- die dabei Freiräume zum Umgang mit vertrauten und neuen sprachlichen Formen bieten (z. B. Stillarbeit, Partner- und Gruppenarbeit, Spiele, Projektarbeit, Frei- bzw. Wochenplanarbeit) (vgl. Teil C).

5. Offenheit und Steuerung

Einerseits müssen die Schüler, wie oben festgestellt, Gelegenheit erhalten, die fremde Sprache als Mittel zum sprachlichen Handeln zu erfahren. Andererseits ist der Erfolg einer sprachlichen Interaktion zu einem nicht geringen Ausmaß auch von der Fähigkeit der beteiligten Gesprächspartner abhängig, das verstehen bzw. ausdrücken zu *können*, was andere bzw. sie selbst ausdrücken *wollen*. Zwar ist es, Kooperationsbereitschaft und Toleranz der Beteiligten vorausgesetzt, auch bei eingeschränkter sprachlicher Kompetenz bis zu einem gewissen Grad möglich, kommunikativ erfolgreich zu sein; aber nicht immer, auch nicht im Ausland, kann eine solche Kooperationsbereitschaft und Toleranz des Gegenübers uneingeschränkt vorausgesetzt werden. Beide Aspekte einer Kommunikationshandlung, der Inhaltsaspekt wie der Beziehungsaspekt zwischen den Kommunikationspartnern (Watzlawick, Beavin & Jackson, 1996, S. 53ff.; vgl. auch Kap. B.3 Abschnitt 4.2), sind also auf eine *angemessene* sprachliche Realisierung angewiesen.

Die Schüler müssen deshalb auch lernen, sprachliche Mittel möglichst korrekt zu gebrauchen. Auch dies erfordert zunächst die aktive Beteiligung an mündlichen oder schriftlichen Kommunikationsprozessen, wobei das inhaltliche und sprachstrukturelle Verstehen von Äußerungen und Texten sowie das Bemühen um eine angemessene Formulierung (*comprehensible output*) eigener Äußerungen und Texte gleichermaßen eine Rolle spielen.

Solche eher „ganzheitlich" orientierten Unterrichtsphasen müssen jedoch durch systematische Lernhilfen ergänzt werden.

Hierbei erweisen sich bestimmte entwicklungspsychologische Gegebenheiten der schulischen Fremdsprachenlerner als hilfreich. Schüler der 5. oder 6. Klasse haben zwar nur noch beschränkt Zugriff auf die frühkindlichen Spracherwerbsfähigkeiten; dafür wachsen in dieser Phase ihr Bedürfnis und ihre Fähigkeit, die Umwelt – zu der Sprache ihrem Wesen nach gehört – zu strukturieren. Deshalb gewährt ihnen der Unterricht zum einen die notwendigen Freiräume für die oben angesprochene eigenaktive „Wissenskonstruktion"; zum andern bietet er ihnen Strukturierungs- und damit Lernhilfen sowie Übungsmöglichkeiten zur systematischen Entwicklung kommunikativer „Fertigkeiten" an (vgl. Teile D, E und F).

Damit stellt sich natürlich die Frage, *wie viel* Offenheit und *wie viel* lehrseitige Steuerung die Lernenden benötigen (vgl. die Diskussionen in Bausch, Christ & Krumm, 1993). Die Kriterien hierfür sind im Lichte der oben skizzierten Faktoren für jede Lerngruppe und jedes Lernziel sorgfältig gegeneinander abzuwägen und zu gewichten: Schulisches Fremdsprachenlernen benötigt so viel Offenheit und Lernautonomie wie unter den Gegebenheiten der Schulsituation möglich *und* so viel Steuerung – im Sinne von Lernhilfe – wie angesichts des nicht natürlichen Sprach- und Lernkontextes nötig: „Es geht im Unterricht darum, als Ersatz für die nicht zu beschaffende natürliche Erwerbssituation sprachliche Erfahrungen so vorzuordnen, dass die im Lerner vorhandenen Fähigkeiten, sich selbst Regeln zu schaffen, auf einem ökonomisch kurzen Weg zu den Normen des sprachlichen Handelns hingeführt werden" (Hüllen, 1987, S. 333).

6. Lernersprache, Fehlerkorrektur und Evaluation von Lernfortschritten

Bei der Verarbeitung neuen Wissens spielen Fehler (insbesondere „mutige" und „intelligente Fehler") und ihre Verbesserung eine große Rolle. Erst der kommunikative Misserfolg oder eine explizite Korrektur sagt den Lernenden nämlich, dass bestimmte Formen und Regelhaftigkeiten, die sie bei der Verarbeitung von Äußerungen, Texten, Erklärungen und Regelformulierungen gelernt haben, falsch, unvollständig oder nicht übertragbar sind. Den Lehrern geben Fehler außerdem Hinweise auf die Struktur der Kenntnisse der Schüler, den Verlauf von Lernprozessen sowie den Erfolg oder Misserfolg ihrer Lehrbemühungen.

Die Verbesserung von Fehlern wirft jedoch eine Reihe von fachlichen und pädagogischen Problemen auf. Zunächst einmal muss ein Fehler überhaupt als solcher erkannt werden. Richtlinien, Lehrwerke, Grammatiken und andere Sprachbücher geben zwar bestimmte Regeln und Normen vor; deren „Sachwalter" im schulischen Alltag sind jedoch die jeweiligen Lehrer. Ihre mehr oder weniger fundierten Sprachkenntnisse sowie gegebenenfalls der Rückgriff auf die Bestände ihrer Handbibliothek entscheiden im Wesentlichen darüber, was für die jeweilige Klasse als Norm gilt.

Außerdem ist ein konkreter Fehler immer im Rahmen der jeweiligen Unterrichtssituation und Lernaktivität sowie in Bezug auf die jeweils betroffenen Teilsysteme der Sprache, den aktuellen Sprachstand der jeweiligen Schüler (Lernersprache, *interlanguage*) und ihren fortschreitenden Lernprozess zu sehen. Korrekturen sollten ihnen deshalb immer wieder auch den Stellenwert eines Fehlers sowie die dahinter liegenden Lern- bzw. Kommunikationsstrategien vor Augen führen und ihnen so konkrete Hilfen zu seinem „Verlernen" geben.

Dabei ist jedoch zu bedenken, dass ständiges Verbessern dazu führen kann, dass die Lernenden ihre sprachlichen Bemühungen nur noch als eine Serie von Misserfolgserlebnissen erfahren und dadurch mehr und mehr demotiviert werden. Die als Hilfe gedachte Korrektur wirkt sich dann nur noch negativ auf den Lernprozess aus. In kommunikativ-handelnden Unterrichtsphasen (im Gegensatz zu systematischen Übungsphasen) ist deshalb ein hohes Maß an Fehlertoleranz notwendig, wobei Fehler teils „übersehen" und eventuell später aufgegriffen, teils in Form einer kommunikativen Reaktion verbessert werden.

Ein weiterer Problempunkt liegt in der Tatsache, dass die Feststellung von Fehlern in vielen Fällen gleichzeitig der Leistungsbewertung und der Vergabe von Zensuren dient. Dies kann sowohl der Funktion von Fehlern im Lernprozess der Schüler als auch ihrer Diagnosefunktion für die Unterrichtenden zuwiderlaufen. So stellen Zeitpunkt, Art und Umfang von Fehlerkorrekturen häufig nicht nur ein fachliches, sondern auch ein pädagogisches Problem dar (vgl. Teil F).

7. Institutionelle Vorgaben und pädagogische Freiräume

Unterrichtliches Lernen ist an bestimmte Vorgaben gebunden. Dies liegt in der besonderen gesellschaftlichen und politischen Einbindung der verschiedenen Schularten begründet, die Vergleichbarkeit der jeweiligen Abschlüsse fordert. Solche Vorgaben kommen insbesondere in der staatlich geregelten Lehreraus- und -weiterbildung, in der Setzung bestimmter Lehrziele und Lehrpensen, in bestimmten Organisationsformen des schulischen Lebens sowie in den Inhalten der Abschlussprüfungen zum Tragen. Diese institutionellen Rahmenbedingungen müssen bei allen didaktischen und methodischen Entscheidungen berücksichtigt werden (vgl. Kap. A.4).

Fremdsprachenunterricht, wie er in den obigen Abschnitten kurz charakterisiert wurde, steht mit solchen curricularen und organisatorischen Vorgaben jedoch häufig immer noch in Konflikt. Besonders schwierig ist die Situation für Referendare, die noch nicht über die notwendige Souveränität im Umgang mit diesen Vorgaben sowie den etablierten Konventionen des Unterrichts verfügen. Gerade weil die Unterrichtenden selbst Teil der Institution Schule sind, müssen sie ihre Rollenzwänge und ihr Rollenverständnis deshalb immer wieder reflektieren und ihre pädagogischen Freiräume entschlossen wahrnehmen.

A Ziele und Inhalte des Englischunterrichts

1 Englischunterricht heute: Perspektiven für morgen
Wolfgang Zydatiß

Sowohl die Praxis des schulischen Fremdsprachenunterrichts als auch die der Ausbildung der Fremdsprachenlehrerinnen und -lehrer sind gesellschaftliche Handlungsfelder, die trotz wechselnder Strömungen des politischen und wissenschaftlichen Zeitgeistes von einer gewissen Konstanz ihres ganzheitlichen, netzwerkartig gegliederten Systemcharakters gekennzeichnet sind.

Allerdings sind die Umbrüche in der Welt im Augenblick so gewaltig, dass es trotz der Tendenz zur Konstanz und Konventionalität der Praxis im institutionalisierten Fremdsprachenunterricht aller Wahrscheinlichkeit nach geradezu sprunghaft verlaufende Veränderungen geben wird. Diese werden die Praxis, die lange Zeit als in vertrauten und bewährten Bahnen verlaufend erlebt und gestaltet wurde, durchgreifend verändern. Da in den kommenden Jahren zusätzlich ein Generationenwechsel in der Lehrerschaft ansteht, erscheint deshalb eine „Didaktik des Englischunterrichts" dringend geboten, die die sich abzeichnenden Herausforderungen einerseits bewusst aufnimmt und andererseits konzeptionell perspektiviert sowie methodisch strukturiert. Interventionsorientierte, die Theorie und Praxis eines Schulfachs innovativ beeinflussende fachdidaktische Forschung wird immer zwischen dem *Ist*-Zustand eines im schulischen Alltag praktizierten Unterrichts und den auf eine zukünftige Praxis projizierten *Soll*-Vorstellungen zu vermitteln versuchen.

1. Die Unterrichtspraxis zwischen traditioneller Beharrlichkeit und notwendigen Veränderungen

Warum aber überhaupt diese Orientierung an Perspektiven für das Morgen? Die Gründe für die oben angesprochenen Herausforderungen an den Englischunterricht liegen in den politischen und gesellschaftlichen Veränderungen in Deutschland und Europa seit Ende der Achtzigerjahre sowie den weiter zunehmenden Verflechtungen von Wirtschafts-, Kultur- und Lebensräumen. Immer mehr private, berufliche, öffentliche, wirtschaftliche und wissenschaftliche Bereiche sind auf grenzüberschreitende Aktivitäten, internationale Kooperation und damit auf fremdsprachliche Kommunikation und Interaktion angewiesen. Aus den Umbrüchen auf der makropolitischen Ebene ergeben sich auch im deutschen Sprachgebiet unabweisbare Anforderungen in Richtung auf eine Erweiterung und Intensivierung des Lehrens und Lernens von Fremdsprachen insgesamt. Schließlich weiten diese den Blick für die Bedeutung des Eigenen inmitten des Anderen: im sozialen Miteinander, in kulturellen Leistungen, in beruflicher Mobilität sowie in internationalen Handels- und Wirtschaftsbeziehungen (vgl. Kap. A.2).

Aufgrund des inzwischen stark angewachsenen Fremdsprachenbedarfs – nicht zuletzt durch den europäischen Einigungsprozess, die Öffnung der Grenzen zu den Staaten Mittel- und Osteuropas sowie die weltweit vernetzten Produktions- und Absatzmärkte – haben funktionale Fremdsprachenkenntnisse vollends die Aura herausgehobener, formaler Bildung für ausgewählte oder vermeintliche Eliten verloren. Für die Mehrzahl der Europäer von heute und morgen sind sie elementare Kulturtechniken, „basale Fähigkeiten" im Sinne von Huber (1995) wie – etwa – muttersprachliche Kompetenz, Verständnis grundlegender mathematischer Funktionen sowie anwendungsorientierte Grundkenntnisse der Daten- und Textverarbeitung.

Fremdsprachen sind aber auch Komponenten einer allgemeinen, schulisch vermittelbaren Bildung, weil sie auf Werthaltungen und identitätsbildende Prozesse von Menschen, auf gesellschaftliche Normen, Risse und Widersprüche von Kulturen verweisen. Oder wie Skutnabb-Kangas (1981, S. 1ff.) in ihrem Buch über Zweisprachigkeit so einfühlsam formuliert: Sprache ist immer *tie* und *tool*. Sprache als *tool* ist ein gesellschaftlich vermitteltes System von Symbolen (sprachlichen Zeichen), das jedem Einzelnen von uns erlaubt, seine externe und interne Welt sowie die Beziehungen zwischen diesen „Realitäten" zu beschreiben. Sprache ist ein Werkzeug, das zwischen den Individuen und der außersprachlichen Wirklichkeit vermittelt, wobei Letztere natürlich die mentale „Innenwelt" des Einzelnen miteinschließt. Sprache als *tie* gestattet uns, unsere Erfahrungen und unsere kulturellen Leistungen weiterzugeben, die wir im Verbund mit anderen Menschen modifizieren, differenzieren und weiterentwickeln. Sie erlaubt uns damit, mit anderen Menschen (die in örtlicher oder zeitlicher Hinsicht von uns entfernt sein können) in Kontakt zu treten. Sprache verbindet uns Menschen. Aus dem Spannungsfeld und Wechselspiel von *tie* und *tool* erwachsen im Falle der fremdsprachlichen Interaktion die Spezifika der interkulturellen Kommunikation (vgl. Kap. A.2, Abschnitt 2 und Kap. D.3, Abschnitt 8). Gefragt sind bei unseren Lernenden in Zukunft Fähigkeiten, die über die rein objektsprachlichen Wissensbestände hinaus zielorientiertes und situationsangemessenes sprachliches Handeln freisetzen, sodass die sicherlich zahlreicher werdenden konkreten Begegnungssituationen zwischen Vertretern unterschiedlicher Kulturräume sprachlich-kommunikativ bewältigt werden können (vgl. Kap. C.10).

Grundsätzlich gilt somit: Alle Lernenden müssen in mehr Fremdsprachen als bisher unterrichtet werden und dies muss intensiver, effizienter und umfassender als bisher erfolgen. Notwendig sind mit anderen Worten eine differenzierte Sprachkompetenz und interkulturelle Sensibilität, um in Kontaktsituationen sprachlich erfolgreich handeln und hieraus einen Gewinn für gegenseitiges Verstehen ziehen zu können.

2. Das Englische als Identifikations- und als Kommunikationssprache

Gemäß der dialektischen Natur von Sprache als *tie* und *tool* muss für das Englische gelten, was für alle anderen potenziellen Kandidaten im Reigen schulischer Fremdsprachen auch gilt: Das Englische ist – wie das Französische, Russische, Spanische, Polnische, Niederländische oder Japanische usw. – zuallererst eine *Nationalsprache* (allerdings eine plurizentrische), die für die damit aufwachsenden Menschen eine Quelle der *Identifikation* mit dieser Sprache und der dahinter stehenden soziokulturellen Realität darstellt: „Die Identifikation des Menschen mit ‚seiner' Sprache ist eine der Grundlagen für die Unterscheidung zwischen dem Eigenen und dem Fremden, die zu weitreichenden Konsequenzen im gesellschaftlichen und politischen Leben führt" (Hüllen, 1992b, S. 303).

Das Englische ist *Erst- oder Muttersprache* für ca. 350 Millionen Menschen in höchst unterschiedlichen Regionen unseres Erdballs (in Großbritannien, Irland, Nordamerika, Australien usw.). Etwa 700 Millionen Menschen innerhalb und außerhalb Europas verwenden das Englische als *Zweitsprache*, d. h. als primäres Mittel der Kommunikation, und sie erlernen es dann auch eher auf „natürlichem" Wege, also per *acquisition*. Damit umfasst die Ellipse der Weltsprache Englisch (mit ihren beiden Brennpunkten *British Isles* und *North America*) weit auseinander liegende geographische Zonen mit höchst unterschiedlichen soziokulturellen Realitäten. Diese postkolonialen Regionen (Australien, Indien, Pakistan, Karibik, Südafrika, Nigeria u. a.) verfügen inzwischen über Varianten des Englischen, die von ihren Sprechern als ‚Standard' interpretiert werden (gleichrangig zum *British Standard English* oder *General American English*). Alle diese *Englishes* der Nach-Empire-Zeit besitzen im übrigen hoch entwickelte Literaturen, die die englischsprachige Literatur, die sowieso auf eine lange Phase der Entfaltung im Rahmen der angelsächsischen Nationalkulturen zurückblicken kann, nachhaltig bereichert haben.

Fiktionale Texte als Repräsentanten der Interaktion von Sprache und Kultur sind eingebettet in die vielgestaltigen Entwicklungen historischer, politischer, gesellschaftlicher, kultureller und wirtschaftlicher Natur, die die Produktion und Rezeption von Literatur unter bestimmten soziokulturellen Bedingungen kennzeichnen. Dieser Fundus muss – wie bei jeder anderen Nationalsprache auch – für die europäisch und global perspektivierten Bildungsmomente des Englischunterrichts erschlossen werden können (vor allem in interkultureller Hinsicht). In der Auseinandersetzung mit englischsprachiger Literatur kann ein von Empathie geleitetes Verständnis für die Zielsprachenkultur(en) und damit eine Identifikation mit der „fremden" Sprache angebahnt werden. Sprache im Allgemeinen und fiktionaler Sprachgebrauch im Besonderen ist mehr als neutral-transparente Bezugnahme auf außersprachliche Sachverhalte. Sprache-in-Funktion drückt immer auch individuelle Sichtweisen und persönliche Werthaltungen aus. Sie ist ein Freiraum für Metaphern und Definitionen. Sie spiegelt soziale Normen wider und wirkt als Denkmodell für subversive Gegenwelten zu momentan existierenden Realitäten. In der Rezeption von Literatur werden erste Erfahrungen über Leben und Alltag der Angehörigen englischsprachiger Kulturkreise möglich gemacht.

Die herausgehobene Stellung des Englischen unter den schulischen Fremdsprachen leitet sich zweifellos von seiner Rolle als der *führenden Weltsprache* her: als National- bzw. Zweitsprache für über eine Milliarde Menschen auf allen Kontinenten und als vorherrschendes *Medium der internationalen Kommunikation* in Politik, Handel, Wirtschaft, Wissenschaft, Verkehr, Tourismus und Sport (= Lingua-franca-Funktion). Über seine Funktion als Identifikationssprache hinaus gewinnt das Englische Gewicht durch seinen Wert als „Kommunikationssprache" (Hüllen, 1992b). Menschen, die in der modernen Welt zurechtkommen sollen und wollen, brauchen qualifizierte Englischkenntnisse. Abgesehen von der fachbezogenen Kommunikation entwickelt sich in letzter Zeit die Alltagskommunikation für immer mehr Menschen in unserem Lande in Richtung auf eine *Diglossie* (Zweisprachigkeit mit funktionaler Differenzierung nach Verwendungskontexten) zwischen der Umgebungssprache Deutsch als Muttersprache oder Zweitsprache für die Angehörigen sprachlich-ethnischer Minoritäten und der Weltverkehrssprache Englisch (vgl. Lennon, 1993). Schließlich dringt das Englische zunehmend über die Printmedien und die modernen Kommunikationstechnologien in die Alltagswelt der Bürger Europas ein: Werbung, Sport, Mode, Technik, Unterhaltungselektronik, PC-Nutzung, Popkultur usw.

Entgegen einer weit verbreiteten Auffassung ist das Englische für die meisten Lernenden keine einfache Sprache, die man „nebenbei" als Ergänzung zur ersten Fremdsprache Französisch oder Spanisch mitlernen kann. Der Erwerb des Englischen verlangt kontinuierliche, harte Arbeit, besonders was den lexikalischen und den pragmatisch-stilistischen Bereich angeht, da die Gebrauchsbedingungen in diesen Teilgebieten (nicht zuletzt wegen ihres Charakters als germanisch-romanische Mischsprache) äußerst differenziert sind. Als eher analytische, morphologisch weniger stark markierte Sprache eignet sich das Englische durchaus als Eingangssprache, da sich das grundlegende Struktureninventar im Vergleich zu vielen anderen Sprachen schneller erschließen lässt, sodass man früher zur produktiven Sprachanwendung und damit zur inhaltsbezogenen Kommunikation vordringen kann als bei synthetischen, morphologisch-syntaktisch komplexeren Sprachen, wie sie das Französische oder Russische darstellen. Der Doppelcharakter des Englischen als „großer" plurizentrischer National- bzw. Zweitsprache und als weltweit in vielen Registern zum Einsatz kommender Lingua franca stärkt den Stellenwert des Englischen im Kanon der schulischen Fremdsprachen.

3. Voraussichtliche Veränderungen des schulischen Englischunterrichts

Angesichts der eingangs angesprochenen Schwerpunktsetzungen und erhöhten Ansprüche an die schulisch vermittelbare fremdsprachliche Grundbildung muss die Schule einen Interessenausgleich zwischen verschiedenen Momenten herstellen, wenn sie dem Ziel einer individuellen Mehrsprachigkeit Genüge tun will:

- Die Diversifizierung des schulischen Fremdsprachenangebots ist eine politisch-gesellschaftliche Notwendigkeit. Schließlich ist die europäische Mehrsprachigkeit ein kulturelles Erbe Europas und somit Teil einer europäischen Identität. Dies beinhaltet gleichermaßen die Pflege und das Nutzen der „großen" Verkehrssprachen des Kontinents wie der „kleineren" europäischen Nationalsprachen (einschließlich der Herkunftssprachen unserer Migranten).
- Der Anteil der fremdsprachlichen Fächer an der Stundentafel kann nicht einfach für alle Jahrgangsklassen der Sekundarstufe linear vergrößert werden. Damit die Zwei- bzw. Dreisprachigkeit der Bürger zur Regel werden kann, muss Platz für die Vermittlung weiterer Fremdsprachen geschaffen werden. Dies wird nur möglich sein durch *funktionale Differenzierung* der Lehrgänge nach Dauer und Organisation, Inhalten und kommunikativen Zielsetzungen sowie durch zum Teil veränderte Methoden und Formen der Leistungsfeststellung (inkl. neuer Leistungsprofile und -abschlüsse).

Einige der wahrscheinlichsten Veränderungen unseres Englischunterrichts sollen im Folgenden skizziert werden. Dieser Entwurf mag gelegentlich spekulativ sein; an einer konstruktiv-realistischen Vision kommen wir aber nicht vorbei: *Progress is the realization of Utopias* (Oscar Wilde).

(1) *Frühes Fremdsprachenlernen:* Der frühe Fremdsprachenbeginn in der Primarstufe muss allen Kindern in allen Bundesländern möglich sein. Hier liegen einmalige, unwiederbringliche Chancen, eine positive Einstellung zum Fremdsprachenlernen überhaupt und eine hohe Sprachkompetenz in der Eingangssprache (nicht zuletzt hinsichtlich Aussprache und Intonation) auf kindgerechte und grundschulgemäße Art anzubahnen. Nach allem was wir heute über Spracherwerbsprozesse wissen, ist die Zeit bis zum 10. Lebensjahr zu wertvoll und zu produktiv, um sie nicht (auch) für ein qualifiziertes, ergebnisorientiertes Fremdsprachenlernen zu nutzen (vgl. Kap. C.2, Abschnitt 1). Dieses muss allerdings auf der Sekundarstufe konsequent weitergeführt werden. Die altersgerechten didaktischen

Prinzipien und methodischen Wege, die sich bisher in den Grundschulen vieler Länder bewährt haben, sollten dort weitergeführt werden. So kann ein kindgerechtes frühes Englischlernen den weiterführenden Unterricht nachhaltig zum Besseren verändern: ganzheitlicher Unterricht, Handlungsorientierung, Schüleraktivierung, *story approach* mit authentischen Kinder- und Jugendbüchern, viele Spiel-, Musik- und Literaturelemente, Primat des Wortschatzes gegenüber der Morphosyntax, reflektierte Fehlertoleranz, Überdenken herkömmlicher Formen der Ergebniskontrolle und einiges mehr.

(2) *Bilingualer Unterricht:* Der Sachfachunterricht in einer Fremdsprache wird in allen Schularten ausgeweitet werden (müssen), vor allem auch an berufsbildenden Schulen. Obwohl die Fülle der offenen Fragen beträchtlich ist (Kompetenzprofil der unterrichtenden Lehrkräfte, Entwicklung angemessener Unterrichtsmaterialien und -methoden, interkulturelle Komponente des Sachfachbezugs usw.), zeichnet sich hier ein erfolgversprechender Weg zur Diversifizierung des schulischen Fremdsprachenangebots ab (vgl. Kap. C.11).

In diesem Kontext ist auch die Variante einer bilingualen Erziehung zweisprachiger Lerngruppen in der Primarstufe zu nennen, die derzeit in dem Schulversuch „Staatliche Europa-Schule Berlin" erprobt wird und die auch für andere Ballungsräume Modellcharakter haben kann. Hierbei wird zum einen vorfachliches *content teaching* mit *language teaching* verbunden (mittlerweile mit sieben verschiedenen Ziel- oder Partnersprachen als Angebot) und zum anderen wird interkulturelles Lernen in multikulturell zusammengesetzten Klassen praktiziert.

(3) *Veränderte Organisationsformen mit neuen Schwerpunkten:* Die Zeit des bisherigen „extensiven" Langzeitlehrgangs dürfte für das Englische in absehbarer Zukunft vorbei sein. Spätestens nach fünf bis sechs Unterrichtsjahren stellt sich offensichtlich ein Lernplateau ein, mit dessen Erreichen die Sprachentwicklung stagniert und die Sprachkompetenz fossiliert (vgl. Kap. F.1, Abschnitt 1.2, Punkt 3). Englisch als Eingangssprache wird in Zukunft „intensiver" und mit veränderten Schwerpunktsetzungen gelehrt werden müssen: generell wohl in kürzeren Lehrgängen als bisher (gerade wenn dafür an bilingualen Unterricht in dieser Zielsprache gedacht ist), mit höherer Stundenausstattung am Anfang eines Lehrgangs. Die Vermittlung des Englischen als erste, systematisch gelehrte Fremdsprache wird unter dem zusätzlichen Druck stehen, so ausgerichtet zu sein, dass damit (im Sinne der bildungs- und sprachenpolitisch wünschenswerten Mehrsprachigkeit) auf den Erwerb weiterer Fremdsprachen vorbereitet wird. Die Entwicklung strategischer Kompetenzen wird folglich eine sehr viel größere Rolle als im bisherigen Englischunterricht spielen müssen.

Wenn das Englische eine funktionsfähige „Zweitsprache" für möglichst viele Schüler werden soll, damit die künftigen Bürger Europas mit der oben skizzierten Diglossie zurechtkommen können, wird der Englischunterricht der ausgehenden Sekundarstufe I und besonders der Sekundarstufe II in den Angebotsstrukturen flexibel variiert werden müssen. Nach vier bis fünf Lernjahren wird er thematisch und funktional zu differenzieren sein: Lektüre authentischer Texte (auch für andere Schulfächer), Nutzung moderner Medien, Projektarbeit usw. Die größten Veränderungen stehen vermutlich dem fortgeschrittenen Englischunterricht bevor. Zur Zeit ist der Oberstufenunterricht gekennzeichnet von der relativ einseitigen Ausrichtung auf die möglichst fehlerarme Bewältigung der so genannten Textaufgabe, die meistens auf die Analyse und Interpretation fiktionaler Texte literarischer Provenienz abzielt. Textaufgaben sind letztendlich jedoch lediglich eine propädeutische Vorstufe zur Textanalyse und Textinterpretation, die als Fähigkeiten im philologischen Hochschulstudium vorausgesetzt werden. Diese Monokultur von Zielen und Inhalten, die

die (prüfungsrelevante!) schulische Text- und Spracharbeit sehr eng auf die Erwartungen der philologischen Universitätsdisziplinen fokussiert, wird dem jetzigen und zukünftigen gesellschaftlichen Bedarf und den individuellen Ansprüchen in Richtung auf ein funktionales Sprachkönnen nicht länger gerecht. Die textanalytisch-interpretatorische Beschäftigung mit Literatur wird bald nur ein Baustein neben etlichen anderen sein, die dann eher bedarfsbezogen bzw. fertigkeits-, medien- oder inhaltsorientiert sein dürften. Um nicht falsch verstanden zu werden: Der fortgeschrittene Englischunterricht darf und wird sich nicht seiner Funktion als Kulturträger entledigen, wohl aber seines textanalytischen, terminologisch überfrachteten Philologenballasts.

(4) *Mündliche Kommunikation:* Die Erwartungen in Bezug auf ein flüssiges *und* funktional ausdifferenziertes mündliches Ausdrucksvermögen werden weiter steigen, insbesondere was (künftige) soziale oder berufliche Rollen der Lernenden angeht. Demgegenüber wird die sprachanalytisch-argumentative Seite wissenschaftspropädeutischer schriftlicher Arbeitsformen (Stichwort hierfür erneut: Textaufgabe) an Gewicht verlieren. Der bisherigen Praxis, „sekundäre" Texte über authentische „primäre" Texte zu verfassen, steht ein ernst zu nehmendes persönliches Ausdrucksbedürfnis der Schüler gegenüber. Unter der Perspektive einer größeren Lebensweltorientierung sollten Inhalte und Textsorten zum Einsatz kommen, die den Schülern erlauben, über sich selbst und ihre Reaktionen auf die angebotenen Themen inhaltlich interessante und sprachlich akzeptable Mitteilungen zu machen. Angesagt sind deshalb Abstriche an dem überzogenen formalgrammatischen Korrektheitsanspruch und an der einfallslosen Fehlerzählerei, die den Schülern das Fremdsprachenlernen verleidet. Demgegenüber sollte die Freude an der Bewältigung realer Kommunikationssituationen im Vordergrund stehen, was eine hohe Fehlertoleranz in den Phasen des Transfers und der freien Anwendung sinnvoll erscheinen lässt (vgl. Kap. C.1, D.3 und F.1).

Allerdings fehlt es bei uns zurzeit noch an sachlich angemessenen und politisch konsensfähigen Prüfungsformen für das mündliche Ausdrucksvermögen. In der Praxis der Ergebniskontrolle bzw. Leistungsfeststellung führt dieser Aspekt ein stiefmütterliches Dasein. Notwendig sind mit anderen Worten sachgerechte Kriterien für die kommunikationsbezogene Charakterisierung der Sprechfertigkeit sowie operationalisierbare und administrable Kriterien der Beurteilung mündlicher Leistungsprofile, etwa Flüssigkeit, Höflichkeit, Akzent, Idiomatik sowie Fehlergewichtung (vgl. Kap. F.2).

(5) *Rezeptive Kompetenzniveaus:* Die rezeptiven Fertigkeiten des Lese- und Hörverstehens werden aller Voraussicht nach in ihrer Bedeutung für Auswahl und Anordnung der Materialien und Aktivitäten innerhalb der Teilcurricula eines funktional differenzierten Englischunterrichts zunehmen. Das Verstehen beinhaltet sehr viel schwierigere und komplexere Prozesse als bisher angenommen, wie bereits die Alltagserfahrungen mit fremdsprachlicher Interaktion in Gruppen, die Rezeption der verschiedenen *Englishes* bzw. die medienvermittelten Kommunikationssituationen (Radio, Fernsehen, Telefon usw.) zeigen (vgl. Kap. D.1 und D.2). An dem einschlägigen Angebot der in- und ausländischen Verlage an authentischen Materialien (Video, CD-ROM), die auf den Lehrmittelmarkt kommen, zeichnet sich mehr und mehr der quantitativ wie qualitativ erweiterte Umgang mit den modernen audiovisuellen und elektronischen Medien ab. Zieldifferenzierungen in rezeptiven Kompetenzen müssen ebenso prüfungs- bzw. zertifikatsrelevant werden wie (gestufte) produktive Kompetenzen. Hierbei ist durchaus auch an curriculare Module im „selbstständigen" Erlesen inhaltlich differenzierter Texte zu denken. Es wird deshalb Lehrgänge geben, die bestimmte Teilfertigkeiten vermitteln.

(6) *Bedarfs- und lebensweltbezogener Englischunterricht:* Der zukünftige Englischunterricht wird an der Integration allgemeiner und bedarfsbezogener Bildungsmomente nicht vorbeikommen. Damit ist keine vordergründige Ausrichtung auf eine enge fachbezogene Kommunikation gemeint (im Sinne von *English for Specific Purposes*), sondern die fremdsprachendidaktisch bisher nur ansatzweise versuchte Perspektivierung der Inhalte, Texte und Unterrichtsaktivitäten auf ein ziel-, situations- und adressatengerechtes Sprachkönnen (vgl. Kap. A.2). Dies unterstreicht erneut die strategischen Aspekte des Sprachgebrauchs und den Stellenwert des Gesprächs in der fremdsprachlichen Interaktion, die sich in Zukunft stärker als zuvor durch ihre interkulturelle Vermitteltheit auszeichnen wird: *small talk*, Höflichkeitsformen, Gestik, Humor sowie register- und stilgerechtes *talking shop*. Ansatzweise wird ein stärker bedarfs- und lebensweltorientierter Englischunterricht bestimmte pragmatisch-diskursive Schlüsselqualifikationen anbahnen können: Telefonieren, Beraten, Verhandeln, Explizieren von Funktionszusammenhängen, Argumentieren, Gliedern schriftlicher (Sach-)Texte, Markierung von *fact* vs. *opinion*, Rückgriff auf sachliches bzw. affektbetontes Vokabular, Gebrauch unpersönlicher Konstruktionen, Ironie, Distanz usw. (vgl. Kap. C.10 und D.3).

(7) *Erweiterte Handlungsräume:* Sprache-in-Gebrauch liegen immer erfahrungsbasierte Kategorisierungen und Handlungssysteme zugrunde, die wiederum in einen situativ-kulturellen Kontext eingebettet sind (vgl. Kap. C.10). Es muss somit den Lernenden verstärkt möglich sein, auch in institutionalisierten Vermittlungszusammenhängen über den Handlungsraum des Klassenzimmers hinaus konkrete Wahrnehmungen und Erfahrungen bezüglich der funktionalen Verwendung der Zielsprache Englisch zu gewinnen. Allein mit einem von Lehrer und Lehrwerk vorstrukturierten Klassenunterricht sind diese Ziele auf Dauer nicht einzulösen. Der Erwerb einer Fremdsprache braucht Erkundungen und Begegnungen außerhalb des Klassenraums: z. B. in der Form der Klassenkorrespondenz und der Erkundungsprojekte, die den Schülern reale Kommunikation im „Umfeld" eines Schulstandorts erlauben (vgl. Kap. C.1). Darüber hinaus dürfte kein Schüler die Schule verlassen, ohne nicht wenigstens eine Klassenfahrt ins Land der Zielsprache gemacht oder an einem längeren Austauschprogramm teilgenommen zu haben, wie sie von Organisationen wie *Youth for Understanding* oder *American Field Service* organisiert werden. Verstehen und Verständigung brauchen den Kontakt und die Begegnung, die direkten Erfahrungen in der interkulturellen Kommunikation und den konkreten inhaltlichen Austausch über Leben und Alltag der Angehörigen eines anderen Sprach- und Kulturraums.

2 Bedarfs- und Bedürfnisfelder fremdsprachlichen Handelns
Claudia Finkbeiner

Kurz vor dem Eintritt ins dritte Millenium sind Europa und die Welt mit kaum vorherseh-
baren nationalen und internationalen Veränderungen und damit verbundenen ökonomischen, personellen und kulturellen Verflechtungen konfrontiert. Dadurch ist auch die
Orientierung des Schulunterrichts an gesellschaftlich relevanten Bedarfsfeldern und individuell relevanten Bedürfnisfeldern ins Blickfeld des pädagogisch-psychologischen (vgl.
Hansmann & Marotzki, 1988; Benner, Kell & Lenzen, 1996) und des fachdidaktischen Dis-
kurses gerückt (vgl. Bach, 1996; Finkbeiner, 1995a).

1. Rahmenbedingungen

Auf der einen Seite sieht sich das Erziehungs- und Bildungswesen zunehmend mit ökonomischen Problemen in den öffentlichen Haushalten konfrontiert; auf der anderen Seite
werden als Folge der zunehmenden Globalisierung der Weltwirtschaft und der dadurch
bedingten Erschließung neuer Dienstleistungsmärkte neue privatwirtschaftliche und be-
darfsorientierte Erwartungen an die Träger von Erziehungs- und Bildungseinrichtungen gestellt (vgl. Benner, Kell & Lenzen, 1996). Diese Interessen und davon abgeleitete Entscheidungen sind jedoch auch immer auf ihre pädagogischen Begründungen hin zu
hinterfragen. Bei diesen steht das Individuum mit seinen persönlichen Bedürfnissen und
Belangen im Vordergrund. Neben bestimmten Bedarfsfeldern sind also auch persönliche
und adressatengerechte Bedürfnisfelder sprachlichen Handelns zu ermitteln.
    Die technologischen und weltwirtschaftlichen Veränderungen haben nicht nur zu ei-
nem beschleunigten Wandel in der Lebenswelt, sondern auch zu einer verkürzten „Halb-
wertszeit" des Wissens geführt: Wissen, das heute erworben wird, ist bereits morgen nicht
mehr gültig oder muss zumindest auf völlig veränderte Kontexte und Bedingungen hin ad-
aptiert werden. S. M. Petersen (1996, S. 29) stellt in diesem Zusammenhang die folgende
Prognose für das Jahr 2005 auf: "80 percent of the technology is less than 10 years old … 80
percent of the workforce will have an education that is more than 10 years old." Dieses Ne-
beneinander von neuesten Technologien und völlig veralteten Wissensbeständen ist nach
seiner Meinung außerordentlich kontraproduktiv.

2. Sprachen, Fremdsprachen, interkulturelle Erziehung

Dies trifft nicht nur auf den technologischen, sondern darüber hinaus auch auf den sprachlichen, insbesondere den fremdsprachlichen Bereich zu. Sprachen haben sich schon immer
stark verändert, jedoch hätte zum Beispiel in den Siebzigerjahren noch kaum jemand den
hohen Bedarf an einer kombinierten Kompetenz von Computerfachwissen auf der einen
Seite und Textverarbeitungswissen auf der anderen für so viele und unterschiedliche öffentliche und private Handlungsfelder der Informationsgesellschaft vorausgesagt.
    Darüber hinaus kommt in einer immer enger werdenden Welt und in einem Europa, das
sich durch den Maastrichter Vertrag eine neue rechtliche Grundlage schuf, Fremdsprachenkenntnissen und interkultureller Erziehung eine wachsende Bedeutung zu (vgl. Schu-
beck, in Vorbereitung, sowie Kap. C.10). Während in den Siebziger- und Achtzigerjahren
noch das traditionelle Lernziel der Kommunikationsfähigkeit uneingeschränkt in ideali-

sierender und globaler Form für alle eingefordert wurde (vgl. Bach, 1996, S. 211), ergibt sich heute bezüglich der Art und Ausprägung der Fremdsprachenkompetenz in Abhängigkeit von der Zielgruppe ein neuer Diskussionsbedarf (vgl. Finkbeiner, 1997). So wurde 1992 erstmals von der im Auftrag des Bundesministeriums für Bildung, Wissenschaft, Forschung und Technologie innerhalb der „Gruppe Fremdsprache" beauftragten Ad-hoc-Gruppe „Weiterbildung für Europa" folgende Zielsetzung für das Fremdsprachenlernen formuliert: „Art und Grad der anzustrebenden Kommunikationsfähigkeit sind abhängig von den Vorkenntnissen und den Lerngewohnheiten der jeweiligen Zielgruppe, aber auch von den Besonderheiten des Berufs und der Funktion der Teilnehmer. Jeder sollte zunächst eine andere Sprache zumindest verstehen können" (zit. nach Christ, 1996, S. 10f.). Eine solche Forderung rezeptiver Sprachkompetenz für alle Menschen in Europa ist gewiss nicht unproblematisch und wird im Hinblick auf persönliche Bedürfnisse und momentane Bedarfslagen hinterfragt werden müssen. Auf der anderen Seite bietet es aber die einmalige Chance, die Menschen in Europa mit einer Fähigkeit zur *multilingual intercomprehension* auszustatten, die es ihnen erlaubt, den anderen zu verstehen und gleichzeitig die eigene Muttersprache zu pflegen.

Durch die simultane Pflege der eigenen Sprache im Verbund mit weiteren Sprachen kann es möglicherweise erreicht werden, dass die eigene Identität gestärkt wird: der Gesprächspartner fühlt sich in seiner Sprache zu Hause und sicher. Es ist anzunehmen, dass es ihm dadurch leichter fällt, sich zu äußern und gleichzeitig seine Konzentration verstärkt auf die rezeptive Fähigkeit zu lenken. Indem er sich konzentriert auf das, was der andere sagt bzw. sagen will, steuert er seine Aufmerksamkeit auf den Prozess des *meaning making* (vgl. Bruner, 1995b, S. 28): dadurch gelingt es ihm vielleicht eher, die Haltung des anderen einzunehmen und einen Perspektivenwechsel vorzunehmen, „und nur dank der Fähigkeit des Einzelnen, diese Haltungen des anderen einzunehmen ... wird er sich seiner eigenen Identität bewusst" (Mead, 1975, S. 218).

Identität in diesem Sinne wird nicht als etwas Festes und Fertiges gesehen, sondern vielmehr als etwas Prozesshaftes, das nicht für sich allein existiert, sondern nur als Teil einer großen gesellschaftlichen Organisation (ebd., S. 222). Diese Abhängigkeit der unterschiedlichsten Facetten der Ich-Identität vom jeweiligen Dialogpartner und der Situation kann sehr gut mit dem *fuzziness*-Konzept, d. h. dem Konzept einer unscharfen bzw. graduellen Klassenzugehörigkeit, beschrieben und erklärt werden (vgl. Timm, 1995c): Indem ein Individuum in einen gesellschaftlichen Dialog mit anderen tritt, entwickelt es spezifische, rollenbestimmte Aspekte seiner Identität. Identität ist also stets *unscharf*, d. h. in ihren definierenden Eigenschaften nicht exakt spezifizierbar – vor allem jedoch, und darin liegt die Chance für gegenseitiges Verstehen, sind ihre Ausprägungen anpassbar. Damit wird dieser Dialog in einer sich immer schneller ändernden Welt immer wichtiger. Wo kein Dialog (mehr) stattfindet, entwickelt sich die eigene Identität nicht (mehr) weiter.

Will Fremdsprachenunterricht auf die Bedürfnisse des Einzelnen eingehen und zur Identitätsstiftung beitragen, so sind solche *settings* zu schaffen, die *meaning making* im oben beschriebenen Sinne von Mead und Bruner zulassen. Solche *settings* können zum Beispiel dadurch geschaffen werden, dass bereits die Lerninhalte, die Lernkontexte und Lernverläufe selbst „im Sinne eines *negotiated curriculum*" von den Lernenden gemeinsam mit dem Lehrenden verhandelt werden (Bach, 1996, S. 229; vgl. auch Kap. B.5).

In den sich zunehmend zu Einwanderungsgesellschaften entwickelnden Staaten Europas ist der Bedarf an solchen *settings* besonders groß. Untersuchungen zeigen, dass in

Deutschland große Unsicherheiten im Umgang mit ethno-kultureller Differenz bestehen (vgl. Auernheimer, 1994; Radtke, 1995). Die Praxis zeigt, dass diese Unsicherheit besonders auch im Umgang mit dem „fremden Eigenen" innerhalb des „Eigenen" besteht – mit Kristevas (1990) Worten: „Fremde sind wir uns selbst". Dies bedeutet, dass es gerade auch innerhalb einer kulturell homogenen Lerngruppe aufgrund subkultureller und biografischer Unterschiede zu interkulturellen Konflikten kommen kann. Deshalb ist es gefährlich und ethnozentristisch, interkulturelle Konflikte nur auf das „Fremde" projizieren zu wollen: Fremdsprachenunterricht hat die wichtige interkulturelle Funktion, diese Zusammenhänge bewusst zu machen, um dadurch mit dem „Fremden", auch innerhalb des Eigenen, umgehen zu lernen (vgl. Bredella & Christ, 1995; Finkbeiner, 1997 sowie Kap. C.10).

3. Von der Arbeitsgesellschaft zur Lerngesellschaft

Die bisherigen Ausführungen haben gezeigt, dass Subjekte unmittelbar und ständig im „Hier und Jetzt" ihrer jeweiligen Lebenswelt- und Bedarfsfeldorientierungen, das heißt auch ihrer Alltagswelt (vgl. Berger & Luckmann, 1989), von Veränderungen der Welt betroffen sind. Ihre Identität ist ständig mit neuen Herausforderungen konfrontiert. Die postindustrielle Gesellschaft befindet sich in einer Phase des Übergangs zu einer immer länger werdenden lebenslangen Lernzeit gegenüber einer immer kürzer werdenden, auf einen Lebensabschnitt bezogenen Arbeitszeit. Diese Tatsache birgt aufgrund des Abhängigkeitsgefüges von materiellem Wohlstand und der Qualität von Beschäftigungsverhältnissen sozialen Zündstoff in sich. Dies kann zur Verunsicherung von Individuen bis hin zur Identitätskrise führen. Es deuten sich jedoch Lösungsmuster im Übergang der *labour society* zur *learning society* an.

Ein konstruktiver Lösungsvorschlag ist in dem Konzept der *EU-Jobrotation* zu sehen (vgl. S. M. Petersen, 1996, S. 28). Dieses Konzept versucht das Problem der immer größer werdenden Arbeitslosigkeit und den gleichzeitig steigenden Bedarf an Weiterqualifizierung durch eine gemeinsame Strategie zu lösen: "An unemployed person is trained to become a substitute in a company for an employed one who meanwhile gets further training" (ebd., S. 30). Seit 1996 gibt es einen gemeinsamen Strategieplan von über 150 Partnern im europäischen Raum: Bis zur Jahrtausendwende sollen über 100 000 Menschen an der Jobrotation in Europa teilnehmen.

Es versteht sich von selbst, dass dieses Konzept nur funktionieren kann, wenn die fremdsprachlichen und interkulturellen Voraussetzungen gegeben sind. Dies bedeutet, dass der jeweilige Partner innerhalb des Jobrotationsprogramms jeweils die Sprache des anderen zumindest verstehen sollte, um an der Gesellschaft des anderen partizipieren zu können. Darüber hinaus benötigt er eine ausgeprägte interkulturelle Kompetenz. Diese übergreifende Komponente im Fremdsprachenlehr- und -lernprozess wurde in einer 1991/92 in Industrie, Handel und Wirtschaft durchgeführten Bedarfsforschung im Hinblick auf das zukünftige Qualifikationsprofil junger Auszubildender in Europa noch höher bewertet als die rein formalsprachlichen Teilkompetenzen (vgl. Finkbeiner, 1995a, S. 105).

Erfolgreich wird das Programm der EU-Jobrotation jedoch erst dann, wenn die Teilnehmer auch aus sich heraus den Wunsch und das starke Bedürfnis verspüren, die fremde Sprache richtig zu verstehen und am *meaning making* teilhaben zu können (vgl. Kap. B.2). In diesem Sinne wirkt sich dann *meaning making* nicht nur auf die Identität des Einzelnen, sondern auch auf die Kultur aus: "... culture and individuality converge in the process of meaning making. 'To grasp a meaning' and to be recognized as doing so is the sine qua non for human beings attempting to live together in a symbolically regulated, negotiated system. In this sense, meaning making is as crucial to maintaining a culture as it is to individual adaptation" (Bruner, 1995b, S. 28). Dieses Zitat von Bruner kann dahingehend weitergeführt werden, dass *meaning making* nicht nur der Aufrechterhaltung, sondern auch der Weiterentwicklung von Kultur dienen kann. So verstanden kann das oben diskutierte Konzept der *fuzziness* nicht nur auf den Identitätsbegriff, sondern auch auf den Kulturbegriff angewandt werden. Werden Identität und Kultur gleichermaßen als *fuzzy concepts* verstanden, so ergeben sich ganz neue Perspektiven und weit größere Möglichkeiten zum gemeinsamen Lernen im multikulturellen Klassenzimmer Europa. Bedarfs- und Bedürfnisaspekte verschmelzen in diesem Falle zu einem gesamtgesellschaftlichen Desiderat, nämlich Kultur zu erhalten und weiterzuentwickeln.

4. Bedarfs- und Bedürfnisfelder sprachlichen Handelns

4.1 *Die Sachlage*
Die bisherigen Ausführungen in diesem Kapitel haben gezeigt, dass Bedarfsaspekte in einem Interdependenzverhältnis zu persönlichen Bedürfnissen stehen und gleichermaßen wichtig für zukünftige Entscheidungen im Bereich des Fremdsprachenlehrens und -lernens sind. Eine zu den Termini *Bedarf* und *Bedürfnis* sowie zu den entsprechenden Referenzbegriffen durchgeführte Datenbankrecherche mit der 3. Ausgabe der „Literaturdokumentation Bildung auf CD-ROM" (März 1996) führte jedoch zu folgenden Ergebnissen:

(1) *Bedarf und Fremdsprachenunterricht:* Bedarfsaspekte spielen bislang eine untergeordnete Rolle im Fremdsprachenunterricht. Liegen Veröffentlichungen zu diesem Thema vor, so beziehen sie sich in der Regel auf das berufsschulische Fremdsprachenangebot und auf Angebote im tertiären Bereich. Bedarfsanalysen und -untersuchungen definieren Bedarf stets aus der Sicht des Handels, der Wirtschaft und der Industrie; die Betrachtung ist volkswirtschaftlich/ökonomisch und nicht subjektiv/individuell ausgerichtet. Bedarfsanalysen sind in der Regel von utilitaristischen und weniger von hedonistischen Prinzipien wie persönliches Streben nach Glück oder individuelle Bedürfnisbefriedigung geleitet.

(2) *Bedürfnis und Fremdsprachen:* Liegen zu den Begriffen „Fremdsprachen und Bedarf" zumindest einige Analysen vor, so trifft dies auf Analysen zu „Fremdsprachen und Bedürfnis" nicht oder kaum zu. Deshalb wurden im Rahmen eigener Untersuchungen beide Aspekte berücksichtigt (vgl. Abschnitt 4.2). Diese Untersuchungen bezogen sich auf die Bedürfnislage von Schülerinnen und Schülern im Übergang zum Erwachsenwerden auf der einen Seite und auf die Bedarfslage aus Sicht der Wirtschaft und des Handels sowie von Experten auf der anderen Seite. Die folgende These resultiert aus Erfahrungen, die im Zusammenhang mit dieser Forschungsarbeit gemacht wurden: *Erst wenn ein Abgleich zwischen Bedarf und persönlicher Bedürfnislage jedes Einzelnen innerhalb einer Zielgruppe stattfindet, kann Fremdsprachenlernen gelingen und zum Ziel führen* (Finkbeiner, 1997). Persönliche Bedürfnisse können insbesondere in einem Unterricht berücksichtigt werden, der lerner- und zielgruppenorientiert, handlungsorientiert und kontextbezogen ist (vgl. Bach & Timm, 1996a; Finkbeiner, 1995a, 1996a, 1996b).

Für die Zukunft wird es deshalb wichtig sein, vermehrt komplementäre Forschungsansätze im Bereich der Fremdsprachenforschung zu praktizieren, um einerseits den Bedarf und andererseits die Bedürfnislage von Lernergruppen zu fokussieren. Zu Letzteren kann über den Forschungsansatz der subjektiven Theorie ein empirischer Zugang geschaffen werden (vgl. Schnaitmann, 1996b).

4.2 *Zur Synthese von gesellschaftlichem Bedarf und individuellen Bedürfnissen*

Im Folgenden soll auf die bereits genannte empirische Studie eingegangen werden, die den Versuch unternommen hat, durch einen komplementären Untersuchungsansatz zu einer synthetischen Gesamtbetrachtung von gesellschaftlichem Bedarf und individuellen Bedürfnissen zu gelangen (vgl. Finkbeiner, 1995a).

Unter der Prämisse, universelles Interesse des Staates (Bildungspläne, Lehrpläne, Richtlinien) und partikuläres Interesse der verschiedenen gesellschaftlichen Mächte sowie der Schülerinnen und Schüler am Fremdsprachenlernen im europäischen Kontext zu erheben und miteinander zu vergleichen, wurde 1990–1992 eine Bedarfsforschung, eine Expertenbefragung sowie eine Unterrichtsforschung über die Dauer von zwei Jahren in Baden-Württemberg durchgeführt. Im Rahmen eines Unterrichtsversuchs wurden außerdem die Wirkungen eines handlungsorientierten Englischunterrichts untersucht.

(1) *Partikuläres Interesse von Industrie, Handwerk und Wirtschaft:* Die Analyse und Auswertung der Daten ergab einen differenzierten Fremdsprachenbedarf bei den befragten Firmen. Insgesamt lag der Fremdsprachenbedarf schwerpunktmäßig auf den Sprachen Englisch, Französisch und Spanisch, jedoch wurden auch weitere Sprachen genannt, die z. B. durch das Erschließen neuer Märkte im Osten und in Asien notwendig werden. Plötzliche Verschiebungen und Veränderungen in bisher historisch und geographisch als stabil betrachteten Systemen machen ein Umdenken und flexibles Handeln notwendig. In einer solchen Lage scheint die Fremdsprache einen Wert zu gewinnen, der weit über ihre Bedeutung als Geschäftssprache, Konzernsprache, Dokumentationssprache und Hilfssprache hinausgeht. Es gilt nicht nur, sprachliche Schranken, sondern auch Schranken mentaler und kultureller Art zu überwinden. Dies ist nicht als eine Selbstaufgabe der eigenen Kultur und Mentalität zu verstehen, sondern als ein Sich-öffnen-Können für Andersartiges, ein Versuch des Verstehens von Andersartigem oder Fremdem. Diese Aufgabe kann nur dann gelingen, wenn die eigenen Bedürfnisse, das individuelle Vorwissen, die stark kulturgeprägte Lernbiografie der Lernenden berücksichtigt werden (vgl. auch Kap. C.10).

Ein besonders relevantes Ergebnis der Bedarfsforschung war das folgende: Die Sprachenkompetenz im Allgemeinen und die Fremdsprachenkompetenz im Speziellen haben in der oben skizzierten, veränderten Arbeits-, Weltwirtschafts- und Kulturlage aus Sicht der Industrie enorm an Bedeutung gewonnen. Zusammen mit der interkulturellen Kompetenz spielen sie eine überragende Rolle bei der überwiegenden Mehrzahl der Befragten. Sie wurde in der Arbeit als *Handlungsfähigkeit des Individuums mit und durch Sprache* bezeichnet. Als Schlüsselqualifikation schließt diese Handlungsfähigkeit über die formalsprachlichen und metasprachlichen Kenntnisse auch Lernqualifikationen, Transferqualifikationen und Werthaltungsqualifikationen mit ein (vgl. Reetz, 1990, S. 30); dies bedeutet, dass über die Vermittlung von fachspezifischen Kenntnissen hinaus übergreifende Qualifikationen eine zunehmend wichtige Rolle im Erziehungs-, Ausbildungs- und Fortbildungsprozess spielen müssen, um lebenslanges Lernen, ein Arbeiten im Team und ein Leben in einer multikulturellen Gesellschaft zu ermöglichen.

(2) *Partikuläre Interessen von Schülern aller Schularten:* Diese wurden über zwei Jahre hinweg mittels eines Einstellungs- und Interessenfragebogens zum Englischunterricht erhoben. Über die Ermittlung der Interessenlage hinaus sollten die Wirkungen eines hand-

lungsorientiert durchgeführten Englischunterrichts über die Dauer von zwei Jahren verfolgt werden. Durch dieses handlungsorientierte Unterrichtskonzept sollte dem Bedürfnis der Schüler nach unmittelbar-sinnlich anregenden Erfahrungen im tätigen Umgang mit Dingen und Menschen Rechnung getragen werden, um sie auf die erhöhten kommunikativ-sozialen, aber vor allem sprachlichen Qualifikationsanforderungen für das zukünftige Europa vorzubereiten.

Die Untersuchungsergebnisse bestätigen einheitlich die Annahme, dass in einer auf die Zukunft ausgerichteten Qualifizierung der Mensch in seiner handelnden Auseinandersetzung mit den anderen Menschen mit und durch Sprache in den Mittelpunkt der Betrachtungen gestellt werden muss. Jeder einzelne Mensch in Europa und in der Welt muss für die Auseinandersetzung mit sich selbst, mit den anderen und mit der Welt eine Handlungsfähigkeit entwickeln, die sowohl im spezifisch-fachlichen als auch emotional-sozialen Bereich liegt. Die durchgeführte Unterrichtsforschung lässt den Schluss zu, dass diese Handlungsfähigkeit ganz besonders in einem auf das Handlungslernen ausgerichteten, ganzheitlichen Unterricht, der den Lernenden als ganze Person mit allen seinen Sinnen, Emotionen und Gefühlen mit einbezieht, erworben und weiterentwickelt werden kann. Diese Handlungsfähigkeit ist für den Menschen ganz besonders in seiner sprachlichen Ausprägung wichtig. Deshalb muss Fremdsprachenunterricht versuchen Lernende sowohl in ihrer kognitiv-intellektuellen als auch affektiv-emotionalen Entwicklung zu unterstützen. Sie soll ihnen aber auch gleichzeitig Wege aufzeigen, wie sie diese Entwicklung selbst durch ihr eigenes Handeln unterstützen und steuern können (vgl. Finkbeiner 1995a, S. 393f.).

5. Folgerungen für die Fremdsprachendidaktik

Die vorliegenden Ausführungen haben gezeigt, dass Entscheidungen hinsichtlich des Fremdsprachenunterrichts nicht losgelöst von individuellen Bedürfnissen betrachtet werden können. Bedarfsfelder sprachlichen Handelns müssen sowohl aus intersubjektiv-objektiv als auch aus individuell-subjektiver Sicht, d. h. im Sinne eines echten Bedürfnisfeldes, aufgedeckt und analysiert werden.

Um sich in dieser stets verändernden Welt orientieren und darin existieren zu können, sind grundlegende Qualifikationen notwendig, welche die Lernenden selbst lebensbegleitend und flexibel weiter ausbauen müssen (vgl. Klafki, 1992; Konrad & Wosnitza, 1995; Nenniger, 1995; Rampillon & Zimmermann, 1997; Wolff, 1997). Diese Qualifikationsaspekte haben zu einer neuen Forschungsperspektive im Bereich konstruktivistisch geprägter Konzepte geführt (vgl. S. J. Schmidt, 1987, 1992; Wendt, 1996; Wolff, 1994a): Ziel und Ausgangspunkt sind dabei Lernende, die sich aktiv, motiviert und (weitgehend) autonom im Rahmen und unter Anknüpfung an ihre eigenen lebensweltlichen Bezüge zunehmend eigenes Wissen aufbauen. Auf die Lehrenden kommt bei dieser Sicht des Lernens vor allem die Aufgabe zu, solche Lernwelten zu schaffen, die optimal am Wissenbestand, den Erwartungen und den Interessen der Lernenden ansetzen: Dabei sollten diese Lernwelten genügend Aufforderungscharakter besitzen, sodass eine Identifikation mit bestimmten Aufgaben, Problemstellungen und Inhalten möglich wird (vgl. Kap. C.1). In zunehmend größer werdenden Klassen mit über dreißig Schülern muss es den Lehrenden deshalb geradezu entgegenkommen, Schüler bereits in den Planungsphasen aktivieren, Lehrerkompetenzen teilweise oder ganz auf Schüler übertragen, Expertenwissen bei den Schülern ausfindig machen und für die gesamte Lerngruppe nutzen zu können (vgl. auch Kap. C.12).

In einer solchen Lernumgebung wird die Fähigkeit zum Aushandeln von Bedeutung im oben beschriebenen Sinne von Mead und von Bruner zu einer wesentlichen Grundvoraussetzung für das Gelingen der hier skizzierten Lernprozesse. Sprachliche und fremdsprachliche Kompetenzen erhalten durch ihren interdisziplinären Charakter bei der Umsetzung dieser Ziele einen weit höheren Stellenwert als bisher. Lernkultur und Gesprächskultur sind folglich als sich gegenseitig bedingende Faktoren im Rahmen eines Gesamtgefüges zu sehen. Diese Auffassung des systemischen Charakters von Lern- und Gesprächskultur wird jedoch nur langfristig in den Schulen umgesetzt werden und auch nur dann, wenn sie in derselben Weise, d. h. entsprechend der hier aufgezeigten Prinzipien, in die Lehreraus- und -weiterbildung hineingetragen und praktiziert wird. Durch die Anknüpfung an die lebensweltlichen Bezüge und sprachlichen Orientierungen aller Lernenden, sei es in der Schule oder in der Aus-, Fort- und Weiterbildung im Beruf, kann es gelingen, Bedarfsanforderungen im Hinblick auf zukünftige Fremdsprachenqualifikationen zu erfüllen *und* individuelle Lernerbedürfnisse zu befriedigen.

3 Sprachbegriffe für den Englischunterricht

Willis Edmondson

Ein Sprachbegriff allein reicht für den Englischunterricht nicht aus. Dies liegt erstens daran, dass im Unterricht die englische Sprache sowohl das Lehrziel als auch das Mittel ist, durch das dieses Lehrziel erreicht werden soll. Daher brauchen wir sowohl eine unterrichtsexterne als auch eine unterrichtsinterne Perspektive, wenn wir einen Sprachbegriff für den Unterricht suchen. Zweitens ist zu berücksichtigen, dass im Unterricht, wie auch im Alltag, Sprache sowohl als soziales als auch als psychologisches Phänomen betrachtet werden kann. Dies heißt, im Englischunterricht wird sowohl kommuniziert (die Sprache erfüllt eine soziale Funktion) als auch gelernt (ein psychologischer/kognitiver Vorgang). Beide Perspektiven, die kommunikations- wie die lerntheoretische, sind für den Englischunterricht unentbehrlich. Hieraus ergeben sich nun zwei Differenzierungen: erstens zwischen einer unterrichtsexternen und einer unterrichtsinternen Betrachtung, und zweitens zwischen einer kommunikativen und einer lerntheoretischen Perspektive. Im Folgenden werden diese beiden Differenzierungen weiter erläutert, bevor wir sie zusammensetzen, um daraus vier Sprachbegriffe für den Englischunterricht abzuleiten.

1. Sprache und Englischunterricht

Bei der ersten Differenzierung ist zunächst zwischen unterrichtsexternen und unterrichtsinternen Lehrzielen zu unterscheiden. Die „externen" Lehrziele des Englischunterrichts, d. h., wozu die Adressaten durch den Unterricht befähigt werden sollen, sind über die *außerhalb* des Unterrichts geltenden englischen Sprachverwendungsnormen zu bestimmen. Dagegen wird die Sprache im Unterricht als Mittel zum Zweck, d. h. als Unterrichtssprache benutzt, um „interne" Lernziele zu erreichen (vgl. Edmondson & House, 1993, S. 289–299). Auf der einen Seite existiert also die englische Sprache irgendwo „draußen", wo *native speakers* mit ihr leben, während sie auf der anderen Seite als Unterrichtssprache dient, d. h., Lerner sie lernen und Lehrer sie unterrichten. Beide Perspektiven, die „externe" Perspektive, aus der die Sprache als festgelegtes Lehrziel gilt, und die „interne" des eigentlichen Geschehens im Klassenzimmer, sind für den Englischunterricht unentbehrlich. Diese Differenzierung möchte ich als *FU-externen* gegenüber *FU-internem* Sprachbegriff bezeichnen.

Die zweite Differenzierung betrifft Sprache als soziales Gut und Sprache als individuelles Gut. Das heißt, Sprache existiert sowohl „draußen" in der Gesellschaft als auch „drinnen" im Kopf des individuellen Sprechers. Dies sind zwei ganz unterschiedliche Perspektiven. Sprache als soziales Gut bezieht sich darauf, dass z. B. die englische Sprache in bestimmten Verhaltensformen als Kommunikationsmittel dient. Dieses Verhalten kann man beobachten oder auf Video oder Tonband festhalten. Um aber innerhalb einer bestimmten Sprachgemeinschaft agieren zu können, muss eine Person die englische Sprache auch „besitzen", d. h., er oder sie muss ein Regelsystem oder, besser gesagt, ein vernetztes Wissenssystem internalisiert haben. Auf dieser Grundlage „kann" man Englisch, man hat die Sprache „gelernt". Sprache als individuelles Gut kann man natürlich nicht beobachten: Sie ist eine kognitive bzw. neurologische Ausstattung. Und wiederum sind beide Perspektiven für den Fremdsprachenunterricht äußerst relevant. Das Lernen geschieht innerhalb des Individuums, wird aber (auch im Unterricht) hauptsächlich durch das soziale Verhalten des Individuums unter Beweis gestellt und erfolgt zumindest teilweise durch sprach-liches Verhalten im Unterricht. Diese zweite Differenzierung möchte ich als Unterschei-dung zwischen *Sprache als sozialem Verhalten* und *Sprache als kognitivem System* bezeichnen, wobei unter „Kognition" grundsätzlich alle mentalen Prozesse zu verstehen sind, die an sprachlichem Verhalten beteiligt sind, ob bewusst oder unbewusst.

Aus der Kombination dieser beiden Differenzierungen (FU-externe gegenüber FU-inter-ner Sprache und soziales Verhalten gegenüber kognitivem System) ergeben sich vier kom-binatorische Möglichkeiten und damit vier Sprachbegriffe:

- Sprache als Kommunikationsmittel außerhalb des Fremdsprachenunterrichts
- Sprache als Besitz kompetenter Sprecher, die mit der Sprache außerhalb des Unterrichts umgehen
- Sprache als Lernstoff bzw. Kommunikationsmittel innerhalb des Fremdsprachenunter-richts
- Sprache als Lernersprache, d. h. als (unvollständiger) Besitz von Personen, die die Spra-che im Unterricht lernen.

Ziel dieses Kapitels ist es, die Relevanz der beiden Differenzierungen zu begründen, die vier sich daraus ergebenden Sprachbegriffe zu erläutern und miteinander sowie mit den Inhal-ten dieses Buches in Verbindung zu setzen.

2. Vier Sprachbegriffe

2.1 *Sprache als Kommunikationsmittel außerhalb des Unterrichts*

Die englische Sprache wird von vielen Menschen unterschiedlicher Kulturen benutzt, und zwar als Kommunikationsmittel zur Organisation ihres Lebens und zur Befriedigung ihrer sozialen Bedürfnisse. In diesem Sinne gilt sie als Zielsprache für den Englischunterricht. Das Verhalten von Sprechern dieser Sprache „draußen" wird also als Modell oder Ziel wahrge-nommen, an das sich Lerner zumindest bis zu einem bestimmten Grad und in bestimmten Bereichen anzupassen haben. Sprache als kommunikatives Verhalten ist sowohl ein Mittel zum sozialen Leben als auch ein Mittel zur Selbstverwirklichung, da wir unsere Individua-lität nur innerhalb eines sozialen Kontexts realisieren können; d. h., nur in seinem sozia-len Verhalten wird man sich selbst finden bzw. definieren. Sprache wird hier also als „fremdsprachliches Handeln" im Sinne von Bach & Timm (1996b) verstanden. Um die eng-lische Sprache in diesem Sinne als externes Lernziel für den Fremdsprachenunterricht um-zusetzen, sind zunächst folgende zwei Fragen zu beantworten:

(1) *Welches Englisch?* Da die englische Sprache weltweit schätzungsweise von über 600 Mio. Menschen gesprochen wird (wovon ca. die Hälfte Muttersprachler sind), muss für di-daktische Zwecke selbstverständlich eine Auswahl aus der wahrscheinlich unendlichen Vielfalt von Verwendungsmöglichkeiten getroffen werden. In vielen Lehrkontexten ist ei-ne Auswahl in Form von Richtlinien, Curricula und Lehrwerken bereits vorgenommen worden, auch wenn dies nach eher impliziten Kriterien geschehen ist. Trotzdem muss ein Englischlehrer in der Lage sein, mit diesen Entscheidungen vernünftig umzugehen und sie bei Bedarf begründen bzw. ergänzen zu können. Da Lerner ferner Kontakt zu vielen au-thentischen Materialien haben, die ein „anderes" Englisch benutzen (z. B. durch Kabelfern-sehen, Web, Pop- und Rock-Musik), ist eine bestimmte Bewusstheit verschiedener Merkma-le solcher Varianten sicherlich anstrebenswert. In der Fachliteratur (vgl. z. B. die relevanten Kapitel aus Ahrens, Bald & Hüllen, 1995) wird zunächst zwischen nationalen Varianten der

englischen Sprache unterschieden, wobei die britischen und amerikanischen die bekanntesten sind. Afrika, Kanada, Australasien und Indien bieten weitere nationale Varianten, die sich natürlich durch verschiedene Dialekte regional weiter differenzieren lassen. Je nach Thema und Gesprächssituation werden verschiedene funktionale Register differenziert, die teilweise mit stilistischen Unterschieden überlappen. Weitere Differenzierungen ergeben sich aus sozialen Kategorien – wie soziale Klasse – und sozial sanktionierten Unterschieden wie z. B. zwischen weiblichen und männlichen Verwendungskonventionen.

Bei dieser Komplexität ist es aus didaktischer Sicht sinnvoll, zwischen aktiver und passiver Kompetenz zu unterscheiden. Während in der Sprachproduktion das Postulat eines *Standard English* als Lernziel gelten kann, muss man bei der Sprachrezeption für alle Varianten der englischen Sprache offen sein. Dieser erste Sprachbegriff erinnert uns daran, dass Sprachnormen – in diesem Fall des Englischen – grundsätzlich soziale Vorschriften sind, die in unterschiedlichen sozialen und gesellschaftlichen Kreisen unterschiedliche Ausprägungen haben; das gleiche gilt natürlich auch für die Korrektheitsnormen, die im Unterricht geltend gemacht werden.

(2) *Welche sprachlichen Handlungen werden im und durch den Englischunterricht angestrebt?* Wenn eine Antwort auf die Frage „Welches Englisch?" getroffen worden ist, dann bleibt immer noch zu entscheiden, wozu Lerner innerhalb des Englischkurses befähigt werden sollen. Die wichtigsten Aspekte, die hier zu berücksichtigen sind, sind Kontext/Situation, kommunikative Rolle(n), Sprachfunktionen, soziale Routinen bzw. Formeln, pragmatische Normen, Wortschatz, Morphosyntax und Aussprache, insbesondere Intonation (vgl. z. B. Ek & Trim, 1984). Bei Entscheidungen innerhalb dieses Komplexes stellt sich die Grundfrage, inwiefern der Englischkurs auf spezifische Situationen und Verhalten hinzielt (dies ist z. B. der Fall bei fachspezifischen Kursen) oder inwiefern die durch Unterricht gemeisterten Elemente eher exemplarischen Charakter haben. Da im deutschen Schulsystem mit dem Englischunterricht in einem Alter angefangen wird, in dem konkrete berufliche Ziele noch nicht vorliegen, werden in der Praxis Elemente der Sprache nach Auswahlprinzipien wie Häufigkeit, strukturelle Transparenz, Deutlichkeit der funktionellen Zuordnung, morphologische Komplexität, Verwendbarkeit in der unterrichtlichen Situation und Generalisierbarkeit gewählt. Ferner werden Kriterien wie Nützlichkeit für die unterrichtliche Situation eingesetzt (vgl. die Erläuterungen zu Sprachbegriff 3 unter 2.3).

2.2 *Sprache als internes Wissenssystem: die „Kompetenz" von* native speakers

Sprachunterricht hat die Aufgabe, die Lerner für außerunterrichtliche englische Kommunikation im Sinne von Sprachbegriff 1 zu befähigen (vgl. Einleitung, Abschnitt 1). Angemessenes soziales Verhalten basiert daher auf individuellem Lernen. Sprachliches Verhalten im Sinne von 2.1 ist also nur dann möglich, wenn die hierfür benötigten Ressourcen vorliegen; d. h. in etwa: Bestimmtes abrufbares sprachliches Wissen in komplexeren kognitiven Strukturen muss verfügbar („prozeduralisiert") sein.

Sprachbegriff 2 umfasst genau diese kognitive Ausstattung und zwar bei kompetenten Sprechern des Englischen. Eine Sprachbeschreibung nach diesem Konzept, d. h. eine Beschreibung des Wissens sowie der kognitiven Strukturen, die bei kompetenten Sprechern vorliegen, kann nur ansatzweise vorgenommen werden, weil wir nicht sehr viel über dieses Werkzeug wissen. Dieses zweite Sprachkonzept ist jedoch wichtig, da wir uns hierdurch Einsichten für das Sprachkonzept 4 erhoffen. Das heißt, uns interessiert die „Ausstattung" eines Sprechers „draußen" im Vergleich zu unseren Sprachenlernern, die eine Ausstattung durch Unterricht erhalten sollen – eine Ausstattung, die zu einem angemessenen Handlungspotenzial im Sinne von 2.1 befähigen soll. Damit ist nicht gemeint, dass erfolgreiche Lerner des Englischen die interne kognitive Ausstattung eines *native speaker* bekommen sollen, sondern dass bestimmte Aspekte der englischen Sprache bei Lernern ebenso gespeichert, organisiert und verarbeitet werden müssen wie bei allen kompetenten Sprechern des Englischen. Folgende Merkmale des Sprachbesitzes und des Sprachgebrauchs bei *native speakers* erscheinen zum Beispiel wichtig bei der Frage, was es denn heißt, eine Fremdsprache zu beherrschen (vgl. Wolff, 1990; die Liste könnte freilich fortgesetzt werden):

- Es wird in der kognitiven Psychologie zwischen deklarativem und prozeduralem Wissen unterschieden. Diese Unterscheidung zwischen dem „Wissen, dass" und dem „Wissen, wie" ist auf sprachliches Wissen zu übertragen; sie ist natürlich für den Fremdsprachenunterricht von großer Bedeutung (vgl. Kap. B.2, Abschnitt 3).
- Sprachliches Wissen ist mit Weltwissen und dem episodischen Gedächtnis vernetzt.
- Sprachliche Formen können mehrmals in unterschiedlichen Repräsentationen gespeichert sein.
- Das Abrufen sprachlichen Wissens erfolgt normalerweise ganz automatisch, wobei die Automatisierung u. a. eine Funktion der Verwendung ist.
- Je nach Sachkenntnissen und Gewohnheiten ändert sich die Schnelligkeit der Aufnahme von längeren und syntaktisch komplexeren sprachlichen Elementen, die ganzheitlich verstanden, gespeichert, abgerufen und produziert werden können.

Eine Interpretation dieser Merkmale für den Fremdsprachenerwerb wird unter 2.4 vorgenommen.

2.3 *Sprache als Kommunikationsmittel im Fremdsprachenunterricht*

Im Fremdsprachenunterricht wird mit der englischen Sprache „gearbeitet". Die Grundidee dabei ist natürlich, dass durch diese „Arbeit" die Lerner ein Wissenssystem – etwa im Sinne von Sprachbegriff 2 – entwickeln sollen, damit sie in der Lage sind, die englische Sprache als Kommunikationssystem im Sinne von Sprachbegriff 1 zu benutzen. Daher brauchen wir unbedingt einen dritten Sprachbegriff: Sprache als Lerninhalt bzw. Kommunikationsform im Fremdsprachenunterricht. Sprachhandlungen im Unterricht sind didaktische Handlungen, die mit „internen" statt „externen" Lernzielen verbunden sind.

Um diese internen Lernziele zu erreichen, wird also im Unterricht die englische Sprache manchmal ganz anders verwendet als bei Sprachbegriff 1. So findet man im Englischunterricht didaktische Aufgaben (Übungen, Nacherzählungen, Spiele, Diktat u. ä.), die nicht zu den externen Lernzielen im Sinne von Sprachbegriff 1 gehören. Zum Beispiel kommt eine Sprachhandlung, bei der man entweder *some* oder *any* in Lücken von dreißig verschiedenen Sätzen einsetzt – Sätze, die sich jemand anderes ausgedacht hat –, außerhalb des Unterrichts sicherlich nie vor. Eine Interaktionsform, in der Fragen gestellt werden, auf die der Fragende die Antworten bereits kennt, und die angebotenen Antworten oft mit steigender Intonation ausgesprochen werden, kommt auch eher innerhalb als außerhalb des Fremdsprachenunterrichts vor.

Bei diesem didaktischen Sprachbegriff ist festzustellen, dass es hierzu keine externen Normen gibt! Das heißt, auch wenn *native speakers* im Sinne von Sprachbegriff 2 oder Sprachbegriff 1 eine Lehrerrolle ausüben, gelten ihre didaktischen Verhaltensweisen nicht als Norm für den Fremdsprachenunterricht. Mit anderen Worten, wie Sprache als Lernobjekt zu verwenden ist, bleibt offen, da Ausbildungssysteme, Lehrwerkautoren und Lehrer hierzu das letzte Wort haben: Es geht um Curriculumentscheidungen, durch die Aspekte der englischen Sprache als Lern- und Lehrobjekt in einer zeitlichen Abfolge festgelegt werden.

Ein adäquater Sprachbegriff in diesem Sinne muss auf einer expliziten oder impliziten Sprachlerntheorie basieren. Nun haben wir zurzeit keine für didaktische Zwecke geeignete und empirisch gesicherte Fremdsprachenlerntheorie, die allgemeine Akzeptanz findet. Auch wenn in der Zwischenzeit einige Elemente einer solchen Theorie vorliegen (vgl. Abschnitt 2.4), so wäre es doch verfrüht, von einer expliziten, empirisch gesicherten Fremdsprachenlerntheorie zu sprechen. Daher ist in diesem Buch eher von Lernprinzipien als von Lerntheorien die Rede (vgl. Kap. B.1).

Einige didaktische Sprachkonzepte sind jedoch bekannt, auch wenn die dahinter stehenden Sprachlerntheorien nur implizit sind oder von recht fragwürdiger Validität. Es ist aber sinnvoll, solche didaktischen Sprachkonzepte erneut zu betrachten, da sie in der Praxis in verschiedenen Formen verbreitet sind. Die folgenden drei Beispiele, die abstrakte Sprachbegriffe und nicht unbedingt die unterrichtliche Praxis wiedergeben, sollen ganz unterschiedliche Einstellungen zu der Frage nachweisen, welcher Sprachbegriff für die Kommunikation im Unterricht als Mittel zum Lernen geeignet ist, auch wenn in der Praxis für gewöhnlich auch innerhalb eines bestimmten methodologischen Ansatzes nach unterschiedlichen Sprachkonzepten gehandelt wird (zu den folgenden Ausführungen vgl. Edmondson & House, 1993, S. 278–307):

(1) Der kommunikative Ansatz – *Practice makes perfect*: Dieser didaktische Ansatz versucht grundsätzlich eine Identität zwischen Sprachbegriff 1 oben und Sprachbegriff 3 zu erreichen. So wird versucht, im Fremdsprachenunterricht zielsprachliche Kommunikationsformen in zielsprachliche Situationen einzubringen. Das didaktische Prinzip lautet: Didaktische Handlungen sollen „authentisch" sein – die Gespräche im Unterricht und die Texte, die dort behandelt werden, sollen außerunterrichtlichen Normen entsprechen, d. h., Sprachbegriff 1 soll auch für den Sprachunterricht gelten.

Bei der Frage, welche Gespräche, Texte und Inhalte im Anfangsunterricht Englisch behandelt werden sollen, wird einerseits nach rein pragmatischen Gründen vorgegangen (da jedes Gespräch zum Beispiel einen Anfang hat, sollen Begrüßungen auf jeden Fall mit einbezogen werden) und zweitens mit Bezug auf *learner needs* – wobei diese nicht mit fachspezifischen kommunikativen Zielen im Sinne von Sprachbegriff 1 identifiziert werden, sondern mit den Interessen der Lerner qua Lerner; d. h., Popmusik und *Lord of the Flies* werden wegen ihrer inhärenten (eher vermuteten) Akzeptanz bei den Adressaten ausgewählt und nicht deswegen, weil diese beiden Textsorten für zukünftige berufliche oder sonstige Zwecke besonders relevant wären. Nach internen Kriterien beziehen sich *learner needs* also auf die Interessen und Bedürfnisse der Lerngruppe innerhalb des Lernprozesses selbst (hiermit haben wir übrigens eine andere Interpretation des Adjektivs „authentisch").

Die hinter dem (hier sicherlich vereinfachten, wenn nicht gar parodierten) kommunikativen Ansatz versteckte Lerntheorie besagt in etwa *Practice makes perfect*, d. h., man lernt in der Fremdsprache zu kommunizieren, indem man in der Fremdsprache kommuniziert. Stichwörter wie *learning by doing*, Authentizität oder *meaningful input* sind relevant. Dass Kommunikation in der Fremdsprache in der Tat eine wichtige Voraussetzung für das Fremdsprachenlernen ist, ist unbestritten. Ebenso ist es kontraproduktiv, didaktisch vorbereitete Texte im Unterricht einzusetzen, die andere Merkmale haben als authentische Texte des gleichen Genres. Andererseits muss man zwischen Fremdsprachenunterricht für Kommunikation und Fremdsprachenunterricht als Kommunikation unterscheiden. Das heißt, der Unterschied zwischen Sprachbegriff 1 und Sprachbegriff 3 bleibt bestehen: Die Verwendung der englischen Sprache im Unterricht an einer deutschen Schule muss als didaktisches Desiderat und nicht als soziales Handeln verstanden werden. Mit anderen Worten: Schüler und Lerner wissen genau, weshalb sie Englisch im Unterricht verwenden.

(2) Der kognitive Ansatz – *Learn the Rules*: Eine andere, aus verschiedenen Lehrtraditionen bekannte Vorgehensweise kann man als Versuch verstehen, Sprachbegriff 2 für didaktische Zwecke zu übernehmen, indem explizite grammatische Regelsysteme als Beschreibung der Sprache im Sinne von Sprachbegriff 2 verstanden werden. So werden nach diesem didaktischen Konzept grammatische Regeln auswendig gelernt, internalisiert und in der Sprachproduktion verwendet. Welche Art von Regeln hierzu verwendet werden sollte, darüber wurde und wird gestritten. Dass man nach der „besten" linguistischen Beschreibung suchen sollte, um das für Englischlerner geeignetste Regelsystem zusammenstellen zu können, ist selbstverständlich keine Lösung (vgl. z. B. Bausch, 1979). Es sollte eher versucht werden, Sprachbeschreibungen zu liefern, die die Probleme und das Lernpotenzial spezifischer Lerngruppen genau ansprechen. Für solche didaktischen Grammatiken bzw. Lernergrammatiken liegen bereits mehrere Modelle vor. Dass Kognition im weitesten Sinne ein wichtiger Bestandteil des Fremdsprachenlernens sein muss, ist also unbestritten, auch wenn z. B. durch Krashen (1981, 1985) eine falsche Opposition zwischen kommunikativen und kognitiven Ansätzen hergestellt wird.

(3) Der prozessorientierte Ansatz – *It ain't what you do, it's the way that you do it*: Ein prozessorientiertes didaktisches Konzept hebt sich am deutlichsten von Sprachbegriff 1 ab. Der Fokus liegt hierbei eher auf Handlungen, die den Lernprozess selbst fördern sollen, d. h., eine Verbindung mit Sprachbegriff 4 (vgl. unten Abschnitt 2.4) ist prinzipiell anzustreben. So wird im Unterricht Wert auf verschiedene Kommunikationsformen – wie bei Sprachbegriff 1 – gelegt, nur ist der Bezugsrahmen der Fremdsprachenlernprozess und nicht ein Verhalten, das als Endziel gilt. Die Aufgaben bzw. *tasks*, durch die das Erlernen des Englischen ermöglicht wird, sind in sich unwichtig (daher: "it ain't *what* you do"), verlangen jedoch eine bestimmte Art von Aufmerksamkeit oder Engagement seitens der Lerner, wobei der Fokus auf der Aufgabe liegt und nicht auf der Sprache (daher: "it's the *way* that you do it"). Problemlösungen sind dabei zum Beispiel von besonderer Bedeutung. Entscheidend hierbei ist jedoch die Tiefe der kognitiven Verarbeitung bei der Sprachbegegnung im Unterricht. Letztendlich ist die Natur oder der Inhalt der Aufgabe und der Erfolg, mit dem die Aufgabe gelöst wird, von sekundärer Bedeutung.

Dieses dritte didaktische Grundprinzip ist als Sprachbegriff schwer fassbar, und zwar deshalb, weil die Aufgaben und die anderen Aktivitäten, die für diesen Einsatz charakteristisch sind, kaum sprachlich identifizierbar sind. Ebenso gilt, dass eine kognitive/psycholinguistische Begründung dieses Ansatzes fehlt. Andererseits ist sicherlich festzustellen, dass die Qualität der kognitiven Auseinandersetzung mit sprachlichen Inhalten (d. h. die verschiedenen *tasks* in den Projektarbeiten) entscheidend für den Lernerfolg ist.

2.4 *Sprache als internes Wissenssystem der Lerner*
Und nun zur Lernersprache oder Interimsprache (vgl. Wolff, 1994a sowie Kapitel F.1, Abschnitt 1.2). Sprache aus dieser Lernperspektive ist ein sich entwickelndes kognitives System. Aus dieser Betrachtung ließe sich eine Reihe von Fragen ableiten, deren Beantwortung für den Fremdsprachenunterricht höchst interessant wäre. In welcher Form zum Beispiel werden neue Kenntnisse der englischen Sprache gespeichert? Werden neu gelernte Lexeme

der englischen Sprache an Konzepte angebunden, die mit der Muttersprache verknüpft sind, oder wird gleichzeitig mit dem Erwerb neuen sprachlichen Wissens ein neues Weltbild erworben? Basieren die vier sprachlichen Fertigkeiten auf denselben kognitiven Strukturen oder nicht? Leider sind die Forschungsergebnisse zu solchen Fragen noch nicht so deutlich, dass sich daraus didaktische Prinzipien ableiten ließen. Statt eine Antwort auf solche gezielten Fragen zu liefern, soll hier nur auf einige allgemeine Merkmale des Spracherwerbs hingewiesen werden (vgl. auch Abschnitt 2.2).

Wenn wir uns z. B. fragen, was es heißt, dass eine Klasse von Schülern einen Aspekt der englischen Grammatik „gelernt" hat, dann ist es relevant, zur Kenntnis zu nehmen, dass die „Sprache", die man im Kopf hat, sich kontinuierlich ändert, während das Lernen fortgesetzt wird, und dies während des gesamten Lebens. Es trifft nicht zu, dass einzelne Elemente der Zielsprache in einer Unterrichtsstunde oder einer Schulwoche „gelernt" werden, bis man alle Sprachelemente kumulativ gelernt hat. Nein, das „Lernen" einzelner Elemente geht kontinuierlich weiter, und dies hauptsächlich dadurch, dass neurologische Netze durch häufige Aktivierungen effizienter werden und gleichzeitig neue Verbindungen schaffen – das vorhandene System wird also ständig umstrukturiert bzw. rekonstruiert, besonders wenn neues Wissen hinzukommt.

Psychologisch unterscheidet man (nach Piaget) bei der Aufnahme neuen Wissens zwischen zwei Prozessen: Assimilation und Akkommodation. Neues Wissen wird assimiliert, wenn es in vorhandene kognitive Strukturen eingebaut werden kann; bei der Akkommodation dagegen werden kognitive Strukturen angepasst oder neu geschaffen, um neues Wissen zu assimilieren. Oft findet zuerst Assimilation statt. Wenn jedoch der Lerner entdeckt, dass diese Zuordnung zu „Fehlern" führt, dann müssen neue Netzwerke konstruiert werden. Nach Edmondson & House (1993, S. 299f.) wird neu aufgenommenes sprachliches Wissen im Laufe der Zeit auf drei Arten weiterverarbeitet: Wissen wird „analysiert", d. h. mit vorhandenem Wissen über die Zielsprache koordiniert, „integriert", also mit verschiedenen nicht sprachlichen Schemata und anderen Wissensarten verbunden, und „automatisiert", d. h. blitzschnell und unreflektiert verfügbar gemacht (vgl. Kap. E.4, Abschnitt 1).

Interessant ist auch die Frage, in welchen „Einheiten" sprachliches Wissen gespeichert wird. Erstens ändert sich dies im Laufe der Zeit, zweitens werden oft mehrere Repräsentationen von Lexemen gespeichert (wie bei *native speakers*, vgl. Abschnitt 2.2). In diesem Zusammenhang sind drei wichtige Themenbereiche zu nennen:

- die Rolle von Routinen, Idiomen und anderen *fixed collocations* beim Fremdsprachenlernen (vgl. Kap. E.1, Abschnitt 2.6),
- die Hypothese, dass aus solchen zunächst *frozen* Elementen grammatische Kenntnisse gewonnen werden (durch eine interne „Analyse" im obigen Sinne; vgl. Kap. E.4, Abschnitt 1),
- und aus kognitiver Sicht das Verhältnis zwischen Lexik und Grammatik (zu Sprache als *grammaticalised lexis* bzw. *lexicalised grammar* vgl. Kap. E.1, Abschnitt 2.6).

3. Fazit

Alle vier hier genannten Sprachbegriffe sind für die Zielsetzung, Planung, Durchführung und Evaluation des Englischunterrichts wichtig. Dies aufzuzeigen war das Hauptziel dieses Kapitels. Die Kunst des Fremdsprachenlehrers besteht darin, alle vier Perspektiven in ein kohärentes und effektives Konzept des Fremdsprachenunterrichts zu integrieren.

4 Lehrplan – Lehrwerk – Stoffverteilungsplan – Unterricht
Claudia Finkbeiner

Der Faktorenkomplex *Lehrplan – Lehrwerk – Stoffverteilungsplan – Unterricht* ist ein dynamisches, in hohem Maße fluktuierendes und veränderbares Szenario, das vielfältig geprägt ist: von „außen" durch die jeweils herrschenden gesellschaftlichen Verhältnisse, Sitten und Glaubensvorstellungen, die geltenden Normen, Wertvorstellungen, Rechts- und Ordnungssysteme sowie, nicht zuletzt, die ökonomische Situation im Lande, von „innen" durch die organisatorischen und personellen Gegebenheiten der jeweiligen Schule sowie der einzelnen Klasse. Angesichts der Komplexität und Dynamik dieses Bedingungsgefüges ist eine in jedem Schritt rational begründbare lineare Ableitung *Lehrplan – Lehrwerk – Stoffverteilungsplan – Unterricht* von vornherein unmöglich. Die folgende Darstellung soll es Lehrerinnen und Lehrern jedoch ermöglichen, individuelle Entscheidungen zu treffen, mit denen die Kluft zwischen traditioneller Beharrlichkeit auf der einen Seite und notwendigen Veränderungen auf der anderen (vgl. Kap. A.1) verringert werden kann.

1. Überblick

Schule und somit auch der Englischunterricht ist in Deutschland in erster Linie eine Angelegenheit des Staates. Der Staat regelt durch *Lehrpläne und Rahmenrichtlinien*, welche Inhalte und Arbeitsbereiche in den jeweils verschiedenen Schulformen, Schulstufen und Jahrgängen im Fach Englisch gelernt und welche Ziele erreicht werden sollen (vgl. Tillmann, 1995a, S. 1); darüber hinaus regelt er über die Lehrpläne, anhand welcher Themen, Kontexte und Textsorten die Inhalte und Arbeitsbereiche thematisiert und durch welche kommunikativen Tätigkeiten und welche Sprach- und Lernmittel sie erarbeitet werden sollen. Die Verlage und Schulbuchautoren versuchen die in den Lehrplänen festgelegten Ziele und Inhalte in einzelne jahrgangs- und schulartenspezifische *Stoffverteilungspläne* umzusetzen und auf deren Grundlage adressatengerechte *Lehrwerke* zu konzipieren. Dabei sind die Englischbücher für viele Lehrerinnen und Lehrer wichtigstes Vehikel im Unterricht, das sowohl sprachlich-strukturelle Mittel als auch landeskundliches, sozio-kulturelles Wissen sowie interkulturelle Mediatoren bereitstellt (vgl. Kap. C.3). Auf der Grundlage der eingeführten Lehrwerke und des jeweils vorherrschenden Lehrplans können von den Englischfachschaften übergreifende *örtliche Stoffverteilungspläne* erstellt werden, die von den einzelnen Lehrerinnen und Lehrern in einen klassenbezogenen *Arbeitsplan* umgesetzt werden. Auf der Grundlage des Arbeitsplanes vollziehen sie dann alle weiteren Planungsschritte für den Englischunterricht.

2. Rahmenbedingungen der Lehrplan- und Schulbuchentwicklung

Die zunehmende Multikulturalisierung und Internationalisierung der Welt und die dadurch verschärften Wettbewerbsbeziehungen auf der einen Seite, die zunehmenden personellen, politischen, wirtschaftlichen und kulturellen Verflechtungen auf der anderen Seite verändern die Anforderungen an die Schulabsolventen und führen unmittelbar zu veränderten Perspektiven im Bereich des Englischlernens und -lehrens.

Einerseits wird es immer wichtiger, eine Lingua franca zu erwerben und darüber hinaus das Sprachenrepertoire durch weitere Fremdsprachen zu erweitern, muss doch der zunehmend größer werdenden Mobilität, auch im Sinne der Artikel 126–128 des Maastrichter Vertrages (Europäische Gemeinschaft – Europäische Union, 1993, S. 102ff.), sprachlich mobil und adäquat begegnet werden. Andererseits ist es erforderlich, ein motiviertes und autonomisiertes Lernen und Denken in der Schule zu fördern, da Qualifikationen heute nicht mehr von der Schule allein vermittelt werden können. Lernende Subjekte müssen sich auf einen lebenslangen Lernprozess einstellen; dazu benötigen sie jedoch neben den fremdsprachlichen Fertigkeiten ein grundlegendes Wissen bezüglich des Einsatzes lernförderlicher kognitiver, metakognitiver und sozial-affektiver Strategien. Gegenwärtige und zukünftige Lehrplanentwicklung wird also weit mehr als bisher Aspekte der Qualifizierung (einschließlich eines *lifelong learning*; vgl. Heinisch, 1996), des Fremdverstehens und der interkulturellen Erziehung sowie der Diversifizierung und Autonomisierung berücksichtigen müssen.

Entsprechend diesen veränderten Rahmenbedingungen werden in einem gemeinsamen Kommuniqué der Minister der OECD-Konferenz die folgenden Punkte zu den wichtigsten Zielen bildungspolitischer Zukunftsplanung gezählt: *international dimension of education and training: acquisition of foreign languages; a high quality start to lifelong learning; quality and access in a lifelong perspective* sowie *research and innovation* (OECD, 1994, S. 18).

Von dieser veränderten Betrachtungsweise des Lernens und Lehrens ist in besonderer Weise die Lehrplan- und Schulbuchentwicklung im Bereich der Fremdsprachen sowie der Englischunterricht selbst betroffen. Theorie und Praxis des Englischunterrichts sind in einem starken Veränderungsprozess begriffen, der sich durch den von Wolff (1995b) in drei Punkten angedeuteten Paradigmenwechsel kennzeichnen lässt: von der Instruktion hin zu Konstruktion, von produkt- zu prozessorientierten Lernsituationen sowie vom einheitlichen zu mehr autonomem Lernen (vgl. Einleitung). Es ist anzunehmen, dass dieser Paradigmenwechsel, dem beispielsweise im hessischen *Rahmenplan Neue Sprachen* (Hessisches Kultusministerium, 1996) bereits Rechnung getragen wird, langfristig in der Lehrplanentwicklung und -fortschreibung sowie im tatsächlich stattfindenden Unterricht seine Wirkungen zeigen wird.

3. Lehrplan

3.1 *Funktionen des Lehrplans*

Die hier aufgezeigten Rahmenbedingungen und die damit einhergehenden Veränderungen im Bereich des Englischlernens und -lehrens tangieren auch die grundlegenden Funktionen des Lehrplans. Diese Funktionen werden im Folgenden, unter Rückgriff auf die Klassifikation bei Bamberger (1996, S. 4), näher beschrieben:

(1) *Legitimationsfunktion:* Gegenüber der Öffentlichkeit, aber auch gegenüber der Fachwissenschaft und Fachdidaktik muss dargestellt werden, dass Festlegungen im Lehrplan weder willkürlich noch inkompetent getroffen wurden, sondern vielmehr aufgrund neuester Erkenntnisse aus der Fremdsprachenforschung, der Fremdsprachenerwerbsforschung sowie der Angewandten Linguistik und Psycholinguistik, der psychobiologischen Spracherwerbsforschung oder weiterer Bezugswissenschaften (vgl. auch Tillmann, 1995b, S. 3).

(2) *Vermittlungsfunktion:* Die aus dem oben dargestellten Paradigmenwechsel abgeleiteten neuen Lernziele wie Autonomisierung im Unterricht und Vermittlung von Lernstrategien und Lerntechniken dürfen nicht allein aus gesellschaftlichen und wirtschaftlichen Interessen in die Lehrpläne aufgenommen werden: Sie müssen auch mit pädagogisch-fach-

lichen sowie lernpsychologischen Zielen in Einklang zu bringen sein. Der Lehrplan hat somit die wichtige Aufgabe des Mittlers zwischen gesellschaftlich/wirtschaftlichem Bedarf und persönlichen Bedürfnissen. Bedarfsforschungen sind folglich durch Bedürfnisforschungen zu ergänzen (vgl. Finkbeiner, 1995a, sowie Kap. A.2).

(3) *Orientierungsfunktion:* Der Lehrplan für das Fach Englisch soll den Lehrerinnen und Lehrern wichtige Orientierungsfunktion bieten, indem er ein Selbstverständnis für das Fach formuliert und einen Rahmen für die Inhalte und Arbeitsbereiche setzt. In einem Englischunterricht, der aus einem begründeten Gesamtzusammenhang heraus auf die zunehmende Autonomisierung der Lerner gerichtet ist, muss der Lehrplan auch den Lernenden und deren Erziehungsberechtigten diese Orientierungsfunktion bieten. Dazu muss er transparent sein und in der Sprache dieser Adressatengruppen geschrieben sein.

(4) *Sicherungsfunktion:* Der Lehrplan soll dazu dienen, den Lernenden und deren Erziehungsberechtigten eine Qualitätssicherung und inhaltliche Vergleichbarkeit zwischen allen Schulen und Klassenstufen innerhalb einer Schulart zu garantieren. Davon sind insbesondere auch Fragen der Evaluation, aber auch des Umgangs mit Fehlern betroffen (vgl. Teil F).

3.2 *Zum Begriff „Lehrplan"*

Ein historischer Rückblick zeigt, dass der Staat und die Gesellschaft sich schon seit langem um die Frage von „gutem Unterricht" bemühen (vgl. Tillmann, 1995b, S. 3). Die Geschichte von Lehrplänen und Curricula ist bereits so alt wie die zweieinhalbtausend Jahre alte Bildungsgeschichte in Europa selbst. In dem Moment, da sich die Gesellschaft durch Arbeitsteilung in verschiedene Gruppen zergliederte und pluralistisch wurde, war auch ein Lehrplan und eine Profilbildung bzw. Schwerpunktsetzung im Unterrichtswesen notwendig.

Nach Zimmermann lassen sich Curricula und traditionelle Lehrpläne wie folgt unterscheiden: „Während unter ‚Lehrplan' (in seiner traditionellen Form) ein Ensemble von allgemeinen Zielangaben, Lehrinhalten und methodischen Hinweisen verstanden wird, ist der Begriff ‚Curriculum' wesentlich umfangreicher: Er umfasst neben einer Curriculumtheorie die zur Aufstellung des Curriculum führenden Planungsschritte, staatliche Vorgaben wie Gesetzesnormen aus dem Grundgesetz, aus Länderverfassungen, Schulgesetzen und Prüfungsordnungen, außerdem Informationen zur Legitimation der Entscheidungsträger und des Entscheidungsprozesses, die Lernvoraussetzungen der Unterrichtsaktanten, präzise Ziel- und Inhaltsbestimmungen, die Lernorganisation (Methoden, Medien), die Implementation des Curriculum ..., seine Dissemination ... bis hin zur Evaluation" (Zimmermann, 1995b, S. 135). Dieser immense Aufwand der Lehrplanentwicklung wird noch deutlicher, wenn man sich diesen hier beschriebenen Prozess für alle Fächer, alle Jahrgangsstufen und die verschiedenen unterrichtlichen Schulstufen vorstellt. Nach Westphalen muss man allein in Deutschland von circa 7000 Lehrplänen ausgehen (vgl. Zimmermann, ebd.).

Im Zusammenhang mit der Erstellung eines Curriculums – wobei heute vorzugsweise wieder von Lehrplänen gesprochen wird – sind zahlreiche Entscheidungen zu treffen. Diese betreffen die Fragen des „wann, wie, wem, wie oft, wozu, mit welchen Mitteln" des Unterrichts. Im diesem Bereich lassen sich für die letzten 50 Jahre drei exemplarische Konzepte unterscheiden (vgl. Edmondson & House, 1993, S. 281ff., sowie Kap. A.3, Abschnitt 2.3): formal oder grammatisch, notional oder funktional, lernorientiert oder aufgabenorientiert. Thematisch werden häufig sprachliche, landeskundliche und literarische Curricula unterschieden (vgl. Buttjes, 1995; Glaap, 1995; Zimmermann, 1995b).

3.3 *Ebenen der Planung und Konzeption: Vom Lehrplan zum Stoffverteilungsplan*

Die Planung und Konzeption von Fremdsprachenunterricht kann auf mehreren Ebenen erfolgen.

(1) *Weltebene:* Nach Klafki (1992, 1993) sind aufgrund der Globalisierung der Welt und zunehmender Schlüsselprobleme Curricula auf supranationaler Ebene erforderlich. Darüber hinaus wird spätestens seit der von der OECD-Konvention in Artikel 1 gemeinsam unterzeichneten Festlegung der Partner im Jahre 1960 und der darauf aufbauenden Erklärung auf Einrichtung eines gemeinsamen Centre for Educational Research and Innovation im Jahre 1968 eine Abstimmung auch auf nationaler Ebene notwendig. Mit dem OECD-Dokument *The curriculum redefined: Schooling for the 21st century* (OECD, 1994) liegt nun erstmals ein Ergebnis eines solchen gemeinsamen Bemühens vor.

(2) *Europäische Ebene:* Durch die in „Maastricht I" im Jahre 1992 festgelegte Verpflichtung der europäischen Partner zur gegenseitigen Anerkennung von Diplomen, Studien und Berufsabschlüssen wird eine Abstimmung auch auf europäischer Ebene notwendig. Eine bildungspolitische Grundlage im Bereich der Fremdsprachen ist im Artikel 126 der Maastrichter Verträge zu sehen: Dort werden als wichtigste Ziele „die Entwicklung der europäischen Dimension im Bildungswesen, insbesondere durch Erlernen und Verbreitung der Sprachen der Mitgliedsstaaten" und die „Förderung der Mobilität von Lernenden und Lehrenden, auch durch die Förderung der akademischen Anerkennung der Diplome und Studienzeiten" genannt (vgl. Europäische Gemeinschaft – Europäische Union, 1993, S. 102). Wichtig im Zusammenhang mit dem Ziel der Autonomisierung des Fremdsprachenlerners ist ferner das Ziel der „Förderung der Entwicklung der Fernlehre" (ebd.). In Artikel 127 wird die Förderung dieser Mobilität auch für die in der beruflichen Bildung befindlichen jungen Erwachsenen betont.

Ein Ansatz zur Verwirklichung der interkulturellen Erziehung sowie der Wahrung kulturellen Erbes ist in Artikel 128 zu sehen. Die im Comité Directeur de la Coopération Culturelle (CDCC) organisierte Ständige Konferenz der Europäischen Erziehungsminister sieht demnach auch in der Pflege der lebenden Fremdsprachen zusammen mit der interkulturellen Erziehung die größte Aufgabe für die vielsprachige europäische Gemeinschaft (vgl. Sekretariat der Ständigen Konferenz der Kultusminister der Länder in der Bundesrepublik Deutschland, 1987, S. 23).

(3) *Landesebene:* Bei der Konzeption eines neuen Lehrplans muss der Stoff auf die verschiedenen Klassenstufen und auf unterschiedliche Schwerpunkte verteilt werden. Dies geschieht in Lehrplänen und in Bildungsplänen (= Sammlung aller schulartenspezifischen Lehrpläne).

(4) *Redaktionelle Ebene:* Bei der Erstellung eines Lehrwerkes wird der vom Lehrplan für eine Klassenstufe vorgegebene Stoff in das konzeptionell erarbeitete Raster (Unit-, Lektionsaufbau o. Ä.) integriert. Dazu ist die Erstellung eines lehrwerksinternen Stoffverteilungsplans notwendig (vgl. Westbury, 1991).

(5) *Schul(ort)ebene:* Bei der Planung des Unterrichts innerhalb einer Schule und/oder eines Schulortes wird von den Fachschaften gemeinsam ein örtlicher Stoffverteilungsplan erstellt. Dabei sind im Allgemeinen fächerverbindende Aspekte zu berücksichtigen (vgl. exemplarisch Kuntze, 1995, S. 235).

(6) *Klassenebene:* Von der Lehrkraft wird nun ein klassenbezogener Arbeitsplan erstellt, der eine Transformation des örtlichen Stoffverteilungsplanes auf Klassenebene darstellt und sich auf ein ganzes Schuljahr, ein Schulhalbjahr, auf ein paar Wochen (Unterrichtseinheit), auf eine Woche oder eine einzelne Unterrichtsstunde bezieht. Dabei ist es notwendig, Pufferzonen, Freiräume, Nahtstellen zwischen den Fächern, Raum für Projekte, Portfolioarbeiten u. Ä. sowie offene Unterrichtsphasen einzuplanen.

4. Lehrwerk

Die Umsetzung eines Lehrplans in ein Lehrwerk für den Englischunterricht erfolgt entweder simultan zur Neukonzeption eines Lehrplans oder danach. Dabei spielen eine Fülle von Faktoren[1] eine Rolle, die zum einen von der gesamtgesellschaftlichen und wirtschaftlichen Bedarfslage, zum andern von den Bedürfnissen der Lehrerinnen und Schüler bestimmt werden:

(1) *Planung:* Zunächst werden Informationen zur Bildungspolitik des jeweiligen Bundeslandes, zu neuen Richtlinien, Lehrplänen, Verordnungen (z. B. Schulbuchzulassungsverordnung) und Gesetzen, zum Markt und zu Marktbedürfnissen, zum finanziellen Spielraum für Innovationsbemühungen aufseiten der Bildungspolitik und des Verlegers, zu Ergebnissen aus der fachwissenschaftlichen und fachdidaktischen Forschung sowie zu Ideen und Vorstellungen des Autorenteams und der Berater gesammelt. Auf dieser Grundlage werden Entscheidungen für eine vertretbare, finanzierbare, für die Öffentlichkeit plausible und auf dem Markt konkurrierfähige Gesamtkonzeption getroffen.

(2) *Konzeption:* Danach werden auf der Basis eines gemeinsamen Konsenses zwischen Redaktion, Autorenteam und Beratern inhaltliche, methodische und gestalterische Grundlagenentscheidungen bezüglich des Gesamtwerkes und seiner Beiwerke getroffen: Begleitbuch für den Unterricht, Anhänge und Workbooks zu Grammatik und Wortschatz, Materialien zur Freiarbeit, Kontrollaufgaben, Cassetten bzw. CDs, Computersoftware, Wandposter, Videos, Handpuppen, Lernspiele, Wörterbücher und Lesehefte.

(3) *Entwurf, Layout, Korrektur und Werbung:* Nachdem die Grundlagenentscheidungen getroffen wurden, wird Material zu den Themen gesammelt und ein erster Entwurf erstellt, besprochen und bearbeitet sowie unter den Aspekten Richtlinien- und Zulassungskonformität und unter Berücksichtigung erster Kostenkalkulationen geprüft. Im Anschluss daran werden die Entscheidungen für den Titel und das Layout (Satzspiegel, einschließlich Einsatz und Ort des Bildmaterials, Schriften und Farben) getroffen. Hier spielen neben didaktischen Überlegungen auch Marktfragen und Trends eine große Rolle. Entsprechend diesen Vorgaben wird das Manuskript überarbeitet. Parallel dazu beginnt die Werbephase und die Präsentation mit ersten Informationsmaterialien.

(4) *Druck, Auslieferung und Präsentation:* Schließlich wird das Lehrwerk gedruckt und auf dem Markt angeboten sowie in den Schulen, bei Fachkongressen und zentralen und dezentralen Lehrerfortbildungsveranstaltungen präsentiert.

---

[1] Ich danke Jennifer Wood (Bristol/England) von der Schulbuchredaktion Englisch des Ernst Klett Verlags Stuttgart für viele hilfreiche und anregende Informationen.

5. Unterricht

In diesem Abschnitt wird auf die Möglichkeiten und Grenzen der Umsetzung von Lehr-
plan- und Lehrwerkvorgaben im konkreten Unterricht eingegangen.

5.1 *Zur Lehrplanrezeption und Lehrplanakzeptanz*

Die bisherigen Ausführungen sollten zeigen, dass Lehrplan- und Schulbuchentwicklung
meist aus neuen Erfordernissen erwächst, gesellschaftlichem Diskurs ausgesetzt und durch
viele Faktoren bedingt ist. Sie wird mit hohem personellem und finanziellem Aufwand betrieben und verlangt in der Umsetzung mindestens ebenso hohes personelles Engagement
aufseiten der Betroffenen sowie einen enormen finanziellen Einsatz aufseiten der Schul-
träger (neue Schulbücher, neue Medien usw.).

Nach Tillmann (1995b, S. 4) kann man von einem regelrechten Boom der Curriculum-
forschung seit Anfang der Siebzigerjahre sprechen. Umso verwunderlicher ist es, dass es
kaum empirische Befunde dafür gibt, wie Lehrpläne in die Praxis umgesetzt, wie sie von den
Lehrerinnen und Lehrern rezipiert und akzeptiert werden und welche Wirkungen sie auf
die Schüler sowie auf die Gestaltung des schulischen Lebens haben.

Im Folgenden wird deshalb von einer schriftlichen Umfrage in einem fachdidaktischen
Seminar zum Thema Lehrplan – Unterricht bei Lehramtsstudenten des Faches Englisch an
der Pädagogischen Hochschule Heidelberg im Wintersemester 1995/96 zu den Wirkungen
der Textsorte „Lehrplan" berichtet. Diese Umfrage ist natürlich nicht repräsentativ, gibt jedoch Tendenzen wieder, die als nützliche Handlungsimpulse verstanden werden können.
Durch die Frage „Welche Erinnerungen haben Sie an den *Lehrplan* als Schüler / Wie haben
Sie als Schülerin *Lehrplan* erlebt?" sollten die subjektiven Theorien der zukünftigen Lehrerinnen und Lehrer bezüglich des Begriffes „Lehrplan" retrospektiv erfasst werden (vgl. Kallenbach, 1996; Schnaitmann, 1996b). Die Antworten werden wörtlich wiedergegeben:

- *Mit dem Lehrplan konnte ich bis jetzt nicht viel anfangen. In der Schule tauchte er nur dann
  auf, wenn es hieß, dass keine Zeit ist und der „Lehrplan durchgebracht werden muss". Deshalb
  war für mich der Lehrplan nur ein Buch, in dem stand, welche Themen und Inhalte im Unterricht behandelt werden.*
- *Lehrplan bedeutete für mich Lehrer unter Druck: Ich muss mit meinem Stoff durchkom-
  men. Diskussionen wurden abgebrochen, da das Diskussionsthema nicht im Lehrplan stand
  und keine Zeit dafür vorhanden war. Aber in Religion nannte die Lehrerin uns Themen für das
  Schuljahr und wir durften Schwerpunkte setzen, was uns am meisten interessierte.*
- *Die Lehrer waren meistens im zeitlichen Dilemma: Das steht alles im Lehrplan und wir
  kommen mit dem Stoff nicht durch. Die Inhalte waren bedrohlich, Druck ausübend. In mir
  kam die Vorstellung auf, dass der Lehrplan zu voll sein muss. Lehrplan war für mich etwas Abs-
  traktes, von höherer Hand verfasst.*
- *Am Schuljahresanfang las der Lehrer seinen Lehrplan vor, damit die Schüler einen Überblick
  über das kommende Jahr erhielten. Da die meisten Themen (Englisch und Mathematik) aber
  für uns neu waren, war dieser Überblick für uns zu verwirrend. Man bekam fast Angst, da es
  sich immer nach so viel nicht zu bewältigendem Stoff anhörte. Wollte man später zusätzliche
  oder weiterführende Themen, so hieß es: Das steht nicht im Lehrplan. Für uns war der Lehrplan
  eine beängstigende Aufstellung von viel zu viel neuem Stoff, der keinerlei Aktivitäten bot und
  nur stur abzuhandeln war.*
- *Lehrplanänderungen machten sich in Themenwechseln bemerkbar.*

Die subjektiven Theorien der zukünftigen Lehrer lassen sich wie folgt zusammenfassen: In allen Äußerungen ist eine Hilflosigkeit sowie ein Gefühl des Ausgeliefertseins an den Lehrplan herauszuhören. Der Lehrplan selbst wurde offensichtlich als eine Art „heimlicher Lehrplan" wahrgenommen (vgl. Vallance, 1991), durch den systematisch, kontinuierlich und fachunabhängig strukturelle Gewalt ausgeübt wurde. Die affektive Seite des Fremdsprachenlernens wurde nach den Aussagen der Befragten stark vernachlässigt. Innerschulische Gegebenheiten und die Bedürfnisse der Einzelnen wurden nach dem subjektiven Empfinden der Befragten ignoriert: Es blieb keine Zeit und kein Raum für handlungsorientiertes, schülerorientiertes Lernen. Die unter 3.1 aufgeführten Funktionen des Lehrplans (insbesondere Vermittlung zwischen gesellschaftlichem Bedarf und persönlichen Bedürfnissen der Lernenden, Sicherung bestimmter Standards) wurden also von keinem der Befragten wahrgenommen oder erinnert. Hier werden Problematik und Grenzen der Umsetzung besonders rigider curricularer Konzepte in einer Lernwelt deutlich, die einen lerner- und lernorientierten Unterricht und Lernen als konstruktiven Prozess ermöglichen sollte.

5.2 Erwartungen an den Lehrplan
Ergänzend zu der retrospektiven Erhebung in Abschnitt 5.1 wurden die Studierenden gebeten, Erwartungen an den Lehrplan aus ihrer heutigen Sicht zu formulieren. Auch diese Antworten werden wörtlich wiedergegeben:

- *Der Lehrplan hat die Funktion einer Richtlinie. Er sollte Angaben zu Lernzielen und Vorschläge zur Methodik machen; diese sollten jedoch nicht verbindlich sein. Er sollte genügend pädagogischen Freiraum lassen. Die Transparenz des Lehrplans ist wichtig und die Mitbestimmung der Schüler.*
- *Ich erwarte Tipps zur Methodik, eine Hilfestellung, um genau planen zu können, Hinweise zur Klassenstufe, eine klare Strukturierung der Themen und den Einbezug fächerübergreifender Themen.*
- *Der Lehrplan soll den zeitlichen Rahmen beachten. Er soll Spielraum lassen für verschiedene Unterrichtsweisen und -möglichkeiten. Er soll Anregungen geben. Er soll nicht zu eng sein, sondern Variationsmöglichkeiten zulassen. Er soll nicht jedes Jahr erneuert werden bzw. neu gemacht werden.*
- *Heute erwarte ich, dass der Lehrplan Hilfen gibt zur Unterrichtsplanung, dass er übersichtlich gegliedert und strukturiert ist, dass er eine gewisse chronologische Abfolge der Lehr- und Lerninhalte gibt, dass die Lernziele unmissverständlich formuliert sind, dass er Möglichkeiten zum fächerübergreifenden Unterricht bietet, dass er Stunden zum flexiblen bzw. freien Gestalten mit einkalkuliert, dass er mögliche Hilfsmittel angibt.*
- *Der Lehrplan soll den zu behandelnden Stoff über die einzelnen Schuljahre sinnvoll aufgliedern. Er soll logisch, schlüssig und gut strukturiert sein. Es sollen Alternativen (Ausweichthemen) angeboten werden. Er soll Freiräume lassen. Weiterhin soll die geographische Flexibilität im Hinblick auf die Auswahl der Sprachvariante und der landeskundlichen Aspekte garantiert werden.*

Der hier geäußerte Grundtenor deckt sich mit Ergebnissen einer Umfrage, die als curriculare Begleitforschung zur Lehrplanentwicklung in Hessen in den Jahren 1993 bis 1996 durchgeführt wurde (vgl. Hessisches Institut für Bildungsplanung und Schulentwicklung, 1995). Auch hier wurde „mit besonderem Nachdruck ... die Erwartung geäußert, dass neue Rahmenpläne keine Einengung der individuellen pädagogischen Freiheit vornehmen dürfen und lediglich einen groben unterrichtlichen Rahmen abstecken, den ‚Roten Faden' kennzeichnen bzw. einen Minimalkonsens charakterisieren" (Vollstädt, 1995, S. 138).

5.3 *Zur Funktion und Akzeptanz des Lehrwerks*

Es ist grundsätzlich festzustellen, dass das Schulbuch im Englischunterricht der Sekundarstufe I im Vergleich zur Sekundarstufe II eine weitaus gewichtigere Funktion einnimmt. Dabei kommt dem Lehrwerk zunächst eine Stützfunktion zu. Es gliedert den Fremdsprachenlehrgang in Einzelschritte, die in der Regel aufeinander aufbauen und einer Progression folgen. Jedoch kann die Stützfunktion des Lehrwerks auch zu einer Zwangsfunktion werden. Diese kann sich dahingehend auswirken, dass das Schulbuch zum „heimlichen", das heißt zum tatsächlichen Lehrplan werden kann. Dass diese These, nicht zuletzt aufgrund der immer größer werdenden Belastung aufseiten der Lehrenden, in vielen Fällen zutrifft, zeigt eine Analyse mit Stoffverteilungsplänen, die gemeinsam mit Lehramtsstudierenden der Universität Kassel durchgeführt wurde. Die untersuchten Stoffverteilungspläne bezogen sich in ihren Inhalten kaum bzw. gar nicht auf den zugrunde liegenden Rahmenplan des Landes, sondern spiegelten exakt den Unitstrukturplan des jeweils verwendeten Lehrwerkes wider. Dies ist umso bemerkenswerter, als der Rahmenplan zwar neu ist, die verwendeten Lehrwerke in der Regel jedoch noch dem alten Rahmenplan entsprechen. Neue Lehrwerke, die sich am neuen Rahmenplan ausrichten, sind aufgrund der finanziellen Knappheit der öffentlichen Haushalte noch kaum eingeführt. Dies führt zu einer großen Diskrepanz zwischen Anspruch und Wirklichkeit im Hinblick auf unterrichtliches Handeln. Es versteht sich aufgrund dieser Tatsache von selbst, dass den Schulbuchverlagen sowie den Schulbuchautoren und -autorinnen eine ganz besonders verantwortungsvolle Aufgabe zukommt: Diese besteht darin, einerseits die vorgegebenen Rahmenziele in sinnvolle, adressatengerechte, zeitgemäße, motivierende und authentische Kontexte umzusetzen, andererseits aber auch darüber hinausreichende Optionen anzubieten, die eine größere Individualisierung sowohl für die Lehrenden als auch für die Lernenden zulassen. Diese Individualisierung ist dabei als echte Chance zu sehen, dem gegen Ende der Sekundarstufe I auftretenden Phänomen des zunehmenden Interesse- und Motivationsverlustes der Lernenden dem Fach Englisch gegenüber ganz entscheidend entgegentreten zu können.

6. Schlussfolgerungen und Ausblick

Die durchgeführten Befragungen deuten darauf hin, dass im Hinblick auf den Lehrplan eine große Diskrepanz zwischen pädagogischer Erwünschtheit und tatsächlich vorgefundener Wirklichkeit besteht. Dies betrifft einerseits den Lehrplan selbst, andererseits aber auch die Art und Weise, wie zumindest ein Teil der Lehrerinnen und Lehrer den Lehrplan gegenüber Schülern und Schülerinnen artikuliert. So wurde bei der Befragung mit den Studierenden deutlich, dass ein Teil der Lehrer und Lehrerinnen selbst, möglicherweise unbewusst, dazu beiträgt, den Lehrplan den Schülerinnen und Schülern gegenüber mit negativen Begriffen zu bezeichnen (Zeitdruck, Themenzwang). Durch diese Attributionen, die Bestandteil ihrer persönlichen „naiven Theorie" über die Funktion von Lehrplänen sind, schaffen jene Lehrer Ordnung in ihrer schulischen Umwelt und ermöglichen dadurch Vorhersage und Kontrolle von Handlungen (vgl. Meyer & Försterling, 1993, S. 176). In diesem Zusammenhang ist der Hinweis wichtig, dass Individuen gerne solche Attributionen vornehmen, die positive Konsequenzen für das Selbstbild und für die eigenen Affekte mit sich bringen (ebd., S. 203). Insofern haben übergeordnete Instanzen wie der Lehrplan oder das Schulbuch auch eine entlastende Funktion: Sie nehmen den Lehrenden ein Stück ihrer Verantwortung ab. In diesem Sinne wird der Lehrplan selbst zum *heimlichen Lehrplan*: Ein kleiner Verweis auf diese Instanz gegenüber den Schülern genügt, um ein bestimmtes unterrichtliches Handeln zu legitimieren bzw. zu unterbinden. Diese negative Besetzung setzt sich jedoch in den Köpfen sowohl der Schüler als auch der Lehrerinnen fest. Lehrplanentwicklung muss also vor allem auf der Seite der *Betroffenen* ansetzen, wenn sie erfolgreich sein will. Letzten Endes hängen der Umgang mit dem Lehrplan sowie seine Umsetzung ganz entscheidend von den persönlichen Vorannahmen und Einstellungen der Betroffenen ab.

Die Überlegungen deuten darauf hin, dass es nicht genügt, die wachsende Autonomisierung der *Lernenden* allein als zukünftiges Ziel zu verfolgen. Diese wird nämlich nur dann gelingen, wenn sie mit einer Autonomisierung der *Lehrenden* einhergeht. Dazu sind jedoch begleitende Maßnahmen notwendig, die neben der Lehrplanentwicklung auch eine Weiterentwicklung im Bereich der Aus-, Fort- und Weiterbildung von Lehrerinnen und Lehrern mit einschließen. Dies impliziert letzten Endes auch eine veränderte Perspektive in der Lehreraus- und -fortbildung.

B Fremdsprachen lernen und lehren

1 Zehn Prinzipien des Fremdsprachenlernens und -lehrens
Wolfgang Butzkamm

Prinzipien des Fremdsprachenlernens und -lehrens, kurz Unterrichtsprinzipien, sind theoretisch verankerte Leitsätze des Unterrichtens. Krashen spricht in seinen zahlreichen Veröffentlichungen von „Hypothesen" und versteht darunter Grundannahmen über das Lernen und Lehren; andere Autoren haben Unterrichtsprinzipien als Handlungsmaximen ausgelegt. Man denke an die *slogans* des audiolingualen Ansatzes aus den Sechzigerjahren, etwa "Teach the language, not about the language" (Moulton, 1961; Prator, 1976).

Welche Prinzipien postuliert werden, ist zeitbedingt. Man möchte gerne neuen Gesichtspunkten Geltung verschaffen und ignoriert unter Umständen, was als selbstverständlich gelten könnte und nur Langeweile erzeugt. Die Kunst dabei ist, möglichst wenige griffige Leitsätze überzeugend herauszustellen.

Die Prinzipien besitzen untereinander eine korrigierende Funktion: sie akzentuieren und begrenzen sich wechselseitig. So würde die Verabsolutierung eines Prinzips auf Kosten anderer gehen und damit zu unerwünschten Aus- und Nebenwirkungen führen.

Die folgenden Prinzipien sind auf eine – heute in Ansätzen sich abzeichnende – psychobiologische Spracherwerbstheorie bezogen, die alle Erwerbssituationen, Unterricht inklusive, zu integrieren versucht.

1. Das Prinzip der Mündlichkeit

Das Ohr ist der Weg. Jahrtausende sind vergangen, in denen Sprache reine Mündlichkeit, ein Produkt des Gehörs und des Stimmtrakts war. Was hier stammesgeschichtlich vorgegeben ist, vollzieht sich auch ontogenetisch. Schon im Mutterleib gibt sich das werdende Kind der Sprache hörend hin, lässt sich von ihrer Musik umspielen, ist „ganz Ohr". Später geht auch das Lesen den Weg über die Lautsprache: „Man liest mit den Ohren" (Tomatis, 1992, S. 27). Hören und das daran gekoppelte Sprechen sind die Grundlage aller anderen sprachlichen Fertigkeiten. Paradoxerweise bringt erst die Konzentration auf das Hören auch das Sehen richtig ins Spiel. Wo man abliest statt zuhört, wo also das Auge am Text klebt, leidet nicht nur Aussprache und Intonation. Vielfältige Signale der Körpersprache, die das Verstehen ungemein unterstützen, gehen verloren. Zum Prinzip der Mündlichkeit gehört mithin die Beachtung prosodischer, kinetischer und proxemischer Merkmale.

Warnung: Vom Prinzip zur Praxis ist ein langer Weg. Die Tücke steckt im Detail. Nichts liegt ja näher, als aus diesem Prinzip nun die bekannte Reihenfolge *Hören – Sprechen – Sehen* abzuleiten, sei es im Sinne einer monatelangen schriftfreien Anfangsphase oder auch nur in der einzelnen Unterrichtsstunde. Es ist aber durch Unterrichtsexperimente erwiesen, dass – zumindest für Anfänger im Sekundarschulalter – das Mitlesverfahren, welches das gesprochene Wort simultan zur Schrift darbietet, sehr effektiv ist. Trotzdem ist das Prinzip der Mündlichkeit gewahrt! Das Mitlesverfahren läuft ihm nur scheinbar zuwider. Das Zugesprochene bleibt nämlich der primäre Stimulus. Das Schriftbild wirkt peripher mit und kann das Gehörte stützen, statt es zu stören (Butzkamm, 1985).

Man denke auch an widrige Umstände in übergroßen Klassen, mit denen Michael West in Indien zu kämpfen hatte. Unter solchen Bedingungen kann die von ihm empfohlene *Read-and-look-up*-Technik der vernünftige Kompromiss sein. Schließlich spielen individuelle Begabungen eine Rolle. "I am all too alphabetic. I have never been able to pick up a language solely by ear," bekennt Anthony Burgess (1988, S. 107).

Methoden sind immer Konstruktionen oder Erfindungen, keine Entdeckungen. Welche Unterweisungstechniken geltende Prinzipien optimal umsetzen, kann letztlich nur vor Ort, durch empirische Unterrichtsforschung, entschieden werden.

2. Das Prinzip der Kommunikation

Die Funktionsverbesserung eines Systems wird „*durch* die Funktion *selbst*" (Lorenz, 1973, S. 101) erzielt. Amerikanische Lerntheoretiker formulieren es so: "We should practise in the precise form later to be demanded of us" (Hilgard & Bower, 1966, S. 87). Eine Fremdsprache lernt man nur dann als Kommunikationsmedium zu benutzen, wenn sie ausdrücklich und genügend oft in dieser Funktion ausgeübt wird.

Man kann natürlich die Riesenaufgabe des Spracherwerbs nur meistern, indem man sie in die Zeit hineinstreckt und die Schwierigkeiten entzerrt. Sprache wird somit schrittweise erworben und doch wird von Anfang an kommuniziert. Kleinkinder lernen, wie ihre Gegenüber, dann wie sie selbst mit Wörtern etwas tun. Wells (1981, S. 17), der das große Bristol-Projekt zur Kindersprachforschung leitete, urteilt: "Conversation is the all-important context of language development." Das gleiche gilt für den natürlichen Zweitspracherwerb (Hatch, 1978b).

In einem schlechten Fremdsprachenunterricht ist es anders: Man soll erst etwas lernen, um es anschließend zu gebrauchen. Die Schwierigkeit liegt darin, in der Schule „the precise form later demanded of us" einzuüben, also den Ernstfall der Kommunikation quasi vorwegzunehmen. Es gilt Mittel und Wege zu finden, vom Unterricht selbst und seinen didaktischen Zielen abzulenken. Schüler sollen sich in der Fremdsprache argumentativ engagieren, mit Worten streiten und Streit schlichten, Freude oder auch Enttäuschung beim Spiel oder im Wettbewerb in der Fremdsprache verbalisieren, interessiert einer Geschichte lauschen statt sie als Sprachlerntext zu verstehen, sowie den Unterricht selbst, alles Organisatorische, alle menschlichen Probleme so früh und so weit wie möglich fremdsprachlich regeln. Versteht der Lehrer seine Vorgaben bloß als „Sprechanlass" für den Schüler? Nimmt er seine thematischen Impulse selbst ernst, oder sind sie letztlich doch nur ein Vorwand, Sprache zu üben?

Theoretisch kann man eine Sprache durch Zuhören allein erwerben, ohne sich sprechend zu beteiligen. Insofern kann man auch *comprehensible input* als den wichtigsten Faktor des Spracherwerbs bezeichnen (Krashen, 1982). Das gesunde Individuum ist jedoch immer ein aktiver Problemlöser, der etwas unternimmt und riskiert. Es erwirbt Sprache nicht durch bloßes Zuhören, sondern erkundet im Dialog, wie weit jeweils die Verständigung reicht. Wir sprechen uns frei durch freies Sprechen.

3. Das Prinzip der funktionalen Fremdsprachigkeit

Dieses Prinzip folgt unmittelbar aus dem kommunikativen Prinzip und könnte darunter subsumiert werden. Es ersetzt das ältere, immer umstritten gebliebene Prinzip der Einsprachigkeit und bedeutet, dass die Fremdsprache in möglichst vielen Redefunktionen, also im Sinne mitteilungsbezogener Kommunikation, ausgiebig verwendet wird. Die Fremdsprache muss die den Unterricht tragende und regelnde Verkehrssprache sein. Alles Organisatorische ist demnach so bald wie möglich in der Fremdsprache zu regeln. Ein moderner kommunikativer Ansatz mit häufigem Wechsel der Techniken, mit Lernspielen, Entspannungsübungen, Sitzkreisen usw. bietet dazu vielfältige Anlässe. Die Verwendung der Fremdsprache sollte hier eine Selbstverständlichkeit sein. Sie schließt aber den gezielten Einsatz bilingualer Arbeitsformen keineswegs aus.

4. Das Prinzip des Übens

Das Üben ist als Gegenspieler der Kommunikation in Verruf gekommen. In der Tat ist hinreichend belegt, dass mitteilungsbezogene Kommunikation allzu selten stattfindet und der Unterricht von sprachbezogener Kommunikation, in welcher der Übungszweck dominiert, ausgefüllt wird (Mitchell, 1988).

Man darf aber das Kind nicht mit dem Bad ausschütten. Auch im Mutterspracherwerb wird nicht nur kommuniziert, sondern auch mit Sprache geübt und gespielt. Kinder sprechen für sich ein Wort mehrfach nach, um es artikulatorisch zu bewältigen und sich einzuprägen. Sie erproben spielerisch neues Terrain, indem sie Satzmuster durchprobieren.

Das Schulkind ist fähig zur konzentrativen Anspannung. Der Unterricht steht unter Zeitdruck. Übungen wie Chorsprechen, Rezitieren, Vokabellernen usw. sind bewährte Arbeitsformen. Die Kunst des Unterrichtens besteht jedoch darin, immer wieder vom vorbereitenden oder nachträglich-systematisierenden Üben in mitteilungsbezogenes Kommunizieren hinüberzugleiten, oder auch ein ins Stocken geratenes Gespräch durch kurzfristiges Üben zu unterbrechen, um es dann erfolgreich fortzuführen.

Der Unterricht könnte eine *Doppelstrategie* verfolgen: einmal intensives und konzentriertes Einüben kurzer Dialoge, Satzmuster, Wörter und Wendungen, also eines Fundus, den alle Schüler aktiv meistern. Zum anderen extensives Hören und Lesen, auch in der Form des individuellen Lesens in einer Leseecke, um die Masse des Inputs zu steigern. Das Ganze umspielt und unterbrochen von echter Kommunikation, in der man meint, was man sagt.

5. Das generative Prinzip

So wie die funktionale Fremdsprachigkeit des Unterrichts unter das Prinzip der Kommunikation subsumiert werden kann, gehört das generative Prinzip in den Bereich des Übens. Nach Howatt (1984, S. 149) war es Prendergast, ein hier wenig bekannter Methodiker des neunzehnten Jahrhunderts, der dieses Prinzip ins Zentrum seiner Überlegungen stellte:

"To Prendergast, the crucial feature of language was the capacity of human beings to generate an infinite number of sentences from a finite set of means. He was not the first to conceive the generative principle, it is an ancient principle in the philosophy of language, but few had seen it in psycholinguistic terms before, and certainly nobody had tried to apply it to language teaching materials."

Die Grundidee ist, dass ein Satz ein Modell für viele andere Sätze wird. Bekannt ist Humboldts Formulierung des Prinzips: „Denn sie (die Sprache) steht ganz eigentlich einem unendlichen und wahrhaft gränzenlosen Gebiete, dem Inbegriff alles Denkbaren gegenüber.

Sie muss daher von endlichen Mitteln einen unendlichen Gebrauch machen, und vermag dies durch die Identität der Gedanken- und Spracheerzeugenden Kraft" (1963, S. 477).

Dieses Prinzip steht auch hinter den Strukturübungen und Satzschalttafeln des audiolingualen Ansatzes. Sie sind ein Beispiel dafür, wie die Verabsolutierung eines Prinzips in die Irre führt: *Pattern practice* ging auf Kosten der Kommunikation. Der Sprung vom ausgiebig geübten *pattern* zur spontanen Verwendung im Gespräch gelang nicht. Auch Prendergast verrennt sich in seine Idee und schließt sein Werk mit einer riesigen Substitutionstafel ab.

Der Fehler Prendergasts (und anderer vor ihm) ebenso wie der Strukturalisten bestand auch darin, ausschließlich auf die Syntax fixiert zu sein, also lediglich syntaktische Variationen zu bieten, ohne an die Inhalte zu denken. Humboldt sah jedoch beides, wenn er von der „Identität der Gedanken- und Spracheerzeugenden Kraft" sprach.

Im Rahmen der bilingualen Methode wurde eine Lehrtechnik entwickelt, die Satzvariationen als *Sinnvariationen* begreift. Es geht nicht nur darum, aus einem Satz ein Satzmuster zu machen und eine Struktur zu automatisieren. Die Schüler erschließen sich vielmehr den Anwendungsradius einer Struktur, werden sich des kommunikativen – humboldtisch gesprochen: gedanken-erzeugenden – Potenzials bewusst, das in ihr steckt, und setzen sie dann auch für eigene Redeabsichten ein. In der Praxis wird dadurch so geübt, dass die Übung in die Kommunikation hineinführt und die Satzmuster ins Gespräch übernommen werden (Butzkamm, 1993a).

6. Das Prinzip der muttersprachlichen Vorleistung

„Sprache-Lernen ist etwas Höheres als Sprachen-Lernen; und alles Lob, das man den alten Sprachen als Bildungsmitteln erteilt, fällt doppelt der Muttersprache anheim, welche noch richtiger die Sprach-Mutter hieße; und jede neue wird nur durch Verhältnis und Ausgleichung mit der ersten verstanden" (Jean Paul, 1963, S. 827).

In der Tat ist die Muttersprache der Schlüssel zu allen Fremdsprachen. Etwa zehn Jahre lang hält uns unser genetisches Programm ein Fenster zur Sprache offen. Normalerweise wird dieses Zeitfenster von einer oder zwei Sprachen genutzt, wobei eine durchweg dominiert. Neurophysiologisch gesehen legt diese somit die Grundlage für jeden späteren Spracherwerb, und zwar gilt dies für alle sprachlichen Ebenen, für die Phonetik, Semantik, Grammatik und Pragmatik. Durch sprachliche Erfahrung – die schon vor der Geburt einsetzt – wird ein neuronales Netzwerk geknüpft, dessen sich alle weiteren Sprachen bedienen müssen.

Beispiel Sprech- und Schreibmotorik: Über Jahre hinweg lernen wir an den muttersprachlichen Klanggestalten komplizierteste Bewegungsabläufe von Lippen, Zunge, Kiefer und Kehlkopf exakt zu koordinieren. Jede weitere Sprache baut auf dieser Stimmbildung auf. Und natürlich benutzen wir auch unsere mühsam geschulte Schreibhand, um kyrillisch zu schreiben. Dass wir neuartige Kringel zeichnen müssen, ja bekannten Formen neue Werte zuordnen, also auch umlernen müssen, ändert nichts an der enormen Vorarbeit, die schon muttersprachlich geleistet wurde.

Beispiel Semantik: Unser allgemeines Weltwissen entwickelt sich in der Muttersprache und wird durch sie geprägt. Ein Kind lernt nur allmählich, was ein Geburtstag ist. Stück für Stück wird dies erlebt und erfahren: dass man selbst Geburtstag hat, aber auch andere; dass dieser Tag wiederkommt; dass man dabei älter wird; dass man das Herannahen am Kalender abzählen kann; dass man diesen Tag „feiert" ... Das alles braucht Jahre, ebenso wie man sich gewöhnlich erst mit sieben Jahren oder mehr in Verwandtschaftsbezeichnungen auskennt. Denn auch hier begreift das Kind nur allmählich, dass auch Mama und Papa Geschwister haben, wie man selbst Geschwister hat, und dass Onkel und Tanten eben diese Geschwister sind usw. Bei jedem fremdsprachlichen Text stellt dieses muttersprachlich geprägte Weltwissen die grundlegenden Verstehenskoordinaten dar.

Die Verfechter der Einsprachigkeit machen sich überhaupt nicht klar, wie wir im Fremdsprachenunterricht ständig von diesen muttersprachlich eingefärbten Alltagsbegriffen Gebrauch machen. Das kann ins Auge gehen, wenn wir es mit fremden Kulturen zu tun haben. Im Markusevangelium (6,21) wird berichtet, dass König Herodes an seinem Geburtstag ein Trinkgelage für die führenden Männer des Landes gab. Als Missionare den Text in eine Indianersprache übersetzten, hörte sich das für die Indianer so an, als ob Herodes dieses Trinkgelage am Tag seiner Geburt gab. „Eine unglaubliche Tat – so mussten die Leute denken. Da jedoch ihren mythischen Helden der Frühzeit ähnlich erstaunliche Taten zugeschrieben werden, waren sie bereit, die Fehlübersetzung zu glauben, allerdings nur als Fabel" (Nida, 1968, S. 48). Die Indianer kannten eben nicht den Brauch, den Geburtstag, genauer: die Wiederkehr des Geburtstages zu feiern.

Beispiel Grammatik: Durch die Muttersprache haben wir eine – vorwiegend unbewusste – Sensibilität für Morphologie und Syntax erworben, für Wortklassen, Prädikation, Kasus und Kongruenz. Konjunktionen zum Beispiel, die in der Sprache des Vorschulkindes relativ spät auftauchen, sind für einen elfjährigen Englischlernenden kein grundsätzliches Problem mehr. Ohne solches implizites Wissen würden wir wohl vor der Grammatik der Fremdsprachen kläglich scheitern.

Beispiel Pragmatik: Das Kleinkind braucht Zeit, um *du* und *ich*, *mein* und *dein* dem jeweiligen Sprecher zuzuordnen. Das gelingt nicht auf Anhieb: sie sagen *du*, meinen aber *ich* usw., bis der korrekte Gebrauch immer mehr zunimmt. Oder: Bei siebenjährigen Kindern waren nur 57 % der Äußerungen, in denen sie anderen etwas *versprechen* wollten, auch wirklich korrekt formuliert. Ebenso haben Kinder in diesem Alter noch große Schwierigkeiten, rückverweisende Pronomen, die für den Zusammenhang von Texten wichtig sind, angemessen zu verstehen (Grimm, 1995). Und so könnte man fortfahren. Es ist unsere Muttersprache, die uns die Ohren und Augen auftut für lexikalische Bedeutungskonstellationen, für den Sinn grammatischer Regelungen und pragmatischer Konventionen. Jede Schulfremdsprache profitiert davon.

Dass die Muttersprache immer mitspielt – und zwar viel öfter im positiven als im negativen, d. h. Fehler erzeugenden Sinne –, ist unabweisbar. Ob der Lehrer die Muttersprache auch direkt und explizit einsetzen soll, ist eine andere Frage, die aber schon längst empirisch entschieden ist. Es gibt hoch effektive bilinguale Arbeitsformen, auf die kein Unterricht verzichten sollte (Butzkamm, 1973, 1980, 1993a).

7. Das Prinzip der Individualisierung oder Lernerorientierung

Was machen wir, wenn jemand zu uns kommt, um unsere Sprache zu lernen? Wir versuchen ein Gespräch über alles, was gerade interessiert und gemeinsam in den Blick kommt – den ungewohnten Laut und seine Art der Hervorbringung, die Frühlingssonne, die schon recht warm scheint, den bunten Stein, der am Wege liegt. Alles ist verwertbar. Das einzige Bestreben muss sein, das Gespräch nicht abreißen zu lassen, und es braucht nicht abzureißen. Denn beide, der Sprachmeister und sein „Lehrling", können je nach Bedarf und von Augenblick zu Augenblick das Gespräch auf die Sprache selbst und das momentane Verständigungsproblem zurücklenken, um dann das eigentliche Thema fortzuspinnen. Im Fachjargon: Sie springen zwischen sprachbezogener und mitteilungsbezogener Kommunikation hin und her. Der eine erklärt gerade so viel, und der andere übt gerade so viel, wie sie brauchen, damit sie weiterreden können.

Es ist wohl für niemanden ein Problem, einem Kind Englisch beizubringen – immer vorausgesetzt, man kann selbst Englisch. Das Problem ist, verschiedenen Kindern zugleich Englisch beizubringen. In Herbarts Worten: „Die Verschiedenheit der Köpfe ist das große Hindernis aller Schulbildung. Darauf nicht zu achten ist der Grundfehler aller Schulgesetze."

Im Muttterspracherwerb zeigt sich – bei allen Übereinstimmungen – eine Fülle von Verschiedenheiten in den Entwicklungswegen sowie in der Geschwindigkeit, mit der einzelne Wegstrecken durchmessen werden. Desgleichen im natürlichen Zweitspracherwerb. In Wong-Fillmores Studie (1976) von mexikanischen Einwandererkindern in Kalifornien war eines der Mädchen schon nach drei Monaten so weit wie ein anderer Junge nach einem Jahr. Mit all diesen Verschiedenheiten ist die Wissenschaft noch nicht klargekommen. Die Gründe für die nachgewiesene hohe individuelle Varianz beim Spracherwerb sind noch weitgehend unerforscht.

In der Pädagogik gilt seit Rousseaus These vom Eigenrecht und von der Eigenart des Kindes die Individualität des Zöglings als Grundvoraussetzung für alles pädagogische Handeln.

Wiederum ist es vom Prinzip zur Praxis ein langer Weg. Meines Erachtens wird es bei den üblichen Klassengrößen immer eine Kunst bleiben, mit einer ganzen Klasse zu arbeiten und sich zugleich noch um einzelne Kinder zu kümmern.

8. Das Prinzip der Selbsttätigkeit

Bruner (1983, S. 60) hat detailgenau dokumentiert, wie Mütter es verstehen, sich jeweils den Fortschritten ihrer Kleinkinder anzupassen und ihnen zunehmend mehr Sprechanteile zu überlassen. Er spricht vom „handover principle". Der Drang der Kinder zur Selbstständigkeit, dem die Mütter so klug nachgeben, ist natürlich nicht auf das Sprechenlernen beschränkt. Kinder wollen – wie viele junge Säugetiere – ihre Umwelt auf eigene Faust erkunden: sie zeigen „exploratives Verhalten". Ich erinnere mich, wie meine Tochter über eine Mauerkrone lief und irgendwann meine helfende Hand mit den Worten fortstieß: *Gis leine* (= Gisa kann das allein). Das wurde bald eine Standardrede bei ihr. Andere Kinder gebrauchen ähnliche Formeln:

Kann helber! (= selber)
Helber machen!
Nein, ich!
C'n manage.

Die Rollenübergabe ist nun in der Pädagogik als das Prinzip des selbsttätigen Lernens hinlänglich bekannt. Man denke auch an Schlagwörter wie *learning by doing*, Lernerautonomie oder an die Freinet-Pädagogik (Dietrich, 1995a). Von Stevick stammt der Ratschlag: "Teach, then test, then get out of the way" (Stevick, 1976, S. 122). Dieser Zyklus, der mit dem Rückzug des Lehrers endet, sei in jeder Lehreinheit erneut zu durchlaufen. Auch das Bemühen um das Lernen auf Gegenseitigkeit, im *Tandem*, gehört hierher, ebenso wie Jean-Pol Martins „Lernen durch Lehren", wo Schüler traditionelle Lehrerfunktionen übernehmen und z. B. im Team eine Lektionseinführung gestalten (Martin, 1985; vgl. auch Kap. C.12). Nicht zu vergessen schließlich Projektunterricht und Projektwochen.

So ist jede Sprachlehrmethode auch daran zu messen, ob und wie sie diesen Rollenwechsel regelmäßig einplant und herbeiführt. „Übrigens ist mir alles verhasst, was mich bloß belehrt, ohne meine Tätigkeit zu vermehren oder unmittelbar zu beleben" (Goethe).

9. Das Prinzip der Relevanz

„Die Colloquia in Langens Grammatik weissagt ich mir deutsch aus Sehnsucht ihres Inhalts", berichtet Jean Paul in seiner Selberlebensbeschreibung (1971, S. 22). Könnte man Ähnliches auch von Anfangstexten moderner Lehrwerke erwarten? Mitchell, Parkinson und Johnstone (1981, S. 66) sprechen in ihrer empirischen Studie über den Französischunterricht in Schottland von einem „content vacuum". Die Banalität der Texte ist offensichtlich eine ungewollte Nebenwirkung der direkten Methode, aber auch eines modernen kommunikativen Ansatzes.

Dies ist besonders ein Problem des Fremdsprachenunterrichts, der nicht stundenintensiv und auf mehrere Jahre ausgerichtet ist. Unter dem kommunikativen Banner werden Schüler mit Alltagssituationen (z. B. Einkaufen, Wetter) und wichtigen Redefunktionen (z. B. Auskünfte erbitten, Vorschläge machen) bekannt gemacht. Das leuchtet ein. Wenn ein Auslandsbesuch bevorsteht, will man dafür sprachlich gerüstet sein. Dann wird etwa relevant, was man beim Telefonieren in der Fremdsprache beachten muss. Diese Art von Relevanz sollte uns aber nicht genügen. Wer nach drei Jahren Deutschunterricht in Spanien nach Deutschland reist, wird ohnehin nicht ohne Sprachführer oder Reisewörterbuch auskommen, die in solchen Alltagssituationen aushelfen. In der Schule brauchen wir darüber hinaus sprachlich einfache Texte, die Tugenden wie Mut und Mitleid entwickeln, den Sinn für das Schöne ansprechen und hinweisen auf den Beitrag einer fremden Kultur zur *conditio humana*. Die Rudolf-Steiner-Schulen versuchen in dieser Richtung zu arbeiten (Jaffke, 1994).

Man darf also über der Suche nach immer neuen „Verabreichungsformen" nicht die Inhalte vergessen. Nur wo beides reflektiert wird, können wir Unterricht tatsächlich erneuern. Das Prinzip der Relevanz legt uns nahe, nach Texten mit literarischen Qualitäten zu fahnden, die die bleibenden Wertvorstellungen einer Kultur vermitteln. Das war früher selbstverständlicher als heute, wo uns das Leitbild des gebildeten Menschen anscheinend abhanden gekommen ist. Bahlsen empfiehlt in seiner Methodik (1905, S. 63) als französischen Lerntext eine Anekdote, in der Heinrich IV. vor der Schlacht von Ivry seine Truppen zur Tapferkeit auffordert, und bemerkt dazu: "The children cannot feel that they are being bored with worthless nonsense." Man wird heute eine andere Art von Tapferkeit als die auf dem Schlachtfeld höher schätzen und nach entsprechenden Texten suchen. Die besten Texte sind gerade gut genug.

Gewiss gibt es einen Weg zwischen Fénelons Telemachus oder dem Johannesevangelium, die einmal als Sprachlerntexte herhalten mussten, und dem läppischen Geplauder über Alltägliches, das viele Seiten moderner Lehrwerke füllt.

10. Das Prinzip der emotionalen Sicherheit

Sprechenlernen bedarf eines positiven Klimas des Vertrauens und der emotionalen Geborgenheit. „Gefühle sind Dauerbegleiter unseres Verhaltens" heißt es in H. Roths Anthropologie (1976, II, S. 143). Nirgends ist dies deutlicher als im Mutterspracherwerb. Ein Kleinkind erkundet seine Umgebung umso mehr, je behüteter und geborgener es sich fühlt.
Lernbereitschaft und stabile personale Bindungen stehen in einem Zusammenhang. In der
Psychoanalyse gilt als der intensivste und folgenschwerste Wunsch der Kinderjahre die
Identifizierung mit den Eltern. Ein Teil des frühkindlichen Wie-die-Eltern-werden-Wollens
ist auch das Sprechen-Wollen-wie-sie. Es gibt Fälle, in denen Kinder jahrelang verstummen,
weil sie emotional enttäuscht wurden und keine Bindungen zu Erwachsenen aufbauen
konnten. Ihre seelische Verletzung hat ihnen buchstäblich die Sprache verschlagen.

Identifikationswünsche mit erwachsenen Vorbildern hegen auch Kinder und Heran-
wachsende im Sekundarschulalter. Sie können nur in einer positiven, vertrauensvollen
Lernatmosphäre erfüllt werden. Lehrer dürfen sich nicht der Pflicht, Muster und Modell
eines fremdsprachlichen Kommunikationspartners abzugeben, mit der Ausrede entziehen,
es gelte zur Selbstständigkeit zu erziehen. Der Weg zum Selbst führt über die Faszination
durch ein anderes Selbst, das unser Vertrauen hat.

Möglich, dass man sich grammatische Regeln und Vokabelgleichungen, mathemati-
sche Formeln oder geographische Fakten auch in einem neutralen oder gar kalten Unter-
richtsklima aneignen kann. Mit dem Kommunizieren ist es anders bestellt. Wenn engagierte Kommunikation gefordert wird, hat das Voraussetzungen und Folgen.

Verletzungsrisiken sind nie auszuschließen, können aber in einem positiven Klima wieder geheilt werden. Im Anfangsunterricht z. B. können besonders schnell Situationen entstehen, in denen sich Fremdsprachenschüler völlig hilflos und dumm vorkommen und
Angst haben, sich lächerlich zu machen: "Suddenly he is plunged back into complete
helplessness" (Rivers, 1972, S. 81).

Wichtig ist auch die Qualität der Klassengemeinschaft. Eine repräsentative Erhebung
(1600 österreichische Schülerinnen und Schüler der 8. Klasse) zeigte, dass die Klassen sich
deutlich im Zusammenhalt der Schüler untereinander sowie in der Beziehung zu den Lehrern unterscheiden. In aggressiven Klassen ist nicht nur die Klassengemeinschaft, sondern
auch das Vertrauensverhältnis zwischen Lehrern und Schülern erheblich gestört. Die
Schüler gehen ungern zur Schule, ihr Verhalten im Unterricht ist laut und undiszipliniert.
Welche Lernerfolge sind unter diesen Verhältnissen zu erwarten?

Der suggestopädische Ansatz ist hier vorbildlich (vgl. u. a. Schiffler, 1989). Wie keine
andere Methode bemüht er sich darum, Lernbarrieren zu überwinden und allgemein ein
günstiges Lernklima zu schaffen. „Unsere ganze Unterrichtskunst soll darin gipfeln, dass
die Schüler mit Freudigkeit arbeiten, ich meine, dass sie *arbeiten* und zwar mit *Freudigkeit*"
(Adolf Diesterweg).

2 Die affektive Seite des Fremdsprachenlernens

Gisela Hermann-Brennecke

In jüngster Zeit lässt sich ein wachsendes Interesse an der *Befindlichkeit* des Schülers konstatieren. Immer wieder ist in fremdsprachendidaktischen Veröffentlichungen von *Lernatmosphäre, emotionaler Geborgenheit, Motivation* und *Bedürfnissen* die Rede, gelegentlich fällt auch der Begriff *affektiv*. Dabei handelt es sich um einen Bereich, der maßgeblich mit dafür die Verantwortung trägt, ob und inwieweit die Lernenden schulisch gesteuerten Fremdsprachenerwerb ohne große Blessuren überstehen. Trotz des gestiegenen Bewusstseins für Empfindungen und Empfindlichkeiten der Lernerpersönlichkeit nimmt sich das fremdsprachenspezifische Forschungsinteresse daran nicht gerade üppig aus (Geisler & Hermann-Brennecke, 1997). Entsprechend karg fällt der auf Erkenntnissen aus Bezugswissenschaften und anderen Disziplinen sowie auf empirischen Daten fußende Ertrag der Hypothesenbildung aus, sodass die propagierten Vorstellungen weitgehend allgemein und diffus bleiben. Dies mag damit zusammenhängen, dass alles, was mit psychischen Prozessen zu tun hat, schwer fassbar und unübersichtlich erscheint. Hier soll versucht werden, den affektiven Bereich zugänglicher, seinen Stellenwert beim Fremdsprachenlernen durchschaubarer und seine Verknüpfung mit kognitiven Vorgängen einsichtiger zu machen.

1. Affekte im Sprachaneignungsprozess

Affekte sind Teil des menschlichen Wesens. Vom Wort her bezeichnen sie das, „was einem zustößt". Der philosophischen Bedeutungsentwicklung zufolge geht es dabei um den „Zustand des Empfangens äußerer Einwirkungen" (Lanz, 1971, S. 89). In der Psychologie gibt es bislang keine übereinstimmende Definition des wissenschaftlichen Konstrukts, sodass in der englischsprachigen Literatur zur Bezeichnung des gleichen Sachverhaltes, manchmal aber auch zur Differenzierung des Phänomenbereichs, die Begriffe *feeling, emotion* und *affect* auftauchen, in der deutschsprachigen Literatur die Termini *Gefühl, Emotion, Affekt* sowie die Adjektive *emotional, emotional-motivational* und *affektiv* (Mandl & Huber, 1983b, S. 4).

Ein breites Spektrum von Bezeichnungen und Erscheinungen verbirgt sich hinter Affekten. Gefühle, Stimmungen, Emotionen, Einstellungen, Interessen, Motivation, Instinkte, Antriebe und Motive gehören ebenso dazu wie emotionale Zustände des Zorns, der Freude, der Angst, der Furcht, der Liebe, des Hasses, der Traurigkeit. In einer Reihe von Persönlichkeitstheorien wie z. B. der *psychodynamischen*, der *phänomenologisch-humanistischen*, der *charakterzugspezifischen* oder der *kognitiv-informationsverarbeitenden* spielen sie eine zentrale Rolle (Pervin, 1993, S. 301). Da sie einem steten Wechsel von Spannung und Lösung unterliegen, ist ihr Wesen eher dynamisch als statisch. Daraus ergibt sich ihre handlungssteuernde Wirkung. Positive oder Lust verursachende Affekte werden gesucht, negative oder Unlust hervorrufende möglichst gemieden.

Wenn in der Schule mit einer fremden Sprache begonnen wird, verfügen die Lernenden bereits über bestimmte Strategien zur Strukturierung, Kategorisierung und Klassifikation ihrer Erstsprache. Nun können auftretende Abweichungen in Aussprache, Schreibung, Satzbau und Bedeutung durchaus „eine der trefflichsten Uebungen für den Geist" sein, „wenn das oft in einer Sprache gedachte wieder in einer anderen" vorgetragen werden muss:

> Der Gedanke wird dadurch unabhängiger von einer bestimmten Art des Ausdrucks, sein wahrer inne-
> rer Gehalt tritt deutlicher hervor, Tiefe und Klarheit, Stärke und Leichtigkeit begegnen einander har-
> monischer. ... der Geist der Sprechenden wird durch den Gebrauch beider zu allgemeinerem und rich-
> tigerem Sprachgefühl, ja selbst Sprachbewusstseyn erhoben, und wirkt nun auf sie in ihrer
> Eigentümlichkeit zurück ... (Wilhelm von Humboldt, 1907, S. 193)

Doch neben dieser verstärkenden Wirkung ist auch eine verunsichernde denkbar insofern, als vertraute Wahrnehmungsmuster plötzlich nicht mehr greifen, gewohnte Ordnungsgesichtspunkte nicht mehr zutreffen. Da sie aber nicht isoliert, sondern als Teil eines verinnerlichten Wertsystems existieren, droht aus dissonanztheoretischer Sicht das Andersartige das Bestehende aus dem Lot zu bringen. Das kann Unbehagen auslösen (Festinger, 1957). Die Resonanz fällt entsprechend zögerlich aus oder manifestiert sich in Umdeutung, Abwandlung, Zurückweisung. Mit einer derartig uneindeutigen Situation fertig zu werden erfordert Anstrengung. Das Ausmaß der Anstrengung, das die betroffene Person bereit ist aufzubieten, hängt davon ab, wie gravierend die Diskrepanz zu bereits bestehenden Überzeugungen empfunden wird, wie nachhaltig diese erschüttert worden sind und welchen persönlichen Stellenwert sie einnehmen.

Bereits im Englischanfangsunterricht fällt auf, dass bei den Lernenden nach ein paar Wochen auf die anfängliche Phase der Euphorie eine gewisse Ernüchterung einsetzt , vor allem, wenn erste Schwierigkeiten auftreten und sich herausstellt, dass die vermeintlich leichte Sprache schwerer fällt als vermutet (Hermann-Brennecke, 1993, S. 434f.). Allein die Mühe, die es macht, das *th* sauber zu artikulieren und dieses dann auch noch mit einem nachfolgenden *r* zu kombinieren, oder die Geduld, die die ständigen phonetischen und semantischen Verwechslungen von *no*, *now* und *to know* abfordern, können Hürden aufbauen, die die eigenen Gütekriterien infrage stellen. Die gestörte Harmonie drängt auf Ausgleich, sollen langfristig nicht Hemmungen, Unlustgefühle oder Vermeidungstendenzen auftreten. In dem Maße, in dem der Lernzuwachs an Gradlinigkeit verliert oder stagniert, verdichtet sich die affektive Verwirrung. Erst wenn Lösungswege durchscheinen – und der Rückzug aus der Lernsituation gehört auch dazu –, besteht Aussicht auf Konsonanz, also auf Wiederherstellung des Gleichgewichts. Doch werden die hier angedeuteten Stolpersteine für einen solchen Extremfall nicht ausreichen. Es müssen noch andere Faktoren innerhalb und außerhalb des Fremdsprachenunterrichts hinzukommen. In einer deutsch-französischen Erhebung reichen sie nachweislich von fehlender Nützlichkeit der Fremdsprache über unzulängliche methodische Vorgehensweisen, mangelnde Unterstützung im Elternhaus und Probleme in anderen Fächern bis zu Persönlichkeitsmerkmalen und vermissten Kontakten mit dem Zielsprachenland (Candelier & Hermann-Brennecke, 1993). Eine Bestandsaufnahme eruiert allein 200 potenzielle Einflussgrößen (Geisler, 1987, S. 95–360).

2. Affekte im sprachkulturellen Kontext

Sprache stellt nicht nur ein Mittel zwischenmenschlicher Verständigung dar, sondern spiegelt zugleich auch die soziale Wirklichkeit, die subjektiven Gegebenheiten, die kulturellen Eigenheiten ihrer Sprecher wider. Diese umspannen die „Gesamtheit der Erscheinungsweisen einer Sprachgemeinschaft, d. h. alle Phänomene vom schöpferischen Kunstwerk bis zu den Manifestationen der Alltagswelt" (Einhoff, 1993, S. 7), wie sie sich z. B. im Fragen, Antworten, Grüßen, Danksagen manifestieren.

Der Fremdsprachenunterricht macht es sich deshalb seit langem zur Aufgabe, die Lernenden spätestens ab dem Alter von zehn Jahren über die neue Sprache auch in deren kulturellen Hintergrund einzuführen, indem sie sowohl etwas über historische, geographische, politische und soziale Bedingungen erfahren als auch alltägliche Verhaltensmuster, Gewohnheiten und Wertvorstellungen kennen lernen (Hermann, 1978). Dadurch sollen sie verschiedene Grundqualifikationen erwerben: *Empathiefähigkeit* oder das Vermögen, sich in andere hineinzuversetzen und deren Erwartungen äußern zu können, *Ambiguitätstoleranz* oder die Fähigkeit, Unstimmigkeiten und Gegensätzliches bei sich und bei anderen auszuhalten, *Identitätsdarstellung* oder die Bereitschaft, das eigene Ich und das, was es ausmacht, zu repräsentieren, und *Rollendistanz* oder die Eignung, die Erwartungen anderer und die eigenen Reaktionen darauf kritisch zu reflektieren. Merkmale wie diese, die eigentlich das Rollenspiel fördern will (Krappmann, 1975, S. 133–149), stellen eine wesentliche Vorbedingung für das Verlassen des begrenzten Verstehens-Rahmens eigener ethnischer Zugehörigkeit dar. Unabhängig davon, ob die genannten Intentionen unter funktionalem, erzieherischem oder politischem Aspekt verfolgt werden oder ob sie sich in Konzepten wie *landeskundliches Lernen, Akkulturation, Fremdverstehen* oder *interkulturelle Kommunikation* wieder finden, immer geht es auch darum, durch das Fremde Distanz zum Eigenen zu gewinnen. Allerdings lässt sich diese weder durch reinen Sprachunterricht erzeugen noch durch bloße Vermittlung von Faktenwissen über das Zielsprachenland oder eine ausschließlich emotionale Beeinflussung in Form des ethischen Appells an die Pflicht zur Aufgeschlossenheit und Toleranz (H. Müller, 1970).

Die Notwendigkeit eines differenzierteren Zugriffs ergibt sich schon allein daraus, dass sich die im Laufe des Fremdsprachenerwerbs angestrebten Einstellungen nicht nur aufgrund ihrer Intensität und Stärke, positiver oder negativer Ausrichtung, Dauerhaftigkeit und persönlicher Relevanz unterscheiden, sondern auch mehrdimensional verstanden werden können. Demzufolge bestehen sie aus einer *affektiven* Komponente, die sich auf gefühlsmäßige Bewertungen bezieht, aus einer *kognitiven*, die erkenntnismäßige Überzeugungen betrifft, und aus einer *konativen*, die die Verhaltensbereitschaft meint. Darüber hinaus gewinnt die Konstellation an Vielschichtigkeit dadurch, dass Einstellungsgegenstände eo ipso mannigfaltig besetzt und vernetzt sind. Das führt zu neuen Verknüpfungen oder sie bleiben verknüpft oder sie werden „*kontrovers* verknüpft mit anderen Gegenständen der sozialen Welt der Person" (Oppermann, 1976, S. 24).

Des Weiteren kompliziert sich die Situation aus sprachphilosophischer Perspektive. Gemäß der extremen Version der Relativitätshypothese dominiert die muttersprachlich vermittelte Weltsicht derartig, dass sie ihre Sprecher daran hindert, die einer anderen Sprache zu übernehmen. Eine größere Chance, wenigstens vorübergehend das *house of consciousness* (Whorf, 1978, S. 252) zu verlassen, das die Angehörigen einer Sprachgemeinschaft umschließt, räumt die weniger deterministisch orientierte *lattice theory* ein (Carroll, 1958; Fishman, 1982). Sie erlaubt den Blick durch den Zaun der Erstsprache hindurch wenigstens auf Teile des anderen Weltbildes. Eine andere Position dreht das Verhältnis um und macht das sozialkulturelle Umfeld für sprachliches Verhalten verantwortlich (Vygotsky, 1962b). Am plausibelsten mutet es an, von einer Wechselwirkung beider Variablen auszugehen (Wardaugh, 1976). Ganz gleich, welcher Position man zuneigt, scheint es doch schwierig zu sein, ethnozentrische, also auf das Eigene fixierte und gegen Fremdes gerichtete Sichtweisen, als solche überhaupt zu erkennen und die Automatismen, die ihnen zugrunde liegen, zu entlarven.

Hinzu kommt noch, dass die Einsicht als solche nicht viel nützt, wenn sie nicht um ihrer selbst willen gewonnen und für das eigene Ich als so wichtig erachtet wird, dass man sein Verhalten darauf abstimmen und sich dafür einsetzen will. Hierfür sind Kognitionen unverzichtbar.

3. Affekte im Zusammenspiel mit Kognitionen

Kognitionen erfreuen sich offenbar größerer Eindeutigkeit als *Affekte*, werden sie doch weniger kontrovers diskutiert. Sie bezeichnen „Phänomene der Informationsverarbeitung, wie Prozesse des Aufmerkens, des Lernens, des Speicherns, des Erinnerns, des Abstrahierens und des Problemlösens" (Mandl & Huber, 1983b, S. 3). Man findet sie also auf verschiedenen Komplexitätsstufen, die vom *Wissen* über *Verstehen, Anwendung, Analyse* und *Synthese* bis zur *Evaluation* reichen (Bloom, Krathwohl & Masia, 1974, S. 71–98). Dabei können sämtliche allgemein-psychologische Grundfunktionen wie Wahrnehmung, Gedächtnis, Denken von der einfachen Reizwahrnehmung bis zur abstrakten Idee daran beteiligt sein (Sokolowski, 1993, S. 7).

Unabhängig von der immer noch heftig umstrittenen Frage, ob *Kognitionen* (Lazarus, 1984) oder *Affekte* (Zajonc, 1984) das Primat besitzen, soll hier von einem interaktiven Verständnis beider Merkmale ausgegangen werden, das auf eine lange Tradition zurückblicken kann. Die von Aristoteles in seiner *Rhetorik* vertretene Auffassung, wonach Bewusstheit und Affekt als interdependente Prozesse gelten, ist als eine frühe kognitive Theorie des Affekts bezeichnet worden (Mandler, 1975). Piaget weist darauf hin, dass geistige und emotionale Entwicklung des Kindes parallel zueinander verlaufen, dergestalt, dass jedes Stadium der kognitiven Strukturierung einer neuen emotionalen Stufe entspreche. Affektive und kognitive Prozesse sind seiner Ansicht nach komplementär und aufeinander angewiesen und schließen sich dynamisch zu einem Kreis, manifestieren sich also nicht linear-ursächlich (Piaget, 1953, S. 145). Das bedeutet, dass Kognitionen nicht nur bestimmte Affekte auslösen, sondern diese wiederum neue Kognitionen nach sich ziehen. Eine ähnliche Position findet sich auch in der erwähnten taxonomischen Forschung, die lediglich aus analytischen Gründen bei der Systematisierung und Klassifikation von Lernzielen nach affektivem und kognitivem Bereich trennt; denn eine grundsätzliche Aufspaltung gebe es nicht, wohnten doch jedem Verhalten in der einen oder anderen Form sowohl Affekte wie Kognitionen inne. Deshalb überlappe auch jede Stufe des kognitiven Bereichs mit einer entsprechenden in der affektiven Dimension (Krathwohl, Bloom & Masia, 1973, S. 165f.).

In den letzten zehn Jahren ist in psychologischen, linguistischen und anthropologischen Forschungen an die Stelle der bis dahin vorherrschenden kognitiven Dominanz, die seit der „kognitiven Wende" 1960 die Erkenntnisfindung leitete, ein manifestes Interesse an der Affektivität und ihrer Rolle getreten, und zwar sowohl bei der Interaktion in Gruppen als auch hinsichtlich ihres Anteils an Gedächtnisleistungen, Erwartungen, Selbsteinschätzungen und Attributionen. Selbst in der kognitiven Psychologie gelten Affekt und Kognition inzwischen als miteinander verzahnte Orientierungssysteme bei der Verarbeitung von Information. Demzufolge gibt es keine affektiven Zustände und Prozesse ohne Kognitionsanteile und keine kognitiven Zustände und Prozesse ohne Affektionsanteile (Zajonc, Pietromonaco & Bargh, 1982). Sogar in abstrakte Formen der Intelligenz sind affektive Faktoren einbezogen:

Wenn man ein Problem löst, muss ein intrinsisches Interesse, ein extrinsisches Interesse oder zu Beginn ein Bedürfnis vorhanden sein. Während der Arbeit spielen Zustände der Zufriedenheit, der Enttäuschung, des Eifers genauso wie Gefühle der Müdigkeit, der Anstrengung, der Langeweile etc. eine Rolle. Nach Abschluss der Arbeit können Gefühle des Erfolgs oder Misserfolgs auftreten oder auch ästhetische Gefühle. Einen rein affektiven Zustand, frei von kognitiven Elementen, gibt es nicht. (Mandl & Huber, 1983b, S. 17)

Bereits im 18. Jahrhundert bezeichnete Franz Joseph Gall, der Begründer der Phrenologie, die die geistig-seelischen Anlagen des Menschen in bestimmten Bezirken des Gehirns lokalisiert, das Gehirn als Organ der Seelenfähigkeiten und setzte es mit dem Organ der geistigen Funktionen und anderen Körperorganen gleich. Demnach scheint die inzwischen in der Neurophysiologie und Neuroanatomie vertretene Ansicht längst überfällig zu sein, es mache keinen Sinn, „ein umfassendes Geistkonzept zu entwickeln, ohne Gefühle und Empfindungen zu berücksichtigen" (Damasio, 1995, S. 218).

Man nimmt an, dass Kognitionen im Langzeitgedächtnis und im Arbeitsgedächtnis angesiedelt sind (Anderson, 1983). Das Langzeitgedächtnis wird in ein *deklaratives* und ein *prozedurales* Gedächtnis eingeteilt. Während das *deklarative* Gedächtnis das Faktenwissen einer Person enthält, das dort in Form eines Netzwerks von Inhalten, zeitlichen Abfolgen oder räumlichen Bildern repräsentiert ist, beinhaltet das *prozedurale* Gedächtnis Produktionen, d. h. das Wissen einer Person darüber, was unter welchen Bedingungen zu tun ist. Neben diesen beiden Gedächtnissen wird ein *Arbeitsgedächtnis* vermutet, das mobilisierte Informationen aus dem *deklarativen* bzw. *prozeduralen* Langzeitgedächtnis mit Informationen aus der Außenwelt verbindet. Sobald Informationen verarbeitet werden, scheinen alle drei daran beteiligt zu sein. Die meisten kognitiven Prozesse sollen im Arbeitsgedächtnis ablaufen.

Inzwischen taucht aber in der einschlägigen Literatur neben dem Begriff *rational mind* auch der des *emotional mind* auf. Ihre Beziehung zueinander wird so beschrieben:

These two minds, the emotional and the rational, operate in tight harmony for the most part, intertwining their very different ways of knowing to guide us through the world. Ordinarily there is a balance between emotional and rational minds, with emotion feeling into and informing the operations of the rational mind, and the rational mind refining and sometimes vetoing the inputs of the emotions. Still, the emotional and the rational minds are semi-independent faculties, each ... reflecting the operation of distinct, but interconnected circuitry in the brain. (Goleman, 1996, S. 10)

Immer unter der Voraussetzung, Emotionen seien dem Arbeitsgedächtnis zugänglich, soll auch die wechselseitige Beeinflussung von Affekt und Kognition hier stattfinden (Spies & Hesse, 1986). Wenn sie tatsächlich wie Wissenselemente als Knoten im Langzeitgedächtnis gespeichert sind, dann findet sich im *deklarativen* Gedächtnis nicht allein das Wissen um Fakten, sondern zusätzlich auch „affektives" Wissen, das Wissen um Emotionen. Werden Emotions- und Wissensknoten gleichzeitig angeregt, dann verschlingen sie sich ineinander. Dabei kommen emotionale Interpretationsregeln zum Zuge, die dann auf Lern- und Gedächtnisprozesse einwirken, wenn sie sich mit Wissens- und Ereignisknoten assoziieren lassen.

Zur Illustration könnte hier ein Versuch dienen, der zwar nicht zum Fremdsprachenunterricht durchgeführt wurde, aber dennoch Anregungen für die Stimulierung von Emotions- und Wissensknoten gibt. Es ging darum, bei Lernenden eines elften Jahrgangs in der Bronx im Rahmen eines Englischkurses ethnozentrische Einstellungen abzubauen (Black, 1971). Während eine Gruppe Unterricht in den Prinzipien allgemeiner Semantik erhielt, beschäftigte sich eine andere mit Literaturbetrachtung und -analyse. Eine dritte bekam eine explizite Unterweisung zum Thema Vorurteile. Der speziell geplante Kurs in allgemeiner Semantik dauerte sechs Wochen, fand pro Tag eine Stunde lang statt und umfasste 18 Lektionen. Dabei sollten die Schüler erkennen, welche Rolle Sprache für menschliches Verhalten spielt und wie sie es beeinflusst. Hierzu war es notwendig, nicht nur durch bewusste Sprachbetrachtung und Analyse eigenen Sprachverhaltens mehr über eigene Kognitionen zu erfahren, sondern auch zu entdecken, dass Wort und Gegenstand nicht übereinstimmen, dass gleiche Dinge in verschiedenen Sprachen unterschiedliche Bezeichnungen besitzen, Sprache und Verhaltensweisen sich ständig wandeln und jeder Mensch, je nach Standpunkt und Interessen, seine Umgebung unterschiedlich wahrnimmt, sodass Situationsbeschreibungen zugleich Tatsachen und deren Wertungen beinhalten und insofern ein Abbild davon geben, was im Betrachter selbst vorgeht. Nach Abschluss des Experiments zeigte die Allgemeine-Semantik-Gruppe eine signifikante Verringerung des Ethnozentrismus und des Autoritarismus, während sich diese Merkmale bei den beiden Vergleichsgruppen verstärkten.

Sozialpsychologische Theorien zur kognitiven Konsistenz und zur Attribution geben Hinweise, wie sich affektives und kognitives Wissen dadurch in Einklang halten lässt, dass *sentiment relations* (Gefühle des Mögens und Nichtmögens, die der Lernende z. B. für die Lehrperson und den jeweiligen Unterrichtsinhalt empfindet) und *unit relations* (kognitive Einheitsformationen, wie sie zwischen Lehrendem und Unterrichtsfach bestehen) abgestimmt werden (Heider, 1958, S. 176). Erleichtert wird dies durch einen offenen Austausch zwischen Lernenden und Lehrenden über ihre Auffassungen zum Lerngegenstand, deren funktionale Gewichtung oder über den Einsatz von Strategien (Newcomb, 1968; vgl. auch Kap. B.4). Im Mittelpunkt sollte dabei die aktuelle Bewertung des Verhältnisses von wahrnehmender Person und Umgebung stehen. Erst die Erstellung eines *Ich-Bezugs* vermag den Schüler in seiner jeweiligen Befindlichkeit zu erreichen. Das, was als persönlich bedeutsam empfunden wird, kann einen affektiven Erregungszustand auslösen, der sich in nachweisbaren Veränderungen der Ausdrucks- und Verhaltenskomponenten, der subjektiven, physiologischen und kognitiven Komponenten niederschlägt (Sokolowski, 1993, S. 176). Die dabei auftretenden Kognitionsinhalte sind doppelt determiniert, und zwar durch die subjektive Einschätzung und durch die objektive Analyse.

Dieser Januskopf charakterisiert die „affektive Seite" des Lernens in allen Altersgruppen und durch alle Schulstufen hindurch. Empirische Hinweise darauf lassen sich in einer Vielzahl von Studien finden, ohne dass hier im Einzelnen darauf eingegangen werden kann. Selbst bei Grundschulkindern sollte demzufolge eine rein spielerische Begegnung mit der englischen Sprache ebenso wenig genügen wie eine der systematischen Progression verpflichtete; haben doch Schulanfänger bereits einen bestimmten Sprachbewusstwerdungsprozess hinter sich und sind durchaus imstande, *sokratische Dialoge* zu führen, die den Grundstrukturen des Erklärens, Begründens und Infragestellens folgen (Hermann-Brennecke, 1994, S. 7 und 15). Doch dies ist nur die eine Seite. Die andere Seite betrifft das natürliche Bedürfnis des Menschen nach einer ausgewogenen Mischung von kognitiven und affektiven Herausforderungen und deren Bewältigung. Davon ist niemand ausgenommen, auch nicht die Schüler, die mit Schwierigkeiten im Fremdsprachenunterricht zu kämpfen haben, oder diejenigen, die deshalb diesen „Ballast" am liebsten abwürfen, wenn man sie nur ließe (vgl. Kap. B.6). Danach befragt, was sie im Unterricht vermissen, nennen sie vor allem Erklärungen in der Muttersprache, regelmäßige Kontrolle und Übungen, aber auch Lieder und „lustige Sachen" (Candelier & Hermann-Brennecke, 1993, S. 128f.). Liegt es nicht nahe, aufgrund der hier angedeuteten Datenlage und angesichts des skizzierten Forschungsstandes die Hypothese zu vertreten, dass es eigentlich keine *lernschwachen* Schüler geben dürfte, hätten sie konsequent die Gelegenheit erhalten, „affektives Wissen" mit „kognitivem Wissen" zu verknüpfen und zu internalisieren?

3 Selbstorganisation des Lernens – Phasen des Lehrens

Werner Bleyhl

Wenn Friederike Klippel in ihrem Interview mit Peter Kahl (1997) die Meinung äußert, vieles spreche dafür, dass sich der schulische Fremdsprachenunterricht in einer Umbruchphase befinde, so kann man ihr nur zustimmen. Eine der wichtigsten Herausforderungen sieht sie, wie andere Autoren (z. B. Wolff, 1994a), im Überdenken des Verhältnisses von Lehren und Lernen.

Dabei geht es längst nicht mehr nur darum, das Reiz-Reaktionsmodell einer behavioristisch orientierten Fremdsprachendidaktik (Fries, 1945; Lado, 1967) zurückzuweisen: „Vorbei ist die schöne Zeit der von der genetischen Evolution so trefflich vorbereiteten Reiz-Reaktions/Signal-Antwort-Beziehungen: Das Grillenmännchen zirpt, das Weibchen läuft, die Maienwelt ist noch in Ordnung" (Markl, 1995, S. 61). Diese Unterrichtswelt ist spätestens seit den ausgehenden Sechzigerjahren nicht mehr in Ordnung. Heute geht es um die viel weiter gehende Frage, ob denn Schüler überhaupt das lernen, was Lehrer lehren. Und es gibt viele empirische Belege dafür, dass Horst Siebert Recht hat, wenn er sagt: *Der Mensch ist nicht lehrbar, aber lernfähig* (vgl. Siebert, 1996). Diese Position soll im Folgenden diskutiert werden.

1. Lineare Phasenmodelle des Unterrichts

Auch heute noch ist Fremdsprachenunterricht weithin „instruktivistisch" orientiert, d. h., Lehrer „vermitteln" Wissensstoff, wobei die Hoffnung besteht, dass die Schüler das lernen, was sie gelehrt werden. Eine solche Konzeption geht dabei von verschiedenen Grundannahmen aus: (1) Lernen erfolgt im Wesentlichen imitativ. (2) Die Lernprozesse der Schüler sind über die Umsetzung von Lehrplänen und Lehrwerken faktisch beliebig steuerbar. (3) Sprachenlernen geschieht nach dem Input-Output-Modell, bei dem Baustein um Baustein, Regel um Regel sukzessiv und linear in das interne Sprachsystem des Lerners integriert werden kann. (4) Der Unterricht schreitet Schritt für Schritt vom Einfachen zum Schwierigen fort und verläuft meist nach einem einfachen, völlig linearen Dreischritt wie *Präsentation – Reproduktion – Produktion* (z. B. Gutschow, 1978). Dabei gehen die Lehrer im Allgemeinen davon aus, dass die linear-progressive Anordnung und Vermittlung des Lehrstoffes zu ebensolchen Prozessen des Lernens führt.

Ein komplexeres Modell ist das sog. „Lehrphasenmodell" von Zimmermann (1969, S. 245; leicht verändert in 1977, S. 93), wonach neue Spracherscheinungen über die einander teilweise überlappenden Phasen *Sprachaufnahme, Sprachverarbeitung* und *Sprachanwendung* sukzessive in das Sprachvermögen des Lerners „integriert" werden sollen. Auch in einer neueren Publikation betont Zimmermann die Aufgabe der Lehrmethodik, die Komplexität der Sprache, wie sie dem Lernenden beim ungesteuerten Spracherwerb gegenübertritt, „zu reduzieren, die Schwierigkeiten zu isolieren und eine nach der anderen bewältigen zu lassen" (1988, S. 171). Dabei benennt er die einzelnen Lehrschritte jetzt als *Präsentationsphase, Einübungsphase, Transferphase* und *Anwendungsphase*. Auch diese will er aber auf keinen Fall als *Lern*phasen verstanden wissen, sondern als „Lehrschwerpunkte" (ebd., S. 173) und damit als Angebote an die Schüler, um Lernvorgänge zu erleichtern. Zimmermanns Modell steht damit am Wendepunkt zu einer weniger starren Unterrichtskonzeption, wie sie im Folgenden aufgezeigt werden soll.

2. Die zerberstenden Säulen der herkömmlichen Konzeption

Vereinfacht formuliert versteht der traditionelle Unterricht den Fremdsprachenlernpro-zess – bei aller Betonung, dass die Maßnahmen des Lehrers nur Lehrangebote, mäeutische Hilfen darstellten und der Lehrer sich als Erleichterer des Lernens zu verstehen habe – als eine Fahrt des Lerners auf einer methodisch geschickt geschmierten Rutsche, auf der dieser Lerner oben hineingesetzt wird, um unten, genau nach didaktischem (Lehr-)Plan, am vor-bestimmten Ort herauszupurzeln. Doch funktioniert dieses System wie erhofft? Gibt es ei-ne Eins-zu-eins-Relation zwischen Lehren und Lernen? Erkenntnisse aus fünf ganz unter-schiedlichen Wissenschaftsbereichen können uns zu einem klareren Bild verhelfen.

(1) Wie die *Computerlinguistik* zeigt (z. B. Levinson & Liberman, 1981), ist Sprache weit komplexer, als selbst wissenschaftliche Grammatiken sie beschreiben. Logik und Ehrlich-keit gebieten deshalb festzustellen, dass in jeder Sprachbeschreibung eine gewisse Willkür-lichkeit liegt. Wie Hüllen (1989, S. 337) sagt, decken Grammatiken nicht objektive Natur-gesetze auf, sondern sie ordnen Sprache nach weitgehend subjektiven – wenn auch plausiblen – Gesichtspunkten.

(2) Dank der *Spracherwerbsforschung* (Brown, 1973; Wode, 1979; Moerk, 1992) weiß man, dass Sprachkönnen abhängig ist von einem vorwiegend impliziten, intern vielschichtig vernetzten Wissen in den Bereichen Phonologie, Lexik, Morphologie, Syntax und Pragma-tik. Dieses ist abhängig einmal von der dem Menschen angeborenen Sprachlernfähigkeit mit ihrem kategorialen Wahrnehmungsvermögen, und zum anderen von den individuel-len Erfahrungen aus Interaktionen mit Sprechern der betreffenden Sprache.

(3) Dem Bewusstsein gebührt nicht der Rang einer das menschliche Verhalten totalitär bestimmenden Macht. In der *Psycholinguistik* billigt man ihm lediglich den Status eines „system of representation that can function independently of, and in parallel with, the other current processes that our mental apparatus engages" (Mandler, 1992, S. 53) mit einer „highly limited capacity" zu. Auf was es bei Sprachprozessen primär ankommt, ist das implizite strategische („prozedurale") Wissen; explizites Wissen zu einzelnen Details (Wortschatz, Lexik) ist sekundär (vgl. Multhaup & Wolff, 1992b, S. 9; vgl. Kap. B.4, Ab-schnitt 1.1). Der Biologe Markl (1995) stützt diese Konzeption des Bewusstseins als die ei-nes nachzüglerischen Ordners.

(4) Die Befunde aus der *Neurolinguistik* sind ebenfalls eindeutig: "metalinguistic know-ledge formally learned at school is not integrated into linguistic competence and does not become available for automatic use" (Paradis, 1994, S. 393). Der Grund hierfür liegt darin, dass deklaratives und prozedurales Wissen nicht nur neurofunktional verschieden, son-dern im Gehirn auch in unterschiedlichen Arealen aktiviert werden. Deklaratives und pro-zedurales Wissen sind nicht ineinander integriert wie die anderen sprachlichen Teilberei-che (Neville, Mills & Lawson, 1992; Martin, Wiggs, Ungerleider & Haxby, 1996).

(5) Die von den Lehrern gemachten Alltagserfahrungen von der beschränkten Macht der gelernten Regeln werden von der *Fremdsprachenerwerbs- und -unterrichtsforschung* be-stätigt. Die am Ende einer Übungsphase gezeigte Leistung kann nicht mit Lernen gleichge-setzt werden. Grammatikunterricht, die Bewusstmachung einzelner sprachlicher Phä-nomene, ergibt meist allenfalls kurzfristigen Gewinn, es sei denn, der Lerner hätte das betreffende Phänomen ohnehin gerade erworben: "Explicit grammar instruction does not alter the route of acquisition" (VanPatten, 1991/1992, vgl. auch Weinert, 1987; R. Ellis, 1994a, Kap. 14, sowie Kap. E.4).

Formaler, linear instruktivistischer Sprachunterricht erfordert seitens der Schüler andere Lernstrategien und weist andere Vergessensraten auf als informeller, inhaltsorientierter Fremdsprachenerwerb, bei dem die Lerner ihre natürlichen Lernstrategien ins Spiel kommen lassen können. Wer als Lehrer diesen Grundtatbestand missachtet, darf sich nicht über die Verschwendung an Energie seitens der Lehrer wie der Lerner dort beklagen, wo offensichtlich gegen die Natur gearbeitet wird.

(6) Neben den eben genannten empirischen und theoretischen Argumenten gegen die jahrhundertealte, auf dem Lehren von nicht mehr gesprochenen Sprachen (Latein und Griechisch) basierende Unterrichtstradition gibt es auch noch die elementare *Logik*. In Bleyhl (1995c, S. 324f.) wurde begründet, weshalb die Beschreibung eines Phänomens logisch nicht als die Erklärung für das Vorhandensein bzw. das Verhalten dieses Phänomens akzeptiert werden kann. Eine solche Annahme basiert auf dem Fehler einer Verwechslung von Begründung und Beschreibung.

Der Grammatikunterricht begeht einen weiteren logischen Irrtum, indem er verschiedene Abstraktionsstufen von Sprache, d. h. verschiedene Ebenen, verwechselt. Logisch ist von (mindestens) drei verschiedenen Sprachebenen auszugehen: Wir haben (1) die Ebene der physikalischen, wahrnehmbaren Spracherscheinungen. Diese müssen vom Lerner/Hörer/Leser wahrgenommen, umgewandelt und (2) auf eine innere Ebene gehoben werden, d. h. vom Lerner selbst interpretiert, verstanden und konstruiert werden. (Dabei sind die Regeln, nach denen diese Umwandlungen vollzogen werden, sicher nicht so explizit wie bewusste Gedanken.) (3) Die dritte, die Meta-Ebene ist die, auf der über die einzelnen sprachlichen Symbole oder Symbolketten als Repräsentanten ihrer Klasse reflektiert und geredet wird. Die logische Theorie verlangt nun, dass Phänomene der einen Ebene nicht Element einer anderen Ebene sein können (Whitehead & Russell, nach Bateson, 1981, S. 362ff.). Wir begehen einen Irrtum im formalen Diskurs, wenn wir die Menge der Hunde zur Menge der Nichthunde rechnen oder wenn wir die Landkarte für das Territorium nehmen. Verwechslungen dieser Art kommen im Leben häufig vor, im Fremdsprachenunterricht sind sie beinahe die Regel. Psychiater sprechen vom *double bind*, im Fremdsprachenunterricht haben Schüler es mit Lehrern zu tun, die nach Belieben den Kontext verändern, zwischen formaler und inhaltlicher Ebene hin und her springen, ohne ihnen deutlich zu machen, weshalb sie wechseln bzw. auf welcher Ebene sie sich gerade befinden: eine ewige Quelle des Frustes für die Schüler. Allzu oft setzt der Lehrer dem Hungrigen die Speisekarte statt der Speise vor. Und anschließend wundert er sich über dessen Bauchgrimmen. Ein Beispiel für dieses Hinundherspringen des Lehrers zwischen den Ebenen 2 und 3 ist folgender Schüler-Lehrer-Dialog: "They can die." – "Very good." Dies ist der Titel eines Aufsatzes von Wulf, der auf diese – im Grunde schizophrene – Spannung im Fremdsprachenunterricht schon 1978 aufmerksam machte. Es ist eine Situation, die sich mit den Kategorien der genannten logischen Ebenen sauber auf den Punkt bringen lässt.

3. Selbstorganisation des Lernens

Es spricht vieles dafür, dass im Gegensatz zu der oben skizzierten traditionellen Konzeption der Erwerb einer prozeduralen Fremdsprachenkompetenz schlüssiger als „kreativer Konstruktionsprozess" (Littlewood, 1984, S. 69ff. und 90ff.) verstanden werden kann. Dieser Prozess ist von außen nicht beliebig steuerbar. Das heißt, wenn ein durch intensives Üben und intensive Bewusstmachung momentan erreichtes sprachliches Verhalten nicht dem inneren System des Lerners entspricht, hat der Unterrichtende nur einen vorübergehenden Scheinerfolg erreicht. Das Verhalten ist dann nicht das Ergebnis eines wirklichen Lernprozesses. Mit anderen Worten: Beim Lernen muss der Lerner das System der neuen Sprache ständig aus- und umbauen! Dieser Bau-Prozess scheint dabei von einem „inneren Lehrplan" gesteuert zu werden. Er vollzieht sich entsprechend der Arbeitsweise des Gehirns, und allein schon deswegen muss es ein Prozess der Selbstorganisation sein (Changeux, 1984 und Singer, 1988, 1989, 1990; für eine Übertragung dieses Konzepts auf den Fremdsprachenunterricht vgl. Bleyhl 1993, 1995d, 1996a).

Dieser Bau-Prozess, dieser interne Aufbau des Sprachsystems, kann gar nicht linear in einem Stein-auf-Stein-Geschehen erfolgen. Er verläuft in allen Spracherwerbskontexten, also im Erstsprachenerwerb, im natürlichen Zweitsprachenerwerb und auch im Fremdsprachenunterricht, im Prinzip gleich (Vogel, 1993). Da alle Spracherscheinungen ihre Bedeutung nur in Opposition zu den Nachbar-Erscheinungen haben (z. B. hat der Laut /e/ seine Funktion im System des Englischen nur in Opposition zu den benachbarten Lauten wie /i/ und /æ/), müssen die Schüler auch diesen Nachbar-Erscheinungen begegnet sein, um die spezifische Leistung jeder Spracherscheinung herauszufiltern, müssen mit ihnen zumindest implizit vertraut sein. Dieser Aufbauprozess kann somit nur gleichzeitig mehrdimensional ablaufen, nicht Schritt für Schritt. Er ist nicht auf Imitation gegründet. Dies bedeutet, dass die Vorstellung vom Lern- und Lehrprozess als einer linearen Sequenzialität zu verabschieden ist.

Bei seinem allmählichen Aufbau bedarf ein neues Phänomen deshalb vor seiner Produktion durch den Lerner einer Phase der Abklärung, des Vergleichens, einer „Inkubationszeit" (vgl. Billows, 1961, S. 37). Die elementare Sozialstrategie während dieser Phase der Unsicherheit beim natürlichen Zweitsprachenerwerb ist denn auch, wie im Erstsprachenerwerb, die des Abwartens.

Wenn in der Schule dagegen sofort die Produktion des gerade eben neu gelernten Stoffes gefordert wird (das Verlangen des ungläubigen Thomas: „Ich will sofort den Beweis sehen!"), dann kann das Bemühen um die Aussprache die gesamte Lern-Energie absorbieren und damit das Vergleichen und Einbauen von lexikalischen, grammatischen und pragmatischen Phänomenen ins Gesamtsystem be- oder gar verhindern. So zeigen Untersuchungen von R. Ellis (1988b), dass zum Sprechen gezwungene Lerner schlechtere Leistungen erbrachten als jene, die nur mitdachten, oder als jene, die freiwillig sprachen. Im Bereich Aussprache wurde die Überlegenheit lange nur zuhörender Lerner empirisch von McCandless & Winitz (1986) aufgezeigt. Dem Lerner, der die benötigte fremdsprachliche Form noch nicht selbst produzieren kann, bleibt beim Zwang zum Sprechen nur die Wahl: Entweder – wenn auf Sicherheit bedacht – lehnt er sich an das System der Muttersprache an, oder aber er ist zum Sturz ins Unbekannte gezwungen. Anders als beim risikofreudigen Sprechen in einem handlungsorientierten Unterricht, lässt der Zwang zum Sprechen sein Scheitern als Frustrationserlebnis empfinden – auch dies ein Beispiel für jene vom Lehrer selbst verursachten Probleme (vgl. Bleyhl, 1988). Diese Frustration kann nicht nur beim Lerner die Unsicherheit bis zur Angst steigern, sie stellt sich auch beim Lehrer ein, der bei allem Einsatz nicht den erhofften Erfolg hat.

Hat der Lerner hingegen hinreichend viel Umgang mit – verstandener – Sprache (*comprehended input*) gehabt, ist die „kritische Menge" an Spracherfahrung (Kielhöfer, 1994, S. 216) erreicht, dann geschieht das Wunder der Sprache, jene Emergenz der Sprache im Sprachlerner. Es erfolgt jener qualitative Sprung hin zu einer gewissen Stabilität, die *nuclea-*

tion (Pike, 1960; Belasco, 1981). Das interne System weist jetzt eine gewisse Konstanz auf und der Lerner ist bereit, seine Sprachhypothesen der Kritik seiner Sozialpartner (Gesprächspartner, Lehrer) auszusetzen (vgl. Bleyhl, 1997).

In Computern – natürlich nicht mit traditionellen, linear arbeitenden Rechnern, sondern mit parallel arbeitenden, die die Arbeitsweise des Gehirns nachzuahmen versuchen, auch wenn sie verglichen mit diesem immer noch höchst primitiv sind – ist eine solche sprachliche Selbstorganisation allein durch Eingabe von Beispielen, ohne (!) Angabe von Regeln, mit erstaunlichem Erfolg simuliert worden. Die Kognitionspsychologen Rumelhart & McClelland (1986) zeigten dies mit der Bildung der *past tense*-Formen englischer Verben. Ritter & Kohonen (1989) gaben ihrem Computer eine Anzahl von gleich langen Beispielsätzen ein; der Computer entwarf zweidimensionale Karten, auf denen die Wörter entsprechend ihres semantischen Gehaltes angeordnet waren (vgl. auch Bleyhl, 1995d, S. 218ff.).

4. Der Sprachenlerner

4.1 *Grundsätzliches zum Sprachenlernen*

Zunächst einmal hat jeder Unterricht die Aufgabe, dem Lerner das Knacken des linguistischen Codes zu erleichtern. Vielleicht ist es hilfreich, sich hierzu den grundsätzlichen Charakter von Lernen vor Augen zu stellen. Prinzipiell ähnelt Lernen dem Leben. Schon ein Einzeller wie das Pantoffeltierchen muss die Erscheinungen um sich herum, vielleicht unter Anwendung bestimmter Ur-Strategien des Lebens, unterscheiden, erkennen und seinen Bedürfnissen entsprechend auswählen. Genau so muss auch der Lerner *unterscheiden, erkennen* und *auswählen* (vgl. Einleitung, Abschnitt 2).

Diese Aufgabe vollzieht sich im hermeneutischen Zirkel von *Erfahrung* → *Erwartung* → *Erfahrung* → *Erwartung* → … In Bezug auf das Lernen von Sprachen ist der Mensch bei der Geburt ausgestattet mit dem Vermögen, die funktionalen lautlichen Einheiten (Phoneme) der Sprache seiner Umgebung unterscheiden, ja überhaupt natürliche Sprachen erlernen zu können. Inwieweit eine angeborene Universalgrammatik auch für den späteren Fremdsprachenerwerb wesentlich ist, kann als noch unentschiedene Frage dahingestellt bleiben. Hier ist momentan nur so viel von Bedeutung: Es ist davon auszugehen, dass der Lerner bei jeder Begegnung mit Sprache einen gewissen *Erwartungsrahmen* für sprachliche Formen hat. Er sammelt zudem gleich ab seiner Geburt auch ein *Vorwissen* in Bezug auf die Situationen der Welt, in denen ihm die Sprache begegnet.

Dieses Vorwissen und der Bezug auf die konkrete Situation des Hier und Jetzt erlauben es dem Lerner, situativ eingebundene und funktional verwendete Äußerungen zu verstehen und so den Code des Sprachsystems zu knacken. Der Lerner muss die Sprachsymbole in ihrer Bedeutung und ihrer Verwendung unterscheiden und erkennen. Er sammelt Erfahrungen über die Verwendung und die entsprechenden Formen dieser Sprachzeichen, stellt Vergleiche an und filtert das jeweils Typische heraus, wobei er auf die eben genannten Lebens- und Lernprinzipien des Unterscheidens, Erkennens und Auswählens zurückgreift.

4.2 *Bedeutung des Nonverbalen*

Was die Rolle der sprachlichen Zeichen bzw. ihrer Inhalte und ihren Anteil am Kommunikationsprozess angeht, so sind drei Punkte wesentlich:

(1) Die verbalen Äußerungselemente erscheinen immer im Verbund mit paraverbalen (Intonation, Lautstärke, Sprechtempo usw.) und nonverbalen Erscheinungen. Dabei ist – gleichgültig, welchem Anthropologen man folgt – der *Anteil des Verbalen* überraschend niedrig: Für Mehrabian (1981, S. 76) tragen in der Alltagskommunikation Mimik, Gestik, Körpersprache mit 55 %, die paraverbalen Elemente mit 38 % und das rein Verbale nur mit 7 % zur Verständigung bei; für Ringon (1989, S. 29) betragen die Werte 73 % für Körpersprache, 17 % für Intonation und 10 % für Wörter.

(2) Kommunikation läuft, wie man spätestens seit Watzlawick, Beavin & Jackson (1996, 1. Aufl. 1969) weiß, immer auf mindestens zwei Ebenen ab, der (direkten, digitalen, kognitiven) *Inhalts-* und der (indirekten, analogen, affektiven) *Beziehungsebene*. Gerade auf dieser letzteren Ebene spielen para- und nonverbale Elemente eine große Rolle.

(3) Man weiß außerdem dank der Neurowissenschaften, unser Gehirn arbeitet ständig *simultan mehrdimensional*, um die ihm relevant erscheinenden Informationen zu verarbeiten, zu „verrechnen" (vgl. den oben gebrauchten Vergleich mit dem Parallelrechner). Dass bei diesen komplexen Verrechnungsprozessen nicht alles ins Bewusstsein gehoben werden kann, liegt auf der Hand.

Aus diesen Überlegungen folgt, dass eine auf das rein Verbale reduzierte Sprachbegegnung sich kontraproduktiv auswirken muss. Eine solche Reduzierung enthält dem Lerner wesentliche Schlüssel zum Verständnis vor und macht so das Sprachenlernen noch schwieriger, wenn nicht unmöglich.

4.3 Sprachenlernen geschieht handlungsorientiert

Für den Aufstieg auf jene Stufe, auf der Form und Bedeutung eines Sprachzeichens, also Bezeichnendes und Bezeichnetes (de Saussure), ein stabiles Paar bilden und damit die Sprachform als Symbol für das mentale Konzept benützt werden kann, sieht Bruner (1974) insgesamt drei Stufen. Auf der ersten, der *enaktiven* Stufe wird Sprache im Verbund mit Handeln erfahren. Dank der Gleichzeitigkeit der Erfahrung von Spracherscheinung und Tun wird die Möglichkeit eröffnet, das Sprachsystem zu durchschauen („den Code zu knacken"). Auf der zweiten, der *ikonischen* Stufe, wird Sprache im Verbund mit die Wirklichkeit abstrahierenden Bildern erfahren. Hier ist die Wirklichkeit zwar nur in (teilweise) abstrahierter Form zugegen; es kann aber über mehr Welt, nämlich über das unmittelbar Gegenwärtige hinaus, geredet werden. Nur wenn eine Verbindung zwischen den beiden Seiten eines Sprachzeichens, der Bedeutung und der Form, fest hergestellt ist, ist die dritte, die *symbolische* Stufe erreicht. Erst wenn sich das Sprachzeichen beim Sprachbenutzer auf dieser symbolischen Stufe befindet, kann davon ausgegangen werden, dass er in der Lage ist, die Sprachzeichen ohne die Stütze des Nonverbalen – zumindest annähernd – mit einer Bedeutung zu verstehen, die in der betreffenden Sprachgemeinschaft üblich ist. Dass der traditionelle Fremdsprachenunterricht viel zu schnell auf diese symbolische, rein verbale Stufe springt, ist nicht zu übersehen.

5. Konsequenzen für den Unterricht

Der Lehrer ist der Herausforderer. Seine Aufgabe besteht darin, beim Lerner auf verschiedenen Ebenen – etwa mittels *advance organizers* (vgl. Kap. E.4, Abschnitt 3.4) – die notwendigen Erwartungen, das notwendige Vorwissen von Welt und (erwartbarem) Sozialverhalten zu aktivieren. Er provoziert, lebensweltliche Vorstellungen (Erfahrungen) zu (re)konstruieren. Er bietet Sprache so an, dass sie für den Lerner Sinn macht: situativ und kontextuell eingebunden, funktional nachvollziehbar und im Verbund mit para- und nonverbalen Signalen. (Im Falle geschriebener Äußerungen ist diese „Welterstellung" Teil der Interpretationsaufgabe des Lesers.)

Das Unterrichtsziel, den Lerner mittels der Zielsprache zur Kompetenz eines angemessenen Sprachverhaltens in der Zielkultur zu führen, setzt sprachliche und kulturelle Kompetenz des Lehrers voraus. Ein Unterricht, womöglich fachfremd erteilt, der Seite um Seite im Lehrbuch durchnimmt, ist im Zeitalter der Welt als *global village* und der elektronischen Medien schlicht unverantwortlich und macht die Schule unglaubwürdig. *Nur das Erleben des funktionalen Gebrauchs von Sprache erlaubt Selbstorganisation des Lerners und – im Laufe der Zeit – eine sprachliche Gebrauchssicherheit.* Was heißt dies nun konkret für den Unterricht?

5.1 *Anfangsunterricht*
Die *Aufgabe des Lerners* besteht darin, Erfahrungen der Verwendung von Sprache in der Welt zu sammeln und dabei die eigene Sprachlernfähigkeit zu erleben – etwa beim Erschließen von Bedeutungen aus dem Kontext, in der Erfahrung des Umgangs mit „Unschärfe" bei Vorstellungen, Begriffen und in der Verwendung sprachlicher Strukturen (vgl. Kap. E.1). *Aufgabe des Lehrers* ist es, die für das Lernen notwendigen Voraussetzungen zu schaffen und den Lerner herauszufordern, diese auszunützen. Es gilt auch die Neugier und Risikobereitschaft der Lerner durch das Bereitstellen immer wieder neuer Herausforderungen zu bewahren. Hierfür bietet sich das folgende methodische Vorgehen an:

(1) Anfangs viel *teacher talk*, d. h. situationsangemessener und adressatenangepasster Sprachgebrauch und damit für die Lerner verständlicher *small talk*, um sie modellhaft mit dem fremdsprachlichen Laut- und Sprachsystem vertraut zu machen. Unübertroffen bewährt ist der Einsatz von *Total Physical Response* (Asher, 1977; Bleyhl, 1982). Die Verbindung zwischen Lehrer und Lerner ist nie enger als beim gegenseitigen Beobachten, ob und wie rasch Aufforderungen ausgeführt werden. Weltwissen und Sprache werden dabei am schnellsten verbunden und am leichtesten behalten.

(2) Dies läuft auf *handlungsorientierten, funktionalen* Sprachgebrauch hinaus (vgl. Bach & Timm, 1996b). Dieser impliziert faktisch das Gebot eines prinzipiell einsprachigen Unterrichts, damit eine Maximierung des Modellangebots für Sprache und sprachkulturangemessenes verbales, para- und nonverbales Sozialverhalten gewährleistet ist. Die (als Entschuldigung für die Verwendung der Muttersprache gelegentlich ins Feld geführte) Aufgabe der Präzisierung – soweit diese überhaupt zu lösen ist – bleibt primäre Herausforderung an den Lerner und dessen Leistung; sie muss in der Interaktion ausgehandelt werden. (Jeder Schulleiter ist deshalb gut beraten, wenn er Anfangsunterricht nur von den besten Lehrern geben lässt.)

(3) Einführung und Vertrautmachen mit geschriebener Sprache erfolgt am problemlosesten, nachdem die Lautformen schon eine gewisse Stabilität erreicht haben und künftig von einer *Dominanz der authentischen Lautform* ausgegangen werden kann. Damit ist die Gefahr einer Interferenz durch das Schriftbild minimiert.

(4) Sind die elementaren Elemente vertraut (phonemisches System, ein gewisser Wortschatz, Grundstrukturen), sollte viel *vorgelesen* werden, u. U. mit Bildunterstützung, um den Lernern die Erfahrung zuteil werden zu lassen, dass sich durch Sprache andere Welten eröffnen. (Fernsehen ist hier defizitär, weil es spontane Interaktion nicht hinreichend erlaubt und fördert.) Wie das Bristol-Projekt (Barnes, Gutfreund, Satterly & Wells, 1983) aus-

weist, korreliert Vorlesen im Vorschulalter am stärksten mit späterem Schulerfolg. Erinnert werden darf auch an den von Lightbown (1992) beschriebenen Versuch, bei dem Schüler, die drei Jahre im Fremdsprachenunterricht nur Cassetten gehört und gleichzeitig die Bücher gelesen haben, den Schülern des herkömmlichen Unterrichts im Sprechen und in der Grammatik überlegen waren.

In der mentalen Verarbeitung von funktional, d. h. in der sozialen Interaktion erlebter Sprache und von Vorstellungen bilden sich die Sprachfertigkeiten, nicht zuletzt die Sprechfertigkeit. Individuelle Unterschiede in der Sprechbereitschaft der Lerner gilt es zu respektieren; sprechfaul scheinende Lerner werden über physisches Agieren in die Interaktion einbezogen. Ist das für sie persönlich erforderliche Niveau der Sicherheit erreicht, werden sie sich bei sie betreffenden Fragen auch verbal an der Interaktion beteiligen.

5.2 *Arbeit mit dem Lehrbuch*

Die in den einzelnen Units/Lektionen zu behandelnden Stoffe werden, wie eben angedeutet, zunächst ohne das Buch, in direkter Interaktion Lehrer – Lerner besprochen. Dabei wird auch die Bedeutung zentraler, für das Verständnis wichtiger und evtl. problematischer sprachlicher Formen „ausgehandelt" (vgl. auch Kap. C.6, Abschnitt 3). Die Texte werden dann nur auf ihre Inhalte durchgenommen. Sinnvolle vom Buch angebotene Aufgaben zur Festigung und Übung bestimmter sprachlicher Formen können von den Schülern schnell und im Schriftlichen selbstständig zu Hause erledigt werden. Viele der neuen Phänomene in den Lehrbuchtexten können sie dabei selbst erschließen. Und wenn in jeder Stunde Neues inferiert werden muss, sind sie bald geschult und sicher im Erschließen des Unbekannten aus dem Kontext. Das Lernpensum wird damit – gerade dank des Stoffes, der zusätzlich angeboten wurde! – viel leichter bewältigt (Bleyhl, 1996a). Hier haben wir eines der Paradoxa des Fremdsprachenunterrichts, der deswegen immer schwieriger zu werden schien, weil den Lernern von Lehrplanrevision zu Lehrplanrevision immer weniger Stoff, d. h. Sprache angeboten worden war (vgl. Kap E.1, Abschnitt 3.1). Was jedoch notwendig ist, ist mehr, nicht immer weniger Sprache!

5.3 *Fortgeschrittener Fremdsprachenunterricht*

Hier sind das *Buch* und andere *Texte* Ausgangs- und Heimathafen für Welten, von denen sich die Lerner angezogen fühlen. Der Lehrer als „Sozial-Repräsentant" der Zielsprachenkultur betreibt die Sprachsicherung. Dort, wo es angebracht ist und wo die Lerner ihre Ausdruckskrisen erleben, wird er auf Normen und Hilfsmittel, darauf, wie sie aufzuspüren sind, aber auch auf gewisse Regeln hinweisen und eventuelle Aufgaben zur Festigung stellen. Er wird sich aber hüten, der alten Annahme zu verfallen, dass eine Bewusstmachung und die richtige Wiederholung einer Korrektur ein Beweis dafür seien, dass die betreffende sprachliche Erscheinung durch den Schüler gelernt oder verinnerlicht ist (vgl. Kap. E.4).

6. Ein zyklisches Phasenmodell des Lehrens

Lineare Lehrphasenmodelle wie die in Abschnitt 1 genannten werden bei einem nicht linearen Konzept des Sprachenlernens abgelöst durch das zyklische, prozessorientierte Lernparadigma *Beobachten – Hypothesen bilden – Ausprobieren*: "The Present-Practise-Produce paradigm is rejected, in favour of a paradigm based on the Observe-Hypothesise-Experiment cycle" (Lewis, 1993, S. vii). Die Gründe liegen darin, dass nicht mehr der Lehrer das

Maß der Dinge ist, sondern die Prozesse, wie sie im Kopf eines jeden individuellen Lerners ablaufen. In diesen Kopf sieht man aber nicht hinein. Der Lehrer kann nur aus dem Verhalten des Lerners Schlüsse ziehen, wie weit dieser bei der Erarbeitung des Systems der neuen Sprache fortgeschritten ist.

Wie bisher stellt die Präsentation einer neuen Spracherscheinung die erste Phase dar: Die Schüler beobachten, versuchen zu verstehen. Die zweite Phase besteht in der gezielten Überprüfung und Vergewisserung, ob die Lerner die neue Spracherscheinung verstanden haben. Dieses Verstehen äußert sich im physischen Agieren und sprachlichen Verhalten des Lerners, nicht im Reproduzieren. Die neue Spracherscheinung wird zudem in verschiedenen Varianten angeboten. Je mehr Perspektiven dem Lerner eröffnet werden, je mehr Vernetzungen mit vertrauteren Spracherscheinungen sich ergeben, desto sicherer wird die Verarbeitung stattfinden und desto schneller wird der Lerner das Typische herausfiltern können. Ständige Wiederholung desselben Stoffes wäre dagegen kontraproduktiv.

Nach allem, was wir über die Arbeitsweise des Gehirns wissen, ist es ratsam, dieses Neue nun mindestens bis zur nächsten Stunde ruhen zu lassen und es der internen Verarbeitung anheim zu stellen. (Weshalb sollte auch eine ganze Stunde nur etwa die Steigerung von Adjektiven bzw. der Vergleich von Eigenschaften besprochen werden?) In der nächsten Stunde kann dieses Neue wieder aufgenommen werden, der Lehrer bietet es – als nun nicht mehr ganz Neues – wieder an und vielleicht wird es auch von dem einen oder anderen Schüler schon aufgegriffen. Das Neue mag aber auch einige Zeit ruhen. Es braucht Zeit, um mit einer Erscheinung, die im Sprachsystem eine ähnliche Funktion zu erfüllen scheint, abgeglichen zu werden, etwa das *simple past* gegenüber dem bereits bekannten *present perfect*. Sobald ein Lerner das Neue aber benützt, greift es der Lehrer sofort auf und benützt es ebenfalls, im Bedarfsfall mit einer Fehlerkorrektur, die in erster Linie den *Inhalt* der Schüleräußerung in sprachlich korrekter Form würdigt (vgl. Timm, 1996a, S. 182ff., sowie Kap. F.1).

Der Lehrer benützt ein neues Sprachphänomen, und zwar mehrfach in verschiedenen Kontexten. Der Lerner verarbeitet es, baut es – sofern es ihm relevant erscheint – in sein System ein; sieht er eine passende Anwendungsmöglichkeit (eventuell hört er das Sprachphänomen gerade auch vom Lehrer), so probiert er es aus. Wird dieser Versuch bestätigt, etwa dadurch, dass der Lehrer das Sprachphänomen ebenfalls benützt, so fasst der Lerner Mut und verwendet es weiter, sensibel für die eventuelle Rückmeldung durch den Lehrer. Bald gebrauchen die Schüler, die – unterschiedlich schnell – mit *yes* oder *no* oder *Jim* und anderen Einwortäußerungen nicht mehr zufrieden sind, immer längere Wendungen wie *in the cupboard* oder *at home*. Während laufend neues Material angeboten wird, wird nun bereits früher eingeführtes wieder aufgenommen, häufiger geübt nach Art der Phasen 3 bis 5 der „erwerborientierten" Methode von v. Ziegésar (vgl. Kap. E.3).

Generell werden die neue Phänomene, wie gesagt, von den Lernern *nicht* sofort wieder produktiv verlangt. Der Zeitraum, in dem sie sich allein im rezeptiven Bereich aufhalten, wird dabei variieren; für manche, die als persönlich wichtig erachtet werden und häufig erscheinen (vgl. die „Lehrbarkeitshypothese" von Pienemann, 1989), wird die Inkubationszeit nur kurz dauern, andere werden nie aus ihr herauskommen. Das ist aber in der Muttersprache nicht anders.

Es scheint, dass eine (bei v. Ziegésar nicht vorgesehene) Zäsur nach der Überprüfungsphase das Lernen effektiviert. Dass ein Phänomen einige Zeit nur als Teil der rezeptiven Kompetenz belassen wird, beschleunigt – wieder ein Paradox! – den sicheren Gebrauch.

Darauf haben schon die erfahrenen Lehrer Palmer & Palmer (1925) und Billows (1961) hingewiesen. Ihre Befunde werden durch neuere Erkenntnisse gestützt: Der Grad der Sprachsicherheit ist abhängig von der Intensität und Dauer des Umgangs mit der betreffenden Sprache. Je ausgeprägter die Rezeptionskompetenz ist, ehe mit der Produktion begonnen wird, desto höher und schneller werden sich *fluency* UND *accuracy* einstellen. Eine Perfektion hat die Evolution im Fremdsprachenunterricht allerdings nicht vorgesehen (vgl. Scovel, 1988). Eine solche gibt es übrigens auch nicht bei einem Muttersprachler.

4 Lernerstrategien beim Fremdsprachenlernen

Dieter Wolff

Nicht nur in der Fremdsprachendidaktik wird schon seit mehr als 25 Jahren über eine stärkere Lernerorientierung diskutiert. Der Lernende, so wird in den Didaktiken aller Schulfächer argumentiert, müsse in den Mittelpunkt des unterrichtlichen Geschehens treten, seine Lernprozesse müssten stärker berücksichtigt werden, das Lehren müsse sich auf das Lernen und seine Bedingungen einstellen. So wichtig und berechtigt diese Forderungen sind, so schwierig gestaltet sich ihre Umsetzung in der konkreten Unterrichtssituation.

Zu der Vielzahl von Vorschlägen, einen höheren Grad an Lernerorientierung in das fremdsprachliche Klassenzimmer hineinzutragen, kann seit einigen Jahren auch die Förderung von Lernerstrategien bzw. Lern- und Arbeitstechniken gezählt werden. Die Bewusstmachung und Förderung von Lernerstrategien im Unterricht, die Nutzung von Lern- und Arbeitstechniken führt dazu, dass das Konzept der Lernerorientierung besser als bisher konkret ausgestaltet wird (vgl. auch Kap. E.7).

Dieses Kapitel versucht, eine Zusammenfassung des derzeitigen fremdsprachendidaktischen Diskussionsstandes im Hinblick auf das Konzept „Lernerstrategie" zu geben.

1. Zur Begriffsbestimmung

Weil der Begriff Strategie sowohl in der Lernpsychologie als auch in der Psycholinguistik, der Spracherwerbspsychologie und der Fremdsprachendidaktik Verwendung findet, ist es schwer, eine allgemein verbindliche Definition vorzulegen. Im Folgenden wird der Versuch unternommen, kurz zu erläutern, was die genannten Disziplinen mit diesem Begriff verbinden, und aufzuzeigen, inwiefern sich die verschiedenen Vorstellungen zu einem übergeordneten Konzept zusammenfassen lassen.

1.1 *Lernerstrategie als lern- und sprach(erwerbs)psychologisches Konzept*
In der kognitiv orientierten Lernpsychologie hat der Begriff Strategie eine lange Tradition. Im Allgemeinen versteht man unter einer *Strategie* einen Plan, der aufgestellt wird, um eine komplexe Handlung durchzuführen. Strategien werden als komplexe Problemlösungsoperationen verstanden, bei welchen das Hypothesenbilden und das Hypothesentesten von ausschlaggebender Bedeutung sind. Strategien steuern die weniger komplexen mentalen Operationen, die gemeinhin als *Prozesse* bezeichnet werden. Die meisten Strategien, die wir im Alltagsleben verwenden und die unserem prozeduralen Wissen[1] zugeordnet werden können, sind voll automatisiert, wenn wir sie erprobt und internalisiert haben. Wichtig ist auch, dass unser strategisches Wissen kulturspezifisch geprägt ist (Franzosen subtrahieren anders als Deutsche, Engländer lesen anders als Chinesen) und dass wir als Individuen über unterschiedliches strategisches Wissen verfügen, das sich aufgrund unserer Erfahrungen mit der Welt herausgebildet hat. Schließlich hat die kognitive Lernpsychologie betont, dass wir zur Lösung eines spezifischen Problems auf unterschiedliche Strategien zurückgreifen

---

[1] Unter prozeduralem Wissen versteht die kognitive Psychologie Wissen, das wir zur Steuerung von Tätigkeiten einsetzen. Als „Wie-Wissen" (wie tue ich etwas?) steht es neben dem deklarativen oder „Was-Wissen", das unser Faktenwissen repräsentiert (vgl. auch Kap. B.2, Abschnitt 3).

können. Lernen ist nach Auffassung der kognitiven Psychologen eine strategienbestimm-
te Tätigkeit.

Die Zweitsprachenerwerbsforschung versteht seit Færch & Kasper (1983), ähnlich wie
die kognitive Lernpsychologie, unter Strategien auf einer hohen Stufe des Bewusstseins stehende mentale Operationen zur Lösung von Problemen. Die Strategiendiskussion hob
zunächst auf so genannte Kommunikationsstrategien ab, mentale Operationen kompen-
satorischen Charakters, mit denen der Lernende seine sprachlichen Defizite kompensiert.
Ihre typischen Merkmale sind also die Behebung von Zusammenbrüchen in der Kommunikation zwischen Muttersprachlern und Zweitsprachenlernern bzw. die lernereigene
Regulierung und Überprüfung von Input und Output. Demgegenüber unterscheidet die
heutige Zweitsprachenerwerbsforschung seit Rubin (1987) zwischen Lernstrategien, Kommunikationsstrategien und sozialen Strategien und fasst diese drei Strategienkomplexe unter dem Begriff „Lernerstrategien" zusammen (vgl. hierzu Abschnitt 2).

In der Psycholinguistik wurde ebenfalls Anfang der Achtzigerjahre deutlich gemacht,
dass menschliche Verstehensprozesse strategienbestimmt sind, dass Menschen auf allen
Ebenen der sprachlichen Verarbeitung Strategien einsetzen, Lesestrategien z. B., die das
Dekodieren der Schriftzeichen steuern, Inferierungsstrategien, welche Bedeutungser-
schließung ermöglichen, und Generalisierungsstrategien, welche zur Verankerung des Ver-
arbeiteten im Gedächtnis beitragen. Ähnliche Strategien wurden für die Sprachproduktion
postuliert: Planungsstrategien, Verbalisierungsstrategien, Revisionsstrategien sollen hier
als Beispiele genannt werden. Auch die Psycholinguisten machen bei ihren Überlegungen
klar, dass die eingesetzten mentalen Operationen strategischen Charakter haben, d. h., dass
sie als mehr oder weniger bewusste Pläne anzusehen sind, welche die produktive und rezeptive Sprachverarbeitung steuern.

1.2 *Lernerstrategie als didaktisches Konzept*

In der allgemeinen Didaktik und in der Fremdsprachendidaktik wird der Begriff „Lernerstrategie" erst seit vergleichsweise kurzer Zeit verwendet. Es ist vor allem den einflussrei-
chen Arbeiten von Oxford (1990) und O'Malley & Chamot (1990) zuzuschreiben, dass
dieser Begriff inzwischen mehr und mehr den zumindest in der deutschen Fremdsprachendidaktik verwendeten Begriff „Lern- und Arbeitstechniken" verdrängt. Damit
wird die Dichotomie, die bisher zwischen Lerntechniken und Arbeitstechniken auf der einen und Lernerstrategien auf der anderen Seite bestand, aufgelöst.

Eine wirkliche Reflexion über Lern- und Arbeitstechniken begann in der deutschen
Fremdsprachendidaktik erst Mitte der Achtzigerjahre. Es ist vor allem das Verdienst von
Rampillon (1989, 1995c), auf die Notwendigkeit einer stärkeren Einbeziehung von Lern-
und Arbeitstechniken in den Unterricht hingewiesen zu haben. Rampillon definiert Lern-
und Arbeitstechniken wie folgt: „Lerntechniken, manchmal auch als Lernstrategien, Arbeitstechniken oder *study skills* bezeichnet ..., sind Verfahren, die von den Lernenden absichtlich und planvoll angewandt werden, um fremdsprachliches Lernen vorzubereiten, zu
steuern und zu kontrollieren" (Rampillon, 1995c, S. 261).

Wenn man Rampillons Kategorisierung von Lern- und Arbeitstechniken aus heutiger
Sicht genauer betrachtet, kann man den nicht ganz eindeutigen Charakter dieses Konzeptes deutlich erkennen. Die von ihr aufgeführten Techniken sind zwischen operationali-
sierten Arbeitsanweisungen und komplexen strategischen Verhaltensweisen angesiedelt;
neben einfachen Techniken der Wörterbuchbenutzung stehen komplexe Strategien des In-

ferierens oder des aktiven Lesens. Außerdem betont die Verwendung des Begriffs „Lern-technik" oder auch „Lernstrategie" zu einseitig das Lernen losgelöst vom Lerner, auf dessen Verhalten bei der Verarbeitung der fremden Sprache aber eigentlich fokussiert werden muss. Denn Lernen und Sprachlernen implizieren produktive und rezeptive Sprachverar-beitung, Sprachlernen ist Sprachgebrauch.

Nun könnte man, abweichend von den Überlegungen Rampillons, davon ausgehen, dass sich Lern- und Arbeitstechniken ganz linear aus den sprach- und lernpsychologisch be-stimmten Lernerstrategien ableiten lassen. Dieser Vorschlag wurde auch gemacht (vgl. Wolff, 1992). Es soll jetzt allerdings eher dafür plädiert werden, Lernerstrategien sowohl eine psychologische wie eine didaktische Dimension zuzuordnen, sie als geplante Verhal-tensweisen zu verstehen, die Lerner mehr oder weniger bewusst einsetzen können und deren Förderung im Unterricht das Lernerverhalten positiv beeinflusst. Ferner soll Lerner-strategien eine dritte Dimension zugeordnet werden, die man als kulturtechnische Di-mension bezeichnen kann. Damit werden auch während der Sozialisation erworbene all-gemeine Techniken des Umgangs mit Informationen den Lernerstrategien zugeordnet, z. B. das Lesen von Landkarten, das Zusammenstellen von Informationen auf Karteikarten oder in Datenbanken, das Interpretieren von Grafiken oder statistischen Daten. (Vgl. auch die terminologische Diskussion in Kap. E.7, Abschnitt 1.)

Von den drei genannten Dimensionen ausgehend lässt sich der Begriff Lernerstrategie abschließend wie folgt definieren: Lernerstrategien sind strategische Verhaltensweisen, die der Lernende u. a. beim Gebrauch und beim Erwerb der fremden Sprache einsetzt; als kom-plexe Pläne steuern sie sowohl das Verhalten des Lernenden beim Lernen und in der Inter-aktion mit anderen, als operationalisierte Fertigkeiten steuern sie den Erwerb sprachlicher Mittel und die Verarbeitung anderer nicht sprachlicher Informationen.

2. Arten von Lernerstrategien

Die der folgenden Zusammenstellung zugrunde liegende Differenzierung ist vor dem Hin-tergrund des gerade diskutierten psychologischen und didaktischen Konzeptes der Lerner-strategie entwickelt worden.

2.1 Auf den Erwerb sprachlicher Mittel bezogene Strategien

In der Spracherwerbspsychologie werden sie als Lernstrategien bezeichnet, d. h. bewusste oder potenziell bewusste kognitive Operationen, die dazu beitragen, dass der Sprachlerner das neue Sprachsystem, dem er ausgesetzt ist, angemessen aufbauen kann. Zu den Strate-gien, die in der Forschung herausgearbeitet wurden, gehören z. B. das Memorieren von Sprachmustern und sprachlichen Elementen, das Generalisieren von Regeln, das Er-schließen von Bedeutungen, das Analysieren von vorher unanalysierten Strukturen, das Simplifizieren von Strukturen, der Transfer von muttersprachlichen Strukturen.

Im Fremdsprachenunterricht spiegeln sich diese Lernerstrategien als konkret formu-lierte Arbeitsanweisungen, als Lern- und Arbeitstechniken wider. Die wichtigsten sind: Techniken zum Lernen von Wortschatz (z. B. Lernen von Definitionen, Lernen von Wör-tern in Kontexten), Techniken zur Organisation des gelernten Wortschatzes (z. B. Bilden von Wortfeldern, Wortfamilien, Wortskalen), Rekonstruieren von Texten (Memorieren), Erstellen schülereigener Grammatiken. Kulturtechniken wie das Nachschlagen in Wörter-büchern und Grammatiken sind hier ebenfalls anzuführen (vgl. Kap. E.7).

2.2 Fertigkeitsbezogene Strategien

Zu den fertigkeitsbezogenen Lernerstrategien rechnet man vor allem die *Sprachverarbei-tungsstrategien,* d. h. Strategien, die Sprachbenutzer und Sprachlerner bei der produktiven und rezeptiven Verarbeitung von Sprache einsetzen. Diese Strategien sind für den Mutter-sprachler und für den Zweitsprachenlerner identisch. Es ist aber davon auszugehen, dass sie dem Lerner nicht (mehr) bewusst sind und er sie daher bei der zweitsprachlichen Verarbei-tung auch nicht einsetzt. Die Klassifizierung in Strategien der Bereitstellung von Inhalten (Aufbau von Erwartungshaltungen beim Lesen eines Textes, Analyse des sozialen Kontex-tes, in welchem ein Gespräch stattfindet, Bereitstellung von Inhalten, die in einen Text ein-gehen sollen), Erschließungsstrategien (Herstellen eines Textzusammenhangs beim Lesen oder Zuhören, Erschließen von Wortbedeutungen), Verarbeitungsstrategien (Wahl zwi-schen *skimming, scanning* und *reading for gist*)[2], Überarbeitungsstrategien (Überarbeitung beim Schreiben, beim Sprechen) verdeutlicht die Vielfalt der verschiedenen Operationen (vgl. auch Wolff, 1995a).

In der fremdsprachendidaktischen Literatur (vgl. z. B. Rampillon, 1995c) werden für die-sen Bereich die folgenden Strategien genannt und zur Förderung empfohlen: (1) Instru-mentelle Arbeitsverfahren bei der Aufnahme und Produktion von Texten, z. B. das *note-taking,* das Gliedern und Strukturieren von Texten durch Markieren, das Orientieren an Schlüsselwörtern, das Bereitstellen instrumenteller Planungstechniken beim Schreiben (Matrixtechnik, Pyramidentechnik). (2) Verfahren zur selbstständigen Steuerung und Kon-trolle mentaler Prozesse, z. B. Techniken des aktiven Lesens (Aufschreiben aller Wörter, die dem Lernenden beim Lesen einer Textüberschrift einfallen), Verfahren für das Erschließen von Bedeutungen unbekannter Wörter, themenorientierte Planungstechniken, Techniken der Leserlenkung, Techniken der Wahl angemessener Register, Überarbeitungstechniken.

2.3 Auf die fremdsprachliche Kommunikation bezogene Strategien

Kommunikationsstrategien sind Strategien, die, wie in Abschnitt 1.1 schon angedeutet, der Lernende einsetzt, wenn er bei der Interaktion mit Sprechern der neuen Sprache auf Schwierigkeiten stößt. Typologien von Kommunikationsstrategien enthalten gemeinhin Vermeidungsstrategien (z. B. Themenvermeidung, da der Lernende befürchtet, nicht über genügend sprachliches Wissen zu verfügen, um über das Thema kommunizieren zu kön-nen), Paraphrasierungsstrategien (Ersetzung fehlender Lexeme durch bedeutungsnahe Einheiten, Wortbildungsverfahren, Umschreibungen), Transferstrategien (Wort-für-Wort-Übersetzung aus der Muttersprache, Entlehnung von Wörtern aus der Muttersprache oder einer anderen Sprache), Bitten um Hilfestellung, Mimik, Gestik (vgl. Kap. F.1, Abschnitt 2.3).

Auch für den Fremdsprachenunterricht wird das Konzept der Kommunikationsstrate-gie schon seit geraumer Zeit diskutiert. Es werden vor allem Verfahren genannt, die darauf abzielen, dem Lernenden Hilfestellung zu geben, wenn er Schwierigkeiten hat, sich ver-ständlich zu machen. Dabei wird besonders die Förderung von Strategien gefordert, die da-zu beitragen, dass der Lerner seine Kommunikationsprobleme analysieren und artikulieren kann. Der Erwerb von Fragekatalogen, mithilfe derer um Wiederholung und Erklärung ge-beten wird, gehört genauso dazu wie Techniken zur Paraphrasierung unbekannter lexikali-scher Elemente und Strukturen.

---

[2] Die Technik des *skimming* erlaubt es, den Inhalt eines Textes durch Überfliegen zu erfassen, die Technik des *scanning* ist auf das Erfassen von Schlüsselwörtern ausgerichtet, *reading for gist* bezeichnet die genaue, inhaltsbezogene Textlektüre.

2.4 *Auf die Sprachreflexion bezogene Strategien*

Besonders in den Untersuchungen von Bialystok (z. B. 1987) wurde deutlich, dass Sprach-lerner bewusst über Sprachstrukturen und Funktionen reflektieren. Dabei benutzen sie *Strategien des Segmentierens, des Klassifizierens sowie des Generalisierens*, die ihnen Einblick in die neue Sprache verschaffen. Von besonderer Bedeutung ist die von ihr als *control of processes* bezeichnete Strategie, die es Lernern ermöglicht, ihr Augenmerk nur auf die sprach-liche Form zu richten und den Inhalt der sprachlichen Äußerung, der normalerweise im Vordergrund steht, zurückzustellen.

In der Fremdsprachendidaktik wird gefordert, der Lerner solle mit Strategien vertraut gemacht werden, die es ihm ermöglichen, Strukturen miteinander zu vergleichen und Funktionen von Sprache erkennen zu können. Besonders diskutiert werden wissenschafts-propädeutische Verfahren wie das Sammeln von Sprachdaten und das systematische Zu-sammenstellen und Klassifizieren dieser Daten. Insbesondere im Kontext des so genannten *data-driven learning* (vgl. Eck, Legenhausen & Wolff, 1995) sind Verfahren entwickelt wor-den, die es dem Lerner ermöglichen, sich mithilfe der neuen Technologien gezielt Daten zusammenzustellen, um strukturelle oder inhaltliche Fragen zu beantworten (vgl. Kap. C.5, Abschnitte 2.2 und 3).

2.5 *Auf das Lernen bezogene Strategien*

In der neueren Zweitsprachenerwerbsforschung werden neben den gerade skizzierten kognitiven auch *metakognitive Lernerstrategien* angesprochen. R. Ellis (1994a) nennt Strate-gien wie *self-management* (Lernbedingungen erkennen, analysieren und für den konkreten Lernprozess verwenden), *directed attention* (sich nur der Lernaufgabe zuwenden und alle Distraktoren ausklammern) und *self-evaluation* (die Ergebnisse des eigenen Lernprozesses überprüfen und bewerten).

In der Fremdsprachendidaktik treten diese Strategien als Techniken des „Lernen Ler-nens" auf. Die Bewusstmachung von Lernprozessen über Lernertagebücher oder die Zu-sammenstellung und Diskussion unterschiedlicher Lernwege in der Lernergruppe ist eben-so wichtig wie die Analyse der Faktoren, die den eigenen Lernprozess beeinflussen.

2.6 *Soziale Strategien*

Soziale Strategien sind Strategien, die Lernende einsetzen, um sich Gelegenheiten zur Kom-munikation in der fremden Sprache zu verschaffen und ihr Sprachwissen zu praktizieren (z. B. Besuch eines Deutsch-Britischen Instituts oder eines von Ausländern besuchten Lo-kals). Auf diesen Strategietyp wird in der Fremdsprachendidaktik bisher nicht fokussiert.

3. Begründung für die Förderung von Lernerstrategien

Es lässt sich schon seit geraumer Zeit beobachten, dass die Diskussion um die Förderung von Lernerstrategien im Fremdsprachenunterricht aus ihrem Schattendasein herausrückt und mehr und mehr zum Mittelpunkt der fremdsprachendidaktischen Reflexion wird. Dies hängt vor allem damit zusammen, dass neue lerntheoretische Konzepte entwickelt und empirisch abgesichert wurden, die für eine stärkere Einbeziehung von Lernerstrategien im Fremdsprachenunterricht sprechen. Wie die Förderung von Lernerstrategien lerntheore-tisch, pädagogisch und fachdidaktisch begründet werden kann, soll im Folgenden darge-stellt werden.

3.1 *Eine lerntheoretische Begründung*

Die kognitiv orientierte Lerntheorie argumentiert, dass der Lernprozess von außen am besten dadurch beeinflusst werden kann, dass man versucht, auf den eigentlichen Prozess der Wissenskonstruktion einzuwirken. Die Förderung des prozeduralen oder strategischen Wissens, das den Konstruktionsprozess steuert (vgl. Anm. 1), wird als besonders relevant angesehen. Obwohl das strategische Wissen bei einzelnen Lernern unterschiedlich ausgebildet ist, wird erwartet, dass durch eine Verbesserung dieser Wissenskomponente der vom Lernenden selbstständig durchzuführende Prozess der Wissenskonstruktion besonders effizient gemacht werden kann. Die jetzt auch in der Fremdsprachendidaktik immer häufiger formulierte Forderung nach Prozessorientierung geht auf diese lerntheoretischen Überlegungen zurück.

3.2 *Eine pädagogische Begründung*

Die der kognitiven Lerntheorie verpflichtete pädagogische Forschung leitet aus den oben skizzierten Erkenntnissen eine Reihe von Überlegungen für eine pädagogische Umsetzung ab, die auch im hier zu diskutierenden Kontext bedeutsam sind: (1) Sie räumt der Förderung von Lernerstrategien besonderes Gewicht ein. Es muss gewährleistet sein, dass der Lerner in die Lage versetzt wird, Lern- und Arbeitstechniken selbstständig auszuwählen und für den Wissenskonstruktionsprozess zu nutzen. (2) Sie hebt besonders die Bedeutung der Bewusstmachung des eigenen Lernprozesses hervor. Die Reflexion über den eigenen Lernprozess und die Evaluation dieses Prozesses (Stichwort „Lernen Lernen") müssen dem Lernenden als strategische Konzepte transparent gemacht werden. (3) Sie unterstreicht die Bedeutung des kooperativen Lernens. Der Lernende benötigt den Kontakt mit anderen, um seine Hypothesen zu validieren, um Konsens über die Art und Weise, in der Wissen konstruiert wird, zu erzielen. Das Klassenzimmer wird als Lernwerkstatt verstanden, Schule als ein Haus des Lernens, Projektarbeit steht im Mittelpunkt des pädagogischen Geschehens. Den Lernerstrategien, der Fähigkeit zum selbstständigen Arbeiten, kommt in einem solchen Konzept besondere Bedeutung zu.

3.3 *Eine fremdsprachendidaktische Begründung*

In neuen fremdsprachendidaktischen Theorien spielen Lernerstrategien eine immer wichtigere Rolle. In allen heutigen Überlegungen wird auch das Fremdsprachenlernen im Sinne von McLaughlin (1987) als ein kognitiver und damit auch als konstruktiver Prozess angesehen, welchen der Lernende nur selbstständig durchführen kann (*Lernorientierung*; vgl. Einleitung, Abschnitte 2 und 3). Die Fremdsprachendidaktik nimmt damit nicht nur Konzepte der kognitiven Lerntheorie auf, sondern begründet ihre Überlegungen auch mit Erkenntnissen, wie sie schon in den Achtzigerjahren in der Zweitspracherwerbsforschung eingebracht wurden, wo der Erwerb einer zweiten Sprache sowohl in natürlichen wie in institutionellen (z. B. schulischen) Kontexten als ein kreativer Konstruktionsprozess bezeichnet wird. Sie rückt, wenn sie die Selbstständigkeit des Lernenden beim sprachlichen Konstruktionsprozess so stark betont, auch in die Nähe reformpädagogischer Ansätze, die der Lernerautonomie verpflichtet sind und die durch die kognitive Lerntheorie eine späte Bestätigung erfahren.

   Die für den Spracherwerb erforderlichen Konstruktionsprozesse können nur durchgeführt werden, so argumentiert die solchen Überlegungen verpflichtete Fremdsprachendidaktik, wenn dem Lernenden die Strategien zur Verfügung stehen, mit welchen sie die Konstruktion des Sprachwissens steuern können. Das Konzept der Lernerstrategie wird also damit auch in einem auf Konstruktionsprozesse abhebenden Fremdsprachenunterricht zum beherrschenden Konzept. Die im zweiten Abschnitt zusammengestellten Lernerstrategien stellen sozusagen die kognitiven Werkzeuge bereit, die es dem Lernenden ermöglichen, seine Konstruktionsprozesse angemessen durchzuführen.

4. Förderungsmöglichkeiten

Im Mittelpunkt dieses letzten Abschnitts soll die Frage stehen, wie man den Erwerb von Lernerstragien durch den Lernenden fördern kann, wie man ihn dazu anleiten kann, Strategien angemessen auszuwählen und einzusetzen, und wie man ihm schließlich bei der Weiterentwicklung seines eigenen Strategienrepertoires behilflich sein kann. Die in der fachdidaktischen Literatur diskutierten Förderungsmöglichkeiten liegen auf einer Skala, die zwischen einem eher expliziten Strategietraining und selbst bestimmter Strategieerprobung angesiedelt ist (vgl. auch Kap. E.7).

4.1 Explizites Strategietraining
Unter explizitem Strategietraining werden Formen der Förderung von Lernerstrategien verstanden, in welchen die Strategien vom Lehrenden direkt vermittelt und mithilfe von Übungen erlernt werden. Vorschläge finden sich z. B. bei Stiefenhöfer (1986) und bei Dickinson (1987). Stiefenhöfer fokussiert bei seinem Trainingsprogramm auf Lesestrategien, Dickinson bezieht in hohem Maße auch die Techniken des „Lernen Lernens" in seine Überlegungen ein. Ein interessantes Beispiel für explizites Strategietraining findet sich z. B. bei Stiefenhöfer im Kontext der Erschließung unbekannter Wörter in einem fremdsprachlichen Text (ebd., S. 235). Dem Lernenden werden hier mithilfe eines Flussdiagramms die einzusetzenden Strategien und ihre optimale Abfolge präsentiert. Im Anschluss daran werden ihm Texte vorgegeben, an welchen er die präsentierten Strategien erproben soll. Das zur Lösung des Problems erforderliche Strategieninventar wird also direkt präsentiert und anschließend eingeübt.

Weltner (1992) untersuchte die Vor- und Nachteile der expliziten Förderung von Lernerstrategien vor dem Hintergrund der Lektüre wissenschaftlicher Texte und kam zu dem Ergebnis, dass die direkte Förderung von Lernerstrategien durch kurzfristige Interventionen, aber auch der langfristige Aufbau eines Strategienrepertoires zu signifikant besseren Leseergebnissen bei der Informantengruppe führt als bei einer Kontrollgruppe, welcher keine Strategien vermittelt wurden. Seine Ergebnisse stimmen mit den Ergebnissen der empirischen Untersuchungen überein, die Stiefenhöfer selbst durchführte.

4.2 Selbst bestimmte Strategieerprobung
Dem expliziten Strategietraining lässt sich die selbst bestimmte Strategieerprobung gegenüberstellen. Bei diesem Konzept erfolgt die Förderung der Lernerstrategien weniger direkt; sie werden nicht explizit von außen an die Lernenden herangetragen und nicht direkt eingeübt. Den Lernenden wird vielmehr ein Angebot an möglichen Lernerstrategien für die Lösung eines bestimmten Problems gemacht, z. B. für das Lernen von Wortschatz, und sie werden dazu angehalten, die verschiedenen Strategien für sich zu erproben. Außerdem wird im Klassenzimmergespräch die Evaluation von Lernprozessen und Lernergebnissen in den Vordergrund gerückt und damit auch auf Lernerstrategien fokussiert.

Obwohl Ellis & Sinclair (1989) ihr Buch *Learning to learn English* als einen Kurs in Lerner-training bezeichnen, weist dieser Ansatz mehr Elemente einer eher selbst bestimmten För-derung von Lernerstrategien auf als die vorher genannten Kurse. Das zeigt sich vor allem in der vom Lehrer im Rahmen des Kurses erwarteten Rolle. Zu den Aufgaben des Lehrers gehört unter anderem (vgl. ebd., Lehrerhandbuch, S. 10):
"– encouraging discussion in the classroom about language and language learning,
  – helping learners become aware of the wide range of alternative strategies available to them for language learning,
  – create a learning environment where learners feel they can experiment with their lan-guage learning."
Überlegungen, die im Kontext des selbst bestimmten Lernens durchgeführt wurden, gehen noch über diesen Ansatz hinaus (vgl. z. B. Wolff, 1996a). Die folgenden Aspekte sind bei der Förderung von Lernerstrategien von entscheidender Bedeutung:

- Entwicklung von selbstreflexiver Kompetenz in Gruppenarbeit, d. h. das Herausbilden der Fähigkeit, über die eigene Sprachverarbeitung und das eigene Lernen nachdenken und das Gedachte versprachlichen zu können: Was tue ich, wenn ich etwas sage, lese usw.? Was tue ich, wenn ich Sprache lerne? Entwicklung der Fähigkeit, die eigene Selbst-reflexion kritisch bewerten zu können.
- Angebote von Lern- und Arbeitstechniken, die vom Lerner selbstständig erprobt und auf ihre Tauglichkeit überprüft werden können (*process materials* im Sinne von Breen, 1983). Hier wird die Verbindung zwischen Lernerautonomie und Lern- und Arbeitstech-niken sehr konkret.
- Angebote von *cognitive tools*, die es dem Lerner ermöglichen, Hypothesen über die eige-nen Konstruktionsprozesse aufzustellen. Hier bietet sich der Einsatz des Computers an: *semantic networking, expert-systems, hypertext systems, micro-worlds (simulations), tem-plates, navigation aids* (vgl. Kommers, Jonassen & Mayes, 1992).
- Angebote von so genannten reichen Lernumgebungen (*rich learning environments*), an denen der Lerner seine Hypothesen erproben kann. Möglichkeiten sind u. a. über die neuen Technologien gegeben (vgl. Kap. C.5).

5. Schlussbemerkung

Aus den vorgelegten Überlegungen sollte deutlich geworden sein, dass die Förderung von Lernerstrategien beim fremdsprachlichen Lernen von entscheidender Bedeutung im Kon-text einer stärkeren Lernerorientierung ist. Die Fokussierung auf Lernerstrategien stellt ei-nen Weg dar, den Lernenden autonomer zu machen; sie ist wahrscheinlich derzeit die ein-zige Möglichkeit, den Fremdsprachenunterricht dahingehend zu verändern, dass er sich den Erkenntnissen der kognitiven Lerntheorie annähert.

5 Wege zur Lernerautonomie
Lienhard Legenhausen

Mit dem Konzept der Lernerautonomie werden einerseits grundlegende anthropologisch-philosophische und politische Fragen aufgeworfen, andererseits geraten aber auch überaus praktische Überlegungen methodisch-didaktischer Art in den Blickpunkt. Kann man Schülern und Schülerinnen beispielsweise zutrauen, über Lerninhalte und Lernverfahren selbst zu entscheiden? Bedeutet nicht der Verzicht auf explizite Grammatikvermittlung und auf graduiertes Lehrmaterial, dass weitergehende Lernziele im Bereich der Sprachkompetenz aufgegeben werden müssen? Erste Forschungsergebnisse zum autonomen Sprachlernen im schulischen Kontext deuten darauf hin, dass „autonome Schüler" auch in Bezug auf sprachpraktische Kenntnisse und Fertigkeiten keinen Vergleich mit Schülern anderer Unterrichtsformen zu scheuen brauchen. Die Vorteile autonomer Ansätze in Bezug auf motivationelle Einstellungen und die Entwicklung von Lernkompetenz stehen dagegen außer Frage.

1. Lernerautonomie als Erziehungsideal und ihre theoretischen Fundierungen

Der Begriff der Lernerautonomie bedarf der Erläuterung, denn die Interpretations- und Verwendungsweisen sind so vielfältig, dass Holec bereits 1979 vom „semi-anarchical use of the term" sprach (veröffentlicht in Holec, 1981, S. 3). Vom selbst bestimmten bzw. autonomen Lernen ist selbst dann die Rede, wenn den Lernenden innerhalb tutorieller Computerprogramme lediglich Wahlmöglichkeiten nach dem Multiple-Choice-Prinzip eingeräumt werden. Es erweist sich u. a. als notwendig, Formen des *self-instructed learning* von Grundsätzen des autonomen Lernens abzugrenzen. Nach Little bezieht sich der Begriff der *self-instruction* primär auf Organisationsformen des lehrerunabhängigen Lernens und Arbeitens, während sich das Konzept der Lernerautonomie auf das Verhältnis des Lernenden zu seinem Lernprozess bezieht: "Essentially, autonomy is a *capacity* – for detachment, critical reflection, decision-making, and independent action. It presupposes, but also entails, that the learner will develop a particular kind of psychological relation to the process and content of his learning" (Little, 1991, S. 5).

Die Forderung nach größerer Selbst- und Mitbestimmung im Erziehungsprozess durch die Lernenden ist im Laufe der Geschichte der Pädagogik immer wieder erhoben worden, wobei die Begründungsschwerpunkte jeweils unterschiedlich gesetzt wurden. Es sei lediglich an die reformpädagogische Bewegung zu Beginn dieses Jahrhunderts erinnert. Aus synchroner Sicht bilden sie dennoch ein interdependentes Beziehungsgeflecht. Die wichtigsten Argumente für Lernerautonomie als oberstes Erziehungsziel seien im Folgenden kurz aufgeführt.

1.1 *Anthropologische und entwicklungspsychologische Begründungen*
In anthropologischen Begründungen wird von den Grundbedürfnissen des Menschen ausgegangen, zu denen der Drang nach Selbstverwirklichung und Gewinnung von Kontrolle über die Lebensumstände gehören (vgl. Martin, 1994a). Um diese Bedürfnisse befriedigen zu können, bedarf es einer zunehmenden Gewinnung von kognitiver Distanz zur Umwelt, die wiederum unlösbar verknüpft ist mit einer zunehmenden Autonomie und Selbstbestimmtheit des Individuums. Little betont darüber hinaus, dass entwicklungsbedingte

Lernprozesse sowie jegliches Erfahrungslernen (*developmental and experiental learning*) ungleich erfolgreicher sind als Lernabläufe in institutionalisierten Kontexten und dass sie gleichsam per definitionem darauf angelegt sind, das Individuum zu größerer Autonomie zu führen. "After all, the outcome of developmental learning is autonomy, in the sense that it enables the child to operate independently across a range of domestic and social contexts" (Little, 1996, S. 5).

1.2 Lerntheoretisch-konstruktivistische Begründungen
Alles Lernen nimmt seinen Ausgangspunkt beim jeweiligen Kenntnisstand des Lernenden. Neue Informationen können nur aufgenommen und dauerhaft verarbeitet werden, wenn sie sich einbinden und integrieren lassen in die bereits vorhandenen Wissensbestände. Diese Anbindungsleistung kann aber nur vom Lernenden selbst erbracht werden. Nach konstruktivistischer Auffassung müssen Lerner ihr Wissen folglich selbst aufbauen und „konstruieren", wobei die Möglichkeiten des steuernden Eingreifens in diesen Prozess von außen eingeschränkt sind. Erziehungsverantwortlichen bleibt es vor allem vorbehalten, Lernbedingungen so zu gestalten, dass sich für Lerner eine überbrückbare Diskrepanz zwischen alten und neuen Wissensbeständen als ständige Problemlösungsaufgabe ergibt.

1.3 Sprachlerntheoretische und didaktische Begründungen
Zu den wichtigsten Ergebnissen der Zweitsprachenerwerbsforschung zählt der Befund, dass es intern angelegte bzw. gesetzmäßig festgelegte Abfolgen beim Erwerb zielsprachlicher Eigenschaften gibt. Lehrmaßnahmen können diese natürlichen Reihenfolgen nicht dauerhaft verändern, sondern sie können das Durchschreiten der einzelnen Sprachlernstadien lediglich unter bestimmten Bedingungen, d. h., wenn sie auf die jeweiligen Entwicklungsstufen genau abgestimmt sind, beschleunigen (vgl. Pienemann, 1984, 1989). Progressionsentscheidungen in Fremdsprachenkursen lassen sich aber beim gegenwärtigen Wissensstand nicht an natürliche Entwicklungsstufen anpassen.

Sprachlernprozesse laufen besonders dann effektiv ab, wenn Lernenden die Gelegenheit gegeben wird, in authentischen Situationen sprachlich zu interagieren und entsprechend ihren eigenen Lern- und Mitteilungsbedürfnissen zu handeln. Diese Voraussetzungen sind nur dann gegeben, wenn Lernende ihre eigenen Lernbedingungen im Sinne der Prinzipien des autonomen Lernens maßgeblich selbst bestimmen können. Solche autonomen Lernumgebungen erweisen sich in Bezug auf Sprachlernerfolge dem traditionell kommunikativen Unterricht in vielerlei Hinsicht als überlegen (vgl. Legenhausen, 1994, 1997; Dam & Legenhausen, 1996).

1.4 Sozialpolitische Begründungen
Die Ende der Siebzigerjahre gestarteten Initiativen des Europarates, Formen des autonomen Lernens in die Erwachsenenbildung einzuführen, waren maßgeblich von der sozialpolitisch motivierten Zielsetzung bestimmt, dem Einzelnen größere Entscheidungsfreiräume bei der Mitgestaltung des politischen Gemeinwesens zu eröffnen und stärkere Vorsorge gegenüber Fremdbestimmung zu treffen. Um die Mitglieder der Gesellschaft in die Lage zu versetzen, eigenverantwortlich zu handeln und die sich schnell verändernden Lebensbedingungen auch nach den institutionellen Ausbildungsphasen erfolgreich zu bewältigen, müssen grundlegende Prinzipien und Techniken des „Lernen Lernens" möglichst frühzeitig erworben sein (vgl. Holec, 1981).

2. Leitprinzipien autonomen Lernens

Für Holec bezieht sich der Begriff der Autonomie vor allem auf die Fähigkeit und Bereitschaft der Lernenden, Verantwortung für ihren eigenen Lernprozess zu übernehmen. Das bedeutet im Einzelnen:

> ... to have, and to hold, the responsibility for all the decisions concerning all aspects of this learning, i. e.:
> – determining the objectives;
> – defining the contents and progressions;
> – selecting methods and techniques to be used;
> – monitoring the procedure of acquisition properly speaking (rhythm, time, place, etc.);
> – evaluating what has been acquired. (Holec, 1981, S. 3)

Mit anderen Worten, man nähert sich der Lernerautonomie erst dann, wenn Schülern und Schülerinnen Gelegenheit gegeben wird, über Lernziele und -inhalte (einschließlich der Progressionsfragen) sowie über Unterrichts-, Lern- und Bewertungsverfahren eigenverantwortlich zu entscheiden. Holecs Prämissen bzw. Forderungen sind vor allem in die Lehrplankonzeptionen der sog. *Lancaster School* (Stern, 1984) eingegangen, die von einer Unvereinbarkeit von vor- und ausformulierten Lehrplänen mit den Zielsetzungen von Lernerautonomie ausgehen (vgl. Abschnitt 5 zum *process syllabus*).

Für einen Fremdsprachenunterricht, der sich die Entwicklung von Lernerautonomie zum Ziel gesetzt hat, müssen zwei weitere Prinzipien als konstitutiv gelten: *awareness* und *authenticity* (vgl. Lier, 1996). Das Konzept des *awareness raising* tritt u. a. an die Stelle des herkömmlichen Grammatikunterrichts, denn im Rahmen autonomer Lernansätze wird – wie oben angedeutet – davon ausgegangen, dass die Lehrbarkeit vor allem auch komplexerer Wissenssysteme eingeschränkt ist (vgl. Kap. E.4 und E.5). Gleichberechtigt neben Sprachbewusstheit tritt die Entwicklung von Sprachlernbewusstsein sowie die bewusst-systematische Reflexion sozialer Aspekte des Lernkontextes einschließlich der kommunikativen Interaktionen.

Indem auf diese Weise der Lern- und Kommunikationsprozess selbst wieder zum Unterrichtsgegenstand erhoben wird, kann der Forderung nach Authentizität des Geschehens im Unterricht Nachdruck verliehen werden. Da man innerhalb autonomer Lernkontexte die Kluft zwischen Schule und Lebenspraxis – ganz im Sinne der reformpädagogischen Bewegung und besonders auch der Freinet-Pädagogik – zu überwinden sucht, werden in konsequenten schulischen Umsetzungen autonomer Prinzipien auch jegliche Formen von Simulationen und „So-tun-als-ob-Verfahren" abgelehnt. Da die Unterrichtsaktivitäten nicht primär dazu dienen, auf eine „eigentliche" Kommunikation außerhalb des Unterrichts vorzubereiten, stellt sich in solch einem Lernkontext auch nicht die Frage des Transfers von schulisch Gelerntem auf den außerschulischen „Ernstfall". In der Terminologie von Barnes (1976) hieße dies, dass der Gegensatz zwischen *school knowledge* und *action knowledge* aufgehoben wird. Handlungen können dann als authentisch gelten, wenn sie intrinsisch motiviert sind: "An action is authentic when it realizes a free choice and is an expression of what a person genuinely feels and believes" (Lier, 1996, S. 13). Mit anderen Worten, die Authentizität der sozialen Interaktionen, des kommunikativen Geschehens und der Materialien muss im Zusammenspiel mit dem Bewusstheitskonzept als eines der wichtigsten Leitprinzipien des autonomen Unterrichts verstanden werden.

Es liegt auf der Hand, dass dem Versuch, Grundsätze dieser Art in institutionalisierten Lernkontexten umzusetzen, zwangsläufig Beschränkungen durch die äußeren Gegebenheiten und die jeweiligen curricularen Vorgaben auferlegt werden. Diese Beschränkungen spiegeln im Normalfall die jeweiligen gesellschafts- und erziehungspolitischen Rahmenbedingungen wider und stehen im direkten Zusammenhang mit dem staatlichen Erziehungsauftrag. Als eines der größten Hindernisse, autonomes Lernen in den fremdsprachlichen Unterricht einzuführen, erweist sich die von den Richtlinien gleichsam vorgegebene Notwendigkeit, den Unterricht auf ein ministeriell genehmigtes Lehrwerk zu gründen (vgl. Kap. A.4). Herkömmliche Lehrwerkarbeit – dazu noch im gleichschrittigen Klassenverband – erweist sich jedoch als unvereinbar mit den Prinzipien autonomen Lernens.

Dennoch fehlt es nicht an Versuchen, Schülermitverantwortung und -mitgestaltung konsequenter auszuweiten und Spielräume, wie sie beispielsweise besonders von den Richtlinien Englisch für die Sekundarstufe I in Nordrhein-Westfalen eröffnet werden (vgl. Kultusministerium des Landes Nordrhein-Westfalen, 1994), systematisch zu nutzen. Im Folgenden sollen Praxisbeispiele vorgestellt und kommentiert werden, in denen Annäherungen an das Erziehungsziel „Lernerautonomie" unter unterschiedlichen schulischen Bedingungen angestrebt werden. Dabei können die in obiger Definition von Holec vorgegebenen Parameter – ergänzt durch die Prinzipien der Bewusstheit und Authentizität – als Orientierungs- und Bewertungsmaßstab dienen.

3. Praxiserprobte Ausweitungen der Schülermitgestaltung und erste Annäherungen an das Erziehungsziel „Lernerautonomie"

3.1 *Lernen durch Lehren*

Schon Comenius stellte fest: „Qui docet, discit". Allerdings beginnt die Geschichte der systematischen Unterrichtsprojekte zum Lernen durch Lehren erst in den Sechzigerjahren dieses Jahrhunderts. Einen detaillierten Forschungsüberblick über unterschiedliche Formen des *peer tutoring* im englischsprachigen Raum bieten Goodlad & Hirst (1989). In Deutschland ist der Ansatz vor allem mit dem Namen Jean-Pol Martin verknüpft (vgl. Kap. C.12).

Indem Lernende einen Großteil der herkömmlichen Lehrerfunktionen übernehmen, gelingt den *peer tutoring*-Ansätzen eine entscheidende Ausweitung der Lernerverantwortung für das Unterrichtsgeschehen. Da die Schüler und Schülerinnen im Unterrichtsdiskurs initiativ werden müssen und Lehrende vor allem die Rolle von Beratern und *facilitators* übernehmen, kommt es zudem zu einer bedeutsamen Erhöhung mitteilungsorientierter, d. h. authentischer kommunikativer Aussagen. Und da die Vorbereitungen der „Präsentationsphasen" in Kleingruppen während des eigentlichen Unterrichts erfolgt (Martin, 1994b, S. 35), gewinnen die sozialen Interaktionen zwischen den Lernenden deutlich an Authentizität. In zahllosen Forschungsprojekten sind die motivationsfördernden, solidaritätsstiftenden, persönlichkeitsbildenden Wirkungen sowie die besonderen kognitiven Erkenntniszuwächse nachgewiesen worden. Diese Befunde beziehen sich sowohl auf die Tutoren als auch auf die unterrichteten Gleichaltrigen. Weiterhin bedeutet die Übernahme von Lehrfunktionen von Schülern und Schülerinnen, dass ein hohes Maß an Sprachlehr- und Sprachlernbewusstsein vor allem bei den Tutoren aufgebaut wird, das sich auf den eigentlichen Sprachlernprozess positiv auswirkt.

Mit den Ausweitungen der Schülermitverantwortung und -gestaltung vermag „Lernen durch Lehren" einen Schritt in Richtung auf mehr Lernerautonomie zu gehen. Dabei kann als besondere Stärke dieses Ansatzes gelten, dass er leicht mit den überkommenen Verfahren der kommunikativen Didaktik verbindbar ist, was innovationsfreudigen Lehrverantwortlichen die Übernahme der Verfahrensweisen erheblich erleichtert (vgl. Martin, 1994a, 1994b). In dem Maße jedoch, wie lehrwerkzentrierte bzw. „tradierte" Unterrichtsphasen (Martin, 1994b) – wenn auch in der Verantwortung von Lernenden – weiterhin dominieren, bleibt die Lernerautonomie im Sinne Holecs eingeschränkt.

3.2 Storyline

Im Unterschied zu „Lernen durch Lehren" handelt es sich beim Storyline-Ansatz um ein lehrwerkunabhängiges Verfahren, das zunächst für den muttersprachlichen Unterricht in schottischen Grundschulen entwickelt wurde (vgl. Bell, 1995). In Adaptationen für den Fremdsprachenunterricht ist allerdings „grundsätzlich nicht an eine Alternative zum Lehrbuchunterricht gedacht" (Fehse, 1995, S. 34). Vielmehr geht es vor allem darum, den Lernenden größere Freiräume für eine kreative Mitgestaltung ihrer eigenen Lernumgebung zu eröffnen, in der Formen des ganzheitlichen und interdisziplinären Lernens praktiziert werden können.

Nach der Wahl eines Projektthemas konzipiert der Lehrer zunächst in groben Zügen eine Kette von Episoden mit einzelnen Überraschungsmomenten, die sich zu einer kohärenten storyline zusammenfügen. Dieser Szenarienrahmen wird dann von den Lernenden vor allem in Kleingruppenarbeit eigenständig ausgestaltet. Schüler und Schülerinnen konzipieren die handelnden Personen und ihre Biografien, fertigen Collagen an und stellen sie in Wandfriesen zusammen, die den Handlungsverlauf der story illustrieren.

Nach Fehse & Kocher (1995, S. 3) liegt dem Storyline-Konzept „eine konstruktivistische Auffassung vom Wissen und Lernen" zugrunde, die „die Lernerautonomie fördert". Allerdings werden der Handlungsrahmen und die Progression der Aktivitäten im Unterricht von sog. key-questions des Lehrers bestimmt. Sie schränken die Eigenverantwortung der Lernenden für den Unterricht und vor allem für den eigenen Lernprozess in einer Weise ein, dass man auch hier noch nicht von echten Formen des autonomen Lernens sprechen kann. Dennoch eröffnet der Ansatz für die Schüler und Schülerinnen – zumindest in bestimmten Phasen des Unterrichts – Möglichkeiten des selbst bestimmten und handlungsorientierten Lernens.

3.3 Simulation globale

Mit dem Begriff der simulation globale bezieht man sich auf einen in Frankreich entwickelten Unterrichtsansatz, der einerseits eine gewisse Verwandtschaft mit dem Storyline-Konzept besitzt, indem er die schöpferischen Fähigkeiten von Lernenden für die Gestaltung der Lernumwelt ausnutzt, der aber andererseits die lehrerzentrierten und lehrergesteuerten Phasen im stärkeren Maße vermeidet (vgl. Debyser, 1986; Caré, 1995; Rattunde, 1995). Im Rahmen eines thematisch bestimmten Lernbereichs rekreieren Schüler einen Wirklichkeitsausschnitt, der es ihnen erlaubt, eigene Erfahrungen und Sichtweisen einzubringen, und der sie zwingt, die simulierte Realität mit entsprechenden fremdsprachlichen Mitteln zu versprachlichen. In bisherigen Unterrichtsversuchen in Deutschland wurde der Ansatz – ähnlich wie beim Storyline-Modell – lediglich als Ergänzung zum lehrwerkbasierten Unterricht erprobt. Ein wichtiger weiterer Schritt in Richtung Lernerautonomie würde erfolgen, wenn sich Rattundes Forderung erfüllte, „die Lektionen und Themenbereiche der Lehrwerke selbst für den Ansatz der simulation globale zu öffnen" (Rattunde, 1995, S. 100).

3.4 *Lernen mit authentischen Texten*

Mit dem Verzicht auf einen lehrwerkbasierten Unterricht – mit seinen inhaltlich-textlichen Festlegungen und grammatischen Progressionen – sind erste Voraussetzungen für eine genuine Berücksichtigung von Lern- und Kommunikationsbedürfnissen der Lernenden geschaffen. In der von Modlmayr so genannten „genetischen Methode" geht der Unterricht ausschließlich von authentischen Texten aus, an deren Auswahl die Schüler und Schülerinnen beteiligt werden. Sie wählen jede zweite Buchlektüre nach intensiven Gruppendiskussionen eigenständig aus (vgl. Behrendt, 1993, S. 19). Lediglich im ersten, früher auch im zweiten Lernjahr, basiert der Unterricht auf dem originalsprachlichen *Ladybird Key Word Reading Scheme* (Loughborough: Ladybird Books), mit dessen Hilfe vor allem die Leseschwächen englisch-muttersprachiger Kinder aufgearbeitet werden sollen.

Der Unterrichtsdiskurs ist zwar in vielen Phasen lehrerzentriert, kann aber aufgrund des weitgehenden Verzichts auf traditionelle, sprachformorientierte Übungsabläufe als authentisches Erarbeitungsgespräch bezeichnet werden. Der Ansatz vertraut darauf – ganz im Sinne des *Natural Approach* von Krashen (1981, 1982) und Terrell (1977) sowie konstruktivistischer Prinzipien –, dass Lernende ihre eigene Grammatik im Wesentlichen ohne explizite Regelvermittlung aufbauen. In Texten vorkommende, auffällige Strukturen werden im Sinne des Bewusstmachungsansatzes von Hawkins (1987) bei Bedarf thematisiert.

4. Der Zielkonflikt auf dem Weg zur Lernerautonomie – Verhaltenstraining vs. Bewusstmachung

4.1 *„Learner training" als Unterrichtsverfahren: Das Lernen lehren*

Obwohl die Unterweisung in Arbeitstechniken und die Schulung des Lernverhaltens schon immer Gegenstand des (Fremdsprachen-)Unterrichts gewesen ist, hat man sich erst Ende der Siebzigerjahre mit den spezifischen Lernerstrategien und den Möglichkeiten ihrer systematischen Förderung intensiver befasst. Von grundlegender Bedeutung waren hier die Forschungsergebnisse aus dem *Good Language Learner*-Projekt in Kanada, in dessen Mittelpunkt die empirische Untersuchung des lernstrategischen Verhaltens besonders erfolgreicher Lerner stand (vgl. Naiman, Fröhlich, Stern & Todesco, 1995). Da der Begriff der Lernstrategie impliziert, dass sich Lernende ihrer Vorgehensweisen bewusst werden können, ergibt sich damit zugleich die Chance der didaktischen Einflussnahme und Förderung durch Lehrverantwortliche (vgl. auch Kap. B.4).

Die Zielsetzungen des *learner training* (Ellis & Sinclair, 1989) bzw. des *teaching how to learn* (Willing, 1989) beziehen sich aber nicht ausschließlich darauf, den Lernprozess als solchen zu verbessern und zu beschleunigen; vielmehr sollen die Lernenden sich über ein systematisches Training zu unabhängigeren Lernern entwickeln (vgl. Wenden, 1991). Auf der Grundlage von Lehrmaterialien mit Übungsanweisungen wie "Describe yourself as a learner", "Find out more about learning strategies you use", "Thinking more widely about activities which can aid language development" (Willing, 1989), zu denen weitere Arbeitshilfen und -anleitungen mitgeliefert werden, sollen Schüler und Schülerinnen ihre eigenen Bedürfnisse und Lernstile erkennen lernen, sodass Voraussetzungen für mehr Lernerautonomie geschaffen werden.

Der *teaching how to learn*-Ansatz geht davon aus, dass diese Übungs- und Lernhilfen dem eigentlichen Sprachenlernen vorausgehen, es begleiten und dass sie mit zunehmender Sprach- und Lernkompetenz immer weniger wichtig werden (Ellis & Sinclair, 1989, S. 9).

Die eigentlichen Kernphasen des Sprachlernens folgen jedoch gemeinhin den Vorgaben einer kommunikativen Didaktik, in der Inhalte, Progressionen und Verfahren weitgehend von Lehrwerk und Lehrperson festgelegt sind. Die Lehrenden bleiben allein verantwortlich für Unterrichtsaktivitäten, die sie im Rahmen der curricularen Vorgaben initiieren. Somit sind die Unterrichtsabläufe – trotz der Berücksichtigung von Lernerbedürfnissen und Lernerinteressen – noch im hohen Maße lehrer- bzw. lehrwerkorientiert. So sagen Ellis & Sinclair (ebd., S. 10): "[This book] is teacher directed in that the teacher provides much of the input about language and about the learning process and presents alternative strategies."

4.2 Bewusstmachung: Das Lernen lernen

Während *learner training* davon ausgeht, dass ein vermeintliches Wissen um effektiveres Lernen „gelehrt" bzw. „vermittelt" werden kann und dass lehrerbestimmtes Verhaltenstraining ein erster Schritt in Richtung auf Lernerautonomie darstellt, wird in konsequenteren Umsetzungen autonomer Prinzipien darauf vertraut, dass Lernende über systematisch eingeleitete Bewusstwerdungsprozesse zu einer besseren Ausnutzung des eigenen Lernpotenzials befähigt werden.

Ausgehend von der Überzeugung, dass Sprachlernprozesse nicht über Übungsabläufe ausgelöst und gestützt werden, sondern vor allem über authentischen Sprachgebrauch, werden beispielsweise die Kommunikationsabläufe während und nach einer Projektarbeit systematisch thematisiert, um die Qualität der kommunikativen Interaktionen in Folgeprojekten weiter zu verbessern. Ständige Reflexionen über das eigene Lernvorgehen sowie der intensive Austausch über Lernstile und -verfahren mit anderen Mitgliedern der Klassengemeinschaft erheben den Lernprozess als solchen immer wieder zum wichtigen Unterrichtsgegenstand. Individuell geprägte Lernstilpräferenzen werden auf diese Weise modifiziert, verfeinert und – wenn nötig – auch infrage gestellt. Das Ergebnis ist in jedem Falle ein „bewussterer Lerner". Die im Rahmen dieses Ansatzes beobachtbare Skepsis gegenüber der Lehrbarkeit von Wissen und Fähigkeiten kommt auch darin zum Ausdruck, dass vorgefertigte Lehr- und Lernmaterialien, die einen bereits vor- und ausformulierten Lehrplan umsetzen, als wenig lernförderlich angesehen werden (vgl. Abschnitt 1.3). Sie schränken die Mitsprache- und Entscheidungsmöglichkeiten durch Lernende in einer Weise ein, die autonomes Lernen im Sinne Holecs verhindert.

5. Die Umsetzung autonomer Lernprinzipien im *process syllabus*

Holecs weit reichende Forderungen werden vor allem durch das Konzept des *process syllabus* im hohen Maße realisiert (vgl. Candlin, 1984; Breen, 1984, 1987). Ausgehend von der These, dass jeder Lehrplan ohnehin eine drastische Uminterpretation durch Lehrende und vor allem auch Lernende erfährt, müssen folglich solche Lehrpläne qualitativ höher bewertet werden, die sich für lernerspezifische Modifikationen besonders gut eignen. Diese Ausgangsüberlegung führt zu unterschiedlichen Varianten des *process syllabus*.

In einer weniger radikalen Ausprägung stellt er einen Rahmen bereit, der einen vorformulierten Lehrplan durch öffentliche Analyse und Bewertung lernergerecht und systematisch verändert (Breen, 1984, S. 55). Wenn es die institutionellen Bedingungen jedoch zulassen, entsteht ein *process syllabus* erst als Ergebnis eines Aushandlungsprozesses zwischen Lehrenden und Lernenden *während* des eigentlichen Lernprozesses. Erst in der Retrospektive kann er mit hinreichender Genauigkeit definiert werden. Damit ist jedoch sicherge-

stellt, dass die Prinzipien autonomen Lernens, in denen die Lernenden die Unterrichtsziele, -inhalte und -verfahren selbst bestimmen, zum Tragen kommen können. So entscheiden Schüler und Schülerinnen – unter Einbeziehung institutioneller Vorgaben und mit be-
ratender Hilfestellung durch die Lehrverantwortlichen – u. a. über

- ihre persönlichen Zielsetzungen,
- sprachliche Schwerpunktlegungen,
- Texte und Sprachmaterialien sowie
- Aktivitäten und Sozialformen.

Die schulpraktische Erprobung und Durchführung dieses Konzeptes erfolgt in verschiedenen dänischen Gesamtschulen und in jeweils unterschiedlichen Ausprägungsformen bereits seit Ende der Siebzigerjahre (vgl. Dam & Gabrielsen, 1988; Dam, 1994, 1995).

Während konventionellem Unterricht durch gestufte Lehrmaterialien Struktur und
Richtung verliehen wird, muss das Unterrichtsgeschehen in sog. „autonomen Klassen"
über andere Mittel strukturiert werden. Der Unterricht ist weniger produkt- und inhaltsbe-
stimmt als vielmehr konsequent prozessorientiert. An die Stelle von Lehrwerk und anderen
content materials tritt eine sehr straffe Unterrichtsorganisation, als deren Kernelemente zyklisch angeordnete Planungs-, Durchführungs- und Evaluationsphasen gelten können. Innerhalb dieser Arbeitszyklen kommt der Evaluation eine herausragende Bedeutung zu.
Dam nennt die Evaluation „the pivot of learner autonomy" (Dam, 1995, S. 49). Die Lernenden sind genauso wie die Lehrenden ständig gehalten, Rechenschaft abzulegen über
das, was an Arbeitsschritten geplant war und was erreicht worden ist, um daraus Konsequenzen für den nächsten Arbeitszyklus zu ziehen (*What did I/we do? What was good/bad?
Why? What next?*). Die Bewertungsverfahren beziehen sich folglich nicht nur auf die individuellen Sprachlernprozesse und -ergebnisse, sondern sie sind sehr viel umfassender angelegt und schließen sämtliche Aspekte des Unterrichtsgeschehens mit ein.

6. Schlussbemerkung

Die Mittel und Wege, sich dem Erziehungsziel der Lernerautonomie zu nähern, sind vielfältig – nicht zuletzt deswegen, weil das komplexe Beziehungsgeflecht von Lerndetermi-
nanten noch weitgehend unbekannt ist und individuell ausgeprägte Lernpräferenzen keine einheitlichen Verfahren zulassen. Die Schwierigkeiten, konkrete Umsetzungen in
institutionellen Kontexten durchzusetzen, haben u. a. damit zu tun, dass die Überantwor-
tung von Entscheidungsmöglichkeiten an Schüler und Schülerinnen mit einer gewissen
Aufgabe von Kontrolle über den Lernprozess seitens der Lehrverantwortlichen einhergeht,
ohne dass ihnen die eigentliche Verantwortung für das Unterrichtsgeschehen abgenommen wird. Deswegen setzen die beschriebenen Unterrichtsversuche selbstbewusste Lehrende voraus, die Vertrauen in die Lernerpersönlichkeiten setzen, ihnen Respekt entgegen-
bringen und die von der Validität autonomer Prinzipien überzeugt sind. Letztlich setzt die
Entwicklung von mehr Lernerautonomie ein hohes Maß an Lehrerautonomie voraus (vgl.
Little, 1995).

6 Zum Umgang mit lernschwachen Schülern

Heike Rautenhaus

Wissen kann man nicht vermitteln. Wissen wird aktiv erworben. Jeder Lerner konstruiert sein Wissen selbst, seinen persönlichen Voraussetzungen und Möglichkeiten entsprechend. Auch der Spracherwerb wird als Prozess der individuellen kreativen Konstruktion eines personenspezifischen Modells der Zielsprache verstanden (vgl. Kap. B.3). Spracherwerb ist auf *comprehensible input* angewiesen; nur auf dieser Grundlage kann Sprachverstehen stattfinden. Die Konstruktionsarbeit kann keinem Fremdsprachenlerner abgenommen werden; der Lehrer kann sie lediglich anregen und unterstützen. Entscheidend für den Lernerfolg ist nicht nur der *input* des Lehrers, sondern mehr noch der *intake* des Schülers.

Der notwendige Verstehens- und anschließende Verarbeitungsprozess läuft allerdings nur dann mit hinreichender Verarbeitungstiefe ab, wenn die zu verstehenden Äußerungen konstitutiver Teil einer authentischen kommunikativen Situation sind, d. h., wenn ihr Ziel und ihr Motiv für den Lernenden aus dem Kontext zu erkennen sind. Damit ist ein handlungsorientierter Fremdsprachenunterricht zwingend gefordert.

Die lerneffektive Nutzung kommunikativer Situationen muss im Prinzip auch dem so genannten „lernschwachen" Englischschüler abverlangt werden. Im Folgenden wird ein knappes Bild von der Situation gezeichnet, in der sich der leistungsversagende Schüler befindet. Anschließend werden Vorschläge gemacht, wie mit diesen Schülern umzugehen ist.

1. Wer sind diese Schüler?

Leistungsversagende Englischschüler gab es und gibt es in allen Schularten und Altersstufen. Auf der Suche nach möglichen Hilfen für die betroffenen Schüler führte zunächst Rautenhaus (1978) eine umfassende empirische Untersuchung kognitiver, affektiver und sozialer Persönlichkeitsmerkmale der Schüler in Bremer Orientierungsstufenklassen durch. Die gefundenen Ergebnisse wurden von Krohn (1981) prinzipiell bestätigt und erweitert. Weitere Arbeiten suchten den Grund für Lernversagen eher im Lernprozess bzw. im Lehrerverhalten. Eine der letzten umfangreicheren Arbeiten dieser Ausrichtung lieferte Schmid-Schönbein (1988) anhand von Gymnasialschülern des 5. und 6. Schuljahres.

Eine allgemein anerkannte Definition von Spracherwerbsfähigkeit bzw. Lernschwäche fand sich jedoch nicht. Leistungsversagen kann stets vielfältige Ursachen haben. Die *aktuelle Fremdsprachenlernfähigkeit* eines einzelnen Schülers ist kein stabiles Persönlichkeitsmerkmal, sondern ergibt sich zu unklaren Anteilen aus folgenden Faktoren:

1. Sie steht in Abhängigkeit von anlagebedingten und erworbenen Dispositionen auf allen kognitiven und affektiven Ebenen der Persönlichkeit, die Lerntempo und emotionale Stabilität ausmachen. Eine zuverlässige Aussage über die Anteile von Anlage und Erwerb gibt es nicht. Es wäre auch illusorisch, zum gegebenen Zeitpunkt von der empirischen Forschung weiterführende Beschreibungen der lernerinternen Variablen und ihrer individuellen Genese zu erwarten. Dazu fehlen geeignete Messinstrumente.

2. Sie ist ein Ergebnis der Sequenzialität, die vor allem die Fremdsprachenfächer auszeichnet. Damit ist die „komplex-systematische Aufbaustruktur" gemeint, „die im Unterricht eine im Hinblick auf den erreichten sachstrukturellen Entwicklungsstand des Kindes wohl dosierte Schwierigkeitsgraduierung verlangt. Für Schüler, die den Anschluss an die

Sachbereichsentfaltung des Unterrichts verlieren, wird der Stoff zu schwierig" (Heck-hausen, 1969, S. 206). Auf die Bedeutung dieser Tatsache für Minderleistungen im Fremdsprachenunterricht hat Sauer wiederholt hingewiesen (Sauer, 1971, 1985). Man hat infolgedessen die Auswahl und Anordnung des Stoffes für den Englischunterricht, d. h. das Curriculum, das sich in den Lehrwerken niederschlägt, immer wieder leiden-schaftlich und kontrovers diskutiert. Keine der dabei gefundenen Progressionen hat aber die Künstlichkeit der in den Lehrwerken angebotenen Kommunikationssituatio-nen völlig aufheben können. Diese ist umso größer, je enger die Grenzen durch das Kön-nensniveau der Lernenden gezogen werden. Das Problem ist auch prinzipiell nicht zu lösen, weil im Fremdsprachenunterricht die Unterrichtssprache zugleich Gegenstand des Lernprozesses ist – und weil dieses auch so bleiben muss, wenn der Spracherwerbs-prozess als Konstruktionsprozess auf der Grundlage von bedeutungsvollem Sprachan-gebot nicht behindert werden soll.

3. Schmid-Schönbein (1988) macht auf diesem Hintergrund auf mögliche Mängel in den Lehrverfahren der Unterrichtenden aufmerksam, durch die Könnenslücken entstehen oder nicht rechtzeitig behoben werden. Sie laufen stets auf eine nicht ausreichende Pas-sung zwischen kognitiven oder affektiven Schülerressourcen und Unterrichtsarrange-ments hinaus.

Macht fasst seine Literaturrecherchen zu Erfolg und Misserfolg beim Fremdsprachenlernen folgendermaßen zusammen: „Keiner der ... untersuchten Faktoren vermag mehr als 30 % der Varianz zwischen den einzelnen Lernenden zu erklären. Es kommt hinzu, dass die ... Faktoren wahrscheinlich nicht unabhängig voneinander sind. Der Versuch, die offen-sichtlich multiplen Ursachen für den Erfolg oder das Scheitern des Fremdsprachenlernens auf einen einzigen Nenner bringen zu wollen ... muss fehlschlagen und ist in keiner Weise hilfreich .... Den größten Einfluss üben zweifelsfrei jene Faktoren aus, die mit der mentalen Verarbeitung sprachlicher Informationen zu tun haben, also die Beherrschung der Mutter-sprache, die verbale Intelligenz und das Gedächtnis. Alles weist jedoch darauf hin, dass hier nicht eine 'Begabung' im Spiel ist, sondern dass es sich um Verarbeitungsmechanismen handelt, die durch Anregungen aus der materiellen und sozialen Umwelt initiiert und ge-fördert worden sind" (Macht, 1991b, S. 267).

Die *aktuelle* Fremdsprachenlernfähigkeit eines Schülers ist also weder von seinen *poten-ziellen* Fähigkeiten allein bestimmt, noch ist sie von ihnen zu trennen. Man hat sie sich viel-mehr als Ergebnis eines kumulativen Prozesses vorzustellen. Das heißt, welchen *intake* ein Schüler einem gebotenen *input* entnehmen kann, hängt weitgehend von den bei ihm be-reits vorher abgelaufenen allgemeinen und speziell fremdsprachlichen Lernprozessen, von den bereits gespeicherten Informationen, ab.

Der Englischunterricht hat daher im deutschen Schulwesen – auch in den Gesamtschu-len – seine Auslesefunktion nicht verloren. Es ist folglich unerlässlich, bildungspolitischen Festlegungen eine gründliche Abwägung der Möglichkeiten und Grenzen des Fremdspra-chenunterrichts voranzustellen. Die Prinzipien der Durchlässigkeit, des Chancenaus-gleichs und der optimalen individuellen Förderung sind nicht völlig zu harmonisieren. Wir kommen nicht darum herum, in irgendeiner Form Lerngemeinschaften zu bilden, die es möglich machen, das Lerntempo und die Menge des Lernstoffes der potenziellen Kapazität der Schüler wenigstens grob anzupassen. Jedenfalls sollten wir versuchen den Schülern nur solche Leistungen abzuverlangen, die sie erfüllen können, damit ihr Selbstvertrauen intakt bleibt und keine Lernvermeidungsstrategien entwickelt werden.

2. Wie geht man auf Leistungsversagen ein?

Vorrangig muss es Anliegen sein, das Entstehen von Leistungsversagen überhaupt zu verhindern. Um dieses jedoch vollständig zu erreichen – so muss man zugeben –, sind zum einen die institutionellen Zwänge zu stark und es fehlen zum anderen den Lehrern aller Schularten ausreichende Kenntnisse. In erster Linie brauchen sie klare Vorstellungen darüber, wie der Fremdsprachenlernprozess in Abhängigkeit von individuellen Lernervoraussetzungen abläuft, damit sie psychologische, pädagogische und fachliche Hilfen geben können. Auch das Methodenrepertoire muss erweitert werden. Um die Probleme zu bewältigen, brauchen wir Englischlehrer, deren Ausbildung im Lichte der neuesten Ergebnisse der Fremdsprachenlehrforschung geschehen ist.

Eine gute Klassenatmosphäre ist für sensible Schüler von ausschlaggebender Bedeutung. Auch kommt sicher allen Schülern ein handlungsorientierter Fremdsprachenunterricht zugute, der – als Grundlage des gesamten Unterrichts – deutlich macht, wie Sprache in kommunikativen Situationen funktioniert, sodass der Schüler zur eigenständigen Konstruktion *seines* Modells der Zielsprache angeregt wird (vgl. Bach & Timm, 1996b). Passives Lernen stößt an die Grenzen des Gedächtnisses, und passiv und mechanisch Gelerntes kann in der Regel auch nur mechanisch reproduziert werden. Darüber hinaus empfehlen sich aus heutiger Sicht auf der didaktischen und methodischen Ebene für alle Schularten die folgenden Strategien zur Verhinderung von Leistungsversagen:

● *Zeitliche und stoffliche Individualisierung der Lernprozesse, da keine „homogene" Lerngruppe so homogen ist, dass man auf Differenzierung verzichten könnte*

Unterschiedliche Lernverläufe sind eine Normalität. Je geringer das autonome Lernvermögen des Schülers ist, desto kleinschrittiger sollte sein Lernplan angelegt werden und desto mehr Lernhilfen braucht er. Natürlich geht es nicht darum, die Schnellen zu bremsen und die Langsamen zu hetzen, sondern der Lehrer sollte sich darum bemühen, unterschiedliche Lernverläufe auf einem gemeinsamen Fundament zu fördern. Häufiges, d. h. kleinschrittiges Abtesten der angestrebten Lernziele und der Einsatz von präzise angepassten lückenschließenden Materialien kann vermeiden, dass vorhandene Lücken unüberbrückbar werden. Allerdings muss zugegeben werden, dass weder genügend hierfür geeignete Materialien vorhanden sind, geschweige denn in übersichtlicher Ordnung zur Verfügung stehen, noch alle Lehrer zu dem zusätzlichen Aufwand für deren Erstellung bereit sind. Wann eine *inhaltliche Abkoppelung* eines lernschwächeren Schülers von den stärkeren (Gruppenwechsel) erfolgen sollte, weil er sich allzu weit vom gemeinsamen Fundament einer Lerngruppe entfernt, lässt sich aus der Theorie auf keinen Punkt fixieren. Eine solche Ablösung hängt von der jeweiligen Schülerpopulation ab und sollte so spät wie möglich erfolgen; auch sollte ihre unterrichtliche Realisierung nur allmählich und immer nur so weit wie unbedingt notwendig vollzogen werden.

● *Differenzierender Umgang mit Schülerfehlern*

Wissenslücken sind keine Lernkatastrophen. Fehler können nützliche Informationen über die Verarbeitungsstrategien des Schülers geben. Subjektive Grenzüberschreitungen von sprachlichen Regularitäten durch den Schüler kann man während der Übungsphase als aktives Probierverhalten des Schülers willkommen heißen („mutige Fehler"). Hier kommt es auf ein weiterführendes Feedback durch den Lehrer an, das der Schüler verarbeiten kann. Eine für den Schüler unverständliche Korrektur ist sinnlos und kostet nur Lernmotivation. Einfallsloses Fehlerzählen ist nicht angebracht, schon gar nicht in Sprachanwendungsphasen; an dieser Stelle ist vor allem eine *inhaltliche* Reaktion gefragt. Die Differenzierung liegt in der unterschiedlichen Bewertung der sprachlichen Korrektheit. Gerade der lerngestörte Schüler braucht positive Rückmeldungen, um ein Selbstbewusstsein und den Mut zur Benutzung der Sprache aufbauen zu können (vgl. Timm, 1996a, sowie Kap. F.1).

● *Fortlaufende Absicherung grammatischer Kenntnisse auch bei den Lernern des Gymnasiums, wenn notwendig in der Muttersprache*

Detlef und Margaret v. Ziegésar setzen sich in Kap. E.3 für eine „erwerbsorientierte Methode der Grammatikeinführung" ein, die Sprachphänomene implizit lehrt, und stellen die explizite Bewusstmachung der Regel als Option dar. „Entscheidet sich der Lehrer dafür, empfehlen wir das …Verfahren der geleiteten Induktion, bei dem die grammatischen Regeln nicht vom Lehrer vorgegeben, sondern als sprachliche Gesetzmäßigkeiten von den Schülern selbst erarbeitet werden." Dem ist nur zuzustimmen (vgl. auch Kap. E.4, Abschnitte 2 und 3.1). Betont sei jedoch, dass *alle* Schüler, auch die langsamsten, diesen Weg des subjektiven Entdeckens gehen müssen, sonst sind für diese Schüler die unverbunden übernommenen sprachlichen Regeln kommunikativ nicht verfügbar und wirken eher als Ballast. In Unterrichtsphasen, in denen der Lehrer eine Bewusstmachung anstrebt, ergeben sich häufig bei schwächeren Schülern Lücken, die zunächst unentdeckt bleiben und für das Entstehen weiterer Defizite verantwortlich sind.

● *Einsatz von geeigneten lehrwerkabhängigen Computerlernprogrammen zur Übung von Sprachformen*

Computerprogramme eignen sich zur Wiederholung, Festigung und Kontrolle von Vokabeln, Rechtschreibung und Grammatik. Sie sollten vorzugsweise in der Freiarbeit oder in zusätzlicher Hausarbeit eingesetzt werden, denn mancher schwache Schüler weiß, dass er geringes Lerntempo durch Ausdauer ausgleichen kann. Gute Programme halten sich streng an das im Lehrbuch vorgegebene Curriculum, üben also nur schon im Prinzip Verstandenes, vermeiden Frustrationen durch gestaffelte Hilfsangebote, korrigieren sofort und werden nie ungeduldig. Das Autorenprogramm *Diktat* von Tandberg (Bahrenfelder Marktplatz 18, 22761 Hamburg) erlaubt es dem Lehrer, vor der nächsten Klassenarbeit ohne großen Aufwand eine lernzielgerechte interaktive Diktatübung zu erstellen, die die Schüler erfahrungsgemäß (Kleinschroth, 1996, S. 87) zu Hause mit Hingabe trainieren. Ebenso ergiebig ist die Arbeit mit dem Grammatiktrainer *English Coach* vom Cornelsen Verlag, der bei lernzielgerechter und fantasievoller Gestaltung die Schüler zum gelenkten Experimentieren mit der Sprache anregt. Das Sprachlabor hat sich übrigens in diesem Sinne nicht bewährt.

● *Explizite Reflexion der individuellen Lernerstrategien und Arbeitstechniken.*

Dieses sind metakognitive Prozesse, die die Lernenden planvoll und damit potenziell selbst regulierend einsetzen. So ist zum Beispiel die Fähigkeit, Fehler zu bewerten und sich selbst zu korrigieren, eine anspruchsvolle Leistung, die bewusst erlernt werden muss. In manchen Fällen kann Leistungsversagen auch dadurch verhindert oder abgebaut werden, dass der Schüler lernt, seine Lern- und Arbeitstechniken selbstständig zu wählen, zu bewerten und zu verändern (vgl. Kap. B.4, Abschnitt 2.5, und E.7, Abschnitt 3.4).

3. Wie wird man mit den besonderen Problemen in der Hauptschule fertig?

Hauptschulklassen sind gekennzeichnet durch eine extrem heterogene Alters- und Begabungsstruktur sowie eine Vielfalt von kulturellen Bindungen und Lebenslagen. Häufig sammeln sich in solchen Klassen Kinder mit einer besonderen Bandbreite schwieriger Biografien. Zudem betreibt man heute noch nach der „hauptschulgemäßen Methode" Fremdsprachenunterricht weitgehend als Oberflächenverarbeitung (Gutschow, 1964, 1978; Walter, 1979). Fertige Sprachhülsen werden mechanisch memoriert und ebenso mechanisch reproduziert, sodass sie auf neue Situationen nicht übertragen werden können. Die Verarbeitungstiefe ist gering, es werden keine Verknüpfungen mit schon Bekanntem, keine übertragbaren Wissensrezepte gebildet; die Kapazität des Kurzzeitgedächtnisses reicht nicht aus. Insgesamt ist jedoch auch diesen Schülern die Möglichkeit zu bieten, den Spracherwerb als subjektiven Kontruktionsprozess zu erleben. Jede Art entfremdeten Lernens muss vermieden werden. Für diese Klassen gelten daher weiterhin die folgenden Empfehlungen:

● *Reduktion der Lernziele nach dem Leistungsprofil der Klasse, notfalls auch unter Vernachlässigung des offiziellen Curriculums*

Der Lehrer sollte akzeptieren, dass er nicht allen Schülern alles Wissenswerte über ein sprachliches Phänomen auf einmal vermitteln oder gar abverlangen kann, sondern dass einige von ihnen ihm mehrmals in verschiedenen Bezugsrahmen begegnen müssen. Andererseits kann eine sinnverletzende Simplifizierung von Situationen dadurch verhindert werden, dass in Texten vorausnehmend Konstruktionen verwendet werden, die ein Schüler zu dem gegebenen Zeitpunkt zwar noch nicht grammatisch durchschauen, wohl aber in ihrer Funktion global erfassen kann. Generell sollten sich die Inhalte an den Erfahrungsfeldern und Interessen der Schüler orientieren.

● *Ausbau der Transferphasen, in denen der eingeführte neue Stoff auf verschiedenste Art und Weise umgewälzt und angewandt wird*

Es war ein häufig wiederholter Fehler vieler Differenzierungsmodelle, die die Durchlässigkeit der Lerngruppen an die erste Stelle setzten, gerade für die schwächsten Schüler auf den Transfer zu verzichten, obwohl diese für erfolgreiches Lernen auf ein Höchstmaß an sinngebenden Aktivitäten angewiesen sind (Sattler, 1981). Vor allem explizit-grammatische Lernprozesse verpuffen ohne begleitende intensive Übungs- und Transferphasen. Die zunächst bewusste Anwendung von Regeln muss durch mentale Routinen abgelöst werden (Zimmermann spricht von „abgesunkenem expliziten Wissen", vgl. Kap. E.4, Abschnitt 1), sodass später die kognitiven Energien durch punktuelle En- oder Dekodierungsprozesse nicht so in Anspruch genommen werden, dass eine Konzentration auf Inhaltliches unmöglich ist. Wichtig ist das Bilden von Lernplateaus durch den Einsatz von nahezu vollständig vorentlasteten Texten und Situationen. Auf diese Weise können die Schüler (z. B. beim Lesen einfacher Lektüren) nach den vorausgegangenen Lernanstrengungen neue Kräfte schöpfen.

● *Projektphasen, die den Lehrgangsunterricht für eine Weile ablösen*

Hierzu gehören die Gestaltung des Klassenraumes als landeskundlicher Fachraum, die Vorbereitung eines Elternabends – falls das Interesse der Eltern zu gewinnen ist – mit Liedern, Bildern und Dramatisierungen von Texten, Erkundungen und Begegnungen an außerschulischen Orten wie Firmen, Flughäfen usw., der Einsatz von Telekommunikation zum gedanklichen Austausch mit Klassen in aller Welt, bis hin zur Planung und Durchführung von Klassenfahrten ins englischsprachige Ausland (vgl. Kap. C.1).

● *Möglichst weitgehende Auflösung des Frontalunterrichts, um den Schülern die Fremdsprache als relevantes soziales Handlungsinstrument erscheinen zu lassen*

Vor allem in Partner- und Gruppenarbeit lässt sich mit *information gaps* und *interest gaps* arbeiten. Das Übungsarrangement ist so zu gestalten, dass die Schüler auf den Austausch von

Informationen angewiesen sind, um bestimmte Aufgaben lösen zu können. Das erreicht man durch unterschiedliche Vorgaben an die Schüler, sodass sie zum Nachfragen, Zuhören und gegenseitigen Erklären gezwungen werden und auch weiter zurückliegende Äußerungen ihrer Gesprächspartner in ihre Planung mit einbeziehen lernen (vgl. Kap. E.6).

Gerade in der Hauptschule brauchen wir die besten Lehrer, die sich zunächst einmal zu den Jugendlichen bekennen, die in dieser Schulform ihre Bildung erhalten. Dies gilt unabhängig vom Ausgang der Diskussion, ob die Hauptschule „Restschule" oder „pädagogische Insel" sei, und davon, ob sie als Schulform erhalten bleibt; die entsprechenden Schüler werden uns in jedem Falle erhalten bleiben.

Das heißt, die Lehrer müssen mit dem Klischee „Hauptschule" produktiv umgehen. Sie sollten sich von den Erfahrungen eines ganzheitlichen Englischunterrichts in der Grundschule, von dem dort üblichen *story approach* mit möglichst authentischen Texten und einer überdachten Form von Ergebniskontrolle anregen lassen (vgl. Kap. F.2). Ebenso sollten sie unbedingt die Möglichkeiten zur interkulturellen Sensibilisierung nutzen, wenn sie sich – wie häufig gerade in der Hauptschule – durch eine multikulturelle Zusammensetzung der Schülerschaft anbietet. Denn auch für diese Schüler gilt die Aufgabe, sie für ein Leben in Europa zu qualifizieren. Wie Bebermeier bemerkt, steht die Hauptschule „vor einem bildungspolitischen Scheideweg: Entweder sie garantiert eine erweiterte (fremd-)sprachliche Bildung für alle oder sie gibt den Anspruch einer weiterführenden sechsjährigen Schule der Sekundarstufe auf, die u. a. zur Fachoberschulreife führt" (Bebermeier, 1996, S. 10).

Mit dieser Forderung verbietet sich die Möglichkeit, den Fremdsprachenunterricht in der Hauptschule abwählen zu können. Im Gegenteil, im 7. Schuljahr geht es vor allem darum, die Schüler nach all den erlebten Misserfolgen zu stabilisieren, ihr Selbstvertrauen, aber auch ihre Disziplinbereitschaft aufzubauen. An grundsätzlichem Lernwillen fehlt es nicht, nur wissen diese Schüler häufig nicht, wie sie ihr Lernen anfangen und organisieren sollen, und geraten daher auf unproduktive Wege.

Hauptschullehrer brauchen viel Geduld und einen langen Atem. Sie müssen vor allem in der Lage sein, den *Lernprozess* höher einzuschätzen als ein aufweisbares Ergebnis. In ihrer fremdsprachlichen Flexibilität ebenso wie in ihren sprachsystematischen und landeskundlichen Kenntnissen sollten sie den Lehrern in der Realschule und im Gymnasium nicht nachstehen, denn ohne diese Fachkenntnisse und eine besondere didaktische Fantasie sind sie nicht in der Lage, einen flexiblen schüler- und prozessorientierten Englischunterricht zu planen oder durchzuführen.

C Unterrichtliches Handeln

1 Handlungsraum Klassenzimmer *and beyond*

Michael K. Legutke

In der fachdidaktischen Diskussion der letzten 20 Jahre hat der Handlungsraum „Klassenzimmer" kaum explizit Beachtung gefunden. Dies überrascht, wenn man sich vergegenwärtigt, dass die zahlreichen Vorschläge zur Gestaltung von fremdsprachlichem Unterricht, die seit der „kommunikativen Wende" vorgelegt wurden, indirekt den Handlungsraum von Lehrern und Lernern definieren. Denn mit den Aussagen über Ziele und Methoden, mit der Präsentation von Unterrichtsmodellen werden nicht nur Vorstellungen über die Interaktionen der am Lehr- und Lernprozess beteiligten Menschen artikuliert, sondern auch und zugleich Raumkonzepte mitgeliefert, Vorstellungen über Sitzarrangements, über Nutzung der Wände, über Medienausstattung, aber auch über die Grenzen des Klassenzimmers, die es anzuerkennen, zu öffnen oder zu überschreiten gilt. Möglicherweise lässt sich die Schwierigkeit vieler Lehrer, Konzepte handlungs- und projektorientierten Lernens im Regelunterricht zu realisieren, nicht zuletzt dadurch erklären, dass die „Raumdimensionen" solcher Konzepte übergangen werden.

1. Lernort „Klassenzimmer"

Während *classroom* in der englischsprachigen Fachdiskussion in der Regel sowohl den „Lernort" Klassenzimmer bezeichnet als auch die an diesem Ort stattfindenden Prozesse, folglich all das mit einschließt, was wir im Deutschen „Unterricht" nennen, erscheint das deutsche Wort „Unterricht" auffällig raumlos. Lernraum und -ort werden bestenfalls impliziert, kaum aber explizit bezeichnet. Angesichts langjähriger Erfahrungen als Lehrende und Lernende (bei zwei Fremdsprachen sind das bis zum Abitur immerhin mehr als 2200 Stunden) fällt es Ihnen sicher nicht schwer, jetzt in der Vorstellung unterschiedliche Klassenräume zu betreten, in denen Englischunterricht stattfindet; Sie können sich problemlos in ihnen orientieren, können zuschauen und zuhören, können Handlungen benennen und ihre Gründe bzw. Wirkungen erklären. Bei diesem Ausflug in die Welt der Klassenzimmer lohnt es sich auch, die Raumgestalten, die einzelnen Facetten der Lernumgebungen wahrzunehmen: Tische, Stühle, Wände, Fußböden, Farben, Formen, Wandschmuck, Ausstellungsstücke usw.

Lediglich in der fremdsprachlichen Grundschuldidaktik (z. B. Curtain & Pesola, 1994, S. 283ff.) und von Fachvertretern, die sich in der Tradition der Reform- und/oder Freinet-pädagogik begreifen (vgl. Dietrich, 1979, 1995a; Schlemminger, 1996), ist die Bedeutung des Ortes, an dem man lernt, überhaupt explizit thematisiert worden. Erinnert sei an das Konzept „Schulwohnstube", die nach Petersen den Charakter eines „schlichten Wohnraums" hat, aber zugleich „Arbeitsraum" ist (vgl. P. Petersen, 1951), oder an Freinets „Arbeitsateliers" für elementare Arbeit und für differenzierte, intellektuelle, soziale und künstlerische Tätigkeiten (Freinet, 1980, S. 39ff). Unter anderem aus diesen Quellen speisen sich jüngste Vorschläge, Klassenzimmer als Lernwerkstätten neu zu konzipieren (vgl. Rampillon, 1997, sowie – für den Anfangsunterricht – Kap. C.2, Abschnitt 6.2).

Auch wenn die Gestalt des Lernraums nicht explizit thematisiert wird, so macht doch jedes Methodenkonzept für den Fremdsprachenunterricht indirekte Aussagen über den Handlungsraum der Beteiligten, stellt Forderungen auf und formuliert Ansprüche. So setzen beispielsweise die frühen Arbeiten zum kommunikativen Englischunterricht (Bundesarbeitsgemeinschaft Englisch an Gesamtschulen, 1978/1996), die themenzentrierte Phasen der Lehrens und Lernens im integrierten Medienverbund für differenziert arbeitende Lerngruppen entwarfen (Edelhoff, 1978), anspruchsvoll ausgestattete Lernräume voraus: eine Bestuhlung, die den jeweiligen Sozialformen angepasst werden kann, vielfältige visuelle Hilfen, Ton- und Ton-Bild-Medien, flexible, nicht lineare Unterrichtsmaterialien. Ähnliches gilt für neuere Konzepte zur Realisierung interaktiver, spielerisch-kreativer Lernformen (vgl. Caspari, 1994; Edelhoff & Liebau, 1988), ganz zu schweigen von Vorstellungen zur Projektarbeit (vgl. Legutke & Thomas, 1993; Legutke, 1996a). Weil sich Lernort und Lernraum und die an diesem Ort ablaufenden Prozesse nicht trennen lassen, soll das deutsche Wort „Klassenzimmer" im Folgenden in der erweiterten Bedeutung des englischen *classroom* verstanden werden.

Klassenzimmer konstituieren eine Arena subjektiver und intersubjektiver Wirklichkeiten, die ständig erarbeitet, verändert und aufrechterhalten werden. Michael Breen (1985) spricht deshalb von der „Kultur" des Klassenzimmers, die nicht als trivialer Hintergrund für die eigentliche Aufgabe des Lehrens und Lernens zu betrachten ist, sondern vielmehr sowohl den Sprachlernprozess als auch die fremde Sprache selbst, die dort gelernt wird, bestimmt: "The language I learn in a classroom is a communal product derived through a jointly constructed process" (Breen, 1985, S. 148f.). Dieser konstruktive Prozess hat immer auch eine räumliche Dimension, er ist bestimmt durch einen Ort, ein Gebäude, durch Wände usw., die wiederum auf größere gesellschaftliche Zusammenhänge verweisen: auf Konventionen, Wertvorstellungen, auf Richtlinien, Bauvorschriften und finanzpolitische Prioritätsentscheidungen und cum grano salis auch auf Lehr- und Lernkonzepte. So materialisiert sich beispielsweise im klassischen Arrangement eines universitären Hörsaals ein auf Vorstellungen von Wissenstransfer gegründetes Lehr- und Lernmodell, das im schulischen Frontalunterricht eine strukturelle Entsprechung findet. Was den Handlungsraum „Klassenzimmer" trotz seiner äußeren kulturabhängigen Bestimmungen auszeichnet, ist die Tatsache, dass er von seinen Bewohnerinnen und Bewohnern immer zugleich genutzt und hergestellt wird.

Als Mitgestalter der Kultur des Klassenzimmers tendieren die Lehrerinnen und Lehrer aus verständlichen Gründen dazu, zunächst die restriktiven Kräfte besonders wahrzunehmen. Denn durch sie finden sie ihre pädagogischen Bemühungen eingeschränkt – durch die gekürzten Mittel, die nackten Betonwände, die schlechten Materialien, die nicht abschließbaren Schränke, die Klassengrößen, die Maßnahmen der Administration, welche die Bewegungsfreiheit und expansive Raumnutzung einengen. Kein Zweifel, diese Faktoren sind mächtig und oftmals kontraproduktiv. Einige Beobachtungen aus jüngster Zeit sollen das verdeutlichen:

Der Besucher der 6d findet kaum Platz, denn der Raum ist mit den 32 Schülern und der Lehrerin bereits überfüllt. Zwischen den Gruppentischen muss man sich vorsichtig durchschlängeln, weil Rucksäcke und Turnbeutel den Weg versperren. An diesem nasskalten Tag hängen außerdem Mäntel und Jacken über den Stuhllehnen. Die große Fensterfront macht den Raum freundlich und hell. Drei Plakate zieren die Wände: Jürgen Klinsmann von Bayern München, ein Mannschaftsfoto vom BVB Dortmund und Michael Schumacher mit Ferrari, neben der Tafel ein auf die Wand gemalter Wikinger mit Bierglas. Nichts erinnert an Englischunterricht, der gleich beginnen wird. Das große Cassettendeck mit Verstärker, das die Lehrerin mitgebracht hat, engt ihren Raum sichtbar ein. Die Lehrerin bearbeitet einen längeren Hör- und Lesetext aus *Green Line 2* (Klett), der von einem Hockey-Match zweier Schulklassen handelt („Come on, Fulford"): Zunächst geht es abschnittweise um Globalverstehen mit geschlossenen Büchern, danach erklärt sie – unterstützt durch Tafelanschrieb – einige Schlüsselwörter. Es folgt das Vorspielen des gesamten Hörtextes, den die Schüler diesmal beim Hören auch lesen. Eine Reihe von Verständnisfragen beschließt die Stunde. Die Schüler haben eifrig mitgearbeitet. Die letzten 15 Minuten machen deutlich, wie müde sie werden, weil sie die ganze Zeit sitzen. Mit dem Klingeln sind sie nicht mehr zu halten. Sie springen förmlich in die kleine Pause. Die zweite Stunde besteht im Wesentlichen aus Gruppenarbeit. Die Schüler bereiten ein Interview mit einer der Personen des Textes vor, nachdem eine Reihe von Modellfragen entwickelt und an der Tafel festgehalten wurden. Den Tafelanschrieb besorgt die Lehrerin. In den letzten neun Minuten werden die Interviews durchgespielt. Die Schüler sitzen dabei und lesen ihre Texte ab. Die Lehrerin erklärt im Anschluss, dass sie in der 5. Klasse, als die Gruppe nur 27 Schüler hatte, eine freie Stelle im Klassenraum zum Vorspielen, sozusagen als Bühne nutzte. Die Schüler hätten gerne die „Bühne" für Rollenspiele, Pantomimen oder auch zum Vortragen auswendig gelernter Textpassagen genutzt. Das sei nun nicht mehr möglich. Sie berichtet ferner, dass sie im 5. Schuljahr einmal eine Gruppencollage zum Thema *Pets* erstellen ließ. Diese wurde aufgehängt und war schon nach einem Tag von älteren Schülern, die das Klassenzimmer mit benutzen, durch vielfältige Graffiti verunstaltet worden. Die Fünftklässler waren empört. Sie verzichte deshalb darauf, Schülertexte im Klassenzimmer auszuhängen. Schließlich erwähnt sie noch eine Fortbildung zu „Freiarbeit im Englischunterricht der Förderstufe", die sie sehr anregend und professionell durchgeführt fand. Mit einer erläuternden Geste durch das Klassenzimmer sagt sie: „Selbst wenn wir alle Freiarbeitsmaterialien erstellen würden – an Kaufen ist gar nicht zu denken –, wo sollten wir sie hier hintun?"

Szenenwechsel: Nach der großen Pause hat der Wahlpflichtkurs 10f Französisch im Klassenraum der 6d. Die 19 Schüler stellen als Erstes die Tische um. „Sie finden die Sitzordnung kindisch und ziehen das klassische Arrangement vor", erläutert der Lehrer. Der Kurs hat montags im Pavillon hinter der Turnhalle und freitags im Trakt 800 Französisch. In den anderen Räumen gebe es mit der Sitzordnung keine Probleme. Auf die Lernumwelt „Französisch" angesprochen antwortet der Lehrer: „Das Buch!" Für die dritte Fremdsprache habe die Fachkonferenz keine Cassetten angeschafft, von Folien gar nicht zu reden. Er habe allerdings noch viele Folien aus dem Referendariat, das er mit einer Staatsarbeit über den Einsatz des Overhead-Projektors im Englischunterricht abschloss. Den habe er schon seit langem nicht mehr, auch nicht im Englischunterricht, eingesetzt. Der Aufwand lohne sich nicht, obwohl er wirklich ein Fan dieser Medien sei. „Ich müsste den nämlich immer rumschleppen. Unsere Schule liegt auf vier Ebenen. Wegen der gestiegenen Schülerzahl wurden die anfangs eingerichteten Lehrerstützpunkte auf den Fluren in Kursräume umgewandelt."

Auch in der Klasse 9a des Realschulzweiges einer additiven Gesamtschule wird die fremdsprachliche Lernumwelt ausschließlich vom Lehrbuch bestimmt. Die Klasse bearbeitet *Unit 5: Australia* aus dem Lehrwerk *English G B5* (Cornelsen). Thema der Stunde sind *Aus-*

tralia's native people. Nach der Präsentation eines Hörtexts zum Thema und anschließenden Verständnisfragen wird gemeinsam ein Tafelbild erarbeitet, *The situation of the Aborigines,* welches die Schüler in ihr Heft übertragen. Die Hausaufgabe lautet: *Compare the situation of the Aborigines with that of the Native Americans.* Im Anschluss kommentiert die Lehrerin die Auswahl der Texte im Lehrwerk, die sie seit ihrem Besuch einer Lehrerfortbildungsveranstaltung in Australien unbefriedigend und einseitig ideologisch findet. Wie ihre 20 Kollegen, die an dem Lehrgang teilnahmen, hat sie „Berge von authentischem Material" aus Australien mitgebracht, das sicher helfen könnte, die Lehrwerkseinheit zu bereichern oder gar zu korrigieren. Die Schwierigkeit beginne schon damit, dass nach Beschluss der Konferenz grundsätzlich nichts an die Wände gehängt werden darf. „Wo bringe ich die Materialien unter? Plakate, Bücher, Broschüren, Landkarten, Ansichtskarten usw.? Wir haben keine Bibliothek hier in der Schule." Im Lehrerzimmer zeigt sie später auf ihr Schließfach, das 30 x 30 cm misst. „Da passen gerade zwei Klassensätze in DIN-A-4-Format hinein."

Die Streiflichter aus unterschiedlichen Klassenzimmern verdeutlichen die oben angesprochenen restriktiven Faktoren. Ihre Macht und Wirkung darf nicht übergangen werden, wenn von Handlungsräumen die Rede ist, denn sie erschweren den Prozess eigenaktiven Lernens, behindern die Herstellung einer zielsprachig gestalteten Lernumgebung und beschneiden die Handlungsmöglichkeiten der Lehrer. Gleichzeitig aber gilt es auch, den Gestaltungsraum zu entdecken, der trotz aller Einschränkung nicht nur bleibt, sondern gewonnen und hergestellt werden kann. Dieser lässt sich aus dem Potenzial des fremdsprachlichen Klassenzimmers herleiten, der komplexen Beziehungsstruktur seiner „Bewohner", seiner interaktiv-dynamischen und kooperativen Natur sowie seiner konstitutiven Asymmetrie (vgl. Legutke & Thomas, 1993, S. 15ff.). Im Folgenden soll zunächst dem Potenzial die Aufmerksamkeit gelten, dessen Dimensionen nicht aus einer Theorie des Klassenraums abgeleitet, sondern aus Fallgeschichten rekonstruiert werden. Die Argumente liefern zwei Lehrerinnen und ein Lehrer, die sich mit Interpretationen ihrer eigenen Praxis zur Frage des Handlungsraums *and beyond* zu Wort melden. Die Klassenzimmer, die die Leser jetzt betreten werden, sollen nicht als didaktische Modelle, sondern als Belege für regional/lokal Angemessenes verstanden werden, das zur Debatte über die Interpretation eigener und fremder Handlungsspielräume einlädt.

2. *Classrooms in action:* Drei Fallgeschichten

2.1 *Englisch um die Ecke: Das Klassenzimmer als Begegnungsraum*
Für die Lehrerin, deren Klassenraum der Leser jetzt betritt, stellt das folgende Projekt den Höhepunkt ihrer Arbeit in der Förderstufe (Klasse 6) dar. Nach eineinhalb Jahren Englischunterricht sollen die Schüler Gelegenheit erhalten, die Verwendung der Zielsprache in der erreichbaren Umwelt zu erforschen und zugleich zu testen, welchen Grad kommunikativer Kompetenz sie bis zu diesem Zeitpunkt erreicht haben. Als Forschungsfeld bietet sich der 52 km entfernte internationale Flughafen an, den man im Rahmen eines eintägigen Klassenausflugs ansteuern will. Für das Projekt steigt die Lehrerin für fünf Wochen aus der Lehrwerksarbeit aus, ohne allerdings das Lehrwerk wegzulegen. Gemeinsam wird in der Klasse die Projektaufgabe präzisiert. Man einigt sich auf folgende Teilaufgaben:
- Schüler wollen den Flughafen auf englischsprachige Texte hin untersuchen und solche Texte sammeln, die für den weiteren Unterricht interessant sein könnten. Dazu zählen Hinweisschilder genauso wie Lautsprecherdurchsagen, Speisekarten, englische Zeitun-

gen und Zeitschriften und möglicherweise Kinderbücher aus dem Buchladen, aber auch Flugpläne, Aufkleber in englischer Sprache usw.

- Schüler wollen möglichst viele Menschen, die Englisch sprechen, interviewen. Man will später anhand einer Weltkarte feststellen, woher die Partner kamen und wohin sie unterwegs waren. Die Interviews sollen auf Cassette aufgenommen werden.
- Schüler werden später die besten Interviews auswählen, das interessanteste transkribieren und der ganzen Klasse vorstellen.
- Am Ende des Projekts sollen die Eltern eingeladen werden und anhand verschiedener Demonstrationen erfahren, wie viel Englisch ihre Kinder schon können.

Dass solch anspruchsvolle Aufgabenstellungen keinesfalls eine Überforderung der Schüler einer 6. Klasse darstellen, sondern im Gegenteil ihren Leistungswillen herausfordern und befördern, weiß die Lehrerin nicht nur aus der Literatur (vgl. Legutke & Thiel, 1983; Thiel, 1984; Humburg, Legutke & Thiel, 1983). Sie kann nämlich nach fünf Durchgängen des Projekts in den letzten zehn Jahren auf einen Fundus von Erfahrungen und Materialien zurückgreifen, der sie bei jedem weiteren Durchgang zusammen mit den Schülern neue Ideen verwirklichen lässt. Aus der zentralen Projektaufgabe, den geplanten Interviews, wird ein gemeinsamer Projektplan entwickelt, der vor allem auch angibt, auf welchem Weg und mit welchen Mitteln die Lerngruppe die Aufgaben angehen will. Der Projektplan entsteht auf einer langen Tapetenrolle und macht die einzelnen Etappen einsichtig. Er markiert die Vorbereitungsschritte:

- Die Lehrerin beginnt mit einer Sensibilisierung der Gruppe für den Forschungsbereich *Airport* unter Sprachlern- und Kommunikationsgesichtspunkten. Zu diesem Zweck rekurriert sie vor allem auf das Vorwissen der Lerner: *What do we know about the topic?* Wortfelder entstehen auf Plakaten (vgl. Kap. E.2, Abschnitt 2.1), die vorhandene Wortkartei wird durchforstet und neu organisiert. Dabei wird nicht nur der zweite Band des Lehrwerks als Quelle benutzt, sondern jede Tischgruppe erhält auch ein Exemplar des ersten Bandes. Die Schüler beginnen außerdem ein eigenes Buch mit dem Titel *Airport* zu schreiben.
- Es folgt das Einüben oder Wiederholen von Sprachfunktionen und Strukturen in vorkommunikativen Kontexten, was systematische Sprachübungen und vorkommunikative Aufgaben wie die Simulationen von Interviews einschließt: *What do we need to practise?* Verschiedene Textmodelle und Übungen werden in den Lehrwerken gesucht und für die Anforderungen der Zielaufgaben, vor allem die Interviews, modifiziert. Der Unterricht wechselt ständig zwischen kurzen Plenar- und längeren Gruppenphasen.
- Wichtig ist ferner das Bereitstellen sowie das Einsatztraining von Interviewhilfen, auf die während der Interviews Bezug genommen werden kann. Es entstehen Fragekarten für angenommene Partner, ein Plakat mit *do's and don'ts for the interviews* wird geschrieben: *Your partner speaks too fast – what to do ...*
- Die Projektaufgabe erfordert ferner das Trainieren von Dokumentationstechniken mit Hilfe auditiver und audiovisueller Medien. Jede Gruppe übt mit dem Cassettenrecorder, drei Gruppen nutzen zusätzlich Videorecorder.
- Entscheidend ist ferner das Einüben kooperativen Verhaltens in kleinen Gruppen. Die Teams (drei bis fünf Schüler) trainieren auch nach der Schule, machen gemeinsam die sich selbst gestellten Hausaufgaben.

Wie in den Jahren zuvor sind alle Beteiligten mit den Erträgen des Ausflugs zum Flughafen mehr als zufrieden: Jede Gruppe bringt nicht nur zwischen zehn und zwanzig Interviews auf Ton- und/oder Videocassette zurück, sondern auch die befriedigende Erfahrung, in kommunikativen Ernstfällen mit unterschiedlichen Sprechern der Zielsprache ohne Hilfe der Lehrerin bestanden zu haben. Die Erträge bilden nun die Basis für eine dreiwöchige Auswertung. Auch diese Phase wird durch eine Zielaufgabe, einen neuen Ernstfall, strukturiert, nämlich eine von den Schülern zu leistende Präsentation des sprachlichen und inhaltlichen Gewinns auf einem Elternabend. Von den Aktivitäten, die zu der Präsentation führen, seien hier nur einige genannt:

- Auf der Korkwand im Klassenzimmer wird eine Weltkarte befestigt. Die Schüler markieren mit Stecknadeln, woher ihre Interviewpartner kamen und wohin sie unterwegs waren. Sie bringen sich dabei gegenseitig Sprachen-, Länder- und Nationalitätsbezeichnungen bei: *One interviewee came from Thailand, she is a Thai, she speaks Thai, English and Chinese. She was on her way to Spain. She does not speak Spanish.*
- Jede Gruppe wählt das interessanteste Interview aus, über das sie einen Bericht in Form einer Wandzeitung anfertigt: *Portrait of an interesting traveller/person at the airport.*
- Jede Gruppe transkribiert zwei Minuten des ausgewählten Interviews und fertigt dazu einen Drucktext an. Weil auch die Fremdsprachenlehrer an dieser Schule Zugang zum Computerraum haben und weil die Schüler teilweise eigene Rechner zu Hause benutzen, ist diese Aufgabe in den letzten Jahren viel leichter geworden. Die Schülergruppen „unterrichten" ihre Hörtexte in der Gesamtgruppe, wobei sie, falls erforderlich, Worterklärungen und Übungen mitliefern.
- Die Schüler vervollständigen ihre Projektbücher, die alle Übungen, Texte, Berichte, die Transkripte, die Wortfelder und gesammelten Materialien enthalten.
- Für den Elternabend werden verschiedene Aktionszonen vorbereitet, welche die Eltern zum Mitmachen (in englischer Sprache) anregen sollen: *Lost Property Office*; *Information Desk*; *City Information* usw.
- Aus Platzgründen zieht die Klasse zum Elternabend in den Kunstsaal um. Nach einer kurzen Einleitung und Begrüßung durch die Lehrerin auf Deutsch führen die Kinder einige Interviews von Tonträger und Video vor, spielen andere Interviews nach, lesen Berichte vor und laden die Eltern zum Besuch der Aktionszonen und zur Ausstellung ein. Ausgestellt werden die Plakate, die Wortfelder und vor allem die von den Schülern geschriebenen Bücher. Abschließend berichten die Schüler, jetzt in deutscher Sprache, was sie während des Projekts gelernt und wie sie sich in den einzelnen Phasen gefühlt haben.

Auf die Einmaligkeit dieses Projekts angesprochen, entgegnet die Lehrerin, dass dieses für sie zukunftsweisenden Charakter habe. Sie hoffe und gehe davon aus, dass die Schüler bis zum 10. Schuljahr noch mehrmals Gelegenheit haben werden, die Grenzen und Reichweite ihrer kommunikativen Fertigkeiten in Ernstfällen zu testen: in Begegnungen mit Besuchern im Klassenzimmer, auf Klassenfahrten und natürlich im Freizeitbereich. Das Projekt soll sie bestärken, solche Ernstfälle aufzusuchen und sich ihnen auszusetzen, d. h. sie als Lernchancen auch ohne Lehrervermittlung zu begreifen. Genauso zukunftsweisend sei die Erfahrung, dass die Herstellung einer zielsprachigen Umwelt nicht nur Aufgabe der Lehrerin ist, sondern dass die Kinder durch ihre gesammelten und hergestellten Texte, aber auch als Lehrende, selbst daran mitwirken.

Der Rückeinstieg in die Normalität der Lehrwerksarbeit, so die Lehrerin, müsse nicht als Bruch erfahren werden. Abgesehen davon, dass das Erlebnis des Ernstfalls beflügelt und die teils mühsamen Übungsphasen plausibel macht, fühlt sie sich herausgefordert, zu jeder Lehrwerkslektion einen oder mehrere simulierte Ernstfälle auszudenken, kommunikative

Zielausgaben, sozusagen *airports in the classroom*: ein kurzes szenisches Spiel, eine simulierte Hitparade usw.

2.2 *Transatlantische Beziehungen: Das Klassenzimmer als Kommunikationszentrum*

Das Klassenzimmer der 8. Jahrgangsstufe, um das es im zweiten Fall geht, hat alle Merkmale des vorhergehenden (Donath, 1994, 1996). Es beginnt mit dem Lehrwerk und führt zu ihm zurück, es ist projektorientiert und baut deshalb auf kooperativ zu bearbeitende Aufgaben, die die Lerner teilweise autonom festlegen und angehen, es hat klar definierte Phasen von Entwicklung und Übung von Fertigkeiten, es ist produktorientiert in dem Sinne, dass die Lerner eine Vielzahl von Texten produzieren, und es hat eine starke interkulturelle Komponente. Der einzige Unterschied ist, dass es über die Datenautobahn mit Schulen rund um den Globus verbunden ist, darunter Schulen in anderen Teilen Deutschlands, in Schweden, in England und in den USA. Dieser Unterschied ist wichtig, weil er die interkulturelle Lernsituation authentischer macht. Der Computer dient nicht nur als Schreibwerkzeug, sondern in Verbindung mit einem Modem und einer Telefonleitung auch als ein wirksames Mittel der Kommunikation mit den Zielsprachengruppen (vgl. Kap. C.5).

Der Englischlehrer beginnt mit dem in dieser Schule eingeführten Lehrbuch *Green Line*, das – in der Ausgabe für die 8. Klasse – sich auf die USA konzentriert. Die obligatorische Einheit über moderne Technik präsentiert die gut bekannte Sciencefiction-Kurzgeschichte „The Fun They Had" von Isaac Asimov: Die Schule ist von Computernetzwerken ersetzt worden, der Lehrer von dem Computer zu Hause. Als Kinder im Jahre 2157 ein Buch finden, können sie nicht glauben, dass man von gedruckten Seiten und von einer Person etwas lernen kann, die ja nie intelligent genug sein kann, sich auf jeden Lerner einzustellen. Als der mechanische Lehrer die Protagonistin auffordert, mit der Mathematikstunde zu beginnen, denkt sie darüber nach "...about how the kids must have loved it in the old days. She was thinking about how much fun they had." Diese Kurzgeschichte stellte die Basis für ein fünfwöchiges Projekt „Meine Traumschule" dar, an dem, zusätzlich zu der deutschen Klasse, zwei Klassen der 8. Jahrgangsstufe aus der Bronx in New York City und eine 9. Klasse aus Schweden teilnahmen:

- In der *ersten Woche* stellten alle Klassen Kontakt miteinander her, indem sie Briefe über E-mail austauschten. Schneckenpostadressen wurden für diejenigen mitgeschickt, die daran interessiert waren, ein privates Brieffreund-Abenteuer einzugehen. Alle Klassen lasen Isaac Asimovs Kurzgeschichte.
- Die *zweite Woche* konzentrierte sich auf „Die Traumschule". Schüler entwarfen und gestalteten ihre utopische Schule und tauschten ihre Texte über E-mail aus, verschiedene Zeichnungen und Schulpläne wurden zusätzlich per Fax ausgetauscht.
- Die *dritte Woche* widmete sich der Schulrealität. Die Schüler tauschten Informationen über den momentanen Zustand der Schulen aus, wobei sie Beschreibungen von Räumen, Gebäuden, der Nachbarschaft, aber auch des Stundenplanes sowie Hinweise auf spezielle Programme, Ausstattung, Medien usw. einschlossen.
- Die *vierte Woche* konzentrierte sich darauf, welche realistischen Veränderungen sich die Schüler vorstellen konnten, die ohne größere Probleme in die Praxis umgesetzt werden könnten. Wieder wurden Pläne erstellt, erklärt und ausgetauscht.
- In der *letzten Woche* suchte sich jede Gruppe die interessantesten Texte der Projekte aus, redigierte und illustrierte sie und erstellte damit ein Projektbuch oder eine Broschüre.

Kopien mit Bildern der Klasse wurden über Luftpost ausgetauscht. In der letzten Woche schrieben die deutschen Schüler u. a. ihren obligatorischen Test.

Bei der Auswertung des Projekts stellte der Lehrer fest, dass die Einführung der Schüler in Techniken der elektronischen Textverarbeitung, Textredaktion und E-mail-Kommunikation nur wenig Zeit im Computerraum erforderte. Er konnte sich weitgehend auf das Vorwissen seiner Schüler verlassen, die tatsächlich den Großteil der Einführung in kleinen Gruppen selbst übernahmen – mit etwas „Nachhelfen" auch in der Zielsprache.

Eine Reihe der Texte, die aus der Bronx ankamen, führten zu Überraschungen und erforderten Korrekturen von etablierten Vorstellungen über die Partner. Zum Beispiel konnten die Schüler nicht glauben, dass die folgende Nachricht aus der Bronx stammen sollte: "My neighborhood is alright, I have fun around where I live. I like it more in the summer, because it is warm and people are kind. I have lots of friends in my block. The only thing you got to take care of, is when you cross the street" (Donath, 1994, S. 7). Dies war unvereinbar mit der Sichtweise der Schüler über diesen Teil von New York City, der ihrer Meinung nach von Gewalt, Kriminalität und heruntergekommenen Crack-Häusern beherrscht sein sollte.

Die Stunden wechselten zwischen dem Klassenzimmer und dem Computerraum oder es wurden beide Räumlichkeiten parallel genutzt. Es wurde sehr viel geschrieben, Texte wurden redigiert, Entscheidungen getroffen und es gab eine ganze Reihe von lebhaften Debatten. Eine Anzahl von Nachrichten waren schwer zu entziffern, so wegen der Jugendsprache mit ihrer bildhaften Idiomatik oder wegen verkürzter Syntax. Ferner waren Lehrer und Lerner immer wieder gefordert, wenn es galt, fremde oder unbekannte Konzepte und Werte zu verstehen, die das amerikanische Schulleben bestimmen. Der Lehrer fasst zusammen:

„Die Themen *school reality* und *changes* bieten ungemein intensive Gesprächsanlässe im Klassenraum, Vorschläge zur Klassenraumgestaltung werden engagiert auf Englisch diskutiert – Englischunterricht ist plötzlich vielseitig und gänzlich anders und trotzdem wird eine ganze Menge gelernt! Zum Beispiel werden *will-future* und *conditional* im Zusammenhang mit geschriebenen und empfangenen Texten wiederholt. Sogar eine Klassenarbeit wird ganz wohlwollend erledigt" (ebd., S. 6).

2.3 „Zigger-Zagger": Das Klassenzimmer als Bühne

Der Englischkurs einer 10. Klasse einer Gesamtschule hat sich entschieden, ein halbes Schuljahr der Bearbeitung und Aufführung eines Theaterstücks zu widmen (Heitz, 1985). Keiner der Beteiligten hat zum Zeitpunkt der Entscheidung Erfahrungen mit einem solchen Unternehmen gemacht. Die Tatsache, dass diese Ganztagsschule über keinen Aufführungsraum verfügt, nimmt die Gruppe als Herausforderung zur Kenntnis – der Speiseraum soll zur Bühne umfunktioniert werden. Erleichtert wird die Arbeit durch die Tatsache, dass die Lehrerin als Klassenlehrerin mit 9 Stunden, davon mit 4 Doppelstunden, in der Klasse in der Lage ist, den 45-Minuten-Rhythmus zu durchbrechen und je nach Bedarf größere Arbeitsblöcke zu schaffen. Der Klassenraum der 10a ist zudem relativ großzügig und verfügt über Schränke und an den Wänden durchlaufende Holzleisten, sodass Texte aller Art leicht aufgehängt werden können.

Das gewählte, jugendbezogene Stück *Zigger-Zagger* von Peter Terson thematisiert das Rowdytum englischer Fußballfans am Beispiel der Geschichte des Jugendlichen Harry. Auf dem Hintergrund von Schulfrust, Jugendarbeitslosigkeit und asozialen häuslichen Verhältnissen versucht er vergeblich seine Identität in der Gemeinschaft radikaler Fußballfans zu finden.

Die Gruppe nimmt das Stück zunächst sehr zurückhaltend bis ablehnend auf, weil die Lehrerin die Schüler aufforderte, den ganzen Text ohne Hilfsmittel allein zu lesen. Als sie jedoch den „Fehler" korrigiert und sich mit den Schülern an die gemeinsame Lektüre und Interpretation macht, wobei die geplante Aufführung den Fokus liefert, steigt die Motivationskurve steil an. Die Lehrerin schreibt dazu: „Gerade die Absicht, ein Stück aufzuführen, bietet neue Möglichkeiten der Bearbeitung von Literatur, der Literaturinterpretation auf einer ganz anderen Motivationsgrundlage. Ob ein Stück gefällt, ob z. B. der Schluss stimmig ist oder nicht, wird schon im Vorfeld mit ganz anderem Eifer diskutiert, die Diskussion über einzelne Charaktere des Stückes ist eine Diskussion darüber, wer aus der Klasse geeignet ist, diese Rolle zu spielen, und wer nicht, in der die Bewertung des Charakters (der Kunstfigur *und* des jeweiligen Schülers) eine ganz andere und vor allem für den Schüler unmittelbar *wichtige* Dimension erhält. Das Wort Interpretation braucht da gar nicht mehr zu fallen, wenn Schüler überlegen, wie sie welche Aussage am überzeugendsten spielen können. Und auch die fremde (Aus-)Sprache erhält ein ganz anderes Gewicht. Bei *Zigger-Zagger* hat sich die Interpretation durch die ganze Arbeit hindurchgezogen. Sie begann mit der Verteilung der Rollen und wurde mit jeder Szene fortgesetzt" (Heitz, 1985, S. 189).

Von den verschiedenen Phasen der praktischen Interpretationsarbeit seien hier nur genannt:

- Schüler schreiben mehrere Szenen um. Sie kürzen, streichen oder fügen eigene Texte hinzu. So werden beispielsweise längere Songpassagen durch Chorsprechen ersetzt oder in zusätzliche Szenen umgestaltet.
- Schüler erörtern und realisieren das Bühnenbild und die Beleuchtung.
- Schüler recherchieren soziale Hintergründe des *football hooliganism* in England und berichten darüber.
- Schüler lassen sich auf zeitaufwendige Übungsphasen ein (Aussprache- und Intonationsübungen), die in Kleingruppen durchgeführt werden.
- Schüler entwickeln komplexe Arbeits- und Koordinationspläne und geben sich, bezogen auf die jeweiligen Teilprojekte, selbst Hausaufgaben.
- Die Arbeiten laufen selten plenar, sondern weit häufiger in arbeitsteiligen Kleingruppen. Teilweise werden freie Nachbarräume und der Flur als Arbeitsplatz genutzt.

Besonders auffällig ist für den Besucher, dass die Lehrerin fast ausschließlich englisch spricht, wenn sie sich an die Schüler wendet. Das gilt sowohl für die Einzelproben als auch für die Plenarphasen. Auffällig ist ferner die enorme Kreativität, mit der die Schüler auf allen Ebenen des Projekts zu Werk gehen. Diese ist gepaart mit einer großen Ernsthaftigkeit und dem Willen, die mit dem näher rückenden Aufführungstermin unvermeidlichen Spannungen und Gereiztheiten produktiv zu lösen. Die Lehrerin fasst zusammen: „In dieser Atmosphäre empfand ich diese Anfangszeit überhaupt nicht belastend. Im Gegenteil, nicht nur die Kreativität der Schüler – auch meine eigene Kreativität war gefordert, und außerhalb des 45-Minuten-Rhythmus gewann Schule im Rahmen dieser Proben wieder eine ganz neue Qualität für mich ... 6–10 Tage gehörten zum Schluss ausschließlich dem Projekt Schülertheater, nicht wenig, aber auch nicht zuviel, dass man sich davon abschrecken lassen müsste" (ebd., S. 197f.).

Während der Abschlussbesprechung, die über mehrere Stunden geht, sind sich die Schüler einig, dass das gemeinsam zu erreichende Ziel die Gruppe zusammengeschweißt und zu Höchstleistung motiviert habe. Sie hätten nicht nur durch die praktisch-gestalterische und interpretative Arbeit Seiten voneinander kennen gelernt, die ihnen bisher verborgen waren, sondern auch ihre zielsprachige Kompetenz in jeder Hinsicht entscheidend weiterentwickelt. Thematisiert wird auch die unverzichtbare Benotung. Man einigt sich auf folgenden Kompromiss: Die Theaterarbeit ersetzt eine schriftliche Klausur. Die Note besteht aus einer individuellen Komponente (Bewertung der sprachlich-darstellerischen Leistung sowie des Engagements) und einer Gruppenkomponente. Schließlich sei das Ergebnis „ein gemeinsames Produkt". Die Schüler dürfen Vorschläge machen, das letzte Wort hat jedoch die Lehrerin.

2.4 *Das lokal Angemessene*

Niemand wird die kontextbedingten Besonderheiten der drei skizzierten Klassenzimmer bestreiten noch ihre Individualität, die nicht nur den Persönlichkeiten der Lehrenden und Lernenden geschuldet ist, sondern auch von den räumlichen Bedingungen genauso mitbestimmt wird wie von den Organisations- und Kommunikationsformen in der jeweiligen Schule. Trotz dieser unverwechselbaren Züge, ihrer Partikularität, sind die in den Vignetten interpretierten Versuche von generellerer Bedeutung, weil sie durch ihre Praxis Annahmen über die Gültigkeit restriktiver Bedingungen für die Entfaltung von Handlungsmöglichkeiten in Frage stellen. Zugleich liefern sie Anstöße für die Entwicklung einer Theorie des fremdsprachlichen Klassenzimmers, die dann an Schärfe gewinnt, wenn sie die von vergleichbaren oder ähnlichen Einzelfällen ebenfalls vorgebrachten Argumente und Anstöße integriert und interpretiert. Auch wenn viele solcher Einzelfälle in den letzten 15 Jahren durch Veröffentlichungen in Erscheinung getreten und ausführlich analysiert worden sind, so geben sie nur einen Bruchteil dessen wieder, was täglich in vielen Klassenzimmern zur Entwicklung einer Theorie des Handlungsraums geleistet wird.

Gemeint sind Projekte, die sich, wie im ersten Fall, um eine systematische Einbeziehung von *living language links* in den Regelunterricht bemühen: Begegnungsprojekte, die die Verwendung von Zielsprache in der Nachbarschaft erkunden und die Austauschbesuche im Land der Zielsprache nicht nur für touristische Zwecke, sondern zur Bereicherung des Unterrichts nutzen (vgl. Edelhoff & Liebau, 1988; Legutke & Thomas, 1993; Wicke, 1995). Gemeint sind aber auch jene Versuche, die mit ähnlichem Erfolg wie in der zweiten Fallgeschichte die Lernchancen eines durch Klassenkorrespondenzen erweiterten Handlungsraums nutzen und ausbauen. Dies geschieht sowohl mit traditioneller Korrespondenz unter Einschluss von Cassettenbrief, Videobrief und Paketpost (vgl. Edelhoff & Liebau, 1988; Wicke, 1995) als auch durch neuere Möglichkeiten elektronischer Post (vgl. Donath, 1996; Jost & Multhaup, 1996; Legutke, 1996b; Lichte, 1994; W. Meyer, 1993).

Dabei ist festzustellen, dass solche Initiativen in allen Jahrgangsstufen und in allen Schultypen anzutreffen sind, wie ein faszinierendes E-mail-Projekt zwischen einer 10. Hauptschulklasse und einem Lehrer in Alaska belegt (Jost & Multhaup, 1996). Der Lehrer schreibt dazu: „Beflügelt durch den Brieffreund, erbrachten die Schüler Leistungen, die ich so nicht für möglich gehalten hatte. ... Es war nicht nur für mich überraschend, welche Nähe die 10a-ler zu ihrem Schreibpartner im Verlauf des mehrmonatigen Briefwechsels entwickelt hatten. Sie hatten den Menschen hinter dem Computer entdeckt und waren begeistert über die Zuwendung, die sie von ihm erhielten. Auch war Alaska nun nicht mehr irgendein ödes Sachgebiet wie jedes beliebige andere schulische Thema, sondern es war real, war Teil ihres eigenen Lebens geworden. Durch die kontinuierliche Fortsetzung des

Briefaustausches hatte es einen echten Lernprozess gegeben, an dem nahezu alle Schüler der Klasse aktiv beteiligt waren. Vom unverbindlichen ersten Herantasten bis hin zur Schilderung sehr persönlicher Probleme und Lebensumstände hatte sich so etwas wie Nähe und Vertrauen gebildet. ..." (ebd., S. 35). Besucher in diesem Klassenzimmer hätten die selbst erstellten Plakate und Fotocollagen betrachten, die an den Wänden aufgehängten Lernertexte wahrnehmen können. Sie hätten gesehen, wie diese Jugendlichen mit Filzstift, Schere und Klebstoff hantierten, wie sie sich über die englischen Briefe beugten und mithilfe der Lexika die Nachrichten aus Alaska entschlüsselten. Sie hätten die Atlanten und Erdkundebücher neben den englischen Lexika gesehen und bemerkt, dass hier die Fächergrenzen zumindest teilweise aufgehoben waren. Sie hätten schließlich gesehen, wie die Jugendlichen arbeitsteilig und teilweise selbstständig ihre Aufgaben lösten und für andere als Lehrer wirkten, indem sie ihnen Alaska näher brachten.

Neben solchen Begegnungs- und Korrespondenzprojekten sind ferner jene Unternehmungen zu nennen, die, wie in der dritten Fallgeschichte verdeutlicht, projektorientierte und explorative Verfahren auf den Umgang mit Texten übertragen, auf die Arbeit mit Dramen von Shakespeare, die Arbeit mit Jugendromanen und die Begegnung mit Lyrik, und dabei variantenreiche und ähnlich lebendige Lernräume gestalten (vgl. Bredella & Legutke, 1985; Legutke, 1988b, sowie Kap. C.7).

Eine zentrale Aufgabe der Fachdidaktik besteht darin, die Vielfalt und Lebendigkeit unterschiedlicher „Praxen" zugänglich zu machen und ihre Mitteilbarkeit zu sichern. Dies ist besonders deshalb wichtig, weil diejenigen, die täglich unterrichten, in der Regel nicht über ihren Unterricht schreiben. Die Sicherung der Mitteilbarkeit von Praxis reicht jedoch nicht aus, es sei denn die Fachdidaktik bemüht sich zugleich darum, einen theoretischen Bezugsrahmen zu formulieren, der eine Interpretation der unterschiedlichen Praxen im kritischen Dialog der Beteiligten ermöglicht. Gefordert ist eine Explikation von Prinzipien und eine Bereitstellung von Kategorien für den Diskurs, der auch die Frage nach der Güte und/oder Qualität des regional/lokal Angemessenen zulassen muss. Überlegungen zur Bearbeitung dieser Aufgabe dient der nächste Abschnitt, der auf einige signifikante Charakteristika und Konstruktionsmerkmale des hier gezeigten Klassenzimmers eingeht.

3. Konstruktionsmerkmale, Charakteristika und Herausforderungen

3.1 *Kommunikative Ernstfälle*

Was die drei Klassenzimmer verbindet, ist der Umstand, dass die Lernenden in kommunikativen Ernstfällen agieren. Letztere sind folglich nicht auf die Zeit nach oder den Raum außerhalb der Schule verschoben, abgetrennt von den Lernsituationen, sondern integraler Bestandteil täglicher Arbeit. Dabei begegnen die Lernenden sprachlichen Phänomenen nicht in didaktisch reduzierter, nach Maßgaben von Sequenzialisierungsentscheidungen zubereiteter Gestalt, sondern vielmehr eingebettet in die Komplexität authentischer Texte und Situationen (vgl. Bach & Timm, 1996b). Weder ist die Begegnung elfjähriger Kinder mit einem amerikanischen Piloten auf dem Flughafen genau planbar, noch haben die Jugendlichen aus der Bronx die Wortschatzlisten der Sek. I im Kopf, wenn sie ihre E-mail schreiben. *Zigger-Zagger* wurde für britische Jugendliche und nicht für Fremdsprachenlerner einer deutschen Gesamtschule geschrieben. Die Herausforderungen für die Bewohner solcher Klassenzimmer, die den Ernstfall suchen, sind unübersehbar. Die Lehrenden müssen in der Lage sein, mit den Unwägbarkeiten, der Komplexität umzugehen, die der so erweitere Handlungsraum mit sich bringt. Anstatt zu vereinfachen und zu reduzieren, was es zu lernen gilt, besteht die Aufgabe zunächst und vordringlich darin, den Lernenden Zugänge zur Komplexität sprachlicher Handlungszusammenhänge zu eröffnen. Die Lernenden auf der anderen Seite müssen strategisch ausgestattet sein, nicht nur damit sie in solchen Ernstfällen bestehen, sondern auch, damit sie im Sinne ihrer Interessen und Möglichkeiten ihr Wissen und Können in nicht vorstrukturierten Situationen autonom erweitern.

Die konkreten Gestalten solcher Ernstfälle werden notwendigerweise je nach Kontext variieren, genau wie die Formen, in denen sie je nach Alter und Kenntnisstand der Lernenden als Lernchancen in den unterschiedlichen Jahrgangsstufen genutzt werden können. Angesichts der heute vorhandenen Möglichkeiten zum direkten und vermittelten Kontakt mit Sprechern des Englischen und zur Begegnung mit nicht didaktisierten Texten kann sich kein schulisches Englischprogramm der Herausforderung entziehen, das Klassenzimmer um die Dimension des Ernstfalls zu erweitern. Das Spektrum der Aktivitäten reicht von der Einbeziehung von Besuchern ins Klassenzimmer und der Exploration zielsprachiger Kommunikationszusammenhänge in der erreichbaren Umwelt, über traditionelle und elektronische Korrespondenz mit Partnerklassen bis hin zu „Forschungen" im Rahmen von Klassenfahrten oder gar kooperativen Projekten als Teil europäischer Schulbegegnung (vgl. Müller-Hartmann, 1997). Zu berücksichtigen sind jedoch auch die privaten Kontakte und Erlebnisse der Schüler als Chance zur Erweiterung des Klassenzimmers (vgl. auch Abschnitt 3.6).

3.2 *Kommunikative Aufgaben: Zielaufgaben und Szenarien*

Als generelles Merkmal der oben skizzierten Projekte kann ferner ihre Aufgabenorientierung gelten, zu der markante Zielaufgaben als Konvergenzpunkte gehören. Solche Zielaufgaben bestimmen die thematischen Schwerpunkte, zu bearbeitende Sprachhandlungs- und Beziehungsmittel, Auswahl und Gestaltung kommunikativer Situationen, für die es zu trainieren bzw. die es zu explorieren gilt. Von der Zielaufgabe her bestimmt sich auch die Auswahl zu dekodierender Texte und zu erarbeitender Textschemata als Voraussetzung für Lernertexte. Und schließlich determinieren solche Zielaufgaben das notwendige Übungsgeschehen, denn ohne die Schulung bestimmter sprachlicher, sozialer, lernstrategischer und medialer Fertigkeiten kann die Zielaufgabe nicht bewältigt werden. Zielaufgaben können komplex sein wie die Inszenierung eines Theaterstücks, aber auch sehr viel überschaubarer und bescheidener, wie der Entwurf einer Traumschule oder die Selbstdarstellung in einer elektronischen Botschaft. Mit der Bewältigung der Zielaufgabe kommt der Lernprozess jedoch nicht zu einem Ende. Vielmehr folgen darauf weitere, oftmals von Lernern für Lerner selbstständig geleitete Lernphasen, die nur aufgrund der neuen Erfahrungen im Umgang mit den Anforderungen der Zielaufgabe möglich wurden, wie das Projekt *Airport* deutlich macht. Zweierlei ist dabei festzuhalten: Die Wege zur Zielaufgabe sind diversifiziert und differenziert und werden oft parallel beschritten. Zweitens kann man auf der Basis der skizzierten Projekte der Lehrerin des ersten Projekts zustimmen, die betont, dass erst ein Konsens über die Zielaufgabe den Übungen und Trainingsphasen die nötige Plausibilität im Klassenzimmer verleiht: Was können wir und was müssen wir können, um die Zielaufgabe zu meistern? Wie erwerben wir die nötigen Fertigkeiten und das nötige Wissen? Auf welche Medien können wir dabei zurückgreifen? Bietet das Lehrwerk dabei Hilfen an?

Während kommunikative Ernstfälle den unterrichtlichen Alltag nicht immer bestimmen werden, sondern vielmehr einer Lernkarriere (von Klassen 3 bis 10 oder 13) die Orientierung geben und die sie begleitenden Höhepunkte darstellen, sind es die kommunikativen Aufgaben, welche im Alltag den Handlungsraum Klassenzimmer erschließen helfen: Sie bilden, wie Otfried Börner treffend formuliert, das „Fundament der kleinen Schritte", das vor den „großen Perspektiven" à la *Airport* oder *Zigger-Zagger* kommen muss (Börner, 1988, S. 16). Sie ermöglichen den Zugang und die Entfaltung von Themen, sie strukturieren die Begegnung mit Texten, sie unterstützen das Spiel mit Sprache, motivieren zu Gestaltung von eigenen Texten und verhelfen so zur Sprachverwendung in lebensechten, wenn auch, was den Gebrauch der Zielsprache betrifft, simulierten Kommunikationssituationen vielfältiger Art: Das Spektrum reicht vom Bauen und Benutzen eines Steckkalenders über das Herstellen von Bildcollagen bis zur szenischen Gestaltung eines Lehrbuchtextes; vom Schreiben und Gestalten eines eigenen Gedichtes über die Planung und Durchführung von Befragungen in jüngeren oder älteren Klassen bis hin zur Simulation einer Fernsehdebatte auf der Basis verschiedener kontroverser Texte. Die Aufgaben schließen aber auch das Nützliche, Notwendige und Folgenreiche ein, das alle im Klassenzimmer angeht, nämlich die Organisation und Strukturierung der Lernsituation und ihrer Ressourcen: Die Fenster müssen abgedunkelt werden, ein Schüler hat etwas in der Turnhalle vergessen, Plakatpapier muss geschnitten, der Cassettenrecorder geholt werden oder ein Konflikt erfordert Beachtung und Lösungsvorschläge. Während die drei Fallgeschichten die großen Perspektiven eines erweiterten Klassenzimmers andeuten, in die Zukunft weisen, stellen die kleinen Schritte die Herausforderungen dar, der sich kein Lehrender entziehen kann (vgl. Börner, 1988, 1992; Bundesarbeitsgemeinschaft Englisch an Gesamtschulen, 1978/1996; Häussermann & Piepho, 1996; Legutke, 1996a; Nunan, 1989; Sheils, 1988).

3.3 *Lernertexte*

Die Lernenden in den skizzierten Klassenzimmern erschließen sich nicht nur mithilfe entsprechender Aufgaben und gestützt durch entsprechende Übungen anspruchsvolle Lernumwelten, sie wirken an deren Gestaltung aktiv mit, indem sie selbst englische Texte produzieren und präsentieren (vgl. Kap. D.4). Auch dieser Aspekt ist paradigmatisch für den Handlungsraum des fremdsprachlichen Klassenzimmers. Im ersten Fall z. B. wurden nicht nur alle Texte und schriftlichen Übungen, die die Lehrerin eingab, in das von den Schülern verfasste Projektbuch übernommen, sondern vor allem auch die von ihnen verfassten und gesammelten Texte. Letztere wurden ausgedruckt, kopiert und vielfach kunstvoll illustriert, mit Worterklärungen versehen usw. Im zweiten Klassenzimmer entstand ein Reader mit den ausgewählten Briefwechseln, den utopischen Schulmodellen, den Verbesserungsvorschlägen; abgedruckt wurden Wortlisten und Kommentare zum Gesamtprojekt wie Hinweise zur Nutzung des Computers. Alle diese Texte wurden zunächst nicht für den Lehrer oder die Lehrerin geschrieben, damit diese sie auf Sprachrichtigkeit hin untersuchten. Vielmehr entstanden sie von Lernenden für Lernende und englischsprachige Partner. Die Texte sind deshalb Ausdruck der Versuche, die Grenzen und Möglichkeiten im Zielsprachengebrauch auszuloten, sie sind Sinnentwürfe, Mitteilungen in der fremden Sprache. In den hier besprochenen Klassenzimmern bestand ferner die Möglichkeit, Texte zu veröffentlichen und zu gestalten, wobei verschiedene Medien benutzt wurden. Dazu gehörten nicht nur der Computer in seiner Werkzeugfunktion, sondern vor allem auch konventionellere Medien und Mittel wie Plakate, Filzstifte, Karteikarten, Scheren, Kunststoff usw. Lernertex-

te haben natürlich immer auch eine diagnostische Qualität für die Lehrenden, denn sie verdeutlichen Lernfortschritte und Kompetenzdefizite. Den Lernenden zeigen sie ihre Sprach-
not genauso an wie ihre Leistungen. Deshalb sind Phasen kontinuierlicher Evaluation ein
weiteres Merkmal der untersuchten Klassenzimmer.

Damit die Lernenden aktiv an der Gestaltung ihrer Lernumwelten durch eigene Texte
mitwirken können, müssen Bedingungen geschaffen werden, die an vielen Orten, wie die
Streiflichter zu Beginn des Kapitels zeigen, nicht gegeben sind. Auch hier gilt das Prinzip
der kleinen Schritte, die, was die Nutzung von Präsentationsflächen, den Schutz der Ler-
nerprodukte, die Gestaltung und Ausstattung von Räumen betrifft, nicht von der einzelnen
Lehrkraft und ihrer Gruppe gegangen werden können. Die Herausforderung richtet sich an
die Schule als Ganze.

3.4 *Ressourcen*

Die Orientierung an und in komplexen Lernumwelten unter Einbeziehung kommunikativer Ernstfälle bedeutet nicht, dass in einem solchen Klassenzimmer didaktisch begründete
Reduktionen und Vereinfachungen ausgeschlossen sind. Die Notwendigkeit dazu besteht
nach wie vor, etwa, wenn es um gezielte Fertigkeitsübungen, um Bewusstmachen von
Strukturen oder die Einführung bestimmter Textschemata geht. Alle drei dargestellten Klassenzimmer geben Beispiele für solche Übungsphasen. Es wäre ferner ein Missverständnis zu
glauben, die auf Sequenzialität und Reduktion gegründeten Lehrwerke verlören in solchen
Klassenzimmern an Bedeutung. Im Zusammenhang komplexer Zielaufgaben erhalten sie
allerdings eine andere Aufgabe, weil sie nur noch partiell linear verwendet werden. So er-
wies sich etwa im ersten Beispiel das Lehrbuch als wichtigste Quelle sowohl für die Sprach-
trainingsphasen als auch für die Bearbeitung der gesammelten Materialien und die Ver-
schriftlichung der Interviews. Das Lehrbuch erfuhr eine für die Lehrerin unerwartete
Verwendung im Klassenzimmer, denn die Schüler suchten von sich aus in den Bänden des
ersten und zweiten Lernjahres nach Textmodellen und Übungsvorschlägen.

Andere, in der Literatur dokumentierte Projekte bestätigen die Beobachtung der Lehrerin zur Rolle des Lehrwerks, machen jedoch zugleich dessen Grenzen deutlich, denn es bedarf der ständigen Ergänzung, Aktualisierung und Korrektur (vgl. Burke & Legutke, 1992;
vgl. Kap. C.3). So entstand im zweiten Klassenzimmer das Bedürfnis, mehr über den New
Yorker Stadtteil Bronx wissen zu wollen. Wäre es nicht gut, einen Stadtplan zu haben? Wie
setzt sich die Bevölkerung zusammen, was wissen wir zur Geschichte der Bronx? Offensichtlich stimmen unsere durch Medien geprägten Bilder nicht. Auf diese Fragen findet
man keine Antwort im Lehrwerk. Sie könnten allerdings kurze Recherchen anstoßen, würde die Schule über entsprechende Ressourcen verfügen. Hier eröffnen die Computertech-
nologie und das Internet neue Möglichkeiten. Möglichkeiten zur lehrwerkergänzenden Re-
cherche und Projektarbeit herzustellen ist sicher eine der Herausforderungen, der sich die
Fremdsprachenlehrer und -lehrerinnen einer Schule stellen müssen. Der Weg geht möglicherweise nicht mehr allein über die private Materialsammlung der Lehrer, z. B. zum Thema Australien, oder über die oft nicht zu realisierenden Klassenbibliotheken, sondern über
das öffentlich zugängliche Medienzentrum in der Schule als sinnvolle Erweiterung des
Klassenraums.

Auch in diesem Feld kommt den Lernenden eine mitwirkende Rolle zu, denn sie nehmen nicht nur durch selbst geschriebene Texte an der Gestaltung einer reichen Lernumgebung teil, sondern können und sollen, wie die erste Fallgeschichte zeigt, Texte, die sie ge-

sammelt haben, in den Lernprozess einbringen. Diese Erfahrung ist, wie die Lehrerin zu Recht betont, von genereller Bedeutung, weil sie den Lernenden ein Feld der Mitarbeit öffnet: Ihr Beitrag zum Angebot von Themen und Texten ist gefordert (vgl. Abschnitt 3.6). Das Medienzentrum der Schule mit Möglichkeiten der Internetrecherche wäre hier eine große Hilfe.

3.5 *Partizipatorische Evaluation*

In regelmäßigen Abständen, so berichtet die Lehrerin der ersten Fallgeschichte, kam die Gruppe zu einer Bestandsaufnahme oder Zwischenbilanz zusammen. Solche Plena führten häufig zu Phasen intensiven Übens und Trainierens. Dabei ging es um Aspekte der Grammatik, um die Bewusstmachung von Sprachfunktionen, um Textanalyse und um Schreib- und Wortschatztraining. Hier war der Wissens- und Kompetenzvorsprung der Lehrerin besonders gefordert, die besondere Aspekte der Grammatik wiederholte und dabei die klassischen Drill- und Übungsformen genauso verwendete wie Formen des Lehrervortrags. Teile der Wortschatzarbeit konnten hingegen auf die Schüler übertragen werden, die gemeinsam den Unterthemen entsprechende Wortfelder auf- und ausbauten. Im zweiten Projekt bezog sich die kooperative Evaluation auch auf schriftliche Arbeiten, die verschickt oder in dem Reader veröffentlicht werden sollten. Die Gruppen in diesem wie in anderen Klassenzimmern hielten sich an die eiserne Regel: Erst prüfen, dann veröffentlichen. In engem Zusammenhang mit der Evaluation stand schließlich in allen drei Fällen die gemeinsame Planung und Organisation, die vielfältige Kommunikationsanlässe im Klassenzimmer boten: Wann sollen die Produkte fertig sein? Wer benutzt wann welche Medien? Wie sollen die Texte gestaltet werden? Wer ist wofür verantwortlich? usw.

3.6 *Kooperatives Lernen und Lerner als Lehrer*

Was bei der Betrachtung der drei Klassenzimmer ebenfalls ins Auge springt, ist die Tatsache, dass ihr Potenzial für Sprachkontakte und Sprachverwendung mit den etablierten Formen lehrerzentrierten und gleichschrittigen Vorgehens auch nicht ansatzweise zu nutzen wäre. Das von kommunikativen Aufgaben bestimmte und um die Dimension des Ernstfalls erweiterte Klassenzimmer mit seinen Möglichkeiten erzwingt geradezu arbeitsteilige und kooperative Vorgehensweisen. Ein wiederkehrendes Merkmal der drei Projekte ist der Umstand, dass Teilgruppen auf verschiedenen Wegen das Projektthema bearbeiten. Dies ist eine notwendige und effektive Form der Arbeitsteilung. Allerdings verbindet sich damit die Notwendigkeit, dass Teilgruppen die gewonnenen Ergebnisse einander zugänglich machen, d. h. Lehrfunktionen übernehmen. Dies betrifft nicht nur die Kommunikation zwischen den Gruppen. Auch innerhalb der Gruppen waren die Schüler gefordert, als Lernhelfer füreinander zu handeln. Und wiederum bedeutet die Notwendigkeit zur Diversifizierung und Differenzierung keinesfalls, dass damit die vertrauten Formen der Unterrichtsschule völlig obsolet geworden sind.

Dass die Übernahme von Lehrfunktionen die Schüler nicht nur nicht überfordert, sondern, wenn sie entsprechend angeleitet werden, ihre Lernfähigkeit und ihren Spracherwerb fördert, ist von Martin und anderen mittlerweile hinreichend untersucht. Der systematische Ausbau kooperativer Lernformen, zu denen auch die Übernahme von Lehrfunktion gehört, wird ebenfalls auf dem Weg über die kleinen Schritte erfolgen müssen (vgl. Martin, 1996, sowie Kap. C.12).

4. Lernräume und Handlungsebenen

Versucht man das fremdsprachliche Klassenzimmer, das in den Fallvignetten sichtbar wird, begrifflich zu fassen, dann ist bereits erkennbar geworden, dass die Metapher der *Werkstatt* die Komplexität des Klassenzimmers nicht trifft. Sicher gibt es Merkmale, die einer Lernwerkstatt gleichen: die Fülle der Materialien, die frei zugänglichen Medien und Gestaltungsmöglichkeiten, die unterschiedlichen Arbeitszonen, die die Schüler je nach Aufgaben und Interessen aufsuchen können. Das Klassenzimmer ist jedoch mehr. Es ist auch ein *Trainingsplatz* für gegenwärtigen und zukünftigen Sprachgebrauch. Trainieren erfordert Zeit, Ausdauer und ist ohne systematische Anleitung und gezielte Steuerung nicht denkbar. Darüber hinaus kann es als ein *Observatorium* gefasst werden, von dem aus Aspekte der fremden Kultur und Sprache ins Blickfeld gerückt werden, mit dem Ziel, deren Repräsentationen zu ergründen. Weil in solchen Fällen mithilfe aller verfügbaren Medien immer auch entworfen und gestaltet wird, gleichen sie ferner *Ateliers*. Auch von einem *Kommunikationszentrum* könnte man sprechen. Trotz dieser Erweiterungen bleibt das Klassenzimmer auch *Unterrichtsraum* für Wissensvermittlung, so wie wir ihn alle kennen.

Es besteht kein Zweifel, dass die hier nur sehr ansatzweise skizzierten Klassenzimmer den Handlungsraum der Lernenden für den Gebrauch der Zielsprache erweitern. Denn sie versuchen nicht nur Texte zu verstehen, sie produzieren solche, sie planen und handeln teilweise unabhängig von der Kontrolle des Lehrers, sie suchen gemeinsam nach Antworten auf Fragen, die sie selbst formulieren und die sie interessant finden. Sie handeln in einer Vielzahl von Rollen, als Manager, Organisatoren, als Forscher, als Lehrer und natürlich in der klassischen Rolle als Schüler. Es besteht kein Zweifel, dass auch der physische Handlungsraum des Klassenzimmers grundlegend erweitert und verändert wird: Die Wände werden zu Schautafeln, gleichzeitig öffnen sie sich und schließen die Schulbücherei ein, das Medienzentrum und/oder Computerlabor, aber auch Räume jenseits des Schulhofes in der Gemeinde und sogar solche der Zielkultur.

Zusammenfassend lassen sich mindestens fünf miteinander verschränkte Dimensionen festhalten, die das fremdsprachliche Klassenzimmer bestimmen und die bei der Herstellung und Nutzung seiner Handlungsebenen zu berücksichtigen sind: In der *zeitlich-curricularen* Dimension sind nicht nur Themen, Texte und Lerneinheiten manifest, sondern auch die Abfolge und Progression kommunikativer Ereignisse (Ernstfälle wie Simulationen), an denen die Lernenden im Rahmen eines Gesamtprogramms nicht nur in einem Schuljahr, sondern über mehrere Jahre teilhaben werden. Über individuelle Planungsentscheidungen der einzelnen Lehrkraft hinaus ist hier die Beteiligung der Fachkonferenz und im Falle fächerübergreifender Projekte die Mitwirkung anderer Fächer gefordert.

Mit der *räumlichen Dimension* ist zweitens der physisch erfass- und begehbare Raum präsent, der, wie die Beispiele überzeugend demonstrieren, über das traditionelle Klassenzimmer hinausreicht, es öffnet und damit transformiert. Letzteres bleibt weiterhin als Kernzone bestehen, die jedoch mit weiteren Lernräumen vernetzt ist. Eine Transformation zum Netzwerk unterschiedlicher Lernräume ist nur im Zusammenspiel aller in der Schule Tätigen möglich.

Damit ist die dritte, die *institutionelle Dimension* angesprochen: Ob die Transformation dadurch geschieht, dass die Fremdsprachen wie die Physik, Chemie oder Biologie eigene Fachräume mit entsprechender Ausstattung erhalten, ob die Gruppen fremdsprachliche Klassenbibliotheken anlegen, ob die Schule eine Bibliothek mit Medienzentrum unterhält, erfordert schulorganisatorische und programmatische Entscheidungen, die nicht zuletzt auf das Profil der Schule, ihr pädagogisches Konzept verweisen.

Nicht allein die Sitzordnung oder die Sozialformen, auch nicht die Plakate an den Wänden oder der Umstand, dass die Welt per Computer ins fremdsprachliche Klassenzimmer geholt werden kann, verleiht ihm eine neue Qualität, sondern die Möglichkeiten, die es fördert und bereitstellt, damit Schüler eigeninitiativ und eigenverantwortlich handeln. Diese Eigentätigkeit umfasst nicht nur die Wahl von Themen und Texten und den Zugriff auf Lernressourcen, sondern auch die Auswahl von Aufgaben und Übungen. Die Qualität ist ferner daran abzulesen, wie die Einzelnen und die Gruppen miteinander unter Nutzung der Zielsprache umgehen, wie sie sich aufeinander und auf die fremde Kultur beziehen (vgl. Legutke, 1996b). Damit ist die vierte, die *pädagogische Dimension* eines transformierten Klassenzimmers benannt, die sich schließlich mit der fünften, der *fachdidaktischen Dimension*, verschränkt (vgl. Kap. C.10).

Die hier präsentierten Einzelfälle wenden sich mit praktischen und überzeugenden Argumenten gegen eine in der Fachdidaktik immer wieder anzutreffende dichotomische und damit simplifizierende Begriffsbildung. Es geht eben nicht um die Polarisierung von offener Schule gegenüber der Unterrichtsschule, Lehrerzentrierung gegen Lernerzentrierung, traditionell versus neu. Sich den Argumenten der drei Fallgeschichten zu stellen heißt zu akzeptieren, dass dichotomisches Denken nicht weiterführt. Im erweiterten Handlungsraum des fremdsprachlichen Klassenzimmers schließen sich nämlich weder Öffnung und Steuerung aus noch Lerner- und Themen- bzw. Sachbezug. Es koexistieren Phasen, in denen Lernende autonom handeln, mit solchen, die die Lehrperson initiiert und kontrolliert, Formen klassischen Wissenstransfers ergänzen explorative Gruppenarbeit. Die Erweiterung des Klassenzimmers ist keine Alles-oder-nichts-Angelegenheit, bei der alles Alte verschwinden muss, damit Neues Platz findet. Die Frage lautet vielmehr, wie sich die vertrauten didaktischen Prinzipien und Verfahrensweisen mit bisher nicht genutzten Möglichkeiten verbinden, wie sich die verschiedenen Handlungsebenen des Klassenzimmers im Lernprozess ergänzen: Der Trainingsplatz, das Observatorium, das Atelier, die Lernwerkstatt, das Kommunikationszentrum und der Unterrichtsraum.

2 Anfangsunterricht

Gisela Schmid-Schönbein

Selbst eine Englischklasse der 5. Jahrgangsstufe ist heute nicht mehr voller gespannter Erwartung auf das, was in der Gestalt der „fremd"sprachigen Lehrkraft auf sie zukommt. Die Medien im weitesten Sinne, die Anglizismen der Umgangssprache, Mode, Sport, Popmusik und die Computerwelt haben das Englische bereits vertraut gemacht. Zudem haben alle Bundesländer Angebote für einen Frühbeginn des Englischen – mit der Ausnahme des Saarlandes, das aus geographischen Gründen das Französische in den Kanon der Grundschulfächer ab Jahrgangsstufe 3 verpflichtend aufgenommen hat. Diese Angebote werden unterschiedlich intensiv umgesetzt und sind abhängig von den Möglichkeiten der Finanzminister und der Lehreraus- und -fortbildung. Im Schuljahr 1995/96 nahmen aber z. B. nach Auskunft der zuständigen Ministerien in Bayern bereits ca. 8.000, in Niedersachsen 14.000 und in Thüringen 22.000 Schülerinnen und Schüler am Frühbeginn des Englischunterrichts in der Grundschule teil. Was für ein Frühbeginn ist dies und womit müssen Lehrkräfte am Anfang der Sekundarstufe I rechnen?

1. Englisch in der Grundschule

Wie die Zahlen zeigen, müssen Lehrerinnen und Lehrer sich zunehmend auf die Herausforderung der Situation einstellen, zu Beginn der Sekundarstufe I eine Klasse von Schülerinnen und Schülern mit unterschiedlichen Vorkenntnissen vor sich zu haben. Die Frage stellt sich allerdings, mit welchen Vorkenntnissen, wie diese erworben wurden und mit welchen Methoden die Schülerinnen und Schüler vertraut sind.

Die Antwort darauf wird erschwert durch höchst unterschiedliche Konzepte zum Frühbeginn, die selbst dann, wenn in einem Bundesland wie z. B. Rheinland-Pfalz ein einheitliches Konzept vorliegt, vor Ort aufgrund personeller und organisatorischer Bedingungen unterschiedlich realisiert werden.

Historisch gesehen ist der Frühbeginn nicht neu. Bereits in den Sechziger- und Siebzigerjahren gab es in Hessen und Niedersachsen bei ziemlicher Übereinstimmung im Hinblick auf ein „grundschülergemäßes Lehrgangskonzept" (vgl. Hellwig, 1995a, S. 11ff.) erfolgreiche Versuche, die trotz des ergebnisorientierten Charakters nicht etwa ein vorverlegter Englischunterricht des 5. Schuljahres waren. Vielmehr hieß „Ergebnisorientierung", dass am Ende der Grundschulzeit ein elementares fremdsprachliches Können erreicht sein sollte – fürwahr nach zwei Jahren des Fremdsprachenlernens, lerner- und altersgerechte Inhalte und Methoden vorausgesetzt, kein unangemessener Gedanke.

Aus einer Reihe von bildungspolitischen Gründen, denen Hellwig in Form von Fragen nachspürt (ebd., S. 19), gab es jedoch bundesweit in den späten Siebziger- und den Achtzigerjahren keine verbindliche Einführung von Fremdsprachen in der Grundschule. Das änderte sich erst unter der „Perspektive 2000" (Gnutzmann & Königs, 1992), als die Entscheidung der Europäischen Gemeinschaft für die Einrichtung eines europäischen Binnenmarktes zur Jahreswende 1992/93 und die politischen Veränderungen in Osteuropa die Notwendigkeit von mehr und besseren Fremdsprachenkenntnissen überdeutlich werden ließen (vgl. Kap. A.1 und A.2).

Inzwischen gibt es zahlenmäßig, aber auch inhaltlich, umfangreiche Neuansätze, denen ein Spektrum von Konzepten zugrunde liegt. Diese kann man, so Hellwig (1995a), grob in fünf Modelle unterscheiden, die in unterschiedlichen Ausprägungen von eher Lehrgangs- und Ergebnisorientierung über fächerübergreifenden fremdsprachlichen Sachunterricht mit Betonung auf interkulturellem Lernen, über „selbst gesteuertes (bedürfnisorientiertes Lernen)" und über *Language Awareness*-Ansätze (vgl. Kap. E.5) bis zu den „Lerne die Sprache des Nachbarn"-Programmen in der Grenznähe zu Frankreich reichen.

Für die Frage der Weiterführung sind dazu zwei Evaluationsberichte interessant. Vom Staatlichen Institut für Lehrerfort- und Weiterbildung, Speyer, wurde 1995 der Abschlussbericht über den rheinland-pfälzischen Modellversuch „Integrierte Fremdsprachenarbeit in der Grundschule" vorgelegt, der eher Einstellungen bei Schülerinnen und Schülern, Lehrkräften und Eltern erhob und ausdrücklich keine Leistungsfeststellung vornahm. Dabei ergaben sich auf der Ebene der affektiven Variablen durchweg positive Ergebnisse.

Streng empirisch und mit einem Vergleich „der mündlichen und schriftlichen Sprachkompetenz in den Versuchsgruppen und in entsprechend vielen Kontrollgruppen, die keinen Englischunterricht in der Grundschule hatten", gehen Kahl & Knebler vor, die ganz bewusst und berechtigt die Frage stellen „Englisch in der Grundschule – und dann?" Sie kommen zu dem Ergebnis, dass „der Leistungsvorsprung der Versuchsgruppe ... gegenüber der Kontrollgruppe am Ende des 5. Schuljahres und am Ende des 6. Schuljahres eindeutig nachweisbar" ist, und zwar sowohl in der Teilstichprobe Gymnasium wie auch in den Teilstichproben Hauptschule/Realschule und Gesamtschule (1996, S. 104). Natürlich problematisieren die Autoren auch Lehrer- und Methodeneffekte. Wichtiger scheint jedoch der Hinweis, dass in der Teilstichprobe Hauptschule/Realschule „in allen Bereichen der größte Vorsprung der VG [= Versuchsgruppe] gegenüber der KG [= Kontrollgruppe] zu konstatieren" ist (S. 106). Dies, so die Autoren, lege zwingend die Frage nahe, ob sich nicht auch der Unterricht in Klasse 5 und 6 zugunsten einer stärker lernerorientierten Unterrichtsweise, wie sie in der Grundschule praktiziert wurde, verändern müsse.

Generell sehen es die Autoren als ein Problemfeld par excellence an, in den weiterführenden Schulen die Lernmotivation zu erhalten, insbesondere die „hohe Bereitschaft, sich auf den Umgang mit der englischen Sprache einzulassen und sich um die Aneignung des neuen Kommunikationsmittels ernsthaft zu bemühen" (S. 106). Es steht außer Frage, dass Lehrerinnen und Lehrer der Sekundarstufe I sich mit dem Methodenrepertoire der fremdsprachlichen Grundschularbeit zumindest vertraut machen sollten, wie dies auch bereits in einzelnen schulformübergreifenden Arbeitskreisen geschieht. Darüber hinaus aber wird es auch unerlässlich sein, dass spätestens bei der allgemeinen, verbindlichen Einführung des Englischunterrichts ab Klasse 3 das jeweilige Bundesland einen Minimalkanon von zu erreichenden Grundlernzielen festlegt, mit denen der weiterführende Unterricht rechnen kann.

Sarter widmet ein ganzes Kapitel den Lernzielen im Bereich der Sprachstruktur, diskutiert sogar, für Aussprache und Hördiskriminierung einige Zeichen des internationalen phonetischen Alphabets, die in der Muttersprache nicht existierende Laute kennzeichnen, kontrastierend und bewusst machend einzusetzen. Auch sei es notwendig, jene Lexik schärfer zu bestimmen, „die die Kinder aktiv für ihre eigene Sprachproduktion beherrschen sollen", und schließlich könne das Schriftbild durchaus als Erinnerungs-, Aussprache- und Analysehilfe für grammatische Strukturen unterstützende Funktion haben (vgl. Sarter, 1997, S. 90ff.).

„Die Zukunft des Fremdsprachenunterrichts an Grundschulen wird ganz entscheidend davon abhängen, zu welchen Ergebnissen er gelangt – in Sonderheit, welches Fremdsprachenkönnen die Kinder aufgrund ihrer individuellen Voraussetzungen und Möglichkeiten bei optimaler, kindgemäßer Förderung erreichen. Damit verbunden ist ganz wesentlich die Frage, wie diese Ergebnisse vom 5. Schuljahr ab weitergeführt werden können" – so Hellwig (1995a, S. 84f.).

So muss also gefragt werden nach Lernerträgen, die grundschulspezifisch und bildungsökonomisch vertretbar sind. Nach zwei Jahren solchen Englischunterrichts sollte man neben der immer wieder berichteten positiven Grundeinstellung zum Erlernen der englischen Sprache damit rechnen können, dass das Phoneminventar des Englischen erworben worden und die Aussprache des Erlernten gefestigt ist. Hier sind es speziell die Unterscheidungen zwischen stimmhaften und stimmlosen Konsonanten, die im Grundschulalter noch relativ leicht imitativ übernommen und angewandt werden und sich bei der Pluralbildung, wie sich analog zum Muttersprachenerwerb des Englischen zeigt, systemkonform auswirken, d. h., ohne jede Bewusstmachung sprechen die Kinder ein stimmhaftes Plural-s [z] nach stimmhaftem Endkonsonanten.

Auch eine gewisse Sicherheit in der Anwendung eines Grundinventars kommunikativ relevanter Strukturen sollte erwartet werden können, d. h. die Sprechabsichten *begrüßen*, *sich vorstellen, jemanden befragen, etwas benennen* und *beschreiben, Auskunft über etwas einholen* und *erteilen, etwas haben wollen* und *etwas ablehnen* sollten verwirklicht werden können. Der mögliche Lernerfolg in der Realisation dieser Funktionen zeigt sich ansatzweise am Ende des 4. Schuljahres, wenn Lerner anders als erwartet, aber durchaus angemessen, antworten. Bei der Frage ... *and when is your birthday?* sollten die Monatsnamen wiederholt werden, worauf ein Zehnjähriger mit Augenzwinkern meinte: *In summer* und sich sehr wohl bewusst war, dass er damit die Absicht der Lehrerin, die Monatsnamen einen nach dem anderen abzufragen, durchkreuzte.

Für den Frühbeginn gibt es inzwischen auch eine ganze Reihe sehr unterschiedlicher Lehrwerke, die in einer Übersicht von Hamm (1996) dargestellt und besprochen werden. Bis auf eine Ausnahme (*Pop goes the weasel*, Kamp) setzen sie sehr zögernd und meistens erst im 4. Schuljahr das englische Schriftbild ein. Diese Zurückhaltung ist einerseits wegen möglicher Interferenzen mit der Festigung der deutschen Orthographie verständlich, andererseits stimmt auch, dass Kinder dieses Alters permanent von englischen Schriftbildern umgeben sind und deren Klangbilder auch (meistens) richtig gebrauchen. So wird es keine Zehnjährigen geben, die das Lexem *mountain bike* falsch aussprechen. Die mehr oder minder bewusste Kenntnis von der Diskrepanz zwischen englischem Schrift- und Klangbild kann bei Schülerinnen und Schülern mit Grundschulenglisch vorausgesetzt werden.

Letztendlich haben diese Lerner auch erfahren, dass Sprachen unterschiedliche Organisationsprinzipien haben. Gerade die heutigen multisprachlich besetzten Klassenzimmer bieten immer wieder Gelegenheit, ein Sprachbewusstsein im Sinne von *Language Awareness* (vgl. Kap. E.5) durch Sprachbetrachtung anzubahnen und z. B. zu fragen, wie die deutsche, englische, türkische, spanische, russische Sprache das denn macht: zu sagen, dass die eine Schülertasche und die andere Schülertasche zusammen *zwei Taschen* (bzw. *two bags* oder *dos bolsos*) sind.

Zu den didaktischen Prinzipien des Frühbeginns gehört zuvorderst der mündlich vermittelte *comprehensible input* (Krashen, 1982), den Butzkamm als „den wichtigsten Faktor des Spracherwerbs" überhaupt bezeichnet (Kap. B.1). Diesen Faktor umzusetzen verlangt eine variantenreiche, sichere und lebendige mündliche Kompetenz aufseiten der Lehrkraft und ein gutes Gespür für Verstandenes oder nochmals anders darzubietende Inhalte.

Sodann ist der Unterricht stark handlungsorientiert. Jede zu erlernende Struktur wird möglichst in einem Spiel, einem *action rhyme*, einer kleinen Szene umgesetzt, die die Fremdsprache funktional erleben lassen. Immer wieder und mit großer Begeisterung hängt sich der vermeintliche Tourist die Kamera um, nimmt den Stadtplan in die Hand, setzt die Baseballmütze auf und fragt den Postboten in der (viel zu großen) Ölzeugjacke: *Excuse me, where is the bus stop?*

Bei den grundschulspezifischen methodischen Prinzipien ist das *storytelling* hervorzuheben (Wright, 1995), das als Verfahren gleich mehrere Ansprüche auf einmal erfüllt. Zunächst schult es, wenn gut und dramatisch umgesetzt, das unumgängliche Hörverstehen und die Konzentration auf einen im längeren Zusammenhang dargebotenen fremdsprachlichen Sachverhalt. Ferner ist eines der Strukturprinzipien, dass diese Geschichten immer wiederkehrende Satzmuster im Stil von „Damit ich dich besser hören kann …" einsetzen, bei denen die Lerner über die Freude am Wiedererkennungseffekt diese nahezu ganzheitlich aufnehmen, behalten und sehr bald mitsprechen. Letzlich kann die Semantisierung neuer Inhalte relativ einfach sein, wenn man sich auf die Illustrationen von Kinderbüchern oder Schattenrisse auf dem Tageslichtprojektor stützt.

All dies sind Gründe für eine Lehrerin oder einen Lehrer, bereits vor dem Beginn des sog. „Anfangsunterrichts" in der Sekundarstufe I sich gründlich zu informieren über die lokalen Gegenheiten in den umliegenden Grundschulen und in Arbeitskreisen mitzuwirken, die schulformübergreifend Informationsaustausch zum Ziel haben. Für das eigene Methodenrepertoire kann immer auch eine Hospitation im Englischunterricht der Grundschule eine wertvolle Anregung sein.

Letztendlich bleibt aber auch zu bedenken, dass für alle anderen Schülerinnen und Schüler, die in der Grundschule keine Begegnung mit der englischen Sprache hatten, das einzig „Fremde" am Unterricht in weiterführenden Schulen die Fremdsprache ist. Alle anderen Fächer haben sie in der einen oder anderen Form schon kennen gelernt, der „Fremd"sprache aber begegnen einige von ihnen möglicherweise mit Scheu und Zurückhaltung, die es besonders dann unterstützend abzubauen gilt, wenn das Elternhaus dazu wenig oder keine Hilfen geben kann.

2. Lernvoraussetzungen

Wie immer der Kontakt mit der Fremdsprache Englisch in der Grundschule auch ausgesehen haben mag: Das wichtigste Lernziel, *a positive mind-set*, sollte am Ende der Grundschule erreicht worden sein. Für alle Schülerinnen und Schüler, die eine Form von Begegnung mit der Fremdsprache nicht erfuhren, gilt umso mehr, was in einer Reihe von Arbeiten zu der Frage, was eigentlich den *erfolgreichen* Fremdsprachen-Lerner ausmache, zusammengetragen wurde:

In den umfangreichen Untersuchungen von Burstall zum frühen Fremdsprachenunterricht ergab sich "that the acquisition of foreign language skills and the development of attitudes … may be powerfully influenced by the learner's initial and formative experience of success or failure in the language-learning situation" (Burstall, 1974, S. 17). Diese anfängliche Erfahrung wird also „prägend" für den weiteren Unterricht sein, in positiver wie in negativer Richtung.

Stärker noch betont Hermann aufgrund empirischer Untersuchungen zur Motivation die von ihr so genannte „resultative hypothesis", die im Hinblick auf das Richtziel der interkulturellen Kommunikationsfähigkeit und -bereitschaft von Bedeutung ist. Danach ist es gerade "the learner's linguistic failure which accounts for his unfavourable response to the particular ethnolinguistic community. Thus it appears justified to assume that doing poorly in a second-language course first elicits an aversion to this subject which is then gradually transferred to the speakers of the target language" (Hermann, 1980, S. 253). Dem schließt sich nahtlos das Fazit von Naiman, Fröhlich, Stern & Todesco an zu den kanadischen Untersuchungen darüber, was man als Lehrerin oder Lehrer von den erfolgreichen Zweitsprachenlernern lernen könne: "Methods of fostering students' positive attitudes towards their second language learning situation at the earliest possible time be encouraged" (1978, S. 67; Wiederauflage 1995).

Neben diesen Ergebnissen zu Einstellung und Motivation, die alle die Binsenwahrheit *Nothing succeeds like success* stützen, sind es aber auch speziellere Persönlichkeitsmerkmale, die das Fremdsprachenlernen beeinflussen. Fillmore beschreibt sie wie folgt: "Some personality or cognitive style characteristics that affect second-language learning include: the willingness to take risks, pattern recognition abilities, tolerance of ambiguity, skill in social interactions, attitude toward the target language and motivation" (zitiert nach McLaughlin, 1987, S. 155).

Zwei dieser Variablen stehen in engem Zusammenhang: *the willingness to take risks* und *tolerance of ambiguity*. Mut zum Hinhören und Sicheinlassen auf das Noch-Unbekannte, Noch-nicht-Entschlüsselte sowie die Fähigkeit, auch mal aushalten zu können, dass man etwas nicht gleich eindeutig, vielleicht nur ansatzweise versteht, erleichtern und fördern das Fremdsprachenlernen und sind besonders in der Anfangsphase relevant. (Eine mögliche methodische Antwort darauf ist das frühe Training und die Sicherung des Hörverständnisses durch *storytelling*, wie es in Abschnitt 6.3 beschrieben wird; vgl. auch Wright, 1995).

Die Auswirkung von „pattern recognition abilities" leuchtet unmittelbar ein. Die notwendige Hinlenkung darauf wurde aufgenommen von der britischen *Language Awareness*-Schule, die, ausgehend von Sprachbetrachtung in der Muttersprache, eine Brücke schlagen möchte zum (verbesserten) Fremdsprachenlernen (vgl. Kap. E.5). Bereits im muttersprachlichen Unterricht soll das Bewusstsein von *patterns* bzw. Regelhaftigkeiten geschärft werden, z. B. indem die Sprachbetrachtung auch die linguistische Vielfalt einbezieht, die heute häufig in Klassenzimmern anzutreffen ist, und somit fragt: „Wie macht/regelt die Sprache XYZ das? Was sagt Mohamed, wenn er von einem ‚blauen Auto' spricht? Und Carla? Was sagt sie in solchen Fällen? Wie schreibt man das? Woran sieht man, wenn es zwei sind?" Bewusstmachung und die Möglichkeit zur Sprachkontrastierung sollten lernerleichternd ergriffen werden.

Dass „skills in social interactions" ein wesentlicher Teil der tatsächlichen Sprachanwendung sind, leuchtet unmittelbar ein. Einige Kinder bringen sie ansatzweise mit, andere kommen aus Elternhäusern, in denen bisher keine fremdsprachlichen Kontakte stattfanden, in denen kein Modelllernen durch den Gebrauch der Fremdsprache im Bekannten- oder Familienkreis möglich war. Umso mehr müssen auch die kleinsten Dialoge in Partner- und Gruppenarbeit geübt und handelnd umgesetzt und vorgetragen werden, damit auch jene Schülerinnen, die nicht selbstsicher und wortgewandt sowie ohne die eifrig ermutigende Unterstützung des Elternhauses den Englischunterricht beginnen, Erfolg haben.

Sonst könnte sich leicht ein Circulus vitiosus etablieren, der sich bei den Lernenden in der diffusen Überzeugung festsetzt „Ich bin eben für Englisch unbegabt" und der sich schlimmstenfalls zu einer Kausalattribution auswächst, die Misserfolg unausweichlich allein (und unveränderbar) dem Selbst zuschreibt und Anstrengung sinnlos erscheinen lässt (Schmid-Schönbein, 1988). Wird diese Haltung noch verstärkt durch eine gelegentlich einsetzende frühe Tendenz bei Lehrkräften, Lernende zu stereotypisieren und vorschnell als „gute" und „schlechte" Schülerinnen und Schüler wahrzunehmen, dann ist das Ende vom erfolgreichen Anfang für manchen schon erreicht.

Die Lehrenden tragen also eine immense Verantwortung für einen guten Start, für ein rundum *positive mind-set* beim Lerner. Dieser Verantwortung kann man nur gerecht werden, wenn man entschlossen (und in der Lage) ist, beobachtend, Hintergründe aufdeckend, beratend, ermutigend, eingreifend, fordernd und fördernd zugleich zu sein sowie den eigenen Spaß an den Schülerinnen und Schülern, der englischen Sprache und den ersten Lernerfolgen im Unterricht deutlich zu machen und spüren zu lassen. Ein breites, bewusst gepflegtes und ständig erweitertes Repertoire an positiven verbalen und nonverbalen Verstärkern gehört dazu, aber das ist es nicht allein, wie Lewis richtig bemerkt: "Teachers are particularly important, as research suggests that the attitudes they bring to the classroom are sometimes the single most important influence in the overall success or failure of what happens in the classroom" (Lewis, 1993, S. 29).

3. Der Start: „Was ich schon alles kann ..."

Kinder bis zum Alter von zehn Jahren sind bereits umgeben gewesen von Anglizismen und reinen englischen Lexemen in einer Fülle, die man sich schwerlich bewusst macht. Manche aus dem Bereich des Sports und des Fernsehens sind direkt in ihrer Erlebniswelt angesiedelt (*mountain bike, skateboard, Take That, Disney News*), andere aus der Geschäfts- und Reklamewelt begleiten sie, gewollt oder ungewollt, unaufhörlich. Als Ergebnis einer Untersuchung stellt Piepho (1993, S. 3) fest, dass Kinder im 3. Schuljahr mehr als 300 englische Morphemgruppen kennen. Daraus kann der Anfangsunterricht in jeder Schulform profitieren, weil man zum Einstieg das Selbstkonzept der Schülerinnen und Schüler unterstützen kann, indem man klarmacht, wieviel Englisch sie ja bereits können. Eine (entsprechend vergrößerte) Folie wie Abb. 1 könnte dies bewusst machen, die, über den Overheadprojektor dargeboten, Anreiz für die Schülerinnen und Schüler sein kann, die bereits bekannten englischen Lexeme mit dem Farbstift einzukringeln.

Gesammelt werden in einer solchen Unterrichtseinheit aus der Umwelt bekannte und geläufige Lexeme des Englischen und Anglizismen im Deutschen, die auch in weitgehend korrekter Aussprache gebraucht werden (keine Pseudo-Anglizismen wie „Copy Shop" und „Holiday Park"!). Im Schriftbild werden sie auf großen Wandpostern festgehalten, im Workbook nach Sachgebieten geordnet, als Collagen aus Zeitungen und Illustrierten zusammengestellt, auf einem Klassenausflug mit einer Kamera an Geschäften und Plakatwänden der Stadt oder des Einkaufzentrums fotografiert. Zu Beginn jeder Unterrichtsstunde stellen die Schülerinnen und Schüler ihre persönlichen Sammelergebnisse vor: Wo haben sie das gefunden? Woher weiß man, dass das Englisch ist? Wie spricht man das aus? Wie schreibt man das? In welches Sachgebiet gehört das? Sport? Kosmetik? Musik? Mode? Computer? Nahrungsmittel? Und was für ein Wort ist „recycelt"? Handelt es sich um einen deutschen oder um einen englischen Begriff? Warum? Erste Ansätze zu *Language Awareness* im Hinblick auf die Diskrepanz zwischen Klangbild und Schriftbild im Englischen werden hier wahrgenommen.

Hier haben sich viele englische Wörter versteckt, die du schon kennst. Welche?

jeans	mountain bike

Telefon

Bleistift	skateboard

disco

Unterhose	Monatskarte

Game Boy

sweat shirt	computer

jeep

Kugelschreiber	supermarket

air bag

milk shake	hamburger

Indianer

cowboy	Fernbedienung

T-shirt

Nachthemd	airport

Walkman

tennis match	in-line skates

video-clip

Abb. 1: Was ich schon alles kann ... (Kopiervorlage für den Anfangsunterricht)

Bereits zu diesem Zeitpunkt sollte auch schon ein persönlicher *English folder* angelegt werden, in den diese „Sammelschätze" eingetragen werden. Für jedes richtig eingetragene Wort gibt es einen Punkt, fragen und verbessern darf man beliebig oft. Natürlich könnte man die Wörter auch jeweils zweimal auf zwei kleine Karteikarten schreiben lassen und dann in Gruppen damit *Memory* spielen, wobei das Schreiben bzw. das Schriftbild erst ein-

setzen darf, wenn eine korrekte Aussprache gesichert ist – eine der „ehernen Grundregeln"
des Anfangsunterrichts überhaupt.

4. Die Fortsetzung: „Was ich schon alles verstehe …"

Als nächster Schritt sollte die Erkenntnis folgen, dass man bereits mehr Englisch versteht,
als man denkt, besonders dann, wenn man hinhört. Eines der Erzprobleme des englischen
Anfangsunterrichts ist, bei der Überfütterung mit Visuellem, die mangelhaft ausgeprägte
Fähigkeit, sich auf akustisch gebotene Information ganz und gar zu konzentrieren. Diese
Fähigkeit, die die Basis für alles weitere Hörverstehen ist, kann von Anfang an nicht genug
trainiert werden. Eine selbst gebastelte Hörspielcassette, die man mit einer fortgeschrittenen Klasse als Projekt erarbeitet und aufgenommen hat, könnte z. B. mit folgendem Dialog
die Notwendigkeit des Hinhörens für das Verstehen unterstreichen und gleichzeitig motivierend wirken durch die Anzahl schon vertrauter und leicht verständlicher Lexeme. Es
handelt sich hier also um *cued speech* (vgl. Kap. D.1, Abschnitt 4), die das globale Verstehen
der Situation durch Stichwörter wie *restaurant* und *hamburger* erleichtert.

> Straßengeräusche, genervte Mutter mit drei Kindern. Alle quengeln.

Ricky:	*Look Mum, there's a restaurant. I'm so hungry.*
Cathy:	*Yes, let's go to a restaurant. I'm so-o-o thirsty, Mum.*
Mark:	*I've got to pee-e.*
Mum:	*Oh, stop it, you three. – Alright, we'll go to a restaurant.*
Mark:	*But hurry, I've got to pee-ee-e.*
Mum:	*Okay, here's the restaurant.* (Türgeräusche) *Cathy, you take Mark to the toilet –*
	but wait – what do you want, Cathy?
Cathy:	*I'd like a cheeseburger and a Coke …*
Mum:	*Okay, and you, Mark?*
Mark:	*I'd like a hamburger… and an orange-juice, but I've got to pee-ee-e.*
Cathy:	*Okay, let's run …*
Mum:	*And Ricky, what would you like?*
Ricky:	*I'd like a doughnut and a milkshake – a banana milkshake.*

> Bedienung kommt.

Waitress:	*Good morning – what would you like?*
Mum:	(Nachdenklich, langsam aufzählend) *Well, let's see – a cheeseburger*
	and a Coke for Cathy, a hamburger and an orange-juice for Mark, a doughnut
	and a banana milkshake for Ricky, and (seufzend) *well, a cup of coffee for myself.*
Waitress:	*So that's a cheeseburger and a Coke, a hamburger and an orange-juice, a doughnut*
	and a banana milkshake, and – a cup of coffee.
Mum:	*Yes, please.*

Im anschließenden Unterrichtsgespräch sollte auf die Frage hin „Worum gehts denn da?"
lediglich der Kern der Situation festgehalten werden. Unstimmigkeiten über Zahl der Kinder, über deren Wünsche o. Ä. sollte zu dem Vorschlag führen, den Dialog noch mal anzu-

hören. Wenn Namen der Kinder erkannt werden, kann man mit diesen an der Tafel eine Tabelle erstellen und ein erstes englisches Unterrichtsgespräch führen:

Lehrerin :   *What would Cathy like? Let's listen again.*
S1:   *A cheeseburger … a Coke.*
Lehrerin :   *And what would Mark like?*
S2:   *A hamburger … an orange-juice …*

Ist die Tabelle abgeschlossen, überrascht die Lehrerin oder der Lehrer mit einem Tütchen Smarties und einem Tütchen Gummibärchen und fragt einzelne Schülerinnen oder Schüler, die natürlich aus ihrem bisher erworbenen Weltwissen in einem typischen *top-down processing* verstehen, was hier gemeint ist: *What would you like – a jelly bear or a smartie?*

Lewis (1993, S. 87f.) betont, dass man als Lehrer die Vorstellung vom Puzzle im Kopf haben sollte, wenn es um fremdsprachliches Verstehen geht. Nichts ist schwieriger, als sich zu Beginn eines Puzzles, wenn die einzelnen Teile noch unsortiert in der Schachtel liegen, eine Vorstellung von dem Gesamtbild zu machen. Sehr viel einfacher ist es dagegen, sich das Gesamtbild zu denken, wenn eine Grobstruktur erkannt ist, selbst wenn dann noch eine Reihe von Einzelstücken fehlen. Diese Vorstellung vom „Gesamtbild" sollte dazu ermutigen, auch im Anfangsunterricht möglichst authentisch zu sprechen, ohne gekünstelt in allzu didaktisierte Sprache zu verfallen.

5. Das erste Handeln: "I'd like …."

Wenn nunmehr einzelne Kinder die Tütchen oder Schälchen hinter ihrem Rücken verstecken und Mitschüler oder die Lehrerin fragen:

A jelly bear or a smartie?
I'd like a jelly bear / a smartie,

so ist zum ersten Mal die Fremdsprache in einer Handlung der Schülerinnen und Schüler funktional umgesetzt und der erste Schritt zu einem handlungsorientierten Unterricht vollzogen. Hier geht es also um fremdsprachliches Handeln, das ein Ergebnis zum Ziel hat, und zwar ein für die Lernenden (im Moment) relevantes (vgl. Bach & Timm, 1996b). Nicht das Einüben von *I'd like …* als kontrahierte Form plus *like* steht im Vordergrund, sondern die sprachliche Handlungsfähigkeit für die Situation, um etwas bitten zu wollen. Als Antwort darauf genügt völlig: *A smartie* bzw. *A jelly bear. What would you like?* als Frage für die Rolle des Anbieters sowie die Farben können in den nächsten Stunden dazugenommen werden:

What would you like: a red smartie or a green smartie?
I'd like a green smartie.

Typisch für diese Art von Unterricht ist übrigens, dass einige Schülerinnen und Schüler sehr bald das Handlungsmuster verschmitzt variieren, indem sie antworten:

I'd like two oder
I'd like a jelly bear and *a smartie,*

beides Äußerungen, die man mit Lachen und einer Auswahl aus dem schon erwähnten breiten Repertoire positiver verbaler Verstärker beantworten sollte (*great, excellent, perfect, that's a good one, ...*).

6. Methodische Grundprinzipien des Anfangsunterrichts

6.1 *Bewegung, szenisches Spiel und Musik*

Einer der „Großfürsten" der britischen Fachdidaktik, William R. Lee, begann die zweite Auflage seines Klassikers *Language teaching games and contests* (1979) mit der Widmung: "To all teachers who believe that in foreign language teaching enjoyment and success go together." Das soll natürlich nicht heißen, dass der „normale" Unterricht bierernst verläuft und Spaß erst angesagt ist, wenn ein Spiel beginnt. Lehrerinnen und Lehrer im Anfangsunterricht sollten sich generell wohl fühlen können bei der Vorstellung, schauspielernd und unter Einsatz von dramatischer Mimik und Gestik fremdsprachliche Inhalte zu semantisieren. "Don't be afraid to be the clown", so Leonora Fröhlich-Ward, eine erfahrene Methodikerin und Autorin des Anfangsunterrichts (pers. Kommunikation).

Dieser Unterricht wird unterstützt durch weitere Spielesammlungen und -anregungen, so bei Bloom, Blaich & Löffler (1986) und, mit grundsätzlicher Diskussion und Beispielen zur Differenzierung, bei Klippel (1980). Aber auch einzelne Aufsätze stellen wertvolle Anregungen zum einfachen szenischen Spiel (Bludau, 1985) oder zu nachahmenden, sprachlich zunächst noch stumm ausgeführten Bewegungsspielen vor, wie sie Butzkamm (1993b) unter Rückgriff auf die Erkenntnisse der Forschung zum Erstsprachenerwerb beschreibt. Diese weist mit dem Begriff *silent period* darauf hin, dass Kinder beim Erwerb ihrer Muttersprache, aber auch kindliche Zweitsprachenerwerber in natürlich-fremdsprachiger Umgebung, für eine lange Zeit Sprache nur aufnehmen und verarbeiten, nicht aber sprechen (Dulay, Burt & Krashen, 1983). Vielleicht, so geben diese Autoren zu bedenken, zwingen wir Lerner im Anfangsunterricht gelegentlich zu sehr, die Fremdsprache sofort und auf der Stelle anzuwenden. Schließlich kann sie für einige Lerner wirklich „fremd" sein.

Butzkamm (1993b) erläutert deswegen eine Reihe von Spielen, bei denen zunächst nur der Lehrer spricht und die Schülerinnen und Schüler über verstehendes Nachahmen reagieren. *Play the piano on your desk-top* oder *Pat your partner on the shoulder* – der Fantasie sind keine Grenzen gesetzt. Dass nach einer Gewöhnungsphase, die in erster Linie dem Hörverstehen dient, auch einzelne Schülerinnen und Schüler im Stil des bekannten *Simon says* versuchen, diese Aufforderungen zu formulieren, versteht sich von selbst.

Reime und Lieder haben den Vorzug, die Festigung der Fremdsprache über die zusätzliche Stütze des Rhythmus und der Melodie zu erleichtern. *Action songs* wie z. B. *Hokey-Pokey* (*I put my right hand in, I put my right hand out ...*) werden dann zum Klassiker, wenn sie neben den Bewegungen, die auch altersangemessen sein müssen, ein funktionales Sprechen beinhalten (*right, left, in, out, about, around*) und trotzdem eine heitere Abwechslung zum ernsten Stillsitzen bieten. Bei der Auswahl ist deshalb Vorsicht geboten, weil eben nicht jeder traditionelle englische Kinderreim (z. B. *Ring around the rosies, a pocketful of posies*) nützliche Sprachinhalte vermittelt, auch nicht jedes Lied (... *and everywhere where Mary went, her lamb was sure to go*). Der folgende *action rhyme*, der sich besonders für die Vorweihnachtszeit eignet, soll verdeutlichen, worauf es ankommt:

Die Lehrkraft verteilt kleine Kärtchen, auf denen die Zahlen von elf an aufwärts stehen (bis zehn kann ohnehin jedes Kind schon oder sehr bald zählen), an die Schülerinnen und Schüler, die im Kreis sitzen und sich die Kärtchen mit einer Wäscheklammer, deutlich sichtbar für jeden, anheften.

> L: *So you're number 13, you're number 14 ...*

Sie erzählt dann von herrlichen *cookies*, die in einem irdenen *cookie jar*, mit Deckel, aufgehoben werden und jetzt verzehrt werden können. Mit Entsetzen aber stellt sie dann fest, dass keine *cookies* mehr da sind. Berechtigte Frage und Versuch einer Schuldzuweisung:

> L: *So who stole the cookies from the cookie jar?*
> (zweifelnd) *Number 21 did?*
> S1:   *Who – me?*
> Klasse: *Yes, you!*

Natürlich wehrt die Nummer 21 empört mit entsprechender Bewegung der Hände ab:

> S1:   *Couldn't be.*

Also bleibt der Klasse nichts übrig, als wieder zu fragen:

> Klasse: *So who stole the cookies from the cookie jar?*

Nummer 21 darf nun einen Vorschlag machen.

> S1:   *Number 33 did.*
> S2:   *Who – me?*
> Klasse: *Yes, you!*
> S2:   *Couldn't be.*

Um die Zeile *So who stole the cookies from the cookie jar?* rhythmisch zu unterstreichen, wird mit den Händen auf die Oberschenkel geklopft, geklatscht und mit den Fingern geschnipst:

> *So who* (mit Händen auf Oberschenkel) *stole* (klatschen) *the cookies* (schnipsen) *from the coo-* (mit Händen auf Oberschenkel) *-kie* (klatschen) *jar?* (schnipsen)

Wenn ausreichend oft die vermeintliche Schuldzuweisung durchgespielt ist, wird vertröstet: *Next time we'll do this again* – und es wird niemanden in der Klasse geben, der *next time* nicht versteht.

6.2 Erste Projekte
Viele Schülerinnen und Schüler werden sich zu Beginn des Schuljahres noch nicht kennen. Es bietet sich also an, aus dieser Situation heraus im Sinne von Öffnung des Unterrichts (vgl.

Einleitung, Abschnitt 4.2) erste Projekte zu starten, die deutlich machen, dass auch im Englischunterricht der weiterführenden Schulformen nicht nur lehrergesteuert gelernt wird.

Zur Vorstellung untereinander können auf farbigem Posterkarton Collagen mit Fotos zum Thema *Myself and my family* arrangiert werden, wozu natürlich außerhalb der Anfangsunits die notwendigen Lexeme bereitgestellt werden müssen. Die sind aber umso lernwirksamer, wenn es sich dabei um *my grandma, my dog, my bike, my sister, my mother* handelt und das fertige Poster jeweils von ein oder zwei Schülerinnen oder Schülern pro Stunde der Klasse erklärt und dann an der Wand aufgehängt wird. Bis zum ersten Elternabend können die Erklärungen schon etwas ausführlicher werden (*This is my dog. Her name is Toffee. She's five years old*) und, per Video aufgenommen, vorgestellt werden, damit die Nervosität vor der Erwachsenengruppe nicht zu groß ist. Natürlich eignet sich ein solches Video dann auch zur Anbahnung einer ersten Video-Korrespondenz mit einer englischsprachigen Klasse und trägt wieder einmal (vgl. oben: *Was ich schon alles kann ...*) zum Aufbau eines positiven Selbstkonzeptes bei.

Als nächstes Großprojekt könnte die Klasse ein Riesenposter mit einer Weltkarte erarbeiten, in der nach und nach diejenigen Länder farbig markiert werden, in denen Englisch die Mutter- oder Zweitsprache ist, wobei Letzteres farblich unterschieden werden kann. Es ist gerade für Schülerinnen und Schüler der Hauptschule, deren Zuhause nicht unbedingt über weltweite Kontakte verfügt, wichtig, frühzeitig die Rolle des Englischen als Lingua franca weltweit zu erfahren. Exakte Karten dazu, die z. B. auch Guyana als englischsprachiges Gebiet aufführen, finden sich bei McCrum, Cran & MacNeil (1986). Von solchen Karten kann man Folien ziehen und diese per Overheadprojektor auf weißen, großen Karton projizieren, auf dem die Umrisse mit dicken Filzstiften nachgezogen werden können. Eine Weltkarte im DIN-A4-Format sollte auch in dem *English folder* vorhanden sein und nach und nach ausgemalt werden.

Darüber hinaus sollte ein weiteres großes Poster den Unterricht durch das ganze Jahr hindurch begleiten, auf dem *bits and pieces* von authentischen Materialien gesammelt werden, die die Lehrkraft wie auch die Schülerinnen und Schüler, Eltern, Verwandte und Bekannte mitbringen, von wo immer sich die Gelegenheit bietet: Fahrkarten, Prospektmaterial, Postkarten, Parktickets, Eintrittskarten, Rechnungen, Reklame, Lebensmittelaufkleber oder -beschriftungen, Fotos von englischsprachigen Geschäftsbezeichnungen (*Snack Bar, Sex Shop*); kurz: Der Sammelwut sollten keine Grenzen gesetzt werden.

6.3 „Storytelling" und „fantasy journeys"

Über *storytelling* als eine wirksame Form der zusammenhängenden Vermittlung neuer Inhalte ist schon im Zusammenhang mit Grundschulenglisch berichtet worden (Abschnitt 1). Lehrkräfte sollten sich aber auch in der Sekundarstufe I nicht scheuen, unter Einsatz aller Mimik und Gestik aufregende Geschichten zu erzählen, und sei es nach dem Motto *Guess what happened to me yesterday...*, was ja durchaus im historischen Präsens erzählt werden kann.

Eine Anregung zum Einstieg in sog. *fantasy journeys* geben Kahl & Knebler, die diese Arbeitsform empfehlend schildern, weil sie „in entspannter Atmosphäre das aufmerksame Zuhören" schult (1996, S. 22f.; vgl. auch Löffler, 1996, S. 62f. und Betz, 1995, Abschnitt 2.7). Die Arme verschränkt auf den Tisch und den Kopf darauf zu legen, die Augen zu schließen und nur der zurückgenommenen Stimme der Lehrkraft und deren schönen, farbigen sprachlichen Bildern zu lauschen (*You can see five big white birds in the sky ...*), vielleicht sogar noch sanfte Hintergrundmusik zu hören – das ist alles so ungewöhnlich und so entspannend für die ganze Klasse, dass selbst Ungeübte sich gern etwas Sicherheit in dieser Darbietungsform antrainieren. Wenn es denn überhaupt noch eine Form der „Wiedergabe der Geschichte" durch die Schülerinnen und Schüler geben muss, so schlagen Kahl & Knebler vor, man könne den Inhalt oder auch freie Assoziationen auf Deutsch erzählen lassen und nur wesentliche Elemente auf Englisch festhalten, vom fantasievollen Malen gar nicht zu reden. (Bietet sich da nicht eine Möglichkeit zu fächerübergreifendem Unterricht in Kooperation mit dem Fach Kunst an?)

6.4 Aussprache und Artikulationsbasis

Name tags aus gefaltetem Pappkarton, die mit den englischen Vornamen der Schülerinnen und Schüler mit dickem Filzstift beschriftet sind, schlagen gleich drei Fliegen mit einer Klappe: Sie erleichtern der Lehrkraft die Orientierung in der Klasse, sie geben den Schülerinnen und Schülern eine neue „Quasi-Identität" und sie verhindern einen ständigen Wechsel der Artikulationsbasis vom Englischen ins Deutsche und zurück, etwa bei der Frage: *Where is your ruler, Karin?* Ein ganzes Repertoire weiblicher und männlicher Vornamen, für die sich meistens Listen im Anhang des Lehrwerkes finden, sollten zur Auswahl in der allerersten Stunde zur Verfügung stehen, ganz nebenbei ein Stück Landeskunde und eine Ausspracheübung in sich.

Diese Komponente der Fremdsprache darf nicht unterschätzt werden. Zwar wird heute niemand mehr den vermeintlichen Idealen eines *BBC*- oder *Queen's English* nacheifern, die als präskriptiver Standard selbst beim BBC nicht mehr existieren. (Nicht mehr als 3 % aller Engländer, so schätzt man heute, haben noch eine *Received Pronunciation*. Aussprachevarianten des Englischen werden akzeptiert, und davon gibt es viele.)

Für die Aussprache gilt weiterhin, dass nicht im Schriftbild geübt werden sollte, was im Klangbild noch nicht gefestigt ist. Sonst schleichen sich abenteuerliche Eigenschöpfungen auf der Basis einer am Deutschen orientierten Aussprache ein. Die Erfahrung zeigt außerdem, dass man um ein möglichst hohes, d. h. möglichst korrektes, Aussprachenieveau von Anfang an bemüht sein sollte. Dies später zu etablieren, wenn sich bereits „Schlampigkeiten", z. B. im stimmhaften/stimmlosen *th* eingeschlichen haben, ist ungleich schwerer. Auch kann man eine Klasse gleich zu Anfang daran gewöhnen, dass beim Sprechen und lauten Lesen „Verschleifungen" von vorausgehendem Konsonanten und folgendem Anlautvokal des nächsten Wortes die Regel sind, also auch schon bei den allerersten Äußerungen wie *I've got_a blue pen.*

6.5 Handpuppe als Dialogpartner

Solche Regelhaftigkeiten zu etablieren fällt leichter, wenn man sich nicht scheut, in den ersten Wochen eine Handpuppe als Dialogpartner einzuführen, die mit verstellter, veränderter, tieferer oder höherer, aber deutlich von der eigenen Tonlage abgesetzter Stimme gleich mehrere Funktionen erfüllt. Zum einen kann sie bei der Einführung neuer Redemittel diejenigen Äußerungen übernehmen, die in der ersten Person Singular Antworten auf Fragen sind (*Would you like a glass of milk or a glass of orange-juice? – I'd like a glass of orange-juice. Hmmm, I love orange-juice*). Zum anderen kann die Handpuppe gelegentlich – und zur Freude der Schülerinnen und Schüler – eindrucksvoll dumm sein und x-mal nachfragen (*What did you say?*), wenn man eine neu einzuführende Struktur mehrmals wiederholen will. Schließlich ist die Handpuppe auch auf der emotionalen Ebene einsetzbar. Gerade Kindern, die im Gebrauch der Fremdsprache noch scheu sind, fällt es mit der Handpuppe leichter, in deren Rolle zu sprechen.

6.6 „Warming up" zu Beginn jeder Stunde

Keine Stunde sollte ohne ein *warming up* beginnen, das allein zum Ziel hat, die Schülerinnen und Schüler darin zu bestätigen, dass sie schon Englisch verstehen und sprechen können. In schneller Folge dienen alle möglichen Themen für Frage-Antwort-Übungen: *Who is missing today? Can you count the girls for me? And how many boys have we got? Who has got a brother? A sister? A baby sister? How old is she? How old are you? When is your birthday? Which month is your mother's birthday? Do you like coke/chocolate/football/skiing ...?* Tempo ist wichtig hierbei, das *warming up* muss flüssig laufen und Sprache im Kontext automatisieren. Ein kleiner Spickzettel mit möglichen Frageformen hilft der oder dem Unterrichtenden zu Anfang, die nötige Geläufigkeit zu erreichen.

6.7 Frühe Anleitung zur Sprachreflexion

Bereits mehrfach ist im Zusammenhang mit Anfangsunterricht das Konzept *Language Awareness* aufgetaucht (vgl. Kap. E.5), eine Fähigkeit, die man früher nur vielseitig fremdsprachlich gebildeten Erwachsenen unterstellte. Was aber soll dies jungen Schülerinnen und Schülern bringen und was genau ist es? Das Konzept wurde Mitte der Achtzigerjahre in England von Eric Hawkins (1987) vorgestellt als „eine Entdeckungsreise in die Strukturen der Sprache", und zwar stets unter kontrastivem Einbezug der Muttersprache. Sprachliche Sensibilität und sprachliches Bewusstsein sollen umfassend geschult werden, nicht nur, wie man aus traditioneller Auffassung her meinen könnte, im kognitiven Bereich, sondern auch im affektiven (Verbesserung der Lernbereitschaft für Sprachen), sozialen (Erziehung zur Toleranz gegenüber Eigenheiten von Sprachen) und politisch-kritischen (Bewusstsein für Manipulationsmöglichkeiten durch Sprache). Schließlich soll auch für den Bereich der Performanz (Was sage ich wann und wie zu wem?) sensibilisiert werden.[1]

Lewis (1993) hat diesen Ansatz auf ähnliche Weise aufgenommen, wenn er unter Rückgriff auf den Muttersprache-Erwerb von seinem *Observe–Hypothesise–Experiment paradigm* spricht und Fremdsprachenlehrerinnen und -lehrer dazu ermutigt, Raum zu lassen für Sprachbeobachtung, für Hypothesen („,Hye' wird doch so geschrieben, nicht? Ist doch auch so'n Gruß wie ,bye', nicht?") und für Sprachexperimente, die, wenn sie „intelligente Fehler" produzieren, natürliche Zwischenstadien sind auf dem Weg zur Zielsprache. Als Unterrichtende sollte man bei solchen Fehlern (z. B. *The car is in *fron't of the garage* – gemäß der Hypothese *„on* vor t wie in *don't* immer mit Apostroph") zunächst positiv reagieren und erst dann erklären, wieso das hier nicht zutrifft.

Ganz generell ist der überaus fehlerträchtige Bereich der vertrackten *contracted forms* (Butzkamm & Schmid-Schönbein, 1984) ein notwendiger Start für *Language Awareness*. Durch das Bemühen um kommunikativ relevantes Sprechen vermitteln Lehrwerke Dialoge, deren Schriftsprache natürlich zahlreiche kontrahierte Formen enthält, bis zu vierzehn verschiedene im ersten Lernjahr. Wenn man hier nicht ständig fragt „Und wofür steht hier der Apostroph?", durchschauen die Schülerinnen und Schüler die Vielfalt der unterschied-

---

[1] Bei Cambridge University Press hat Hawkins als Herausgeber unter dem Titel *Awareness of Language* eine ganze Reihe von Arbeitsheften publiziert, die Aufgaben für Einzel-, Partner- und Gruppenarbeit z. B. zum Thema *How language works* stellen, hübsch illustriert sind und, wenn auch für englische Schülerinnen und Schüler geschrieben, sehr viele gute Anregungen für diesen Ansatz geben (B. Jones, 1984).

lichen Elemente in den kontrahierten Formen nicht mehr, begreifen *she's* als monomorphematisch und produzieren folglich **She's is in the bathroom*. Auch der Vergleich mit dem Deutschen bietet sich an, in dem zunehmend der Apostroph, für den es in dieser Sprache so viel weniger Anlässe gibt, inkorrekt geschrieben wird. Wer aus der Klasse hat Beispiele gefunden? Und was sagt die Deutschlehrerin oder der Deutschlehrer?

Aber auch für den Erwerb von Lexik empfiehlt sich, worauf Lewis aufmerksam macht, nämlich „recognising the 'bits' of a word" (1993, S. 137) im Bereich von Morphologie und Wortbildung. Es ist sinnvoller, Schüler darauf aufmerksam zu machen, dass die Vorsilbe *un-* die produktivste und allgemeinste Art des Englischen ist, die negative Form von Adjektiven auszudrücken, als sie *unhappy, unfair, unfinished, unimportant, unlucky* separat auswendig lernen zu lassen, wobei sich hier das gleiche Muster in der deutschen Sprache aufzeigen lässt.

6.8 *Lerntechniken für Wortschatz*

Besondere Hilfen brauchen Schülerinnen und Schüler, wenn sie sich an das Lernen von Wortschatz begeben, denn dies ist allen völlig neu und unvertraut, auch denen, die schon zwei Jahre Grundschulenglisch erfahren haben. Von vornherein sollte man zunächst darauf achten, dass Lexeme immer in ihrem Kontext des Sprachsystems gelernt werden, also *man* nicht ohne *woman* und auch nicht ohne *boy*. Aber auch ganze *phrases* können früh eingeführt werden und verhelfen dem Lerner zu mehr Sprechfähigkeit als einzelne lexikalische Versatzstücke. "Institutionalised sentences and lexical phrases can be introduced in the early stages of learning *without* analysis, to a much greater extent than has hitherto been the practice" – so charakterisiert Lewis den zentralen Gedanken seines *Lexical Approach* (1993, S. 4). In der Tat: *I've got to go to the bathroom* kann im einsprachigen Klassenzimmer überaus wichtig sein und wird gerade deswegen schnell gelernt, ohne in seinen Bestandteilen analysiert zu werden (vgl. auch Kap. E.2, Abschnitt 5).

Als Lernhilfen bietet Lewis z. B. *collocation boxes* an, die auch von den Schülerinnen und Schülern so eingetragen und gelernt werden sollen, immer, wenn es sich im Anfangsunterricht anbietet, so z. B. bei *a glass of orange-juice/milk/water/Coke/...* oder bei *Let's have a party / lunch/breakfast/dinner / a sandwich / a cold drink* (ebd., S. 126).

Ein großes Kapitel widmet Rampillon (1996) dem Thema „Wortschatzerwerb" und zieht darin besonders gegen das traditionelle zweisprachige Vokabelheft zu Felde, das bei Lernern immer die Vorstellung nährt, es gäbe zwischen zwei Sprachen semantische Eins-zu-eins-Entsprechungen. Ausserdem ist dieses kontextlose isolierte Lernen von einzelnen Items keine Garantie dafür, dass so gelernte Vokabeln auch, wenn erforderlich, wieder abgerufen werden können. Rampillon beschreibt deshalb ausführlich das System der Vokabelkartei, die beliebig verändert und ergänzt werden kann (ebd., S. 43).

6.9 „*Flashcards*" als Rechtschreibtraining

Die Diskrepanz zwischen Klangbild und Schriftbild des Englischen bereitet manchen Schülerinnen und Schülern besondere Schwierigkeiten, ohne dass sie deswegen gleich Legastheniker wären. Besonders stumme Konsonanten wie in *night, light, frightened, bought, daughter, straight, eighteen* oder in *writing* oder *know*, die Vielzahl der Schreibweisen für das lange /iː/, die Vokalfolgen in *laying, lying*, das alles bringt manchen Lernenden zur Verzweiflung. Da sind *flashcards* ein probates und billiges, einfach herzustellendes Arbeitsmittel. Auf Pappkarten in der Größe von 10 x 20 cm schreibt man mit dickem Filzstift in Schreibschrift, weil sich das nachgewiesenermaßen besser einprägt, je ein Problemwort, *altogether* zum Beispiel. Die jeweilige Karte wird dann mit dem Hinweis, man müsse sich diese gut ansehen und quasi für das Gehirn „fotografieren", kurz hochgehalten, laut vorgelesen und dann weggelegt, worauf die Schülerinnen und Schüler das Wort sofort hinschreiben müssen.

Es muss nicht extra betont werden, dass sich diese Aktivität hervorragend für die Gruppenarbeit eignet. Sowohl das Herstellen der Karten wie das Üben mit den Rechtschreibschwachen können einzelne, in der Aussprache sichere Schülerinnen oder Schüler übernehmen. Der Reiz der Übung liegt in einer Temposteigerung – *flash(!)cards* – bei gleichzeitiger Steigerung der Anzahl der vom Einzelnen korrekt aufgeschriebenen Wörter. (Eine Liste von erfassten Rechtschreibschwierigkeiten in der Orientierungsstufe und möglichen Hinweisen zur Bewusstmachung findet sich in Schmid-Schönbein, 1988, S. 196–201.)

6.10 *Computereinsatz*

Für die Schülerinnen und Schüler mit Rechtschreibschwierigkeiten, aber nicht nur für diese, hat sich die Arbeit am Computer sehr bewährt, der mehr und mehr auch in privaten Haushalten zur Verfügung steht und dem auch bereits in diesem Alter Lernende mit hoher Motivation begegnen. Schulbuchverlage bieten unterstützende Lernsoftware zu ihren Lehrwerken an und für die Lehrkräfte stehen sog. „Autorenprogramme" zur Verfügung, mit denen sie, auf den Lernstand der Klasse abgestimmt, binnendifferenzierende Übungen ohne jedwede Programmierkenntnisse erstellen können (vgl. Kap. C.5, Abschnitt 3). Für die Benutzung der Computerausstattung in der Schule gilt es die Ansprüche der Fremdsprachen bei den Informatikern und Naturwissenschaftlern geltend zu machen und den Fuß in die Tür zum Computerraum zu setzen.

Zur sinnvollen Spielerei können erste, in englischer Sprache geschriebene Texte werden, die, nach der Korrektur, am Computer in dekorativen Schriften umgesetzt, als so genannte „schöne" Texte, auf Pappe aufgezogen, als Klassenposter dienen können und damit den Stellenwert des bereits Gekonnten wieder hervorheben – mit dem gewünschten Nebeneffekt, dass sich das Schriftbild gut einprägt, zunächst beim konzentrierten Schreiben am Computer und dann aufgrund der Größe der Visualisierung auf dem Poster.

Steht in der Klasse ein Computerarbeitsplatz zur Verfügung, so können auch in Phasen der Gruppenarbeit als eine Möglichkeit quasi-authentischen zusätzlichen Inputs gerade in den ersten Monaten die zwei CDs des Cornelsen Verlages – *Kooky 1 & 2* (1995/1997) – eingesetzt werden, ein zauberhaftes, multimedial gestaltetes Zusatzprogramm, *fully self-explanatory and individualized*. Jede Schülerin und jeder Schüler kann die persönlichen Arbeitsergebnisse im Programm über den eigenen Namen individuell verwalten lassen, erhält über Kopfhörer *native speaker*-gesprochene Anweisungen und kann Hilfen anfordern, wenn sie oder er das benötigt. Die Spiel- und Arbeitsaktivitäten (*Pop the balloons!*) sind überaus motivierend angelegt und machen auch akustisch Spaß, selbst wenn man nicht mehr der gedachte Früh-Englisch-Adressat ist.

6.11 *Dialoge in Partnerarbeit*

Erste kurze Dialoge werden von allen Lehrwerken sehr früh angeboten, häufig auch als zweispaltige Arbeitsform im *workbook*. Dabei wird dann die Aufforderung zu einer Frage (und entsprechend zu einer Antwort) gegeben, die der Partner, verdeckt, englisch korrekt auf seiner Seite findet und somit die Äußerung seines Gegenübers kontrollieren kann. Schülerinnen und Schüler, die auf diese Weise einen Dialog erarbeiten, sollten unbedingt mit einem Cassettenrecorder ausgestattet werden, den Dialog aufnehmen und ihn der Lehrkraft zum Anhören und zur eventuell notwendigen Korrektur mitgeben.

Eine späte Englischstunde am Ende des Schultages kann dann darauf verwendet werden, solche Dialoge der Klasse vorzuspielen, damit dieser selbstständigen Arbeit auch die nötige Beachtung zukommt. Unruh (1993) zeigt in seinem Videoband, mit welcher Selbstverständlichkeit Schülerinnen und Schüler sich an solche „offene" Arbeitsformen gewöhnen.

6.12 *Wöchentliche Kurztests*
Nicht so ganz selbstverständlich gewöhnt sich eine Anfangsklasse an schriftliche Formen der Leistungsüberprüfung, die häufig angstbesetzt, weil ungewohnt und „fremd" sind. Hierbei hat es sich als hilfreich erwiesen, wenn man häufiger kurze Tests schreiben lässt, an die sich einerseits die Schülerinnen und Schüler gewöhnen können, bei denen andererseits aber auch nicht so viel „schief gehen" kann. Ein Hörverständnistest zum Beispiel, als kurzer, zweimal vorgelesener Text, zu dem die Klasse zehn *true-or-false statements* bekommt, die sie bloß anzukreuzen braucht, schult die Konzentration im Zuhören, ist in 10 bis 15 Minuten durchgeführt und lässt sich in Partnerkorrektur schnell auswerten.

Werden Kurztests, immer mit zehn Items, jede Woche durchgeführt, lässt sich sogar für jeden in der Klasse eine Art Verlaufskurve erstellen, die nicht nur wichtiges Feedback für die einzelnen Lerner ist, sondern auch der Information für den Unterrichtenden über die Steuerung der Lernprozesse dient. Lerndefizite, vielleicht auch mangelnde Lerntechniken, werden auf diese Weise schneller und früher aufgedeckt. Außerdem kann auf diese Weise eine deutliche Stoffreduktion in der Klassenarbeit vorgenommen und deren Dramatik reduziert werden.

6.13 *Video-Ausschnitte oder – noch besser –* native speaker-*Gäste*
Authentische Sprache in das Klassenzimmer zu bringen ist heute nicht mehr besonders schwierig. Es ist jedoch besonders wichtig, weil heutzutage wirkliche Sprachkontakte sehr viel früher und öfter stattfinden, wofür eine ausschließlich gehörte, „didaktisierte" Lehrersprache ein künstlicher, unzureichend vorbereitender Schonraum wäre. Video-Mitschnitte aber, zum Beispiel aus englischsprachigen Familienserien, kann jede Lehrerin oder jeder Lehrer selbst herstellen und mitbringen. In den ersten Monaten geht es dabei nur um *listening for gist*, also um das Erfassen des Wesentlichen der Handlung, nach dem Motto: „Worum geht es denn da?" Erst langsam können die Schülerinnen und Schüler dann versuchen prägnante Sprachmuster herauszuhören und wiederzugeben sowie zu erkennen, in welchen Situationen zum Beispiel *Wait a minute* oder *Hold it* vorkommen.

Dies alles kann aber gar nicht *native speaker-* Gäste ersetzen, die man, wo immer man ihrer habhaft wird, unbedingt in die Englischklasse bitten sollte. Unweigerlich freut sich ein jeder solcher Gast über jede noch so ungelenk gestellte Frage, auch wenn sie Denkklischees verrät, wie die an einen Amerikaner aus dem nördlichen Michigan gerichtete Frage: *Have you a swimming pool in your garden?*

Sprache dokumentiert sich primär unter Sprechern und ist Teil menschlichen Handelns; erst sekundär lebt Sprache in Büchern. Wie immer gut Lehrwerke auch sein mögen – die Erfahrung, von einem Gegenüber verstanden zu werden und diesen zu verstehen, können sie nicht ersetzen. Auf die Erweiterung des Selbstkonzeptes, die Bestätigung, mit jemandem auch in einer „Fremd"-Sprache etwas aushandeln zu können, sollten gerade die ersten Monate des Unterrichts in dieser Sprache durch lauter kleine Erfolgserlebnisse vorbereiten.

3 Die Arbeit mit dem Lehrwerk

Günter Nold

Die Entscheidung, ein neues Lehrwerk für den Fremdsprachenunterricht an einer Schule einzuführen, hat sowohl für die Lehrenden als auch die betroffenen Schüler und Schülerinnen weit reichende Folgen für das tägliche Lehren und Lernen. In der Praxis des Schulalltags wird nämlich mit der Wahl eines Lehrwerks in der Regel zugleich über den konkreten Unterrichtsstoff und vielfach auch über unterrichtliches Vorgehen für einen längeren Zeitraum entschieden. Die meisten Lernenden und auch Lehrende, die im Nachhinein an eine Schule kommen, sind in die sie betreffenden Entscheidungsprozesse allerdings nicht einbezogen (vgl. auch Kap. A.4). Daher sollten die pädagogischen und fachdidaktischen Gesichtspunkte, die einer solchen Entscheidung zugrunde liegen, den Beteiligten beim Prozess der Auswahl bewusst sein und von ihnen kritisch hinterfragt werden.

1. Gründe, neu über ein Lehrwerk nachzudenken

Das Nachdenken über die Rolle und die Struktur von Lehrwerken und den unterrichtlichen Umgang mit ihnen findet zu einem Zeitpunkt statt, da in der Fremdsprachendidaktik verstärkt gefragt wird, wie der Prozess des Lernens und speziell des Fremdsprachenlernens im Kontext der Schule lernerfreundlich und lerngerecht gestaltet werden kann.

Die Gründe für diese intensive Auseinandersetzung mit den Lernenden liegen einerseits darin, dass im Zusammenhang mit neueren Erkenntnissen der Zweitsprachenerwerbsforschung (vgl. R. Ellis, 1994a), der Kognitiven Psychologie (vgl. Wolff, 1994a; Rampillon & Zimmermann, 1997) und der Unterrichtsforschung (vgl. Nold & Schnaitmann, 1995) die Aneignung von Fremdsprachen sehr viel mehr als früher als eine aktive Leistung der Lerner selbst betrachtet wird, sodass den Lehrenden eher die Aufgabe eines Lernanregers als die eines Stoffvermittlers zukommt; dementsprechend wird das Lehrwerk eher danach beurteilt, ob es mit einem reichhaltigen Sprachangebot Lerner zum eigenständigen Lernen anregen kann, als danach, ob es den im Lehrplan vorgeschriebenen Lernstoff nach einer an sprachlichen Formen orientierten Systematik anordnet und in kleinen Schritten vom vermeintlich Einfachen zum Schwierigen fortschreitet. Ein Umdenken ist andererseits erforderlich, da sich die gesellschaftlichen Rahmenbedingungen des Fremdsprachenlernens durch den Siegeszug der neuen Medien verändern und auch die Lernkultur in der Schule sich rasch auf die neuen Verhältnisse einstellen muss (vgl. Gienow & Hellwig, 1993). So stellt Freudenstein (1992) angesichts der Möglichkeiten, die die elektronischen Medien in zunehmendem Maße auch im Bereich des Lernens schaffen, die bisherigen Lehrwerkkonzeptionen grundsätzlich in Frage.

Es wird also deutlich, dass sowohl die neue Sicht des Fremdsprachenlernens als auch die Bedingungen der heutigen Mediengesellschaft gegenwärtig dazu anregen, sich mit einem Grundpfeiler des traditionellen Fremdsprachenunterrichts, den Lehrwerken, verstärkt auseinander zu setzen.

2. Das Wunschlehrwerk

Wie viele Lehrerinnen und Lehrer haben nicht schon von einem Wunschlehrwerk geträumt, von den Schülern ganz zu schweigen! Werden Lehrende und Lernende befragt, wie ein solches Lehrwerk aussehen sollte, ergeben sich im Wettstreit der Meinungen sehr bald neben Gemeinsamkeiten auch viele Unterschiede in der jeweiligen Einschätzung. So werden sich die Wunschvorstellungen auf einer allgemeinen Ebene durchaus treffen; mit Sicherheit sollten Lehrwerke in einer Weise motivieren, dass die Lehrenden die Neugierde der Lernenden herauszufordern imstande sind und gleichzeitig die Lernbereitschaft durch die Art und Auswahl der Inhalte so geweckt wird, dass mit Freude gelernt wird. Unter der Lehrerschaft ist darüber hinaus mit Recht die Erwartenshaltung weit verbreitet, dass Lehrwerke die tägliche Vorbereitung und das Unterrichten erleichtern sollten. Beim Versuch, die konkreten Details eines solchen Lehrwerks festzulegen, bewegen sich die Meinungen jedoch sehr schnell auseinander; die Gründe dafür sind mannigfaltig.

Schon über eine so grundsätzliche Frage wie die Rolle des Lehrwerks im eigenen Unterricht besteht unter den Lehrenden selbst keine Übereinkunft. Es ist nach Grant (1987, S. 7f.) mit drei typischen Lehrereinstellungen zu einem Lehrwerk zu rechnen, die mit Modifikationen in der Praxis zu beobachten sind: (1) Zunächst gibt es Unterrichtende, die davon ausgehen, dass sie ohne ein Lehrwerk überhaupt nicht auskommen können; neben Gründen der Arbeitsökonomie und der sprachlichen Kompetenz werden von ihnen immer wieder auch Gesichtspunkte wie die Systematik der Stoffaufbereitung in die Waagschale geworfen, sodass das Lehrwerk eine unterrichtsstrukturierende Rolle bis hin zu den sprachlichen und inhaltlichen Einzelheiten einnimmt. (2) Daneben stehen diejenigen, die in Kenntnis der vorhandenen Lehrwerke ihren Unterricht am liebsten selbst in die Hand nehmen, um die individuellen Wünsche und Lernleistungen ihrer Klassen besser berücksichtigen zu können; für sie spielt ein Lehrwerk daher eher eine unterrichtsbegleitende Rolle, wobei der Aufbau und die Anordnung des Stoffes im Lehrwerk eine Stütze für die eigene Planung darstellen. (3) Schließlich gibt es Unterrichtende, die ihr Lehrwerk für sehr nützlich halten und sich diejenigen Teile auswählen, die sie für besonders motivierend und für ihre Lerngruppe geeignet und notwendig erachten; für sie ist demnach weniger die Systematik der Stoffaufbereitung wichtig als vielmehr eine eklektische Zusammenstellung von Inhalten nach dem Baukastenprinzip.

Der Ruf nach einem Wunschlehrwerk verhallt trotz der Vielfalt der Erwartungen und Meinungen nicht. Die Publikationen zur Lehrwerkanalyse bieten hier Hilfen an, um die subjektiven Eindrücke und Erwartungen durch eine kritische Distanz zu filtern (vgl. Esselborn, 1991; Garbe, 1986; Heuer & Müller, 1973, 1975; Mey, 1993; Meyer-Herbst, 1989; Mindt, 1989; Neuner, 1979, 1983; Raths, 1994; Reisener, 1991).

Trotz einer überlegten Lehrwerkauswahl werden Lehrende und Lernende in der Praxis mit einem Kompromisslehrwerk leben müssen. Umso entscheidender erweisen sich infolgedessen die Überlegungen dazu, wie ein Lehrwerk aus lern- und spracherwerbspsychologischer Sicht auf die persönlichen Bedürfnisse und Vorstellungen von Lernenden wie Lehrenden in der täglichen Arbeit zugeschnitten werden kann.

3. Kreativer Umgang mit einem Lehrwerk: Wie autonom gestalten Lernende den Lernprozess?

Bei der methodischen Umsetzung von Lehrwerkvorgaben alternative Wege gehen zu können setzt ein Aufbrechen eingefahrener Gleise, eine Freude am Experimentieren und vielfach auch einen Ideenaustausch voraus. Viele Anregungen, die über methodische „Kniffe" hinausgehen, lassen sich allerdings nur verwirklichen, wenn sie von den Lehrenden auf ihre Lerngruppe und ihren persönlichen Unterrichtsstil übertragen werden. Im Folgenden werden dementsprechend exemplarisch einige Vorschläge gemacht, die über die eher traditionell bewährten methodischen Konzepte, die in den begleitenden Lehrerhandbüchern enthalten sind, hinausweisen.

Die Vorstellung, dass Sprachlernprozesse vorwiegend durch das methodische Vorgehen von Lehrenden bestimmt werden können, entspricht nicht mehr heutigen Erkenntnissen der Fremdsprachendidaktik (vgl. Teil B sowie Nold, Haudeck & Schnaitmann, 1997). Andererseits besteht eine unübersehbare Beziehung zwischen dem Vorgehen der Lehrenden und der Entwicklung der Lernenden, da beispielsweise Lernerstrategien sich in Auseinandersetzung mit konkreten Aufgabenstellungen entwickeln (vgl. Kap. E.7). Lehrende sollten dementsprechend ihre Schülerinnen und Schüler zu einem möglichst aktiven Lernen ermutigen. Lehrwerkarbeit kann diesen Prozess positiv unterstützen, wenn den Lernern bewusst Raum zu größerer Eigeninitiative eingeräumt wird.

3.1 Anfangsunterricht

Schon im Anfangsunterricht bieten sich zahlreiche Gelegenheiten, die Spielräume, die in einem Lehrwerk festgelegt zu sein scheinen, zu erweitern und gegebenenfalls die Authentizität einer dargestellten Situation besser zu berücksichtigen. So kann hier die Behandlung des Themas Einkaufen im Englischlehrwerk *Learning English Green Line New 1* (Klett, 1995, S. 73) als ein Beispiel angeführt werden, bei dem eine Modifikation der Lehrwerkvorgaben anzustreben ist.

Mit dem Titel *At the shops* werden in zwei Lehrwerkdialogen Einkaufssituationen präsentiert, die für heutige Verhältnisse etwas künstlich wirken. Im ersten Dialog werden offenbar in einem Tante-Emma-Laden, in dem es nur eine Sorte Äpfel zu geben scheint ("Can I have a pound of apples, please?"), unter Berücksichtigung einer grammatischen Zielsetzung (Mengenbezeichnung) Waren eingekauft, während im zweiten Dialog in einem Supermarkt nach Limonade gefragt wird ("Have you got any lemonade, please? How much is it?"), obgleich Limonade in nächster Nähe in einem Regal zu sehen ist. In der Situation im Supermarkt ist wohl davon auszugehen, dass Limonade angeboten wird, sodass eher nach dem Ort gefragt werden könnte (*Excuse me, where is the lemonade, please?*). Dieser Lehrwerkbefund legt es nahe, nach Alternativen zu suchen; dabei kann nicht nur die Authentizität der versprachlichten Situation verbessert, sondern auch die Eigenverantwortung der Klasse für den Lernprozess stärker berücksichtigt werden:

(1) Die Klasse erhält einen Arbeitsplan mit einem Überblick über die zu leistenden Aufgaben. In einem ersten Schritt wird der Auftrag erteilt, möglichst Originalverpackungen von englischen Waren oder auch Werbematerial von englischen Waren (in Zeitschriften) zu sammeln und in Gruppenarbeit zu Warenlisten zusammenzustellen. Die Schülerinnen und Schüler legen sich ein Heft des persönlichen Wortschatzes an, in das sie alle Wörter von Interesse eintragen. Damit sie auch unabhängig vom Lehrer oder der Lehrerin Wortbedeutungen erkunden können, wird ihnen in den Arbeitsgruppen ein zweisprachiges Wörterbuch zur Verfügung gestellt. Zusätzlich wird der Gebrauch eines Wörterbuchs für die häusliche Arbeit angeregt.

(2) In einer spielerischen Form – beispielsweise auf großen Wandpostern – wird im Klassenraum ein Supermarkt von der gesamten Klasse eingerichtet, in dem alle Waren (Verpackungen und Abbildungen) einen Platz finden, die die einzelnen Gruppen auf ihren Warenlisten zusammengetragen haben. In diesem Zusammenhang werden die Mengen-

bezeichnungen eingeführt, da die Regale entsprechend der Anzahl der Artikel der gleichen Sorte größer oder kleiner zu gestalten sind: *How many packets of (Kelloggs) cornflakes have we got? How many bottles of (Coke)?* usw. Außerdem sind die Preise für die einzelnen Artikel an den Regalen anzugeben, sodass Fragen gestellt werden müssen wie *How much is a small bottle of (Sprite)? How much is a big bottle? How much is a six-pack?* usw. Es sind auch Fragen zu den Gesamtkosten der vorhandenen Waren möglich wie *How much are all the bottles of ...*, um Einnahmen und Ausgaben vergleichen zu können.

(3) Im Rollenspiel werden Einkaufssituationen dargestellt, wobei die ursprünglichen Arbeitsgruppen beispielsweise für eine Party einen Einkaufszettel zusammenstellen, um Mitglieder der Gruppe zum Einkaufen zu schicken. Jede Gruppe erhält einen bestimmten Geldbetrag, der ausgegeben werden kann. Zur Vorbereitung entwickeln die Gruppen auf Englisch Handlungsanweisungen zum Einkaufen, Bezahlen und Kassieren. Eine der Gruppen bringt einen Taschenrechner mit und addiert an der Kasse die Preise für die eingekauften Waren. Wenn die Einkäufer in ihre Gruppe zurückkommen, können die eingekauften Waren und das ausgegebene Geld mithilfe des Einkaufszettels und des Kassenbons überprüft werden (*Where is the lemonade? How many bottles have you got? ... Where is the money? How much have we still got?*). Am Schluss wird das in den einzelnen Gruppen noch verfügbare Geld gezählt und zusammen mit den Einnahmen der Supermarktkasse addiert, sodass der Gesamtbetrag dem Geldbetrag entsprechen müsste, der ursprünglich an die Gruppen ausgegeben wurde: *How much money have you got now? And you? So this is ... altogether.*

3.2 Weiterführender Unterricht

Im weiterführenden Unterricht können die Schüler und Schülerinnen verstärkt über längere Unterrichtsphasen hinweg ihre Lernprozesse in die eigene Hand nehmen. Besonders thematisch überschaubare Units eignen sich für eine solche Vorgehensweise. Die Auseinandersetzung mit Australien stellt beispielsweise einen Themenkomplex dar, der mithilfe eines Arbeitsplans, der in Zusammenarbeit mit der Klasse festgelegt wird, über einen Zeitraum von zwei bis drei Wochen selbstständig bearbeitet werden kann. So lassen sich die Lehrwerkvorgaben von Unit 5 im Lehrwerk *English G A5* (Cornelsen, 1989, S. 56ff.) oder Unit 1 in *Learning English Green Line 5* (Klett, 1988, S. 7ff.) bei Berücksichtigung einer erweiterten Lernerautonomie folgendermaßen verwenden:

(1) Die Klasse erhält zunächst den Auftrag, die thematischen Seiten der Unit lesend zu überfliegen (*skimming the texts*), um anschließend Vorschläge unterbreiten zu können, unter welchen Gesichtspunkten die Beschäftigung mit Australien erfolgen sollte.

(2) Die Vorschläge zu Gesichtspunkten wie beispielsweise *The population of Australia, The colonial history of Australia, The situation of the Aboriginal people then and now* oder *Geographical aspects of the Australian continent* werden gesammelt und anschließend mit einem vereinbarten Zeitrahmen als Arbeitsaufträge an Gruppen verteilt. Ausgehend von den Informationen und den Fragen (siehe die rot umrandeten Anweisungen in *English G*) in den Lehrwerktexten lassen sich die jeweiligen Themen bearbeiten; die Gruppen sind jedoch frei, auch andere Wege zu versuchen. Es ist dabei die Rolle der Lehrenden, die einzelnen Gruppen gegebenenfalls zu beraten, um zusätzliche Informationen einbringen zu können. Es sollte auch erwogen werden, sich eigene Informationsquellen zu erschließen, beispielsweise über ein elektronisches Lexikon wie *Encarta 96 Encyclopedia* (Microsoft, 1996) oder Agenturen wie die Australian Tourist Commission (Neue Mainzer Str. 22, 60311 Frankfurt), Australia's Northern Territory Tourist Commission (Bockenheimer Landstr. 45, 60325

Frankfurt), die Fluglinie Qantas Airways (Bethmannstr. 56, 60311 Frankfurt) oder die Australische Botschaft. Auch Adressen in Australien können unter Umständen angeschrieben werden, wenn rechtzeitig vorausgeplant wird, z. B. zur Kultur der Aborigines über die Conservation Commission of the Northern Territory (Head Office, PO Box 496, Palmerston NT 0831, Tel. 089 89 5511 in Australien).

(3) Die einzelnen Gruppen stellen Unterlagen zusammen, die von dem Lehrer bzw. der Lehrerin sprachlich durchgesehen werden, bevor sie in der Gesamtgruppe der Klasse vorgetragen, kommentiert und schließlich zu einem gemeinsamen Heft über Australien zusammengefasst und für alle vervielfältigt werden. Fertige Exemplare können darüber hinaus auch auf einem Elternabend vorgestellt und für einen Unkostenbeitrag abgegeben werden.

(4) Im Anschluss an die Gruppenarbeit diskutiert die Klasse über die gemeinsamen Erfahrungen und macht sich bewusst, was Schwierigkeiten bereitete und welche Tätigkeiten besonders gut gelangen.

Gemeinsam ist diesen Vorschlägen die starke Gestaltung der Lernprozesse durch die Lernenden selbst. Zugleich verändern sich dabei die Lehrwerkvorgaben in Richtung auf ganzheitliche und handlungsorientierte Unterrichtsprozesse. Dass im Zuge eines solchen unterrichtlichen Vorgehens zahlreiche sprachliche Verstöße zutage treten, sollte die Lehrenden nicht überraschen und auch nicht beunruhigen, wenn die Erkenntnisse über die Rolle von Fehlern beim Spracherwerb in die Überlegungen einbezogen werden (vgl. Kap. F.1).

4. Kognitive, emotional-affektive und soziale Komponenten des Lernprozesses

Da Fremdsprachenlerner die sprachlichen und kommunikativen Regelungen der neuen Sprache am ehesten aufbauen, wenn sie sprachliches Handeln möglichst ganzheitlich in Kontexten erfahren, in denen sie sich mit ihren Vorerfahrungen einbringen können, kommt es bei der unterrichtlichen Umsetzung von Lehrwerkvorgaben darauf an, nicht nur die kognitiven Verstehensprozesse, sondern auch die Gefühle der Lerner und die Besonderheiten der Lerngruppe zum Ausgangspunkt von Unterrichtsüberlegungen zu machen (vgl. Kap. B.1 und B.2 sowie Nold, Haudeck & Schnaitmann, 1997). Auch in einem schon fortgeschritteneren Lernstadium bedeutet dies in der Regel, dass Lehrwerkvorschläge zu ergänzen sind durch stärker affektive Komponenten, da diese in noch größerem Maße als die Verstehensprozesse von den Bedürfnissen der Lernenden abhängen. Der Fantasie und dem Engagement der Lehrenden und der Lerngruppe sind hier die Tore zu öffnen, wie die folgenden Beispiel zeigen.

4.1 Beispiel 1

Bei der Beschäftigung mit der Geschichte der Vereinigten Staaten (vgl. *Learning English Green Line 4*, Klett, 1987, *History Page*, S. 24; *English G B4*, Berlin: Cornelsen, 1988, S. 34, und *Spotlight on History*, Cornelsen: 1995) lässt sich durchaus ein affektiver Bezug zu den Begebenheiten in der Vergangenheit – speziell zu den Koloniegründungen im Osten der USA – herstellen; entgegen der rein verbalen Aktualisierung der Thematik in den Lehrwerken (Hinweis auf *Thanksgiving Day*) kann dies durch ein Vorgehen erreicht werden, das mehrere Sinne anspricht. Die Klasse wird beispielsweise angeregt, wie an *Thanksgiving Day* üblich, einen *pumpkin pie* zu backen, und zwar von Einzelnen zu Hause allein oder als Gemeinschaftswerk in der Gruppe; zu diesem Zweck wird über ein entsprechendes Rezept gesprochen:

> **Pumpkin Pie Supreme:** 1 can sweetened condensed milk, 1/3 cup lemon juice, 2 cups cooked pumpkin, 1/2 cup sugar, 1 1/2 tsp. pumpkin pie spice, 1 cup coconut, 1 cup chopped pecans, whipped topping, baked pie shells. Combine milk, lemon juice, pumpkin, sugar and spice. Stir in coconut and nuts. Fold in whipped topping. Pour into pie shells. Refrigerate over night. (McKay, B. Barbara´s TOP Recipes, 3 WBTV).

Ein gemeinsames *pumpkin pie*-Essen kann für alle zu einem Fest werden, das die Ereignisse in den USA vergegenwärtigt und die Sprache kognitiv, affektiv und sozial lebendig werden lässt.

Alternativ kann abhängig von der jeweiligen Lerngruppe eine Verwandlung des Themas *The First Thanksgiving* in Form eines fiktiven Spiels geplant und durchgeführt werden, wobei „aus Sätzen Personen" werden (vgl. hierzu die Anregungen von Rattunde in Gienow & Hellwig, 1993, S. 103ff.), indem die Teilnehmer sich entsprechend ihrer eigenen Imagination in historische Personen verwandeln: *I am a farmer who ... / the smith in our town ... / a school teacher ... / a shop keeper ... / an Indian farmer/hunter ... / a farmer´s son/daughter ...*

Zu diesem Zweck können zur Anregung der Fantasie und zur Vorbereitung der sprachlichen Gestaltung Gruppen gebildet werden, die sich – ausgehend von den Informationen im Schülerbuch – mit der Situation der ersten Siedler beschäftigen und die Eigenheiten und die Lebensumstände von einzelnen historischen Personengruppen entwickeln; dabei ist von Personen mit den unterschiedlichsten Berufen und mit verschiedener Nationalität und Hautfarbe auszugehen. In einer gespielten Szene treffen schließlich die Personen aus den einzelnen Gruppen zusammen, um über ihre Probleme zu sprechen und um ein gemeinsames Fest vorzubereiten. Das Ergebnis der Bemühungen der Schülerinnen und Schüler kann die Darstellung eines historischen Tableaus – eines lebenden Bildes – oder auch die schriftliche Fixierung eines Handlungsszenariums zum Aufführen in der Klasse sein. Die Lehrerrolle ist hier im Wesentlichen darauf ausgerichtet, die Schüleraktivitäten anzuregen und einen Rahmen abzustecken, ferner die Gruppen sprachlich und inhaltlich zu beraten – beispielsweise auf Bilder mit historischen Szenen bei der Entwicklung eines Tableaus zu verweisen – und schließlich zur Erarbeitung von Ergebnissen zu ermutigen.

4.2 Beispiel 2

Einen völlig anderen Aspekt der kognitiv-affektiven Seite des Fremdsprachenlernens stellt die stärkere Berücksichtigung einer Inkubationszeit im Sinne einer längeren rezeptiven Sprachaufnahmephase dar (vgl. Kap. B.3, Abschnitt 3). In den heutigen Lehrwerken werden die Lerner gewöhnlich nach einer kurzen Phase des Hörverstehens, in der sie mit neuem Sprachmaterial konfrontiert werden, sofort zum Verwenden der neuen Sprachelemente aufgefordert; dadurch werden Lerner, die aus ihrer Sicht einer größeren Sicherheit bei der Sprachproduktion bedürfen, sowohl kognitiv als auch affektiv-emotional überfordert. Um hier ein ausgedehnteres Einhören zu ermöglichen, sollte vor allem in den ersten Unterrichtsjahren an vielen Stellen im Lehrwerk eine erweiterte Hörverstehensphase für den Anfang der Sprachaufnahme vorgesehen werden (vgl. Kap. E.3: Phasen 1 und 2). Folgendes Beispiel zur Einführung der *simple form* in den Lehrwerken *English G 2000 A1* (S. 72f.) und *Learning English Green Line New 1* (S. 68f.) verdeutlicht die Vorgehensweise:

In beiden Lehrwerken wird in den entsprechenden Units der englische Schulalltag vorgestellt, bevor ein Vergleich mit dem Schulalltag deutscher Kinder erfolgt. Um bei der Darstellung des englischen Schulalltags die Schüler und Schülerinnen nicht sofort das *simple present* selbst verwenden zu lassen, wird zunächst ein Tagesablauf an der Tafel erarbeitet; dabei beschränkt sich der Lernerredeanteil auf die Angabe der Tageszeiten, während die Lehrenden den Tagesablauf sprachlich erläutern. Anstatt in der anschließenden *Now You-* bzw. *Your turn*-Phase der Lehrwerke die Klasse sofort das *simple present* verwenden zu lassen, wird zusätzlich ein Tagesablauf von Schülerinnen und Schülern in Deutschland – möglicherweise mit zusätzlichen Aktivitäten, z. B. *school activities* oder *activities in the afternoon* – erarbeitet und an der Tafel neben dem englischen Tagesablauf festgehalten. Eine erweiterte Rezeptionsphase ergibt sich nun dadurch, dass Teile der Informationen an der Tafel verdeckt werden und die Klasse in spielerischer Form Feststellungen zum Schulalltag zu hören bekommt, die sich auf eines der zwei Länder oder auch auf beide zugleich beziehen. Es ist daher die Aufgabe der Schülerinnen und Schüler, die Informationen entweder der englischen oder der deutschen Schule oder auch den Schulen in beiden Ländern zuzuordnen. Im Verlauf dieser für die Klasse vorwiegend rezeptiven Phase können Lerner, die von sich aus dazu bereit sind, langsam den sprachlich produktiven Redeanteil der Lehrenden übernehmen. Die Phase der Sprachaufnahme und -verarbeitung wird auf diese Weise entsprechend den Erkenntnissen der Fremdsprachenerwerbsforschung lernerfreundlicher gestaltet.

4.3 Beispiel 3

Ein Unbehagen ergreift Lehrende bisweilen auch, wenn sie über die Präsentation grammatischer Regelungen in Lehrwerken nachdenken. Gerade auf der etwas fortgeschreneren Stufe sehen sie sich angesichts der manchmal kargen Darstellung in Lehrwerken vor die Aufgabe gestellt, die affektiven Bedürfnisse der Lerner stärker zu berücksichtigen. Die im Folgenden angedeutete Behandlung von nonfiniten Formen des Englischen zeigt, wie die Darstellung im Lehrwerk *English G A3* (Cornelsen, 1987; *Focus on Grammar*, S. 91 u. 93: Infinitiv und Gerundium) durch eine Gestaltung nach eigenen Vorstellungen modifiziert werden kann, um sowohl kognitiv als auch affektiv verstärkt altersgemäße Redeanlässe zu schaffen. Wenn die Lehrwerkvorgaben als wenig geeignet betrachtet werden, kann eine grundlegende Neugestaltung wie im vorliegenden Fall erforderlich und sinnvoll sein.

Zunächst wird die Aufmerksamkeit der Klasse auf ein affektiv belegtes Thema gelenkt: *Today we are going to talk about rules. Rules? What kind of rules? I'll give you an example: "If you break this rule the other team will get a free kick." What am I talking about? ... Another example: "It is against the rules to talk if a special person does not allow you to talk." What rules am I talking about?* Angeregt durch weitere Beispiele entsteht ein Tafelbild mit einer Zusammenstellung von *rules*, beispielsweise *rules of a game / school rules / rules for pupils / rules for teachers / rules: How to behave?* Beim weiteren Entwickeln des Themas werden lexikalische Einheiten wie *stick to a rule, break a rule, it's against the rule* und Strukturen wie *You should (not) (wash your hands before you eat)* oder *You are (not) allowed to (stand up and leave the room)* natürlicherweise in das Gespräch eingeflochten und schließlich an der Tafel festgehalten.

Wird die Frage aufgeworfen, warum und wozu es *rules* gibt, lässt sich die Struktur *in order to + infinitive* sinnvoll in das Gespräch einbeziehen: *You are not allowed to eat during a lesson. Why do you think we need this rule? ... Do we need it in order to learn better?* Hier kann beispielsweise die Antwort gegeben werden: *I think we need it in order to learn in a group.* Auch eine Frage wie *Why do we sometimes break a school rule?* kann zur Sprache gebracht werden, da hiermit unterschiedliche Arten des Schülerverhaltens angesprochen werden. Beispielsweise spiegelt sich in der folgenden Antwort der *peer group*-Einfluss: *In order to be accepted by the others.*

Die Thematik lässt sich ferner durch eine literarische Kurzform wie die schottische Ballade „Kathrine Jaffray" (in der Unit über Schottland) erweitern, da hier Verhaltensregeln beim Werben um eine junge Frau eine Rolle spielen und sprachlich eine Verknüpfung mit nonfiniten Formen vorliegt: *Out came the Lord of Lauderdale / Out from a Scottish valley / In order to court this pretty maid / To win her and to marry.* Zur Überleitung bietet es sich an, auch hier an *rules* anzuknüpfen: *What are the rules that people stick to in order to find a friend / a husband / a wife?* Im Sinne einer *pre-listening activity* vor dem Hören der Ballade, die auch gesungen vorgetragen werden kann, bieten sich folgende Fragestellungen an: (1) *Find out why the two lords come to Kathrine's valley.* (2) *Find out what Kathrine does and why.*

Kathrine Jaffray
A Scottish ballad, recorded about 1850, adapted by G. Nold, 1997

There lived a lass in yonder dale,
And down in yonder glen,
And Kathrine Jaffrey was her name,
Well known by many men.

Out came the Lord of Lauderdale,
Out from a Scottish valley,
In order to court this pretty maid,
To win her and to marry.

He told her father and mother about it,
And before he had to part,
He told it to the lass herself
And really won her heart.

Then came the Lord of Lochington,
Out from the English border,
To court this pretty maiden,
High on a horse in good order.

He told her father and mother about it,
And then he went away,
But he didn't talk to the lass herself
Until her wedding day.

When the wedding day was set,
Lord Lauderdale, however, came.
He hadn't forgotten his maiden,
And well remembered her name.

He said to the pretty bride's father,
"I have not come to play,
But if you allow me to see the bride,
I'll leave and ride away."

He saw the bride and took her hand,
And didn't stay long in the room.
They mounted a horse to leave the place,
And never met the bridegroom.

In der abschließenden Strophe wird ein Rat ausgesprochen, der thematisch an das Thema *rules* anknüpft und es interkulturell erweitert:

Now all you that are born in England,
Or live in that northern part,
Never come to Scotland to court a lass,
Avoid it or your time will be hard.

Im Rahmen des Lerngesprächs (vgl. Kap. C.6) stehen danach weiterhin die inhaltlich-kommunikativen – nicht die syntaktischen – Aspekte im Vordergrund. Die Antwort auf Fragen wie *Why did the two lords come to Kathrine's valley?* oder *Why did Kathrine mount a horse?* lassen jedoch deutlich werden, dass in das Lerngespräch natürlicherweise Formulierungen einfließen, die eine Verwendung der Struktur *in order to + infinitive* nahe legen: *He came in order to win her, he did not come to play.* Mit der letzten Zeile der Ballade lässt sich bei gleichzeitiger Inhaltsorientierung das Gerundium in das Lerngespräch einflechten: *What should you / people from England avoid?* und schließlich *What does "it" in the last line stand for?*

Die Konzentration auf diese affektiv ansprechende literarische Form bildet in diesem Zusammenhang gedächtnispsychologisch betrachtet einen Ankerplatz, an dem sich die grammatische Thematik festhaken kann, ohne das Bewusstsein der Lerner auf sprachliche Formen zu fixieren. Nach der Beendigung des Lerngesprächs über die Ballade empfiehlt sich an dieser Stelle eine kurze Phase der Bewusstmachung der grammatischen Regelungen *infinitive, clause of purpose, gerund* – mit oder ohne Rückgriff auf ihre Darstellung im Schülerbuch. Für eine Reihe von Lernern wirkt sich eine solche Formfokussierung lernerleichternd aus, da so noch bestehende Unklarheiten hinsichtlich der Bedeutung – beispielsweise die Abgrenzung zum *present progressive* – ausgeräumt werden können. Zugleich ist der Verweis auf die Darstellung im Schülerbuch eine Hilfe zum eigenständigen Erarbeiten oder Nacharbeiten im Bereich der angesprochenen Strukturen.

Hierauf bietet sich eine Erweiterung der Thematik *rules* in einer zunächst schriftlich orientierten Phase an, in der die Schülerinnen und Schüler in Gruppenarbeit Verhaltensregeln – *rules of behaviour* – zusammentragen, gemeinsam ihre Bedeutung besprechen und aus ihrer Sicht zu einer Bewertung gelangen. Um die Gruppenarbeit anzuregen, kann gegebenenfalls auf folgende Beispiele eingegangen oder auch nur verwiesen werden: *What about being late / coming home after midnight / drinking beer or wine / inviting someone to your party? Are there any rules that you stick to or that you have to stick to? What happens if you break a rule?* Wenn sich die Gruppen am Ende in einer gemeinsamen Besprechung gegenseitig informieren und die Ergebnisse kommentieren, lassen sich die sprachlichen Formen aus dem Bereich der nonfiniten Formen in dem sich entwickelnden Lerngespräch mitteilungsbezogen verwenden.

5. Lehrwerkarbeit im Zeitalter der neuen Medien

Der Fremdsprachenunterricht stützt sich trotz der wachsenden Bedeutung der elektronischen Medien auf Lehrwerke mit einem gedruckten Schülerbuch, das unabhängig von technischen Geräten und damit jederzeit verfügbar eingesetzt werden kann; dies bedeutet jedoch nicht, dass das Schülerbuch seine bisher beherrschende Stellung beibehalten sollte. Schon allein die Tatsache, dass die Lehrwerke verstärkt Lernsoftware und Hörtexte auf Cassette und CD-ROM anbieten (vgl. Verlagskataloge), weist auf eine sich verändernde Lernkultur hin. Lehrende sehen sich vermehrt mit einem Stoffangebot konfrontiert, das als Computersoftware oder Videocassette neben dem Lehrwerk Eingang in die Schule findet. Wird dieses Stoffangebot der neuen Medien sinnvoll genutzt, kann es im Unterricht die Authentizität der Inhalte erhöhen und – bei einer Kooperation zwischen Lernenden und Lehrenden – die Stoffauswahl stärker auf die Interessen der Lerngruppen oder der einzelnen Lerner abstimmen (vgl. Kap. C.5).

Beispielsweise können die Lehrwerkdarstellungen zu Nationalparks in den USA (siehe *Green Line 4*, S. 93, und *English G A4*, S. 110f., bzw. *B4*, S. 76f.) durch ein elektronisches Lexikon wie *Encarta 96 Encyclopedia* (Microsoft, 1996) oder die CD-ROM *State Parks* (Cambrix

Publishing Inc., 1995) ersetzt oder zumindest ergänzt werden. So gehen Schülerinnen und Schüler mit *State Parks* auf eigene Suche, um zu den verschiedensten amerikanischen Nationalparks Informationen zu sammeln, ohne dabei durch die Vorauswahl des Schülerbuchs oder die Präferenzen der Lehrenden eingeengt zu sein. Es ist dabei ihre Aufgabe, sich in Einzel- oder Gruppenarbeit zu informieren und selbstständig Notizen zu machen, damit sie anschließend den Mitschülern die Nationalparks vorstellen können, die auf sie eine besondere Faszination ausgeübt haben. Die Lerner werden auf diese Weise selbst zu Vermittlern von neuen Informationen (vgl. Kap. C.12).

Bei entsprechender medialer Ausstattung können sich somit die Lehrenden stärker darauf konzentrieren, die Lerngruppen zu beraten und sprachliche Hilfen anzubieten, während die Erarbeitung von neuen Inhalten vermehrt von den Lernen selbst geleistet wird. Auf diese Weise öffnet sich der Fremdsprachenunterricht außerdem für ein fächerübergreifendes Lernen. Verschiedene Fäden aus der Pädagogik, der Lernpsychologie und der Fremdsprachendidaktik der letzten Jahre laufen hier zusammen und verbinden sich zu einem neuen Muster, das Fremdsprachenlernen zu einer reicheren Erfahrung werden lässt.

4 Medien prozessorientierter Sprachbegegnung

Wilfried Gienow und Karlheinz Hellwig

Aller Fremdsprachenunterricht sollte medienintensiv sein; denn Medienvielfalt gewährleistet nicht nur inhaltliche und methodische Abwechslung, sondern holt auch den Wirklichkeitshintergrund der Zielsprachenkultur(en) ins Klassenzimmer und regt so im Vergleich interkulturelle Erfahrung an. Authentische Medien müssen deshalb Vorrang vor didaktisierten haben (Hellwig & Siekmann, 1987, 1988; vgl. auch Gienow, 1987, S. 26f.).

1. Medien im Fremdsprachenunterricht

Diesem Kapitel liegt ein textueller Medienbegriff zugrunde. Aus der Perspektive der allgemeinen Zeichentheorie, der Semiotik, gehören dazu:

- *Sprachmedien:* dem wirklichen Sprachgebrauch nachgestaltete stilisierte Sprechsituationen; Sprech- und Schreibspiele; nicht literarische und literarische Texte (zahlreiche Typen einschl. E-mail-Texte)
- *Bildmedien:* Fotos; Gemälde, Grafiken, Collagen; Bildergeschichten ohne Sprachzusätze; grafische Darstellungen ohne Sprachzusätze
- *Musik- und Geräuschmedien* (ohne Sprachzusätze): Charakterstücke, Programmmusik, meditative Musik; Situationsdarstellung und Handlungsabläufe
- *Verbundmedien:* Bildergeschichten mit Sprachzusätzen; Collagen; Lieder einschließlich Songs verschiedener Art; Kurzopern, Musicals; Filme, Videos; grafische Darstellungen mit Sprachzusätzen; E-mail-Texte

(Reale Gegenstände lassen sich nicht textuell bestimmen; sie werden jedoch besonders im Anfangs- und früh beginnenden Unterricht viel verwendet.)

Alle genannten Medien zeichnen sich durch *Textualität* im weitesten Sinne aus (Lörscher, 1995, S. 165–168): (1) Auf die Benutzer bezogen hat jedes Medium *Intentionalität* (Wirkungsabsicht des Produzenten), *Akzeptabilität* (Wirkungserwartung des Rezipienten), *Informativität* (Ausdruck neuer, unbekannter und/oder unerwarteter Informationen), *Situationalität* (Relevanz für bestimmte Kommunikationssituationen) und *Intertextualität* (Verbindung mit Vorformen des Textes). (2) Gebunden an den Text und seine Sinnerfassung im Rezipienten meint Textualität im engeren Sinne *Kohäsion* (Zusammenhang medienspezifischer Ausdrucksmittel) und *Kohärenz* (der sich beim Sinnerstellen ergebende inhaltliche Zusammenhang). Allgemein textuell gesehen kann man auch von Sprach-, Bild-, Musik-, Geräusch- sowie Verbundtexten sprechen. Die Beispiele des Inventars oben betonen das Wirkungspotenzial der Medien; dabei bleibt das Materiell-Technische wichtig als Bedingung und Werkzeug, die es beim Mediengebrauch zu beachten und zu beherrschen gilt.

2. Prozessorientierung als mediendidaktisches Konzept

Zur Förderung eines bewussten und empfindenden, vertieften und intensivierten Lernens haben wir eine prozessorientierte Mediendidaktik entwickelt (Gienow & Hellwig, 1993, 1994, 1996b; vgl. auch Einleitung sowie Kap. A.1, Abschnitt 1). Sie bezieht sich im Kern auf die mentalen Prozesse der Verarbeitung medialer Information im Lernenden, also auf Rezeptions- *und* Produktionsprozesse (Multhaup & Wolff, 1992a; Wolff, 1993, 1994a). Sie ist durch die komplementären, wechselseitig wirkenden Pole von Lernen als *Text-Verstehen und Text-Schaffen* geprägt. Im Fremdsprachenunterricht ist vor allem fremdsprachiges Verstehen und Schaffen gemeint. M. a. W.: Bedeutsam-belangvolle Medien verschiedenster Art lösen im Schüler Prozesse der Textverarbeitung aus, die sich in eine jeweils individuelle Texterarbeitung umsetzen und zu subjektiv neuen fremdsprachigen Produkten führen. Medien wirken rezeptiv und produktiv aktivierend auf den Lerner. Die Medienarbeit trägt der Individualität und Konstruktivität von Verarbeitungs- und Lernprozessen Rechnung (vgl. Wolff, 1994a, S. 418, sowie Kap. B.3 und B.4).

3. Lerner und Lerngegenstand

In unserer zunehmend mediatisierten Welt gehören besonders die neueren Medien, die Wirklichkeit reell und virtuell elektronisch vermitteln, zum Alltag von Kindern und Jugendlichen, sodass die Schüler mit Medien im Unterricht einem Stück ihrer selbst begegnen (vgl. auch Einleitung, Abschnitt 1). Medienbezogenes Lernen in der Schule aktualisiert also das Spannungsfeld zwischen Lerner und Lerngegenstand. Formen und Inhalte der eigenen Lebenswelt werden Teil des Unterrichts. Medien sind damit zum einen Werkzeug und Hilfsmittel, zum anderen selbst Gegenstand von Lernprozessen. Lernen mit Medien sollte zwecks der Entwicklung von umfassender Medienkompetenz an älteren und neueren Medien geschehen, damit ein vollständiges und nicht reduziertes Kulturbewusstsein wachse, dabei auch ein „liebevoller Widerstand" gegen die Dominanz des *Technopols* (Postman, 1992), d. h. eine einsichtige und konstruktiv-kritische Haltung (vgl. Heuermann, 1995). Printmedien behalten also ihre Bedeutung – besonders solche, die Vorstellung und Fantasie so intensiv wie perspektivierend beleben. Dies leisten authentische, in besonderem Maße künstlerische Texte. Sie regen den Schüler ganzheitlich an – nicht nur seinen Verstand, sondern auch sein Empfinden.

Abb. 1: Aus: *Sempé's Volltreffer*. Copyright © 1959, 1975 by Diogenes Verlag AG Zürich

Über eine so verstandene Medienarbeit lässt sich mehr sagen: Die Verarbeitung medialer Anstöße wird beeinflusst von dem Vorverständnis und der Sichtweise des einzelnen Schülers. Die meisten Lernenden begegnen z. B. Bildergeschichten mit der Vorerfahrung von Comiclesern. Aus dieser Sicht werden bedeutungsvolle Cartoons wie der unpolitische von Sempé (vgl. Abb. auf der vorangehenden Seite) und der eher politische von Stauber (vgl. Abb. rechts) zunächst befremden; denn mit durchschnittlichen Comics verbinden diese Texte nur ihr grundlegender Erzählduktus, die Geschehensdominanz und die Auffälligkeit der Figuren mit relativ großen Köpfen und überzeichneten Nasen. Der Cartoon „Integration" lässt zudem die Figur schrumpfen, „entpersönlichen" und vollends verschwinden (es gibt auch unpolitische Integrationszwänge). Die Figur handelt nicht, sondern sie wird behandelt.

Die Vorperspektive des Betrachters erfährt also beim Schauen und Verstehen nicht nur Irritation, sondern auch Erweiterung. Weiterführende Denkprozesse werden ausgelöst und tragen rezeptiv zur konstruktiven *Sinnerstellung* bei. Beide Cartoons leisten dies durch ihren unerwarteten, bei Sempé humorvoll-pointierten Verlauf, der sich fremdsprachlich nacherzählen lässt.

Denkt der Betrachter die Texte über ihr teiloffenes, vorstellungsanregendes Ende folgernd hinaus, führt dies zu neuen, je persönlichen *Sinnbildungsprozessen*, zur Entstehung neuer fremdsprachiger Texte. Rezeptives und produktives fremdsprachiges Lernen vollzieht sich verbunden mit individueller Wahrnehmung, Reflexion und Eigenschaffen.

Nach aller Erfahrung motiviert gerade das Eigenschaffen in der Fremdsprache, auch wenn viele Schülertexte – behutsamer – sprachlicher Verbesserung bedürfen. Das Verbessern ist – mit ermutigender Hilfe des Lehrers – ein wichtiger Teil des Lernprozesses. Als lernerfolgsichernd ist zu beobachten, dass Schüler emotionale Bindungen zum Unterrichtsgegenstand entwickeln, wenn eigene Erfahrungen und Vorstellungen sich mit Texten verbinden oder in ihnen niederschlagen (vgl. Einleitung, Abschnitt 1, sowie Kap. A.1, Abschnitt 1).

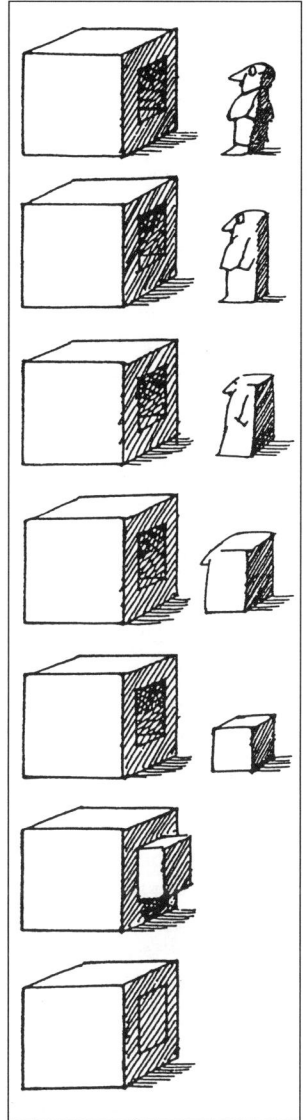

Abb. 2: Cartoon von Jules Stauber aus dem Band „Die Welt ist rund. Cartoons". © Deutscher Taschenbuch Verlag, München

Die Anbindung von Lerngegenständen an das Schüler-Ich, die über den Einsatz interessanter, anregender Medientexte in aller Regel gut gelingt, setzt im formalen Bereich an. Medientextarten und ihre vielgestaltigen Formen haben unterscheidbare Wirkungspotenziale. Sie sind in unterschiedlichen Prozessphasen – individualtypische Besonderheiten der Informationsverarbeitung und -nutzung berücksichtigend – ungleich effektiv (vgl. Gienow, 1993, S. 47ff.).

In der Hinführung zum Thema *Dreams* wurde im Englischunterricht einer 6. Klasse mit einer Farbfolienkopie des Bildes „En engel flytter" gearbeitet, das der dänische Maler Leif

Sylvester 1992 schuf. Das Gemälde zeigt einen Menschen, der Flügel hat und fliegt. – Fliegen aus eigener Kraft, ein uralter Traum der Menschheit! Dieser Gedanke hat die Fantasie und Vorstellungskraft ungezählte Male angeregt. Würde die bildliche Darstellung des Traums auch die Lernarbeit dieser Altersgruppe „beflügeln" können?

Der Unterrichtsversuch wurde in zwei Klassen durchgeführt, deren Leistungsvermögen und Verhalten recht unterschiedlich waren. Die leistungsstärkere und disziplinierter arbeitende Klasse reagierte weniger emotional, eher distanziert, aber mehr anforderungsgerecht als die unruhigere, insgesamt leistungsschwächere. In Letzterer wurde „das Thema Zukunftsträume bereitwilliger ... aufgenommen ... Viele Schüler waren gefühlsmäßig stark beteiligt ... Beide Klassen konnten jedoch zum Betrachten und Reflektieren über das Geschehen angeregt werden, wobei sie sich im Beschreiben des Gesehenen und Gefühlten übten ..." Das spricht für die allgemeine Eignung der Arbeit mit künstlerischen Bildtexten in Anfangsphasen des Lernprozesses, wobei im angeführten Beispiel als erschwerend zu erkennen ist, dass es den Schülerinnen und Schülern fremd und neu war, im Sprachunterricht über Gefühle zu reden, *ihre* Vorstellungen und Gedanken in Fremdsprache zu fassen (Veith, 1995, S. 60f.; vgl. Blell & Hellwig, 1996).

Die skizzierten positiven Erfahrungen stehen erstens mit der *Form* des Textes in Verbindung. Die spezifische Reizstruktur „Bild" ist u. a. dadurch gekennzeichnet, dass sie – teilweise in Übereinstimmung mit oder abweichend von filmischen Formen, aber anders als beispielsweise bei der Schriftform –

● intendierte Bedeutung „direkt" anbietet und ganzheitlich-parallel erfassbar macht,
● spontan Aufmerksamkeit auslöst und
● hinreichende Verarbeitungszeit für subjektiv-selektive Informationssuch- und Denkprozesse ermöglicht.

Über das Durchmustern des Bildes mit schneller Orientierung gelangt der Rezipient zur semantischen Informationsverarbeitung und -erarbeitung. Im Prozessverlauf tritt zweitens der *Inhalt*, die semantisch-funktionale Zeicheninterpretation in den Vordergrund; sie ermöglicht letztlich Prozesskontinuität. Die Intensität der Verarbeitungs- und Lernprozesse hängt dabei wesentlich davon ab, ob das Dargestellte für die Schüler von Belang ist, ob es Anlass zur Identifikation, für Hinwendung oder Distanzierung gibt. Interessiertheit, die zu intensiver Verarbeitung angebotener Information führt, setzt per se bedeutungsvolle Reizstrukturen voraus. M. a. W.: Der Gegenstand muss „Tiefe" besitzen (vgl. Holzkamp, 1995, S. 222), um über oberflächliches Erfassen von Reizstrukturen hinaus Sinnbildung im Lerner anregen zu können. „Er muss bedeutungsgeschichtet, mehrdeutig und interpretationsoffen sein, problemhaltig, rätselhaft und beunruhigend, auch innovativ und alternativ in seinen Perspektiven" (Gienow & Hellwig, 1996b, S. 6), um Bedeutungs- sowie Sinnprüfung und -entfaltung essenziell an Spracherwerb und -gebrauch zu binden.

Weshalb das Bild generell und in Anfangsphasen von Lernprozessen besonders geeignet für den Fremdsprachenerwerb ist, der Film dagegen vorzugsweise in fortgeschrittenen Lernstadien wirkungsvoller verwendet werden kann, lässt sich – bezogen auf unsere Ausführungen – vereinfacht und verkürzt so formulieren: Das *Bild* regt die Lernenden über eine vergleichsweise begrenzte Menge von Formen harmonierender und/oder kontrastierender Linienführung und Farbgebung zum Durchmustern, Durchdenken und Versprachlichen an, wobei das statische Erscheinungsbild der Qualität verlangsamter und eher auf globale Informationsverarbeitung und -bewertung gerichteter Prozessabläufe – wie sie vermehrt in Anfangsstadien des Lernens auftreten – entgegenkommt.

Der *Film* erfordert die Bearbeitung einer vergleichsweise hohen Zeichenmenge, die dynamisch dargeboten wird und durch spezifische Möglichkeiten des Spannungaufbaus (z. B. Erzählen durch bildliche Aktion, Stimmungen anzeigende Musik) gekennzeichnet ist. Die filmeigene Ästhetik kann emotionale Prozesskomponenten besonders intensiv verstärken; sie setzt auch deshalb und wegen der Dichte und schnellen Folge der Zeichenkomplexe für ertragreiche *fremdsprachliche* Lernarbeit z. T. entwickelte Fähigkeiten und Fertigkeiten differenzierterer Informationsverarbeitung, der Aktivierung geeigneter Strategien und Techniken bei zweckmäßiger Aufgabenstellung voraus, damit vorrangig sinnvoller Spracherwerb und -gebrauch und nicht dominierende Bildverarbeitung bewirkt werden.

4. Unterrichtspraxis

Wir wählen zwei Beispiele aus dem verbundmedialen Bereich: ein relativ gebräuchliches für die Anfangsjahre und ein bisher weniger beliebtes für die Schlussjahre in der Sekundarstufe I (den Film).

4.1. *Bildergeschichte*

Der folgende Text, dessen Bilder um zwei stilistisch passend gezeichnete erweitert wurden (Abb. 3–8), stammt aus dem Lehrwerk *Contacts 5 – Situations I – Basic Course* (Kamp, 1980, S. 108f.) – vermutlich eine speziell für didaktische Zwecke geschriebene Geschichte.

A story

One afternoon the goat and the sheep went for a walk. The goat did not speak. The sheep did not say anything. They just walked.
Then the goat said: "Let's talk." "What about?" said the sheep. "Oh, well. Perhaps about words with w." "All right with me," said the sheep.

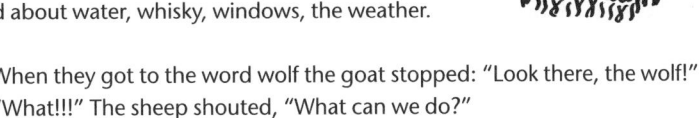

So they went on and talked about water, whisky, windows, the weather.

When they got to the word wolf the goat stopped: "Look there, the wolf!" "What!!!" The sheep shouted, "What can we do?"

"I have an idea. There's a bush. You look at the wolf. And I put my tail to your tail and look the other way. Understand?"
"Yes," said the sheep, but it did not like the idea.
The goat said: "And don't forget: you have two heads."
"I see," said the sheep, "and four eyes." "Yes, and eight legs."
So they waited for the wolf.

The wolf saw the sheep and said: "Ah, a very good morning, sheep." "Good morning, wolf. You're very nice for a wolf." "Oh, yes," said the wolf. "I am always nice to my dinner." The sheep did not like that at all.

At that the goat began to shout: "Who is that? WHO IS THAT???" The wolf was shocked: "What's that?" "Oh, that. That's my other head. You see, this face here is very nice and eats only grass. But ..." "But what?" "The other head likes wolves best of all." "AAAH, A WOLF. LET ME GET AT THAT WOLF," the goat shouted.

At that the wolf jumped up and ran away.
"That's what I said, sheep: Two heads are better than one."
"Yes", said the sheep, and liked the idea that its head was as good as the goat's.
And on they went and talked about other words with w.

Kein authentischer Text? Er erfüllt die Merkmale der Fabel nach Inhalt, Aufbau, Sprachgestaltung und Wirkungsintention so optimal, dass man ihn „quasiauthentisch" nennen könnte (Jekosch in Koch, 1994, S. 92–97; vgl. Hellwig & Siekmann, 1987, S. 481f.). Diese Fabel ist schon mit ihrem Appell zum solidarischen Handeln in einer Notsituation, hier gegen einen aggressiven und gefährlich-bedrohlichen Gegner, und der „cleveren" Überwindung von Gewalt eine bleibend bedeutsam-belangvolle Geschichte. Darüber hinaus ist sie perspektivisch nicht eindimensional (*Two heads are better than one!*), sondern sie enthält mehrere Bedeutungsebenen: *Cleverness/Solidarity succeeds*; *Experience is the best teacher*; evtl. *All's well that ends well* usw. Hinzu kommt als Besonderheit der humorvolle Rahmen und sprachspielerisch-fiktionale Handlungsimpuls: "When they got to the word wolf ..."

Die Geschichte ist im Unterricht kombiniert, aber auch als „reiner" Sprach- oder Bildtext verwendbar. Sie bietet viele – speziell prozessorientierte – Möglichkeiten sprachlichen Handelns (vgl. Siekmann & Hellwig, 1988, S. 390f.; Morgan & Rinvolucri, 1983; vgl. Einleitung, Abschnitt 3), zum Beispiel:

- die Geschichte dem Partner / der Klasse erzählen (mündlich, schriftlich)
- die in falscher Reihenfolge präsentierte Geschichte berichtigen (mündlich)
- die Geschichte unterbrechen und an bestimmten Stellen (z. B. nach Bild 2 oder 3) mutmaßend weiterdenken (mündlich)
- die Geschichte bei ausgespartem Schlussbild beenden (mündlich, schriftlich, grafisch)
- den Anfang bei Aussparung des Einzelbildes finden (mündlich, schriftlich, grafisch)
- fehlende Abschnitte/Einzelbilder mutmaßend ergänzen (mündlich, grafisch)
- die Geschichte über das Ende hinaus fortsetzen (mündlich, schriftlich, grafisch)
- treffende Titel für die gesamte Geschichte und/oder einzelne wichtige Episoden erfinden und begründen (mündlich, schriftlich)
- vorgegebene Denk- und Sprechblasen den Bildern zuordnen (mündlich)
- die Bilder mit Denk- und Sprechblasen versehen und ausfüllen (mündlich, schriftlich)
- die Geschichte in ein darstellendes Spiel oder Hörspiel verwandeln (mündlich, schriftlich)
- zur Geschichte einen Dialog für eine Pantomime verfassen (mündlich, schriftlich)

- den Sprachtext in eine eigene Bildergeschichte verwandeln oder die Bildfolge in einen eigenen Sprachtext (mündlich, schriftlich)
- zu passenden Sprichwörtern einen eigenen Sprach- oder Bildtext erzählen (mündlich, schriftlich, grafisch)
- eigene Lösungen mit dem Original vergleichen (mündlich, schriftlich).

Dies ist ein umfangreiches Repertoire bekannter und gebräuchlicher sowie weniger bekannter, eher ungebräuchlicher Lern- und Lehrtechniken für leistungsschwächere und leistungsstärkere Schüler und Schülerinnen. Alle Techniken – besonders die medialen Transfers – sind prozessorientiert (vgl. Hellwig, 1995b), weil sie faktisches und handlungsbezogenes Sprach- und Weltwissen aktivieren und den Lernvorgang intensivieren (vgl. auch Kap. C.6, Abschnitt 4).

4.2. Videofilm

Alan Sillitoes parabelartige Erzählung *The Loneliness of the Long-Distance Runner*, 1959 veröffentlicht und 1962 von Tony Richardson in Schwarz-Weiß verfilmt, spricht Lernende der oberen Schuljahre nach wie vor an.

Aspects of the story

Abb. 9

Smith: "Running has always been a big thing in our family, especially running away from the police. ... All you know is that you've got to run ..."

Abb. 10

Governor: "I don't have to know what you've done. You are here first to try and make something of you, to turn you into industrious and honest citizens ... The sooner we have your cooperation, the sooner you'll be out of here. If you play ball with us, we'll play ball with you. We want you to work hard, good athletics, sports, interhouse-competition ... Staisy here is proud of being the leader of Drake House ... I want to put these lads in your charge."

Abb. 11

Training
Staisy: "You keep back, Smith, son of a bastard, down then."
Governor (not in the picture): "Well run, Smith, well run ... That was a good sprint, you put it on just in the right moment ... you know we might think of training you for that long-distance cross-country run with Staisy's help here, of course ... We've got to win this race."

Abb. 12

Abb. 13

The competition between Roxton Towers and Ramlay school.
Colin Smith from Roxton Towers is taking the lead.

After an inner struggle Colin Smith has decided to lose this race, because he has never been anything but honest.
Smith: "I'm a human being and I've got thoughts and secrets and bloody life inside me that he doesn't know is there, and he'll never know what's there because he's stupid ... Admitted we're both cunning, but I'm more cunning and I'll win in the end even if I die in gaol at eighty-two, because I'll have more fun and fire out of my life then he'll ever get out of his."

Die filmische Version, die auch als ein unterhaltsames „Zeitdokument" aufgenommen wird, fordert Vergleiche mit der eigenen Gegenwart heraus. Die abwechslungsreich und spannend dargestellte Grundidee subjektiv interpretierter Aufrichtigkeit, das Handeln von Personen in einer widersprüchlichen Lebenswelt, lässt sich für den Unterricht fragend zu einem bekannten Sprichwort in Beziehung setzen: "Is honesty the best policy?" Können Aufrichtigkeit und Wahrhaftigkeit gegenüber sich selbst und anderen, das Bewahren der eigenen Identität, das Maß aller Dinge sein? Bleibt man sich treu, auch wenn einem dafür Opfer und Zwänge auferlegt werden? Sind Kompromisse akzeptabel? Unterordnen oder kämpfen? Wofür lohnt sich Engagement?

Die Geschichte betrifft die oft einsame Suche junger Menschen nach dem eigenen Ich, nach Selbstverständnis und Gruppenzugehörigkeit. Sie setzt sich zu einem Komplex interessanter und nachdenkenswerter Perspektiven zusammen. Ihre vieldeutig kontroverse Gestaltung regt wirkungsvoll emotional-rationales Auseinandersetzen mit dargestellten Gesichtspunkten für den Spracherwerb und -gebrauch an. Beispielhaft sei hier angeführt die intrapersonale Kontroverse des Colin Smith, der seine Zukunftschance um seiner eigenen *honesty* willen bewusst zunichte macht. Die interne Widersprüchlichkeit wird zugleich interpersonal sichtbar und ausgetragen, orientiert an den unterschiedlichen Weltbildern von Smith, des Governor, von Staisy, der Mutter u. a. Besonders reizvoll und unterrichtlich ergiebig ist auch hier Intermedialität, die durch Vereinzelung und Zusammenführen von Videofilmausschnitten, Bild- und/oder Tonsequenzen sowie Einzelbildern des Films, Schrifttextpassagen der Erzählung Sillitoes und Skriptausdrucken der verfilmten Fassung gegen eine „glatte" Textbehandlung interveniert, wodurch subjektive Komponenten des Lernens stärker aktiviert werden.

Die nachfolgende Auflistung von Aufgabenstellungen für die Textrezeption und -produktion will Gesagtes beispielhaft für die Unterrichtspraxis konkretisieren (vgl. Einleitung, Abschnitt 3):

- What comes to mind while you are looking at the first picture? Write down your associations. Compare your ideas (on at least three points) with those of a partner.
- Watch some selected sequences of the film *The Loneliness of the Long-Distance Runner*. Make notes about your thoughts and feelings when watching the scene. Discuss your ideas in groups of four. Make a list of statements about the film, showing what all of you find important.
- Read the video script. Mark the words and phrases you have to look up in order to understand the text.
- Read the corresponding passages from Alan Sillitoe's novel *The Loneliness of the Long-Distance Runner*. (You may do this at home.) Are there any notable differences between the video script and Sillitoe's text? What are they? Discuss this question.
- Watch the video sequences again. Choose one scene of the film which you would like to remake or to alter. Give reasons for your decision.
- Remake or alter a central situation from the scene you have chosen. Try to illustrate your ideas by means of a sketch or a collage. Explain your picture to a partner. What ideas are represented in it? What do your sketches or collages have in common and how do they differ? Make a list. Present your ideas to the rest of the class and ask them to comment on your picture and the ideas behind it.
- Write a short dialogue for the characters in the new scene or a short comment on its central situation (in about 10 to 15 sentences).

Das hier akzentuierte vergleichende Herangehen, der Einsatz verschiedener Medientexte zu einem Thema, wirkt nach vorliegenden Erfahrungen prozessintensivierend. „Das Hereinnehmen des anderen Mediums kann ‚rückwirkend' zu vertieften und neuen Einsichten in spezifische Wirkungsweisen der Text-Literatur führen und so auch das Interesse daran neu entzünden" (G. Schröder, 1988, S. 216; allgemein dazu vgl. auch Gienow & Hellwig, 1996b, S. 5f.). Die Techniken beider Praxisbeispiele geben dem „Lerngespräch" viel Raum (vgl. Kap. C.6).

5 Medium Computer
Uwe Multhaup

Neue Technologien können viel zur Bereicherung der Zahl und Art der Textbegegnungen im Unterricht beisteuern. Sie werden hier exemplarisch repräsentiert vom *Computer*, der als multimediale Universalmaschine sowohl Texteingaben als auch stehende und bewegte Bilder sowie die gesprochene Sprache verarbeiten kann. Er vereint in sich die Fähigkeiten der Schreibmaschine, der Ton- und Bildaufzeichnungsgeräte, der Datenspeicher, der Telekommunikation und der Kalkulationsmaschinen. Er ist aber nicht nur technologisch gesehen eine neue Erscheinung, sondern auch didaktisch neu; die in ihm liegenden Möglichkeiten sind pädagogisch erst ansatzweise erkundet (vgl. Hahn, Künzel & Wazel, 1996).

1. Textbegegnung als Grundlage fremdsprachlicher Lernprozesse

Häufige und von positiven Erfahrungen begleitete Kontakte mit Menschen, die eine andere Sprache sprechen, können den Willen stärken, ihre Sprache zu lernen; umgekehrt führen schlechte Erfahrungen in dieser Hinsicht dazu, dass die Lernmotivation sinkt und Lernerfolge ausbleiben. *Nothing succeeds like success* ist der triviale, aber richtige Tatbestand, den es hier festzuhalten gilt. Ihm muss man didaktisch dadurch Rechnung tragen, dass man Schülern viele Kontakte mit der Zielsprache und Lernerfolgserlebnisse zu vermitteln versucht. Eine entscheidende Rolle spielen dabei die Art der Aufgaben und der *Textbegegnungen*, zu denen sie führen; und hier beginnt die Rolle der neuen wie der alten Technologien. Computer und die vielen Möglichkeiten des individuell steuerbaren Abrufens authentischer fremdkultureller Text-, Ton- und Bildinformation sowie der Kontaktaufnahme mit Kommunikationspartnern in vielen Ländern bereichern die Möglichkeiten für fremdsprachliche Aktionen im Englischunterricht erheblich. (Ergänzend sei hier auf Lausevic & Windeatt, 1996 hingewiesen, wo auch Einsatzmöglichkeiten des Mediums „Video" vorgestellt werden.)

Aussagen über die neuen Technologien verlangen neben der Beschreibung des technisch Möglichen auch seine didaktisch kritische Bewertung. Die Extreme, die es zu vermeiden gilt, sind die Technisierung der Pädagogik und die Pädagogisierung der Technik, weil beides einseitig das technisch Machbare über das menschlich und lernpsychologisch Nötige zum Maßstab erhebt. Es wäre angesichts der wachsenden Mediatisierung des Alltagslebens aber unvernünftig, die neuen Technologien aus den Schulen fernhalten zu wollen, denn Schüler kennen sie und müssen damit umgehen lernen. Medienerziehung darf jedoch nicht zum Selbstzweck werden; Sprachen werden für die Kommunikation mit Menschen und nicht mit Maschinen gelernt. Die neue multimediale Technologie kann den Fremdsprachenunterricht deshalb nur wahrnehmungstechnisch gesehen etwas näher an eine ganzheitlich erfahrbare Kommunikationssituation heranbringen, weil sie sowohl die gesprochene als auch die geschriebene Sprache und den nicht sprachlichen Kontext einer Äußerung gleichzeitig darbieten kann. Es ist aber irreführend, die Maschinen als „Kommunikationspartner" zu bezeichnen, wie das gelegentlich geschieht. Das Interaktionspotenzial von Computerprogrammen ist nämlich äußerst begrenzt, ganz im Gegensatz zu dem von Menschen, die sich der Computer bedienen können; es geht bisher über vorher einzugebende und sprachlich eng umgrenzte Reaktionen auf schriftliche Eingaben nicht hinaus. Das gilt auch noch für Künstliche-Intelligenz-Programme, die mit einem linguistischen Expertenwissen ausgestattet sind (Handke, 1989). Sie können zwar alle sprachlichen Eingaben, in gewissen Grenzen, formalgrammatisch analysieren und das Resultat auf dem Bildschirm anzeigen, aber sie zeigen dem Nutzer nicht an (beispielsweise mit affektiven und anderen paralinguistischen Reaktionen), inwieweit das Ziel der Kommunikation, die Verständigung, erreicht wurde. Computer bringen uns also dem ganzheitlichen Lernen nur technisch etwas näher. Für die Gestaltung der Formen und Inhalte der Texte und Aufgaben, die in neuer Weise mit den neuen Technologien bereitgestellt werden können, und damit dafür, dass ein kognitiv und emotional engagiertes Lernen stattfinden kann, sind nach wie vor die Menschen verantwortlich.

Die alten didaktischen Herausforderungen leben deshalb hinter den neuen Technologien weiter fort. Auch Letztere können den Menschen die Anstrengungen des Lernens nicht abnehmen; sie eröffnen uns aber qualitativ und quantitativ neue Wege der Textbegegnung, der Informationsgewinnung und Wissensverarbeitung. Vor dem Hintergrund sind drei Anwendungsfelder zu nennen, in denen Computer als multimediale Maschinen didaktisch nützliche Dienste tun können. Sie können (a) als *Werkzeug in der Hand des Lehrers* bei der Suche nach und der Aufbereitung von Unterrichtsmaterialien helfen; (b) als *Lernhilfsmittel* für die automatisierte tutorielle Betreuung von Übungen im und außerhalb des Unterrichts eingesetzt werden; (c) als *Werkzeug in der Hand von Lernenden* neuen Spielraum für einen von ihnen selbst bestimmten Zugriff auf und Umgang mit authentischen fremdsprachlichen Texten bieten. Sie fördern bzw. fordern dabei ein größeres Maß an Lernerautonomie, das heißt die Fähigkeit der Lernenden, sich selbst zu helfen (vgl. Kap. B.5). Sie wird in einer Zeit, in der brav gelernte Fakten immer schneller veralten, immer wichtiger. Sie kann aber nur im Rahmen eines neuen Lern- und Unterrichtskonzepts gelingen, das neben dem bisher dominierenden Frontalunterricht mehr Phasen der Freiarbeit und Phasen der Projektarbeit vorsieht.

Die folgende Übersichtstafel von Ritter (1996, S. 44) gibt die Relationen zwischen Phasen und Formen des Lehrens und Lernens und den verschiedenen Funktionen des Computers anschaulich wieder:

	Fachunterricht	Freiarbeit / offenes Lernen	Projektarbeit
mediendidaktischer Schwerpunkt	Lehrmittel	Lernmittel	Arbeitsmittel
primäre Computerfunktion	zur Demonstration und Präsentation	als individualisierende tutorielle Lernhilfe	als Werkzeug zur Problemlösung
Software-Kategorie (Schwerpunkt)	keine	tutorielle Programme, Computer-Lernspiele und -simulationen	„Werkzeug-Programme"
herausragender Entwicklungstrend	„elektronische Tafel"	„Multimedia"	Telekommunikation für Bildungszwecke

Abb. 1: Funktionen des Computers (nach Ritter, 1996, S. 44)

2. Der Computer als Werkzeug in der Hand des Lehrers

2.1 *Hilfsmittel bei der Textsuche und Textarbeit*

Der Fremdsprachenunterricht ist mehr als der natürliche Zweitspracherwerb auf die Arbeit mit schriftlich fixierten oder audiovisuell gespeicherten Texten angewiesen. Sie bieten in einem Unterricht, der künstlich ausgelöste Redeanlässe braucht, die Chance, dass die Lerner zielsprachlichen und zielkulturellen Texten und Kontexten in einer multimodalen Form begegnen, die sie echten Kommunikationssituationen näher bringen. Kombinierte Text-, Ton- und Filmdarbietungen, wie sie die neuen Technologien über Video oder CD-ROM in guter Qualität ermöglichen, können Sprachlernprozesse außerdem dadurch erleichtern, dass sie den Lernenden z. B. durch eingeblendete Untertitel zu den fremdsprachlichen Dialogen die grammatisch-kognitive Analyse der ansonsten flüchtigen Lautsprache erleichtern. Das ist insbesondere für den *Anfangsunterricht* nützlich, denn das Identifizieren und Durchschauen des Wechselspiels der vielen lexikogrammatischen Formen in der zu lernenden Sprache ist eine Voraussetzung dafür, dass die Schüler erkennen, worauf sie bei ihren eigenen Sprechversuchen achten müssen. Ein gutes Beispiel für die sprachlernförderlichen Maßnahmen, die damit verfügbar werden, sind die Englischkurse des Fernsehens. Sie verbinden die Präsentation authentischer Texte und dazu passender soziokultureller Kontexte mit einer didaktischen Aufbereitung des Sprachmaterials, die das Lernen erleichtert.

Anderer Art sind dagegen die Vorteile, die der *Unterricht für Fortgeschrittene* aus den neuen Technologien ziehen kann. Hier sind insbesondere der leichtere Zugang zu authentischen englischen Texten über das Internet und die für das interkulturelle Verstehen wichtige Möglichkeit der bildlich unterstützten Erfahrung zielkultureller Kontexte und Verhaltensmuster zu nennen, die bereits ab der Mittelstufe eingesetzt werden können. (Eine ausführliche Beschreibung des Internets sowie kommerzieller elektronischer Netzwerke, ihrer Kosten und didaktischen Nutzungsmöglichkeiten bieten Eck, Legenhausen & Wolff, 1995, sowie Donath, 1997a und 1997b.) Im Gegensatz nämlich zum hohen technischen Aufwand, den die für den Anfangsunterricht nützliche Untertitelung und didaktische Aufbereitung der Lernmaterialien verlangt, die deshalb von einzelnen Lehrern nicht geleistet werden kann, ist die Suche nach authentischen Texten im Internet und ihre Aufbereitung weniger aufwendig. Das erlaubt einen stärker auf die Schülerinteressen eingehenden Unterricht. Die Originaltexte können mit gängigen Textverarbeitungssystemen wie MS-Word problemlos verändert und annotiert werden. Beides zusammen verringert die Abhängigkeit von den mehr oder weniger zufällig in der Schule vorhandenen Lektüreheften bzw. Lehrbuchtexten. Damit wird aber auch der beliebten Klage über die schlechte Qualität der Lehrbuchtexte, die für Fehlentwicklungen verantwortlich gemacht werden, der Grund entzogen. Die Stärkung der Autonomie von Lehrern und Lernenden ist also ohne Übernahme von Verantwortung nicht zu haben.

Technisch gesehen ist für die Stärkung der Eigenverantwortung der Lehrer und der Schüler für das, was sie selbst zur Förderung der Lernprozesse tun können, nicht mehr nötig als ein Drucker und ein Computer mit Modem oder Netzkarte und ein Anschluss an das Internet über das Telefonnetz sowie die Registrierung bei einem kommerziellen Netzwerkdienst wie CompuServe oder T-Online. Die Geräte können im Lehrerzimmer, in der Schülerbibliothek, im Computerraum der Schule oder im Arbeitszimmer des Lehrers stehen. Ergänzend dazu bieten heute Kabel- und Satellitenfernsehen die Möglichkeit, englischsprachige Sender zu empfangen, deren Sendungen aufgezeichnet und wieder verwendet werden können.

Didaktisch gesehen verlangt ein solcher Unterricht, der sich von vorgefertigten und mit Expertenkommentaren versehenen Texten löst, fremdsprachlich kompetente Lehrer, die so viel zielkulturelles Fachwissen und kommunikatives Geschick haben, dass sie inhaltsorientierte Textverarbeitungsgespräche in kompetenter Weise leiten können (vgl. Kap. C.6). Sie müssen nicht immer alles wissen, aber sie müssen wissen und den Schülern zeigen können, wie man sich selbst helfen kann, wenn man bestimmte Informationen braucht. Sie müssen zugleich selbst geistig bereit und fähig sein, sich ernsthaft auf Schülerkommentare zu den vorliegenden Texten einzulassen, denn wenn sie erreichen wollen, dass sich die Schüler um ein Verstehen der bzw. des anderen bemühen, müssen die Lehrer das vorleben. Die Maxime *Practise what you preach* gilt auch hier. Lebenslanges Lernen ist also eine Herausforderung, die heute mehr denn je nicht nur für die Schüler, sondern auch für die Lehrer gilt. Im übrigen aber werden bildungspolitische Vorgaben, wie sie sich in den Richtlinien der Kultusminister finden, auch in Zukunft bewirken, dass bestimmte Themen und Textsorten immer wieder vorkommen, was den Lehrern die Vorbereitung auf ihre Arbeit erleichtert.

Der Preis der Freiheit also, die gewonnen wird, ist die stärkere Verantwortung aller am Unterrichtsgeschehen Beteiligten für das, was darin geschieht. Das macht deutlich, dass die neuen Technologien der Lernerautonomie zwar bessere Chancen auf ihre Realisierung bieten, dass Lernerautonomie aber nicht mit einem Unterricht verwechselt werden darf, in dem sich Schüler auf eine Konsumentenhaltung und die Lehrer auf die bequeme Position eines Lehrbuchverwalters zurückziehen können. Die neuen Technologien fördern und fordern eigenverantwortete Lernprozesse. Es sollte auch klar sein, dass sich damit keineswegs alle Lernmotivationsprobleme in Wohlgefallen auflösen.

Es wäre an dieser Stelle deshalb falsch, einfach zu einer Auflistung von käuflich erwerbbaren CDs bzw. von Adressen im Internet überzugehen, unter denen man authentische englische Texte finden kann, und so zu tun, als könne ansonsten alles so bleiben, wie es war. Es wäre auch falsch, pauschal von „dem Englischunterricht" zu sprechen, so als gäbe es nicht Unterschiede zwischen den Anforderungen, die der Anfangsunterricht im Gegensatz zum fortgeschrittenen Unterricht stellt. Zumindest was den Anfangsunterricht betrifft, dürften die Lehrbücher mit ihrer kontrollierten Progression und darauf abgestellten Einsatzmöglichkeiten der neuen Technologien, vor allem den mit Autorenprogrammen (vgl. Abschnitt 3) erstellten formorientierten Sprachübungen, das zentrale Lernmedium bleiben. Bereits ab der Mittelstufe und in verstärktem Maße in der Oberstufe sollten aber, will man die neuen Technologien sinnvoll nutzen, Freiarbeitsphasen und projektorientierte Phasen einen breiteren Raum einnehmen. Sie jedoch verlangen einen Fremdsprachenunterricht, in dem nicht mehr die frontale Belehrung und die Fiktion der im geschlossenen Klassenverband zu erzielenden Lernfortschritte dominieren; sie verlangen auch eine andere als die bisher übliche Einstellung der Lehrer gegenüber grammatischen Fehlern der Schüler. Nach dem, was die Sprachlernforschung über die Charakteristika von Sprachlernprozessen entdeckt hat, sind nämlich in bestimmten Sprachlernphasen bestimmte Sorten von grammatischen Fehlern unvermeidlich; es nutzt dann wenig, mit verstärkten grammatischen Belehrungen oder „Bestrafungen" zu reagieren. Das heißt nicht, dass immer alle Fehler kommentarlos akzeptiert werden müssten oder dass die Schüler nicht aufgefordert werden dürften, sich über bestimmte grammatische Regeln der Zielsprache noch einmal genau zu informieren bzw. sich ihrer mithilfe des Lehrers zu vergewissern. Der für die Integration grammatischen Wissens nötige Wille zum Verstehen und Beherrschen formaler Regelhaftigkeiten der Zielsprache wird aber primär durch eine inhaltsorientierte und auf Verständigung ausgerichtete Kommunikation gestärkt, nicht durch rein formale Exerzitien (vgl. Kap. E.4). Wichtig ist auch, dass die Schüler ermutigt werden, sich schwierigen Aufgaben zu stellen, und dass sie nicht aus Angst davor, dass man sie wegen grammatischer Fehler tadeln könnte, stumm bleiben (vgl. Timm, 1996a).

Die neuen Technologien bereichern das Spektrum der Kommunikationsangebote und erlauben damit, mehr Rücksicht auf für individuelle Lerner attraktive Inhalte zu nehmen (vgl. auch Lausevic & Windeatt, 1996, Abschnitt 3). Da neue Inhalte oft mit neuen Vokabeln verbunden sind, müssen Schüler dazu ermutigt und daran gewöhnt werden, die Bedeutung neuer Wörter und Phrasen aus dem Kontext zu erschließen; sie müssen aber auch den selbstständigen Umgang mit Wörterbüchern lernen und schließlich sollten sie mehr Vokabeln lernen, als das bisher vorgesehen war (vgl. Kap. B.3, Abschnitt 5.2). Man wird dafür auf einige grammatische Wiederholungen verzichten können, wenn sie mehr einem fragwürdigen Korrektheitsideal als dem Ziel des Verstehens und der Verständlichkeit dienen. Festzuhalten ist auch, dass jedes Verstehen ein dynamischer und konstruktiver Prozess ist, der sich auf unterschiedlichen Ebenen abspielen kann. Er verlangt sowohl ein (fremd-)sprachliches Wissen als auch ein Allgemein- bzw. Weltwissen und kann zu unterschiedlichen Stufen des Verstehens führen, weil der Umfang bzw. die Tiefe des Verstehens von der Art des jeweils individuell vorhandenen Vorwissens abhängen (vgl. Wolff, 1994a; Multhaup, 1997 sowie generell Kap. B.3). Und genau an dem Punkt treffen sich eine inhaltsorientierte und eine formorientierte Arbeit mit Texten zwanglos. Gelernt wird dann am besten, wenn sich inhaltsorientierte Neugier oder die Absicht, einen bestimmten Text zu verstehen oder sich in einer spezifischen Weise auszudrücken, in eine lexikalische oder grammatische Neugier umsetzen.

Nach diesen Vorbemerkungen folgen jetzt einige technische Hinweise auf die Informationsquellen, die sich dem Fremdsprachenunterricht mit dem Computer als multimedialer Universalmaschine erschließen. Sie treten hauptsächlich in zwei Formen auf: als Texte, Grafiken, Videoclips, Animationen und Dateien in CD-ROM-Format und als Texte, Grafiken usw., die über die Telefonleitung aus dem Internet bezogen werden können. Eine CD-ROM ist vergleichbar mit einer Musik-CD und hat (1997) eine Datenspeicherkapazität von ca. 270.000 DIN-A4-Seiten. Das erlaubt es, z. B. die Inhalte vielbändiger Enzyklopädien oder Jahrgangsbände von mehreren Zeitungen auf engstem Raum zusammenzupressen und ihre Inhalte in den verschiedensten Varianten einer stichwortorientierten Suche für den Benutzer der CDs zugänglich zu machen. Beispiele für englischsprachige Enzyklopädien, die zu vielen historischen, politischen, kulturellen u. a. Themen ansprechende Texte und Informationen enthalten, sind *Encarta* von Microsoft, die *Encyclopedia Britannica*, *Grolier's Encyclopedia*, die *Canadian Encyclopedia* vom Verlagshaus McClelland & Steward und *Hutchinson's Encyclopedia*. Von diesen ist *Encarta* die am stärksten multimedial angelegte CD-ROM, umfasst also neben Texten und Bildern auch Ton- und Videosequenzen; die *Encyclopedia Britannica* bietet auf CD-ROM sämtliche Bände des gleichnamigen Werks in Buchformat und ist deshalb äußerst informativ, enttäuscht aber unter multimedialen Gesichtspunkten, denn typisch multimediale Angebote bietet sie (1997) noch nicht.

Die Inhalte von Enzyklopädien in CD-ROM-Form veralten natürlich ebenso schnell wie die in gedruckter Form, doch gibt es meist jährliche *updates* zum reduzierten Preis. Es ist darüber hinaus wichtig, dass man weiß, dass die Inhalte der CD-ROMs durch elektronisches Kopieren sofort für eine Weiterverarbeitung in anderer Form, z.B. im Unterricht, zur Verfügung stehen. Das gilt z. B. auch für die jährlichen CD-ROM-Ausgaben der Londoner *Times* und *Sunday Times* und für die Spezialausgaben der Zeitschrift *Times*, die unter dem Titel *Changing Times* eine große Zahl ihrer politisch, kulturell oder sonstwie bemerkenswerten Artikel aus den Jahren 1885 bis 1985 auf einer CD-ROM vereint hat.

Für den Englischunterricht interessant sind auch ein- und zweisprachige englisch-deutsche Wörterbücher. Ein Beispiel für ein neueres einsprachiges Wörterbuch ist das *Longman Interactive English Dictionary*. Es besteht aus sechs Komponenten: dem *English Dictionary*, dem *Pronunciation Dictionary*, der *English Grammar*, dem *Dictionary of Common Errors*, der *Picture Library* und der *Video Library*. Damit ist schon angezeigt, dass diese CD-ROM mehr bietet als ihr Gegenstück in Papierform. Beispielsweise kann sie, wenn der Computer des Benutzers eine eingebaute *sound card* hat, die Aussprache der Lexikoneinträge durch einen *native speaker* vorspielen; die *Video Library* bietet acht kurze Alltagsszenen mit dazu passenden Dialogen, die untertitelt sind; die *English Grammar* ist eine Elementargrammatik. Die Alternative zu diesem einsprachigen Wörterbuch ist das zweisprachige deutsch-englische und englisch-deutsche *ProfiLine* von Langenscheidt. Es enthält 620.000 Stichwörter, Wendungen und Übersetzungen; es erlaubt die Erweiterung durch eigene Einträge und bietet weitere, multimedia-typische Serviceleistungen. Da Betriebssysteme wie *Windows* oder *Macintosh* heute problemlos ein so genanntes *multi-tasking* erlauben, das heißt die gleichzeitige Benutzung verschiedener CDs und anderer Programme, können die genannten Wörterbücher im Hintergrund aktiv bleiben, während andere Texte bearbeitet werden. Der Benutzer kann dann jederzeit auf die Informationen, die auf den CD-ROM-Wörterbüchern gespeichert sind, zugreifen. Bei Arbeiten, die nur gelegentlich das Nachschlagen einer Vokabel verlangen, wird er allerdings oft den Griff zum alten Wörterbuch in Papierform vorziehen, weil es schneller geht.

Trotz der riesigen Speicherkapazitäten der CDs ist das menschliche Interesse an wechselnden Themen und Inhalten immer noch viel größer, als dass ihm mit einer Kollektion von CDs Genüge getan werden könnte. Hier können die Informationen aus dem weltweit gespannten Internet bzw. *World Wide Web* (*www.*) helfen. (Eine gute Einführung in technisch-formale und inhaltliche Aspekte der Arbeit mit dem Internet bietet Donath, 1997a.) Damit kommen wir jedoch an den Punkt, an dem weniger der Mangel als das chaotische Übermaß an Informationsangeboten zum Problem wird. Die Vielzahl an Themen, zu denen irgendwer auf der Welt etwas mehr oder minder Gescheites zu sagen hat, das er über seine *home page* den Mitmenschen zur Verfügung stellt, ist in der Tat fantastisch groß. So genannte *browser* und elektronische Suchmaschinen helfen hier bei der Suche nach Informationen. Es muss dazu aber angemerkt werden, dass es ein Mythos ist, dass man über das Internet „sekundenschnell" Texte zu jedem Thema finden könne. Je nach Auslastung der internationalen Leitungen und der Rechner, mit denen man verbunden werden möchte, kann die Herstellung einer Verbindung nicht selten etliche Minuten dauern oder gar nicht gelingen. Letzteres passiert leider viel öfter, als einem lieb ist, weil z. B. Adressen, die es einmal gab, inzwischen ihren Dienst eingestellt haben. Außerdem erbringen viele Verbindungen nicht das, was man sich davon erhoffte, weil die angebotenen Texte wenig taugen. Wichtig ist es deshalb, dass man sich mittels so genannter „Lesezeichen" einen eigenen Katalog der Adressen erstellt, die nach den selbst gemachten Erfahrungen nützliche Informationen bieten. Davon gibt es immer noch sehr viele.

Nachstehend werden einige Adressen im *World Wide Web* des Internet genannt, unter denen kostenlos viele fiktionale und nicht fiktionale Texte, Landkarten, Bilder u. a. zu finden sind. Es gehört außerdem zu den Eigenheiten solcher Datenbanken, dass sie dem Benutzer Hinweise (*links*) auf andere Datenbanken geben, die andere bzw. noch mehr Informationen bieten. Solche optisch leicht erkennbaren *links* braucht man nur anzuklicken und es beginnt automatisch der Aufbau einer Verbindung zu der anderen Datenbank. Inzwischen haben auch mehrere deutsche Bildungseinrichtungen damit begonnen, elektronische Serviceleistungen für die Schulen zu erbringen. So hat z. B. der deutsche Bildungsserver die Adresse *http://www.schulweb.de/*.

Die Aktion *Schulen ans Netz* ist unter der Adresse *http://www.san-ev.de/* zu finden. Online-Ressourcen für den Fachunterricht werden angeboten unter *http://dbs.schule.de/db/ listen.html* und der Bildungsserver des Landes NRW unter *http://www.learn-line.nrw.de*. Unter den internationalen Adressen bieten die *Oxford Archives* viele englische Texte; sie sind unter der Adresse *http://ota.ox.ac.uk/* zu erreichen. Umfangreich sind die Datenbanken des *Project Gutenberg* unter *http://www.promo.net/pg/*. Ein Buch, das fächerübergreifend viele für Lehrer interessante Adressen auflistet, ist das von Grieser & Tuch (1996). Für den Englischunterricht von besonderem Interesse dürfte der Server von *The Times* in London unter *http://www.the-times.co.uk/* sein. Private Nutzer können unter dieser Adresse viele Texte kostenlos abrufen, wenn sie sich vorher beim Verlag als Nutzer haben registrieren lassen, was ebenfalls kostenlos über das Internet geschehen kann. Die *New York Times* bietet für erstmalige Nutzer 30 Tage lang einen kostenlosen Service; danach werden $35 pro Monat als Nutzungsbeitrag erhoben (Adresse: *http://www.nytimes.com/*).

Hinzuweisen ist auch darauf, dass viele deutsche Universitäten einen Dienst für ihre Nutzer anbieten. Sie sind in der Regel unter Adressen wie *www.uni-stadt.de* zu erreichen, wobei *„stadt"* durch den Namen der Stadt zu ersetzen ist. Die Universität Wuppertal z. B., und darin deren Fach Anglistik, ist unter *http://www.uni-wuppertal.de/FB4/welcome.html* zu finden; die Uni Köln hat die Adresse *http://www.uni-koeln.de/* und der Nordamerika-Service, den sie anbietet, ist unter *http://www.uni-koeln.de/phil-fak/englisch/amstud/index.htm* zu erreichen; der Informationsdienst der Amerikahäuser unter *http://www.usia.gov/posts/bonn. html*. Umfangreiche Dienste bieten auch die Adressen *http://www.goethe.de* des Goethe-Instituts und *http://www.britcoun.org* des British Council.

2.2 Didaktische Aufbereitung von authentischen Texten

Aus lernstrategischen Gründen wird man die Schüler oft mit authentischen Texten arbeiten lassen wollen. Es kann dabei sein, dass man die Texte mit Anmerkungen zu darin vorkommenden Fakten, Daten, Namen und Personen, die für die Schüler nicht ohne weiteres verständlich sind, versehen will. Das schließt lexikalische Erklärungen ein, die für den Gebrauch authentischer Texte in der Mittel- und Unterstufe hilfreich sein können. In diesen Fällen liegt der Vorteil der elektronisch gespeicherten Texte darin, dass der Lehrer die von ihm als nötig erachteten Textannotationen mithilfe eines der gängigen Textverarbeitungssysteme sehr leicht selbst erstellen kann. Sie bieten z. B. eine automatisierte Fußnotenverwaltung oder erlauben durch Tabellen ein problemloses Arrangement von Textkommentaren in parallelen Textspalten. Viele bieten die Option des automatischen Zählens der Anzahl der Wörter im Text. Sie erlauben auch die automatisierte Suche nach Stichwörtern, die der Benutzer bestimmt. Das kann gerade bei längeren Texten von großem Vorteil sein, weil es die schnelle Identifikation aller Textstellen erlaubt, in denen ein Wort vorkommt.

Eine besonders leistungsfähige Variante solcher Programme mit automatisierten Such-routinen sind die *Konkordanzprogramme*. Auf dem Markt sind z. B. der *Mini Concordancer* von Longman sowie *MicroConcord* und neuerdings *Wordsmith*, beide von Oxford University Press. Sie suchen nach Eingabe eines bestimmten Wortes automatisch alle Sätze aus einem Textkorpus heraus, in denen es vorkommt, und zeigen die Belegsätze auf dem Bildschirm an. Sie zeigen auch an, wie häufig ein Wort in einem Textkorpus vorkommt, und sie lassen ihre typischen Verwendungskontexte erkennen. Für den Zweck können auch die über das Internet bezogenen Texte als Datenbasis dienen. Damit können Schüler beispielsweise Un-tersuchungen dazu durchführen, wie häufig bestimmte Wörter in bestimmten Texten bzw. Sorten von Texten vorkommen und welches typische Kontexte von Wörtern wie *make* bzw. *do*, *give* bzw. *take* oder *since* bzw. *for* sind. Konkordanzprogramme erlauben in gewissen Grenzen auch die automatische Suche nach Phrasen und grammatischen Konstruktionen, weil sie Befehle wie „Suche nach allen Wörtern die auf **ing* oder **ed* enden" ausführen kön-nen, wobei das * für eine beliebige Buchstabenfolge steht. So würde z. B der Befehl **ll be *ing* alle Konstruktionen wie *will be going, will be eating* oder auch *'ll be having* herausfiltern.

Konkordanzprogramme sind bisher vor allem in der Forschung, insbesondere bei der Er-stellung neuer Wörterbücher, genutzt worden (Ilson, 1985). Sie können aber auch im Sprach- und Literaturunterricht sinnvoll genutzt werden (Legenhausen & Wolff, 1991a). Die Arbeit mit solchen Programmen kann das Sprachbewusstsein der Schüler erheblich för-dern. Sie können z. B. auf alle Texte angewendet werden, die eine Gruppe von Schülern über das Internet bezogen hat. Literarische Texte, wenn sie in elektronischer Form vorliegen, können sehr schnell und zuverlässig auf das Vorkommen bestimmter Motive und Schlüs-selbegriffe hin untersucht werden. So erhält man eine empirische Datenbasis für ansonsten oft mehr spekulative oder intuitive Aussagen über die formalen Mittel, die ein Text einsetzt, um bestimmte Wirkungen zu erzielen. Es wird damit durchsichtiger, welche formalen Mit-tel ein Autor einsetzt, um z. B. eine von ihm intendierte Gesamtvorstellung hervorzurufen (Multhaup, 1995, S. 180ff).

3. Computer als Lernhilfsmittel in der Hand der Schüler

Die Softwareindustrie bietet eine größere Zahl von „Selbstlernprogrammen" an. Die fremd-sprachendidaktisch brauchbarsten unter ihnen sind die *Autorenprogramme*. Dabei handelt es sich um Programme, mit denen ein Lehrer selbst Übungen nach dem Prinzip der Lücken-texte, der Zuordnungs- und der *multiple choice*- bzw. der *cloze*-Verfahren herstellen kann, die von Schülern dann für Sprachübungen genutzt werden können. Nach dem Prinzip der *cloze*-Texte können Computer automatisch jedes n-te Wort tilgen und durch eine Lücke in Länge der Anzahl der Buchstaben der getilgten Wörter ersetzen. Das gibt Raum für Rate-spiele mit Rückmeldungen der verschiedensten Art. Gängige Autorenprogramme sind *Gap-master, Pinpoint, Matchmaster, Choicemaster* oder *Storyboard* (alle von Widasoftware, Lon-don) bzw. *Toolbox* (Cornelsen, Berlin). Manche halten sogar nach den Prinzipien der so genannten künstlichen Intelligenz ein automatisch aktivierbares linguistisches Experten-wissen im Hintergrund bereit (Handke, 1989). Das erlaubt, in gewissen Grenzen, die auto-matische grammatische Analyse aller eingegebenen Sätze und das Anzeigen der Resultate auf dem Bildschirm.

Das Kennzeichen der Autorenprogramme ist, dass man selbst Texte eingeben und sie in eines der genannten Übungsformate umwandeln kann. Die Übungen können so auf das individuelle Können der Schüler abgestimmt werden. Die Programme können automatisch erkennen, ob die von den Schülern eingetippten Antworten buchstabengetreu mit den geforderten übereinstimmen. Der Lehrer kann bei vielen außerdem, aber zumeist nur in sehr engen Grenzen, gezielte Rückmeldungen für die Fälle vorsehen, in denen Schüler falsche Eingaben (Fehler) machen; dies ist hilfreich, weil er oft aus Erfahrungen weiß, welche Fehler gemacht werden und was dazu zu sagen ist. Die Schüler haben die Möglichkeit, die Übungen in einem individuell bestimmbaren Tempo innerhalb oder außerhalb des Unterrichts zu bearbeiten. Aus ökonomischen und organisatorischen Gründen ist die Freiarbeit bzw. die nachunterrichtliche Arbeit mit solchen Programmen meistens ratsamer. Übungsmöglichkeiten in Freistunden in einem schuleigenen Computerraum wären also sehr zu begrüßen.

Die Autorenprogramme sind in der technischen Bedienung relativ einfach, sodass Lehrer und Schüler in kurzer Zeit lernen können, wie man damit arbeitet. Sie geben den Schülern sofort Auskunft, ob ihre Eingaben richtig waren, d. h. mit der vom Programm erwarteten Antwort übereinstimmen, und sie können anzeigen, wie die richtige Antwort hätte aussehen sollen. Weil der Computer solche Rückmeldungen geben kann, hat man ihm auch „tutorielle" Fähigkeiten zugesprochen. Gegenüber einer solchen vermenschlichenden Redeweise ist jedoch Zurückhaltung angebracht. Die vorgestanzten und eng umgrenzten Rückmeldemöglichkeiten der Computer erreichen nicht annähernd die Flexibilität menschlicher Reaktionsmöglichkeiten.

Heute werden vielfach die erst jüngst noch gepriesenen Programme des *CALL* (*Computer Assisted Language Learning*) schon wieder in die Nähe der verpönten *drill & kill*-Übungen gerückt, und das nicht ganz zu Unrecht. Es werden stattdessen die Möglichkeiten des *TELL* (*Technology Enhanced Language Learning*) herausgestellt (Rüschoff, 1995a). Praxisnahe Untersuchungen dazu gibt es noch relativ wenige. Die technische Entwicklung verläuft auch hier oft schneller als die zeitaufwendige empirische Erprobung. Die bisher vorliegenden Untersuchungen zum didaktischen Wert der Autorenprogramme zeichnen allerdings ein sehr differenziertes Bild von ihrem Nutzen (Ritter, 1995). Man muss sich deshalb vor pauschalierenden Urteilen hüten. Dies gilt auch für elektronische Wörterbücher für die Schüler; die sehen nämlich nicht ein, ähnlich wie früher bei der im Prinzip ja sinnvollen Arbeit mit Vokabelkarteien, warum sie sich viel Mühe mit dem Erstellen eigener Karteien geben sollen, wo doch die kommerziellen Wörterbücher scheinbar viel schneller und besser Auskunft geben (vgl. Eck, Legenhausen & Wolff, 1995).

Vor diesem Hintergrund scheinen die folgenden Aussagen gerechtfertigt: (1) Die mit Autorenprogrammen erstellbaren Übungen zeigen strukturelle Affinität zu den traditionellen formbezogenen Übungstypen. (2) Übungen dieser Art verleiten dazu, sie ohne viel nachzudenken in mechanisierten Arbeitsabläufen zu „erledigen", was ihren Lernwert senkt, obwohl die Zahl der Übungsdurchgänge sich erhöht. (3) Die Tatsache, dass formbezogene Übungen zu unreflektiert-mechanistischem Vorgehen verleiten, heißt nicht, dass sie prinzipiell keinen Wert haben, denn motivierte Schüler können davon profitieren, dass sie selbst die Zahl und Art der Übungsdurchgänge steigern können. (4) Trotz der heute populären Verurteilung von formbezogenen Übungen, die aufgrund einer einseitigen und schlechten Praxis vergangener Tage verständlich ist, muss daran erinnert werden, dass zum dauerhaften Behalten einer Sprachform nicht nur ein kognitives Erfassen ihrer Bedeutung gehört, sondern auch eine gewisse Frequenz ihres Gebrauchs, also das Üben. Und computerunterstützte Übungen, die in begrenztem Umfang auch Auskunft darüber geben können, ob die „Antwort" eines Schülers richtig war, können hier nützliche Dienste tun. Sie setzen allerdings einen starken Lernwillen voraus. Der motivierende Effekt der technischen Neuheit, der anfänglich reizt, lässt auch hier bald nach.

Über den Gebrauch von Autorenprogrammen hinaus können selbstverständlich auch Schüler mittels *Konkordanzprogrammen* (vgl. Abschnitt 2.3) Sprachdaten sammeln, systematisch zusammenstellen und und analysieren (vgl. Kap. B.4, Abschnitt 2.4, und E.4, Abschnitt 2).

4. Computer als Werkzeuge in der Hand von Schülern

Ähnlich wie die Computer den Lehrern neue Handlungsoptionen mit Bezug auf die Textsuche und Textarbeit erschließen, können sie auch den Schülern neue Wege der Textbegegnung eröffnen. Sie erlauben ein stärker von ihnen selbst mitbestimmtes Fremdsprachenlernen, und das insbesondere in fortgeschrittenen Lernstadien. Die Schüler können z. B. ebenso wie die Lehrer authentische Texte aus dem Internet und von CD-ROM in die Lehr-Lernprozesse einbringen.

Wenn wir vom Computer als Werkzeug im Fremdsprachenunterricht sprechen, so sollte es jedoch klar sein, dass damit die herkömmlichen Lernmedien und die Arbeit mit anderen, z. B. literarischen Texten keineswegs überflüssig werden. Die Arbeit mit dem Internet ist als Ergänzung und nicht als Ersatz für die reale *face-to-face*-Kommunikation anzusehen (vgl. Schüle, 1997). Mit diesem Medium sind für ein projektorientiertes Lernen neue Handlungsoptionen geschaffen. Praktisch sind diese aber, zumindest in Deutschland, noch kaum ausgelotet, weil bisher nur wenige Schulen einen Zugang zum Internet haben. Die vom Bundesbildungsminister und der Deutschen Telekom ins Leben gerufene Aktion „Schulen ans Netz" ist dabei, Abhilfe zu schaffen. Über sie und die Dienste, die sie Lehrern und Schülern bietet, ist über die Internetadresse *http://www.san-ev.de/* mehr zu erfahren. Hilfen bietet auch das „Schulweb" an, das über die Internetadresse *http://www.schulweb.de/* zu erreichen ist. Aber solche Initiativen ändern vorerst nichts daran, dass projektorientierte Formen des Lernens an deutschen Schulen weniger Tradition haben als frontal gesteuerte Formen des Lernens, und das steht dem sinnvollen Einsatz der neuen Technologien im Wege. Es mehren sich jedoch erfreulicherweise in den einschlägigen Fachzeitschriften die Berichte von Lehrern, die gute Erfahrungen mit der Arbeit mit dem Internet gemacht haben (vgl. Kuhn & Leuthen, 1997).

Was in der Unterrichtspraxis dagegen schon mehrfach erprobt worden ist, sind *E-Mail-Projekte* (Donath, 1991; Jost & Multhaup, 1996). Es scheint ein Merkmal von solchen Projekten und für ihren Erfolg wichtig zu sein, dass sie sich im Gegensatz zu älteren Briefpartnerschaften nicht im Austausch von nur persönlichen Mitteilungen erschöpfen. Die eindrucksvollen drucktechnischen Möglichkeiten, die sich mit dem Medium Computer verbinden, reizen zur Produktion von Zeitungen und Dossiers über die eigene Stadt bzw. Lebenswelt, mit denen die Schüler dann an die (Schul-)Öffentlichkeit oder auf eine *homepage* in das Internet gehen können (vgl. Kuhn & Leuthen, 1997). Solche Projekte laden in mehrfacher Hinsicht ein zur Präsentation von Informationen über das eigene Land und die eigene Stadt und nicht nur über das Land, die Stadt und die Lebensgewohnheiten der E-Mail-Partner. Das verweist zugleich auf die wichtige interkulturelle Dimension der Verständigung innerhalb solcher Projekte (vgl. Kap. 10). Im übrigen liegt ihr fremdsprachendidaktischer Wert vor allem darin, dass die Telekommunikation nicht nur die direkte Kontaktaufnahme mit Lernern in anderen Ländern ermöglicht und somit zur Verringerung der Diskrepanz zwischen dem Klassenzimmer und der eigentlichen Lebenspraxis beiträgt, sondern „sie erzwingt geradezu die Authentizität der Kommunikation. Die Interaktionen mit anderen Lernergruppen sind nicht mehr ausschließlich didaktisch motiviert, sondern führen zu einer zweckgerichteten und für die Lernenden bedeutungsvollen Sprachverwendung" (Eck, Legenhausen & Wolff, 1995, S. 205).

Allerdings sind die Schüler nicht so dumm, den didaktischen Hintersinn von Telekommunikationsprojekten nicht zu erkennen. Man sollte deshalb mit kritischem Vorbehalt solchen Darstellungen von Authentizität im Englischunterricht begegnen, die alle Lernprobleme sich auflösen sehen, wenn man die Schüler nur in Kontakt mit englisch sprechenden Menschen bringt. Und wenn manchmal gegen den herkömmlichen Fremdsprachenunterricht eingewandt wird, dass er die Schüler immer wieder dazu zwingt, so zu tun „als ob", so darf man die Augen nicht vor der Tatsache verschließen, dass auch Telekommunikationsprojekte nicht zwangsläufig den „Ernstfall" bedeuten. Mitunter zeigen Schüler wenig Lust, sich mit „fremden Leuten" über private Dinge auszutauschen. Außerdem macht es für sie, mit ihrem begrenzten zielsprachlichen Ausdrucksvermögen, auch nur dann Sinn, über öffentlich interessierende Sachverhalte zu schreiben oder zu sprechen, wenn sie (a) entweder einmal ausprobieren wollen, inwieweit sie selbst mithilfe der neuen technischen Medien etwas herstellen können, was den sonst von Profis erstellten Berichten in den öffentlichen Medien formal nahe kommt, oder wenn sie (b) sehen, dass ihr Telekommunikationspartner selbst keinen direkten Zugang zu den Informationen hat, die sie ihm zukommen lassen. Was den Fall (a) betrifft, so ist hier zwar mit einem motivationsfördernden Neuigkeitseffekt zu rechnen, der sich aber bald abnutzen kann; und was den Fall (b) betrifft, so dürfte sein motivierender Wert spätestens nach ein bis zwei Anwendungsfällen nachlassen. Das spricht aber keineswegs prinzipiell gegen solche Projekte, sondern nur dafür, dass die Lehrer nicht einfallslos versuchen sollten, immer wieder die gleiche Sorte von Projekten „durchzuziehen", statt mit Fantasie und unter Beachtung bzw. Beteiligung der Schüler solche Projekte anzugehen, die sich eher aus dem Moment ergeben (vgl. auch Kap. C.1). Wichtig ist in dem Kontext auch, dass die schon angesprochenen Bildungsserver als eine Art Makler und Ideenbörse wirken, die Lehrer und Schüler auf der Suche nach neuen Kontakten und Ideen befragen können. Es können sich mehr oder weniger feste Arbeitsgruppen und Diskussionszirkel unter Schulen und Lehrern bilden, die sich gegenseitig mit Adressen und anderen Ressourcen versorgen.

Serviceleistungen dieser Art bietet zum Beispiel die Adresse *http://www.learn-line.nrw.de/Basis/Homepageinfos/aktuell.htm*; Donath (1997a, S. 41) führt außerdem die folgende Liste mit *homepages* englischsprachiger Schulen an, die für Englischlernende in mehrfacher Hinsicht Anknüpfungspunkte und Anregungen enthalten können:

Schulen in Irland:	*http://classroom.broadcom.ie/schools/index.htm*
Schulen in Australien:	*http://www.schnet.edu.au*
Schulen in den USA:	*http://www.classroom.net/classweb*
	http://web66.coled.umn.edu
Schulen in Deutschland:	*http://www.schulweb.de*

In diesem Kontext muss auch das *Satellitenfernsehen* und damit die Möglichkeit erwähnt werden, authentische fremdsprachliche Sendungen in den Unterricht zu integrieren. Sie erlauben nicht nur eine größere Aktualität und multimedial reichere Begegnung mit fremdsprachlichen Texten und ihren Kontexten, sondern machen mit der Komplexität „unverwässerter" zielsprachlicher Äußerungen den Schülern klar, dass die Herausforderungen an ihr Verstehensvermögen, die sich daraus ergeben, eben „echte" und nicht „typisch schulische" Anforderungen sind. Die Tatsache, dass inzwischen viele Fernsehsender auch eigene Internet-Adressen anzeigen, bereichert die Möglichkeiten der Arbeit mit den von ihnen angebotenen Sendungen, weil sie schriftliche und bildliche, z. T. auch akustische Hintergrundinformationen dazu anbieten und die Möglichkeit eröffnen, sich mit anderen Internet-Teilnehmern über das Thema auszutauschen. Ein gutes Beispiel für die motivationsfördernde Aktualität der Themen, die damit Eingang in den Unterricht finden können, ist die Flut der Informationen, die nach dem Tod der Prinzessin Diana über das Internet zu erhalten waren. In diesem wie in anderen Fällen bieten übrigens die weiter oben schon erwähnten Server des Goethe-Instituts (*http://www. goethe.de)* und des British Council (*http://www.britcoun.org*) den Lehrern und Schülern gute Dienste.

Blicken wir abschließend zurück auf die neuen Möglichkeiten, welche die neuen Technologien als Ergänzung – nicht als Ersatz – der herkömmlichen Handlungsmöglichkeiten im Unterricht bieten, so ist zweifellos richtig, dass den Schülern mit ihnen ein in seiner Unmittelbarkeit und Anschaulichkeit vielfach verbesserter Kontakt mit den für jedes sprachliche Lernen nötigen authentischen Materialien und sprachlichen Vorbildern zur Verfügung steht. Richtig ist auch, dass sie als multimediale und interaktive Medien ein engagiertes Lernen „mit Kopf, Herz und Hand" erleichtern. Außerdem müssen die jungen Menschen auf die Arbeit mit den neuen Technologien vorbereitet werden, weil sie ihren zukünftigen beruflichen Alltag prägen werden. Wir würden leichtfertig Chancen versäumen und wichtige Aufgaben nicht wahrnehmen, wenn wir den neuen Technologien keinen angemessenen Platz im Unterricht einräumten.

6 Lerngespräche

Rudolf Nissen

Authentisches kommunikatives Handeln verwirklicht sich im Fremdsprachenunterricht im Gefolge entsprechend angelegter Aufgaben oder im Zusammenhang entsprechend ausgelegter Gespräche. Beides vermittelt Unmittelbarkeit der Äußerungserfahrung – oder gibt vor dies zu tun. In *Lerngesprächen* interagieren fremde wie eigene Sprache, eigenes wie fremdes Bewusstsein und die gegeneinander wirkenden Strukturzüge von Gespräch und Lernen. Lerngespräche haben biografisch-kulturelle, individualpsychologische und pädagogisch-fachliche Voraussetzungen. Die Seh- und Verstehensgewohnheiten, die sie tragen, sind in der gleichen unterrichtlichen Praxis erst aufzubauen, welche sie „hinterher" bereichern und umbilden. Sie entstehen, wachsen schrittweise über Vorformen und Zwischenstufen.

Wir unterscheiden entsprechend (1) das situations-, (spiel)regel- oder rollenbezogene kommunikative Sprachhandeln der ersten Lernjahre vor, neben oder innerhalb der Arbeit mit Lehrgang und Lehrwerk, (2) die Vor- oder Frühform des Lerngesprächs, sozusagen das „Lerngespräch Typ I", noch lehrergesteuert und sprachlich relativ stark vorstrukturiert (Empfehlungen, welche die negativen Implikationen solcher Vor-Modellierung nicht mitreflektieren, sind entsprechend umstritten), und (3) die „Vollform" des Lerngesprächs, sozusagen das „Lerngespräch Typ II".

Lerngespräche erreichen ihre Vollform (frühestens) in der 9. oder der 10. Klasse und dominieren danach alle anderen unterrichtlichen Funktionen. Wer glaubt, Lerngespräche sich erst jenseits der 10. Klasse leisten zu können, wird die Nasenringe von Lehrgang und Lehrbuch nur mit großer Mühe noch loswerden. Die in manchen Kursen beobachtete Regression auf der Oberstufe hat u. a. in solcher Regression auf der Mittelstufe ihren Ursprung. Es genügt nicht, freie Bewegung lediglich zu wollen; man muss sich auch Zeit für sie nehmen, etwas für sie tun: jahrelang.

1. Gespräche und Lerngespräche

Lerngespräche suchen die Dynamik außerdidaktischer Gespräche in die Situation des Unterrichts zu retten. Sie kommentieren Wirklichkeit, wie jene, im Plural: Äußerungen, Positionen, Implikationen durchlaufen Prismen eines wiederholten *rephrasing*, *reformulating*, *rewriting*. Die Äußerungen der Beteiligten konkurrieren im Doppelsinn des Wortes, zitieren jene Wirklichkeit (auch die des Textes und der Äußerungen über den Text) in ständiger wechselseitiger Korrektur, voll kleinerer oder größerer kognitiver Dissonanzen: Ergebnisse sind immer wieder neu „auszuhandeln" und auszuformulieren.

Die *delicate balance* zwischen dem für Lernen charakteristischen Zielbezug und dem für Gespräche konstitutiven Impulsbezug, ohne welche dies alles nicht laufen würde, zu erhalten, ist Sache (und Problem!) des Lehrers. Ist er seiner Rolle gewachsen, dann interagieren auch die Ziele des Unterrichts und die Auseinandersetzungen der heranwachsenden Lernenden mit sich selbst – mit „der Welt": ihrer Zukunft.

2. Vorgeschichte und Formen im Vorfeld: Das „Lerngespräch Typ I"

Die Arbeits- und Sehgewohnheiten, welche Lerngespräche möglich machen und tragen, entstehen in einem bestimmten Lern-Kontext:

(1) Wir verfügen über eine Art „narrativer Schwerkraft" (vgl. Dennett, 1993, besonders S. 410–418, 426–431, 447f.; danach, weiterführend, Schwerdtfeger, 1993, S. 20–24, und 1994, S. 31 und 35f.): *Stories, characters, plots* erscheinen, kreisen im Orbit unseres Selbst – das sich in ihnen bildet, sich in ihnen Sinn zuspricht, sich immer wieder „überholt". Rückfragende, entwerfende, begründende und erörternde Kommentarrede gehört daher, von einem bestimmten Punkt an (der individuell variiert), zum affektiven und kognitiven Haushalt Heranwachsender.

(2) Das Gleiche gilt für die individuellen Entwicklungs- und Sinnkrisen dieses Alters. Der Unterricht erntet die Spannungen, aber auch die Dynamik seiner Schübe und Umbrüche – welche auf kommentierende Äußerung drängen.

(3) Der Englischunterricht selbst erreicht (in den meisten Fällen offenbar) nach zwei bis vier Lernjahren eine Niveaustufe, welche weiter, selbstständiger auslangende Äußerungszugriffe nahe legt. Psychologische „Entwicklung" und fachliche Arbeit wirken in gleicher Richtung.

Grund-legende Formbildung, insbesondere des Verbs, die Formen des einfachen Aussage-Hauptsatzes, der Frage und der Verneinung, der elementaren Tempora sollten an diesem Punkt keine Probleme mehr bereiten. Alles das, wodurch – im Ansatz – ein Wollen bzw. Wünschen, ein Mögen bzw. Nicht-Mögen, Zustimmung und Ablehnung, Denken, Glauben, Meinen sich ausdrückt, sich beschreiben und bewerten lässt, muss einfach spontan verfügbar sein. Auf elementarem Niveau gehören hierher etwa das – aus dem Kontrast schwierige – Pattern um *to want to* oder die im Gebrauch „aufzufüllenden" Sprachfelder um *to like / to dislike* und *to agree / to disagree* – Kristallisationskeime der drei wichtigsten, bis ins letzte Lernjahr auszubauenden Bezugsfelder des Ausdrucks: Persönliche Äußerung/Meinungsäußerung, Haltungen/Verhalten (*characters in situations*, Gebrauch von *own* usw.) und Textbeschreibung (*to deal with / to be about, protagonist*, ...).

Unterrichtliche Rede verweist zurück auf in der Gruppe verfügbare Redemittel. Unterrichtliche Kommunikation in der Fremdsprache folgt entsprechend lange, eng oder offen, den stützenden Vorgaben und Impulsen des Lehrers. Diese können als gesprächsvorbereitend gelten, wenn sie über die Stufe fragend-reproduzierenden Vorgehens hinaus Formen eines fragend-entwickelnden Dialogverhaltens begründen (vgl. ähnlich Werlich, 1986, S. 68ff. und 186ff.). Sie konstituieren die früheste Form des Lerngesprächs im Englischunterricht, das „Lerngespräch Typ I". In ihm dominiert – noch – die didaktische Funktion die kommunikative.

Die Nullstufe des „Lerngesprächs Typ I" folgt Lehrerimpulsen, welche nichts weiter bezwecken, als den inhaltlich-stofflichen, d. h. sprachlichen Bestand des Textes abzurufen. Über diese Ebene hinaus können sich Lehrerfragen *linear* auf das Nacheinander von Handlungen oder Vorgängen im Text beziehen (*What ... after that?*), *lateral* auf dessen „innere Ordnungen", wobei die lexikalischen Ordnungen (Hoey, 1991) gegenüber den grammatisch-kohäsionsstiftenden (Lörscher, 1995, S. 166f.) im Vordergrund stehen: Zusammengehöriges, Entsprechungen, das Zueinander sachlich, sinngemäß oder assoziativ aufeinander verweisender Elemente oder Einheiten (*What else ...? What other ...? What have ... in common? What have ... to do with each other? How does ... go together with ...?*). Beide Arten von Lehrerimpulsen legen außerdem weitergehende elementare Formen von Transfer nahe: Erwartungen (*What / How do you think will ...?*), Vermutungen (*Who/What ... will/would ...?*), Erwägungen (*If ...? / What if ...?*), persönliche Bekundungen (*Would you ...? Do you think you ...? Have you ever ...?*).

Den lexikalischen Akzenten solchen Vorgehens entsprechen strukturell Einlagen „grammatisch gelenkter Gespräche" nach Lechler (1972, S. 65ff. und 82ff.) oder deren Weiterbildungen für Interpretationsgespräche auf der Sekundarstufe II, wie etwa von Werlich (1986, S. 53–58; hier: S. 55) beschrieben:

L:	*... What oughtn't Boyle to have done?*
S:	*Boyle oughtn't to have shot the Hungarians.* (L → Tafel)
L:	*... How else can we express this?*
S:	*He oughtn't to have killed them.* (L → Tafel)
L:	*... What ought Boyle to have done in the situation?*
S:	*Perhaps Boyle ought to have shouted a warning, for instance, "Stop or I'll shoot."* (L → Tafel)
S:	*Boyle ought to have warned them before shooting.* (L → Tafel)

Beide Verfahren sind der in Abschnitt 1 geforderten *delicate balance* des Lerngesprächs nur *frei* zu integrieren: intermittierend, kommunikativ offen, beiläufig.

Dazu treten stufengemäße Formen *vertikalen* Transfers, etwa in begründenden und hervorhebend auswählenden Äußerungen: *Why ...? What made him ...? What makes you think so?* und *What ... the most striking/important ...? What ... like best?* und abermals *Why?*. (Zur Unterscheidung zwischen „linearem", „lateralem" und „vertikalem Transfer" vgl. Ausubel & Robinson, 1971, S. 136ff.) Schüler-*responses* auf Impulse dieser Art verbinden äußerungsimmanente Wiederholung textueller Bestände mit textuellem Transfer zu äußerungsimmanenter Übung. Der Text wird – ausschnittweise – kognitiv und linguistisch „durchgekaut". Spontaneität, freie Äußerungswechsel, Sinnfragen sind dabei nicht ausgeschlossen, sondern – in Grenzen – willkommen. Es wird gelernt. Aber ein „Gespräch" ist dies natürlich nur in einigermaßen eingeschränkter Bedeutung (vgl. Abschnitt 1).

3. Auf dem Wege vom „Lerngespräch Typ I" zum „Lerngespräch Typ II"

Fragen- und Aufgaben-*clusters* wie die obigen (vgl. auch die zahlreichen Anregungen bei Fisher, 1995, S. 49ff., 55ff., 65ff., 157ff. und 196ff.) können für im Text zur Sprache kommende Haltungen, Setzungen, Sehgewohnheiten wie für außerhalb liegende Alternativen sensibilisieren. Sie reflektieren in jenem Fall nicht eine „Wahrheit" des Textes, sondern „Stimmen", die ihn „meinen", darunter die der Mitglieder der Lerngruppe – etwas, was der Aushandlung im Gespräch bedarf. Und dies dann sprachbezogen, weil Verständigung – differenzierend, präzisierend, sichernd – auf ausdrückliche Formulierung (in der Fremdsprache!) angewiesen ist: Sie läuft über sie.

Im Stufenaufbau des Englischunterrichts weichen die kontextgeschützten Lehrgangstexte der ersten Lernjahre nach und nach frei(er)en Angeboten und Vorlagen, über welche die Mitglieder der Lerngruppe (mit)entscheiden. Das Gespräch folgt eines Tages nicht mehr vorzugsweise Anweisungen bzw. Aufgaben von vorn (und seien dies produktive wie: Umbau eines Erzähltextes in einen Dialogtext, Veränderung des darstellerischen *point of view*, Erfinden von Vorgeschichte, Briefen, Zeitungsberichten, *follow-ups*). Es ergibt sich aus Beobachtungen, Eindrücken, selektiven Zugriffen aus der Lerngruppe, von denen nicht vorher feststeht, worauf sie sich beziehen werden: Seine kommunikativen Funktionen überformen seine didaktischen.

Lerngespräche, auf welche dies zutrifft, antworten auf die Herausforderung mehrstimmiger, potenziell uneinheitlicher Lern-Kontexte und Lerngruppen. Ihre Interaktions- und Sinnstruktur ist komplex, nicht einfach. Die Haltung, die ihnen zugrunde liegt, ist in keinem Fall als gegeben vorauszusetzen. Sie entsteht Schritt für Schritt, braucht Einübung, Eingewöhnung über längere Zeit. Auch „Spontanverhalten" entsteht ja nicht spontan.

Um über die inneren Grenzen jener oben bezeichneten Transferschritte hinauszugelangen, bedarf es eines besonderen Anschubs. Es bedarf des (für diese Zusammenhänge sensibilisierten) Lehrers – der danach über längere Zeit immer wieder auf die Modalitäten dieses Anschubs und dieser Eingewöhnung zurückkommt.

Dies könnte wie folgt laufen: In der 8. Klasse wird, wieder einmal, eine Erörterung der *tenses* fällig sein. Sie könnte ausgehen vom *simple present* (und dem *present perfect*) auf der linken Seite eines dicken Trennstriches an der Tafel und vom *simple past* (und dem *past perfect*) auf der rechten: Kognitivierung, in Abständen wiederkehrende Übungen, Rückgriffe auf ausdrückliche Erklärungen machen den Kontrast zwischen *Feststellen*, *Besprechen* und *Erörtern* einerseits (linke Seite), *Erzählen* und Erzähltem andererseits (rechte Seite) (vgl. Weinrich, 1994) zu etwas, das man irgendwann einfach kennt und mit dem umzugehen man gewohnt ist. Das Anfertigen von *summaries* (auf dieser Stufe) wird danach niemals wieder das sein, was es einst war: Warum sollte man Gelesenes, eine Geschichte nur verknappend, zusammenfassend *nach-erzählen* (und dabei also das *past* verwenden)? Warum nicht im *present*, gegebenenfalls unter Einschluss des *present perfect*, das Wichtigste *nennen*, um es später, danach, zu *besprechen*, zu *erörtern*? Die Schüler werden *im Vollzug* ein „Gefühl" für den unterschiedlichen Gebrauch von *present* bzw. *present perfect* auf der einen Seite und *simple past* bzw. *past perfect* auf der anderen entwickeln. Sie *erfahren* die Bedeutung dieses Unterschieds, bevor sie sie *begreifen*, um dieses Wissen dann in weiteren (Lern-)Gesprächen sowie im funktionalen Üben wieder „absinken" zu lassen (vgl. Kap. E.4, Abschnitt 1).

Zunächst einmal wird jedoch etwas anderes deutlich werden. Die Schüler werden entdecken, dass bei der schematischen Aufführung narrativer Konstituenten, etwa von *protagonist(s)*, *locality* (oder: *place*) und *time*, in einer *analytical summary* (im Unterschied zur alten *narrative summary*), ausgerechnet dieses Wichtigste zu fehlen scheint. Das, was uns den Text, die Geschichte interessant macht, befindet sich nicht unter jenen schematisch aufzuführenden, immer gleichen Elementen, sondern ist *überall etwas anderes*. Es ist auch nicht immer leicht zu bestimmen. Die Mitglieder der Lerngruppe werden bei dem Versuch, dies zu tun, entdecken, dass nicht alle von ihnen gleiche Akzente setzen, und sie sollten dies dann am Text nachvollziehen, sollten versuchen, es (bzw. sich) zu erklären.

Wonach fragen wir nämlich, wenn wir nach dem „Wichtigsten" fragen: Ist es *the most surprising, the most difficult, the most likeable, the most striking, the most interesting* oder *the most important detail*? – Alle Varianten dieser Formel führen, nimmt man sie ernst, in die Frage hinein, welche die Voraussetzung aller „guten" Gespräche ist: die Frage nach dem Besonderen, nach der Individualität begegnender Charaktere, Kontexte, Responses. Die im Zusammenhang immer neuer *summaries* über längere Zeit immer wieder wiederholte Frage nach dem *most important detail* verwandelt sich Monate später in die nach dem *most relevant detail*. „Relevant" ist für eine 9. Klasse zunächst einfach eine interessante neue Vokabel, zielsprachig transportierbar als „important *for somebody*". Es fragt nach dem *Sinn* dessen, was uns da beschäftigt.

Der konkrete Ausgangspunkt ausdrücklicher fremdsprachenunterrichtlicher Exploration von Sinn im Gespräch (die – in der Zielsprache – gar nicht konkret genug sein kann) ist damit erreicht. Die Gesprächsimplikationen der Frage nach dem *most relevant detail* tragen langfristig – kognitiv wie sprachlich – weit über die Grenzen des „Lerngesprächs Typ I" hinaus.

4. Standardaufgabe und Rollenverteilung im Lerngespräch

Gespräche beginnen mit Äußerungen, Äußerungen damit, dass man etwas zu sagen hat, dass einem etwas „einfällt". Dies wiederum setzt voraus, dass einem etwas „auffällt". *Und das*, siehe oben, *lässt sich üben*. Wiederholte vergleichende *summary*-Übung führt, frühestens in der 8., spätestens in der 10. Klasse, an den Punkt, an dem eine *Standardaufgabe* zu jedem anfallenden Kontext möglich wird: Jeder nennt ein Detail, das ihm besonders interessant, wichtig, schwierig oder einfach nur auffällig erscheint, sagt etwas darüber und ist bereit, seine Entscheidung gegen andere zu vertreten. Hiernach werden sich zwar, in den folgenden Lernjahren, die Oberflächenform und das Anspruchsniveau dieser Gesprächseröffnung noch ändern, nicht aber das zugrunde liegende kognitive und kommunikative *pattern*:

Die Schüler entscheiden mit bei der Wahl des Kontextes bzw. Textes. Sie entscheiden ferner (gemäß obiger Standardaufgabe) über die Stellen, Motive oder *key words* im Text, von denen das Gespräch ausgeht. Und sie bestimmen die Gesichtspunkte und die inhaltlichen Schwerpunkte dieses Gesprächs – auch gegen die Erwartung oder Überzeugung des Lehrers: Der durch den Text definierte geschlossene Fokus, Gegengewicht gegen die beschriebene latente Uneinheitlichkeit, verhindert Wildwuchs und Willkür in den Teilnehmer-Impulsen und hält das sprachliche Lernen zusammen. Ihre Äußerungen bestimmen den Gang des Gesprächs (innerhalb dieser Grenzen).

Der Lehrer ist verantwortlich für die heikle Balance didaktischer und kommunikativer Strukturzüge des Gesprächs. Er sichert seine Voraussetzungen, moderiert seinen Fortgang und kümmert sich um seine Ergebnisorientierung. Zu den Voraussetzungen des Gesprächs gehören – gegen eingefahrene Lehrgangs- und Lehrbuchroutinen – die Gewohnheit des extensiven Lesens, eine Gewöhnung an offene Aufgabenformulierungen und Impulse des Lehrers, an die „Standardaufgabe". Die Moderation des Gesprächs beginnt damit, dass er das, was gemäß Standardaufgabe (bzw. deren entwickelteren Formen auf der Sekundarstufe II) kommt, nicht abblockt, sondern zurück- bzw. weiterreicht.

Ein Abblocken ergäbe sich, wenn der Lehrer die Grenzen seiner Rolle überschritte: durch zu kräftige Zustimmung, zu deutliches Befremden oder klare Zurückweisung im Gespräch. Dergleichen „verdeckte Vollbremsung" wäre nur dann legitim, wenn entweder kommunikationsgefährdende Formprobleme auftauchten oder der durch Text und Kontext gegebene Fokus überschritten würde.

5. Lehrer-Impulse und sprachliches Handeln im Lerngespräch

Im Fortgang des Gesprächs bewegen sich die Beobachtungen und Äußerungswechsel, die Impulse und Formulierungen der Teilnehmer zwischen den beiden Polen „Auffächerung" und „*closure*". Die Impulse (nicht vorzugsweise: Fragen!) des Lehrers haben hiernach vor allem zwei Funktionen:

5.1. Kommunikative (und kognitive) Auffächerung durch Verzögerung kommunikativer „closure"
Schüleräußerungen enthalten immer Elemente von Vorentwurf und von Rückverweis. Die Ersteren, einmal vorgebracht, gewinnen Festigkeit und Dauer durch die Zweiten: durch immer neuen, ruhevollen Rückverweis in die Lerngruppe, ins „Potenzial". „Einmal" ist im Fremdsprachenunterricht wirklich „keinmal". Wiederholende Umwälzung, Entfaltung, Übertragung von Gesagtem festigt dieses, klärt es sprachlich wie kognitiv, treibt es voran und verankert es in den sozialen Beziehungen der Gruppe, im interaktionalen „Gedächtnis" der Gruppe, im Gedächtnis des Einzelnen: Aus Einzeläußerungen werden Gesprächsäußerungen. *Und man lernt.*

Auf dem untersten Niveau, in der „Vorgeschichte" des Lerngesprächs, bedeutet dies zunächst einmal Formulier- und Verständnissicherung (*Did you get that? – ... repeat ..., please! – ... explain ... in your own / in other English words! – What does he mean?* – Gebärde: *Help him! – We have to do something about the way he put it, though / about the words he used*) und nachdrücklich führende Lehrer-Impulse (*That was great / well-phrased ... We'll have to remember that. – That's a useful word to know / a word we'd better keep hold of. // Look at the text again, ... – Was that it? – What did he overlook? // What about you / the others? – Can anyone do better? – Any other suggestions/proposals/ideas? – What else could we say?*).

Die Eingewöhnung der Schüler erfolgt dabei vor allem durch immer häufigeren Einsatz offener Lehrer-Impulse (eröffnend: *How shall we start? – Who wants to begin? / is going to throw the first stone?* – danach: *Well ... / Hm ... / Erm ...* in entsprechender Intonation, d. h. in der Funktion „offener Argumente"; *On the other hand ...* plus vage Geste und auffordernder Blick in die Runde; Gebärde ohne Worte, die an andere verweist; Namensaufruf in fragender Intonation), Aufforderungen, genau hinzuhören (*That sounded rather difficult – let's try and repeat / reproduce it in a simpler form. – That was a long and difficult piece of argument – let's name and number the parts. – Let's make sure we are all talking about the same thing: What was ...?*), und gestreut-gezielter Auswahlimpulse des Lehrers (*What was the most important expression he used / thing he said? – What was the first/second/third ... the most important point she made? – Did you agree with everything she said?*).

Nachdrückliche Führung ist auch danach noch über längere Zeit angebracht: in Aufforderungen, an einer Stelle innezuhalten, die Dinge etwas gründlicher zu bedenken (Plateau-Impulse: *Let's take a closer / have another look at that! – Let's hang on to that! – Suppose you had ... / were ... // – Contradictions?!*), Aufforderungen, Meinungen vorzubringen und – am Text – zu erörtern (*What do you think of that? – What would you say to that? – Did you like that / her proposition / her supposition? – Do you think she is / was right? – How pertinent was that? – Do you share his views? – What do you think of the reasons he gave?*), Aufforderungen, im Gespräch gefallene Äußerungen oder erarbeitete Positionen zu vergleichen (*Remember ... – Compare ... – What have the two ... got in common? What's the difference between ... – Name the differences. – Which of the two statements/utterances/suggestions is right / the more likeable one / going to help us / lead us further?*), Vorgebrachtes zu begründen (*Why should that be so? What are / Name your reasons. What reasons do you have?*), zusammenzufassen, zu ordnen (Typ „Wo stehen wir jetzt?" – *What has the/our argument been, until now? – Let's / Who can / Could we / Shouldn't we / Isn't it time to sum up ...?*).

Die Vollform des Lerngesprächs ist erreicht, wenn Lehrer-Impulse durch so viel Reproduktion hindurch ernst gemeinte, zielsprachig produktive Wechselrede auslösen und stützen: wenn das „Worüber" des Gesprächs den Vordergrund aller sprachlichen Bemühungen prägt.

5.2 *Sprachlich-kognitives Pendeln zwischen Auffächerung und „closure"*

Das Gespräch hat die Form eines offenen Textes „auf Probe". Offene, explorative Rede und – immer wieder – schriftliche Formulierung von Zwischenergebnissen („Protokolle") provozieren und überholen einander wechselseitig. *Exploratory speech* und *final draft* gehören, spätestens seit Barnes (1976, S. 88ff.), als *multiple draft* im gut geführten Lerngespräch zusammen wie der Einzel-Impuls und der Wechselbezug aller Äußerungen (Bewusstsein als Tätigkeit; vgl. Dennett, 1993, S. 253ff.).

Was in diesem Zusammenhang umgewälzt, zugespitzt, umgruppiert und strukturiert wird, ist Inhalt bzw. Vorstellung *als Sprache*: in einer Suche – vielleicht nicht geradezu nach dem *mot juste*, so doch immer wieder nach den *mots meilleurs*. Das Lerngespräch bezieht sich auf Aussagenkontexte, weitgehend über deren Schlüssel-Lexis und ihre sprachlichen „Trabanten", und dies *vernetzt* (statt hierarchisch strukturiert): Der Einstieg im Gespräch ist darum an beliebiger Stelle sinnvoll und möglich. Beispiele: (1) auf der frühen Mittelstufe: das *meaningful lexical cluster* um *to observe / to find out (detect/uncover, ...) / to deduce* in den Sherlock-Holmes-Stories oder dem nicht umzubringenden *Hound of the Baskervilles* von Conan Doyle (und sei's in *easy reader*-Versionen) oder die kontextuell bedeutungsvolle Opposition von *to be fond of* und *to love* im Sockel der Short Story „A Box of Chocolates" von H. G. Stenzel (aus der Sammlung *Consumers' Hit Parade*, Cornelsen); (2) auf sehr viel höherem Niveau: die einleitend prägenden Assoziationen um *happy / a fuller, brighter life / fun* in R. Carvers Short Story „Neighbors". – Beispiele von *Motiven*, die deutende *key word*-Exploration nahe legen: der Pakistani-Vater, der sein Haus und seine Familie gegen die Hooligans vom C-Block mit dem Cricket-Schläger (!) seines Sohnes verteidigt, in F. Dhondys Short Story „K B W" (aus *East End at Your Feet*); die Implikationen des *window*, des *dust*, der *bars* in Joyces „Eveline" (aus den *Dubliners*-Geschichten); die intermittierende Wiederkehr des Spiegelmotivs bzw. grundlegender Rotkäppchen-Motive in zwei Romanen (P. Highsmith, *The Talented Mr. Ripley*; G. Cross, *Wolf*), in denen es auf extrem unterschiedliche Art um Identität in unserer brutalen modernen Wirklichkeit geht.

Der Schüler folgt dem, was ihm in Text oder Thema begegnet, und erfährt einen Kontext nicht lediglich von Aktivitäten, sondern von *Bedeutung*, das heißt: von *Formulierproblemen*. Begleitende Tafelanschriebe, *patterns* entwickelnd und immer wieder rearrangierend, bauen die Dialektik von Verstehensimpuls und Formulierarbeit weiter aus. Und die Netz-Metapher fügt alles zusammen: Das Dialog-Netz des Gesprächs verarbeitet lexikalische Vernetzung im Text in einem dabei sich bildenden Verstehensnetz. Auch Behalten formiert sich ja in Netzen.

In Lerngesprächen lasse ich mich in einer fremden Sprache auf etwas (i. e. jemanden) ein, *to come to terms with it* (i. e. *her* or *him*). Sprachliche und kognitive Vorgehensstränge verknoten sich. Man braucht einander: Klarheit in dem, was einem etwas bedeutet, ergibt sich in der gemeinsamen Bemühung, vielleicht gerade durch diejenigen, denen etwas ganz anderes „etwas bedeutet".

Lerngespräche setzen an die Stelle unmittelbaren Handelns (Sprechhandelns, Rollenhandelns) wie des Erzählens die Leitform kommunikativen Handelns in der modernen Welt: symbolischen Umgang mit symbolisch Vermitteltem, mit oder ohne Verbindung zu den Zwecken und Zwängen realen Alltags. Sie reflektieren ihren Grundzug, „Leben mit Vielheit". Ihre „Wahrheit" ist nicht die der sokratischen Zange (die heraushebt, was – der Idee nach – in Text oder Kontext so und nicht anders für solche Geburt „bereitliegt"), sondern die des Spiegelkabinetts echter und abgeleiteter, wirklicher und möglicher Interaktionen zwischen Lesern und Text (vgl. Grigely, 1995). Ihre Ergebnisse, immer revidierbar, zählen nur nach Maßgabe dessen, wie sauber sie entwickelt wurden.

6. Aspekte der „Vollform" von Lerngesprächen im Zusammenhang

Lerngespräche repräsentieren Faktorenkomplexionen im Sinne von Winnefeld (1971, S. 34ff). Und sie formulieren eher lateral als linear, d. h. eher auf „innere Ordnungen" als auf das Nacheinander von Ereignissen bezogen (vgl. Abschnitt 2), neigen zu kommunikativen Schleifen, Redundanz. Ihre unentfalteten *frühen* Formen präsentieren bereits, überschaubar, die Zielform in einer ganzen Reihe von Ansätzen, wie das folgende Beispiel zeigt (Jochems, 1978, S. 147, nach einem Lehrbuch für das 4. Lernjahr in der Hauptschule):

(1)	L:	*Do you remember what they have put around the camp?*
(2)	S1:	*Yes, barbed wire.*
(3)	L:	*And why? ... And why have they done it?*
(4)	S2:	*(reads) ... to keep others out.*
(5)	L:	*Yes, ... if you see such a camp for the first time you find it very ... hmm ...*
(6)	S3:	*Frightening.*
		(murmur)
(7)	L:	*Frightening? Why do you think it's frightening?*
(8)	S3:	*You can sit on carriages and play.*
(9)	L:	*Oh, I see – you don't mean frightening, do you! Well ...*
(10)	S4:	*Exciting ... Holiday camps are exciting.*
(11)	L:	*Frightening is a good word – when did we come across that word?*
(12)	S5:	*When the snakes came.*
(13)	S6:	*When we read about "Carla".*
(14)	L:	*Exciting, yes. For how long do you think it is exciting?*
(15)		*Yes, please, Joan.*
(16)	S7:	*No, it is not exciting!*
(17)	L:	*Hmm.*
		(disapproval)
(18)	S4:	*For a day.*
(19)	S8:	*For two days.*
(20)	S9:	*For two hours.*
(21)	L:	*Would you say for a long time?*
(22)	S10:	*No, for a short time.*
(23)	L:	*We talked about holidays some time ago, didn't we?*
(24)	S11:	*About airplanes.*
(25)	S1:	*About a summer camp.*
(26)	L:	*Yes, and what did the boys and girls do in the summer camp?*
(27)	S10:	*They cook their meals.*
(28)	S11:	*They make a camp fire.*
(29)	S7:	*They have to peel potatoes.*
(30)	S10:	*Lazy Robert.*
		(laughter)
(31)	L:	*Can we compare the holiday camp with the summer camp we talked about?*

31 Äußerungen, darunter zwei spontane (Nr. 16, wo scheinbar Erreichtes in Frage gestellt wird, und Nr. 30): Ausgehend von Lehrerimpulsen schwimmen die Schüler sich in wenigen Minuten (relativ) frei. Auffällig: die Flexibilität der Lehrer-*responses*, die grammatische Perspektivierung des Gesprächs (geglückt in Nr. 1ff., akzeptabel trotz „Sprung" in Nr. 26ff.), seine kontextuelle Begrenzung (noch im „Abheben" von der Textvorlage in Nr. 5ff. und Nr. 23ff.). Wesentliche Operationen: *Bestandsaufnahme* (Nr. 1ff. und Nr. 23ff.), *Begründung* (Nr. 3f. und Nr. 7f.), *Stellungnahme* (Nr. 5ff.) und *Vergleich* (Nr. 31). Grammatische Führung und Ausdrucksklärung fügen sich einem dominant inhaltlich motivierten Austausch.

Entfaltetere Formen dieser Ansätze können hier nicht weiter belegt werden. Auf der Sekundarstufe II markieren sie den Königsweg des Lernens im fremdsprachlichen Unterricht,

● *inhaltlich* bezogen – *sprachlich* vermittelt und akzentuierend,
● *kommunikativ* offen – *kontextuell* geschlossen,
● von den *Schülern* her – über den *Lehrer*.

„Gesprächsimmanente Grammatik" kann dabei die Tempora, *if*-Konstruktionen, Formen der indirekten Rede, den bestimmten Artikel und anderes mehr meinen (vgl. Kap. E.4, Abschnitt 7). Im Zusammenhang mit dem wachsenden inhaltlichen Anspruch der Schüler gewinnen allerdings vor allem die *lexikalischen* Aspekte des Gesprächs an Bedeutung (vgl. Abschnitt 5.2). Äußerungsaspekte werden gesammelt und gesichtet: in Richtung auf Positionen, Begründungen und Vergleiche. Dabei sind Formulierungen zu erproben, Ausdrücke zu variieren, zu kontrastieren, zu präzisieren, Aussagen auf *key words* zusammenzuziehen, wieder zu erklären, zusammenzufassen. Ein Synonymenwörterbuch (etwa *The Merriam-Webster Dictionary of Synonyms and Antonyms*) sollte immer zur Hand sein.

Die Impulse des Lehrers fordern nur heraus, was in den Impulsen der Schüler enthalten ist: Keime kommunikativer Weiterbildung, *Nuclei* zugleich sprachlicher Klärung, sprachlicher Sicherung und kognitiver Klärung. Die Vorbereitung des Lehrers macht ihn frei für ein Überangebot von Optionen. Er „lässt kommen", in Kontrast, Konkurrenz und Konfrontation: lässt *formulieren*.

7. Aspekte der „Vollform" von Lerngesprächen im Überblick

Die *Gesprächs*komponente von Lerngesprächen verbürgt deren Handlungsstruktur und Sinnbezug und ist daher ihrer – erst im Zielbezug gleichrangigen – *Lern*komponente vorgeordnet: Da wird nicht etwas erst präsentiert, dann geübt, schließlich angewandt und übertragen, sondern es werden – mehr oder weniger dissonante – (Verstehens-)Impulse ausgelöst, die dann – in der Fremdsprache – zu „verarbeiten" sind. Es handelt sich um ein geradezu klassisches Anwendungsbeispiel des lernpsychologischen Konzepts vom *kognitiven Konflikt* (Joerger, 1989, S. 60ff. und 160ff., nach D. E. Berlyne; vgl. Einsiedler, 1981, S. 135ff. und 119): Die Teilnehmer des Gesprächs bringen jeweils etwas ein, Eigenes, das in den Äußerungen der anderen Gesprächsteilnehmer auf anderes trifft und also Orientierungsverhalten weckt. Wenn der Lehrer „richtig" reagiert, wird eine Haltung initiiert, welche sich probehandelnd entwickelt und festigt: die Bereitschaft, kognitive „Basisschemata" des Verstehens immer wieder zu modifizieren, sich Begegnendem zu öffnen und – sprachlich und gedanklich sichernd – wieder zusammenzuziehen. Präsentation, Übung, Anwendung und Transfer entfallen also nicht, sondern finden immanent statt. Das „klassische" *Lernphasen*-Schema, hermeneutisch umgepolt, erscheint vom Kopf auf die Füße gestellt: So ist dieser frei, sich nach mehr als einer Richtung umzusehen (vgl. Kap. B.3).

Für weitergehende Lektüre sei zunächst verwiesen auf Nissen (1974ff. – vgl. Literaturverzeichnis), desgleichen auf Hohmann (1987), Schier (1989) und Schenke (1992). Die „konkurrierenden" Überlegungen und/oder Modelle von Weber (1979b, zum „Rezeptionsgespräch"), Brusch (1986, zum „echten Gespräch") und Werlich (1986, zum „Interpretationsgespräch") vervollständigen das Bild in Übereinstimmung und Unterschied.

7 Verfahren der Textbegegnung: Literarische und andere Texte

Wilfried Brusch und Daniela Caspari

Jeder Lerner begegnet im Laufe seines schulischen Fremdsprachenlernens einer Vielzahl unterschiedlichster schriftlicher Texte: in Lehrbüchern, Textsammlungen, Zeitungen, Zeitschriften, Büchern, Briefen, Katalogen, auf Realien, im Internet usw. Woher kommt es, dass Texte im Fremdsprachenunterricht eine so bedeutende Rolle spielen? Warum wird gerade literarischen Texten eine besondere Bedeutung zuerkannt? Wie können Texte im Unterricht sinnvoll, zielgerichtet und methodisch abwechslungsreich eingesetzt werden? Der Schwerpunkt der folgenden Ausführungen liegt auf literarischen Texten im weitesten Sinne und kann vom *nursery rhyme* über Kinder- und Jugendbücher bis zum Shakespeare-Drama prinzipiell auf alle literarischen und viele nicht literarische Texte angewandt werden.

1. Die linguistische Basis und erste Folgerungen

Aus der Grundannahme der Textlinguistik, „dass der Text das primäre sprachliche Zeichen, die grundlegende Einheit der Sprache sei, dass der Mensch nicht in Sätzen, sondern in Texten schreibe und spreche" (Dressler, 1973, S. 3), lässt sich eine zentrale Bedeutung von Texten beim Mutter- und Fremdsprachenerwerb begründen. Auf der Basis einer soziologisch erweiterten Kommunikationstheorie definiert Siegfried J. Schmidt 1973 den Textbegriff neu: „*Texte* sind ... sozio-kommunikativ funktionierende, geäußerte Sprachzeichenmengen, also *Texte-in-Funktion* im Einbettungsrahmen kommunikativer Handlungsspiele. Als solche sind sie stets sprachlich *und* sozial bestimmt und definierbar, also keine rein sprachlichen Strukturen, die ausschließlich linguistisch definierbar wären" (S. J. Schmidt, 1973, S. 145).

Für den Fremdsprachenunterricht ergeben sich aus der text-, sozio- und pragmalinguistischen Wende der Linguistik und Sprachtheorie zu Beginn der Siebzigerjahre eine Reihe wichtiger Konsequenzen:

- Die pragmatische Texttheorie widerspricht dem naiven Glauben von Strukturalismus und Behaviorismus, man beherrsche eine Sprache „wenn man genügend Vokabeln weiß und sie deklinieren, konjugieren und aussprechen kann" (Dressler, ebd.).
- Die pragmatische Text- und Sprechakttheorie betont die Kontextabhängigkeit der einzelnen sprachlichen Zeichen: "a linguistic element has, strictly speaking, meaning only within a context and a given situation" (Corder, 1971, S. 15).
- Aus dieser Erkenntnis der Kontextbedingtheit allen Sprachverhaltens kann für den Fremdsprachenunterricht der Schluss gezogen werden, dass es im fremdsprachlichen Klassenzimmer (fast) unmöglich ist, ein den realen Lebenssituationen entsprechendes Sprachverhalten einzuüben. Dazu wäre es notwendig, diesen umfassenden zielsprachlich realen Kontext herzustellen, was aber in fremdsprachlicher Umgebung in der Regel nicht oder zumindest nicht langfristig möglich ist: "It is impossible in any secondary school to provide direct experience of language used as part of real life in the way the native learner gets his first language; one is defeated by the multiplicity of the contexts required: house, street, garden, sea-shore, woods, stream, mountains, boats, church, club, doctor, hospital, traffic, Sunday, food, farm, factory, office, birds, insects, trees, flowers, fish, birth, death, marriage, divorce" (Bright & McGregor, 1973, S. 52).

Eine Möglichkeit, die fehlende zielsprachige Umgebung in das Klassenzimmer zu holen, besteht im Einsatz von Texten: "... the student who wants to learn English will have to read himself into a knowledge of it unless he can move into an English environment. He must substitute imaginary for actual experience" (ebd.).

Authentische und didaktische Sachtexte wollen in erster Linie Informationen über die Kulturen der Zielsprachenländer vermitteln. Literarische Texte können durch ihren Appell an das Vorstellungsvermögen in der Fantasie der Leser bzw. Lerner einen zielsprachigen Kontext entstehen lassen: "A work of literature ... creates its own situation, its own framework of events. Whatever the role attempted or achieved by literature in society, as language it is self-sufficient and self-contextualizing" (Halliday, McIntosh & Strevens, 1973, S. 46). Daher räumte der britischen Kontextualismus schon in den Sechzigerjahren dem literarischen Text einen hohen Stellenwert für den Fremdsprachenunterricht ein.

2. Die Verbindung von Sprach- und Literaturunterricht

Es ist sicherlich kein Zufall, dass der deutsche Fremdsprachendidaktiker, der sich in seinen didaktischen und methodischen Überlegungen besonders intensiv am britischen Kontextualismus orientierte, die zentrale Rolle im Fremdsprachenunterricht *Texten* zuwies: „Ohne ‚Text' (in des Wortes weitester Bedeutung) kein sinnvoller FU!", so formulierte Rudolf Nissen (1974, S. 249) die notwendige Textbezogenheit allen Fremdsprachenunterrichts. Während es im Muttersprachenunterricht sinnvoll sein kann, ein Thema auch ohne Text unmittelbar zu behandeln, wenn bei den Lernenden zu dem gewählten Thema von einer Sprach- und Redekompetenz ausgegangen werden kann, würde eine unmittelbare Themaorientierung ohne Textvorlage die Schüler im Fremdsprachenunterricht in der Regel überfordern. Eine adäquate Redekompetenz zum Thema, die durch eine sorgfältige fremdsprachliche Text- und Gesprächsdidaktik erst aufgebaut werden soll, würde dann schon zu Beginn des Unterrichts vorausgesetzt werden.

Nissen geht in seiner *Kritischen Methodik des Englischunterrichts* davon aus, dass Text und textdeutendes Lehr-/Lerngespräch (vgl. Kap. C.6) die zentralen Gestaltungselemente jedes sinnvollen Fremdsprachenunterrichts sind, wobei er dem Text eine Doppelfunktion zuerkennt: Sein Inhalt soll von den Lernenden als Artikulationsanlass, sein Vokabular und seine Ausdruckmittel als Artikulationsmodell genutzt werden. Ob es sich bei diesen fremdsprachlichen Lehr-/Lerntexten eher um literarische oder nicht literarische Texte handeln sollte, ist unseres Wissens von Nissen bisher nicht thematisiert worden. Zweifellos geht er davon aus, dass alle Textsorten, solange sie für die Bewältigung eines Themas funktional sind, Artikulationsanlass und Artikulationsmodell für die Lernenden sein können (vgl. auch Kap. C.8).

Nissen ist als theoretischer Begründer einer modernen Text- und Gesprächsdidaktik für den Englischunterricht in Deutschland anzusehen. Natürlich sind im Englischunterricht schon vor der Veröffentlichung der *Kritischen Methodik* Texte genutzt worden. Die Behandlung von literarischen Texten spielt in der Geschichte des modernen Fremdsprachenunterrichts bereits im 19. Jahrhundert eine große Rolle. Allerdings waren damals mit der Behandlung großer Werke der englischen Literaturgeschichte in der gymnasialen Oberstufe nicht zuallererst sprachdidaktische, sondern allgemein bildende Ziele und Überlegungen verbunden. So wurden im Unterricht z. B. Shakespeare-Dramen im Original gelesen – und auf Deutsch besprochen.

Dieser Bruch zwischen den hohen allgemein bildenden Zielen, denen eine adäquate sprachdidaktische Umsetzung fehlte, wurde noch 1969 von Tobias Rülcker als unvermeidbar hingenommen: „Man muss ... bedenken, dass die Aufgabe der höheren Schule neben der Vermittlung von Fertigkeiten in der Einführung in eine geistige Tradition besteht. ... Die Lektüre von Werken der englischen und französischen Literatur, in denen unsere geistige Tradition sichtbar wird, stellt jedoch so hohe Anforderungen, dass die Besprechung nur in der Muttersprache möglich ist. Insistiert man auf dem Gebrauch der Fremdsprache, so gelangt man nicht zum geistigen Sinngebilde jener Werke, sondern verfängt sich in den notwendig klischeehaften Ausdrücken, über die die Schüler gerade verfügen ..." (Rülcker, 1969, S. 105).

Der von Rülcker angesprochene Gegensatz von Literatur- und Sprachdidaktik beherrschte bis in die Siebzigerjahre vielerorts den Englisch- und Fremdsprachenunterricht. Noch 1979 schreibt z. B. Harald Gutschow: „Literaturunterricht ist nicht Sprachunterricht" (Gutschow, 1979, S. 130). In dem 1969 verfassten *Memorandum zur Reform des Studiums der Linguistik und der Literaturwissenschaft* (in Kolbe, 1973, S. 214ff.) wurde von den damals führenden Linguisten und Literaturwissenschaftlern für den Schulunterricht eine Trennung von Sprach- und Literaturunterricht gefordert, weil eine funktionale Verbindung beider Bereiche nicht möglich erschien.

Nissens nur fünf Jahre nach dem so genannten „Rhedaer Memorandum" veröffentlichte Überlegungen zur funktionalen Rolle auch der literarischen Texte im Fremdsprachenunterricht zeigen einmal mehr, dass wissenschaftliche Paradigmenwechsel oft nicht von den etablierten Wissenschaftlern eines Faches, sondern von „Außenseitern" eingeleitet werden. Allerdings gibt es seit Beginn der Siebzigerjahre bis heute in einigen Bezugswissenschaften der Fremdsprachendidaktik Entwicklungstendenzen, die den von Nissen eingeleiteten Paradigmawechsel unterstützten:

(1) In der Literaturwissenschaft wurde von Hans Robert Jauß, Wolfgang Iser u. a. die einseitig formalästhetische Orientierung überwunden und im Rückgriff auf Erkenntnisse der Hermeneutik ein am Sinnverstehen des Lesers orientierter Ansatz, die Rezeptionstheorie, entwickelt. „*... kein Text ist je verfasst worden, um philologisch von Philologen* oder ... historisch von Historikern *gelesen und interpretiert zu werden.* Beide Methoden verfehlen den Leser in seiner genuinen, für die ästhetische wie für die historische Erkenntnis gleich unabdingbaren Rolle als den Adressaten, für den das literarische Werk primär bestimmt ist" (Jauß, 1970, S. 168f.).

Es kommt zur Wiederentdeckung des Lesers als gleichberechtigtem Partner in der literarischen Kommunikation. Das Textverstehen des Lesers wird mit Hans-Georg Gadamer als ein In-das-Gespräch-Kommen mit dem Text (Gadamer, 1972, S. 350) verstanden, womit die monologische Struktur der Formalanalyse durch die dialogische Struktur des textdeutenden Gesprächs abgelöst wird.

(2) Nicht nur der britische Kontextualismus, sondern auch die Psycholinguistik des Russen Aleksej A. Leont'ev erkennt gerade dem literarischen Text im Fremdsprachenunterricht eine besondere Funktion zu: „Der Lehrtext muss im Optimalfall wie ein literarischer Text gebaut sein, der (je nach seinem Niveau) die ‚Übertragung' des Lesers auf den ‚Helden' gewährleistet. ... Solche fremdsprachlichen Lehrbücher gibt es zzt. noch nicht, aber außer der rein literarischen Schwierigkeit (die linguistische und psychologische Bearbeitung literarischer Texte ist nicht schwieriger und nicht leichter als die anderer Texte) gibt es keinerlei Umstände, die ihre Herstellung hindern würden. Mit anderen Worten, die Sprach-

lehrbücher sollten von Schriftstellern oder (literarischen) Übersetzern zusammen mit Pädagogen geschrieben werden" (Leont'ev, 1972, S. 52).

Auch von Leont'ev wird dem literarischen Text Kontext-Kreativität zuerkannt, die geeignet ist, die Lernenden dazu zu veranlassen, sich qua Fantasie in eine zielsprachliche Realität hineinzuversetzen, die real nur im Ausnahmefall in das fremdsprachliche Klassenzimmer geholt werden kann.

(3) Neues Entwicklungsmoment für eine ganzheitliche fremdsprachliche Text- und Sprachdidaktik ist die moderne Spracherwerbstheorie, die für die Sprachaneignung den nur kognitiv-analytischen Strategien der Grammatik- und Sprachanalyse misstraut und von einer unbewusst-intuitiven Sprachaufnahme durch intensive ganzheitliche Spracherfahrung ausgeht (vgl. auch Kap. B.3 und E.1). So propagiert der Kalifornier Stephen Krashen einen Spracherwerb zuallererst durch Lesen. Er kann ein groß angelegtes, praktisches Unterrichtsexperiment von Patsy Lightbown in New Brunswick, Kanada, als Beleg dafür anführen, dass ein Ersetzen von traditionellem Sprachunterricht durch eigenständige Lektüre mit Ergänzung durch Hörcassetten zu gleich guten und z. T. besseren Sprachaneignungsergebnissen führte (Lightbown, 1992).

3. Formen dialogischen Umgangs mit Texten

Krashens Spracherwerbstheorie empfiehlt der Praxis eine Sprachvermittlung durch intensives Lesen (Krashen, 1993). Seine Hypothese, Spracherwerb vollziehe sich allein durch zielsprachlichen Input, wäre allerdings durch eine Dialoghypothese zu ergänzen, wie Wolfgang Butzkamm es bereits aus sprachdidaktischer Sicht gefordert hat (Butzkamm, 1993a). Für die im deutschsprachigen Raum inzwischen überwiegend dialogisch orientierte Text- und Literaturdidaktik sind drei textdeutende Gesprächskonzepte ausführlicher herausgearbeitet worden:

- Das *Lehr-/Lerngespräch* nach Rudolf Nissen (vgl. Kap. C.6), das, wie bereits erwähnt, von der Doppelfunktion des Textes als Artikulationsanlass und Artikulationsmodell ausgeht, erkennt dem Lehrer eine wichtige Lenkungsfunktion zu. Nissen fordert dabei ein sensibles Zusammenspiel von Lehr- und Lernprozessen im textdeutenden Unterricht.

- Mit dem *Interpretationsgespräch* möchte Egon Werlich (1986) Form- und Inhaltsanalyse sowie funktionale Grammatikarbeit und gelegentliche Sprachreflexion miteinander verbinden. Noch stärker als Nissen geht er von einer Lenkungsfunktion des Lehrenden aus, die allerdings je nach Unterrichts- und Textinterpretationsphase unterschiedlich intensiv ausfällt.

- Das Zusammenspiel von *pädagogischem Dialog* (bei dem der Lehrende die Antworten kennt) und *echtem Gespräch* (in dem die Antworten bei Lehrern und Schülern offen sind) bestimmt nach Wilfried Brusch die *textdeutenden Gespräche* im fortgeschrittenen Fremdsprachenunterricht (Brusch, 1986). Zur Illustration dieser Hypothese werden videodokumentierte Unterrichtsbeispiele angeführt, in denen deutlich wird, dass schülerzentrierte Textinterpretationen im fortgeschrittenen Sprachunterricht phasenweise ohne Lenkung einer Lehrperson möglich und sinnvoll sind.

Jede fremdsprachliche Text- und Gesprächsdidaktik und -methodik sollte insbesondere im Hinblick auf literarische Texte beachten, dass der mit ihnen verbundene Sinndeutungshorizont und damit auch die textdeutenden Gespräche selbst prinzipiell unabschließbar sind. Sinnverstehen und Textdeutung durch das Gespräch sind als aktive, die ganze relevante Vorerfahrung der Teilnehmer herausfordernde kreative Prozesse zu verstehen. Für diese Prozesse gibt es keine den Erfolg in jedem Falle sichernden Regeln, wohl aber eine ganze Reihe sehr unterschiedlicher Verfahren, deren Ziel es ist, die Kreativität der Lernenden herauszufordern.

4. Formen kreativen Umgangs mit Texten

Solche Formen sind in den letzten zehn bis fünfzehn Jahren aus den verschiedensten Kontexten für den schulischen Umgang vor allem mit literarischen Texten fruchtbar geworden. Ihnen ist gemeinsam, dass sie nicht einen primär Distanz nehmenden, analytischen, verobjektivierenden Umgang mit Texten fordern, sondern zu einer eher subjektiv-individuellen, intuitiven, imaginativen und teilweise auch spielerischen und emotionalen Auseinandersetzung mit literarischen Texten anregen, ohne jedoch analytische und reflexive Prozesse prinzipiell auszuschließen.

Kreative Verfahren können somit als Konkretisierung und Ergänzung, teilweise auch als Weiterentwicklung des schülerzentrierten textdeutenden Englischunterrichts gelten. Grundsätzlich unterschieden werden können diese im Folgenden „kreativ" genannten Verfahren nach ihrer schwerpunktmäßig angestrebten Zielsetzung im Umgang mit einem (literarischen) Text.

4.1 Der produktorientierte Ansatz in enger Bindung an literarische Vorbilder

Im Mittelpunkt dieses Ansatzes steht der literarische Originaltext. Seine Besonderheiten, sein kreatives Potenzial, sollen mithilfe kreativer Verfahren erkannt und nachvollzogen werden.

Zu diesem Zweck eignen sich vor allem solche Verfahren, bei denen der Originaltext verändert wurde, z. B. durch Auslassungen („Lückentext"), Hinzufügungen, formale Veränderungen (z. B. Gedicht als Prosatext), Vertauschung von Textteilen oder durch die Präsentation des Textes in ungeordneten Einzelteilen („Textpuzzle"). Aufgabe der Schüler und Schülerinnen ist es, den Originaltext wiederherzustellen, ggf. mit Hilfestellungen wie z. B. Auswahlantworten.

Vergleichbare Zielsetzungen verfolgt das Konzept der „Kreativen Nachgestaltung", das die Anwendung bestimmter literarischer Techniken, Stilkategorien oder Gattungsgesetze auf eigene Texte propagiert. Anders als beim „Kreativen Nachvollzug" beschränken sich diese Vorschläge allerdings nicht auf den Umgang mit bereits vorgegebenem Textmaterial, sondern zielen auf die Produktion eigener Texte (vgl. Kap. D.4).

4.2 Der persönlichkeitsorientierte Ansatz im kreativen Umgang mit literarischen Texten

Dieser Ansatz strebt die ganz persönliche Auseinandersetzung der Lernenden mit dem literarischen Text sowie die eigene Entfaltung im und durch persönlichen Ausdruck an. Die hierzu verwandten Verfahren sind z. T. die gleichen wie beim produktorientierten Ansatz. Der Unterschied besteht in der Zielsetzung: Nicht der literarische Text soll möglichst originalgetreu rekonstruiert werden, sondern das Textmaterial soll den Schülern und Schülerinnen Anregung sowie sprachliche und formale Hilfestellung zum Ausdruck ihrer eigenen Vorstellungen über den Text oder das Thema geben.

Als Textvorlage eignen sich vor allem Gedichte, speziell Kinder- und Jugendgedichte und Liedtexte, sowie Fabeln und Märchen. Als Verfahren können eingesetzt werden:

Puzzletechnik, Fortsetzung eines Textes nach eigenen Vorstellungen, Umschreiben eines Textes in ein eigenständiges Produkt, Verwendung vorgegebenen Textmaterials oder bekannter Textstrukturen für eigenes Schreiben u. a.

4.3 Der prozessorientierte Ansatz einer kreativen Um- und Neugestaltung literarischer Texte

Dieser Ansatz verfolgt den spielerisch-experimentellen Umgang mit sprachlichen und literarischen Strukturen. Im Gegensatz zum produktorientierten Ansatz steht nicht die Realisierung eines möglichst nah am Originaltext liegenden bzw. eines möglichst „normgerechten" Produktes im Mittelpunkt, sondern der Prozess der kreativen Um- und Neugestaltung. Das Ziel besteht in der möglichst originellen, fantasievollen oder witzigen Auseinandersetzung mit den Textvorgaben und den in der Aufgabenstellung gegebenen „Regeln". Anders als beim persönlichkeitsorientierten Ansatz steht aber nicht der Selbstausdruck im Mittelpunkt, sondern das (angeleitete) Ausloten der sprachlichen und literarischen Möglichkeiten des vorgegebenen Materials.

Als Verfahren eignen sich verschiedene Formen der Texttransformation und Textvariation, z. B. das originelle Füllen von Textlücken, das spielerische Experimentieren mit zeichnerischen Formen (z. B. Kalligrammen, Ideogrammen), Spiele mit Buchstaben, Silben oder syntaktischen Formen eines Textes, das Umschreiben eines Textes in verschiedene Sprachniveaus oder die übermäßige Verwendung bestimmter rhetorischer oder stilistischer Mittel.

Als Textgrundlage bieten sich vor allem klar strukturierte und regelgebundene Textsorten an, z. B. verschiedene Reim- und Gedichtformen (auch literarische Sprachspiele, Haikus, Limericks, Kalligramme, *diamond-poems* usw.), literarische Klein(st)formen wie Witze, Anekdoten und Parabeln oder narrative Kurzformen wie Kurzgeschichten, Märchen, Fabeln, Kriminalgeschichten und fantastische Erzählungen.

4.4 Der prozessorientierte Ansatz für den Ausbau der kreativen Rezipientenrolle

Das Ziel dieses Ansatzes besteht darin, die für das Lesen und Verstehen literarischer Texte notwendigen Prozesse zu aktivieren und zu intensivieren. Um möglichst günstige Bedingungen für kreative Sinnbildungsprozesse in der Auseinandersetzung mit literarischen Texten zu schaffen, soll sowohl das, was potenziell im Text, wie auch das, was potenziell im Leser liegt, verstärkt werden. Kreative Verfahren zielen im Rahmen dieses Ansatzes daher darauf ab, Anregung und Hilfestellung für aktive, individuelle und kreative Sinnbildungsprozesse bei der Lektüre literarischer Texte zu geben.

Für diesen Ansatz wurden in der didaktisch-methodischen Literatur mit Abstand die meisten Vorschläge entwickelt. An Beispielen seien genannt:

(1) *Verfahren der kreativen Vorarbeit (pre-reading activities):*
- Arbeit mit thematisch oder stimmungsmäßig zum Text passenden visuellen Medien,
- allgemeine Einstimmung in Themen, Zeit, Situation ... durch akustische Impulse, Gegenstände, thematisch verwandte Texte oder eine Fantasiereise,
- produktive Arbeit mit Wortfeld, *centre d'intérêt*, Schlüsselwörtern,
- Aktivierung von Vorwissen über Gattung/Textsorte sowie über textrelevante literarische Techniken, Sensibilisierung für Gattungseigentümlichkeiten,
- produktive Arbeit mit Titel, Kapitelüberschriften, Thema, Handlungs- und Inhaltselementen, Textteilen, einzelnen Personen oder Personenlisten.

(2) *Verfahren zur ersten Textbegegnung (reading activities):*
- Vorgabe des Textanfangs bzw. Textunterbrechung an bestimmten Punkten mit Aufforderung zu Hypothesenbildung und Weiterentwicklung,
- zeilen- oder abschnittweises Lesen oder Abschreiben mit Aufforderung zu Hypothesenbildung und Weiterentwicklung („Aufdecktechnik"),
- Rekonstruktion von auseinander geschnittenen Textteilen, ohne dass der Originaltext bekannt ist („Puzzletechnik"),
- Füllen von zuvor hergestellten Textlücken mit oder ohne Auswahlantworten,
- „Erlesen" oder „Erspielen" des Textes, d. h. unterschiedlichen Gefühlsausdruck, verschiedene Sprechweisen, gestisch-mimische Ausdrucksformen und Rollenverteilungen ausprobieren,
- „Erschreiben" des Textes, d. h. beim Abschreiben experimentieren, z. B. mit Schriftarten, -stärken, -größen, Zeilenanordnungen oder farblichem Gestalten, oder in Kopie vorliegende Texte kolorieren,
- Dokumentation des ersten Leseeindrucks, z. B. in Form von Lesetagebuch oder -protokoll, fortlaufendem Kommentar, Cluster, Statement, Ausfüllen von Arbeitsblatt, Fragebogen oder Sympathieskala, Wahl von Bildern/Fotos, Auswahl von Textstellen,
- Umsetzung des ersten Leseeindrucks, z. B. in Bild/Illustration, grafische Struktur, Drehbuch, Musik, Standbild, verschiedene Textsorten.

(3) *Verfahren zur kreativen Aneignung und Verarbeitung (post-reading activities):*
- Formulierung eines zuvor nicht genannten Titels oder Sinnspruchs zum Text,
- Ausführung von Elementen, die im Text ausgespart oder nur angedeutet sind,
- Umschreiben des Textes aus der Perspektive einer anderen Person oder aus einer anderen Erzählperspektive, Wahl eines anderen Ortes, einer anderen Zeit, anderer Personen, Ausgestaltung von Handlungsfiguren,
- Umgestaltung des Textes in eine andere Textsorte, ein anderes Medium,
- Entwicklung inhaltlicher Alternativen.

Die Beispiele zeigen, dass kreative Verfahren versuchen eine Brücke zwischen den kognitiv und den affektiv-emotional gesteuerten Rezeptionsaktivitäten zu schlagen, die erst in ihrem Zusammenwirken das „Erleben" des literarischen Textes (Wintgens, 1979) ermöglichen. Gerade für das Lesen im Fremdsprachenunterricht weist der kreative Umgang mit Texten viele Vorteile auf: Er kommt den besonderen Schwierigkeiten fremdsprachlicher Rezeption entgegen (vgl. Kap. D.2), er ermöglicht den Lernern, Verstandenes und Gemeintes auf vielfältige, auch non-verbale Weise auszudrücken, und bietet gleichzeitig zahlreiche Möglichkeiten zur Anwendung und Erweiterung der fremdsprachlichen Kenntnisse. Viele der genannten Verfahren eignen sich überdies in hervorragender Weise für individualisierende Hausaufgaben (vgl. Kap. C.9). Sie bieten zudem die Chance größerer Lernerautonomie im Literaturunterricht, ohne dabei die affektive Seite des Umgangs mit Sprache und Texten zu kurz kommen zu lassen (vgl. Kap. B.2 und B.6).

Generell kann der regelmäßige Einsatz verschiedener kreativer Ansätze und Verfahren, auch im Verlauf der Arbeit mit einem Text, einen wichtigen Beitrag zu einem integrativen fremdsprachlichen Unterricht leisten, der die Lerner als Personen fordert und fördert und in dem die Zielsetzungen von Fremdsprachen- und Literaturunterricht einander bedingen und sich gegenseitig ergänzen (vgl. Abschnitt 2).

5. Das Problem der historisch rekonstruierenden Lektüre

Bis heute ist die Textarbeit vielerorts von der formalen Analyse und Interpretation der Texte beherrscht und wird der individuellen Rezeption und den kreativen Möglichkeiten der Textdeutung nicht gerecht. Die Lektüre historischer Texte wie z. B. eines Shakespeare-Dramas wirft bei den Lernenden darüber hinaus oft die Frage nach dem historisch angemessenen Textverständnis auf. Hier ist das Problem der Unterscheidung von „ursprünglichem" Textsinn und seiner „gegenwärtigen Bedeutung" gestellt, zu dem es in der Literaturwissenschaft (u. a. siehe Hirsch, Gadamer, Weimann, Madison, Vickers) und in der fremdsprachlichen Literaturdidaktik (Bredella, Brusch, Freese) einen unabgeschlossenen, möglicherweise auch unabschließbaren Streit gibt. Ein Problem dieses Streites ist es, dass er abstrakt geführt wird und dadurch unter Missverständnissen leidet. Daher soll hier die Frage nach dem angemessenen historischen Textverstehen an einem konkreten Beispiel geführt werden.

Die Lektüre von Shakespeares *The Taming of the Shrew* ist geeignet, bei der Klasse die Frage auszulösen, ob das Stück von seinem Autor als eine Komödie auf die Zähmung der wilden Katharina oder als eine Satire auf den männlichen Herrschaftswahn Petruchios intendiert war. Es stellt sich also für die Schüler die Frage: War der Autor Shakespeare ein *male chauvinist* oder ein Vorkämpfer für die Emanzipation der Frau? Auch für jeden Regisseur ist bei der Inszenierung des Stückes diese Frage unausweichlich. So gibt z. B. Zefirelli 1967 bei seiner Verfilmung dieses Stückes mit Richard Burton und Elizabeth Taylor in den Hauptrollen am Schluss in geschickter Weise diese Frage an den Zuschauer zurück.

Eine historisch rekonstruierende Lektüre von *The Taming of the Shrew* wird u. a. auf die Vorlage von *A Shrew* stoßen als auch auf das Problem der Rahmenhandlung, die bei Shakespeare am Ende nicht wieder aufgenommen wird (zu beidem vgl. Oliver, 1984, S. 233ff.). Sie wird zu beurteilen haben, wie weit das Tudor-Weltbild eines hierarchisch geordneten Kosmos (*chain of being*), auf das Shakespeare oft in seinen Stücken zurückgreift, auch in die Abfassung dieses Stückes eingegangen ist (Tillyard, 1978, S. 33ff.; Brusch, 1996, S. 36). Dieses Tudor-Weltbild räumte, parallel zum Herrschaftsrecht des Königs über seine Untertanen, dem Mann ein Herrschaftsrecht über seine Frau und seine Familie ein, wie es Kate zum Schluss (V, 2, Z. 156f.) bestätigt: *Such duty as the subject owes the prince, / Even such a woman oweth to her husband* (Oliver, 1984, S. 230). Die Literaturhistorikerin Juliet Dusinberre weist darauf hin, dass zur Zeit Shakespeares die Frage nach der Gleichwertigkeit der Geschlechter schon aufkam, aber erst 30 Jahre nach seinem Tode positiv beantwortet wurde. Der radikale Puritaner John Lilburne stellte in seinem Essay *The Free Man's Freedom Vindicated* (publiziert am 16. Juni 1646) als erster in England die Forderung nach absoluter Gleichstellung der Geschlechter auf, womit er zugleich das Herrschaftsrecht von Menschen über Menschen und damit auch das Herrschaftsrecht von Königen über ihre Untertanen ablehnte (Dusinberre, 1979, S. 77f.).

Ohne die hier aufgeworfene Frage abschließend beantworten zu können, wird deutlich, dass bei einer historisch rekonstruierenden Lektüre in jedem Falle auf relevantes landeskundliches sowie sozial- und ideengeschichtliches Referenzwissen zurückgegriffen werden muss. Die Textinterpretation würde aber in einen Historismus verfallen, wenn sie die Frage „Was sagte der Text ursprünglich?" nicht wieder zurückführte zu der Frage „Was sagt mir der Text heute?" und „Was sage ich zum Text und zu dem in ihm behandelten Problem?" (vgl. auch Bultmann, 1952). Jedoch hilft die historisch rekonstruierende Lektüre, zwischen einem „ursprünglichen" Textsinn und einer „gegenwärtigen Bedeutung" zu unterscheiden. Sicherlich ist das Ziel der historischen Rekonstruktion wie jeder Interpretation „not verification but validitation, which is always provisional, subject to revision, capable of improvement" (Vickers, 1993, S. 119). Vermieden wird eine naive, vorschnelle Angleichung der Aussagen historischer Texte an ein aktuelles lebensweltliches Problemverständnis.

In der Unterscheidung von (wahrscheinlichem) ursprünglichem Textsinn und gegenwärtiger Bedeutung (für den einzelnen Leser) liegt die Chance zu historischer Bildung durch den literarischen Text. Dient die kreative Textarbeit dazu, die Fantasie der Lernenden im Hinblick auf die mögliche aktuelle Bedeutung eines Textes und seines Themas zu aktivieren, so wird die historisch rekonstruierende Lektüre zu einer systematischen Nutzung und Erschließung relevanter Quellen zum jeweiligen Erkenntnisinteresse anleiten. Es wäre falsch, diese beiden Formen des Textumgangs gegeneinander auszuspielen. Textarbeit im fortgeschrittenen Englischunterricht sollte im durchdachten Miteinander dieser beiden Möglichkeiten gestaltet werden.

6. Ausblick: Aktuelle Tendenzen

Auf drei weitere Aspekte fremdsprachlicher Textdidaktik kann hier nur kurz verwiesen werden:

(1) Mit der Einführung von Englischunterricht in der Grundschule, der in der Sekundarstufe fortgeführt wird, besteht die Chance, die Fremdsprachenlernenden früher als bisher mit ausgewählten Titeln der englischen Kinder- und Jugendliteratur vertraut zu machen. Eines der Grundprobleme jedes textorientierten Fremdsprachenunterrichts, die Diskrepanz von begrenztem fremdsprachlichen Können und den höheren sachlich-inhaltlichen Lese- und Erkenntnisinteressen, wird von Grundschülern weniger schmerzlich empfunden und kann bei geschickter Wahl der Lektüren beinahe ganz vermieden werden. Kinder- und Jugendbücher enthalten das Potenzial, zum Orientierungs- und Leitmedium eines ganzheitlichen Englischunterrichts der Grundschule zu werden, so wie es zu Beginn der Sekundarstufe das Lehrbuch ist.

(2) Die Entwicklung der Videotechnologie ermöglicht eine bequeme Verfügbarkeit von Literaturverfilmungen im fremdsprachlichen Klassenzimmer. Die optimale Nutzung dieser Möglichkeit für schulische Fremdsprachenvermittlung ist vielerorts noch wenig genutzt und bisher auch ungenügend methodisch und didaktisch reflektiert. Wenn der Grundgedanke der modernen Fremdsprachenerwerbstheorie von der intuitiven Fremdsprachenaneignung als Nebenprodukt von zielsprachlichem Input und zielsprachlichem Sprachhandeln stärker in der Praxis Eingang findet, wird der Einsatz von Literaturverfilmungen, die dem Hörer/Zuschauer ein „Eintauchen" in eine (fiktive) Zielsprachenwelt ermöglichen, einen höheren Stellenwert als bisher erhalten.

(3) Als die optimale Verbindung von literarischen und nicht literarischen Texten im Unterricht muss das Textprojekt angesehen werden. Ein Textprojekt ist ein offenes Minicurriculum zu einem Thema, das von dem Lehrenden und den Schülern gemeinsam entworfen, geplant, durchgeführt und evaluiert wird (vgl. Brusch, 1977). Eine Vielfalt von Textsorten, historische und aktuelle Texte, Autobiografien, Bilder, Cartoons, statistische Angaben, fiktionale und nicht fiktionale Texte und solche, die dazwischenliegen, können zur Themengestaltung herangezogen werden (vgl. hierzu auch die modernen themenbezogenen Oberstufenmaterialien). Mithilfe dieser unterschiedlichen Texte wird das Sachwissen der

Lernenden zu einem Thema/Problem aktiviert, differenziert, erweitert und vertieft. Die Behandlung des einzelnen Textes wird insbesondere seinen Inhalt und seine Aussage herausarbeiten und in den Argumentationskontext des Themas einordnen. Aus fremdsprachendidaktischer Sicht werden dabei ein entsprechendes Themavokabular und nützliche Redemittel zum Thema eingeführt und durch weitere themarelevante Texte umgewälzt. Hierdurch werden dem Lernenden immer wieder sprachliche und das Sachproblem betreffende Transfermöglichkeiten eröffnet. Wenn der Verlauf eines Textprojektes nicht von vornherein vom Lehrenden festgelegt, sondern nach festgelegten Arbeitsphasen erneut mit der Lerngruppe – natürlich in der Fremdsprache – über den weiteren Verlauf des Projektes verhandelt wird, erhält das zielsprachliche Sprechen einen für alle Beteiligten spürbaren Handlungscharakter. Die Schüler sind nicht mehr Lernobjekte des Lehrers, sondern werden zu Subjekten der Entscheidungen über den Verlauf des Projektes und den Unterricht. Sie werden damit Subjekte der eigenen Fremdsprachenausbildung und Erziehung.

Da eine Reihe von Grundlagenfragen und methodischen Möglichkeiten in diesem Kapitel nur knapp behandelt werden konnten, sei hier auf ergänzende Literatur verwiesen:

(1) *Zum Einsatz (literarischer) Texte im Fremdsprachenunterricht allgemein:* Alderson & Urquhart (1984); Carter & Long (1987); Delanoy (1996); Fricke & Glaap (1990); Hagge & Reisener (1989); Lutjeharms (1994); Pennac (1994); Rampillon & Reisener (1992).

(2) *Zu kreativen Verfahren:* Caspari (1994); Collie & Slater (1987); Duff & Maley (1990); Greenwood (1988); Hess (1991); Holtwisch (1996); Steinmann (1985).

(3) *Zu Kinder- und Jugendbüchern:* Ellis & Brewster (1991); Garvie (1990); Hellwig (1995a); Kubanek-German (1992).

(4) *Zum Einsatz von Video im Umgang mit Texten:* Jung & Erdmenger (1994); Jung (1994); Stiller (1990).

(5) *Zur Verbindung literarischer und nicht literarischer Texte:* Brusch (1977); Decke-Cornill (1994); Legutke (1988a); Schinschke (1995).

8 Pop- und Rocksongs als „Lernschrittmacher"
Johannes-Peter Timm

Pop- und Rocksongs sind reich an unterrichtlichen Potenzialen. Ihre affektiven, inhaltlichen und sprachlichen Aspekte bieten vielfältige Ansatzpunkte für unterrichtliche Gespräche und andere *activities*, wobei situativ-kontextuelles und lexikalisch-grammatisches Verstehen zusammenwirken. Damit bieten sie eine hervorragende Grundlage für fremdsprachliche Lernprozesse.[1]

1. Fachdidaktische Überlegungen

In der Einleitung zu diesem Buch wurden die Leitlinien der gegenwärtigen Fremdsprachendidaktik umrissen:

Situationen, Materialien und Aktivitäten des Fremdsprachenunterrichts sollen den Schülern helfen, Sinn- und Wertvorstellungen zu entwickeln (*Inhaltsorientierung*), ihre Erfahrungen, Fähigkeiten, Interessen und Bedürfnisse berücksichtigen (*Lernerorientierung*), von ihnen als lebensecht akzeptiert werden können (*Authentizität*), Kopf, Gefühl und Sinne gleichermaßen ansprechen (*Ganzheitlichkeit*), zum rezeptiven, produktiven und interaktiven Umgang mit Sprache herausfordern (*Aufgaben- und Handlungsorientierung*) und damit zu eigenaktiven Wahrnehmungen und Strukturierungen anregen (*Prozessorientierung*). Auf diese Weise werden Lerngegenstände den Schülern weniger „vermittelt" als vielmehr zu Inhalten unterrichtlicher Aktivitäten gemacht, die für die Schüler bedeutsam sind und deshalb zu Lernprozessen führen (*Lernorientierung*).

In einem solchen Fremdsprachenunterricht spielen Pop- und Rocksongs eine große Rolle: Sie sind ein authentischer und vertrauter Teil der Jugendkultur, von ihrer Musik und ihren Interpreten geht eine hohe Motivation aus und ihre Inhalte sprechen eigene Erfahrungen und Interessen der Schülerinnen und Schüler an. So setzen sie – auch im Unterricht – als *Musikerlebnisse* eine Vielzahl von Emotionen und Assoziationen frei und als *Unterrichtsmedien* bieten sie Gesprächs- und andere Handlungsanlässe. Damit tragen Songs einmal zur Entwicklung von Sinn- und Wertvorstellungen bei; zum andern lösen sie sprachliche Verarbeitungs- und Lernprozesse aus (vgl. Gienow & Hellwig, 1996b).

Hierfür ist es allerdings in vielen Fällen notwendig, bisherige Hörgewohnheiten der Schüler aufzubrechen. Zwar kann auch das unbewusste Hören, insbesondere in Verbindung mit dem so genannten *Din*-Effekt (dem „Nachklingen" einzelner Text-, insbesondere Refrainzeilen; vgl. Murphey, 1990b) bereits unbewusste Lernprozesse auslösen. Darüber hinaus sollen die Schüler den Songs aber auch *zuhören*, sie *verstehen* und über ihren Inhalt *sprechen* wollen. Sie müssen deshalb vom vorzugsweise „stimmungsorientierten", „sentimental-assoziativen" Hören (vgl. die Untersuchung von Blell, 1995) zunächst zum aktiven Hinhören und Verstehenwollen und von da aus zu einem „Hinterfragen" der Texte und letztlich der Pop-Szene geführt werden. Hierfür benötigen sie immer wieder neue Motivationsanschübe und gezielte sprachliche Hilfen – und zwar von Lehrerinnen bzw. Lehrern, die sich zum einen in der Pop-Szene einigermaßen auskennen, andererseits aber auch eine kritische Distanz dazu entwickelt haben.

---

[1] „Pop" und „Rock" stehen hier als Oberbegriffe für die gängigsten Formen der derzeitigen Unterhaltungsmusik. (Für unterschiedliche Richtungen vgl. Finger, 1996 und Plitsch, 1997b, S. 11.)

Verständlichkeit und Bedeutsamkeit eines Textes hängen nicht nur von den sprachlichen Zugangsmöglichkeiten ab, sondern auch davon, inwieweit die Schüler seinen Inhalt mit früheren, aktuellen oder potenziellen Lebens- und Lernerfahrungen verknüpfen können. Gerade diese finden sie in den Hauptthemen moderner Songs wieder: *love (beginning, existing, or past), life searching* und *identity conflict* (Murphey, 1990a, S. 48). Die Frage ist allerdings, ob und in welchem Umfang sie diese Erfahrungen auch in den Unterricht einbringen wollen, ob sie die schulische Behandlung solcher Themen nicht vielmehr als „Einbruch in ihre Privatsphäre empfinden und als Reaktion eine Verweigerungshaltung einnehmen" (Goch, 1993, S. 365). Dies mahnt in der Tat zu einem behutsamen Vorgehen. Die Musik, die Musiker und deren Umfeld bieten zwar einen ersten Zugang; für weitergehende, inhaltsbezogene Aktivitäten kommt es jedoch – neben dem methodischen Geschick – ganz entscheidend auf die Persönlichkeit der Lehrperson sowie auf ihre Beziehung zu den Schülern an. (Zur Lehrerpersönlichkeit vgl. Heuer & Klippel, 1987, Kap. 2.)

2. Methodische Aspekte

Methodisch ist zwischen *pre-listening, while-listening* und *post-listening* bzw. *post-reading activities* zu unterscheiden (Plitsch, 1997b). *Pre-listening activities* im Stuhlkreis oder in Gruppenarbeit dienen der emotionalen und thematischen Einstimmung (z. B. Fantasiereise, Gespräch über Fotos, Cartoons, Zeitungs- oder Zeitschriftenausschnitte) oder der sprachlichen „Vorentlastung". Aktivitäten wie das Erstellen individueller *mind maps* zum Titel oder anderen vorgegebenen Stichwörtern können individuelle Assoziationsfelder und konkretes Weltwissen aktivieren, eine individuelle Erwartungshaltung aufbauen oder ein globales Vorverständnis schaffen (ebd., S. 6; vgl. auch Blombach, 1991, S. 21; Krohn, 1996a).

While-listening activities, die in mehreren Durchgängen erfolgen können, basieren auf „Höraufträgen, die ein zweckgerichtetes Hören erfordern" (Plitsch, 1997b, S. 5). Typische Aktivitäten in dieser Phase – bei anspruchsvolleren oder schwer verständlichen Texten auch „while reading" – sind: Aspekte des Inhalts erfassen, auf vorgegebene Schlüsselwörter bzw. auf Textstellen mit bestimmten Inhalten achten, Lückentexte ergänzen sowie *key words* unterstreichen bzw. sammeln (*note-taking*) (vgl. auch Blombach, ebd., S. 22ff.). (Zum Hör- bzw. Leseverstehen vgl. Kap. D.1 und D.2.)

Erste *post-listening* bzw. *post-reading activities* dienen der Verstehensüberprüfung, um eine „Informationsbasis ... für eine sinnvolle Weiterbeschäftigung mit dem Text" herzustellen (Plitsch, 1997b, S. 6): erste Aussagen zum Text (*brain-* bzw. *heartstorming*), Beantwortung von Multiple-Choice-Fragen oder textverarbeitende Aktivitäten wie *note-taking* (stichwortartige Notizen zu den Inhalten des Textes), *note-making* (Bemerkungen zum Text), *reducing* (Reduktion des Textes), *headlining* (Zusammenfassung des Textes in einer Überschrift) oder *outlining* (Erstellen einer Textgliederung) (vgl. Gienow & Hellwig, 1996b, S. 6, sowie Kap. D.2, Abschnitt 4). In dieser Phase werden individuelle Erwartungshaltungen bestätigt oder korrigiert sowie sprachliche Probleme aufgearbeitet.

Nach diesen Vorbereitungen kann der Text aus verschiedenen Perspektiven (z. B. Telefongespräch, Interview, Tagebucheintrag, Brief) bearbeitet, stilistisch verfremdet, szenisch dargestellt, in einen Comic, eine Plakat-Collage aus Bildern und Textfragmenten oder einen eigenen künstlerischen Text (Rap-Text, einfaches Gedicht, Geschichte) umgesetzt werden (vgl. Kap. D.4). Über diese Aktivitäten selbst hinaus ergeben sich dabei auch viele Anlässe für Klassengespräche („Lerngespräche"), die mit wachsender Klassenstufe immer mehr auch eigenständige Bedeutung erlangen. Hier werden Inhalte diskutiert sowie – *mit diesen verknüpft* – sprachliche Fragen geklärt, eigene Erfahrungen eingebracht und eigene Standpunkte formuliert: zunächst mit vielen stützenden Vorgaben und Impulsen des Lehrers, später mehr und mehr unter Rückgriff auf Impulse aus der Klasse selbst (vgl. Kap. C.6 und D.3). Die *homepage* im Web, die inzwischen fast jede Gruppe hat, bietet mit neuesten Infos und *sound clips* zusätzliche Anregungen (vgl. Kap. C.5). Und schließlich können auch Briefe an ein englischsprachiges Musikmagazin, einen englischsprachigen Sender, einen Fan-Club oder die Interpreten selbst geschrieben werden.[2]

Bei all diesen Aktivitäten sind inhaltliche Verstehens- und lexikalisch-grammatische Lernprozesse aneinander gebunden und entfalten sich zyklisch. Wir haben es hier mit dem von Butzkamm (1993a, S. 13, 97f., 145, *passim*) formulierten Grundprinzip sprachlichen Lernens, dem Prinzip des „doppelten Verstehens", zu tun: Situativ gebundenes *inhaltlich-funktionales Verstehen* und lexikalisch-grammatisch gebundenes *strukturelles Verstehen* wirken beim Sprachlernen zusammen. Und je mehr ein Song zu inhaltlich motivierten Aktivitäten herausfordert, desto besser kann er über seine affektiven, thematischen und sprachlichen Potenziale auch seine Sprachlernpotenziale ins Spiel bringen und damit die Rolle eines „Lernschrittmachers" (Bausch, 1991, S. 18) erfüllen. Auf diese Weise können auch ganz gezielt spezifische Lernprozesse in Gang gesetzt werden, welche die Abhängigkeit der Lernenden vom Unterrichtenden allmählich verringern (vgl. Finkbeiner, 1995b).

3. Beispiele

3.1 „The River" (Bruce Springsteen)

Dieser Song (aus *Bruce Springsteen & the E-Street Band Live 1975–85*, Columbia 460227) basiert angeblich auf der Lebensgeschichte von Bruce Springsteens jüngerer Schwester. Es handelt sich um einen sehr realistischen Ausschnitt aus dem Leben eines Jugendlichen, der zusammen mit seiner Freundin versucht, „unten am Fluss" der Realität der engen und engstirnigen Umgebung zu entfliehen. Beide werden durch die Schwangerschaft des Mädchens jedoch aus ihren Träumen gerissen und müssen sich einer harten Lebenswirklichkeit stellen. Die Erinnerungen an die Stunden am Fluss kehren als quälende Traumbilder jedoch immer wieder.

The River (Bruce Springsteen)
I come from down in the valley
Where mister when you're young
They bring you up to do
Just like your daddy done
Me and Mary we met in high school
When she was just seventeen
We'd ride out of that valley
Down to where the fields were green

We'd go down to the river
And into the river we'd dive
Oh down to the river we'd ride
Then I got Mary pregnant
And man that was all she wrote
And for my nineteenth birthday
I got a union card and a wedding coat

---

[2] Musikmagazine wie *Smash Hits* oder *Kerrang!* (Großbritannien) bzw. *Relix, Down Beat, Rap Pages* oder *Reggae Report* (USA) sind in vielen größeren Bahnhofsbuchhandlungen erhältlich. Das Internet liefert Texte unter www. lyrics.ch/search.html. – Weitere Anregungen geben z. B. Knauf & Wickert (1980), Biederstädt (1984), Goch (1993) sowie die übrigen Beiträge des Themenhefts *Hits for the kids* (Plitsch, 1997a). Für einen kreativen, gestaltenden und handelnden Umgang mit Texten vgl. auch Reisener (1994), Gienow & Hellwig (1996b, S. 6), Caspari (1994) sowie Kap. C.7, Abschnitte 3 und 4.

We went down to the courthouse
And the judge put it all to rest
No wedding day smiles no walk down the aisle
No flowers no wedding dress
    That night we went down to the river
    And into the river we'd dive
    Oh down to the river we did ride
I got a job working construction
For the Johnstown Company
But lately there ain't been much work
On account of the economy
Now all them things that seemed so important
Well mister they just vanished right into the air
Now I just act like I don't remember
Mary acts like she don't care

But I remember us riding in my brother's car
Her body tan and wet down at the reservoir
At night on those banks I'd lie awake
And pull her close just to feel
every breath she'd take
Now those memories come back to haunt me
They haunt me like a curse
Is a dream a lie if it don't come true
Or is it something worse that sends me
    Down to the river
    Though I know the river is dry
    That sends me down to the river tonight
    Down to the river
    My baby and I
    Oh down to the river we ride

Neben dem Lied als Ganzem, seiner Darbietungsweise sowie der Person (und Glaubwürdigkeit) des Interpreten können die folgenden Stellen thematische Diskussionspunkte abgeben:

- *I come from down in the valley* (narrowness of social background, narrow-mindedness)
- *Where ... they bring you up to do just your daddy done* (rigid adherence to traditions)
- *We'd ride out of that valley down to where the fields were green / we'd go down to the river and into the river we'd dive* (escape from reality)
- *Then I got Mary pregnant* (teenage pregnancy / consequences of past actions)
- *For my nineteenth birthday I got a union card and a wedding coat* (taking over of responsibilities)
- *Lately there ain't been much work on account of the economy* (unemployment)
- *All of them things that seemed so important they seemed to vanish right into the air* (changed attitudes when growing up)
- *Now I just act like I don't remember, Mary acts like she don't care* (love drying up in view of everyday routines)
- *Is a dream a lie if it don't come true or is it something worse?* (memories and pipe dreams: necessary or dangerous?)

An landeskundlichen Aspekten können *high school* und *union / union card* thematisiert werden, während aus der interkulturellen Perspektive darüber hinaus die folgenden Aspekte bemerkenswert erscheinen: *wedding coat / wedding dress / walk down the aisle* (social conventions) und – ganz zentral – *we'd ride* (motor vehicles as normal means of transport; teenage drivers). Dass es sich bei diesen *rides* nur um *car* oder *motorcycle rides* handeln kann, ergibt sich aus Bruce Springsteens Herkunft aus der unteren Mittelschicht (*working class*) in New Jersey. Von daher ist an *horse rides* gar nicht zu denken. Und das *bike* ist in den USA entweder ein Sportgerät oder aber ein Spielgerät für Kinder im unmittelbaren Umkreis des Hauses. Amerikanische Jugendliche fahren jedenfalls nicht mit dem Rad zum *date*.

Bei der Sprache fällt zunächst die Häufung von Formen und Kontexten für „habitual behaviour or actions in the past" auf: *we'd* (= we would) *ride out of that valley; we'd go down to the river; into the river we'd dive; down to the river we'd ride* (neben dem einmaligen *we did ride* am Tag der Hochzeit und der wieder aufgenommenen Gewohnheit *we ride* in der Schlusszeile); *at night ... I'd lie awake; just to feel every breath she'd take.* Diese im Lied durchaus un-aufdringliche Häufung (die sich auch in Springsteens „Intro" zu diesem Song finden) bie-tet sich geradezu für die oben angesprochene Verzahnung von inhaltlicher und sprachli-cher Deutung im Lerngespräch als Grundlage für entsprechende Lernprozesse an!

Daneben muss selbstverständlich auf die folgenden Beispiele für *informal* bzw. *non-standard English* hingewiesen werden, die gerade im amerikanischen Englisch nicht selten sind und stilistisch klar eingeordnet werden müssen: *mister; like your daddy done; there ain't been much work; like I don't remember / like she don't care; if it don't come true; all them things.* Hier muss deutlich gemacht werden, dass solche Formen in bestimmten sozialen Schich-ten oder bestimmten Situationen völlig „normal" sind (Soziolekt), dass sie jedoch in ande-ren Kontexten ihren Benutzer sozial mehr oder weniger stigmatisieren.

3.2 *Intro zu „The River" (Bruce Springsteen)*

In seinem langen „Intro" zu dieser Live-Aufnahme von *The River* erzählt Bruce Springsteen, der 1949 in Freehold, NJ als Sohn eines irischen Arbeiters und einer Italienerin geboren wurde, in einem beim ersten Zuhören nicht ganz leicht verständlichen amerikanischen Englisch sowie von Musik und Zuschauerreaktionen begleitet von den fortwährenden Aus-einandersetzungen, die er als Jugendlicher mit seinem Vater hatte. *Pre-listening activities* so-wie die Vorlage des Textes mit Lücken, die – eventuell in Partnerarbeit – beim mehrmaligen Anhören ausgefüllt werden (*while-listening activity*), können das Verstehen erleichtern:

How are you doing out there tonight? ... That's good, that's good. ... This is a ... When I was growing up, me and my dad used to go at it all the time, over almost anything. But erm ... I used to have really long hair, way down past my shoulders. I was 17 or 18. Oh man, he used to hate it. And we got to where we're fightin' so much that I'd spend a lot of time out of the house. And in the summertime it wasn't so bad 'cause it was warm and my friends were out. But in the winter – I remember standing downtown where it gets so cold. And when the wind would blow I had this phone booth that I would stand in. And I used to call my girl like for hours at a time. I was talking to her all night long.

And finally I'd get my nerve up to go home and I'd stand there in the driveway and he'd be waitin' for me in the kitchen and I'd tug my hair down in my collar and I'd walk in and he'd call me back to sit down with him. And the first thing he would always ask me was: What did I think I was doing with my-self. And the worst part about it was: I could never explain it to him.

I remember I got in a motorcycle accident once and I was laid up in bed and he had a barber come in and cut my hair. Man, I can remember telling him that I hated him 'n' that I'd never ever forget. And he used to tell me: "Man, I can't wait till the army gets you. When the army gets you they're gonna make a man out of you. They're gonna cut all that hair off and they'll make a man out of you."

And this was in, I guess, 68 and there was a lot of guys from the neighborhood going to Vietnam. I remember the drummer in my first band coming over to my house with his Marine uniform on, say-ing that he was going and that he didn't know where it was. And a lot of guys went. And a lot of guys didn't come back ... and a lot of them came back and weren't the same any more.

I remember the day I got my draft notice. I hid it from my folks. And three days before my physical me and my friends went out and we stayed up all night. When we got on the bus to go that morning, man, we were all so scared. And I went – and I failed. I came home ... – that's nothing to applaud about – I remember coming home after I'd been gone for three days and walking in the kitchen and my mother and father were sitting there. My dad said: "Where've you been?" I said: „I went to take my physical." He said: " 'n' what happened?" I said: "They didn't take me." And he said: "That's good!"

Auch hier gibt es eine Fülle thematischer Diskussionspunkte: zum einen die Frage, inwieweit sich Springsteen mit diesem Rückgriff auf seine eigenen Probleme im Elternhaus seinen meist jugendlichen Zuhörern als Identifikationsmodell anbietet, zum andern, textbezogen, die hier aufgezeigten Konfliktstoffe zwischen Eltern und Jugendlichen, die zum Teil unter interkulturellen (vgl. Kap. C.10), zum Teil auch unter pädagogischen Aspekten diskutiert werden können: *hairstyle, girlfriend/boyfriend, spending a lot of time out of the house, pop music, the army* – und immer wieder *misunderstandings and the inability to talk with each other.* Und bei allem dennoch die Chance zu Entwicklungen: Die letzte Äußerung des sonst so reaktionären Vaters (*He said: "That's good!"*) zeigt, dass er jetzt zumindest in diesem Punkt der Einstellung des Sohnes zustimmt, und vielleicht erkennt der rebellierende Sohn darin auch ein Zeichen einer Liebe, die auch andere Verhaltensweisen des Vaters bestimmt haben mochte. Auch der sozialgeschichtliche Hintergrund jener Zeit (insbesondere der Vietnam-Krieg) bietet sich für Diskussionen an. Viel Stoff also für Gespräche über Fragen, von denen viele die Jugendlichen persönlich betreffen, in einer „Verpackung", die zumindest den meisten von ihnen unter die Haut gehen dürfte!

Grammatisch fällt auch hier, wie in *The River*, die Häufung von Formen und Kontexten für „habitual behaviour, actions or states in the past" mit *used to* bzw. *would* auf, die sich aus dem Kontext heraus sehr gut erklären lassen und deren Verständnis seinerseits wieder einem vertieften Textverständnis dient: *me and my dad used to go at it (= we were in the habit of …); I used to have (= at that time I had) really long hair; he used to hate it; I used to call my girl; I'd spend a lot of time out of the house; when the wind would blow I had this phone booth that I would stand in; I'd get my nerve up; I'd stand there in the driveway; He'd be waitin' for me in the kitchen* usw.

Das Vokabular enthält einige Amerikanismen: *go at it (= quarrel), downtown, phone booth* und *draft notice,* und in soziolektaler Hinsicht finden sich wieder einige Beispiele für *informal* bzw. *nonstandard English: man; my girl; like* (lediglich ein „filler"); *there was a lot of guys; they're gonna make …; my folks.*

3.3 „Every Breath You Take" (The Police)

Dieses Lied erschien zuerst 1983 auf der LP *Synchronicity* (Mercury 393735-2). In ihm geht es um das Ende einer Liebesbeziehung und den Versuch, den anderen zurückzugewinnen: eine Situation, in der sich viele Jugendliche immer wieder befinden, und insofern hat auch dieses Lied durchaus seinen Platz im Englischunterricht. Andererseits öffnen sie sich gerade bei diesem Thema nicht gerne, sodass bei der Besprechung besondere Behutsamkeit angebracht ist.

Every Breath You Take (The Police)

Every breath you take	I'll be watching you
Every move you make	O can't you see
Every bond you break	You belong to me
Every step you take	How my poor heart aches
I'll be watching you	With every step you take
Every single day	Every move you make
Every word you say	Every vow you break
Every game you play	Every smile you fake
Every night you stay	Every claim you stake

I'll be watching you
Since you've gone I been lost without a trace
I dream at night I can only see your face
I look around but it's you I can't replace
I feel so cold and I long for your embrace
I keep crying baby baby please
O can't you see
You belong to me
How my poor heart aches
With every step you take

Every move you make
Every vow you break
Every smile you fake
Every claim you stake
I'll be watching you
Every move you make
Every step you take
I'll be watching you

Thematisch könnte neben der Trennungssituation die Frage im Vordergrund stehen, ob die Schülerinnen und Schüler die Ankündigung der ständigen physischen oder psychischen Präsenz (*I'll be watching you*) als positives Zeichen der Zuneigung oder aber als Bedrohung empfinden und ob sie glauben, dass dies eine Beziehung „retten" könne. Damit ist natürlich sofort die Frage nach der grammatischen Bedeutung dieser *ing*-Form verknüpft. Der progressive Aspekt unterstreicht zum einen, dass es um die Beobachtung vieler einzelner Handlungen geht, nämlich sämtlicher zukünftiger Lebensäußerungen des anderen, was durch das anaphorische *every* … und die durchgehend identischen Reime betont wird; zum andern „dynamisiert" er dieses Beobachten („ich werde sehr genau hinschauen") und verstärkt damit die Vorstellung einer ständigen (bedrohlichen?) Präsenz. Auch hier stehen inhaltliche und sprachliche Analyse also in einem zyklischen Verhältnis zueinander.

Neben diesem auch für die inhaltliche Besprechung zentralen Punkt brauchen die verkürzten Relativsätze (*contact clauses*), die vielen Kollokationen (*take a breath*, *make a move*, *take a step* usw.), die sich durch den *Din*-Effekt des Rhythmus- und Reimschemas besonders gut einprägen, sowie *I been lost* als *nonstandard form* sicher nur gestreift zu werden.

4. Schlussbemerkung

Die hier vorgestellten Titel haben exemplarischen Charakter. Sie sollen zeigen, dass Pop- und Rocksongs mit ihren affektiven, inhaltlichen und sprachlichen Potenzialen auch reich an Sprachlernpotenzialen sein können und dass es sich deshalb lohnt, sie zu einem festen Bestandteil des Unterrichts zu machen. Lehrer wie Schüler sollten deshalb laufend nach Liedern suchen, die die jeweilige Schülergruppe ansprechen, deren Thematik bedeutsam genug ist, um sie zur Grundlage unterrichtlicher *activities* zu machen, und die von ihrer sprachlichen Form her in der Reichweite der Lernenden sind. Solche Songs wird es immer geben.

9 Funktionen und Formen der Hausaufgabe

Wolfgang Pauels

Die Hausaufgabenpraxis im Fremdsprachenunterricht aller Schulformen und -stufen ist bestimmt von der selbstverständlichen Regelmäßigkeit, mit der am Ende jeder Unterrichtsstunde und für jede folgende Unterrichtsstunde Aufgaben zur häuslichen Erledigung gestellt werden. Die Kluft zwischen Stellen und Erledigen ist groß und wird mit zunehmender Lehrgangsdauer insbesondere in der Sekundarstufe I größer. Die allenthalben bekannte und seit Generationen praktizierte Abschreibepraxis reduziert diese Kluft nur scheinbar. Schriftliche Hausaufgabenüberprüfungen in Form von Tests mit Notengebung, wie sie in der Praxis mehr und mehr üblich werden, stellen den Versuch dar, durch äußeren Druck die Erledigung zu erzwingen – ein untauglicher Versuch, denn Einstellungen verändern sich dadurch nicht.

Die Gründe für dieses Dilemma sind vielfältig; sie richtig zu erkennen heißt Möglichkeiten der Veränderung und Hoffnung auf erfolgreiche Therapie in Aussicht zu stellen.

1. Problemstellungen der Unterrichtspraxis

Zunächst muss man einen eklatanten Mangel feststellen, der sicher auch mitverantwortlich für die für alle Beteiligten unbefriedigende Situation ist: Ein Blick auf die Literatur zu Hausaufgaben im Fremdsprachenunterricht belegt nämlich eindeutig, dass das Thema in der Fachdidaktik ein Stiefkind ist; deshalb kann es nicht verwundern, dass bisher wenige Impulse von außerhalb der Unterrichtspraxis in Form von Hilfestellungen, Vorschlägen und Anregungen, vielleicht sogar in Form von Bewusstmachung der Probleme zu registrieren sind, obwohl an jedem Tag des Schulalltags Hausaufgaben gestellt werden, geeignete Hausaufgabenformen gefunden, Aufgaben kontrolliert und angefertigt werden (sollen) und oftmals auch Eltern als Betreuer oder Fremderlediger eingesetzt und Nachhilfeorganisationen bemüht werden. So gibt es bislang lediglich eine Monographie (Pauels, 1979) und eine vergleichsweise verschwindend geringe Anzahl von Zeitschriftenbeiträgen aus den Siebziger- und Achtzigerjahren (Freudenstein, 1982; Göller, 1983; Gutschow, 1982; Kleine, 1983; Pauels, 1984; Sturm, 1983), die das gemeinsame Anliegen haben, endlich unter fachspezifischen Aspekten mit verschiedenen Zielsetzungen und Schwerpunkten das Thema Hausaufgabe zu behandeln, nachdem bis dahin dieses Thema fast ausschließlich unter allgemeinen, fächerübergreifenden Argumentationen dargestellt worden ist. Dabei hatte sich gezeigt, dass solche allgemeinen Betrachtungen etwa unter pädagogischen, psychologischen, erziehlichen, medizinischen oder soziologischen Aspekten kaum Entscheidungshilfen für den Fremdsprachenunterricht lieferten. Die Literatur in den Neunzigerjahren ist nicht umfangreicher, bezieht jedoch veränderte Bedingungen, veränderte Lerner und veränderte Zielvorgaben des Fremdsprachenunterrichts ein (Bechler, 1991; Bohnen, 1990; Dam, 1994; Diaz, 1993; Pauels, 1990, 1992, 1995a, 1995b; Preis, 1993; Vogt & Quetz, 1992). Die Zeitschrift *Der fremdsprachliche Unterricht* hat unter dem Titel *Sinnvolle (Haus)Aufgaben* ein Themenheft herausgegeben (Pauels, 1996a), in dem versucht wird die bestehende Praxis zu verändern und Hilfen anzubieten.

Dieser Mangel an öffentlicher und veröffentlichter Reflexion und an praktischer Hilfestellung begründet jedoch die bestehende, unverändert unbefriedigende Hausaufgabenpraxis nur marginal. Immerhin hätte man zumindest ein wachsendes Problembewusstsein mit Auswirkungen auf eine veränderte Praxis erwarten können, zumal die wenn auch insgesamt spärliche Beschäftigung mit diesem Thema inzwischen durchaus Eingang in Lehrerhandreichungen zu den gängigen Lehrwerken für den Englischunterricht und in Handbücher zum Fremdsprachenunterricht gefunden und dort einen festen Platz hat. Immer noch aber werden Hausaufgaben regelmäßig und oft auch gedankenlos gestellt und als Anhängsel an Unterrichtsstunden behandelt. Daraus ergibt sich teilweise wenigstens das oben beschriebene Dilemma: Die Regelmäßigkeit erzeugt äußerlich den Eindruck, dass häusliche Aufgaben von allergrößter Wichtigkeit sind, die aber durch den Anhängselcharakter faktisch unterlaufen wird. Diese Unvereinbarkeit merken selbstverständlich die Schüler auch, sodass die Tatsache, dass Hausaufgaben oft nur mangelhaft oder gar nicht erledigt werden, durch den Unterricht selbst produziert und provoziert wird. Darüber hinaus steht hinter der Regelmäßigkeit oftmals noch die inzwischen längst überholte lernpsychologische Auffassung, dass Üben immer und unter allen Umständen zum Lernfortschritt beitragen kann, auch dann, wenn der Lernerfolg und die Erfolgssicherung angestrebter Lernziele bereits im Unterricht selbst stattgefunden hat. *Overlearning* als Lernen und Üben über den hinsichtlich bestimmter Lerngegenstände abgeschlossenen Lernprozess hinaus macht Hausaufgaben zur Routine, die den Lernern eine Einsicht in die Notwendigkeit ihrer Erledigung verstellt, und gibt ihnen aus fachdidaktischer, aber insbesondere auch aus Lernersicht keinen sonderlichen Stellenwert. Wenn die Unterrichtspraxis oftmals diese Routinen selbst etabliert und praktiziert, darf man sich über Erledigungsroutinen wie Abschreibepraktiken vor Beginn der Unterrichtsstunden nicht wundern.

Aus dieser Analyse darf selbstverständlich bei realistischer Einschätzung des Machbaren nicht gefolgert werden, dass eine Therapie auf der Hand liegt und es ohne Schwierigkeit erreichbar ist, dass alle Schülerinnen und Schüler immer mit Einsicht und Freude die ihnen gestellten häuslichen Aufgaben erledigen. Immerhin aber gibt es Möglichkeiten und sogar Notwendigkeiten, angesichts dieser Analysen und angesichts einer international sich verändernden Fremdsprachendidaktik und eines sich im Vergleich dazu allerdings langsamer verändernden Fremdsprachenunterrichts die Hausaufgabenpraxis neu zu bestimmen. Auf der Basis von veränderten gesellschaftlichen Strukturen und verändertem Lernen sowie von Erkenntnissen aus Bereichen der Zweitsprachenerwerbsforschung und der Psycholinguistik in Richtung auf Handlungsorientierung, Betonung von Lernkompetenzförderung und Lernprozessen, Abbau von Lehrer- und Steuerungsdominanz, offene Unterrichtsformen und autonomes Lernen müssen häusliche Aufgaben auf diese Bedingungen und darauf aufbauende Konzeptionen und Aktivitäten hin überdacht und ihre Funktion und Form reflektiert werden. Sie müssen insgesamt lernerorientiert gestaltet werden, um sie damit motivierender und für die Lerner einsichtiger zu machen.

2. Funktionen von Hausaufgaben

Alle mit Hausaufgaben zusammenhängenden Fragen und Entscheidungen hinsichtlich ihrer Funktionen sind abhängig von Lehrgangszielen, Unterrichtskonzeptionen und Unterrichtsaktivitäten. Hausaufgaben sind auf sie ausgerichtet und beziehen sich auf sie, ergeben sich aus ihnen oder bereiten auf sie vor, sodass sich diese Bezüge auf Aufgabenstellungen und Aufgabenarten auswirken. Diese grundsätzliche Abhängigkeit veranlasst deshalb zunächst einen Blick auf die Determinanten.

Heute kann man weltweit – auch wenn die Unterrichtspaxis hier noch starke Anschübe benötigt – von der Forderung nach einem kommunikativen, handlungs- und prozessorientierten Fremdsprachenunterricht ausgehen, der im weitesten Sinne von einer starken Lernerorientierung bestimmt und auf sie ausgerichtet ist. Die veränderte Fokussierung auf die Lernprozesse und das Lernen ist inzwischen vielfältig begründet worden (vgl. Einleitung, Abschnitte 2 und 3). Eine Sensibilisierung der Unterrichtenden für die zentrale Bedeutung der Sprachaneignungsverfahren und damit zusammenhängende Lernprobleme ist die Basis dafür, dass eine dominant produkt- oder gegenstandsbezogene Ausrichtung und Bewertung fremdsprachlicher Leistungen der Lerner relativiert werden muss. Da Lerner sich im Allgemeinen sehr pragmatisch nach den von ihnen erwarteten Leistungsanforderungen und insbesondere nach den ihnen vorgegebenen Beurteilungskriterien ausrichten, kann das Ausprobieren von eigenen Strategien und Aneignungsprozessen nur dann erfolgreich im Unterricht gelingen, wenn sie ausdrücklich dazu aufgefordert und ermutigt werden. Dies bedeutet, dass der Fremdsprachenunterricht von Risikobereitschaft der Lernenden bestimmt sein muss, die erst ein unbekümmertes und nicht nur heimliches und inoffizielles Anwenden von Strategien oder Techniken wie Vergleichen, Assoziieren, Hypothesenbilden und -testen, Eselsbrücken und Faustregeln erstellen, Wortschöpfungen versuchen, Generalisieren und Vereinfachen usw. ermöglicht. Aufgabe des Unterrichts ist es dabei, Lösungsmöglichkeiten aufzuzeigen. Auf diese Weise entsteht bei den Lernern ein Bewusstsein für eine Selbstverantwortung des eigenen Lernens und dessen Organisation, was sich darin äußert, dass Lerner nicht auf ergebniskorrigierende oder -bestätigende Instruktionen der Unterrichtenden warten. Die Betonung der so anzubahnenden Lerner- und Lernautonomie und damit der Lernkompetenz mit Transferpotenzial für das Lernen weiterer Fremdsprachen kann jedoch nicht heißen, dass Unterrichtende sich ausschließlich auf die Funktion als Berater oder Moderator zurückziehen können; vielmehr haben sie auch die Aufgabe, Problemlösungsstrategien anzubieten, die zielgerichtet und effektiv auf Lösungen ausgerichtet sind. Durch das Lösen von Aufgaben wird deutlich, dass der Weg über Prozesse zum Produkt führen muss, denn schließlich geht es ja auch um die fremdsprachlichen Produktleistungen.

Die Frage, welchen Beitrag und Funktionen Hausaufgaben auf der Basis der skizzierten Lerner- und Lernorientierungen leisten und übernehmen können oder müssen, lässt sich folgendermaßen beantworten:

- Hausaufgaben individualisieren die Arbeitsweise und sind ihrem Wesen nach auf autonomes Lernen ohne unterrichtliche Korrekturen, unmittelbare Kontrollen und Steuerungen ausgerichtet.
- Damit Hausaufgaben diese ihrem Wesen nach eigentliche Funktion erfüllen können, muss sie auch den Lernern bewusst sein oder bewusst gemacht werden.
- Diese Funktion kann nur realisiert werden, wenn darüber hinaus im Unterricht die entsprechenden Voraussetzungen geschaffen werden.
- In diesem Sinne kann die bekannte, sowohl unter fachspezifischen wie auch unter allgemeinen, fachunabhängigen Aspekten aufgestellte Forderung, dass Hausaufgaben aus dem Unterricht erwachsen sollen, weiterhin Gültigkeit haben.
- Es kann gelten, dass die bisherige Hausaufgabenpraxis deswegen die bekannten Probleme (s. o.) produziert, weil die bei Hausaufgaben gegebene individuelle und autonome Erledigung sich von den Aktivitäten im Unterricht selbst abhebt und somit Lerner nicht ausreichend auf die Anforderungen bei häuslichen Arbeiten vorbereitet sind.

- Durch Veränderungen in diesem Sinne sind nicht automatisch Probleme wie Nicht-Er-
ledigung oder Pseudo-Erledigung durch Abschreiben gelöst. Aber: Wenn der Fremdsprachenunterricht handlungsorientierte, auf Risikobereitschaft ausgerichtete, prozedurale und lernerautonome Orientierungen umsetzt und diese Orientierungen auch bei
den häuslichen Aufgaben berücksichtigt, dann kann er auf prozedurale Aneignungs-
schwierigkeiten und Lernprobleme der Lerner eingehen. Auch würden Lerner, die diese
Hausaufgaben nicht erledigen, erkennen können, dass sie sich selbst die Basis für die auf
sie selbst ausgerichteten Unterrichtsaktivitäten nehmen und dass so der Fremdsprachenunterricht für sie wesentlich weniger motivierend, entscheidend unbefriedigender
und weniger spannend ist.
- Diese aktive Mithilfefunktion von Hausaufgaben an den Unterrichtsaktivitäten und
-abläufen bedeutet, dass Hausaufgaben in einem prozessorientierten Fremdsprachenunterricht nicht nur nachbereitend und produktreproduzierend, sondern wesentlich
und mit zunehmender Lehrgangsdauer immer mehr auf die Aktivitäten des Unterrichts
hin ausgerichtet – also vorbereitend – sein sollen.

3. Aufgabenformen

Die Realisierung der skizzierten Funktionen von Hausaufgaben hängt wesentlich von der
Art der Aufgabenformen ab, für deren Erfinden und Auswahl folgende grundsätzliche Überlegungen maßgebend sein können: Die gegenwärtige Praxis ist durch eine sehr überschaubare Anzahl von Aufgabenformen bestimmt. Die Folge davon ist, dass durch die unver-
meidliche Wiederholung gleicher Formen eine Stereotypie entsteht, die für Lerner nicht
besonders motivationsfördernd ist und ihren Beitrag zu einer unbefriedigenden Erledi-
gungsmoral und einer nicht gerade effektiven Praxis leistet. Solche Formen von Hausaufgaben (Vokabeln lernen und abschreiben, Einsetzen fehlender Elemente, Sätze bilden mit
einem bestimmten grammatischen Phänomen, Lesen von Texten und wiedergeben, Verfassen eines Textes mit vorgegebenem Wortschatz usw.) steuern die Hausaufgabenpraxis
entscheidend (Kunz, 1996). Die Dominanz dieser und ähnlicher Aufgabenformen hält sich
hartnäckig nicht zuletzt wegen ihrer leichten Überprüfung im Unterricht. Hier liegt neben
den negativen Auswirkungen der Stereotypie ein weiteres fachdidaktisches Problem: Die
mühelosen Kontrollen im Unterricht finden ihre Entsprechung in der mühelosen Erledigung, die dem schnellen problemlosen Abschreiben Vorschub leistet. Diese Praxis kann
durch zwei Entscheidungen aufgebrochen werden:
- Die enge Begrenzung der zur Verfügung stehenden Aufgabenformen wird durch Kreativität und Erfindungsreichtum ausgeweitet.
- Hausaufgaben werden nicht ausschließlich produkt-, lösungs- und ergebnisorientiert
sowie auf schnelle Kontrolle angelegt.

Beide Aspekte gehören zusammen. Wenn Hausaufgaben in ihren Aufgabenstellungen von
den Lernern nicht eine bestimmte Lösung, sondern eher Lösungsvorschläge oder -mög-
lichkeiten fordern, die eigene Erklärungen von Wegen, Vermutungen, Annahmen und Hypothesen notwendig machen, die zu diesen Vorschlägen geführt haben, wird individuelle
Beschäftigung vorausgesetzt. Dies erschwert dann eine Übernahme von Lösungen anderer.
Mit entsprechender Rückkopplung an den Unterricht selbst wird auf diese Weise Lernver-
antwortung nicht aus dem Unterricht abgeschoben, wie dies bei ausschließlich produktorientierten Aufgaben oft der Fall ist.

Auf der Basis dieser grundsätzlichen fachdidaktischen Entscheidung zur Hausaufgabenpraxis können Hausaufgabenformen als Grundmuster mit Übertragungs- und Veränderungsmöglichkeiten entworfen werden.

(1) Unabhängig von den zu bearbeitenden Gegenständen können Aufgaben mit folgenden Aufforderungen versehen werden: *Find your own way*; *Be creative*; *Make your own opportunities*; *Learn to make intelligent guesses*; *Learn production techniques* (Rubin & Thompson, 1982).

(2) Zum prozessorientierten, behaltensfördernden Umgang mit neuem Wortschatz sind folgende Tätigkeiten denkbar: *Grouping words together by topic*; *Using paraphrases, synonyms, inventions and foreign words*; *Analyzing usefulness of available resources, including reference material, media* (Ellis & Sinclair, 1989). Dabei sind gedächtnispsychologisch begründete Auswahlkriterien für eine Vorstrukturierung des zu erwerbenden Wortschatzes notwendig (Aßbeck, 1996).

(3) Strategiefördernde Aufträge im Bereich Hörverstehen und Lesen können sein: *Using imagery while listening (reading)*; *Planning to listen for selected information*; *Using linguistic signals and paralinguistic cues*; *Guessing unknown words from the context* (Ellis & Sinclair, 1989).

(4) Da zur Realisierung eigenverantwortlichen Lernens auch Selbstkontrollen initiiert werden müssen, müssen für häusliche (und unterrichtliche) Aufgaben den Lernern Kriterien für die Überprüfung ihrer Ergebnisse zur Verfügung stehen, die ihrerseits das Vorgehen bei der Erledigung der Aufgaben bestimmen. Für eine Vielzahl von eigenen Textproduktionen können die Kontrollfragen in Bezug auf Lexik, Syntax, Textverständnis, Themenentfaltung, Stellungnahmen usw. so aussehen: „Ist das Vokabular reichhaltig und differenziert? – Sind Funktions- und Sachwortschatz richtig eingesetzt? – Ist die Wortwahl angemessen? – Ist der Ausdruck ökonomisch, treffsicher und idiomatisch?" (Bohnen, 1990).

(5) Um den unterschiedlichen Interessen, Vorkenntnissen, Könnensständen und Erwartungen der Lerner entgegenzukommen, empfiehlt sich insbesondere im Bereich der Ausbildung der Sprechfertigkeiten eine Differenzierung nach Minigruppen oder eine Individualisierung vorzunehmen. Dies setzt eine ständige Sammlung von Aufgaben durch die Unterrichtenden voraus und verändert auch den Unterricht selbst, denn das oft gleichförmige Abrufen derselben Aufgabe entfällt (Diaz, 1993; Freudenstein, 1996).

Folgende Hausaufgaben, in denen Dialoge oder Monologe als Individual- oder Gruppenaufgabe zu einem bestimmten Thema entworfen werden sollen, sollen als Beispiel dienen; Thema: *Environment* (nach Pap, 1989):

- *Two neighbours are complaining that they cannot keep the window of their flats open because the noise is too great and cars pollute the air.*
  - *I can open the windows only at night.*
  - *We can hardly sleep.*
  - *There are too many cars on the road.*
  - *I have to hoover every day.*
- *A hiker and an elderly local resident. The gentleman remembers the "good ol' days" with some nostalgia. The hiker only partly agrees with him.*
- *"Complaints-box" in a radio studio. A listener calls to say that he lives near an airport and cannot bear the terrible noise.*
- *Somebody from the town development department and a non-smoker are discussing air pollution by exhaust-gas and smoking.*

Eine Erweiterung solcher oder ähnlicher Aufgaben hinsichtlich der Ausbildung von Lern-
kompetenzen durch Ausprobieren, Systematisieren, Raten, Entwickeln, Entdecken usw.
wird möglich, wenn sie in entsprechende Unterrichtsaktivitäten eingebettet werden. Dazu
bieten insbesondere Workshop- und projektbezogene Orientierungen (Fehse & Schocker-
von Ditfurth, 1996) mit ihren stark an Handlungen, kooperativem Lernen, an Prozessen
und offenen Verfahren ausgerichteten Lernformen gute Möglichkeiten. Als kreativer Rahmen für solche Formen der Hausaufgabe sollen die nachfolgenden beispielhaften Ideen
dienen:

- Texte lesen zur Aufführung von Theaterstücken, Musicals usw.
- Bei Reisebüros Informationen zu englischsprachigen Ländern einholen
- Prospekte zu englischsprachigen Ländern, Städten usw. direkt besorgen per Post, Fax, E-
  mail usw.
- Collagen erstellen mit den eingeholten Materialien, z. B. Werbeplakate, Prospekte, In-
  formationskarten
- Selbst Aufgaben, Projektthemen erfinden
- Wochenpläne für die Bearbeitung von Aufgaben, Projekten usw. erstellen
- Fernsehprogramme, insbesondere englischsprachige, auf Berichte aus englischsprachi-
  gen Ländern hin regelmäßig durchforsten und mit Video aufzeichnen
- Fremdsprachige Filme ausleihen, präsentieren, Filmabende vorbereiten, organisieren
- Interviews mit Englischsprechenden in der Stadt führen, mit Camcorder aufzeichnen,
  präsentieren und auswerten
- Ausstellungen vorbereiten auf der Basis von Interviews, Aufzeichnungen, Sammlungen
  usw.
- PC-Sprachprogramme benutzen und bewerten
- Kontakte mit Schulen und Schülern im Ausland herstellen über Fax, E-Mail, Telekom-
  munikation
- Englischsprechende aus dem Ausland zu Vorträgen einladen (Botschaften, Repräsen-
  tanten ausländischer Vertretungen, internationale Behörden)
- Informationen sammeln zu ausländischen Kontaktmöglichkeiten wie Aupairstellen,
  Workcamps, kirchliche Treffen, Reiseveranstalter, Auslandsaufenthalte
- Zusammenstellen und Sammeln von Liedern zu bestimmten Themen
- Ausschnitte aus Tages- oder Wochenzeitungen zu Themen des englischsprachigen Aus-
  lands sammeln, ordnen
- Spiele sammeln (Monopoly auf Englisch), spielen und erfinden
- Merksätze, Eselsbrücken erfinden, sammeln
- Lehrwerkautoren, Autoren von im Unterricht verwendeten Materialien, Schulfunksen-
  dungen und PC-Programmen, Lehrplanmacher einladen
- Unterrichtsstunden aufzeichnen, analysieren und sich selbst beobachten
- Lernprogramme oder Workbooks selbst erstellen, besprechen, mit Tipps versehen und
  jüngeren Schülern vermitteln (vgl. Pauels, 1996b).

4. Kontrolle von Hausaufgaben

Wenn Fremdsprachenunterricht und Hausaufgaben sich in den skizzierten Funktionen
und Formen auf Lernprozesse und eigenverantwortliches Lernen ausrichten, dann muss
sich dies auch bei der Kontrolle von Hausaufgaben zeigen. In diesem Sinne kann sich die

Kontrolle der Hausaufgaben darauf beschränken, die Fragen, Unklarheiten, Lernschwierig-keiten, Verfahrensprobleme der Lerner aufzunehmen und für den Unterricht nutzbar zu machen. Bei Produktsicherheit erübrigt sich ein Eingehen darauf, denn in einem lerner- und lernorientierten Fremdsprachenunterricht verlassen sich die Lerner nicht mehr aus-schließlich auf unterrichtliche Steuerungen, sondern fordern ihre Lernkontrollen bei Be-darf von sich aus ein. Dies bedeutet auch, dass Hausaufgaben mit zunehmender Lehr-gangsdauer immer mehr den Charakter der Freiwilligkeit erhalten müssen (Freudenstein, 1996) und Fremdhilfen durch Eltern usw. entfallen können (Krohn, 1996b). Diese Offen-heit – auch des Curriculums – reduziert den Produktdruck und zwingt nicht mehr zu regel-mäßigen, täglichen Hausaufgaben. Insbesondere bei häuslichen Vorbereitungen auf Klas-senarbeiten, Tests oder Wiederholungen spielt der Aspekt der lernereigenen Kontrollen eine wichtige Rolle. Hier empfiehlt es sich vornehmlich, Aufgaben über einen längeren Zeitraum zu verteilen, sodass Lerner (mit Hilfe durch die Unterrichtenden) sich selbst über-schaubare Lernpläne oder Lern-Wochenpläne erstellen. Folgende Anleitungen oder Strate-gien zur Lernorganisation können dabei hilfreich sein (vgl. die metakognitiven Strategien der Lernorganisation von O'Malley & Chamot, 1990, S. 192):

- Zu gegebenen Themen werden zunächst Aufgaben, die zu bearbeiten sind, ausgewählt und vorgegeben.
- Diese Aufgaben sollen nacheinander oder nach eigener Festlegung einer Reihenfolge be-arbeitet werden.
- Zwischen der Bearbeitung einzelner Aufgaben sollte nicht zu viel Zeit liegen.
- Notwendige erneute Wiederholungen sollten in größeren Zeitabständen erfolgen.
- Die Daten der Bearbeitung sollten in einen Kalender eingetragen werden, damit dann sofort die Termine für weitere Wiederholungen eingetragen werden können.
- Die vorgesehenen Termine sollten unbedingt eingehalten werden.

Fazit: Prozessorientierte Hausaufgaben machen produktorientiertes Lernen nicht überflüs-sig; sie erleichtern es jedoch, indem sie Lerner- und Lernautonomie fördern.

10 Interkulturelles Lernen
Gerhard Bach

In einem der ersten interkulturellen Lernprojekte mit Direktkontakten zwischen deutschen und amerikanischen Schülern per E-Mail (Fischer, 1996) geht es um das Thema „About Stereotypes". Jörn und Frank aus Leer (Ostfriesland) initiieren den E-Mail-Kontakt mit einem Brief an ihre Partnerklasse in New York. Dieser Brief besteht weitgehend aus dem „unzensierten" Ergebnis einer Umfrage in ihrer Heimatstadt über „die" Amerikaner. Da die Einzelheiten nicht gerade schmeichelhaft sind, schließen sie ihren Brief mit der Frage: "Are you annoyed by what many Germans think about you or do you like your image? Would you like to change or confirm it?" Die Antworten aus Amerika machen deutlich, dass die amerikanischen Schüler die Umfrageergebnisse sehr ernst genommen haben, und einige, wie z. B. Sherri, sind spürbar irritiert: "I realize that a stereotype is not meant to be taken personally, but the comments that were made I felt were rude." Die deutschen Schüler wiederum zeigen sich sehr betroffen von der Reaktion ihrer Partnerklasse. Jörn und Frank wollten doch nicht provozieren, sondern nur eine Diskussion in Gang setzen und müssen sich nun belehren lassen, dass sie mit ihrer „Direktstrategie" bestimmte kulturspezifische Diskursregeln der Amerikaner verletzt haben. Im weiteren Verlauf des E-Mail-Projekts kann das Missverständnis nicht mehr zufriedenstellend ausgeräumt werden, d. h., die Bruchstelle in der Kommunikation bleibt, wie Fischer (1994, 1996) in einer umfassenden Diskursanalyse des aus diesem Projekt hervorgegangenen Briefwechsels ermittelt hat, unüberbrückt.

Solche Irritationen, die im multikulturellen Alltag an der Tagesordnung sind, gehören anscheinend auch zum Standardrepertoire interkultureller Lernprozesse in fremdsprachenunterrichtlichen Kontexten, also gerade da, wo spezifische Unterrichtsplanung, strukturierte Aufgabeneinführung und sorgfältige Schülervorbereitung einen Organisationsrahmen herstellen können, der kulturell bedingte Einbrüche in der Kommunikation gerade vermeiden soll (vgl. den Projektbericht von Salomon in Donath, 1994, S. 34–36). Die Frage, wie das „Gefahrenpotenzial" eines auf unmittelbare Kommunikationsprozesse hin zielenden interkulturellen Englischunterrichts fachdidaktisch zu erklären und zu bewerten ist, bildet den Rahmen für dieses Kapitel, denn in dieser Frage sind die diversen Aspekte, die den interkulturellen Lernansatz im Englischunterricht charakterisieren, eingeschlossen.

1. „Kultur" und fremdsprachlicher Bildungsauftrag

Der derzeit hohe Stellenwert des interkulturellen Lernens, in der bildungspolitischen Diskussion generell und im fremdsprachendidaktischen Kontext speziell, ist ein Ergebnis des veränderten Vorstellungsbildes von dem, was Kultur bedeutet und welche Faktoren sie bedingen. Dabei ist zunächst auf den Perspektivenwechsel hinzuweisen, der sich von den Fünfzigerjahren bis heute vollzogen hat, und zwar im Hinblick darauf, wie wir die Begriffe „Kultur" und „Lernen" definieren. Bei beiden ist ein Wandel von einem ursprünglich statisch-normativen zu einem heute funktional-dynamischen Verständnis von Kultur und Lernen festzustellen.

Während im deutschsprachigen Raum der humanistisch-ästhetisch geprägte Kulturbegriff bis in die Achtzigerjahre hinein eine Vorrangstellung innehatte, eine Position, von der sich der Fremdsprachenunterricht nur zögernd ablöst (vgl. Kramsch, 1995; Buttjes, 1996), ist *culture* im angloamerikanischen Raum sehr viel früher hermeneutisiert worden. Die in der amerikanischen Soziologie der Fünfzigerjahre durch Talcott Parsons aufgestellte Definition von Kultur als einem komplexen Wertesystem, das sich zum einen aus einem *set of unverifiable opinions* und zum anderen aus einem *set of verifiable knowledge* speist, hat einerseits noch die Anzeichen eines starren Systems. Andererseits bereitet sie vor auf die zunehmende Dynamisierung in der Koppelung von Kultur und gesellschaftlichem Wandel, wie dies später vor allem durch den Einfluss der *cultural studies* manifest werden wird. Schon früh – noch bevor der Terminus „cultural studies" überhaupt existierte – hatte ihr Pionier Raymond Williams im Jahr 1958 (also etwa zeitgleich mit Parsons) die entscheidende Wende vorbereitet: "We use the word culture in these two senses: to mean a whole way of life – the common meanings; to mean the arts and learning – the special processes of discovery and creative effort. Some writers reserve the word for one or the other of these senses; I insist on both, and on the significance of their conjunction. The questions I ask about our culture are questions about deep personal meanings. Culture is ordinary, in every society and in every mind" (R. Williams, Wiederabdruck 1993, S. 6).

Diese frühe kosmopolitische Orientierung, mit der Williams die elitäre „high culture" des Bildungsbürgertums ablösen wollte, wurde in den Siebziger- und Achtzigerjahren in den angloamerikanischen kulturwissenschaftlichen Entwürfen einer *Intercultural Communication* ausdifferenziert (Asante, Newmark & Blake, 1979) und durch die verstärkt kommunikative Ausrichtung in der pädagogischen Konzeptbildung funktionalisiert (Seelye, 1984). Einen weiteren Schritt über diesen verhaltensbezogenen Ansatz hinaus geht der kulturanthropologische Ansatz von Clifford Geertz, für den jede menschliche Aktivität die individuelle Ausprägung eines kulturspezifischen Zeichen- und Bedeutungssystems ist. Damit würde sich beispielsweise für Geertz auch der Kommunikationseinbruch in unserem Eingangsbeispiel erklären: Wenn wir sagen, dass wir das Verhalten von Menschen aus einem anderen Kulturzusammenhang nicht verstehen, so verweisen wir damit auf „our lack of familiarity with the imaginative universe within which their acts are signs" (Geertz, 1973, S. 113). Diese Konzeption von Kultur „als ein von Sprache konstituiertes soziales Konstrukt" ist jedoch, wie Kramsch (1995, S. 54) moniert, „den Fremdsprachenlehrern nicht vertraut, die eher dazu neigen, Kultur als eine Zusammensetzung von Phänomenen und ideellen Inhalten zu sehen, die im Reich der Gedanken unabhängig von Sprache irgendwo draußen existieren."

An die bis hierher geschilderte Entwicklung schließt Hüllen eingangs der Neunzigerjahre mit seiner für die Fremdsprachendidaktik gültigen Definition eines kommunikativ orientierten Kulturverständnisses an: „‚Kultur' ist kein geschlossenes System von Wissens- und Normvoraussetzungen, sondern ‚ein Komplex von häufig einander widersprechenden Überzeugungen, die selbst innerhalb einer Sprechergemeinschaft Spannungen verursachen. Der Dissens ist sogar der eigentliche Motor sprachlicher Kommunikation ..." (Hüllen, 1992a, S. 9). Damit erschließt die Fremdsprachendidaktik ein Verständnis von Kultur, das sich weniger durch Homogenität und immanenten Konsens auszeichnet als durch kulturelle Differenz, kommunikative Ambivalenz und individuelle bzw. gesellschaftliche Konfliktfähigkeit.

„Kultur" hat sich aus ihrem statischen Seinszustand (und den damit verbundenen Herrschaftsstrukturen) befreit und ist – in der westlichen Welt zumindest – zu einem Instrument gesellschaftlichen Interpretierens und kommunikativen Handelns geworden. Kramsch (1995, S. 54) fokussiert diesen Aspekt auf den Fremdsprachenunterricht, wenn sie sagt, dass „materielle Kultur und gemeinsames Gedankengut nicht einfach gegeben sind und weitergegeben werden, sondern dass sie zum größten Teil, und zwar fortlaufend, durch Sprache vermittelt, interpretiert und festgehalten werden. Gerade wegen dieser vermittelnden Rolle von Sprache wird Kultur zu einem Anliegen von Sprachlehrern." Diese Eigenschaft und Funktion von (fremder) Sprache mögen, wie Kramsch sagt, Fremdsprachenlehrern nicht geläufig sein, aber sie haben einen ersten Niederschlag in den Richtzielen des Englischunterrichts gefunden. Zumindest in den neueren Rahmenrichtlinien einzelner Bundesländer (z. B. Kultusministerium des Landes Nordrhein-Westfalen, 1994), ist „interkulturelles Lernen" in diesem Sinne inzwischen verankert.

2. Interkulturelles Lernen im Wissenschaftskontext der „interkulturellen Kommunikation"

„Interkulturelles Lernen" ist zum modischen Schlagwort geworden, nicht nur in der Fremdsprachendidaktik. Bereits seit Anfang der Neunzigerjahre zeichnet sich die Tendenz unscharfer Konturenbildung durch den inflationären Gebrauch des Begriffs ab. Dies hängt eng zusammen mit der Vielfalt der Disziplinen, auf die der wissenschaftliche Diskurs über den Begriff der interkulturellen Kommunikation und die Zugangswege zu seiner wissenschaftlichen und didaktischen Beschreibung und kritischen Durchdringung zurückgreift.

Knapp & Knapp-Potthoff (1990) identifizieren in ihrem *state of the art*-Beitrag über interkulturelle Kommunikation fast ein Dutzend Wissenschaftsbereiche als Grundlagendisziplinen und konstatieren aus dieser Vielfalt die Notwendigkeit eines interdisziplinären Zugriffs auf den Gegenstand. Die zwei Hauptbeschreibungsansätze sind für sie die kontrastive Linguistik und die Interaktionsforschung, und zwar im Hinblick auf die referenzielle wie die interaktionale Bedeutung jeglicher auf Kommunikation aufbauender (sprachlicher und außersprachlicher) Handlungsprozesse. Während der kontrastive Ansatz die Einzelelemente des kommunikativen Ablaufs für sich genommen analysiert, also letztlich „nur intrakulturelle Kommunikation im Kontrast" (ebd., S. 74) beschreibt und damit nur einen Teilbereich des kommunikativen Prozesses erfassen kann, beleuchtet der interaktionistische Ansatz auch die kommunikativen „Zwischenräume", die durch die Interaktion zwischen Beteiligten verschiedener Kulturen im Interaktionsprozess gebildet werden. Die Einbettung einzelner Aussagen in Handlungszusammenhängen steht hierbei ebenso im Vordergrund wie die situativ bedingten Akkommodationsprozesse (z. B. der *foreigner talk*) und die Strategien zur Vermeidung bzw. zum Abbau von Konflikten und Missverständnissen. Der Zusammenbruch der Kommunikation zwischen Jörn, Frank und Sherri zeigt, wie rasch durch intrakulturelle Kontrastbildung (Kulturvergleiche) kommunikative Barrieren aufgebaut werden und wie komplex dadurch die Aufgabe für den Lehrer als *moderator* wird.

Auch Vollmer hebt die Bedeutung von Kontext und Prozesshaftigkeit in der Kommunikation von Gesprächspartnern aus verschiedenen Kulturen hervor: „Nicht die Realisierung oder das Resultat von Sprechhandlungen sollte allein im Mittelpunkt der Analyse stehen, sondern vor allem die Prozessualität des sprachlich-interaktiven Handelns selbst in ihrer Interdependenz mit jenen Wahrnehmungs- und Deutungskontexten, die jeweils kulturell geprägt sind" (1995a, S. 117; vgl. auch Kap. D.3, Abschnitt 8). Vollmer konkretisiert diesen Zugangsweg anhand pragmalinguistischer und diskursstrategischer Analyseverfahren und entwickelt daraus didaktisch bedeutsame Konsequenzen vor allem für zwei Bereiche – zum einen für das Kultur- und Sprachhandlungswissen und zum anderen für die interaktiven Lernerstrategien. Dabei kommt es ihm darauf an, drei Ebenen interkultureller Kommunikationsfähigkeit für das interkulturelle Lernen fruchtbar zu machen – die Ebene der Information („*Erweiterung des Wissens* über andere Sprechergemeinschaften"), die Ebene der Empathie (die „*affektive* Öffnung und Liberalisierung von *Einstellungen* gegenüber dem Fremden") sowie die Ebene der Reflexion („der *notwendige Rückbezug zum eigenen Denken und Handeln*") (ebd., S. 105, Kursivierungen im Original). Diese Verknüpfung von der „Welt", dem „Anderen" und dem „Selbst" ist zwar nicht ausschließlich ein Spezifikum des Fremdsprachenunterrichts, aber „für den systematischen Aufbau von Fremdverstehen und – im kontrastiven Vergleich dazu – eben auch für das Eigenverstehen [kommt] ihm eine besondere Bedeutung zu" (ebd.). Wo es um die Entwicklung einer erweiterten Diskursfähigkeit geht und nicht nur um die Erweiterung interkultureller Sachkompetenz, sind dabei besonders auch fächerübergreifende Ansätze gefragt.

Diese Forderung erheben auch Knapp & Knapp-Potthoff mit dem Verweis auf die im Hintergrund aller wissenschaftlichen Auseinandersetzung wirkenden zahlreichen Teilhaberwissenschaften: „Es ist unschwer zu erkennen, dass die Ziele eines allgemein-kulturellen Ansatzes quer zur Einteilung in Philologien liegen und sich nicht ohne weiteres in den traditionellen schulischen Fächerkanon einordnen lassen: Sie erfordern eine fächerübergreifende Kooperation" (1990, S. 85). Wenn die Kommunikationsforschung aus dem ihr eigenen interdisziplinären Zusammenhang eine fächerübergreifende Perspektive fordert, ist damit konkret auch die Frage nach dem Bildungsauftrag des Fremdsprachunterrichts im Fächerkanon gestellt. Insbesondere der bilinguale Sachfachunterricht ist hier gefordert (vgl. Kap. C.11). Antworten hierauf stehen allerdings noch aus.

3. Kulturkompetent kommunizieren – *the third domain*

Unser Eingangsbeispiel macht also zum einen deutlich, wie wichtig Interaktionsforschung für einen auf interkulturelle Kompetenz ausgerichteten Englischunterricht ist. Zum anderen korrigiert es die verbreitete Auffassung, schülerzentriertes Lernen könne in weitgehend steuerungsfreien Prozessen ablaufen. Insgesamt verweist der geschilderte Unterrichtsablauf darauf, dass Lernerfolge sowohl von kognitiven als auch insbesondere von Beziehungskomponenten abhängig ist. Nur in dieser Koppelung kann *negotiation of meaning* erfolgreich sein. Anders gesagt: Zum Aufrechterhalten eines Gesprächs über Kulturgrenzen hinweg brauchen die Schüler nicht nur Sprachkompetenz und Inhaltskompetenz, sondern auch interkulturelle Gesprächskompetenz. Damit ist sowohl die Fähigkeit zum Initiieren und Organisieren eines Gesprächsablaufs bzw. Gedankenaustausch gemeint als auch „die Fähigkeit zur Anpassung an kulturspezifisches Gesprächsverhalten" (Buttjes, 1996, S. 73).

Kulturkompetentes Handeln basiert demnach nicht nur auf eigen- und fremdkulturellem Alltagswissen, sondern gerade auch auf der *awareness* des Schülers von kulturspezifischen Diskursregeln. In der bedarfsorientierten Fremdsprachenausbildung, z. B. für Geschäftsleute oder Manager, gibt es dafür auch didaktische Modelle (Müller & Thomas, 1991; vgl. auch Knapp & Knapp-Potthoff, 1990, S. 81f.); für den schulischen Englischunterricht stehen sie dagegen noch aus. Diese Lücke füllt Kramsch mit ihrem Konzept des „dritten Ortes" (*the third domain*). Solange Schüleräußerungen nur dahingehend gewertet werden, ob sie fremde Gedanken (Textpassagen, Lehrerstatements u. a.) grammatikalisch oder lexikalisch korrekt wiedergeben bzw. aufgreifen und weiterentwickeln, bleibt Schülersprache kulturell einseitig oder gar blind (Monoglossie). Erst wenn die sozialen Prozesse der sprachlichen Äußerung zum „Aufbau, Ausbau, oder Umsturz der kulturellen Inhalte sowohl der eigenen wie auch der Zielkultur beitragen" (Kramsch, 1995, S. 63), wird dem Schüler die Vielfalt der „Stimmen" bewusst, die er im Prozess der Aneignung der fremden Sprache verinnerlicht (Heteroglossie). „Je mehr der/die Lernende sich die Fremdsprache aneignet, desto mehr Stimmen übernimmt er/sie von anderen (vom Lehrwerk, vom Lehrer, von Muttersprachlern, von literarischen Erzählern), bis er seinen eigenen, dritten, Ort findet" (Kramsch, 1995, S. 62).

Wenn Lehrer sich bislang darauf konzentriert haben, den Schülern die fremde wie die eigene Kultur als in sich geschlossene Systeme zu vermitteln (Kulturvergleich mit entsprechend „vorprogrammierter" Stereotypenbildung bzw. Vorurteilserhärtung), ist es jetzt ihre Aufgabe, sich angesichts des „dritten Ortes" auf das Brückenbilden zu konzentrieren. "Their primary responsibility is to help build bridges for their students, bridges whose footings are set in both culture and language. ... Students from both cultures can meet on the bridge and view both the target culture and their own native culture from a different perspective" (Fischer, 1994, S. 75, in Anlehnung an Kramsch, 1993). Diese Perspektivenmodifikation ermöglicht es ihnen, das vertraute Eigenkulturelle mit den Augen des anderen zu sehen und bewahrt sie zugleich davor, sich dem Fremden vorschnell zu verschließen.

4. Zielkriterien und Kompetenzebenen interkulturellen Lernens

Unterrichtsziele für interkulturelles Lernen zu bestimmen heißt, Strategien für kulturadäquates (sprachliches) Verhalten zu ermitteln und für unterrichtliche Interaktionen festzulegen. In dieser Definition sind zwei Komponenten näher zu erläutern. „Kulturadäquates (sprachliches) Verhalten" spricht, wie im letzten Abschnitt erwähnt, drei Kompetenzebenen an – *Sprachkompetenz* (das fertigkeitsbezogene Kriterium), *Inhaltskompetenz* (das wissensbezogene Kriterium) und *Sozialkompetenz* (das verhaltensbezogene Kriterium). „Unterrichtliche Interaktion" spricht eine weitere Kompetenzebene an, jetzt aus didaktisch-methodischer Perspektive – die *Methodenkompetenz* des Schülers, d. h. seine Fähigkeit, allein oder gemeinsam mit anderen kommunikative Lernabläufe zu strukturieren.

Diese vier Kompetenzbereiche verdeutlichen, dass „Kulturkompetenz" als Richtziel des Englischunterrichts nicht nur Fähigkeiten und Fertigkeiten im herkömmlichen Sinne meint („Können" gekoppelt mit „Wissen"), sondern weitergreifend die Kompetenz, (unterrichtliche) Welt mitzugestalten, sie zu strukturieren. Dieser strategische Aspekt ist es, der uns von „Kultur" (Hüllen) über „Kommunikation" (Vollmer) und „Interkulturalität" (Kramsch) hinführt zur Definition von „interkulturellem Lernen" als einer übergeordneten Kompetenz des Englischunterrichts. Meyer arbeitet die wesentlichen Strategiemerkmale heraus: „Interkulturelle Kompetenz ist die Fähigkeit, sich adäquat und flexibel gegenüber den Erwartungen der Kommunikationspartner aus anderen Kulturen zu verhalten, sich der kulturellen Differenzen und Interferenzen zwischen eigener und fremder Kultur und Lebensform bewusst zu werden und in der Vermittlung zwischen den Kulturen mit sich und seiner kulturellen Herkunft identisch zu bleiben" (M. A. Meyer, 1992, S. 16).

Der Anspruch der interkulturellen Fremdsprachendidaktik im Hinblick auf dieses neue Richtziel geht also über die instrumentelle und weitgehend rezeptive (wenn auch kritisch-rezeptive) „Didaktik der Einstellungsveränderung" hinaus, die seit der kommunikativen Wende zu Toleranz, Offenheit und Kontaktfreude aufruft, nach Authentizität und Differenziertheit der landeskundlichen Materialien verlangt und diese in ganzheitlichen Lernsituationen umgesetzt wissen will. Daher ist zu fragen, ob der Fremdsprachenunterricht, der interkulturelles Lernen in dieser instrumentellen Weise versteht, tatsächlich in der Lage ist, „bei Schülerinnen und Schülern ein Bewusstsein für kulturelle Vielfalt zu wecken und Toleranz für andere Lebensformen und Verhaltensweisen aufzubauen" (Klippel, 1991, S. 17), denn diese Auffassung lässt offen, in welcher Weise die Schüler ihre monokulturell geprägten Bewusstseinshaltungen oder Einstellungen aufbrechen können.

Didaktisch gewendet heißt das: *instrumentelle* Landeskunde führt nicht zum Aufbau der *third domain*, jener Ebene also, auf der sich interkulturelle Gesprächskompetenz entwickeln kann. Erst diese erweiterte Kompetenz beinhaltet, unterrichtspraktisch gesehen, auch die Fähigkeit, eigenkulturelle Konzepte zu relativieren, zwischen der eigenen Kultur und einer anderen, ggf. fremden Kultur zu vermitteln und in diesem Relativierungs- und Vermittlungsprozess Bedeutungsspielräume aufzuspüren und Bedeutungsinhalte auszuhandeln. Der Begriff des Bedeutungsaushandelns hat sich so durchgesetzt, wie Buttjes (1991, S. 9) ihn in Anlehnung an die *cultural studies*-Konzeption ursprünglich für das interkulturelle Lernen im Fremdsprachenunterricht definiert hat – „the negotiation of meaning across cultures". Allerdings wird diese Forderung erst in dem Moment angemessen didaktisiert, wo die vier oben genannten Kompetenzbereiche als sich gegenseitig bedingende Interaktionsfelder gesehen werden. Die Frage ist also, in welchem thematischen Umfeld interkulturelles Lernen, das in diesem Interaktionsrahmen von Sprach-, Inhalts-, Verhaltens- und Methodenkompetenz abläuft, am ehesten realisiert werden kann.

5. Unterrichtliche Begegnungskontexte für interkulturelles Lernen

E-Mail-Kontakte, wie der im Eingangsbeispiel beschriebene, sind noch längst nicht unterrichtlicher Alltag. Alltagskontexte interkulturellen Lernens sind nach wie vor lehrbuchabhängig bzw. an Texte konventioneller Art gebunden. Darin ist zunächst kein Nachteil zu sehen, denn interkulturelles Lernen als unterrichtliche Interaktion und interkulturelle Kompetenz als unterrichtliches Ziel sind nicht an bestimmte Medien gebunden, auch wenn sich, wie im Folgenden gezeigt wird, die neuen Technologien besonders gut für den interkulturellen Englischunterricht eignen. Ebensowenig ist interkulturelles Lernen an ein bestimmtes sprachliches Niveau gebunden, denn „Sprachübungen [sind] in einem Leistungskurs 12 ebenso noch am Platz, wie kommunikative Aufgaben auch schon in den Anfangsunterricht gehören" (Legutke, 1996a, S. 106).

Weitgehende Übereinstimmung besteht in der Fachdidaktik allerdings dahingehend, dass kulturadäquates (sprachliches) Verhalten ebenso durch direkte und ggf. unvermittelte Kommunikation (Unterrichtsgespräch, Interviews, Partnerschaftsaustausch, E-Mail-Briefe) wie durch indirekte und ggf. vermittelte Kommunikation (Textarbeit, *poster boards*, Materialzusammenstellung und -auswertung, Internet-Recherchen) erworben und zur Anwendung gebracht werden kann. Der kommunikationstheoretische Textbegriff erkennt im „Text" das Substrat einer spezifischen Kultur und Kulturgeschichte. Somit ist der Text, wie Bredella in vielen Zusammenhängen demonstriert hat, das ideale Medium für das Aushandeln von Bedeutungszusammenhängen im Unterricht, d. h. auch für das Mitbauen am „dritten Ort", von dem aus eigenkulturelle und fremdkulturelle Phänomene Perspektive und Tiefenschärfe gewinnen. Bredella beschränkt sich dabei nicht auf literarische Texte, auch multimediale „Texte" (z. B. *documentaries* oder *feature films*) sind eine geeignete Grundlage für unterrichtlich induzierte Lernprozesse. Im Zentrum des Unterrichtsgeschehens steht dabei immer das dialogische Aushandeln von Intentionen und Interessen, aber auch das Bemühen um das Verstehen des anderen, und damit eine immer neue Abklärung der eigenen Position (vgl. Bredella, 1995b).

Die Textarbeit im interkulturellen Englischunterricht eignet sich des Weiteren besonders für fächerübergreifende Lernkontexte. Wichtig dabei ist, wie M. A. Meyer (1992) in seinem Lehrbericht über ein Unterrichtsprojekt in Englisch und Politik zeigt, dass die interkulturelle Dimension für die Schüler auch affektiv erfahrbar wird. „Die alte Landeskunde konnte man in gewisser Weise emotionslos betreiben. Man musste sich nur sachkundig machen. Zwischen Kulturen zu vermitteln verlangt dagegen Einsatz, Solidarität" (S. 17). Die Frage, wie wir den Unterricht strukturieren können, sodass es zu solchem einsatzbereiten und handlungsaktivierenden Lernen auch in der Fremdsprache kommt, ist in der Literatur durch zahlreiche Beispiele aus der Praxis belegt. Legutke (1996a, S. 103ff.) beispielsweise hat eine Reihe interaktionaler „Szenarien" entwickelt, in denen schülerzentriertes sprachliches Handeln ermöglicht wird.

Durch die jüngsten Entwicklungen in Deutschland, Schulen ans Netz zu bringen, steht derzeit der Bereich des interkulturellen Lernens im Zentrum der Aufmerksamkeit – für die Bildungspolitik ebenso wie für die Unterrichtsforschung. Die Auswirkungen auf den Englischunterricht sind unzweideutig. Erste Arbeitsberichte und Unterrichtsmodelle über E-Mail und Internet im Englischunterricht und ihre Möglichkeiten zur fachdidaktischen Perspektivenerweiterung liegen bereits vor (Donath, 1996, 1997a, b), ebenso wie Beispiele zum Einsatz des Computers als „cognitive tool" für den Verstehensprozess in der Textarbeit im fremdsprachlichen Unterricht (Wolff, 1996b).

Insgesamt wird in den Beschreibungen dieser Ansätze immer wieder hervorgehoben, dass multimediale Lernwege (z. B. das Erarbeiten eines Berichts über „Tony Blair's Road to Victory" anhand von *last minute*-Informationen im WWW zu den Wahlergebnissen) die Schüler unmittelbar motivieren, ihren Wissenserwerb selbst zu steuern, Arbeitsabläufe individuell zu strukturieren und auftretende sprachliche, inhaltliche und soziale Probleme spontan zu lösen. Im Übrigen äußert sich die interkulturelle Kompetenz gerade auch des Lehrers darin, die Schüler am gegenwärtigen Weltgeschehen unterrichtlich unmittelbar teilhaben zu lassen, anstatt ihnen Landeskunde„wissen" aus einem Lehrbuch zu verabreichen, dessen Informationsstand oft überholt ist.

Mehr als die Aktualitätskomponente wiegen jedoch die inhaltlichen und methodischen Verbindungslinien zum kognitivistischen Lernansatz, auf die hier allerdings nur verwiesen werden kann. Wo im Fremdsprachenunterricht Wissenskonstruktion gefragt ist, d. h., wo eine vorgegebene Systematik der Lerninhalte durch die Eigenaktivität und Spontaneität der Lernenden jeweils neu strukturiert wird, erhält das Lernen in interkulturellen Kontexten einen zentralen Stellenwert.

6. Veränderte Lernumwelt, Rollenschemata und Lehrerausbildung

Interkulturelles Lernen in von Schülern selbst strukturierten Unterrichtsabläufen erfordert zumeist Strukturierungsbedingungen, die im konventionellen Klassenzimmer nicht gegeben sind. Vor allem aber erfordert es ein neues Rollenverständnis vom Lehrer, dessen Aufgabe nicht länger die des Informationszentrums und Wissensvermittlers (*knowledge disseminator*, *instructor*) sein kann, da die Informationen, die es „auszuhandeln" gilt, ebenso außerhalb seiner Reichweite bzw. seiner Kontrolle liegen wie die konkreten Arbeitsabläufe einzelner Schülergruppen, für die er Kommunikation vorstrukturieren könnte. Vielmehr ist es jetzt die Rolle des Lehrers, *mediator* und *moderator* zu sein, Wege und Zugangsweisen zu Informationen aufzuzeigen und diese ggf. vorzubereiten, Lernprozesse zu vermitteln und Problemlösungsstrategien anzubieten. In dieser Funktion bindet er sich als *facilitator* in die interaktiven Lernprozesse der Schüler ein. Charakteristisch für solche Szenarien, in denen die Schüler ihre Gesprächskompetenz an realen Aufgaben üben und erweitern, sind nach Legutke (1996a, S. 105f.) vier (sprach-)handlungsbezogene Aufgabentypen: *language-learning tasks, pre-communicative tasks, communicative tasks* und *instrumental and management tasks.*

Interkulturelles Lernen und interkulturelles reales Handeln in solchen Lernzusammenhängen erfordert somit auch eine andere physische und soziale Lernumgebung als die der 45-Minuten-Stunde. Dabei kann aufgrund von Beobachtungen in der Praxis die Auffassung entkräftet werden, dass das Ausmaß der organisatorischen Umstrukturierung des Lernorts „Klassenzimmer" für interkulturelle Lernprozesse so groß sei, dass es den Aufwand nicht lohne. Die dichotomische Auffassung des „Alles oder Nichts" – entweder schülerzentriert oder lehrerzentriert – entspricht auch im interkulturellen Lernkontext nicht der Unterrichtsrealität. "Redesigning the language classroom is not an all-or-nothing concept, where everything is new and the old is dismissed. Instead the question is how the various old and newly emerging facets fit together ..." (Legutke, 1996b, S. 13; vgl. auch Kap. C.1). Um die Tragfähigkeit einer veränderten Unterrichtsorganisation beurteilen zu können, brauchen Lehrer allerdings „Spiel"raum zum Experimentieren und Evaluieren: "Teachers need their own appropriate space for professional learning, where they can explore their own practice, and where they can reflect upon it in order to strengthen and develop its positive features" (ebd.).

Gerade bei interkulturellen Projekten mit Internet-Anbindung herrscht noch die Auffassung, dass zur Umsetzung didaktischer Konzeptionen eine grundlegende physische, organisatorische und methodische Neustrukturierung des Unterrichts nötig sei und damit eine grundlegend andere Perspektive für die Lehrerrolle. Donath sieht weniger eine veränderte als eine erweiterte Lehrerrolle, die sich von anderen schülerzentrierten Lehr- und Lernformen kaum unterscheidet: „Wann immer wir andere Unterrichtsformen als die des Frontalunterrichts realisieren, sind wir vielfach gefordert, indem wir erklären, vorschlagen, koordinieren, Plenumsphasen organisieren, die Erstellung von Wortschatzlisten initiieren, Material beschaffen, immer wieder sprachliche Hilfestellung geben, einzelne Schülerinnen und Schüler sowie die Gruppen bei ihrer Arbeit betreuen und beraten ..." (Donath, 1997a, S. 43). Dies ist eine Unterrichtsrealität, die sich im Organisationsablauf wenig von konventionellem Unterricht mit schülerzentrierten Arbeitsphasen unterscheidet.

Interkulturelles Lernen mit neuen Medien bedeutet also nicht, dass wir die Grenzen des Klassenzimmers sprengen und uns mit den Schülern in eine fremdkulturelle Realität oder gar virtuell in ein interkulturelles Niemandsland „einloggen". Es bedeutet, dass wir den Klassenraum erweitern und ein „öffentliches" Forum schaffen für die Auseinandersetzung mit anderen Kulturen (vgl. Kap. C.1). Die dabei angesprochenen Aufgaben können vor der eigenen Haustür liegen, angefangen bei Fragen der multikulturellen Veränderungen im eigenen Land, können Probleme der Eurokulturalität aufgreifen oder *global issues* betreffen. Interkulturelle Kompetenz weist der Schüler dadurch nach, dass er die in den Aufgaben verborgenen Probleme erkennt und verstehen lernt und in der Auseinandersetzung mit ihnen das Fremde akzeptiert, um dadurch den Blick für das Eigene zu schärfen, ohne damit die eigene Position notwendigerweise aufgeben.

Um Schüler an solche Aufgaben heranzuführen und interkulturellen Englischunterricht entsprechend zu planen, zu strukturieren und zu evaluieren, müssen Lehrer auch entsprechend ausgebildet und vorbereitet sein. Die didaktischen Perspektiven und die methodischen Hinweise für lernerzentrierte und handlungsorientierte Lern- und Arbeitsbedingungen gelten somit auch für die Fremdsprachenlehrerausbildung an den Hochschulen und den Ausbildungsseminaren. Dort ist die Situation allerdings noch weniger optimistisch zu beurteilen als in den Schulen. Schröders Lamento über den Circulus vitiosus im deutschen Bildungssystem soll vor übereilter Euphorie warnen: „Die Universitäten stehen dem Problem ‚Landeskunde' (aus der Sicht der etablierten ‚Fachwissenschaft' reduziert sich das sehr viel komplexere unterrichtspraktische Desiderat auf dieses Etikett) ratlos bis feindselig gegenüber, ist doch die ‚Kunde' positivismusverdächtig und nicht als eingezäunte Wissenschaft ... darstellbar. ... Kulturkompetenz im Staatsexamen zählt wenig und ist nicht Sache der Professoren. Dabei kommen schon die Erstsemester mit erheblichem Nachholbedarf in Sachen Kulturkompetenz zur Hochschule: wurden doch auch ihre Lehrer an der deutschen Universität ausgebildet. Der *circulus vitiosus* ist geschlossen, Änderung nicht in Sicht" (K. Schröder, 1994, S. 73).

Änderung nicht in Sicht? Schröders Kritik ist auch und zugleich eine Kritik an der immer noch monokulturellen und zentralistischen deutschen Bildungsperspektive. Solange in der Bildungs- und Ausbildungspolitik die hierarchische Perspektive beibehalten wird, solange wird sich auch an der Situation, wie Schröder sie skizziert, wenig ändern. Interkulturelle Kompetenz beweist sich ja, wie dargestellt, insbesondere durch die Fähigkeit und Bereitschaft, Kultur aus der Perspektive des anderen zu sehen. Interkulturelles Lernen zeichnet sich auch und vor allem durch die Fähigkeit aus, Perspektiven von der Basis der Interagierenden aus zu entwickeln. Insofern ist interkulturelles Lernen nicht nur eine neue, weitere Variante im fremdsprachendidaktischen Repertoire. Nicht nur in der Auseinandersetzung mit dem Fremden beweisen wir interkulturelle Kompetenz; auch in der Veränderung intrakultureller Zustände, der Zustände im eigenen Land, in den eigenen Lebensbereichen bringen wir sie zum Tragen.

11 Bilingualer Sachfachunterricht

Gisela Schmid-Schönbein und Barbara Siegismund

„Mehrsprachigkeit als Normalfall" – das ist in einer Denkschrift des Kultusministeriums von Nordrhein-Westfalen (Bildungskommission Nordrhein-Westfalen, 1995) die bisher kühnste Formulierung des Anspruchs, den die Gesellschaft angesichts der politischen Veränderungen in Europa an den schulischen Fremdsprachenunterricht heranträgt. Andererseits ist es die realistische Einschätzung einer Notwendigkeit, wie sie von Bildungsplanern für unser Schulwesen der Zukunft gesehen wird.

In Kap. A.1 meint Wolfgang Zydatiß, dass der Sachfachunterricht in einer Fremdsprache „ein erfolgversprechender Weg zur Diversifizierung des schulischen Fremdsprachenangebots" sei. Also eine (mögliche) Antwort auf das hochgesteckte, aber notwendige Ziel der Mehrsprachigkeit? Vorläufig berechtigen zu dieser Annahme nur die mehr als zwanzigjährigen Erfahrungen mit bilingualem Sachfachunterricht in verschiedenen Bundesländern, die nach der langen Tradition in Gymnasien in den Neunzigerjahren auch auf die Real- und Hauptschule ausgeweitet wurden. Konsequente empirische Untersuchungen zur Methodik und Effizienz dagegen liegen erst in Ansätzen und vereinzelt vor (vgl. Burmeister, 1997; Glaap, 1997).

1. Bilingualer Sachfachunterricht: Begriffsklärung

Häufiger als von „bilingualem Sachfachunterricht" wird im schulischen Kontext von „bilingualem Unterricht" gesprochen. Dies erzeugt beim Laien mehr Verwirrung als Klarheit, weiß dieser doch, dass so mancher Fremdsprachenunterricht „zweisprachig" verläuft und somit nichts Besonderes ist. Gemeint ist hier aber das zunehmend wachsende schulische Angebot, Sachfächer wie Geschichte, Erdkunde und Arbeitslehre, aber auch Mathematik, Politik, Biologie, Physik, Chemie, Technik, Kunst, Religion und Sport über das Medium einer Fremdsprache zu unterrichten (Helfrich, 1994, S. 12f.). Die Fremdsprache wird hier also als Vehikel zum Erreichen der Lernziele dieser Sachfächer eingesetzt.

Der Akzent liegt also anders: Nicht die Fremdsprache steht im Vordergrund, sondern sie wird benutzt, um fachliche Inhalte zu erarbeiten und darüber sachorientiert zu kommunizieren. Dabei ist nicht der quantitative Aspekt eines „Mehr" an Fremdsprache entscheidend, sondern die qualitative Andersartigkeit des Gebrauchs der Fremdsprache, der nicht primär den sonst vorherrschenden Korrektheitsnormen unterworfen ist. „Es gibt zu denken", meint Ernst (1995, S. 259), „dass Lernende das Fach Fremdsprache aufgeben, aber weiterhin am bilingualen Sachfachunterricht teilnehmen möchten."

2. Begründungszusammenhang und Ziele

Die ersten Ansätze des bilingualen Sachfachunterrichts waren getragen von den politischen Zielen des deutsch-französischen Freundschaftsvertrages von 1963, in dessen Rahmen man hoffte, der „Erbfeindschaft" ein Ende setzen zu können über vermehrten Unterricht in der Partnersprache, speziell im Fach Geschichte. Heute dagegen sind die Prinzipien eher schüler- und handlungsorientiert und werden im Gesamtzusammenhang der Schulfächer gesehen (*language across the curriculum*).

Der Sprachlerner, der nach dem Modell von Eck, Legenhausen & Wolff (1995) Sprache erwirbt und Sprachfähigkeit entwickelt, tut dies auf drei Ebenen, und zwar auf der Ebene des *Kommunizierens,* der *Sprachbewusstheit* (*language awareness*) und der auf sich selbst gerichteten *Sprachlernbeobachtung.* Für den bilingualen Sachfachunterricht wird dieses Modell ergänzt um das Fortschreiten des Lerners von *basic interpersonal communication skills* (*BICS*) zur *cognitive academic language proficiency* (*CALP*), wobei diese Zielvorstellung nach dem Modell von Cummins (1979) dazu befähigen soll, auch in kontextreduzierten Darstellungen, wie es Grafiken, Tabellen, Abbildungen und Übersichten nun mal sind, fachbezogen und angemessen grundlegende Sprachfunktionen wie z. B. *classify, describe, explain, report, argue* und *evaluate* einzusetzen, Fähigkeiten, die für den interkulturellen Diskurs in Sachkontexten benötigt werden.

Zweifellos muss es dabei in den unterschiedlichen Schulformen schulartspezifische Ziele geben. So wird man z. B. im bilingualen Geschichtsunterricht der Sekundarstufe II über die Versuche reflektieren, den Begriff „Reichskristallnacht" zu übersetzen, oder sich fragen, welche Konnotationen (vgl. Kap. E.2, Abschnitt 2.3) üblicherweise bei der englischen Entsprechung des Begriffs „Völkerwanderung" (*barbarian invasion*) vorliegen. Der bilinguale Erdkundeunterricht einer Realschulklasse könnte z. B. Geschichte und Geographie der legendären *Route 66* erarbeiten und die hauswirtschaftliche Gruppe des bilingualen Arbeitslehreunterrichts in der Hauptschule würde *fast food* kritisch beleuchten. Dass es dabei nicht bleibt, zeigt ein Auszug aus den Lerninhalten:

Making a model
- Herstellung eines Solarmodells mit Fertigteilen nach englischer Bauanleitung bzw. Benennen der Einzelteile
- Zusammenbau
- Zwischen- und Endprüfung

Food for your health
- Diätkost, Vollwertkost, vegetarische Kost, *fast food*
- Nährstoffträger und -gehalte
- Tagesspeiseplan
- Auswahl- und Zubereitungsregeln

Leisure industry
- Freizeitindustrie als Wirtschaftsfaktor
- Bereiche: Sport, Mode, Unterhaltung, Hobbys, Musik
- Werbung
- Vergleich von Angeboten
- ITG – Textverarbeitung: Anforderung von Angeboten

Applying for a job
- Leseverstehen von englischen Stellenanzeigen
- Bewerbung in englischer Sprache
- Lebenslauf
- Vorstellungsgespräch
- ITG – Textverarbeitung: Bewerbungsschreiben, Lebenslauf

Abb. 1: Auszug der Lerninhalte in den Teilgebieten Technik, Haushalt, Wirtschaft und Beruf, Arbeitslehre bilingual (Pädagogisches Zentrum Rheinland-Pfalz, 1995, S. 30).

3. Derzeitiger Entwicklungsstand und Organisationsformen

Einen umfassenden Überblick auf der Basis der verfügbaren amtlichen Unterlagen hat zuletzt Kästner (1993) für alle Bundesländer gegeben. Darüber hinaus gibt es derzeit Absprachen oder vertragliche Regelungen auf bilateraler Ebene mit einer Reihe von Staaten.

Tatsächlich vertreten in bilingualen Unterrichtsformen sind bisher die Sprachen Englisch, Französisch, Italienisch, Niederländisch, Spanisch und Russisch, und zwar, wie schon gesagt, überwiegend an Gymnasien, zunehmend aber auch, wenn auch teilweise noch im Versuchsstadium, an Realschulen und, nur in Rheinland-Pfalz, versuchsweise an drei Hauptschulen. (Einen exakten und jeweils aktuellen Überblick bietet auf Anforderung das Sekretariat der Kultusministerkonferenz, Nassestr. 8, 53113 Bonn.)

Klassische Organisationsform des bilingualen Sachfachunterrichts ist der *bilinguale Zug* einer Schule, die sich damit ein strukturelles Profil gibt und, speziell bei bilingual geführten deutsch-französischen Gymnasien, mit der Kombination von „Abi + Bac" (Baccalauréat) die Hinführung zur Studierfähigkeit im französischsprachigen Ausland betont. Daneben gibt es *bilingual geführte Klassen, Kurse und AGs* sowie, als interessante Versuchsform für Neulinge auf diesem Gebiet, die Unterrichtsform *bilingual epochal*. Dabei werden eine oder mehrere Unterrichtseinheiten im Sachfach, sei es Musik mit der Unterrichtsreihe „Musicals" oder Sport mit dem Thema „Basketball", auf Englisch unterrichtet, immer vorausgesetzt, die Lehrkraft verfügt über die entsprechende fremdsprachliche Kompetenz oder in einem fächerübergreifenden Projekt ist ein *team teaching* möglich.

4. Rahmenbedingungen

Damit ist das immense Problem der Lehrerqualifikation für den bilingualen Sachfachunterricht angesprochen. Neben der eher seltenen Ideallösung des *native speaker*, die oder der in seinem Heimatland das bilinguale Sachfach studiert hat, ist die zweitbeste Lösung die fremdsprachliche Lehrkraft mit einem Sachfach, die sich ja dann die fremdsprachliche Terminologie erst noch erarbeiten muss.

Ein wirkliches Desiderat füllt daher ein Zusatzstudiengang mit Modellcharakter, den die Bergische Universität Wuppertal seit dem Sommersemester 1996 anbietet und der in der ersten Phase der Lehrerausbildung aus den Elementen „Didaktik des bilingualen Unterrichts, Methoden, Lern- und Arbeitstechniken, Materialentwicklung, sachfachbezogene Sprachübungen und schulpraktische Studien an Schulen mit bilingualen Zügen" besteht (vgl. Wolff & Krechel, 1997).

Seit 1995 gibt es in Rheinland-Pfalz Rahmenvorgaben für die „Ausbildung während des Vorbereitungsdienstes für den bilingualen Unterricht an allgemeinbildenden Schulen". Damit wurden die Voraussetzungen für eine Ausbildung in der 2. Phase geschaffen, die den besonderen Ansprüchen des bilingualen Sachfachunterrichts gerecht werden soll. Besonders interessant ist hieran, dass diese Lehrerinnen und Lehrer bis zu zwei Monate der zweiten Ausbildungsphase an einer englischen oder französischen Schule im Ausland verbringen können (vgl. Kuhfuß, 1997). Letzteres trifft auch auf den Vorbereitungsdienst für das Lehramt an Haupt- und Realschulen zu.

Ist schon die Antwort auf die Frage nach der am besten für den bilingualen Sachfachunterricht geeigneten Lehrkraft problematisch, so stellt sich diese Frage ebenso im Hinblick auf Schülerinnen und Schüler. Traditionell treffen Gymnasien bei der Aufnahme in die Jahrgangsstufe 5 ihrer bilingualen Züge eine Auswahl, deren Kriterien die nicht ganz objektiven und prognosesicheren Noten der Abgangszeugnisse der Grundschule sind. Offiziell sind diese „Zugangsbeschränkungen" nicht; sie werden eher in Form von Absprachen mit den Eltern ausgehandelt. Spektakuläre Erfolge im bilingualen Sachfachunterricht müssen deswegen auch gesehen werden vor dem Hintergrund von möglichen Auswirkungen eines *Halo*- oder Pygmalion-Effektes bei Lernern, die von sich wissen, dass sie einer ausgesuchten Gruppe angehören, von der man entsprechend viel erwartet.

Praktiziert wird auch eine Auswahl von Schülerinnen und Schülern erst am Ende der Orientierungsstufe (so im Modellversuch der beteiligten Realschulen in Rheinland-Pfalz aufgrund der Englischnote und der „erkennbaren Leistungsbereitschaft"). Zuvor, in den Jahrgangsstufen 5 und 6, erhalten alle Schülerinnen und Schüler den vorbereitenden „Erweiterten Fremdsprachenunterricht" von zusätzlich zwei Wochenstunden. Die Leistungen hierin werden nicht benotet und fließen auch nicht in die reguläre fremdsprachliche Zensur ein. Wesentlich sind vielmehr das Erreichen von Erfolgserlebnissen durch verstärkte Sicherheit in der Fremdsprache und der Motivationsschub durch den Einsatz von schulbuchunabhängigen Materialien, Handlungsorientierung und verstärkten Methodenwechsel. Gruppen- und Partnerarbeit werden hier bei der Informationsbeschaffung benötigt und gelernt.

In den drei Hauptschulen, die in Rheinland-Pfalz bilingualen Sachfachunterricht erproben, werden Gruppen oder Klassen aus „Freiwilligen" gebildet, und zwar bereits bei der Aufnahme für den „Erweiterten Fremdsprachenunterricht" der Orientierungsstufe, für die sowohl der Elternwunsch als auch ein „mindestens befriedigendes" Zeugnis der Grundschule Voraussetzung sind.

Ein derzeit noch nicht gelöstes Problem im bilingualen Sachfachunterricht ist die Leistungsmessung und -bewertung. Wie handelt die Lehrkraft, wenn ein fremdsprachlicher Sachtext zwar „richtig gemeint", aber nicht richtig formuliert ist? Schmid-Schönbein, Goetz & Hoffknecht (1994, S. 10) weisen darauf hin, dass formale Sprachrichtigkeit in diesem Fall kein Kriterium per se sein dürfe, sondern primär nach der kommunikativen Wirksamkeit (*message before accuracy*) gefragt werden müsse. Dennoch dürfe ein mit formalen Fehlern gespickter Text nicht ohne Sanktion bleiben, das sei schließlich im muttersprachig geführten Sachunterricht auch nicht anders. Die fremdsprachliche Leistung, so die Entscheidung in Rheinland-Pfalz, soll etwa im Verhältnis von einem Anteil zu zwei Anteilen der fachlichen Leistung berücksichtigt werden. Alle übrigen Bundesländer geben keine speziellen Bewertungsgrundsätze vor.

In dieser Frage führt ein Vorschlag von Ernst (1995, S. 263) weiter, der dazu rät, den Korrekturrand in drei Spalten aufzuteilen: jeweils eine für Kommentare zur Fachsprache, zur Allgemeinsprache und zum fachlichen Inhalt. Damit wird zumindest für die Schülerinnen und Schüler eine gewisse Tranzparenz in der Korrektur und Bewertung von Sprache und Inhalt geschaffen, die ja auch Feedback zum Lernfortschritt sein sollen.

Es fällt auf, dass keine Beurteilungsmaßstäbe vorliegen für den eigentlichen Ort des Geschehens, also die Unterrichtsstunde, und die dafür postulierte qualitative Andersartigkeit, innerhalb derer sprachliche Grundfunktionen wie *classify*, *describe*, *explain*, *report*, *argue* und *evaluate* fremdsprachlich umgesetzt und Kooperationsformen geübt werden sollen. Zugleich muss die sachliche Auswertung authentischen fremdsprachlichen Materials wie z. B. Karten, Grafiken, Betriebsanleitungen stattfinden. Hier ist offenbar jede Lehrkraft gefordert, mit zunehmender Erfahrung und im Austausch mit Kolleginnen und Kollegen eigene, sachlich begründbare Bewertungskategorien zu entwickeln – ein hoher Anspruch, aber auch ein Reiz dieses Berufs.

Letztlich muss im Zusammenhang von Bewertung und Beurteilung auch noch die Frage möglichst breit anerkannter Zertifikate angesprochen werden, die besonders am Abschluss der Sekundarstufe I noch im Argen liegt, für die weitere Berufsausbildung und spätere Berufsausübung dieser Schülerinnen und Schüler jedoch von großer Bedeutung ist. Nur operationalisierte und damit vergleichbare Aussagen über erreichte Qualifikationen im schriftlichen wie im mündlichen Bereich sind hier von Wert, ein einfaches „teilgenommen" oder auch ein „mit Erfolg teilgenommen" sind für die Berufswelt nicht aussagekräftig. Hier ist noch viel Entwicklungsarbeit auf Länderebene und Übereinkunft auf der Ebene der Kultusminister-Konferenz zu leisten.

5. Didaktische und methodische Überlegungen

Unterrichtsprinzipien, Ziele und Inhalte werden durch die Vorgaben des jeweils gewählten Sachfachs, nicht durch die des Fremdsprachenunterrichts bestimmt. Die Fremdsprache selbst dient lediglich als Medium. Analog gilt dies für die Unterrichtsmethodik, d. h. für die Verfahrensweisen sowie für die Lern- und Arbeitstechniken. Bilingualer Unterricht als bloße Übersetzungsübung würde seinem Anspruch auf Förderung interkultureller Kompetenz nicht gerecht. Um diese zu vermitteln, besitzt im Idealfall der „bilinguale Lehrer" die Fakultas sowohl für Englisch als auch, um beim Beispiel zu bleiben, für Erdkunde. Dann kann es nicht ausbleiben, dass die Fremdsprache allein durch die Erhöhung der Unterrichtsstundenzahl profitiert. Die Lehrkraft darf nur nicht der Versuchung unterliegen, im bilingualen Unterricht auftretende Defizite des Englischunterrichts füllen oder grammatikalische Wissenslücken schließen zu wollen.

Zumindest in Rheinland-Pfalz wird der englisch geführte Sachfachunterricht durch muttersprachlich geführten ergänzt, damit auch die deutschsprachige Fachterminologie gesichert ist. Für beide gilt gleichermaßen der für die jeweilige Klassenstufe vorgesehene Lehrplan. Die Schwierigkeit liegt nun darin, den deutsch- und den englischsprachigen Anteil so aufeinander abzustimmen, dass sich beide Teile unabhängig voneinander im thematischen Umfeld des Sachfach-Lehrplans bewegen und ergänzen. Dabei wird die Lehrkraft vorrangig solche Themen für den englischsprachigen Teil auswählen, die das handlungs-, projekt- und kommunikationsorientierte Prinzip unterstützen.

Geradezu zwingend scheint es, den englischen Anteil des Sachfaches ausschließlich einsprachig zu erteilen. Redeabsichten und Redemittel sind bereits im erweiterten Englischunterricht der Klassen 5 und 6 eingeübt worden, Arbeitstechniken wie *skimming* oder *scanning*, d. h. das Wesentliche eines Textes zu erfassen oder ihn sozusagen „quer zu lesen", überhaupt das Erschließen und Strukturieren von fremden Texten, sind den Schülern inzwischen so vertraut, dass der Umweg über die Muttersprache allenfalls für die Semantisierung schwieriger Vokabeln und aus Zeitersparnisgründen zulässig ist.

Für das vorliegende Unterrichtsbeispiel „Hi-tech Japan" kann vorausgesetzt werden, dass die Schülerinnen und Schüler *pie graphs*, *bar graphs* und *flow charts* auswerten und interpretieren sowie *primary*, *secondary* und *tertiary sector* unterscheiden können (dies wurde bereits in Klasse 9 unter „Developing countries – Industrialised countries" erarbeitet). Sie sind es außerdem gewohnt, zu jedem Arbeits- oder Textblatt ein von der Lehrkraft vorbereitetes Glossar anzuhängen. Die Semantisierung der Vokabeln und Fachtermini erfolgt darin fast immer im fremdsprachlichen Sachzusammenhang. Bei Bedarf können sie auch die deutsche Bedeutung hinzusetzen, sie wird aber in der Regel nicht von der Lehrkraft angeboten. Am Ende jeder Unterrichtseinheit existiert auf diese Weise ein kleines Fachlexikon.

6. Lehr- und Lernmaterialien für den Unterricht

So reizvoll das bilinguale Unterrichtsmodell für den Lehrer auch ist – er betritt methodisch, didaktisch, inhaltlich und sprachlich Neuland –, so schwierig gestaltet sich die Suche nach geeigneten Materialien. Authentisches Lehr- und Lernmaterial aus den Zielländern ist zwar leicht zu beschaffen, aber in der Originalversion nicht unmittelbar einzusetzen. Fast immer ist eine sprachliche Adaption der Texte auf das Sprachniveau der Lerner vorzunehmen. Übernimmt man die Texte unverkürzt und unverändert, ist der Zeitaufwand für die Semantisierung des neuen Vokabulars sehr hoch und der Sachfachunterricht entwickelt sich zwangsweise zum (in diesem Fall nicht intendierten) englischen Sprachunterricht. Außerdem sind zum Beispiel für den Erdkundeunterricht amerikanische Lehrwerke sehr topographisch und länderkundlich orientiert, während die Materialien britischer Herkunft eher unserem Prinzip von Struktur, Dynamik und Veränderung von Räumen entsprechen. Allerdings sind es hier die unterschiedlichen Curricula, die einen direkten Transfer verhindern.

Es soll auch nicht verschwiegen werden, dass mit fortschreitendem Niveau der Lehrende selbst durch den immer fachspezifischer werdenden Wortschatz zum Lernenden werden kann. Authentische Sachtexte vor allem für die höheren Klassen erfordern auch von der Lehrerin oder dem Lehrer eine höhere Sprachkompetenz.

Derzeit zögern die deutschen Verlage noch mit ihren Angeboten. Der Cornelsen Verlag hat für die Klassen 7/8 einen Band *Around the World* herausgebracht, der sowohl curricularen als auch sprachlichen Anforderungen entspricht (Biederstädt, 1993). Eine aktuelle, kommentierte Übersicht zu Materialien findet sich in einer Bibliografie des Landesinstituts für Schule und Weiterbildung mit dem Titel *Fremdsprachen als Arbeitssprachen im Unterricht* (1996).

7. Unterrichtsbeispiel Erdkunde: *High-tech Japan*

Das vorliegende Unterrichtsbeispiel ist im Rahmen des rheinland-pfälzischen Lehrplans für die Klasse 10 vorgesehen. Unter 10.1 („Global relations and interdependence") und 10.1.1 („Structures of world trade") ist Japan das Paradebeispiel für eine führende Wirtschaftsmacht.

Das Geheimnis des wirtschaftlichen Erfolges zu erkunden und zu analysieren steht im Vordergrund. Gleichzeitig sollen aber auch geographische Besonderheiten, historische Aspekte und nationale Besonderheiten nicht ausgeklammert werden. Es bietet sich folgende Unterrichtsreihe an:

- "Japan, a land of hazards" – earthquake, vulcanicity, typhoons and tsunami and desaster prevention
- "A blend of two worlds" – life between traditions and progress
- "Japan, industrial giant" – steelworks, car industry and shipyards
- "Hi-tech Japan"

Ob die folgenden Materialien in einer oder zwei Stunden bearbeitet werden, liegt im Ermessen der Lehrerkraft bzw. der Leistungsfähigkeit der Schülerinnen und Schüler.

Stages in the development of industry in Japan

Choose the correct label for each sketch.

A.   Much industry was destroyed in the Second World War.

B.   Agriculture, education and communicatons were improved so profit could be put into industry.

C.   To pay for food imports, new industry such as ... began to expand. (Fill in.)

D.   Japanese colonies provide raw materials (e.g. iron, steel and textiles) as well as a market for the finished products.

Abb. 2: Aus: S. Jenkins, M. Leigh & S. Richards, *Investigating Geography, Book 3* (London: Unwin Hyman, 1987/1990). Wiedergabe mit freundlicher Genehmigung.

Abb. 2 zeigt die historische Entwicklung Japans vom isolierten Agrarstaat 1886, über beginnenden Import von Rohstoffen und Export von Fertigprodukten, über Zerstörung im Weltkrieg bis zur heutigen Hochindustrialisierung. Aufgabe der Schüler ist es, die Sätze in der richtigen Reihenfolge den Bildern zuzuordnen.

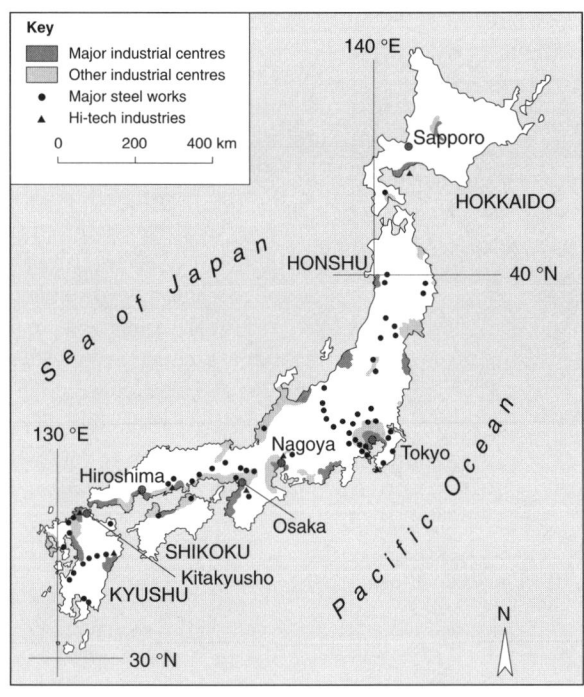

Main industrial areas in Japan

Apart from the traditional industries along the coastline Japan has spent large sums on research and development in hi-tech industries. 18 of the world's top 50 companies are in Japan: Hitachi, Panasonic, Sony, Sharp, Toshiba, Seiko, NRC, ...

They offer high quality and value for money at competitive prices. Goods such as video recorders, CD-ROM, microcomputers and industrial robots have all become cheaper to buy. Japanese goods became even more advanced by competing with old manufacturing areas in Western Europe and North America. Japan has protected its own market from these competitors and has upset its trading partners throughout the world.

Abb. 3: Reproduced with permission from *Steps into Key Stage 3 Geography* by Dick Bateman and Trevor Day © Stanley Thornes (Publishers) Ltd.

Abb. 3 zeigt die Schwerpunkte der japanischen Industrie und deren Küstenlage. Die Punkte verdeutlichen, dass die Hightech-Industrie nicht an die geographische Gunstlage des Küstenraumes gebunden ist, sondern *footloose* verteilt ist.

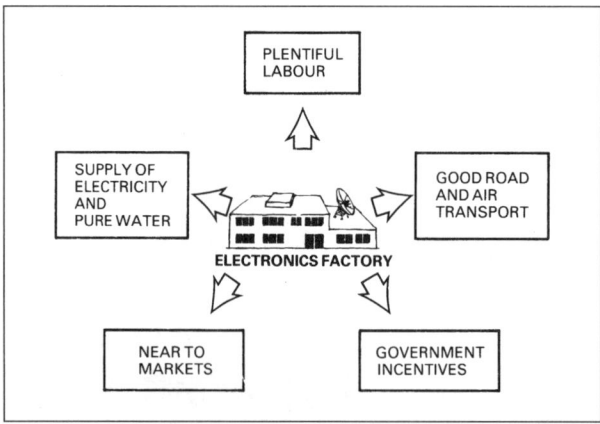

Location of an electronics factory

In contrast to heavy industries like shipbuilding , steel- and car production the hi-tech industries are not fixed to the access to the seaways as they do not depend on raw materials. They can be located where costs are lowest, workforce is plentiful. They can be closed at any location and opened somewhere else in a short period of time. They are called 'footloose' industries. The government supports these industries in their R&D, in establishing airports and roads.

Abb. 4: Aus: Michael Haigh, *Into the Pacific World – New Routes in GCSE Geography* (Cambridge: Cambridge University Press, 1989). Wiedergabe mit freundlicher Genehmigung.

Abb. 4 verdeutlicht die Vorteile des Standortfaktors Hightech: genügend Arbeitskräfte, Luftverkehr, dadurch Marktnähe, ausreichend Stromversorgung auch außerhalb der Ballungsräume, staatliche Förderung solcher Standorte.

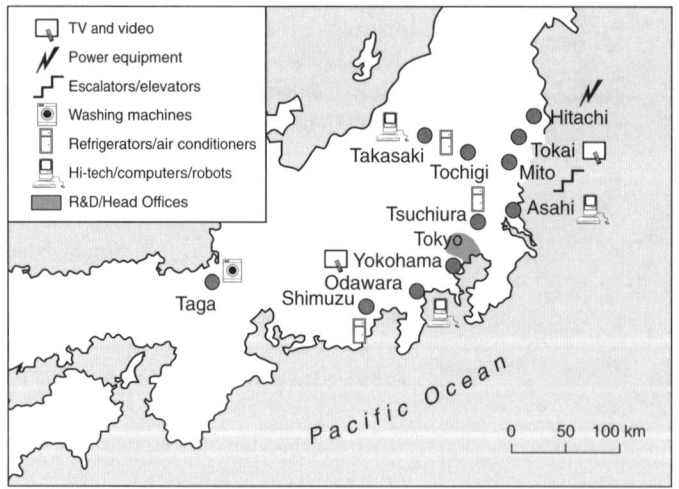

Location of Hitachi factories

Hitachi is the largest employer with 160.000 workers in factories and research centres located in the south-east near power, routeways and markets. It began in 1910 as an electrical repair shop. It became more diversified to industrial equipment and consumer products in the 1960s and 70s and electronics and information systems in the 1980s and 90s. It spends 2 billion US dollars every year on R&D.

Abb. 5: Aus: Michael Haigh, *Into the Pacific World – New Routes in GCSE Geography* (Cambridge: Cambridge University Press, 1989). Wiedergabe mit freundlicher Genehmigung.

Abb. 5 erläutert am Beispiel Hitachi die Produktionsbreite eines Multikonzerns. Das Geheimnis des Erfolges dieser Großkonzerne liegt in der Vielfalt ihrer Angebote. Reine Hightech-Konzerne gibt es nicht, das Risiko der Marktabhängigkeit wäre zu groß.

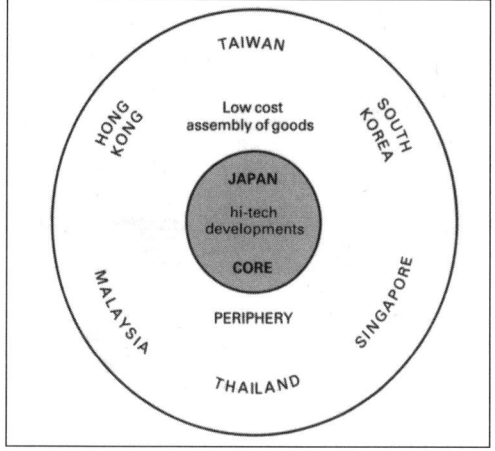

The core-periphery industrial model
The newly industrialised countries (NICs) around Japan have lower wages and a less valuable currency. The Japanese have set up factories there to take advantage of low cost labour, cheap land and low taxes. Japan is the industrial core and offshore countries are in the periphery.

Abb. 6: Aus: Michael Haigh, *Into the Pacific World – New Routes in GCSE Geography* (Cambridge: Cambridge University Press, 1989). Wiedergabe mit freundlicher Genehmigung.

Abb. 6 zeigt die Verlagerung der japanischen Hightech-Industrie auf das asiatische Festland. Die strategische Zentrale liegt zwar in Japan, die operativen Zweige liegen in der Peripherie. Grund hierfür ist, dass die Löhne in den *off-shore*-Ländern erheblich niedriger sind, die japanischen Produkte weltweit deshalb auch billiger angeboten werden können. Die Definition für *core-periphery model* können die Schüler selbst entwickeln.

8. Ausblick und europäische Situation

In seinem Band *European Models of Bilingual Education* stellt Baetens Beardsmore (1993) neben den in Deutschland praktizierten Formen unterschiedliche Unterrichtsmodelle aus Wales, Katalonien, Dänemark, Brüssel und Luxemburg vor (vgl. dazu auch Wode, 1995). Dieser Band könnte inzwischen mit Berichten aus Österreich, Südtirol, Estland, Finnland, Kroatien, Lettland, Malta, Polen, Rumänien, Schweden, Slowenien, der Tschechischen Republik, der Russischen Republik und Ungarn ergänzt werden. Der Europarat versucht innerhalb seines Schwerpunktprogramms *Language Learning for European Citizenship* in Workshops das dort jeweils erarbeitete Repertoire an Methoden und Materialien zusammenzutragen, aber auch die Liste der offenen Fragen einzugrenzen.

Eine dieser Fragen ist, welchen Status der bilinguale Sachfachunterricht an einer Schule hat. Sind die Beteiligten ein privilegierter Club, dem Sonderrechte und -mittel zukommen? Wünschenswert wäre statt dessen die Entwicklung eines *whole-school ethos*, getragen und gefördert von der ganzen Schulgemeinde, so wie erwartet werden kann, dass diese sich z. B. auch für den Ausbau des Computerzentrums einsetzt. Natürlich sind für die Entwicklung einer solchen Einstellung eine generelle Offenheit der Schule und zahlreiche Auslandskontakte Voraussetzung. Außerdem muss prinzipiell der bilinguale Sachfachunterricht allen Schülern offen stehen.

Bilingualer Sachfachunterricht muss und wird sich ausbreiten, da auf diesem Wege die im Rahmen zunehmender Globalisierung geforderten differenzierten, berufsbezogenen Englischkenntnisse besser, gründlicher und früher zu erreichen sind. Dies wird besonders dann der Fall sein, wenn dem Unterricht in der Sekundarstufe I flächendeckend ein früher Kontakt mit der Fremdsprache bereits in der Grundschule vorausgeht, der – auch darüber besteht noch kein voller Konsens – mit eindeutigen Lernerträgen abschließt (vgl. Kap. C.2).

Aus Gründen der Vergleichbarkeit müssen Lehrpläne für die etablierten, bilingual unterrichteten Sachfächer erarbeitet werden, auf deren Basis dann Aussagen über die erreichten Abschlussqualifikationen am Ende der SI wie auch beim Abitur gemacht werden können.

Weil der weitere Bedarf noch nicht geklärt ist, ist es eher unwahrscheinlich, dass speziell entwickelte Lehrwerke für alle bilingual unterrichteten Sachfächer in absehbarer Zeit erscheinen werden; eher werden themenorientierte Bausteine entwickelt, wie oben beschrieben, die von hoch motivierten Lehrerinnen und Lehrern durch eine Fülle von authentischen Materialien ergänzt werden, dies mit einem nicht zu unterschätzenden Nebeneffekt. In einer Schülerbefragung, durchgeführt im Rahmen einer Staatsexamensarbeit (Winkler, 1994), meinte eine Schülerin: Bilingualer Sachfachunterricht ist „eine schöne Abwechslung zu den anderen Fächern, weil man als Schüler merkt, dass die Lehrer sich auf die ‚bi-Fächer' besonders vorbereiten." – Das spricht Bände.

12 Lernen durch Lehren

Jean-Pol Martin und Rudolf Kelchner

Wenn Schüler einen Lernstoffabschnitt selbstständig erschließen und ihren Mitschülern vorstellen, wenn sie ferner prüfen, ob die Informationen wirklich angekommen sind, und wenn sie schließlich durch geeignete Übungen dafür sorgen, dass der neue Stoff verinnerlicht wird, dann entspricht dies idealtypisch der Methode „Lernen durch Lehren" (LdL). Diese Methode wurde zu Beginn der Achtzigerjahre für den Fremdsprachenunterricht entwickelt, und sie wird seitdem kontinuierlich in der Praxis erprobt, wissenschaftlich untermauert und im Schulsystem verbreitet (vgl. zusammenfassend Martin 1994a, 1996). Im Folgenden soll zunächst die theoretische Basis des Modells beschrieben werden. Im Anschluss werden dessen konkrete Anwendungen im Englischunterricht geschildert, sodass Kolleginnen und Kollegen, die die Methode in ihrem Unterricht anwenden wollen, sich an praktischen Hinweisen orientieren können. Abschließend wird auf Fragen eingegangen, die immer wieder von Praktikern im Rahmen von Fortbildungsveranstaltungen zu „Lernen durch Lehren" gestellt werden.

1. Tradition und theoretisches Fundament

Zwar wurde die Methode „Lernen durch Lehren" zunächst „naiv" in der Praxis und ohne Aufarbeitung der erziehungswissenschaftlichen Tradition entwickelt, es lassen sich aber Vorläufer in der Pädagogik finden. Zu nennen sind Kerschensteiner (1916), Dewey & Kilpatrick (1935), P. Petersen (1937/1951) oder jüngeren Datums Gartner, Kohler & Riessmann (1971). Erste Versuche im Fremdsprachenunterricht unternahm Kaufmann (1977). Spezifisch an dem hier zu beschreibenden LdL-Projekt ist, dass der Ansatz in mehreren Langzeitstudien geprüft, lerntheoretisch und spracherwerbstheoretisch untermauert und zu einem Gesamtcurriculum ausgeweitet wurde (Martin, 1994a). Ferner wird seit 1987 im Rahmen eines Kontaktnetzes mit etwa 500 Lehrern aus allen Fachrichtungen und Schultypen die Übertragbarkeit der Methode auf andere Fächer erforscht (vgl. Martin, 1989; 1994a, S. 202ff.).[1]

Das Modell enthält eine allgemein- und eine fremdsprachendidaktische Komponente.

(1) Die allgemein-didaktische Komponente des LdL-Modells: Die Kognitionswissenschaften (vgl. u. a. Dörner et al., 1983; Flammer, 1990; Strohner, 1995) lehren, dass jedes menschliche Handeln darauf abzielt, *Kontrolle* über Lebenssituationen zu gewinnen. Frontalunterrichtliche Arrangements, die einen Großteil der unterrichtlichen Aktivitäten dem Lehrer vorbehalten, verwehren den Schülern ein Feld, auf dem sie Kontrollgewinnung und -erhaltung üben könnten. Ferner ist es förderlich für den Menschen, wenn er immer wieder sichere Lebensfelder verlässt und sich in die Unbestimmtheit begibt. Auf diese Weise sammelt er Erfahrungen, also kognitive Schemata, die ihm die Bewältigung künftiger Situationen erleichtern und mehr Kontrolle über die Welt verschaffen (Dörner et al., 1983). Die Bereitschaft, neue Felder zu betreten, wird als *exploratives Verhalten* bezeichnet. Frontal-

---

[1] Konkrete Beispiele für die Anwendung der Methode LdL in verschiedenen Fächern und Schultypen finden sich in Graef & Preller (1994). Weitere Materialien zur Methode sowie Informationen über das Kontaktnetz sind kostenlos unter folgender Anschrift zu beziehen: PD Dr. Jean-Pol Martin, Universität, UA. Zi. 240, D-85071 Eichstätt, Fax: (08421) 93-1797. LdL-Homepage: http://www.ku-eichstaett.de/docs/SLF/LdL.

unterrichtliche Arrangements, die eine Festlegung auf die Situation im Klassenzimmer und eine Fokussierung des Interesses auf den vorgegebenen Stoff induzieren, versperren den Blick auf die Außenwelt und lassen exploratives Verhalten nicht aufkommen.

Welche Eigenschaften sollte das Schulsystem in der gegenwärtigen historischen Situation bei den Schülern besonders fördern? Es scheint allgemeiner Konsens zu sein, dass sich gegenwärtig ein Paradigmenwechsel vollzieht, der alle Bereiche der Gesellschaft erfasst (vgl. hierzu Bildungskommission Nordrhein-Westfalen, 1995). Man kann davon ausgehen, dass die Menschen künftig wesentlich initiativer und autonomer werden handeln müssen, als es heute noch der Fall ist. Autonom sein bedeutet, dass die Schüler sich weniger auf die Außensteuerung durch Lehrer und Lehrmaterialien werden verlassen können (vgl. Kap. B.5, Abschnitt 3.1). Im Einzelnen müssen sie lernen, relevante von irrelevanten Inhalten zu unterscheiden, diese selbstständig und in Kooperation mit anderen zu erarbeiten; dazu muss ihre Kommunikationsfähigkeit erweitert werden; und schließlich müssen sie lernen, dass eine kontinuierliche Reflexion über individuelle und kollektive Lernprozesse zu deren Optimierung führt.

Durch LdL, also durch die Übertragung von Lehrfunktionen auf die Schüler, werden folgende allgemein-didaktische Ziele angesteuert: Bei ihrer Vorbereitung auf die Präsentation der Lehrwerkinhalte lernen die Schüler *Wichtiges von Unwichtigem zu unterscheiden*; da sie arbeitsteilig verfahren, wählen die einzelnen Schüler Inhalte aus, die sie selbst besonders ansprechen (*Differenzierung*), und sie nehmen die Didaktisierung selbst vor (*Autonomie*); da die Präsentation der verschiedenen Abschnitte meistens in Zweierschaft und nach einer gemeinsamen Vorbesprechung erfolgt, lernen die Schüler *kooperatives Arbeiten*; da sowohl die Vorbereitungsphase als auch die Plenumsphase eine Vielzahl von Interaktionen verlangt, erwerben die Schüler in besonderem Maße *kommunikative Kompetenzen*; da sie sich im Zusammenhang mit der Vermittlung des Stoffes an ihre Mitschüler mit dem Erwerb von Wissen befassen, wird ihr Handeln kontinuierlich von *Metareflexion* begleitet; da die Schüler sich immer wieder mit einem unbekannten Stoff mit nur geringer Unterstützung auseinander setzen müssen und sie sich immer neuen sozialen Konstellationen im Klassenzimmer aussetzen, wird ein *exploratives Verhalten* kontinuierlich gefördert.

(2) *Die fremdsprachendidaktische Komponente des LdL-Modells:* Bezogen auf die Spracharbeit enthält der Ansatz eine lerntheoretische und eine spracherwerbstheoretische Komponente:

Lerntheoretisch bietet LdL die Möglichkeit, den scheinbaren Widerspruch zwischen *Kognitivierung* und *Üben* aufzuheben. Wenn Schüler beispielsweise grammatische Phänomene in der Zielsprache vorstellen und mit ihren Mitschülern einüben, dann wird über die Sprache als System kognitiv reflektiert und gleichzeitig werden die Sprachstrukturen als Vehikel der Kommunikation benutzt und geübt.

Spracherwerbstheoretisch fördert LdL sowohl gezieltes als auch zufälliges Lernen. Die Schüler erwerben bewusst die zum Lernen angebotenen Sprachstrukturen, gleichzeitig aber erwerben sie im Klassenraumdiskurs neue Sprachmuster, die ihnen vom Lehrer oder von Mitschülern im Gespräch angeboten werden und die sie übernehmen. Es werden nicht nur neue lexikalische Einheiten gelernt, sondern der Klassenraumdiskurs bietet auch die Möglichkeit, induktiv Regelmäßigkeiten abzuleiten, die dann auch bewusst gemacht werden können.

Als Gesamtkonzept erfüllt LdL die in der Fremdsprachendidaktik erhobenen Forderungen nach Schülerorientierung und nach Authentizität des Schülerdiskurses im Unterricht

(Piepho, 1979; Butzkamm, 1993a). Ferner beruht LdL auf der Handlungstheorie, wie sie bereits von der Sowjetischen Schule um Galperin vertreten wurde (Lompscher, 1973). Da die Schüler schließlich in der kontinuierlichen Auseinandersetzung mit Inhalten, die sie zunächst nicht kennen, angeregt werden, Unbestimmtheiten zu beseitigen und aufgrund der vorgefundenen fremdsprachlichen Materialien Realität zu konstruieren, erfüllt die Methode „Lernen durch Lehren" die Forderungen, die in jüngerer Zeit aus konstruktivistischer oder gar „radikalkonstruktivistischer" Richtung erhoben werden (vgl. Wolff , 1994a; Finkbeiner, 1995c und 1996b; Gienow & Hellwig, 1996b; Timm, 1996b; Wendt, 1996).

2. Der sanfte Einstieg

Es ist ganz klar: theoretische Äußerungen zu Didaktik und Methodik sind eine Sache, die Umsetzung in die Praxis eine andere. Bei der Methode LdL jedoch muss betont werden, dass sie gerade aus dem Bewusstsein und der Ablehnung vorhandener Unzulänglichkeiten innerhalb gängiger Unterrichtspraxis entstanden ist. Es wurde nach Wegen gesucht, die Unterrichtswirklichkeit, so, wie sie von den meisten Fremdsprachenlehrern getragen wird, radikal zu verändern. Dies betrifft vor allen Dingen den ungeheuer großen Redeanteil des Lehrers im Unterricht, aber auch die Künstlichkeit der durch den Frontalunterricht im Klassenzimmer geschaffenen fremdsprachlichen Situation, die doch häufig das affektiv wie auch kognitiv geprägte Selbstverständnis des Schülers außer Acht lässt.

In den zahlreichen Publikationen zu LdL werden immer wieder Strategien zum Aufbau didaktischer bzw. methodischer Teilkompetenzen beim Schüler beschrieben. Es wird gezeigt, wie Schüler an die Methode LdL herangeführt werden, wie sie vielleicht zunächst kleinere, später größere Unterrichtseinheiten übernehmen, wie sie eigene Ideen bei der Stoffdarbietung einbringen können, Material für den Unterricht sammeln, eigenständig forschen, wie sie gefundene Informationen vor dem Plenum interessant und präsentierbar machen könnten, wie man sie an der Planung des Unterrichts beteiligen kann.

Dass die Schüler in den Mittelpunkt des Unterrichtsgeschehens gestellt werden, ist zu einem unumgänglichen Faktor moderner Fremdsprachendidaktik geworden. Wie aber steht es mit dem Lehrer, der dieser Forderung sehr wohl nachkommen will, sich aber vom Radikalismus solcher Neuerungen mehr oder weniger bedroht fühlt? Ein völliger Umbruch bisherigen Frontalunterrichts auf allen Ebenen ist zwar möglich, versetzt aber den Lehrer bei seiner Unterrichtsvorbereitung in völlig ungewohnte Situationen. Er muss nicht mehr überlegen, was er als ersten, zweiten, dritten Unterrichtsschritt tut, sondern er muss nun vielmehr darüber nachdenken, welcher Schüler welche Teilaufgabe übernehmen könnte, er muss auch darüber nachdenken, inwieweit von Schülerseite Bereitschaft besteht, bestimmte Aufgaben zu übernehmen, wie er ihnen bei der Bewältigung solcher Aufgaben bzw. bei der Verwirklichung ihrer Ideen behilflich sein kann. Ein solch tief greifender Umbruch bei der Unterrichtsvorbereitung bringt einige Unsicherheitsfaktoren mit sich, denn der Lehrer gibt seine didaktisch-methodischen Bälle aus der Hand und dies wiederum erfordert sehr großen Zeitaufwand. Gerade dieser Umstand mag viele davor zurückschrecken lassen, solche Neuerungen zu übernehmen. Deshalb sei an dieser Stelle zum ersten Mal ein Einstieg in die Methode „Lernen durch Lehren" vorgestellt, der sowohl für Lerner als auch für Lehrer als sanft zu bezeichnen ist; denn wenn beim Schüler ein Aufbau von Teilkompetenzen möglich ist, so muss auch für den Lehrer ein allmählicher Aufbau bei der Umgestaltung frontaler Unterrichtsstrategien möglich sein, der nicht abschreckend wirkt.

Zunächst sei noch einmal hervorgehoben, dass Lehrer, die sich dazu entschlossen haben, die Methode LdL als Unterrichtsprinzip zu übernehmen, dies nicht auf einmal in allen Jahrgangsstufen, in denen sie unterrichten, tun müssen. Es ist sicherlich ratsam, die „neue" Methode zunächst in nur einer Jahrgangsstufe anzuwenden, um sie dann auch auf zwei oder mehr Klassen zu erweitern. Es wäre der Idealfall, wenn Lehrer damit im Anfangsunterricht beginnen könnten, um dann sukzessive in den jeweils nachfolgenden Jahrgangsstufen bis in die Oberstufe die LdL-Regiefähigkeiten der Schüler weiter aufzubauen. Für diesen Idealfall wird nun im Folgenden ein Stufenmodell vorgestellt. Da wir aber eben nur selten von Idealfällen ausgehen können, sei das Stufenmodell so konzipiert, dass Quereinstiege ohne weiteres möglich sind (vgl. Abb. 1).

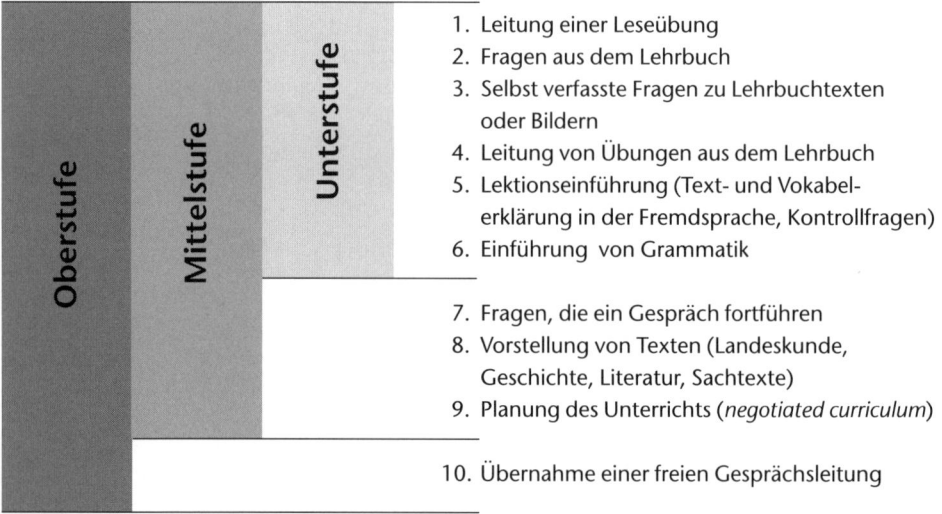

Abb. 1: Stufenmodell der Methode „Lernen durch Lehren"

(1) *Leitung einer Leseübung:* Sobald im Anfangsunterricht die Aussprache soweit gesichert ist, dass Schüler einfache Aufforderungen in der Fremdsprache zu verbalisieren in der Lage sind, kann die wohl einfachste Form einer LdL-Strategie, nämlich eine Leseübung – sie ist für den Lehrer problemlos –, an Schüler übertragen werden. Eine Liste von Redewendungen, die im Unterricht immer wieder Verwendung finden, ist dabei hilfreich: *Open your books on page ..., please. / We're going to do a reading exercise. / That's OK. / That's not correct. / Please, repeat.* usw. Der Übungsleiter tritt vor die Klasse und ist als Erster gehalten, etwaige Fehler zu verbessern. Auch den anderen Schülern ist es immer gestattet, verbessernd einzugreifen. Erst wenn ein Fehler weder durch den Übungsleiter noch durch einen anderen Schüler verbessert wird, kommt der Lehrer im Nachhinein zu Hilfe.

Es sind vor allem zunächst die „guten" Schüler, die im Anfangsunterricht mit großer Begeisterung die Aufgabe des Übungsleiters bei der Leseübung übernehmen wollen. Nachdem aber auch weniger leistungsstarke Schüler gesehen haben, dass diese Aufgabe auch für sie nicht allzu schwierig ist, wagen sie sich ebenfalls vor die Klasse, wagen sich aus der Reserve. Dies ist ein wichtiger Schritt, der Schülern die Scheu nimmt, vor einem Plenum zu agieren.

(2) *Fragen aus dem Lehrbuch:* Eine weitere relativ leichte Aufgabe ist es, wenn Schüler Fragen zum Lektionstext stellen, die schon im Lehrbuch abgedruckt sind. Die Aufforderung könnte lauten: *Please shut your books, listen to my questions and answer them.* Da es sich im Anfangsunterricht um einfachste Fragen handelt, können Schüler aller Leistungsstärken eine solche Aufgabe ad hoc erledigen, sodass auch hier für den Lehrer keine besondere Unterrichtsvorbereitung anfällt. Er kontrolliert lediglich die Aussprache und die einwandfreie Beantwortung der Fragen.

Wird jedoch diese Aufgabe einem leistungsschwächeren Schüler übertragen, und dies sollte ja auch der Fall sein, so muss er diesem vorbereitend helfen, damit er diese Aufgabe bewältigen kann. Es geht dabei im Wesentlichen darum, die Aussprache zu sichern, und darum, welche Antworten man erwarten kann. Der Lehrer kann dies natürlich außerhalb des Unterrichts tun, doch bietet es sich aus Gründen der Zeitökonomie an, dies mit dem jeweiligen Schüler auszuarbeiten, während der Rest der Klasse in Gruppenarbeit beschäftigt ist oder etwa eine kleine schriftliche Übung macht. Bei der Korrektur der Antworten, die ja nur teilweise vorhersehbar sind, darf der Lehrer auch hier Schülern zur Seite stehen.

(3) *Selbst verfasste Fragen:* Hier handelt es sich um einen Aufgabenbereich, der sowohl von Schülern als auch von Lehrern einen intensiveren Einsatz fordert. Es ist von Schülerseite sicher eine intellektuell anspruchsvollere Aufgabe, selbst Fragen zu Lehrbuchtexten oder zu Bildern zu verfassen. Für eine einwandfreie Präsentation vor der Klasse muss der Lehrer diese von Schülern oder von einem Schüler bereits selbstständig ausgearbeiteten Fragen – hier eignen sich kleine Arbeitsgruppen von zwei bis vier Schülern – (korrigierend) besprechen. Der Fantasie der Schüler soll hier keine Grenze gesetzt sein. Hier kann auch selbst gesammeltes Bildmaterial eingesetzt werden.

Es bietet sich auch die Möglichkeit, aus den Mechanismen gängiger Fragetaxonomien – „Lehrerscheinfragen" und „Schülerscheinantworten" – zumindest teilweise herauszukommen (vgl. Kahrmann, 1982, S.122). Es hat sich nämlich gezeigt, dass Schüler selbst verfasste Fragen inhaltlich und formal anders ausprägen als Lehrer dies tun, denn Schüler gehen stärker auf lebensweltliche Bedingtheiten ihrer Altersgenossen ein.

(4) *Leitung von Übungen aus dem Lehrbuch:* Bei dieser Übungsform ist der Regieeinsatz des Lehrers bedingt gefordert. Es geht hierbei einerseits um die Verbesserung von Hausaufgaben, vorzugsweise Schülerausarbeitungen auf Folie, die, falls nötig, in Zusammenarbeit mit der Klasse verbessert werden. Andererseits können Schüler die Leitung von Übungen (Lückentexte, *sentence switchboards* oder Grammatikübungen) übernehmen. Leistungsstarke Schüler tun dies ad hoc. Bei anderen ist dazu eine häusliche Vorbereitung notwendig, die dann wiederum vor der Präsentation vom Lehrer überprüft werden sollte.

Zu solchen Übungen gehören auch leichte Konversationsübungen zu vorgegebenen oder besser selbst erfundenen Situationen, das Vorspielen eigenständig verfasster Sketsche und das Abfassen von Diktaten. Bei diesen Übungsformen haben Schüler schon unglaublichen Erfindungsreichtum unter Beweis gestellt. Bevor ein Schüler sein Diktat abhält, muss der Lehrer nicht nur dessen Aussprache gesichert haben, sondern ihm auch zeigen, wie in sinnvollen Satzeinheiten langsam diktiert wird. Bevor ein Sketsch eingeübt und vor der Klasse gespielt wird, muss der Lehrer natürlich das Skript Korrektur gelesen haben. Bei der Konversationsübung können Fehler direkt verbessert werden, wobei immer die Gefahr besteht, durch Korrekturen die Konversation zu ersticken. Der Lehrer kann aber auch Fehler notieren, um sie dann anschließend vor und mit der Klasse zu besprechen (vgl. Timm, 1996a, S. 188).

(5) *Lektionseinführung:* Die Lektionseinführung durch Schüler erfordert wiederum besonderes Geschick bei der LdL-Regiefähigkeit des Lehrers. Außerdem ist sie erst ab einer Spracherlernungsstufe möglich, wo Schüler einfache fremdsprachliche Definitionen für neues Vokabular geben können. Ein Schüler führt nur zwei, drei, höchstens vier neue Wörter ein; d. h., eine Gruppe von drei oder vier Schülern übernimmt die Vokabelerklärung für eine Unterrichtsstunde. In der Stunde zuvor oder vor dem Unterricht besprechen die Schüler mit dem Lehrer, der ihnen bei ihren möglichst eigenen Ideen helfend zur Hand geht, die Vorgehensweise für ihre Vokabelerklärung: fremdsprachliche Definitionen, *synonyms, antonyms,* deiktische Verfahren, (selbst gezeichnete) Bilder (vgl. Kap. E.2). Die schriftliche Präsentation erfolgt an der Tafel oder auf Folie.

Falls nötig, müssen Schüler auch zu den neuen Vokabeln Kontrollfragen stellen. Falls hier beim Schüler eigene Ideen ausbleiben, was selten der Fall ist, wie die Praxis gezeigt hat, muss der Lehrer helfend eingreifen. Hier zeigt sich, dass viel Zeit für die Organisation einer LdL-Lektionseinführung aufgebracht werden muss. Dieser Zeitaufwand aber lohnt sich, weil damit Schüler aktiviert werden, in der Fremdsprache zu reden, zu verbalisieren, zu üben. Damit sind vor allem aber auch Ansätze gegen Fossilisierungen gegeben (vgl. Kap. F.1, Abschnitt 1.2, Punkt 3). Schüler lernen so mit dem, was ihnen als ihre Interimssprache zur Verfügung steht, umzugehen, sie lernen mit Sprache zu jonglieren. Mit größerer Erfahrung, wenn also didaktisch-methodische Kompetenzen beim Schüler weiter aufgebaut sind, reduziert sich auch der Zeitaufwand für eine solche Vorbereitung.

(6) *Einführung von Grammatik:* Eine Einführung von Grammatik kann schon relativ früh von Schülern übernommen werden, wenn es sich um einfache Strukturen und Regularitäten handelt. Es sind umso größere fremdsprachliche und didaktische Kompetenzen vonnöten, je schwieriger der Grammatikkomplex ist. In der Oberstufe sind Schüler weitgehend in der Lage, z. B. eine Revision der Zeitenfolge bei der indirekten Rede selbstständig zu erarbeiten. Für Grammatik in der Mittelstufe und vor allem in der Unterstufe (grammatikalische Erklärungen durch Schüler vor der siebten Jahrgangsstufe dürften problematisch sein) ist der Lehrer als Regisseur für die Darbietung gefordert (vgl. Kap. E.3 und E.4).

Wir sehen also, bei LdL geht es nicht darum, dass sich der Lehrer überflüssig macht, sondern vor allem darum, Schüler zu aktivieren und ihnen dabei zu helfen, ihre Ideen, die sie aus ihrer affektiven Lebenswelt schöpfen, in die Tat umzusetzen. Die Punkte 1 bis 5, eventuell auch 6, des vorgeschlagenen Stufenmodells eignen sich sicher für den LdL-Unterricht in der Unter- und Mittelstufe. Für die weiteren Punkte 7 und 8 ist eine Spracherlernungsstufe nötig, die eine nahezu freie Gesprächsformulierung möglich macht, zumindest aber eine, die durch *guidelines* zustande kommt. Sie werden daher für den erweiterten Aufbau von Lehrkompetenz beim Schüler frühestens für die Mittelstufe vorgeschlagen.

(7) *Fragen, die das Gespräch fortführen:* Solche Fragen verlangen, dass der Fragesteller selbst wieder auf Antworten direkt eingeht. Bei der Vorbereitung eines solchen Gesprächs muss man deshalb mit möglichen Antworten auf eine Frage rechnen, um dann sofort reagieren zu können, damit das Gespräch im Fluss gehalten wird. Es knüpft sich also noch relativ eng an das Thema eines vorliegenden (Lehrbuch-)Textes an. Dies unterscheidet ein solches Gespräch vom freien Gespräch, z. B. bei einem hermeneutischen Gespräch in der Oberstufe (vgl. Kelchner, 1994, S. 254ff.).

(8) *Vorstellung von Texten:* Punkt 8 des Stufenmodells nimmt eine Gelenkfunktion zwischen Mittel- und Oberstufe ein. Ab der Jahrgangsstufe 10 sollten Schüler fremdsprachliche Texte verschiedenster Sorten ihrer Klasse erklärend präsentieren können und daran ge-

lenkte Gespräche anknüpfen. Dies umfasst also Vokabelerklärung, wobei nun schon einsprachige Wörterbücher verstärkt zum Einsatz kommen, Fragen zum Textinhalt und Interpretationsfragen, also Fragen, die über den Informationsgehalt des Textes hinausgehen. Der Einsatz der Regieassistenz des Lehrers richtet sich nach der bereits gewonnenen didaktischen Kompetenz des Schülers. Sehr kompetente Schüler kommen hier teilweise ohne jegliche Hilfe des Lehrers aus. Weniger leistungsstarke werden die Hilfe des Lehrers vor ihrer Präsentation in Anspruch nehmen.

(9) *Planung des Unterrichts:* Dem Schüler motivationale Impulse zu geben, heißt nicht nur, bei ihm didaktische Kompetenz aufzubauen und auf ihn zu übertragen, sondern es heißt auch, ihn an der Planung des Unterrichts zu beteiligen. Dies ist nun vielleicht keine spezielle LdL-Strategie, genauso wenig wie dies Gruppenunterricht oder Projektunterricht ist. Es handelt sich aber dabei um Postulate moderner Fachdidaktik, die sich mühelos in LdL-Strategien einbauen lassen. Hier ist der Begriff des *negotiated curriculum* von besonderer Bedeutung (vgl. Candlin, 1984; Breen, 1984; Legutke & Thomas, 1993).

(10) *Übernahme einer freien Gesprächsleitung:* In der Oberstufe, vor allem in Leistungskursen, können Schüler in ihren didaktischen Kompetenzen so weit forgeschritten sein, dass sie in der Zielsprache größere Teile, wenn nicht den größten Teil des Unterrichts allein durchführen können. Wenn der Lehrer hier zurücktritt, um Schülern artikulatorischen Freiraum zu gewähren, so soll das allerdings nicht heißen, daß er sie sich selbst überlässt. Er sollte Gespräche mitskizzieren, im Nachhinein korrigierend auftreten, Ergänzungen zum Gespräch geben oder aber bei der Vorbereitung für die Anschlussstunde ein Fazit dessen ziehen, was die Schüler in ihrem Gespräch als Ergebnis gebracht haben, um wiederum gezielt nötige Ergänzungen zu erarbeiten.

Durch einen „sanften Einstieg" in die Methode LdL gewinnen nicht nur die Schüler, sondern auch die Lehrer Sicherheit in der Anwendung der entsprechenden Techniken. Auf diese Weise wird die Klassenzimmersituation von allen Beteiligten getragen, das Gefühl der Selbstbestimmung und der Kontrolle wächst. Der Wunsch, weitere Lebensfelder zu betreten und zu meistern, kommt bei Schülern und Lehrern auf, sodass sich in günstigen Fällen eine explorative Haltung in der Gruppe als Ganzes aufbaut. Auf diesem Hintergrund erfolgt als nächster Schritt die Durchführung von kleinen Projekten, vielleicht auch einer Reise ins Zielland. Der Blick richtet sich immer stärker auf das Geschehen außerhalb des Klassenzimmers (vgl. Kap. A.1, A.2 und C.1). Neue Erkundungstechniken sind erforderlich, die mit den Schülern erarbeitet werden, und die innovative Dynamik wird fortgesetzt (vgl. Martin 1994a, 1996).

3. Zum Abschluss: Häufig gestellte Fragen zur Methode „Lernen durch Lehren"

Im Laufe der letzten 15 Jahre wurde die Methode „Lernen durch Lehren" nicht nur in allen Klassenstufen von zahlreichen Kollegen erprobt, sondern sie wurde auch im Rahmen von Fortbildungsveranstaltungen vorgestellt. Dabei haben sich eine Reihe von Fragen als besonders wichtig für die in der Schule Tätigen erwiesen:

(1) *„Kann man jederzeit in LdL einsteigen oder muss man die Klasse von Anfang an unterrichtet haben?"*

Man kann jederzeit in LdL einsteigen. Am besten führt man die LdL-Techniken allmählich ein, ohne zu erwähnen, dass es sich hier um eine „neue" Methode handelt. Nach ungefähr einem Monat können die Schüler die wichtigsten Lehrfunktionen ausüben, auch die Einführung des neuen Stoffes. Die Schüler selbst merken kaum, dass es sich um etwas Neues handelt.

(2) *„Wie muss man die erste LdL-Stunde gestalten?"*

Der allererste Einstieg ist sehr wichtig. In der Regel wissen die Schüler nicht, wie sie sich vor der Klasse verhalten sollen. Am Anfang muss man also eine Art Kurztraining durchführen, indem man den Schülern zeigt, wie sie vor der Klasse stehen sollen, sich gegenseitig korrigieren, sich anschauen, sich loben, sich zulächeln, höflich miteinander umgehen usw. Dabei muss man sie immer wieder bitten, laut zu sprechen. Das muss regelrecht geübt werden, indem man wie ein Regisseur bestimmte Sequenzen wiederholen lässt, bis es klappt. Erfahrungsgemäß reichen ein paar Unterrichtsstunden, um dies zu automatisieren. Ganz wichtig ist es außerdem, darauf zu achten, dass alle zuhören, wenn ein Schüler spricht. Diese Grundregeln müssen unbedingt eingehalten werden!

(3) *„Verliert man denn bei all diesem Training und bei der relativen Langsamkeit der Schüler nicht viel Zeit? Wie ist es mit dem Lehrplan und der Stofffülle?"*

In den ersten Stunden muss man natürlich etwas Zeit für die Einführung und vor allem die Einübung der LdL-Technik aufwenden. Aber sehr bald, wenn die Schüler ihre anfängliche Scheu abgelegt und etwas Routine gewonnen haben, kommt man schneller vorwärts als mit traditionellen Verfahren. Das liegt daran, dass die Schüler effektiver sind als der Lehrer bei der Stoffverarbeitung. Ihr Vorgehen ist weniger redundant; sie meinen nicht, dass sie jedes Detail dreimal wiederholen müssen und entwickeln ja selbst bald die Kompetenz zum Lehren. In der Regel ist man mit der Methode LdL schneller mit dem Buch fertig als mit traditionellen Methoden.

(4) *„Wie ist es, wenn man die Klasse nach einem Jahr LdL-Unterricht wieder abgibt? Wie reagieren die Schüler auf den anderen Unterrichtsstil?"*

Der Ausstieg verläuft genauso undramatisch wie der Einstieg. Nach kürzester Zeit gewöhnen sich die Schüler an den Stil des nachfolgenden Kollegen.

(5) *„Stellt sich nicht nach einiger Zeit, wenn also der Neuigkeitseffekt verpufft ist, Langeweile ein?"*

Das ist nicht ausgeschlossen, denn die Präsentationstechniken der Schüler sind ja auch recht begrenzt, manchmal auch einfallslos. Das ist aber weiter nicht schlimm, denn dann kann der Lehrer wieder mit frischer Kraft selbst den Unterricht übernehmen, bis die Schüler nach einiger Zeit selbst wieder gerne aktiv werden. Es ist ja ohnehin nicht so, dass bei LdL nur die Schüler unterrichten, sondern es handelt sich eher um einen dialektischen Prozess: zunächst die Schüler, dann der Lehrer, dann wieder die Schüler usw.

(6) *„Wie ist es mit der Benotung?"*

Jeder Lehrer soll sich an die Schulordnung halten. Ansonsten empfiehlt es sich, Schülerpräsentationen nicht zu benoten. Sonst verstummen die Schüler, weil sie nur noch – mit Blick auf die Note – Perfektes von sich geben wollen. Nun lebt der LdL-Unterricht sehr stark davon, dass viel Sprachliches umgesetzt wird, also auch viele Fehler gemacht werden. Das Thema der Notengebung ist sehr heikel und kann an dieser Stelle nicht mit der gebotenen Ausführlichkeit behandelt werden.

(7) *„Kann man LdL auch mit großen Klassen, z. B. mit 33 Schülern, praktizieren?"*

Natürlich ist es leichter, LdL mit kleineren Klassen anzuwenden. Aber gerade mit großen Klassen ist angesichts der Veränderungen in der Schülerpopulation didaktische Kreativität geboten. Viele Kollegen erzielen mit LdL in großen Klassen positive Ergebnisse. Aufgrund persönlicher Erfahrungen in einer 7. Klasse mit 30 Schülern sehen wir gerade im Einsatz von LdL eine gute Möglichkeit, die Schüler zur Selbstdisziplin zu erziehen.

(8) *„LdL verlangt einen größeren Aufwand als der traditionelle Unterricht. Wie ist das zu meistern bei 24 Wochenstunden und 33 Schülern pro Klasse?"*

Die meisten Kollegen praktizieren LdL nicht in allen Klassen und nicht durchgängig. Bestimmte Klassen eignen sich, andere weniger. Aber zumindest punktuell lassen sich LdL-Techniken überall einsetzen.

(9) *„Gibt es Stoffe, die besonders geeignet sind, um nach LdL unterrichtet zu werden?"*

Je einfacher der Stoff, desto geeigneter ist er für den Einsatz von LdL. In den Anfangsklassen praktizieren wir LdL konsequent und absolut durchgängig. Je höher die Klassenstufe, desto stärker muss man intervenieren, denn der Stoff wird immer komplexer und es scheint, dass nur der Lehrer übergreifende Zusammenhänge klarmachen kann.

(10) *„Gegenwärtig werden viele alternative Unterrichtskonzepte diskutiert, wie ‚Freiarbeit' oder ‚Freinet-Pädagogik'. Welchen Stellenwert nimmt hier LdL ein?"*

Das LdL-Konzept vereinigt alle Techniken, die in alternativen Methoden angewandt werden. Dass Schüler Tandemarbeit, Gruppenarbeit oder Freiarbeit selbst gestalten und – wie bei Freinet – auch Unterrichtsmaterialien selbst produzieren, ist bei LdL selbstverständlich. LdL ist also ein integratives Konzept. Was LdL von den anderen Ansätzen unterscheidet, ist, dass alle Aktivitäten auf das Ziel hin konzipiert werden, dass Schüler das Ergebnis ihrer eigenen Anstrengungen ihren Mitschülern „lehrend" beibringen. Mehr als bei den anderen Ansätzen wird der Akzent also darauf gelegt, dass die Schüler sich mit dem Fach auseinandersetzen und als Experten den anderen Schülern Stoffelemente vermitteln. Auf diese Weise gewinnen die freien Aktivitäten eine verpflichtende, fachbezogene Perspektive, die dem Ganzen Kohärenz verleiht. Der gesamte Unterricht wird zum Projekt.

D Entwicklung von Fertigkeiten

1 Hörverstehen

Liesel Hermes

"The illusion that listening comprehension is 'easy' to teach, as well as to assess, will have to be abandoned before any progress in this area of English teaching can be made" (Brown & Yule, 1983, S. 148). Wurde Hörverstehen in den Siebzigerjahren in der Tradition des Strukturalismus noch weitgehend vernachlässigt und auf die Identifikation von Lauten und das Dekodieren von Wörtern beschränkt, so erkannte man mit Beginn der Achtzigerjahre seine zentrale Bedeutung. Das manifestierte sich nicht zuletzt in der Flut an einschlägigen Publikationen und heute sind Hör- und Leseverstehen in jedem fremdsprachlichen Kurs unerlässliche Komponenten.

Hörverstehen ist die erste Grundfertigkeit, auf der jedes fremdsprachliche Lernen aufbaut, das später zu mündlicher Produktion führen soll (vgl. Kap. D.3). Es umfasst neben der Identifikation von Lauten, Wörtern, Phrasen, Sätzen und Zusammenhängen, also des *Gesagten*, immer auch eine Interpretation des *Gemeinten*. Und diese Fähigkeit zur Interpretation hängt von zahlreichen Faktoren ab. In der Muttersprache übt sich das Baby monatelang im intensiven Zuhören, bis es selbst die ersten Laute produziert und dann zu sprechen beginnt (Anderson & Lynch, 1988). Hörverstehen ist keine Fertigkeit, die man besitzt oder nicht, sondern sie entwickelt sich wie das Leseverstehen kontinuierlich und nur durch stetiges Üben. Dazu sind immer neue Situationen, Texte und Kontexte notwendig, denn wenn ein Hörtext erst einmal verstanden worden ist, verliert er seine Funktion. Was genau beim Hörverstehensprozess vor sich geht, ist nicht beobachtbar. Was wir tatsächlich beobachten können, sind die Auswirkungen dessen, dass etwas verstanden, was verstanden und mit welcher Genauigkeit es aufgenommen worden ist.

Das Hörverstehen selbst kann nicht gelehrt werden, es können nur Situationen geschaffen und Materialien präsentiert werden, an denen die Schülerinnen und Schüler sich versuchen, wobei sie in der Fremdsprache immer in irgendeiner Weise auf ihre Muttersprache und die dort erworbenen Kenntnisse und Dekodierungsfähigkeiten rekurrieren.

1. Hörverstehen als Prozess

Hörverstehen galt lange Zeit als etwas Passives, bei dem man „nur" etwas aufnimmt, nicht aber aktiv ist im Sinne beispielsweise des Sprechens und Schreibens. Mittlerweile weiß man, dass Hörverstehen als *rezeptive Fertigkeit* etwas außerordentlich Aktives und Komplexes ist, nämlich ein „aktiver mentaler Prozess" (Wolff, 1983, S. 286). Wer zuhört, ist „ganz Ohr", nimmt unterschiedliche Geräusche und Laute auf, segmentiert sie in kleinere und sodann größere Einheiten (Wort, Phrase, Satz, Zusammenhänge), um sie in einem aktiven Akt der Bedeutungskonstruktion zu verarbeiten (Anderson & Lynch, 1988, S. 4; Rost, 1990, S. 4). Hörverstehen bedeutet immer Dekodieren, Konstruieren von Bedeutung und Interpretieren von Gemeintem oder Inferieren. Die Interpretation hängt dabei vom kulturellen und Weltwissen der zuhörenden Person ab. Sie findet also nie in einer kontextfreien oder kulturell neutralen Sphäre statt. Von daher lassen sich so viele Missverständnisse erklären, die nicht nur beim fremdsprachlichen, sondern auch beim muttersprachlichen Zuhören passieren können.

Für alle Formen der Informationsverarbeitung, und eine Form ist ja das Hörverstehen, hat sich die Schematheorie der kognitiven Psychologie durchgesetzt: "A schema could be defined as a mental structure, consisting of relevant individual knowledge, memory, and experience, which allows us to incorporate what we learn into what we know" (Anderson & Lynch, 1988, S. 14; vgl. Rost, 1990, S. 17–20). Die Aufnahme und Verarbeitung dessen, was wir hören, basiert also auf unserer Kenntnis der Welt, unseren Erfahrungen sowie unseren Zielvorstellungen, und diese leiten unser Verstehen. Dabei handelt es sich nicht um eine „Einbahnstraße", sondern um eine Interaktion zwischen *bottom-up*-Prozessen, d. h. dem, was wir hören, was also von außen an uns herankommt, und *top-down*-Prozessen, d. h. unserem Wissen und unseren Erwartungen (Hörmann, 1981, S. 124; Anderson & Lynch, 1988, S. 22). Beide können zum Verstehen ebenso wie zum Missverstehen beitragen, wenn das Hörverstehen z. B. die Kenntnis und das Erkennen kultureller Unterschiede voraussetzt. Denn unsere Interpretation dessen, was wir hören, schließt immer die Antizipation (*anticipation*) dessen ein, was noch zu erwarten ist, und führt damit zur Hypothesenbildung (*hypothesizing*) sowie zu möglichen Voraussagen (*prediction*). Sie beruht wiederum auf unserer Weltkenntnis sowie auf erwarteten sprachlichen Regularitäten, die nach den Prinzipien der Analogie ("things will be as they were before") und der minimalen Änderung ("things are as like as possible to how they were before") funktionieren (Brown & Yule, 1983, S. 63).

Beim Hörverstehen ist die Differenzierung zwischen gesprochener und geschriebener Sprache wesentlich, da zwischen beiden signifikante Unterschiede bestehen. Spontane gesprochene Sprache ist selten grammatikalisch „einwandfrei". Sie zeichnet sich durch *false starts*, *fillers* wie *well* oder *er*, Anakoluthe (Satzbrüche), Ellipsen (unvollständige Sätze), Wiederholungen (bis hin zum Stottern), Ausschmückungen, Selbstkorrekturen, Erläuterungen und Neuformulierungen aus und ist immer in hohem Maße redundant, d. h., Informationen werden mit ähnlichen Formulierungen wiederholt (man denke z. B. an eine Wegbeschreibung). Hinzu kommt, dass zwei oder mehrere Sprecher einander unterbrechen, lachen oder andere das Hörverstehen beeinflussende Geräusche machen. Anders dagegen geschriebene Sprache (z. B. Nachrichten, Vortrag): Allein der Grad der Formalisierung ist stärker, die Syntax komplexer, die Informationsdichte höher, die Wortwahl häufig elaborierter, Redundanzen entfallen weitgehend (G. Brown, 1977). Diese unterschiedlichen Charakteristika machen das Zuhören beim Vortrag geschriebener Sprache anstrengender.

2. Hörverstehen in der Muttersprache

Jeder Säugling ist, soweit er wach und am Leben der Familie beteiligt ist, pausenlos Höreindrücken ausgesetzt. Er lernt Geräusche, Laute und Stimmen zu unterscheiden und beginnt nach einigen Monaten selbst Laute zu produzieren. Entsprechend empfinden wir unser Hörvermögen als etwas Selbstverständliches. So hören wir z. B. nicht immer hundertprozentig zu, sondern konstruieren Bedeutung aus den Bruchstücken, die wir tatsächlich gehört haben, und nutzen dabei unbewusst unser sprachliches, kulturelles und Weltwissen, z. B.: *Das Wetter bleibt sonnig und [warm, trocken]. – They marched up hill and [down dale].* So entwickeln wir Hörverstehensstrategien, die wir ebenfalls unbewusst je nach Situation oder geforderter Reaktion einsetzen. Dazu gehört u. a., dass wir auch aus unvollständigen oder grammatikalisch nicht korrekten Sätzen, wie sie im mündlichen Sprachgebrauch die Regel sind, eine sinnvolle Mitteilung konstruieren. Brown & Yule betonen daher den Wert der „reasonable interpretation" vor der „correct interpretation" (1983, S. 24).

Grundsätzlich verfolgt Hörverstehen immer eine Absicht: Entweder dient es dem Aufrechterhalten kommunikativer Beziehungen (*interactional function*) oder der Informationsvermittlung (*transactional function*). Im ersteren Fall ist der Sprachgebrauch auf den Hörer ausgerichtet (*listener-oriented*), im zweiten Fall auf die Vermittlung von bestimmten Inhalten (*message-oriented*) (vgl. ebd., S. 10–16). Die interaktive Funktion ist zumeist gekoppelt an die mündliche Sprache, die ein Abwechseln von Hören und Sprechen impliziert, während die transaktionale Funktion häufig einkanalig ist, d. h., es wird zugehört (z. B. Radio, Fernsehen, Vortrag), ohne dass die zuhörende Person spontan reagiert. Es leuchtet unmittelbar ein, dass beim Zuhören sehr viel mehr verstanden als behalten wird. Was tatsächlich memoriert wird, hängt von der Belastung und der Belastbarkeit des Arbeitsspeichers unseres Gedächtnisses ab. Psychologische Verstehensmodelle beschreiben den Menschen als „limited processor" (Anderson & Lynch, 1988, S. 45). Ist unser Gedächtnis überlastet, wird zwar noch aufgenommen, aber nicht mehr genügend verarbeitet. Das gilt vor allem für Inhalte, mit denen wir nicht recht vertraut sind, z. B. bei einem speziellen Vortragsthema.

3. Hörverstehen in der Fremdsprache

Eine solche Überlastung wird in der Fremdsprache sehr viel eher erreicht. Das hat mehrere Gründe. Zwar haben wir in der Muttersprache Verstehensstrategien gelernt, wenden sie aber in der Fremdsprache nicht oder nicht genügend an. Dazu gehören automatisierte Strategien wie das Füllen von Verstehenslücken mithilfe unseres Weltwissens, die Bildung von Wortableitungen, das Erschließen von uns nicht bekannten Wörtern aus dem Kontext oder der Situation (Wolff, 1983, S. 291). Man steht also beim fremdsprachlichen Hören vor Problemen, die bei vergleichbaren Situationen in der Muttersprache leicht bewältigt würden.

Die Schwierigkeiten des Hörverstehens setzen aber schon auf elementarer Ebene ein. Die Fremdsprache enthält neue Laute und Lautverbindungen sowie unvertraute Intonationsmuster, über die Bedeutung transportiert wird. Gerade die englische Sprache neigt zu Kontraktionen bis hin zum Verschwinden von schwachen oder nicht betonten Silben [ə] sowie zum Verschleifen von Wörtern, was das Segmentieren erschwert oder unmöglich macht. Hinzu kommt, dass schon kurze Verstehenslücken zum Zusammenbrechen des Hörverstehens führen können, wenn es sich dabei um inhaltliche Schlüsselstellen handelt. Das gilt z. B. für einzelne Schlüsselwörter (auch Fachausdrücke), bestimmte Wendungen mit unbekannter Grammatik, Kollokationen, *colloquialisms* oder *idioms*, selbst wenn deren Einzelbestandteile verstanden werden. So kann *they talk till the cows come home* vielleicht von seinen Einzelbestandteilen her aufgenommen, nicht jedoch als Synonym für *they talk endlessly* interpretiert werden. In dem Bestreben, möglichst alles zu verstehen (was in der Muttersprache nie der Fall ist), können Hörverstehensprobleme zudem akkumulieren und so rasch zum völligen Zusammenbruch des Verstehens führen (vgl. Ur, 1984, Kap. 2).

Probleme ergeben sich überdies daraus, dass uns das Sprechtempo in einer nur unvollkommen beherrschten Sprache immer höher erscheint als in der Muttersprache. Individuelles Sprechtempo, nicht vertraute Tonhöhe und erst recht nicht vertrauter regionaler Akzent oder Dialekt erschweren das Verständnis. Schließlich kommen fremdkulturelle Verstehensprobleme hinzu. So ist *How would you like yours, sunny side up or easy over?* eine Frage, die man nur versteht, wenn man weiß, dass und wie in den USA beim Braten von Spiegeleiern differenziert wird. Bei kulturellen Unterschieden kann also unser Weltwissen versagen. Es kommt zu Missverständnissen. Diese gibt es zur Genüge auch im muttersprachlichen Hörverstehen, nur werden sie dort in der Regel einfacher behoben. All diese Faktoren führen dazu, dass fremdsprachliches Hörverstehen eine überaus anstrengende Aktivität ist, die zu rascher Ermüdung führen kann.

4. Hörverstehen im Unterricht

Es ist unerlässlich, die gerade genannten Schwierigkeiten zu antizipieren und den Unterricht entsprechend zu gestalten. Der Fremdsprachenunterricht beginnt mit dem Input durch die Lehrerin, die häufig am Anfang das einzige Modell darstellt. Die Schüler gewöhnen sich also rasch an ihr Sprechtempo und ihren Idiolekt, d. h. ihre individuellen Sprachgewohnheiten. Umso wichtiger ist es, dass jede Lehrerin und jeder Lehrer in Aussprache und Intonation ein vorzügliches Modell darstellt, das die Schüler kopieren können. Die Lehrerin spricht im Unterricht allerdings kein „natürliches" Englisch, sondern richtet sich auf die Fähigkeiten ihrer Klasse aus. Das betrifft das Sprechtempo, die Restriktion des Wortschatzes und der Strukturen. Leider geht damit auch immer eine Intonation einher, die weniger authentisch ist. Überdies gebraucht sie häufige Wiederholungen und bettet alles in überschaubare Minisituationen (Brockhaus, 1975; Anderson & Lynch, 1988, S. 38). Dieses Hörverstehen geschieht mit Blickkontakt, sodass die Schüler neben parasprachlichen Signalen wie Stimmhöhe und Tempo auch nonverbale wie Gestik und Mimik zur Erschließung nutzen können. Ähnliches gilt natürlich für Videofilme.

Anders ist es bei Audiocassetten, die Bestandteil von Lehrwerken sind: Dabei handelt es sich um reine Hörtexte, bei denen sich die Schüler allein auf die akustischen Signale verlassen müssen, ohne in der Regel zusätzliche optische Informationen zu Hilfe nehmen zu können. Hörcassetten wirken also in dem Sinne als authentische akustische Modelle, dass sie von *native speakers* besprochen worden sind. Ansonsten kommt ihnen allerdings im Anfangsunterricht nur „didaktische Authentizität" (Hermes, 1984a) zu, da langsamer und prononcierter gesprochen wird, als das im normalen mündlichen Sprachgebrauch der Fall ist. Dennoch haben Lehrwerkcassetten einige Vorteile: Sie bieten unterschiedliche männliche und weibliche Stimmen, was besonders für Dialoge im Anfangsunterricht wichtig ist, desgleichen bewusst eingesetzte Hintergrundgeräusche, die bedeutungsklärend wirken und zu einer größeren Authentizität beitragen können (ebd.).

Lehrwerkcassetten sind allerdings fast immer *scripted speech*, haben also Textvorlagen mit allen Kennzeichen schriftlicher Sprache (nämlich Lehrwerktexte), die von den Sprecherinnen und Sprechern möglichst situationsgetreu reproduziert werden. Lehrwerktexte können Dialoge immer nur annähernd reproduzieren, da ihnen wegen der schriftlichen Vorlage im Schülerbuch typische Kennzeichen mündlicher Sprache fehlen. Was die Schüler also ergänzend im Fremdsprachenunterricht hören müssen, ist *unscripted* oder *cued speech*. Hierbei wird Sprechern nur eine Situation vorgegeben, die sie dann in einem kurzen Dialog spontan bewältigen müssen. Diese Texte sind deutlich schwieriger, weil es sich hier wirklich um gesprochene Sprache mit allen in Abschnitt 1 genannten Charakteristika handelt.

Die Streitfrage, ob die Schüler bereits früh mit authentischen Hörtexten konfrontiert werden sollen, weil das „richtige Leben" nun mal anders ist als die Schule, lässt sich dahin-

gehend beantworten, dass die Schüler, um sich an das fremdsprachliche Lautsystem zu gewöhnen und um die eigene Produktion englischer Wörter und Sätze zu lernen, zunächst
eines Modells bedürfen. Dieses ist in deutschen Schulen bislang immer noch *Standard
English*, das allerdings auch in Großbritannien von nur ca. 3 % der Bevölkerung gesprochen, aber weltweit verstanden wird. Modelle werden nachgeahmt, Wörter und Sätze
nachgesprochen. Diese Reproduktion hat aber noch nichts mit Interpretation zu tun, sondern mit Imitationsfähigkeit (Anderson & Lynch, 1988, S. 10), die zunächst für das fremdsprachliche Sprechen unerlässlich ist. Daher ist es in diesem Stadium sinnvoll, die Schüler
mit vollständigen Sätzen in vergleichsweise langsamem *Standard English* zu konfrontieren
(Brown & Yule, 1983, S. 21). Außerdem enthalten Lehrwerke im Anfangsunterricht eigene
phonetische Übungen zur Lautimitation. Diese führen auf den Hörcassetten zunächst Laute isoliert in Einzelwörtern vor, die von den Schülern nachgesprochen werden, um sie so
sukzessive an das fremdsprachliche Lautsystem zu gewöhnen.

Da fremdsprachliches Hörverstehen schrittweise entwickelt wird (Hermes, 1983) und
von zahlreichen Faktoren abhängt (Hermes, 1981; Anderson & Lynch, 1988, S. 48), sollte
es vornehmlich zu Übungszwecken als Training und möglichst nicht zu Testzwecken eingesetzt werden: "Listening exercises are meant to train, not to test ..." (Ur, 1984, S. 27). Rezeptive Aufgaben, die Hörverstehen entwickeln helfen, schließen streng genommen die
mündliche oder schriftliche fremdsprachliche Produktion aus. Die Analyse von Schülerleistungen oder -nichtleistungen beim Verstehen von Hörtexten muss daher immer folgende Kategorien berücksichtigen: Länge des Textes (wegen des Arbeitsspeichers), lexikali-
scher Anspruch, syntaktische Komplexität, fremdkultureller Gehalt, *scripted or unscripted
speech*, Zahl der Sprecherinnen und Sprecher, Thema, Vorwissen, Explizitheit der Information, Explizitheit und Verständlichkeit der Aufgaben, geforderte Schüleraktivität.

5. Praktische Anwendung

Hörverstehen erfolgt in einem einsprachig geführten Unterricht (vgl. Kap. B.1, Ab-
schnitt 3) von der ersten Stunde an. Über Gestik, Mimik und die Demonstration konkreter
Gegenstände, Handlungen und Adjektive (Farben, Formen usw.) kann die Lehrerin ihre
Klasse von Anfang an schulen. Was die Schüler tatsächlich verstehen, erschließt sie aus
ihren nonverbalen oder muttersprachlichen Reaktionen; insofern kann hoher sprachlicher
Input viel für das Hörverstehen leisten.

Explizite Aufgabenstellungen sollten sich zunächst auf der rein nonverbalen Ebene bewegen. Dazu gehören *true/false*- und Multiple-Choice-Aufgaben, Markieren, Zuordnen,
Pfeile ziehen, Ausmalen, Unterstreichen, mit Ziffern versehen usw. Bereits diese Aufgaben
lassen ein *grading* (Brown & Yule, 1983, S. 81-89) zu: Dieses kann sich auf den/die Sprecher,
das Sprechtempo, den Textinhalt, die Textlänge und Verstehenshilfen (*support*) beziehen.

Zu den Hörverstehensaufgaben im Anfangsunterricht gehören die Laut- und die Wort-
unterscheidung, die zur Eingewöhnung in das englische Lautsystem notwendig sind, vor
allem, soweit es sich um „Problemlaute" wie [θ], [ð], [r] und [w], stimmhafte und stimmlo-
se Laute sowie Minimalpaare (*bin – pin, pit – pet*) handelt. Sie werden meist mithilfe von
Multiple-Choice-Aufgaben trainiert. Zum Wortverstehen gehört z. B. das Verstehen von
Namen, Uhrzeiten, Preisen, allgemein Zahlen, was sich in zahlreichen Übungsbüchern in
Form von Aufgaben zu Telefonnummern oder als kombiniertes Buchstaben- und Zahlen-
verstehen (Flugnummern und *gates*) findet (z. B. Richards, 1990).

So früh wie möglich sollten Schüler an das Verstehen von Zusammenhängen herangeführt werden. Zusammenhängendes Textverstehen lässt sich anfangs am besten an kurzen Dialogen mit nicht mehr als zwei oder drei Personen schulen. Dabei brauchen sich die Schüler nur auf wenige Sprecher zu konzentrieren und gewöhnen sich an typisch englische Intonationsmuster. Kurze monologische Texte (z. B. Beschreibungen) mit weniger Redundanzen als bei gesprochener Sprache dienen der Konzentrationsfähigkeit – fremdsprachliches Zuhören erfordert eine höhere Konzentration als muttersprachliches und führt daher rascher zu Ermüdung. Ein expliziter Hinweis auf das Thema oder die Vorgabe von *key words* erleichtert das Hörverstehen. Es lässt sich vergleichen mit der muttersprachlichen Hörsituation, das man das Radio einschaltet und Schlüsselwörter hört wie „Bonn", „die Temperaturen", „Torschütze", „zur Börse", die einen sofort auf das zu erwartende Thema lenken.

Im Anfangsunterricht (auch beim Frühbeginn) ist das Erzählen von Geschichten, sogar von bekannten Märchen, eine ideale Form des Hörverstehens. Die Schüler üben sich dabei im zusammenhängenden Hörverstehen und haben den Vorteil, dass sie die Lehrerin beobachten können, die mit ausdrucksvoller Gestik und Mimik – unbedingt frei – eine Geschichte erzählt. Sie können sich ganz auf die Erzählerin konzentrieren und die fremde Sprache sozusagen mit allen Sinnen aufnehmen.

Hörverstehen im Zusammenhang ist umso schwieriger, je mehr Personen (weiblich und männlich) sprechen. Ein dialogischer Text wird sehr schwierig, wenn mehr als fünf oder sechs Personen sprechen, da eine differenzierte Zuordnung von Aussagen zu bestimmten Personen beinahe unmöglich wird, es sei denn, die Stimmen sind tatsächlich sehr deutlich zu differenzieren nach Tonhöhe, Sprechtempo und Akzent. Um hierbei nicht „Panik" bei den Schülern zu erzeugen, genügt es zunächst, globales Hörverstehen zu trainieren und die Zahl der Sprecher und Sprecherinnen, evtl. Thema oder Ort nennen zu lassen. Auch ist es anfangs legitim, das Gehörte von möglichst vielen Kindern in deutscher Sprache zusammenfassen zu lassen, und zwar in einer Art Puzzlespiel, zu dem jedes Kind das beiträgt, was es verstanden hat.

Das Verstehen eines zusammenhängenden (monologischen oder dialogischen Textes) kann prinzipiell auf zwei Weisen unterstützt werden: durch *pre-listening tasks* (Rost, 1990, S. 232) und durch *support material* (Brown & Yule, 1983, S. 85–87). *Pre-listening tasks* und andere Formen des *advance organizing* (Piepho, 1979, S. 21ff.) stimmen die Schüler auf den Hörtext ein, sei es durch Schlüsselwörter, eine Vorgabe der Situation oder der Sprecherinnen und Sprecher, einen Lesetext, ein Brainstorming oder alle möglichen Arten von Fotos, Bildern, Illustrationen, grafischen Darstellungen und anderen Elementen, die als *advance organizers* genutzt werden können. *Pre-listening*-Aufgaben sind in neueren Sammlungen von Hörverstehenstexten grundsätzlich zu finden. Eine interessante Variante stellt die emotionale atmosphärische Einstimmung auf einen Text bzw. eine Hörsituation dar, die mithilfe von Geräuschen erzeugt werden kann, die die Schüler anhören und zu identifizieren versuchen und die sie dann zu Spekulationen über den zu hörenden Text und seinen Inhalt veranlassen (Spratt, 1989; Schocker-Ditfurth, 1996). Auch *support material* kann verbal, in Form von Abbildungen oder Fotos, die identifiziert oder zugeordnet, sowie von Tabellen oder Übersichten gegeben werden, die ausgefüllt oder vervollständigt werden. In jedem Fall hilft visuelle Unterstützung bei der Bedeutungsfindung und sollte daher möglichst oft eingesetzt werden.

Wichtig für jedes Hörverstehen ist, dass die Schüler wissen, welche Funktion(en) das Zuhören erfüllen soll und welche Rolle ihnen dabei zukommt. So kann man, einer Einbahnstraße vergleichbar, hörend Information aufnehmen, z. B. Nachrichten, Berichte, Beschreibungen, Vorträge, oder man kann Informationen aufnehmen, um danach selbst aktiv zu werden, z. B. eine Wegbeschreibung, eine Handlungsanleitung (*how to do things*). Man kann um des reinen Vergnügens willen zuhören wie z. B. bei einer Erzählung. Oder man übernimmt selbst einen aktiven Part, in dem Zuhören und verbale Reaktionen einander abwechseln. Jede sprachliche Interaktion, an der man sich beteiligt, erfordert zunächst Hörverstehen als Voraussetzung für die eigene angemessene sprachliche Reaktion (vgl. Kap. D.3, Abschnitt 7, S. 248). Kommunikation ist ja nichts anderes als der Wechsel von Hörverstehen und Sprechen.

Fragen der Lehrerin zum Hörtext gehören zweifellos zum Standardrepertoire, sind aber gerade wegen ihres Ritualcharakters fragwürdig (vgl. Ur, 1984, S. 136–139, sowie die Typologie bei Rost, 1990, S. 165–169). Die Schüler wissen, dass die Lehrerin Kontrollfragen zum Inhalt stellt, deren Antwort sie selbst kennt und die ausschließlich der Rekonstruktion des Inhaltsverständnisses dienen. Solche Fragen gehören häufig zu den geschlossenen Aufgabentypen (mit *who*, *what*, *when*, *where*), die den Schülern wenig Freiraum der Reaktion lassen und häufig mit einem Wort beantwortet werden können. Auch ist ihre Beantwortung weniger eine Frage des Verstehens als vielmehr des Gedächtnisses, vor allem, wenn es sich um Detailverständnis handelt. Nur Bedeutungsfragen (mit *why*) führen über das reine Inhaltsverstehen hinaus zum Zusammenhangsverstehen. Stattdessen sollten Aufgaben immer ein möglichst realitätsnahes Problem enthalten. Dazu zwei Vorschläge:

(1) *Zusammenhangsverstehen*: "I had it at my friend's party. It's delicious!" "How do you make it?" "I don't know really, but you need a lot of eggs. My sister often makes it." Das Aufgabenziel ist hier das Erkennen des Gesprächsthemas, das Interpretieren des Gemeinten, das nicht ausdrücklich benannt wird. Thematisch geht es in dem Kurzdialog um etwas zu essen. Wer das herausfindet, hat den Dialog verstanden. Zusammenhangsverstehen der gerade beschriebenen Art ist ein sehr realistisches Hörverstehensziel, wenn man bedenkt, wie oft man im täglichen Leben sozusagen *bits and pieces* hört, die man aufgrund seines Weltwissens in ein sinnvolles Ganzes an Information zusammenfügt. Allerdings sind dabei realistischerweise Missverständnisse möglich.

(2) *Jigsaw-listening*: Das zugrunde liegende Prinzip ist *information-gap*. Mehrere Gruppen hören unterschiedliche Texte zum selben Thema und rekonstruieren aus den Teilinformationen die gesamte Information z. B. dadurch, dass sie einen Raster ausfüllen oder Informationen austauschen und im Gespräch vervollständigen (vgl. Ur, 1984, S. 152–160; Geddes & Sturtridge, 1979).

Unerlässlich ist schließlich, dass die Schüler, soweit es nicht um Hörverstehenstexte mit Vorbildfunktion für die Imitation geht, möglichst rasch mit verschiedenen Akzenten in unterschiedlich starker Ausprägung konfrontiert werden (z. B. *American, Canadian, Australian English*, verschiedene britische Akzente), um, wie sie es von der Muttersprache her kennen, mit verschiedenen Varianten der englischen Sprache bekannt und schließlich vertraut gemacht zu werden.

6. Schluss

Hörverstehen ist eine Fertigkeit, die man weiterentwickeln kann, solange man lernt. Es wäre widersinnig anzunehmen, dass es ab einer bestimmten Lernstufe nicht mehr geübt werden müsste. Aufgabe des Fremdsprachenunterrichts ist es, im Unterricht möglichst viele

Hörgelegenheiten zu bieten, die den Schülern sowohl die verschiedenen Funktionen des Hörverstehens nahe bringen als ihnen auch ihre eigenen unterschiedlichen Rollen beim Hörverstehen bewusst machen. Jeder Hörverstehenstext stellt eine Herausforderung dar. Er erfüllt dann seine Funktion, wenn er von den Schülern nicht angstbesetzt aufgenommen und als Kontrollinstrument empfunden wird, sondern wenn er zum wachsenden Selbstvertrauen in die eigenen rezeptiven Fähigkeiten beiträgt, das im Idealfall dahin führt, dass sich Schüler ohne Angst auch „Realsituationen" aussetzen und sie bewältigen.

2 Leseverstehen
Liesel Hermes

"Reading is perhaps the most thoroughly studied and least understood process in education today" (Clarke, 1984, S. 114). Lesen und Leseverstehen sind seit vielen Jahren ein favorisiertes Forschungsgebiet der kognitiven Psychologie, aber es gibt bis heute keine allgemeine Theorie des Lesens in der Mutter- oder Fremdsprache (Barnett, 1989, S. 36).

In der jüngeren Leseforschung lassen sich drei Richtungen unterscheiden: Entweder wird der Text oder der Leser ins Zentrum gestellt oder es werden die Interaktionen zwischen beiden untersucht. Wurde Leseverstehen in den Sechzigerjahren als das mechanische Erkennen und Dekodieren geschriebener Symbole (Buchstaben) interpretiert, das möglichst rasch habitualisiert werden sollte, so wurde mit Beginn der Siebzigerjahre durch Goodman ein neues Modell entwickelt: Leseverstehen als „psycholinguistic guessing game". Leseverstehen wurde als Form der Informationsverarbeitung verstanden, bei der sich der Leser nicht nur auf die grafischen Formen, sondern ebenso auf semantisches und syntaktisches Wissen verlässt. Lesen als Interaktion postuliert auf der Basis der Schematheorie das Zusammenwirken von Text- und Leserfaktoren (Samuels & Kamil, 1988). Leseverstehen ist ebenso wie Hörverstehen ein unsichtbarer Prozess. Beobachtet oder kontrolliert werden können nur Verstehensergebnisse (Barnett, 1989, S. 38).

Anders als das Hörverstehen, das praktisch ab der Geburt entwickelt wird, ist das Leseverstehen eine Fertigkeit, die bewusst erworben und gelernt wird und viel Zeit in der Grundschule beansprucht. Während das Hörverstehen zum großen Teil zweikanalig in der direkten Abwechslung von Hören und Sprechen entwickelt und geübt wird, ist das Lesen im Grunde eine einsame Angelegenheit. Die Auseinandersetzung des Lesers mit dem Text erfolgt allein ohne die Möglichkeit der Rückkoppelung an den Autor / die Autorin des Textes. Wie das Hörverstehen entwickelt sich aber auch das Leseverstehen sehr allmählich und graduell und muss immer wieder an neuen Texten geschult werden (Grabe, 1991, S. 379). Während das Hörverstehen jedoch von äußeren Faktoren abhängt (Stimme, Tempo, Sprache des Sprechers usw.), auf die der Hörende keinen Einfluss hat, wird das Leseverstehen vom Leser selbst gesteuert (Variation des Lesetempos, Verweilen bei einem Wort, mehrmaliges Lesen usw.). Die fremdsprachliche Leseforschung stützt sich zum großen Teil auf die Ergebnisse der muttersprachlichen Leseforschung, wobei die Frage, ob beide Leseverstehensprozesse identisch oder unterschiedlich sind, bis heute nicht eindeutig beantwortet ist.

1. Leseverstehen als Prozess

Lesen als physiologischer Prozess bedeutet, dass die Augen über grafische Symbole wandern. Sie bewegen sich dabei nicht gleichmäßig, sondern ruckartig. Während sich der Leseanfänger langsam und mühsam Wort für Wort vortastet und zumeist subvokalisiert, d. h. leise mitspricht, lernt der geübte Leser größere Wort- und Sinneinheiten zu überschauen. Die Blickspanne wird breiter, die Zahl der Fixationen, d. h. der Haltepunkte beim Lesen, nimmt ab (Zielke, 1983). Aus Erfahrung wissen wir, dass das Lesetempo nicht immer dasselbe ist, sondern stark schwanken kann. Diese Schwankungen hängen von unserer Konzentration und unserer Vertrautheit mit dem Thema ebenso ab wie von der Textsorte, vom Grad der Abstraktheit oder Konkretheit des Textes, vom Layout und der typografischen Anordnung und Gliederung, die das Lesen erleichtern oder erschweren kann.

Psychologisch gesehen führt das Lesen zum Verstehen eines Textes. Die auf den Leser orientierte kognitionspsychologische Forschung hat dazu den Leseprozess in verschiedene Einzelfaktoren (*subskills*) unterteilt. Leser erkennen grafische Symbole, die Phonemen (Lauteinheiten) zugeordnet werden. Sie erkennen Buchstabenkombinationen und lernen orthographische Regularitäten sowie Graphem-Phonem-Korrespondenzregeln (Oakhill & Garnham, 1988, S. 68ff.). Sie identifizieren Wörter und Phrasen und lernen Sätze nach Sinneinheiten zu segmentieren. Diese Richtung der Leseforschung betont Information durch Wahrnehmung, die von den grafischen Daten ausgeht, also ein *bottom-up*-Prozess ist (ebd., S. 33).

Lesen als *top-down*-Prozess basiert dagegen auf der Annahme, dass das Leseverstehen immer durch Vorformation geleitet wird. Leseverstehen hängt also grundsätzlich ab von Vorwissen, von den Erfahrungen und der Weltkenntnis, die der Leser an den Text heranträgt. Vertrautheit mit einem Thema, mit dem Wortschatz eines Textes erleichtert das Verstehen, wie es umgekehrt durch Mangel an Vorwissen erschwert wird. Für das Verstehen spielen somit auch Textmerkmale eine Rolle. Es gibt in der Leseforschung zahlreiche Versuche, den Schwierigkeitsgrad von Texten zu bestimmen. Diese Analysen basieren auf Faktoren wie Wortlänge (Zahl der Buchstaben) und Satzlänge (Zahl der Wörter) (Nuttall, 1982, S. 26ff.), aber auch auf Silbenzahlen pro Wort und Wortarten (C. Harrison, 1980, Kap. 3). Hierhin gehört auch der *cloze*-Test: Dabei wird mechanisch jedes x-te Wort entfernt; die Lücken müssen von Versuchspersonen wieder gefüllt werden, wobei die Schwierigkeit des Textes nicht zuletzt auch durch die Zahl der einzusetzenden Wörter bestimmt wird. Dieses Verfahren hat in unterschiedlichen Realisierungen als Testinstrument längst Eingang in den Fremdsprachenunterricht gefunden (vgl. ebd., Kap. 4). Es versteht sich von selbst, dass diese Schwierigkeitsanalysen, so hilfreich sie sein mögen, nicht genügend über die Verständlichkeit oder Nichtverständlichkeit eines Textes aussagen können, da sie alle nur von Textmerkmalen ausgehen und die Lesermerkmale nicht berücksichtigen. Erst ein Zusammenwirken beider kann den Prozess des Leseverstehens besser erklären helfen.

Das Leseverstehen wird dementsprechend heutzutage als Interaktion von Text und Leser, von *bottom-up*- und *top-down*-Prozessen gesehen und mithilfe der Schema-Theorie (vgl. Kap. D.1, Abschnitt 1) zu erklären versucht. Das heißt, beim Verstehen wirken Textdaten und kognitive Wissensstrukturen im Leser zusammen. Der *bottom-up*-Prozess betrifft die Texterschließung, der *top-down*-Prozess die Interpretation des Lesers auf der Basis seines Vorwissens (Grabe, 1991, S. 383). Auf allgemeiner Ebene kann Verstehen definiert werden als „the building of a mental model of the meaning of the text" (Oakhill & Garnham, 1988, S. 149). Textverstehen ist also aktive Bedeutungskonstruktion. Es hängt ab vom Vorwissen (Erfahrung, Weltwissen), von den Interessen und Zielsetzungen des Lesens sowie schließlich von äußeren Faktoren (Ballstaedt, Mandl, Schnotz & Tergan, 1981, Kap. 17). Es umfasst folgende Einzelkomponenten: „1. automatic recognition skills, 2. vocabulary and structural knowledge, 3. formal discourse structure knowledge, 4. content/world background knowledge, 5. synthesis and evaluation skills/strategies, 6. metacognitive knowledge and skills monitoring" (Grabe, 1991, S. 379ff.).

Leseverstehen ist als Informationsverarbeitung dem Hörverstehen ähnlich, es ist ein Akt ständiger Bedeutungskonstruktion. Über grafische, semantische, syntaktische und Diskurs-Informationen hinaus (Alderson & Urquhart, 1984b, S. xx) arbeitet der Leser ständig mit Inferenzen und Hypothesen. Das ist aber nur möglich, wenn der Leseprozess selbst automatisiert ist. Folglich weist die Leseforschung immer wieder auf die Notwendigkeit hin, die Einzelkomponenten des Lesens zu automatisieren. Der schwache Leser müht sich näm-lich Wort für Wort durch einen Text. Das langsame Erkennen der Bedeutung der Einzel-worte behindert das Verstehen oder macht es unmöglich. Das Arbeitsgedächtnis wird über-lastet und der schwache Leser ist daher nicht imstande, einen Sinnzusammenhang zu konstruieren, geschweige denn Inferenzen oder Hypothesen über den Text anzustellen (Oakhill & Garnham, 1988, S. 120).

Der gute Leser dagegen hat die *subskills* automatisiert. Sein Lesetempo erlaubt die Auf-nahme größerer Sinneinheiten, die verarbeitet und in das bereits bestehende Wissen integriert werden. Er ist imstande, Folgerungen aus dem Gelesenen zu ziehen sowie Hypo-thesen über den Fortgang des Textes anzustellen, die er aus seinem semantischen, syntak-tischen und Diskurswissen sowie seiner Vorerfahrung bezieht. Dazu bedient er sich ver-schiedener Strategien, Strategien hier verstanden als „mental operations involved when readers purposefully approach a text to make sense of that they read" (Barnett, 1989, S. 66). Dazu gehören u. a. die Zuhilfenahme optischer Verständnishilfen wie Überschrift und Glie-derung, das rasche Herstellen und Verarbeiten von Sinneinheiten, morphologisches Er-schließen, das kontextuelle Erraten unbekannter Wörter sowie die rasche Entscheidung über wichtige und unwichtige Informationen.

2. Lesen in der Fremdsprache

Die fremdsprachliche Leseforschung stützt sich auf die muttersprachliche, ohne endgültig geklärt zu haben, inwieweit muttersprachliches Leseverstehen das fremdsprachliche be-einflusst. Es leuchtet unmittelbar ein, dass Kinder, die im Fremdsprachenunterricht lesen lernen, auf muttersprachliche Leseerfahrung zurückgreifen. Sie werden aber mit neuen Buchstabenverbindungen, mit nicht vertrauten Phonem-Graphem-Korrespondenzen konfrontiert, die das Lesen erschweren. Obwohl die einzelnen Wörter und Strukturen be-kannt sind, muss ein Text deswegen nicht unbedingt verstanden werden. Ungewohnte Wortstellungen und idiomatische Wendungen erschweren das Leseverstehen. Das Arbeits-gedächtnis ist ständig überlastet, sodass das Zusammenhangsverstehen zusammenbricht.

Zwei Hypothesen sind immer wieder untersucht worden:
1. Schwache Leseleistung in der Fremdsprache beruht auf denselben Schwächen im mut-tersprachlichen Lesen.
2. Schwache Leseleistung in der Fremdsprache basiert auf ungenügender Kenntnis dersel-ben (Alderson, 1984, S. 1–24).

Untersuchungen haben ergeben, dass Ähnlichkeiten zwischen Mutter- und Fremdsprache zu einer Leseerleichterung führen können, dass also gute Leseleistungen in der Mutter-sprache positiv auf die Fremdsprache wirken können. Je größer die semantischen und syn-taktischen Unterschiede zwischen zwei Sprachen, desto weniger kann auf die mutter-sprachliche Leseerfahrung zurückgegriffen werden.

Für die zweite Hypothese spricht, dass mangelndes begriffliches Wissen oder lexikali-sche Kenntnis in der Fremdsprache den Leseprozess erschweren kann. Wenn ungenügen-de Kenntnisse der syntaktischen und diskursiven oder kulturellen Besonderheiten hinzu-kommen, wird das Lesen zusätzlich mühseliger. Das lässt darauf schließen, dass eine bestimmte Schwelle in der Fremdsprache überschritten werden muss (*threshold level*), ehe Leseverstehen erreicht werden kann. In diesem Zusammenhang ist die *short circuit*-Hypo-these von Bedeutung. Sie besagt, dass Leser bei ungenügender Kenntnis der Fremdsprache auf niedrigere muttersprachliche Lesestrategien zurückgreifen, die sie dort eigentlich nicht mehr verwenden würden (z. B. Wort-für-Wort-Lesen; vgl. Alderson, 1984, S. 17; Barnett, 1989, S. 54; Clarke, 1984, S. 120). Ein schwacher fremdsprachlicher Leser kann also ein ebenso schwacher muttersprachlicher sein oder einer, der bislang seine muttersprachlichen Lesestrategien nicht auf die Fremdsprache hat übertragen können, weil die sprachlichen Anforderungen zu hoch waren. Insgesamt sprechen mehr Indizien dafür, dass die fremdsprachliche Lesefähigkeit überwiegend von den Kenntnissen abhängt und nicht von der muttersprachlichen Lesefähigkeit (Alderson, 1984; Barnett, 1989, S. 56). Das gilt zumindest für den Anfangsunterricht. Je mehr die Fremdsprachenkenntnisse zunehmen, desto eher wird allerdings ein guter muttersprachlicher Leser seine Strategien auf fremdsprachliche Texte übertragen können.

3. Lesen im Unterricht

Fremdsprachliches Lesen im Unterricht ist zunächst immer auf das Lehrwerk angewiesen. Lehrwerktexte sind aber nicht primär als Lesetexte konzipiert, sondern als Sprachmaterial, das neue Lexik und neue Strukturen transportiert. Ihre Hauptfunktion ist also nicht die Entwicklung und Beförderung der fremdsprachlichen Lesefähigkeit, sondern die Präsentation von Sprachmaterial. Beherrschende Textsorten im Anfangsunterricht sind erzählende Texte und Dialoge, obwohl die Letzteren mündliche Sprache nur vortäuschen, da sie nur wenige Charakteristika gesprochener Sprache enthalten (vgl. Kap. D.1, Abschnitt 1).

Diese Texte werden aber – und das nicht nur im Anfangsunterricht – immer wieder laut gelesen, obwohl dagegen zahlreiche Einwände erhoben worden sind (Arendt, 1982; Nuttall, 1982, S. 138; E. Williams, 1984, S. 2; Hedge, 1985, S. 114f.). Lehrerinnen verweisen gern darauf, dass Schüler „doch so gern laut lesen", dass das laute Lesen die Aussprache befördere und dass auf diese Weise auch schwächere Schüler gefördert werden könnten. Bei den letzten beiden Annahmen handelt es sich um Mythen. Lautes Lesen ist zunächst eine Kunst, bei der der Vortragende sich um die besonders ausdrucksvolle Wiedergabe des Textinhalts bemüht, sich dabei aber in hohem Maße auf Artikulation und Intonation konzentrieren muss (Schier, 1990, S. 150). (Jeder kennt amüsante Versprecher von Nachrichtensprechern, die diese im Bemühen um den ausdrucksstarken Vortrag gar nicht bemerkt haben.) Außerdem ist es eine leicht zu beobachtende Tatsache, dass besonders in schwächeren Klassen, z. B. in der Hauptschule, ein und derselbe Text bei Wiederholungen ständig schlechter gelesen wird, dass sich Lesefehler einschleichen und -schleifen, weil die Lehrerin nicht ständig mit Korrekturen eingreifen will und die Schüler mit vermehrtem Hören von Lesefehlern selbst in der Aussprache unsicher werden und die Fehler der Vor-Leser reproduzieren.

Dagegen müsste leises Lesen als die „natürliche" Art der lesenden Informationsaufnahme von Anfang an gefördert und geübt werden (Grellet, 1981, S. 10; Grabe, 1991, S. 396). Das ist mit Lehrwerken nur begrenzt möglich, weil neben diesen Texten, die um der Grammatik und Lexik willen verfasst werden, wenig Raum ist für so genannte Plateautexte, an denen die Schüler ihre bisherigen Kenntnisse und Fähigkeiten ohne neuen lexikalischen Ballast erproben können. Von daher ist es unerlässlich, unabhängig vom Lehrwerk zusätzliche Lesestoffe einzuführen, die als ständiges Begleitprogramm im fremdsprachlichen Leseunterricht eingesetzt werden. Kontinuierliches Lesen kann zu mehr Selbstvertrauen der Schüler und zu einem Gefühl der Unabhängigkeit von der Lehrerin führen (Hedge, 1985,

S. 34). Es kann darüber hinaus zur Erweiterung des rezeptiven Wortschatzes beitragen. Leseprogramme sollten in Form von *class libraries* initiiert werden und den fremdsprachlichen Lernprozess begleiten (Hermes, 1988; Brusch, 1994; Krashen, 1994a).

4. Praktische Umsetzung

"People learn to read by reading, not by doing exercises" (Eskey & Grabe, 1984, S. 228). Es ist also wichtig, den Schülern viele Lesegelegenheiten zu ermöglichen. Lautes Lesen sollte keine prominente Rolle spielen. Wenn es eingesetzt wird, dann möglichst bei Dialogen. Diese sollten immer nur nach dem unmittelbaren akustischen Eindruck der Hörcassette gelesen werden, wenn die Schüler das authentische Modell noch im Ohr haben. Außerdem ist es aus Gedächtnisgründen empfehlenswert, zusätzlich im Text Wortbetonung, Phrasen (Sinnsegmente) sowie Intonationskurven markieren zu lassen (Hedge, 1985, S. 115).

Eine gute Hilfe für möglichst authentisches Lesen ist das vorherige Satz-für-Satz-Üben nach dem Anhören der Hörcassette, was wiederum vor allem für Dialoge gilt. Nur so können die fremdsprachlichen Betonungen und Intonationsmuster eingeübt werden. Wenn dann die gelesenen Dialoge der Schüler wiederum auf Cassette aufgenommen und gemeinsam zum Zwecke des Vergleichs mit dem Modell abgehört werden, wird diese Übung im lauten Lesen auch für die Schüler in ihrer Sinnhaftigkeit transparent. Auf diese Weise lassen sich Lehrwerkdialoge ebenso wie kleine dramatische Texte einsetzen. Oder Schüler wandeln selbst einen aus Dialog- und Erzählteilen bestehenden Text in einen rein dramatischen Text um, den sie dann möglichst authentisch (mit akustischer Untermalung) aufnehmen.

Da Schüler fremdsprachlich viel mehr verstehen als sie produzieren, können einfache lehrwerkunabhängige Lesetexte bereits sehr früh im ersten Lernjahr eingesetzt werden. Es gibt dazu zahlreiche Verlagsangebote. Kontrollen sollten sich in dieser frühen Phase auf solche beschränken, die sich strikt an die Rezeptivität des Leseprozesses halten und keine fremdsprachliche Produktion verlangen. Dazu gehören bekannte Aufgabenformen wie Multiple-Choice- oder *true/false*-Entscheidungen, Ankreuzen, Markieren, Ausmalen, kurz, alle Aufgabentypen, die keine verbalen Reaktionen verlangen.

Schüler sollten möglichst früh lernen, Texte trotz Lücken im Wortschatz oder in der Grammatik zu verstehen. Lehrwerktexte, die allgemein einen hohen Steilheitsgrad aufweisen und häufig weniger wegen des Inhalts als vielmehr wegen der neuen Lexik und Strukturen gelesen werden, verhindern jedoch einen ganzheitlichen Textzugang. Denn sie müssen in der Regel praktisch hundertprozentig erfasst und erarbeitet werden, da Lexik und Strukturen bei der Progression des Lehrwerks Voraussetzung für das Verständnis der folgenden Units sind. So wird ganzheitliches Lesen natürlich verhindert. Die Schüler gewöhnen sich vielmehr daran, alles vollständig verstehen zu müssen (vgl. Kap. D.1, Abschnitt 5). „Toleranz" gegenüber dem einen oder anderen unbekannten Wort, das man nicht unmittelbar versteht, aber im Laufe des Textes häufig doch aus dem Kontext erschließen kann, sollte frühzeitig an einfachen Texten geübt werden, um die Schüler langfristig auf die Bewältigung größerer Textmengen vorzubereiten.

Beim stillen sinnentnehmenden Lesen wird zwischen *cognitive skills* und *metacognitive skills* unterschieden (Oakhill & Garnham, 1988). Zu den Ersteren gehören die Worterschließung und das Textverstehen, zu den Letzteren das bewusste Einsetzen verschiedener Lesestrategien, die vom Text abhängen. Worterschließung sollte möglichst früh morphologische Komponenten wie häufige Präfixe (*able, unable*) und Suffixe (*happy, happiness*) berücksichtigen, des Weiteren das Worterkennen aufgrund von orthographischen oder semantischen Ähnlichkeiten mit dem Deutschen (*arm, finger, theatre, orange*) sowie das *intelligent guessing* aus dem Kontext. Gerade diese Methode, die Kreativität und Risikofreudigkeit der Schüler voraussetzt, wird häufig bei der Lehrwerksarbeit zu wenig gefördert.

Schließlich können auch Illustrationen zum Textverständnis herangezogen werden. Gute Anfangslektüren verbinden die Wiederholung von Wörtern in unterschiedlichen Kontexten mit Illustrationen, die das Erschließen erheblich erleichtern. Erst wenn all dies nicht zum Verstehen führt, ist das Heranziehen eines zweisprachigen Wörterbuchs sinnvoll (vgl. Hermes, 1987). Techniken der Wörterbucharbeit müssen allerdings gemeinsam mit den Schülern erarbeitet und arbeitsökonomische Verfahren bewusst gemacht werden.

Für Fragen der Lehrerin zum Text gilt analog dasselbe, was bereits zum Hörverstehen (Kap. D.1) ausgeführt wurde, nämlich dass Lehrerfragen ein Ritual darstellen, das die Schüler daran hindert, ihre eigenen Fragen zum Text zu finden. Vor allem kleinschrittige *wh*-Fragen sind zwar – oberflächlich argumentiert – dazu geeignet, das Textverständnis (*comprehension*) zu kontrollieren. Sie erschweren oder verhindern aber eine eigenständige Textrezeption. Schüler sollten stattdessen beim Lesen eines Textes aufgefordert werden, jeweils eigene Fragen aufzuschreiben und sie in Partnerarbeit zu beantworten.

Metacognitive skills haben mit bewussten Reflexionsprozessen zu tun, die den Einsatz einer Strategie, hier einer Lesestrategie, bestimmen. *Skimming* und *scanning* z. B. werden jeweils in Abhängigkeit von einer Textsorte und ihrer Funktion oder in Abhängigkeit vom Leseziel eingesetzt. Während *skimming* das extensive überfliegende Lesen zum Zweck des globalen Verstehens bezeichnet, z. B. einer Zeitung oder eines längeren Textes, für den Globalverständnis ausreicht, wird *scanning* auch als suchendes Lesen bezeichnet, bei dem man einen Text so lange rasch überfliegt, bis man sich der gesuchten Information – etwa einen bestimmten Anzeigentypus (Autokauf, Kinowerbung), den man in einer Zeitung sucht – genähert hat, um dann intensiv und gezielt weiterzulesen (vgl. Barnett, 1989, S. 120ff.; Grellet, 1981, Kap. I; Bludau, 1993, Kap. 2.2). Diese beiden Techniken müssen, um auch fremdsprachlich entwickelt zu werden, an Texten geübt werden. *Scanning* kann bei Lehrwerktexten eingesetzt werden, wenn man Aufgaben stellt, bei denen man in einem Text bestimmte Informationen sucht: "Find in the text all the words that have to do with…" Für das *skimming* eignen sich dagegen besser lehrwerkunabhängige Texte. Sie müssen sprachlich so einfach sein, dass die Schüler nicht an lexikalischen Problemen „hängenbleiben" und dadurch der Leseprozess verlangsamt oder gar unterbrochen wird. Zur Einübung in diese Technik, die ebenso wie das *scanning* von fächerübergreifender Bedeutung ist, eignen sich anfangs sehr einfach Texte, möglichst unterhalb des Schwierigkeitsgrades der Lehrbuchtexte.

Das *Leseverstehen* kann durch textinterne Faktoren unterstützt werden, z. B. Illustrationen oder Diagramme, Zwischenüberschriften, Marginalien, des Weiteren durch Arbeitshilfen wie *advance organizers* (Piepho, 1979, S. 21ff.) und alle Arten von *pre-reading activities*. Diese haben die Funktion, das Interesse für das Thema zu wecken, Vorinformation zu liefern oder Vorkenntnisse (*background knowledge*) zu aktivieren. Das kann mithilfe von Brainstorming oder über Illustrationen wie Fotos, Zeichnungen oder Grafiken geschehen. Außerdem sollte bereits vor dem eigentlichen Lesen das Ziel des lesenden Verstehens deutlich werden, weil dieses die Lesestrategien bestimmt. Individuelle Lesestrategien sind das Erkennen der Textstruktur, das Unterstreichen oder „highlighten", *note-taking* oder das Verfassen eines kurzen *summary*. Die beiden letztgenannten Aktivitäten sind erst im fortgeschrittenen Unterricht möglich; sie sind aber sehr effizient, weil sie eine persönliche Strukturierung des Textes durch die Schüler darstellen (vgl. Oakhill & Garnham, 1988, S. 150ff.; Barnett, 1989, Kap. 4).

Systematische Anleitung zur Entwicklung und Schulung des fremdsprachlichen Leseverstehens wird in einer Vielzahl an einschlägigen Publikationen gegeben (vgl. Bludau, 1993), die vorzugsweise aus englischen Verlagen stammen und teilweise mehrere Bände von *elementary* bis *intermediate* oder höher umfassen (vgl. Eckstut et al., 1989a–c). Diese Publikationen eignen sich vor allem zum ergänzenden Gebrauch, um systematisch Teilfertigkeiten des Leseverstehens zu schulen und bewusst zu machen. Dabei wird das Verstehen in folgende *skills* unterteilt:

- *guessing meaning from context*
- *understanding explicitly stated information*
- *understanding implicitly stated information*
- *distinguishing fact from opinion*
- *understanding the main ideas*
- *understanding relations between parts of the text.*

Die Progression der drei Bände liegt weniger im Schwierigkeitsgrad der Texte als in der gestuften Anspruchshöhe der Aufgaben. Damit wird eine allgemeine Forderung erfüllt, die Grellet bereits 1981 erhoben hatte: "The difficulty of a reading exercise depends on the activity which is required of the students rather than on the text itself . ... In other words, one should grade exercises rather than texts" (Grellet, 1981, S. 7f.). Wichtig ist auf allen Stufen der Einsatz optischer Verständnishilfen, die sowohl dem *pre-reading* als auch dem Textverständnis oder der Aufgabenbewältigung dienen können.

Bislang immer noch vernachlässigt ist das kontinuierliche Lesen von Lektüren oder *free voluntary reading* (Krashen, 1994a). Die Notwendigkeit des extensiven Lesens wird in der Literatur immer wieder hervorgehoben, ohne dass dem bislang im Schulalltag genügend Rechnung getragen würde (z. B. Grabe, 1991, S. 196; Hermes, 1988; Nuttall, 1982, Kap. 12). Deutsche und englische Schulbuchverlage bieten eine Vielzahl an einfachen Lektüren sowie Lektüreserien an, die sich auch über mehrere Lernjahre einsetzen lassen. Diese beginnen bei einem sehr niedrigen Schwierigkeitsgrad, der einen Einsatz bereits am Ende des ersten Lernjahres möglich macht. Großformatige Illustrationen und wenig Text pro Seite dienen dem ersten authentischen fremdsprachlichen Leseerlebnis, das allen Schülern zum ersten Mal das Gefühl von Autonomie in einem ansonsten lehrergesteuerten Unterricht vermittelt.

Für jedes Lernjahr sollte eine englischsprachige Klassenbibliothek bereit stehen, die Texte unterschiedlichen Schwierigkeitsgrades und für verschiedene Interessensgebiete von Mädchen und Jungen enthält. Günstig ist es, wenn sie deutlich mehr Titel enthält, als Schüler in der Klasse sind. Auf sie kann entweder im Rahmen von Wochenplänen oder Freiarbeit zurückgegriffen werden, oder die Texte werden in einem Ausleihverfahren außerhalb des Unterrichts gelesen (vgl. Hermes, 1984b). Einige Verlage bieten zur organisatorischen Unterstützung des Ausleihverfahrens *Class Library Charts* an (Longman). Ist das Lesen wirklich *free and voluntary*, sollte auf typische Lernkontrollen verzichtet werden. Stattdessen können die Schüler – anfangs auf Deutsch und später in der Fremdsprache – einen gelenkten oder ungelenkten Kommentar zum Text verfassen und ihren Lieblingstext dem Rest der Klasse durch Pinnwandtexte oder selbst gefertigte Poster schmackhaft machen.

5. Schluss

Leseverstehen ist eine zentrale Fertigkeit des Fremdsprachenunterrichts. Techniken des Leseverstehens haben fächerübergreifende Bedeutung und sind für jeglichen Umgang mit Texten wesentlich. Fremdsprachliches Leseverstehen kann nicht mit dem Lehrwerk allein entwickelt werden. Notwendig sind von Anfang an möglichst vielfältige Lesegelegenheiten, die die Schüler ihren Lernfortschritt erfahren lassen und sie möglichst unabhängig von ihrer Lehrerin machen. Mit einer gezielten Entwicklung des Leseverstehens wird ein wichtiger Schritt in Richtung Lernerautonomie getan.

3 Sprechen und Gesprächsführung

Helmut Johannes Vollmer

Spätestens seit der Neusprachlichen Reformbewegung vor mehr als 100 Jahren gilt im Unterricht moderner Fremdsprachen das Primat des Mündlichen. Doch erst seit der „pragmatischen Wende" der Siebzigerjahre wird *Sprechen als kommunikatives Handeln* bestimmt und didaktisch-methodisch reflektiert. Dabei kann die produktive Fertigkeit des mitteilungs- und adressatenbezogenen Sprechens nicht isoliert betrachtet werden. Sie ist vielmehr eng mit den Fertigkeiten des Hör- und des Leseverstehens gekoppelt, weil sich eigene Sprechabsichten und Mitteilungen zumeist auf mündlich bzw. schriftlich vermittelte Situationen, auf Inhalte, Informationen und Positionen anderer beziehen, die vorweg verstanden sein wollen (vgl. Vollmer, 1997a sowie Kap. D.1 und D.2). So ist es zwar tunlich, diese Fertigkeiten bis zu einem gewissen Grade auch getrennt aufzubauen und zu üben; daneben müssen sie aber immer wieder auch in komplexeren Übungszusammenhängen und *classroom activities* zusammengeführt werden.

1. „Kommunikative Kompetenz" und Gesprächsfähigkeit

„Kommunikative Kompetenz" ist inzwischen allgemein als „übergeordnetes Lernziel für den Englischunterricht" (Piepho, 1974) akzeptiert. Im Gefolge der *Sprechakttheorie* wurde sie allerdings primär verstanden als Verwirklichung einzelner Sprechabsichten unter Rückgriff auf mehr oder weniger konventionelle Formeln und Sprachroutinen, sog. „Redemittel". Erst mit der Diskursanalyse wurde der Blick auf die Komplexität von Kommunikation als Interaktion gerichtet.

Damit wird auch die didaktische Perspektive erheblich erweitert: Sie richtet sich jetzt auch auf die Entwicklung von zusammenhängender Rede und die Strukturierung ganzer Interaktions-Sequenzen zur Erreichung eines bestimmten Ziels. Mit bedacht wird dabei das Umfeld sprachlichen Handelns (Kontext, Situation, Sprecherrollen u. a.) ebenso wie die Mitteilungsabsicht des Sprechers sowie die tatsächliche Wirkung von Äußerungen im Kontext. So verstandene *sprachliche Handlungskompetenz* beschränkt sich demnach nicht auf die Realisierung einzelner Sprechabsichten und die Beherrschung geeigneter Redemittel – obwohl dies ohne Zweifel das Grundgerüst kommunikativen Handelns darstellt; sie schließt vielmehr die Dynamik von *Interaktionen* mit ein. Sie zeigt sich insbesondere im überlegten Einsatz von Diskursstrategien (was wann wie gesagt wird im Hinblick auf das übergeordnete Gesprächsziel und das kooperative Verhalten zwischen Sprecher und Hörer) sowie im Gebrauch bestimmter funktionaler Wendungen zur Sicherung des gegenseitigen Verstehens, zum Auffüllen von Gesprächslücken und zur Erhöhung eines geschmeidigen Redeflusses.

Im Englischunterricht spielt die Entwicklung einer solchen interaktiven Gesprächsfähigkeit immer noch eine zu untergeordnete Rolle. Der Grund liegt zum einen darin, dass die methodischen Verfahren zum Aufbau fremdsprachlicher Handlungsfähigkeit (vgl. z. B. Puchta & Schratz, 1984; Legutke, 1988a; Legutke & Thomas, 1993; Bach & Timm, 1996a) nicht genügend bekannt sind und sicher auch weiterer Präzisierung und Ausgestaltung bedürfen; hinzu kommt, dass im Rahmen des traditionellen fächerisolierenden Fremdsprachenunterrichts für komplexere Zielsetzungen wenig Raum und Zeit verbleibt. Auf jeden Fall ist es eine Fiktion anzunehmen, Gesprächskompetenz könnte sozusagen nebenbei oder automatisch bei der Verfolgung anderer, begrenzterer Unterrichtsziele mitgelernt werden. Das zeigen die schmerzlichen Erfahrungen selbst fortgeschrittener Lerner, wenn sie ihr schulisch erworbenes Können in „Ernstsituationen" mit *natives* anwenden wollen.

Ein weiterer Grund für die geringe Ausprägung mündlicher Gesprächsfähigkeit bei vielen unserer Schüler liegt sicherlich in der geringen Kenntnis und Akzeptanz von Formen ihrer Überprüfung und Bewertung. Da in fast allen Schulformen und Klassenstufen bis zum Abitur hin die schriftliche Leistungsfeststellung dominiert, spielt Gesprächsfähigkeit als Ziel nicht die Rolle, die ihr gerade heutzutage zukommt (vgl. Kap. A.1, Abschnitt 3, Punkt 4). Sie würde von Lehrern wie Schülern nur ernst genommen, wenn sie Jahr für Jahr mit einer eigenständigen Note in die Gesamtzensur für Englisch einginge (vgl. Macht, 1989; Vollmer, 1995b).

2. Grundlagen der Entwicklung von Gesprächsfähigkeit

Nach der gegenwärtigen Forschungslage kann man mit Pauels *fremdsprachliche Kommunikationsfähigkeit* als das Vermögen der Lerner definieren, „Äußerungen adressatengerecht im sozialen Interaktionsprozeß so zu verwenden, dass eine Verständigung gewährleistet ist" (Pauels, 1995c, S. 236). Hierzu gehören insbesondere drei Punkte: (1) Die Gesprächspartner äußern nicht nur das, was sie aufgrund ihres beschränkten sprachlichen Regelinventars ausdrücken *können*, sondern das, was sie wirklich ausdrücken *wollen*. (2) Dabei bringen sie ihr Vorwissen bezüglich des Themas, des Gesprächspartners und sonstiger Faktoren der Redekonstellation ein. (3) Sie agieren und interagieren *im Zusammenhang*, wobei sie nicht nur die initiierende, sondern auch die reagierende Sprecherrolle in den unterschiedlichsten Sprechsituationen einnehmen, d. h. Äußerungen des Gegenübers verarbeiten, selektiv aufgreifen und mit eigenen Gedanken verbinden. Wenn wir mit der Mehrzahl unserer Schülerinnen und Schüler auch nur in die Nähe dieser drei Zielsetzungen *Ausdruck eigener Bedürfnisse*, *Adressatenangemessenheit* und *Verknüpfung von Äußerungen* kommen, sollten wir uns zufrieden geben. Mit sehr viel weniger allerdings auch nicht.

Was die *Progression* von grammatischen bzw. kommunikativen Zielsetzungen anbelangt, so werden heute beide als notwendig und komplementär angesehen; beide stützen sich gegenseitig, beide müssen von Anfang an parallel verfolgt werden, wie es in neueren Lehrbüchern auch geschieht. Dabei ist das Spannungsverhältnis zwischen dem (notwendigerweise vom Einfachen zum Schwierigen fortschreitenden) Erlernen von linguistischen Strukturen und dem Erlernen von funktionalen Handlungseinheiten immer präsent. Das eine ist nicht voll in das andere überführbar, Elemente des einen lassen sich nicht unmittelbar im System des anderen abbilden. Wir können ein und dieselbe Sprechabsicht auf grammatikalisch ganz unterschiedliche Weise realisieren; andererseits lassen sich mit ein und derselben Struktur je nach Situationskontext die unterschiedlichsten Handlungsabsichten verfolgen. So sollten in einem kommunikativen Unterricht einerseits sämtliche grammatischen Erscheinungen kontextuell eingebettet sein und dementsprechend erfahren und gelernt werden; umgekehrt ist es nötig – schon um bestimmte Handlungserfahrungen in der Fremdsprache frühzeitig zu ermöglichen –, dass immer wieder auch sprachliche Formen eingeführt werden, deren grammatische Analyse, Durchdringung und Aneignung erst später erfolgt. Viele der spontan erlernten Wendungen (z. B. Phrasen wie *a glass of milk*, Kollokationen wie *to take an exam* und „Routinen" wie *weather permitting, I'm afraid ...* oder *I don't think so*) müssen allerdings gar nicht erst bewusst zerlegt und wieder zusammengefügt werden: Sie können als nicht weiter analysierte Einheiten, sog. *chunks*, ohne Verlust von Verfügbarkeit abgespeichert und abgerufen werden.

Mitteilungswunsch und Sprechlust entwickeln sich bereits aus den allerersten Kontakten mit der Fremdsprache, die weit vor dem Beginn des Englischunterrichts liegen können. Entsprechend sollten Lerner von Anfang an ermuntert werden, die ihnen bekannten englischen „Brocken" einzubringen und sich darüber hinaus in zunehmendem Maße mit bekannten Redemitteln zu artikulieren (*comprehensible output*; vgl. Einleitung, Abschnitt 3): mit Ein-Wort-Äußerungen wie *Yes* oder *Perhaps*, zunächst noch unanalysierten Phrasen wie *It's mine, I see* und *What a pity*, notwendigen *classroom phrases* wie *What does ... mean?* und *Could you please repeat / explain this again?* sowie einfachen Vorschlagshandlungen wie *Let's..., How about...?* und *Couldn't we do ...?*. Entscheidend ist, wie gesagt, die frühe Erfahrung der Lerner, dass ihr Sprechen etwas bewirkt, dass es beim Gegenüber etwas in Gang setzt, dass es „Handlungspotenzial" besitzt (vgl. Bach & Timm, 1996b).

3. Klassenorganisation: Einfache Kommunikation von Anfang an

Als Medium der Unterrichtsorganisation wird die Fremdsprache nicht in einer didaktischen, sondern ganz unmittelbar in ihrer kommunikativen Funktion gebraucht – eine Funktion, die im Kontext der deutschen Schule sonst nur im bilingualen Sachfachunterricht weiter ausgeschöpft wird (vgl. Kap. C.11). Gerade im Zusammenhang mit Fragen der Klassenorganisation ergeben sich von Anfang an vielfältige Möglichkeiten „echter", nicht didaktisch gesteuerter Kommunikation, deren Potenzial es auszunutzen gilt.

Im Zentrum des *classroom discourse* stehen alltägliche Sprechhandlungen wie bitten, auffordern, (nach)fragen, antworten, mitteilen, vorschlagen, Erwartung äußern, sich beschweren, sich entschuldigen, loben, korrigieren, kritisieren u. a. m. (vgl. auch Black & Butzkamm, 1977). Dabei hat es sich bewährt, für die zentralen unterrichtlichen Sprechhandlungen typische Wendungen (samt Varianten) gemeinsam zu erarbeiten und sie nicht nur in thematisch geordneten Listen zusammenzustellen, sondern auch in Plakatgröße immer wieder für einige Zeit in der Klasse auszuhängen. Auch die entsprechenden Zusammenstellungen in manchen Lehrbüchern müssen von den Schülern in dieser Weise aktiv umgesetzt werden. (Für Anregungen vgl. z. B. Hughes, 1981; Gressmann & Rich, 1982; Cattliff & Thorne, 1988.)

Wichtig ist, dass die Schüler nicht nur auf Äußerungen anderer inhaltlich und formal einigermaßen angemessen *reagieren* können, sondern dass sie lernen, *selbst initiativ* zu werden, also das Gespräch von sich aus zu beginnen, etwa durch Erfragen von Informationen (welche Lehrbuchseite, welcher Text, Fragen zu Hausaufgaben, Mitteilungen über abwesende Schüler usw.), durch die Äußerung eigener Wünsche und Vorstellungen oder auch durch Thematisierung und Kritik von Lehrerhandlungen oder bestimmten Verhaltensweisen anderer Schüler. Es liegt am Lehrer, solche Gelegenheiten für kleine oder größere selbstständige Interaktionen von Anfang an zu nutzen, sie in überschaubaren Sequenzen festzuhalten und dafür schon in den ersten Wochen Zeit einzuräumen. Wichtig ist, dass jede (jede!) spontane Bereitschaft zu mitteilungsbezogener Kommunikation honoriert und dass in einem solchen Fall keine sprachlich korrekte Form erwartet oder durch explizite Korrekturverfahren erzwungen wird – das würde die Motivation für alle weiteren Äußerungsversuche nachhaltig beeinträchtigen, wenn nicht töten. Dennoch braucht der Lehrer auch bei einem kommunikativen Ansatz nicht auf Hinweise zur Form bzw. auf deren „Verhandlung" zu verzichten (vgl. Lyster, 1997).

Da es zwischen dem Verstehen und dem eigenen Sprechen eine große Diskrepanz gibt, sind dem *classroom discourse* in einem mehr oder minder einsprachig geführten Unterricht (vgl. Kap. B.1, Abschnitt 3) allerdings gewisse Grenzen gesetzt. Insofern sollte dieser Diskurs zwar so weit wie möglich als legitimes Feld der fremdsprachlichen Tätigkeit genutzt und ausgebaut, aber auch nicht überschätzt werden.

Andererseits ist alles recht, was Schüler zum Sprechen bringt und ihnen die Angst nimmt, sich durch zu einfache oder unbeholfene Ausdrucksweisen (die in einem frühen Lernstadium, aber auch darüber hinaus normal sind) bloßzustellen. Hier gilt es also, einen für den jeweiligen Schüler angemessenen „Mittelweg" zwischen Fehlertoleranz und kommunikativ eingebetteter Fehlerkorrektur zu finden. (Für konkrete Vorschläge vgl. Timm, 1996a, S. 184ff.)

4. Kommunikative Übungen

Wenn wir vermeiden wollen, dass die fremdsprachliche Gesprächsfähigkeit der Lerner auf einem elementaren, fragmentarischen Niveau stehen bleibt, müssen wir ihre Entwicklung auf eine solide Basis stellen. Das bedeutet nicht nur, die sprachlichen Mittel zur Realisierung von Sprechabsichten sukzessive und durch konzentrischen Aufbau zur Verfügung zu stellen. Es bedeutet vor allem, die Kompetenz der Lerner in systematischer Weise so zu erweitern, dass sie dieses Repertoire für ihre inhaltlichen Mitteilungsabsichten nutzen können. Diese Nutzung geschieht jedoch kaum von selbst, sie muss didaktisch angeleitet und unterstützt werden. Dabei kommt kommunikativen Übungen eine außerordentlich wichtige Mittlerfunktion zu (vgl. Kap. E.4, Abschnitt 5, sowie Kap. E.6).

Kommunikative Übungen sind solche Übungen, die sich primär an Inhalten ausrichten und die das dazu nötige Sprachmaterial nur als funktional betrachten. Sie setzen also vorangehende Prozesse des Hör- und des Leseverstehens (vgl. Kap. D.1 und D.2) und damit der lexikalisch-grammatischen Rekonstruktion von Äußerungen/Texten immer schon ein Stück weit voraus. In einem frühen Lernstadium wird dabei die Kommunikation noch relativ eng gesteuert sein durch Übertragung von zuvor erfahrenen, in ihrer Funktion verstandenen Sprachmitteln auf neue Situationen (Transfer). Diese enge Steuerung ist zunächst unumgänglich; sie ist aber vertretbar, wenn zugleich darauf geachtet wird, dass die verwendeten Inhalte, Kontexte und Situationen schülerorientiert sind und dass sie die Schüler zu eigenen, weiterführenden Äußerungen motivieren (Pauels, 1995c). An zwei Beispielen soll hier kurz illustriert werden, was gemeint ist:

(1) *Fähigkeiten* (Klasse 5): Nach Einführung des Themas Sport und Freizeitaktivitäten (nach *Notting Hill Gate, Textbook 1*, Diesterweg, 1994, Unit 3) und der Vorstellung von Gleichaltrigen, die etwas „können" oder „nicht können", werden die Schüler aufgefordert, sich gegenseitig zu befragen, was sie selbst können und was nicht, und entsprechend zu antworten. Dabei werden die drei vorher kontextualisierten Sprachmittel *Can you (skate)? – Yes, I can. / No, I can't* in Sprechblasenform noch einmal zusammengestellt. Zusätzlich werden in einer farbig unterlegten Box neun lexikalische Auffüllungen angeboten, die sich als Varianten der Struktur, aber zugleich auch als Mitteilungsinhalt eignen. Durch die Verwendung von Auslassungspunkten wird den Schülern deutlich gemacht, dass sie etwas einsetzen, variieren, auswählen können, dass sie an die Stelle der vorgeschlagenen Inhalte aber auch eigene Fähigkeiten, Sportarten, Sprachen oder Instrumente, die sie beherrschen, setzen können.

(2) *Comparison* (Klasse 7): Nach der Vorstellung und Gegenüberstellung verschiedener Verkehrsmittel über einen Text sollen die Lerner selbst mündlich Vergleiche zwischen den ihnen bekannten Verkehrsmitteln anstellen. Die Übung erweist sich als nicht motivierend genug und als zu schwer. Die Lehrerin schiebt daraufhin einen schriftlichen Übungsschritt dazwischen: Jeder schreibt zwei bis drei Vergleichspunkte auf unter Einschluss von selbst beigesteuerten Bewegungsarten wie Reiten, Wandern oder Tandem fahren und teilt sie seinem Nachbarn mit. Auf diese Weise werden die erforderlichen Strukturen an selbst gewählten Inhalten gefestigt. Im nächsten Schritt wird die nunmehr aufgebaute größere Sicherheit und Betroffenheit dazu verwendet, im Rundgespräch verschiedene Fortbewegungsarten und die Vorlieben der Schüler zu vergleichen, wobei die Lehrerin dazu anleitet, dass die Schüler ihre Einzeläußerungen zunehmend aneinander richten, nicht an sie, und dass sie auf vorherige Äußerungen so gut wie möglich eingehen (spontan zur Verfügung gestellte Redemittel: *yes; but; I agree; I disagree* u. a.). Die Komparativ-Strukturen, die für die Vergleichshandlung benötigt werden (*quicker than, not as slow as, more comfortable than*), werden vielfach variiert und geübt – am Ende freuen sich alle Beteiligten über ihre sprachlichen Leistungen und darüber, was sie mit Englisch schon alles ausdrücken können.

Mehr oder minder gesteuerte kommunikative Übungen dieses Typs werden sich durch die gesamten ersten Jahre eines Englischlehrgangs hindurchziehen, wobei das Ausmaß der Steuerung abnehmen kann, sobald die Schüler den Aufbau der Übung durchschaut und die Redeanlässe für sich akzeptiert haben. Im Prinzip leiten alle diese Übungen nach Einführung eines Themas oder einer Handlungssituation mit entsprechend kontextualisierten Wendungen (einschließlich neuem Wortschatz) auf die Schüler und ihre Erfahrungswelt über. Dies wird angezeigt durch typische Formulierungen mit Aufforderungscharakter, etwa *And what do* you *like? What is* your *favourite ...? What would* you *prefer/like to do? What would* you *have done? How do* you *live?* u. Ä. Mit anderen Worten: Bringe dich selbst ein, vergleiche dich / deine Situation mit der vorgestellten, sammle oder gestalte selbst etwas, schlage selbst etwas vor, erweitere oder verändere etwas – dies ist, wenngleich noch im Miniformat, Schüleraktivierung in Reinform. (Für weitere Ideen vgl. die Sammlungen von Übungsarten und kommunikativen Aufgabenstellungen in Bundesarbeitsgemeinschaft Englisch an Gesamtschulen, 1996; Sexton & Williams, 1984; Nunan, 1989; Legutke & Thomas, 1993; Ur, 1992.)

Ziel dieser vielfältigen Transfer-Übungen ist es, einen wachsenden Fundus an Ausdrucksmöglichkeiten und damit zunehmend Ausdruckssicherheit und Selbstvertrauen zu schaffen, um das freie Sprechen anzubahnen (vgl. Abschnitt 6).

5. Ausspracheschulung und Hörverstehenstraining

Der Erwerb von Gesprächsfähigkeit umfasst auch die allmähliche Annäherung an eine sozial akzeptierte Aussprachenorm sowie die Ausbildung der Fähigkeit, nicht nur Menschen zu verstehen, die mit langsamem Sprechen und sorgfältiger Aussprache das Hörverstehen erleichtern, sondern auch solche, die in natürlichem Tempo und mit vielen Auslassungen, Wiederholungen, syntaktischen Brüchen und Selbstkorrekturen sprechen und deren Aussprache, wie es der Normalfall ist, überdies bestimmte regionale, soziale und individuell geprägte Besonderheiten aufweist (vgl. Kap. D.1, Abschnitt 1).

Als schulische Aussprachenorm gilt traditionsgemäß immer noch die sog. *Received Pronunciation* des britischen Englisch. Allerdings nimmt ihre Rolle als Standard der gebildeten britischen Schichten seit einiger Zeit ab, indem auch andere Aussprachevarianten des Englischen (wie sie auch von Schülern bei Aufenthalten im englischsprachigen Ausland erworben werden können) mehr und mehr akzeptiert werden. Außerdem sollte neben dem britischen Englisch zumindest auch das amerikanische Englisch (*Standard American*), das international gesehen ja eine viel größere Bedeutung besitzt, als gleichrangig behandelt werden, wie es in neueren Lehrplänen auch bereits geschieht. Letztlich wird jedoch die Aussprache der jeweiligen Lehrperson maßgeblich sein. Diese sollte den von ihrer jeweiligen Lernbiografie geprägten Akzent (britisch, amerikanisch, gemischt) auf jeden Fall in der Klasse zur Sprache bringen. Darüber hinaus ist es unumgänglich, dass ihre Modellfunktion ergänzt wird durch authentische britische, amerikanische und andere, auch dialektal gefärbte und individuelle, Varianten des Englischen – über Cassette oder Video oder auch über Direktkontakte mit *native speakers*, die als Besucher (*resource persons*) ins Klassenzimmer kommen oder während eines Projekts von Schülern interviewt werden.

Auf der produktiven Ebene gibt es erfahrungsgemäß in den folgenden Bereichen spezifische Artikulationsprobleme[1]: (1) Phoneme, die im deutschen Lautsystem keine Entsprechung haben, insbesondere /θ/, /ð/ und /w/; (2) Lautunterschiede, denen im Englischen, anders als im Deutschen, ein phonematischer Unterschied entspricht, insbesondere [θ] – [s], [ð] – [z], [θ] – [ð], [s] – [z], [v] – [w]; (3) Phonemgrenzen, die im Englischen anders liegen als im Deutschen, insbesondere bei /e/ und /æ/ (die bei deutschen Sprechern meist in einem offenen e zusammenfallen, wodurch zum Beispiel der lautliche Unterschied zwischen *pet* und *pat* neutralisiert wird); (4) Phoneme, die im Englischen anders realisiert werden als im Deutschen, insbesondere /r/ sowie die Verteilung der hellen bzw. dunklen Variante des /l/ (vgl. dt. *hell* – engl. *hell*); (5) schwierige Lautfolgen, z. B. in *rural* oder *synthesizer*; sowie (6) die Setzung des Wortakzents in mehrsilbigen Wörtern (z. B. *assistant, politics, analysis, criticism, contemporary, interrogative*). (Für ausführliche Hinweise vgl. Digeser, 1978.)

Bei artikulatorischen „Problemlauten" wie [θ], [ð], [r], [w] und [ɫ] benötigen die Schüler auch explizite Hinweise zur Lautbildung: Verdeutlichung von Mundbewegungen, Beschreibung der Position bzw. Bewegung von Zunge und Lippen. In erster Linie müssen schwierige Laute und Lautkombinationen jedoch von Anfang an durch Nachsprechen einzelner Wörter (mit der richtigen Betonung) und ganzer Phrasen und Sätze (mit der richtigen Intonation), und zwar im Chor sowie einzeln, geübt werden (wobei solche Drillphasen allerdings nicht zu lange dauern dürfen). Dabei kommt das Chorsprechen – wie spielerische Übungsformen – gerade gehemmten Schülern entgegen, andererseits ist dabei die Kontrolle sowie die Korrektur einzelner Schüler kaum möglich. Empfohlen wird auch die (kontextualisierte) Gegenüberstellung von „Minimalpaaren" wie *pet – pat, fan – van, sink – think, peace – peas* oder *bead – beat*, das Nachsprechen und Auswendiglernen von Zungenbrechern, kleinen Gedichten und Dialogen sowie das Nacherzählen kleiner Geschichten. Mit solchen Übungen kann die notwendige Automatisierung von Artikulationsprozessen schrittweise vorangetrieben werden.

Auch der Bezug gesprochener Wortformen zum entsprechenden Schriftbild bringt Probleme mit sich, insbesondere stumme Konsonanten wie in *night, write* oder *know*, die identische Lautung unterschiedlicher Buchstabenfolgen (*heard – word – bird; late – great –*

---

[1] Bei den folgenden Beispielen stehen Phoneme des englischen Lautsystems zwischen Schrägstrichen, konkrete lautliche Realisationen (Allophone) in eckigen Klammern.

tische Lautung unterschiedlicher Buchstabenfolgen (*heard – word – bird; late – great – straight*) sowie die unterschiedliche Lautung gleicher Buchstabenfolgen *(here – there – were; meat – great – threat; heard – beard; word – sword; though – through – tough – bough – cough – dough)*. Speziell zu nennen sind auch die Phänomene der Homophonie (z. B. *bow – bough, meet – meat, peace – piece, new – knew*) und der Homographie (z. B. *lead – lead* [iː/e], *bow – bow* [əʊ/aʊ], *récord – recórd*) sowie die Übertragung muttersprachlicher Buchstaben-Laut-Entsprechungen auf die Fremdsprache. Keinesfalls darf jedoch das Schriftbild aus dem Anfangsunterricht verbannt werden. Butzkamm (1974) hat überzeugend dargelegt, dass das Schriftbild auch im Anfangsunterricht in vielfacher Hinsicht eine unentbehrliche Strukturierungs- und damit Lernhilfe darstellt. Um möglicherweise störende Interferenzen mit dem Lautbild aufzufangen, empfiehlt er die Technik des „Mitlesens" (vgl. Kap. B.1, Abschnitt 1).

Im Zuge der Ausbildung einer englischsprachigen Gesprächsfähigkeit (als Sprecher wie als Hörer) spielen auch solche Aussprachephänomene eine besondere Rolle, die sich in der zusammenhängenden Rede ergeben; z. B. Verlust der Anfangs- oder Endkonsonanten in unbetonten Wörtern (*this and* /ðɪs(ə)n/ *that; I sent her* /sentə/ *a letter*), Tendenz zur Assimilation (Angleichung) bestimmter Konsonanten (*I see them* /ð(ə)n/ *now and then*), Vokalreduktion in unbetonten Wörtern (*the man that* /ðət/ *I saw; you* /jə/ *know*). Auffallend ist des Weiteren die enge lautliche Verbindung von Wörtern zu einheitlichen Rhythmusgruppen (*chunking*), besonders in nominalen, verbalen und adverbialen Gliederungsteilen von Äußerungen (*the man who used to be my best friend / shouldn't have done such a thing*) sowie in feststehenden Ausdrücken und Redewendungen wie in *what a pity* oder *what I want to say is ...*, aber grundsätzlich in jeglicher zusammenhängender Rede.

Ein schwieriges Thema ist der Bereich des Satzakzents und – in Verbindung damit – der Intonation, durch die wesentliche Bedeutungskomponenten von Äußerungen gesteuert werden. Ihre Rolle zur Übermittlung und Differenzierung von Bedeutung ist von Diskursanalytikern in den vergangenen Jahren verstärkt herausgearbeitet und auch didaktisch aufbereitet worden (vgl. z. B. Brazil, Coulthard & Johns, 1980; Brazil, 1996). Im Zuge der Ausbildung einer nicht nur elementaren Gesprächsfähigkeit müssen die Schüler deshalb die wichtigsten Betonungsmuster und Intonationsverläufe des Englischen (insbesondere auch den für Deutsche meist schwierigen *fall-rise*) in ihrer kommunikativen Funktion erkennen und anwenden lernen, wobei die korrekte Imitation häufig auch durch Klopfen, Handbewegungen oder ein visualisierendes Tafelbild unterstützt werden kann.

Als Fazit bleibt festzuhalten, dass Ausspracheschulung nicht nur im Üben isolierter Phänomene bestehen kann, sondern zugleich ein integraler Bestandteil der Gesprächsschulung sein muss. (Vgl. auch Kap. C.2, Abschnitt 6.4.)

6. Handlungs- und prozessorientierte Unterrichtsformen

Die konsequente Hinwendung zum Lernenden als dem Subjekt des Lernprozesses und zum Lernprozess selbst erfolgt in kommunikativen Aufgabenstellungen. In ihnen vollzieht sich nicht nur reale sprachliche Interaktion; sie dienen darüber hinaus auch der Wahrnehmungs- und Sensibilitätsschulung, der Entspannung, der Vertrauensbildung, dem persönlichen Informations- und Werteaustausch, der Förderung von Denk- und Problemlösungsstrategien sowie allgemein der spielerischen Imagination und dem freien individuellen Ausdruck (vgl. z. B. Moskowitz, 1978).

6.1 *Fantasiereisen, Spiele, Improvisationen, Rollenspiele, szenisches Spiel*
Diese Aktivitäten sind vom ersten Lernjahr an bis in die oberen Klassenstufen einsetzbar. *Fantasiereisen* können von der sinnlichen Erfahrung eines bestimmten Gegenstandes, z. B. eines Steins oder einer Muschel, oder von einem ansprechenden Text ausgehen oder durch einen suggestiven Lehrervortrag gesteuert – gegebenenfalls mit Musikuntermalung – zu einem Wunschort führen. Die in diesem Kontext gemachten Erfahrungen werden anschließend von den Schülern erzählt oder in ein Gespräch eingebracht (vgl. Löffler, 1996, S. 62f.; Betz, 1995, Abschnitt 2.7, sowie Kap. C.2, Abschnitt 6.3).

Spiele (auch auf der Basis von *action songs*) sind insofern für die Entwicklung von Gesprächskompetenz wichtig, als sie – wenn sie gut geplant sind und erfolgreich verlaufen – einen authentischen, als „lebensecht" akzeptierten Handlungsrahmen für sprachliche Äußerungen der vielfältigsten Art bereitstellen. (Für Beispiele aus dem Anfangsunterricht vgl. Kap. C.2, Abschnitt 6.1.)

Improvisationen sind aufgabengebundene Stegreifaktivitäten, bei denen die Schülerinnen und Schüler entsprechend ihren Fähigkeiten, also mit durchaus begrenzten Sprachmitteln in Verbindung mit Mimik und Gestik, ohne unmittelbare Vorbereitung und ohne sprachliche „Vorentlastung" innerhalb eines Szenarios agieren, das allenfalls in Grundzügen festgelegt ist (Kurtz, 1997a, S. 87f.; vgl. auch Kurtz, 1997b). Wie Spiele und Stegreifinszenierungen dienen Improvisationen dazu, die Schüler möglichst früh und unter besonderer Betonung von Spaß und Spontaneität an das freie kommunikative Sprechen heranzuführen und dabei die Fertigkeit des Hörverstehens als wesentliches Element mit einzubeziehen. Dabei sind die Grenzen zum Lernspiel sowie zur Stegreifinszenierung fließend.

Für die systematischere Vorbereitung dialogischen Sprechens eignen sich insbesondere *Rollenspiele*. Sie reichen vom Nachspielen vorgegebener Sequenzen bis zum Entwerfen – auch in Partner- oder Gruppenarbeit – und Durchspielen von Szenen mit weitgehend offenem Handlungsrahmen, die den Lernern viel Raum für eine individuelle Ausgestaltung geben. Die Motivation der Schüler wird besonders gefördert, wenn die Inhalte aus ihrem gegenwärtigen Umfeld oder aus zukünftigen, zu erwartenden Lebenssituationen gewählt werden (vgl. Einleitung, Abschnitt 1, sowie Kap. A.2): Planung eines Wochenendausflugs; Kauf eines Bus- oder Zugtickets; Kauf-/Verkauf von Sportschuhen, eines Sportgeräts, einer CD usw.; Beschwerde im Laden oder Restaurant; gemeinsames Lösen von Problemen usw.

Wenn Rollenvorgaben auf Deutsch erfolgen, werden die Schüler in die realistische Lage versetzt, Äußerungen ohne sprachliche Hilfen planen zu müssen; erfolgen sie über Bilder, lösen sie sich auch vom Übersetzen. Als Vorgaben eignen sich auch Bildgeschichten mit leeren Sprechblasen; passende Äußerungen können von den Schülern aus einem motivierenden Text herausgesucht werden, in dem sie situativ eingebettet sind. Im übrigen lassen sich Rollenspiele gut zu *szenischen Darbietungen* ausbauen, die von kleinen dramatischen Sequenzen bis zu größeren Inszenierungen reichen können (vgl. Maley & Duff, 1985 sowie Kap. C.1, Abschnitt 2.3). (Für weitere Anregungen vgl. Löffler, 1981; Löffler & Kuntze, 1983; Löffler & Schweitzer, 1988; Klippel, 1983, 1984; Wright, Betteridge & Buckby, 1984; Schanz-Hering & Hering, 1990; Legutke & Thomas, 1993, Kap. 4; Betz, 1995.)

6.2 *Simulationen*
Simulationen sind sehr viel komplexer als Rollenspiele. Sie greifen mögliche oder tatsächliche Problemsituationen in der gesellschaftlichen Wirklichkeit auf und spielen diese unter möglichst realitätsnahen Bedingungen durch (vgl. K. Jones, 1984b).

Inhaltlich geht es z. B. um die Gestaltung einer Zeitungsseite oder einer kurzen Radiosendung (*Front Page, Radio Covingham*, beide in K. Jones, 1984a), um öffentliche Planungsentscheidungen wie die Einrichtung einer Fußgängerzone oder den Bau einer Umgehungsstraße durch ein Naturschutzgebiet oder eines Supermarkts auf einem Parkgelände, um Extremsituationen wie das Überleben auf einer Insel unter zunehmender Verpflegungsnot (*Shipwrecked* in K. Jones, 1984a), um die Anlage von Geld (*Starpower* in Shirts, 1969), um ein Besiedlungs-, Kultivierungs- oder Wirtschaftsprojekt in einem Dritte-Welt-Land u. Ä. (Für weitere Beispiele vgl. Arendt, 1997 und L. Jones, 1983.) In einer Simulation gibt es weder Lehrer noch Schüler, nur Teilnehmer mit bestimmten Funktionen, die ein möglichst getreues Abbild der realen Machtverhältnisse und Interessensorientierungen darstellen sollen: Stadtplaner, Journalisten, Politiker, Unternehmer, Umweltschützer, Systemkritiker, Richter, Betroffene, Aussteiger, Querulanten u. a. Simulationen orientieren sich also an realen institutionellen Verhältnissen der Gesellschaft: Die Teilnehmer haben Machtbefugnisse und Verantwortlichkeiten. Die Tätigkeit des Leiters hat nichts mit Wissensvermittlung oder Belehrung zu tun, er hat lediglich zu beobachten und gegebenenfalls festzuhalten, was vorgeht. Was zählt, ist die Funktion, die der Einzelne übernimmt, und die Fähigkeit, dieser Funktion entsprechend sprachlich zu handeln und zu überzeugen.

Im Bereich der produktiven Sprachverwendung kommt es darauf an, dass sich jeder so verständlich wie möglich ausdrückt (*comprehensible output*), dass Sachverhalte oder Argumente zusammengefasst oder kommentiert werden, dass Vorgänge oder Zustände frei geschildert und „rhetorisch" effektiv ausgemalt werden können, dass sachlich und diskursiv angemessene Fragen gestellt und beantwortet werden, dass man insgesamt an der Erörterung des Problems und der Entscheidungsfindung angemessen teilnehmen kann. All dies sind kommunikative Fertigkeiten für den „Ernstfall".

6.3 *Projekte*

Eine umfassende Handlungs- und Prozessorientierung des fremdsprachlichen Lernens ist am besten gewährleistet in der Durchführung von Projekten (vgl. Kap. C.1, Abschnitt 2). Sie lassen sich erfolgreich auch mit lernschwächeren Schülern an der Hauptschule durchführen (vgl. Vollmer, 1979).

Projekte werden thematisch von den Schülern selbst mit beschlossen; sie greifen teilweise über den Unterricht hinaus, sind häufig mit Exkursionen (*field trips*) verbunden und führen zu einem sichtbaren Schülerprodukt, das auch Dritten (Nachbarklassen, Eltern, gegebenenfalls sogar Lokalpolitikern) präsentiert werden kann: Diagramme, Poster (mit Fotos, Erklärungen usw.), Foto-Buch, Cassettenaufnahme, Diashow, Video usw. Bekannt geworden ist das Airport-Projekt, in dem Schüler einer 6. Klasse – nach entsprechender Vorbereitung im Unterricht – den Flughafen Frankfurt auf englischsprachige Texte hin untersuchten, englisch sprechende Menschen interviewten und später einige dieser Interviews der ganzen Klasse vorstellten (Legutke & Thiel, 1983; vgl. auch Legutke, 1996a, S. 115ff., sowie Kap. C.1, Abschnitt 2.1). Kleinere oder größere Projekte (ein- oder mehrwöchig) sollten im Verlaufe eines Lehrgangs regelmäßig durchgeführt werden, weil sich bei ihrer Planung und Organisation wie auch bei der Durchführung eine Fülle an Möglichkeiten der Mitbestimmung sowie der realen, sachbezogenen Kommunikation ergeben. Sowohl das Aushandeln von Rechten und Pflichten als auch die Vermittlung von Informationen an andere schaffen natürliche Kommunikationssituationen, in der die Fremdsprache funktional verwendet wird – auch wenn ein gelegentlicher Rückfall in die Muttersprache sicher nicht völlig ausgeschlossen werden kann. (Für weitere Vorschläge vgl. Bredella & Legutke, 1985; Legutke, 1988a; 1989; Legutke & Thomas, 1993; Legutke, 1996a.)

6.4 Exkursionen, Schüleraustausch

Diese Formen des Kontakts kommen insbesondere mit Klassen, (Sport-)Gruppen usw. aus dem angelsächsischen Sprachraum zum Tragen, daneben aber auch in solchen Fällen, in denen Englisch die einzige gemeinsame Fremdsprache ist. In der Vorbereitung auf solche Begegnungen ergeben sich vielfältige mündliche wie schriftliche Handlungsmöglichkeiten (auch über E-Mail): Beschreibung der Klasse, ihrer Mitglieder, deren Interessen usw.; Austausch über die jeweilige Wohn- und Lebenssituation, die Stadt, die Schule, die Lehrer; Information über ein gewünschtes bzw. geplantes Programm; Mitteilung von Ankunftszeiten; Auswahl und Kauf von Gastgeschenken; Dank u.v.m.

7. Freie Gesprächsführung

Der entscheidende qualitative Sprung jenseits der bisher besprochenen schulischen Möglichkeiten ist die Planung und Realisierung von längeren, zusammenhängenden Gesprächssequenzen. In den allermeisten Fällen wird diese Zielsetzung schon ab dem 4. oder 5. Lernjahr relevant, während der Endpunkt dieser Entwicklung in der gymnasialen Oberstufe liegt (wo natürlich auch die meisten der bisher genannten Aktivitäten noch ihre Berechtigung haben). Ziel ist dabei zum einen die Förderung der Bereitschaft, sich überhaupt auf längere, von mehrfachem Sprecherwechsel geprägte Gesprächssequenzen einzulassen, zum anderen die Vermittlung und Übung wesentlicher Merkmale der Interaktionsstruktur von Gesprächen.

Didaktische Überlegungen müssen von den tatsächlichen Merkmalen authentischer Diskurse ausgehen, die inzwischen gut dokumentiert sind (z. B. Svartvik & Quirk, 1980; vgl. auch Edmondson & House, 1981; Brown & Yule, 1983; Keller & Warner, 1988):

- Sprecherwechsel
- Phasenaufbau von Gesprächen (ritualisierte Eingangs- und Endphasen)
- Berücksichtigung von „Nachbarschaftspaaren" wie Frage – Antwort/Rückfrage, Vorschlag – Annahme/Ablehnung oder Vorwurf – Rechtfertigung/Entschuldigung
- wechselseitiges Feedback-Verhalten
- Floskeln und *small talk* zur Kontaktaufnahme und -erhaltung (vgl. Arendt, 1996)
- Verständigung auf gemeinsames „Weltwissen"
- gemeinsames „Aushandeln" von Bedeutung gemäß dem Kooperationsprinzip von Grice (1975)
- rhetorische Strategien, z. B. Handicapsignale wie *Eh?, What?, Pardon?*, Abweichungssignale wie *Incidentally ...*, Signale der Gesprächsübernahme bzw. -weiterführung wie *yes, and/but ..., I agree, but ...* oder metakommunikative Äußerungen wie *What do you mean by this?*
- konversationelle „Schmiermittel" und Verzögerungsphänomene wie *well, er, listen, you know, I mean, so to speak, or anything, kind of* usw.
- Verstärkungspartikeln wie *just, what a ..., quite, really*
- grammatische und stilistische Spezifika
- nonverbale und paralinguistische Signale (Gestik, Mimik, Körperhaltung; Stimmhöhe, Stimmführung).

Diese (unvollständige) Aufzählung macht deutlich, dass Lehrer nur dann Schüler zur freien Gesprächsführung führen können, wenn sie selbst im Rahmen ihrer Ausbildung mit solchen Phänomenen vertraut gemacht worden sind (vgl. Edmondson, 1982).

Die schrittweise Hinführung zur freien Gesprächsführung kann schon früh – parallel zu den in den vorstehenden Abschnitten genannten Aktivitäten – beginnen (vgl. Bludau, 1975; Speight, 1995):

(1) *Vorgegebene Dialoge:* Hier wird mit – situativ eingebetteten – Dialogen gearbeitet, die für didaktische Zwecke konstruiert wurden und die Sprachmaterial enthalten, das man zum Durchspielen von Alltagssituationen benötigt. Mit zunehmendem Freiheits- und Schwierigkeitsgrad bieten sich als Aktivitäten an: Auswendiglernen, Vorlesen mit verteilten Rollen, vorheriges Üben mit relativ freier Darbietung sowie die Variation von Dialogen mit anderen Personen oder anderen Situationen.

(2) *Dialoge mit Lücken, offenem Ausgang usw.:* Dabei können für Anfänger und schwächere Schüler lexikalische Einheiten (Auswahlwörter) oder Wendungen vorgegeben werden. Stärkere Schüler können solche Listen selbst aus Basismaterial zusammenstellen oder auch Ausdrücke eigener Wahl finden.

(3) *Selbst erstellte oder selbstständig variierte Dialoge:* Um einen zusammenhängenden Dialogablauf zu planen, können deutsch oder englisch formulierte Ablaufschemata (*flow charts*) oder ungeordnete Sammlungen von Gesichtspunkten, die zunächst in eine Ordnung gebracht werden, vorgegeben bzw. von den Schülern schrittweise selbst erstellt und zu Dialogen ausgebaut werden.

Flow charts sind Schemata für den Ablauf von Gesprächen wie Kauf/Verkauf, Vorstellung und Bewerbung oder Verhandlung mit dem städtischen Beauftragten für das Jugendzentrum oder dem Vertreter einer Interessengruppe. Sie stellen eine wesentliche Hilfe für die Entwicklung größerer Planungseinheiten dar, indem sie den Schülern helfen, in größeren Zusammenhängen zu denken und Teilaspekte zu visualisieren. Danach können Karten mit je einer Sprechhandlung (z. B. Kaufwunsch äußern) zusammengestellt, geordnet und in variable Reihenfolgen gebracht werden, wobei Komplexität und Verzweigungsmöglichkeiten zunehmen.

In fortgeschrittenem Stadium kann die zusammenhängende Rede, zumindest in der Interaktion zwischen zwei oder mehr Teilnehmern, dann durch schriftlich oder mündlich vorgegebene oder von Schülern mit oder ohne Vorbereitung eingebrachte *key words* oder durch Zuruf oder Hochhalten von Stichwort-Karten für den jeweils nächsten Handlungsschritt geübt werden. Dabei sind die Motivationskraft des Themas, seine Ausgestaltungsmöglichkeiten (Vielschichtigkeit, Diskussionspotenzial) und die Betroffenheit der Lerner alles entscheidend. (Für weitere Vorschläge vgl. Ur, 1981; Watcyn-Jones, 1981; Wright, 1987, 1989.)

Wirklich freie Gespräche werden sich jedoch erst in der allmählichen Ablösung von orientierenden Vorlagen und Ablaufschemata entfalten können. Dabei sind in zunehmendem Maße sowohl gesprächsstrategische Gesichtspunkte wie die oben genannten sowie inhaltliche Gesichtspunkte wie die Entwicklung und Begründung einer eigenen Meinung, die (Weiter-)Entwicklung und Vertiefung sowie das Wechseln eines Themas und die Zusammenfassung von Stichpunkten und Argumenten zu berücksichtigen. Diese Punkte können den Schülern immer wieder anhand der übungsbegleitenden (vor- oder nachbereitenden) Analyse und Besprechung von aufgezeichneten und transkribierten authentischen Beispiel-Sequenzen verdeutlicht werden. An ihnen lassen sich mit den Lernern Gesichtspunkte und Kategorien entwickeln, um dann auch über das Reden reden zu können. Hinzuweisen ist in diesem Kontext auch auf psychisch bedingte Phänomene mündlicher Äußerungen wie unverbundene, oftmals vage Äußerungsfragmente, Auslassungen, Neuansätze oder Mischung verschiedenartiger Satzstrukturen, die jedoch nicht gelehrt werden.

Eine wichtige Aktivität ist es, auch die Hörerrolle in ihrer aktiv begleitenden Funktion zu analysieren und einzuüben (Vollmer, 1997a), d. h. neben dem Hörverstehen auch akzeptable Strategien der Gesprächsübernahme und -weiterführung (siehe oben) zu entwickeln. Dabei kann das Gespräch zunächst modellhaft zwischen Lehrer und Schüler geführt werden, sodass Strategien des Eingehens aufeinander, der Elaboration, der Eingrenzung oder der Ausweitung eines Gesprächsthemas erfahrbar werden, bevor sie von den Schülern geübt werden.

Gesprächsbereitschaft und Gesprächskompetenz können insbesondere in gezielten „Gesprächsworkshops" gefördert werden, in denen Schüler sich ohne Angst vor Bewertung freimütig zu selbst gewählten Themen, zur Planung und Organisation von Simulationen, Projekten oder Klassenfahrten o. Ä. äußern. Bei der Vorbereitung solcher Workshops stellen Arbeitsteilung und Gruppenarbeit wesentliche Prinzipien dar, weil aus diesen Arbeitsformen selbst eine Fülle von Mitteilungsanlässen entstehen, die nicht simuliert sind (vgl. Dietrich, 1995b). Prinzip ist, dass alle Gespräche in sprachlicher Hinsicht von einer wahrhaft experimentellen Einstellung aufseiten aller Beteiligten getragen werden. Wenngleich auch hier zunächst noch viel Anleitung, Lenkung, Strukturierung und Rückmeldung vonnöten ist, so muss den Schülern – noch mehr als in kommunikativen Phasen des Regelunterrichts – deutlich sein, dass es hier ausschließlich auf den Mitteilungswert von Äußerungen und auf die Gesprächsführung ankommt (*message before accuracy*; vgl. Timm, 1996a, S. 182ff.).

8. Interkulturelle Gesprächskompetenz

In den letzten Jahren hat sich verstärkt die Einsicht durchgesetzt, dass es nicht Ziel des Fremdsprachenunterrichts sein kann, die Schüler über die allmähliche Hinführung zu bestimmten kulturtypischen Interaktionsformen des Ziellandes zu so etwas wie *near-native-ness* zu führen: Dies ist ein problematisches, zu hoch gestecktes Ziel (vgl. Kasper, 1995). Denn der Gebrauch einer Fremdsprache in der Interaktion mit *native speakers* erfolgt nicht voraussetzungslos; vielmehr sind die Wahrnehmungs- und Handlungsmuster der Lernenden weitgehend von ihrer Herkunftskultur mitbestimmt. Verstehen der Äußerung eines anderen, eines Fremden, erfolgt zunächst auf dem Hintergrund der eigenen Voraussetzungen, die erst langsam durch Vergleich und Gegenüberstellung hinterfragt und relativiert werden. Indem diese potenziell immer schon vorhandene Einsicht jetzt explizit ausformuliert und in didaktische Überlegungen eingebracht wird, nähert man sich der wahren Komplexität fremdsprachlichen Handelns weiter an und wird der Vielschichtigkeit des interkulturellen Austausch- und Lernprozesses gerechter (vgl. Vollmer, 1997b).

Allerdings sind Diskursanalyse und vergleichende Kommunikationswissenschaft noch immer nicht genügend auf die Erforschung und Modellierung interkultureller Prozesse ausgerichtet (Gardner, 1984). Wir wissen inzwischen über interkulturelles Verstehen zwar einiges (vgl. z. B. Bredella, 1992, 1995b), weniger aber über interkulturelle Kommunikation und die Vielschichtigkeit und Dynamik der dabei ablaufenden realen Interaktionsprozesse (vgl. Knapp & Knapp-Potthoff, 1990; Vollmer, 1994, 1995a). Erst wenn wir mehr empirisch gesichertes Wissen darüber besitzen, was sich in Begegnungssituationen zwischen Menschen unterschiedlicher Muttersprache und Herkunftskultur tatsächlich abspielt, können die didaktischen und methodischen Konsequenzen genauer ausformuliert werden. (Für den Englischunterricht vgl. Rampillon, 1990, sowie Kap. C.10; für übertragbare, sehr bedenkenswerte Ansätze aus dem Bereich Deutsch als Fremdsprache vgl. B. Müller, 1994; Bachmann, Gerhold & Wessling, 1996; Hansen & Zuber, 1996.)

Der Aufbau interkultureller Gesprächskompetenz stellt den Englischunterricht vor völlig neue und noch nicht ganz abzuschätzende Aufgaben und Herausforderungen, die zu einem neuen Selbstverständnis der Englischdidaktik führen werden. Unter den Bedingungen einer zunehmend multikulturellen Gesellschaft wird interkulturell bestimmtes sprachliches Lernen als Grundlage jeglicher Verständigung überhaupt erkannt (Gogolin, 1994). Diese Herausforderungen können allerdings nicht allein von der Englischdidaktik, sondern nur in enger Kooperation mit anderen Fremdsprachendidaktiken sowie einem veränderten Muttersprachenunterricht gemeistert werden.

4 Kreatives Schreiben

Virginia Teichmann

Der Titel „kreatives Schreiben" lässt viele Lehrer vorschnell resignieren. Sie leben in der Vorstellung, die eigenen Schüler und Schülerinnen könnten niemals einen Sprachstand erreichen, um längere, zusammenhängende, vollkommen eigene, womöglich auch noch „literarische" Texte in der Fremdsprache zu schreiben. „Kreativ" im didaktischen Zusammenhang des schulischen Fremdsprachenunterrichts muss aber keineswegs nur eine solche vollkommene Neuerschaffung eines selbstständigen Textes, etwa im Sinne von Freinets „freiem Schreiben", meinen. Auch jede gedankliche Teilleistung im schriftlichen Bereich ist dann „kreativ", wenn die Lernenden ihnen bekannte, mehr oder weniger korrekte sprachliche Formen selbst zusammensetzen und dabei etwas für sie Neues erschaffen.

1. Theoretische Vorüberlegungen

Ob eine fremdsprachliche Leistung „kreativ" ist, hängt von der Art des Denkprozesses ab, auch wenn das Endergebnis in den Augen anderer noch so bescheiden ausfällt. Diese breite Definition von Kreativität erlaubt nicht nur den Einsatz von entsprechenden Aufgaben gleich vom Anfang des Fremdsprachenunterrichts an, sondern erklärt auch, warum das kreative Schreiben ein unerlässliches Element im handlungsorientierten Lernen ist. (Für Überblicke über Definitionen von „Kreativität" und deren Anwendung im Fremdsprachenunterricht vgl. Wernsing, 1995, S. 43–61, und Beile, 1996, S. 4.)

Bei dieser Definition entsprechen nämlich die Prozesse, die während des kreativen Schreibens stattfinden, denen, die den gesamten Spracherwerbsprozess ausmachen: Spracherwerb findet nur durch Ausprobieren von selbst erstellten Hypothesen und durch deren Modifizierung bei Fehlkommunikation oder Nichtbestätigung statt. Dazu ist einerseits psychologisch Risikobereitschaft erforderlich und andererseits kognitiv die Fähigkeit, Strategien zur Hypothesenbildung zu entwickeln und bei Nichtbestätigung (= Fehlern) diese Hypothesen zu modifizieren. Fremdsprachenunterricht kann nur Erfolge erzielen, wenn er diese Grundlagen des Spracherwerbs systematisch fördert und einübt.

Dies sind die Fähigkeiten, die kreatives Schreiben von der Wortbildung bis zur Herstellung von Textkohäsion und Textkohärenz einübt (vgl. Lörscher, 1995). Darüber hinaus hat das Schreiben im Vergleich zur mündlichen Ausdrucksform den Vorteil, dass es langsamer abläuft und damit die allmähliche Automatisierung dieser Fertigkeit ohne Zeitdruck erlaubt. Der fehlende Zeitdruck sowie der Überblick über den durch die Vorgabe und die Textsorte bestimmten Erwartungshorizont („Schema"; vgl. Kap. D.1, Abschnitt 1) entlasten die Lernenden und öffnen ihnen verschiedene Zugriffsmöglichkeiten auf schon Bekanntes, die für den kreativen Prozess des Neukombinierens notwendig sind. Deswegen ist kreatives Schreiben (*comprehensible output*; vgl. Einleitung, Abschnitt 3) keinesfalls nur dekorativer Zusatz, sondern gerade eine zentrale didaktische Komponente des Fremdsprachenunterrichts, die es gilt, von Anfang an in kleinen Schritten einzuüben.

2. Von der Theorie zur Praxis: An wen wenden sich Schülertexte?

Sprechen, wie es heute als Handlungsform verstanden wird, setzt immer eine Absicht voraus: Mit einer sprachlichen Äußerung will man etwas bewegen, etwas erreichen (vgl. Bach

& Timm, 1996b). Es ist aber eine Grundproblematik des schulischen Fremdsprachenunterrichts, dass es häufig keinen wirklichen Adressaten gibt. Es ist gerade keine ausreichende Motivation, immer nur für die Lehrperson oder gar für eine Note zu schreiben, und beim besten Willen und mit noch so viel Einsatz ist eine kontinuierliche Motivation über Schuljahre hinweg mit authenthischen Partnerschaften, Austauschprogrammen, E-Mail, virtuellen Klassenzimmern u. Ä. für die Gesamtheit der Schülerschaft in beiden Sekundarstufen kaum aufrechtzuerhalten.

Deswegen muss man, um die Authentizität des Mitteilungsvorgangs bei kreativen Schreibaufgaben zu gewährleisten, Formen innerhalb des Schullebens entwickeln, die den Lernenden ein geeignetes Publikum verschaffen. (Dabei entsteht die positive Nebenwirkung, dass die Schule selbst sich zu einer von allen Beteiligten getragenen, eigenen Lebensform entwickelt, die nicht ständig ihre Berechtigung außerhalb ihrer Mauern oder in der Zukunft der Schüler und Schülerinnen suchen muss.) Eine Minimalanforderung ist hier die Erweiterung der Lehrerreaktion über die „Korrektur" der verbesserungswürdigen Aspekte des Textes hinaus (vgl. Abschnitt 4) auf die inhaltliche Mitteilung des Textes, wenn auch nur mit einem Wort oder einem kurzen Satz (Beispiele: *Scary! Poor boy/girl! Sounds like a great trip! What an unexpected ending!*). Die Schreibenden erfahren dadurch, dass jemand ihre Texte als Mitteilungen liest und auffasst, nicht nur als sprachliche Turnübung mit dem Ziel einer Benotung. Sowohl die Größenordnung und Verfügbarkeit des Publikums als auch die Form der Darbietung lassen sich natürlich variieren: Klassen können intern oder für andere Klassen, mit mehr Aufwand auch für Eltern oder Schulfeste, Lesungen oder Aufführungen eigener Texte (von eigenen Kurzgedichten, Rap-Texten und Kurzgeschichten bis hin zum szenischen Spiel) gestalten. In der schriftlichen Form können die Texte in Mappen als Lektüre für die Mitschüler im Klassenzimmer bereitliegen oder die Klasse kann ein eigenes „Buch", eventuell mit Bebilderung, erstellen (fotokopiert und mit Heftklammern: Aufwand in zeitlich vertretbarem Rahmen halten). Besonders Gedichte eignen sich für illustrierte Plakate für Klassenzimmer oder Flur, während fast alle kurzen Texte oder Dialoge auf einer Hörcassette ein Publikum unter Mitschülern und in der Familie finden. Auf alle Fälle muss man sich als als Grundprinzip immer vor Augen halten: Das Schreiben ist – auch für Lernende – ein Mitteilungsprozess, der mindestens einen Empfänger voraussetzt, der sich wirklich dafür interessiert, was mitgeteilt wird, und der dieses Interesse auch zeigt (vgl. auch Kap. C.1, Abschnitt 3.3). Die Erfüllung dieser Voraussetzung trägt genauso zur Authentizität des Fremdsprachenunterrichts bei wie Klassenreisen ins Ausland oder E-Mail-Partnerschaften.

3. Anregungen für die Praxis

Der Erwerb der Fremdsprache allgemein und der Fähigkeit des kreativen Schreibens im Besonderen wird gefördert, wenn von Anfang des ersten Lernjahrs an zwei wichtige Voraussetzungen aufgebaut werden: die Fähigkeit, Informationen an vielen Stellen im Gehirn zu speichern und sie dann auf unterschiedlichen, nicht unbedingt direkten Pfaden abzurufen, sowie die Fähigkeit, Merkmale der Textstruktur (Kohäsion und Kohärenz) zu erkennen und auf vielfältige Weise selbst zu berücksichtigen. Zur ersten Fähigkeit trägt ein ganzheitlich orientierter Unterricht bei, in dem alle Sinne angesprochen werden und Gestik, Mimik und andere schauspielerische Elemente eingesetzt werden; die letztere wird durch alle Aufgaben entwickelt, die Rätsel- oder Puzzlecharakter haben.

Konkrete kreative Schreibaufgaben lassen sich nach dem Anteil der vorgegebenen sprachlichen Elemente einteilen. Wenn man sich die eingangs formulierte Definition von „Kreativität" vor Augen hält, dann versteht man, in welchem Sinn auch Aufgaben mit vollständig vorgegebenem sprachlichen Material kreativ sind: Die Lernenden strukturieren dieses Material zu für sie neuen Ergebnissen. Satzschalttafeln, die bewusst zu lustigen oder surrealen Ergebnissen führen, oder das Zusammenstellen von Nonsensstundenplänen, -einkaufszetteln, -speisekarten sprechen jüngere Schüler an, fördern ihre Bereitschaft, Neues auszuprobieren, und setzen ja voraus, dass sie das Normale erkennen: Nonsens ist ja nur lustig auf dem Hintergrund des Normalen. Zu ganz anderen Ergebnissen führt das Erstellen von konkreten Gedichten mit vorgegebenem, bewusst begrenztem Wortschatz (z. B. Verben eines Wortfeldes, affektive Adjektive). Hier entstehen eher nachdenkliche Texte, die gerade durch ihre eingeschränkten Mittel eine starke Wirkung haben. Bei beiden Ansätzen ist das Wesentliche der Zwang für die Lernenden, sich mit dem vorhandenen Sprachmaterial auseinander zu setzen und etwas Eigenes, Neues damit zu erstellen: Der Denkprozess, der von der Aufgabenstellung in Gang gesetzt wird, ist der des Spracherwerbs überhaupt.

Auf der nächsten Stufe wird zwar immer noch sehr viel vorgegeben, auf unterschiedliche Weise aber fügen die Lernenden nicht nur eigene inhaltliche Ideen, sondern auch eigenes oder selbst nachgeschlagenes Sprachmaterial hinzu. Zu solchen Aufgaben gehören die, die zunächst eine bekannte Situation aus dem Lehrbuch aufgreifen (z. B. Einkaufen, Geburtstag, Klassenzimmer), die den Einsatz von automatisiertem Sprachmaterial erlaubt, dann aber den Eintritt des Unerwarteten oder einer Schwierigkeit vorschreibt. Eine solche Aufgabe versetzt die Lernenden auf der inhaltlichen Ebene in eine Situation, die gedanklich der klassischen Spracherwerbssituation ähnelt: Man kommt an eine Stelle, an der es mit den sicher beherrschten Mitteln nicht weitergeht. Man muss ausweichen auf andere, durch Hypothesen (plausible Vermutungen) konstruierte Mittel und versuchen, damit weiterzukommen.

Umwandlungsaufgaben bieten auch sehr viel Sprachmaterial an, zwingen die Lernenden dazu, sich damit auseinander zu setzen, um die Aufgabe zu lösen. Es lassen sich die Textsorte und/oder die Erzählperspektive umwandeln, wobei je nach Vorlage und Art der Umwandlung der Schwierigkeitsgrad gesteuert wird. Eine Geschichte in der dritten Person mit einem „Kamera"-Erzähler ist leichter in einen Zeitungsbericht als in einen Tagebucheintrag umzugestalten, während es sich bei einem Ich-Erzähler im Normalfall umgekehrt verhält. Auch eigene oder modernisierte Versionen bekannter Märchen führen zum Umgestalten mit weitgehend bekanntem Sprachmaterial.

Einen Schritt weiter führen die Aufgaben, die zwar einen Text oder Textteil vollständig angeben, andere Teile aber vollkommen frei erfinden lassen. Das Abbrechen eines Textes an einer Gelenkstelle mit der Aufgabe, ihn zu Ende zu schreiben, oder das Auffüllen von Leerstellen in einem vollständigen Text erfordert nicht nur das Mobilisieren der Fremdsprachenkenntnisse (*comprehensible output*), sondern vor allem Verständnis von möglichst vielen Nuancen des vorgegebenen Textes, damit die eigenen Ergänzungen zum vorgegebenen Text passen. Die Auswahl einer Leerstelle, ob als innerer Monolog, Gespräch, Tagebucheintrag o. Ä., ist besonders wirkungsvoll an Textstellen, die irgendwelche Emotionen hervorrufen können.

Aufgaben, die die Schreibenden zu vollständig oder fast vollständig selbst erfundenen Texten anregen, können von sehr unterschiedlichen Stimuli ausgehen. Man kann den Titel, einen kurzen Textanfang, den letzten Satz oder eine Sequenz, die irgendwo im Text vor-

kommen muss, vorgeben. Bei solchen Aufgaben ist es hilfreich für Lernende, die nicht auf
Anhieb den Einstieg finden, ein in einem gemeinsamen Brainstorming an der Tafel gesammeltes Sprachmaterialangebot zur Verfügung zu haben. Durch die Wahl des Stimulus kann
die Lehrerin hier natürlich sowohl den zu benutzenden Wortschatz als auch die Strukturen
steuern. Besonders geglückte Ergebnisse entstehen, wenn der Stimulus zusammen mit dem
Sprachstand der Lernenden fast erzwingt, dass Form und Inhalt einander widerspiegeln.
Geschichten aus der Kindheit, z. B. *My first day at school* oder *The most awful / The nicest thing
that ever happened to me at nursery school* führen zu dem Zeitpunkt, wenn das *simple past* gerade eingeführt worden ist, zu Texten, die eine kindliche Einfachheit ausstrahlen, die genau zum Thema passt. Andere Vorgaben können ein nicht zu detaillierter Diskursverlauf
oder ein Plot in Stichworten sein, wobei die Lernenden das Textskelett mit eigenem
„Fleisch" ausfüllen.

Man kann auch einen Stimulus auf der abstrakten Ebene eines Strukturmerkmals geben,
was aber viel Eigenleistung von den Lernenden verlangt. Besonders in der Sekundarstufe I
gelingt dies besser, wenn eine zusätzliche soziale Motivation vorhanden ist, z. B. ein Spiel
mit Spielregeln erstellen, das dann von anderen in der Klasse gespielt wird, oder eine Detek-
tivgeschichte mit „Fangstellen" für die Adressaten schreiben. Beispiel: Die Detektivin sammelt mehrere Hinweise, bevor sie den Dieb/Mörder erkennt. Welche Hinweise helfen ihr,
welche haben nichts damit zu tun oder vernebeln sogar die Suche? In diesem Beispiel müssen sich die Schüler Gedanken darüber machen, was wirklich zu einer klar strukturierten
Geschichte gehört, d. h., die Textkohärenz wird hier gerade über ihr Fehlen thematisiert.

Eine der beliebtesten Stimulusformen für das kreative Schreiben ist die literarische Vorlage. In der didaktischen Diskussion wird das kreative Schreiben manchmal mit dem Lernziel eingesetzt, zum besseren Verständnis eines zu behandelnden literarischen Textes zu
führen; die andere Vorgehensweise benutzt den literarischen Text nur als Sprungbrett, um
die eigene Textproduktion bei den Lernenden gestaltend anzuregen. Es ist aber nicht so,
dass diese Lernziele sich gegenseitig ausschließen. Im Gegenteil, sie ergänzen sich: Die Beschäftigung mit literarischen Vorlagen eröffnet den Lernenden Schreibmöglichkeiten und
sie verstehen und schätzen erst recht die Leistung literarischer Formen, wenn sie selbst im
Schreibprozess sich damit auseinander setzen. Dies gilt auch für Aufgaben, bei denen die
Textsorte oder die Erzählperspektive verändert wird: Durch eigenes Schreiben wird der
Blick für die durch die Umwandlung verursachten Änderungen geschärft. Besonders be-
eindruckende Beispiele des kreativen Schreibens in der Schule entstehen in Anlehnung an
moderne Gedichte, die durch ihre sprachliche Reduktion, syntaktische Unvollständigkeit
und Wiederholungen (manchmal mit minimalen Änderungen) eine wirkungsvolle Dichte
erreichen.

Auf allen Lernstufen kann man auch außersprachliche Stimuli einsetzen. Geräusche
von einer Toncassette lösen spontane Reaktionen aus, die sich zu Texten ausbauen lassen.
Visuelle Stimuli verschiedenster Art, gegebenenfalls gefolgt von einem Brainstorming, bei
dem Stichwörter gesammelt werden, führen zu der angestrebten Auseinandersetzung der
Lernenden mit der Fremdsprache: Sie wollen eigene Ideen ausdrücken. Gegenstände, Fotos, Bilder, Bildergeschichten (auch abgebrochene), Collagen, Videofilme (auch ohne Ton)
bieten sich hier an. Natürlich werden die Texte von Fremdsprachenanfängern kürzer und
einfacher ausfallen als die von fortgeschrittenen Lernern und nicht immer eine Qualität
haben, die sie für eine breitere Öffentlichkeit vorbestimmt; der entscheidende Punkt ist
aber, dass die Lernenden selbst entschieden haben, was sie ausdrücken wollten, und selbst

entweder im Fundus des eigenen Gehirns oder in den ihnen zur Verfügung stehenden Nachschlagwerken, wozu auch die Lehrkraft zählt, entsprechendes Sprachmaterial gesucht haben. (Für Hinweise auf Literatur mit weiteren praktischen Vorschlägen vgl. die Auswahlbibliografien in Rampillon & Reisener, 1993 und 1996.)

Gerade um diesem Suchprozess einen für die Effektivität wichtigen Fokus zu geben, ist es hilfreich, bei kreativen Schreibaufgaben einen deutlichen Rahmen vorzugeben. Es führt nicht zu den besten oder für die Lernenden befriedigendsten Ergebnissen, alles frei und offen, im populären Verständnis „kreativ" erstellen zu lassen. Die Lernenden können gerade innerhalb eines vorgegebenen Rahmens ihre Kräfte in die eigene Ausfüllung dieses Rahmens investieren und verlieren nicht Zeit und Nerven bei dessen Erfindung. Das bedeutet nicht, dass man niemals eine vollkommen freie Aufgabe stellen kann, aber man soll nicht dem Irrtum verfallen, nur freie Aufgaben seien „echt" kreativ. Der Heterogenität der Schülerschaft wird eher Rechnung getragen, wenn gelegentlich eine freie Aufgabe als Alternative zum vorgegebenen Rahmen gestellt wird. (Zum Komplex „gelenktes und freies Schreiben" vgl. auch Kupetz, 1997.)

Bei der Formulierung von kreativen Schreibaufgaben kann man die altersbedingten Eigenschaften der Lernenden konstruktiv einsetzen. In der Sekundarstufe I sind sie eher motiviert, Texte zu schreiben, die Rätsel oder Fallen für die Leser bereithalten. Psychologische Feinheiten in der Entwicklung von fiktiven Personen werden eher älteren Schülern gelingen. Jüngere Lernende schlüpfen gern in eine Rolle beim Schreiben, aber auf der Sekundarstufe II sind die Schreibenden eher fähig und bereit, mit der ersten Person sich selbst zu meinen. Je nach Zusammensetzung der Klasse auf allen Altersstufen kann man einen gesunden Spaß am Wettbewerb einsetzen, indem man die Regeln eines von einer anderen Gruppe durchzuführenden Spieles erfinden lässt oder Texte nach einem Satz zur Fortsetzung weiterreichen lässt.

Diese Vorschläge deuten schon an, dass beim kreativen Schreiben nicht nur Einzelarbeit förderlich ist. Gerade die im Fremdsprachenunterricht gewünschten Vorgänge von Hypothesenaufstellung und -modifizierung aufgrund des Feedbacks machen die Sozialformen der Partner- und Kleingruppenarbeit wertvoll: Schon im Textentstehungsprozess teilen sich die Lernenden ständig mit und machen Vorschläge, die eine sofortige Resonanz bei Gleichaltrigen hervorrufen. Dieses Ausprobieren von Ideen auf allen Ebenen erfolgt zunächst im „geschützten" Rahmen, d. h., die ersten tastenden Versuche werden nicht beurteilt und die Lernenden helfen sich gegenseitig, Probleme zu erkennen und befriedigende Lösungen dafür zu finden. Um diesen Entstehungsprozess zu unterstützen, sollten die gemeinsam gesammelten Hilfen im Vorfeld nicht zu umfangreich sein, denn der eigentliche Ablauf der Erzählung, des Dialogs oder des Gedichts entwickelt sich oft erst in der Arbeit am Text. Die Annahme eines Vorschlags kann es notwendig machen, eine bestimmte Person oder Motivation einzuführen, oder die Entscheidung für einen Handlungsstrang macht einen früheren Textteil jetzt doch überflüssig. Durch gegenseitiges Fragen, Überlegen, Bestätigen oder Verwerfen setzen sich die Lernenden mit den Prinzipien der Textkohäsion und der Textkohärenz auseinander und kommen gemeinsam zu einem besseren Ergebnis, als es im Alleingang möglich wäre.

Der zunächst als „fertig" bezeichnete Text ist im Idealfall eine Zwischenfassung. Sowohl die Mitlernenden als auch die Lehrperson können in einem ersten Durchgang Fragen zu Unklarheiten stellen und verbesserungsbedürftige Stellen markieren. Das stufenweise Annähern an die letzte Fassung entspricht zum einen dem authentischen Vorgehen bei erwachsenen Schreibern und unterstützt vor allem wieder den Prozess *Hypothesenbildung – Feed-back – Modifizierung*. Ein solches Verfahren ermöglicht es auch schwächeren Schülern, bei entsprechendem Einsatz zu einem vorzeigbaren Ergebnis und bei entsprechender Bewertung des ganzen „Portfolios" (der Sammlung der einzelnen Versionen) zu einer respektablen Note zu kommen. In diesem Zusammenhang sind die Vorteile der Texterstellung auf dem Computer, soweit die Altersstufe und die Gattung es erlauben, klar ersichtlich: Lernende sind viel motivierter, Korrekturen vorzunehmen, und können ihre Zeit und Konzentration für die kreative Spracharbeit statt für das wiederholte Abschreiben einsetzen. (Zu den positiven Auswirkungen der Texterstellung am Computer überhaupt, besonders in Gruppenarbeit, vgl. Legenhausen & Wolff, 1991b.)

Je nach Ausstattung der Schule und der Lernenden zu Hause erlaubt der Computer auch andere Formen der Differenzierung. Lernende, die nicht in der Lage sind, kreativ zur Textentstehung beizutragen, können den fremdsprachlichen Text in den Computer eingeben oder die Korrekturen vornehmen und dadurch ihren Spracherwerbsprozess fördern. Ähnlich kann man besonders bei gelegentlichen „Glanzproduktionen" wie szenischen Aufführungen für andere Klassen, selbst erstellten „Büchern", Plakaten u. Ä. die Lernenden je nach Begabung und Sprachstand einsetzen. Die treffende Umsetzung eines Textes in eine Illustration für das gemeinsam erstellte „Buch" erfordert ein subtiles Verstehen der Handlung, der Atmosphäre, des Charakters von Personen usw. Häufig sind die besonders visuell begabten Schüler und Schülerinnen gerade diejenigen, die sprachlich nicht so gewandt sind. Bei der Weiterarbeit mit kreativen Schreibtexten kommen aber ihre besonderen Fähigkeiten zum Tragen, die eine andere Art des Umgangs mit der Fremdsprache erfordern – und ermöglichen. Positive Erlebnisse dieser Art im Fremdsprachenunterricht dienen dann auch als Sprungbretter, über die Selbstvertrauen für eigene sprachliche Produktionen aufgebaut wird.

Eine weitere Möglichkeit der Differenzierung besteht im Einsatz der Muttersprache. Gerade Beobachtungen der Spracherwerbsforschung bei bilingualen Kindern legen eine solche Zweigleisigkeit nahe. Muttersprachliche Entsprechungen zu den vorgegebenen Stichworten können angeboten werden, komplizierte Plot-Zusammenhänge dürfen mündlich in der Muttersprache erklärt werden oder muttersprachliche Einzelwörter können zunächst in den Erstentwurf hineingeschrieben werden, um den Schreibfluss nicht zu unterbrechen. Die Lernenden sollen das ganze ihnen zur Verfügung stehende Sprachmaterial einsetzen, um sich im ständig verfeinerten Annäherungsverfahren mitzuteilen.

4. Von der Praxis zurück zur Theorie: Bewertung

In der Bewertung von kreativen Texten von Lernenden steckt eine besondere Problematik. Die Institution „Schule" erfordert Noten und Lernende wollen auch in gewisser Hinsicht Noten, um ihre Leistung einschätzen zu können. Das „normale" Bewertungsverfahren des Zusammenzählens von „Fehlern" ist für die Fähigkeiten und Fertigkeiten, die beim kreativen Schreiben gefördert werden sollen, jedoch genau kontraproduktiv: Risikobereitschaft und das Hinaustasten in bis jetzt nicht vollkommen beherrschte oder unbekannte Formulierungen unter Inkaufnahme von „mutigen" oder „intelligenten Fehlern" (hier nicht als Normverstöße, sondern als notwendige Interlanguage-Phänomene verstanden) sind gerade erwünscht. Von der „Fehlerzahl" X direkt auf die Note Y zu kommen wäre in diesem Prozess verheerend.

Beim kreativen Schreiben ist die Rolle der Lehrkraft deswegen eine andere: Es gilt hier die kommunikative und sprachliche Leistung der Lernenden zu honorieren und ihnen Hilfen zur Behebung der Schwächen ihrer Produkte bereitzustellen. Oben wurde schon festgestellt, dass jede schriftliche Leistung zumindest eine Reaktion auf die inhaltliche Mitteilung verdient. Wenn es hilft, Transparenz zu schaffen, kann diese Reaktion mit einer anderen Stiftfarbe als die Kommentare zur sprachlichen Leistung erfolgen. In ähnlich motivierender Weise und als Hilfe für weitere schriftliche Versuche sollen die lobenswerten sprachlichen Leistungen kommentiert werden, die für diese Sprachstufe oder für den einzelnen Schüler besonders positiv sind. Die Lernenden müssen nicht nur erfahren, was verbessert werden muss, sondern auch, was erhaltenswert und ausbaufähig ist. Die Kommentare sollen stufen- und schülerspezifisch sein und dienen nebenbei der authentischen Begegnung mit der Zielsprache: *Well done! You got all the past tense forms right; You've developed Catherine's character very well this time, and I can imagine just what she's like; Your story line is very clear, the action moves right along without any unnecessary bits.*

Eine Vereinbarung mit der Klasse fördert auch die Transparenz bei der Korrektur der sprachlichen Probleme. Je länger die Texte und je wagemutiger die Schreibenden, desto weniger wird es zeitlich möglich und lerneffektiv sein, alle Normabweichungen zu markieren (vgl. Kap. F.1, Abschnitt 3.1.). Korrekturen können aber auch so verstanden werden, dass die (traditionell mit Rot) markierten Stellen und Kommentare auf Verbesserungen hinweisen, die für ein adäquates Verständnis des jeweiligen Textes notwendig sind. Bei der Entscheidung, was in diese Kategorie der zu markierenden Fehler fällt, kann man folgende Kriterien heranziehen. Erstens ist natürlich alles, was wirklich keinen Sinn oder keinen logischen Sinn innerhalb des jeweiligen Textes gibt, verbesserungsbedürftig. Dies gilt von der Rechtschreibung bis zum Textaufbau. Ferner kann man (eventuell gemeinsam mit den Lernenden) für die spezifische Aufgabe einen Erwartungshorizont aufstellen, der sich an bereits Behandeltem orientiert. Natürlich wirkt es sich negativ auf die Aufgabenendnote aus, wenn Vokabeln oder Strukturen aus der letzten Unterrichtseinheit vollkommen falsch benutzt werden; dagegen wird der nicht ganz gelungene Versuch, neue, bis jetzt nicht oder kaum eingeführte Formen einzusetzen, eher positiv aufgefasst. Genauso verfährt man, ähnlich wie eine Muttersprachenlehrerin, bei den Merkmalen einer bestimmten Textsorte oder der Textstruktur allgemein. Dabei ist es nicht zweckmäßig, Korrekturen in dem Sinne vorzunehmen, dass bei nicht akzeptablen Stellen die richtige Formulierung angegeben wird. Da Lernen nur stattfindet, wenn die Schüler und Schülerinnen selbst zum „Aha"-Erlebnis kommen, ist es viel effektiver, Hinweise auf den Fehlertyp oder auf die entsprechenden Hilfsmittel zu geben (vgl. Kap. F.1, Abschnitte 2.1 und 3.2).

Dabei ist es für die (fremd)sprachliche Entwicklung der Lernenden wichtig, nicht nur auf die sprachlichen Einzelphänomene, sondern auf die Textsorteneigenschaften und auf die gesamte Textstruktur zu achten. Hier kommt der Fremdsprachenlehrerin eine Rolle zu, die parallel der der Deutschlehrerin ist: Sie erarbeitet auch mit der Klasse die einschlägigen Textmerkmale und vereinbart, welche für eine bestimmte Aufgabe erforderlich sind. Nur wenn die Charakteristika der betreffenden Textsorte in sich stimmig sind und der Gesamttext logisch zusammenhängt, ist der Text effektiv im Sinne der vom Schreibenden gewünschten Mitteilungsabsicht.

Es wird eher selten der Fall sein, besonders bei längeren Texten, dass die erste Version eines Schülertextes vollkommen befriedigend ist. Wie es Erwachsene auch tun, sollen die Lernenden so lange an ihren Texten feilen, bis sie zufrieden sind. Dabei kann über mehrere Versionen hinweg allmählich auf eine Reduzierung der sprachlichen Verstöße und auf eine verbesserte Textkohärenz und -kohäsion hingearbeitet werden; diese Ziele können nicht im ersten Anlauf erreicht werden. Es ist die Sammlung der Versionen, das „Portfolio" also, das dann benotet wird: Die Steilheit der Verbesserungskurve, d. h. die Bereitschaft zu und der Zeiteinsatz bei der Erstellung der verbesserten Version(en), trägt zusammen mit dem Endprodukt zur endgültigen Note bei.

5. Ermutigung

Die Vorschläge in diesem Kapitel beruhen auf einem Verständnis von schulischem Fremdsprachenunterricht als Sonderform des Spracherwerbsprozesses und von Kreativität als einem spezifischen Denkprozess, auch wenn er nur in Kleinstschritten erfolgt. Das Ergebnis ist weniger eine zusätzliche Übungsform, die dem traditionellen, instruktivistischen Unterricht aufgepfropft werden kann, als vielmehr eine grundsätzliche Änderung im Verhältnis der Lernenden zur Fremdsprache, zueinander und zur Lehrperson. Durch den kreativen Schreibprozess begeben sich Lernende und Lehrende auf gemeinsame Entdeckungsreisen, wobei die Reisen gemeinsam erfolgen, die Entdeckungen jedoch zum Teil sehr unterschiedlich sind. Dabei verändert sich die Lehrerrolle vom Wissensvermittler zum Anbieter von Hilfestellungen. Diese Reise schafft, wenn die Beteiligten das so wollen und zulassen, eine Vertrauensbasis, auf der die Mitteilungsbereitschaft, zusätzlich gestützt durch den befreienden Einfluss der fremden Sprache, wachsen kann. Inwiefern die Lehrperson sich auf diesen für manche zunächst ungewohnten Aspekt der Reise einlassen will, ist eine persönliche Entscheidung, die sich in der Formulierung der Reaktion auf den Inhalt niederschlägt. Kreatives Schreiben setzt aber in jedem Fall Denkprozesse in Gang, bei denen alle Beteiligten neue und wichtige Aspekte der Fremdsprache entdecken, sich aneignen und in authentischen Mitteilungsprozessen einsetzen.

E Wortschatz und Grammatik

1 Wortschatz und Grammatik im Kontext

Werner Bleyhl und Johannes-Peter Timm

Une langue n'est pas une matière comme une autre, eine Sprache ist kein Schulfach wie ein anderes, sagt Claude Hagège. Das folgende Kapitel untermauert diese Feststellung durch eine Reihe von Beispielen, die zeigen, dass sprachliche Phänomene nicht, wie vielleicht andere Schulstoffe, isoliert und streng gestuft „vermittelt" werden können. Lernende müssen Bedeutung und Funktion praktisch aller sprachlichen Phänomene vielmehr im jeweiligen sprachlichen und situativen Kontext erfahren: *Experience is the best of all schools. ... The ideal curriculum consists of well selected experiences* (A. N. Applebee).

1. Sprachformen im Kontext

„Text" und „Kontext", vom Lateinischen kommend, bedeuten „das Gewobene". Die Fäden kreuz und quer verwoben, einer immer über und unter dem anderen, gewähren erst die Festigkeit, die Kohäsion und Kohärenz, und ergeben das Muster.

Nun sind (Kon-)Texte aber nicht nur zweidimensional, die Fäden verlaufen nicht nur von oben nach unten bzw. von links nach rechts. Ihre Struktur ist – wie Sprache überhaupt – komplex. Versucht man sich dieser Komplexität zu nähern, so kann zunächst festgestellt werden, dass Texte, wie die Welt, „hierarchisch geschichtet" sind. Genau wie uns die Welt vom Atom über das Molekül usw. bis zum ganzen Universum hierarchisch strukturiert erscheint, können auch Texte in Schichten analysiert werden: über Phonem, Morphem, Wort, Wortgruppe, Satz und Abschnitt bis zur Makrostruktur des konkreten Textes (mit der Fortsetzung auf den abstrakten Ebenen von Gattung und Sprache). Jede höhere Schicht baut formal auf den darunter liegenden auf, setzt diese voraus (*bottom-up processing*).

Diese lexikalisch-grammatische Dimension eines Textes stellt jedoch nur die Oberfläche dar. Sie ist relativ einfach zu beschreiben. Daneben darf aber die semantisch-pragmatische Dimension in ihrer Doppelköpfigkeit – Intention (Produktion) und Wirkung (Rezeption) – nicht vergessen werden. Kommunikationstheoretisch gesehen, haben wir es hier mit der Doppelbödigkeit von Inhalts- und Beziehungsebene zu tun, wonach Texte bzw. einzelne Äußerungen nicht nur lexikalisch-grammatisch fixierte Inhalte repräsentieren, sondern darüber hinaus auch eine pragmatische Funktion im Rahmen der Kommunikationssituation erfüllen (Watzlawick, Beavin & Jackson, 1996, S. 53ff.). Erst die Beziehungsebene bringt die ganz essenzielle soziale Dimension von Texten/Äußerungen ins Spiel.

Die Dominanz der Beziehungsebene über die Inhaltsebene kann so weit gehen, dass es in bestimmten Situationen auf die Wörter selbst gar nicht mehr ankommt. Selbst in Situationen, wo gerade die Inhalte und deren präzise Formulierung wichtig sind (z. B. in einer Verhandlung), ist es primär die spezifische Natur der sozialen Beziehungen zwischen den Kommunikationspartnern, die diese Präzision fordert. So erhalten die Elemente der tiefer liegenden Schichten ihre spezifische Bedeutung nicht nur im Zusammenwirken mit den anderen Elementen der gleichen Ebene, sondern vor allem auch von den darüber liegenden (Bedeutungs-)Schichten her. Von diesen übernehmen sie die „Gesetze" ihrer internen Beziehungen. Dies ist das unumgängliche *top-down processing*, ohne das Kommunikation nicht funktioniert. Auch wenn ein Sprachbetrachter seinen Blick also bewusst auf ein einzelnes sprachliches Phänomen auf irgendeiner Schicht bzw. Dimension richtet, fokussiert er lediglich einen willkürlich gewählten Zipfel eines komplexen Ganzen und setzt dabei immer auch die nicht direkt fokussierten, „darüber" und „daneben" liegenden Gegebenheiten – eben den Kontext – voraus.

Wir haben es hier mit einem ersten Grundproblem des Fremdsprachenunterrichts zu tun: Da das gesamte Wirkungsgefüge, d. h. die Gesamtheit der Beziehungen innerhalb des „Gewebes", weder auf einmal in den Blick zu bekommen noch linear darstellbar ist, muss der Unterricht den Schülern Gelegenheit geben, dieses (in Ausschnitten) wenigstens intuitiv zu erfahren. Deshalb ist ein Unterricht, der lexikalische oder grammatische Phänomene von ihren Kontexten und damit von ihren *funktionalen* Bedeutungen isoliert, von vornherein zum Scheitern verurteilt.

Hinzu kommt ein Problembereich, der bereits in Kap. B.3 angesprochen wurde. Dort war von anderen „Schichten", nämlich den logischen Ebenen der Sprache, die Rede und auch davon, dass ein Nicht-Auseinanderhalten dieser logischen Ebenen Probleme schafft. Die erste logische Ebene der Sprache ist die, die in den *physikalisch wahrnehmbaren Sprachphänomenen* nachweisbar ist. Die zweite ist die der *geistigen Repräsentation der Sprachphänomene* im Kopf eines jeden Sprechers der betreffenden Sprache, die dritte die der *Metasprache*, die des Beschreibens der sprachlichen Formen.

Hieraus resultieren zwei weitere Grundprobleme des Fremdsprachenunterrichts: Die erste ist, *wie* geistige Repräsentationen (Ebene 2) im Lerner aufgebaut werden können, ob mittels der Erfahrung von physikalisch wahrnehmbarer Sprache (Ebene 1) in der Welt oder mittels Erläuterungen in der Metasprache (Ebene 3). Dabei zeigt es sich immer wieder, insbesondere im Erwachsenenunterricht, dass ein Vorgehen, das die vermeintlichen Abkürzungen über die Metasprache gehen will, recht bald im sprachlichen Unterholz stecken bleibt. Das zweite, zentrale Grundproblem ist, dass es zwischen den Ebenen 1 und 2 kaum Eins-zu-eins-Beziehungen gibt, dass allzuoft *Gleiches ungleich* und *Ungleiches gleich* ist.

Beide Problembereiche machen die Notwendigkeit kontextueller Vernetzungen einzelner Sprachphänomene deutlich. Dies soll im folgenden Abschnitt – auch visuell wahrnehmbar – illustriert werden.

2. Sprachliche Erfahrungen

2.1 *Sprachlaute*

Wie wenig die gängige Vorstellung, in den Wörtern ließen sich die Sprachlaute sauber fassen und beschreiben, einer nachprüfbaren Realität entspricht, wurde bei dem Bemühen deutlich, Computern „das Sprechen" beizubringen.

Abb.1 zeigt das Spektrogramm verschiedener Sprecher des englischen Wortes *cat*:

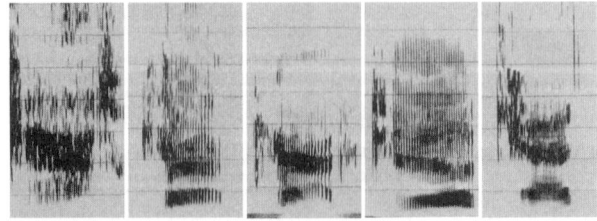

Abb.1: Spektrogramm verschiedener Sprecher des englischen Wortes *cat* (nach Levinson & Liberman, 1981, S. 20)

Man sieht (was tägliche Lebenserfahrung ist, weil wir unsere Bekannten alle sehr wohl an ihren Stimmen erkennen): Jeder Mensch artikuliert, spricht anders. Es ist möglich, dass sich die Lautung verschiedener, aber akustisch ähnlicher Wörter sogar viel weniger unterscheidet als die Lautung desselben Wortes, das von verschiedenen Sprechern – zumal unter wechselnden äußeren Bedingungen oder in einem anderen Zusammenhang – ausgesprochen wird.

Worauf es hier ankommt, ist die Erkenntnis, dass sich Sprachlernende im Laufe der Zeit aus den unendlich verschieden realisierten Varianten, aus den unendlich verschieden auftretenden physikalisch wahrnehmbaren Erscheinungen der sprachlichen Lautungen eine mentale Norm, eine mentale Repräsentation bilden müssen. Diese steuert anschließend ihre Wahrnehmung und auch ihre Produktionsbemühungen. Mit anderen Worten: Unser morpho-phonologisches Wissen, dessen wir uns selten bewusst sind, steuert unsere Wahrnehmung und lässt uns erkennen, was wir erkennen können. Physikalisch Verschiedenes, wie die unterschiedlichen phonetischen Realisationen von *cat*, kann von uns – in einem *top-down processing* – als ein Gleiches registriert werden. Sprachwissenschaftlich ausgedrückt: Phonetische Differenzen können als phonemische Gleichheiten wahrgenommen werden. Das Problem ist, dass dieses morpho-phonologische Wissen erst aufgebaut werden muss, ehe es effektiv werden kann.

Alle Erscheinungen in der Wirklichkeit sind unterschiedlich, sind ungleich. Erst der menschliche Geist macht sie eindeutig, macht sie (teilweise) gleich, indem er aus den Erscheinungen das Typische herausfiltert, wie es Goethe schon 1795 beschrieben hat. Voraussetzung dafür, dass dieser dazu von der Natur befähigte menschliche Geist solches vermag, ist eine mehrfache Erfahrung mit der betreffenden Erscheinung in vielen und wechselnden Situationen und Kontexten. Der sich dabei bildende mentale „Prototyp" (Rosch, 1978; Rosch & Mervis, 1975), die innere Repräsentation, entwickelt einen Magneteffekt und lässt Phänomene, die ähnlich sind, als gleich erscheinen.

2.2 *Schrift*

Wer eine mentale Repräsentation des Buchstabens „a" gebildet hat, wird dank des eben erwähnten, von „oben" nach „unten" wirkenden Magneteffekts diesen Buchstaben in vielerlei Gestalt erkennen, d. h. auf den Prototypen „a" beziehen. Voraussetzung für diese Fertigkeit ist: Der Leser muss „a" von anderen Buchstaben unterschieden und in anderen Wörtern (d. h. in anderen „Kontexten") wieder erkannt haben. Das heißt auch, er muss schon verschiedene Varianten kennen gelernt haben, und diese Erfahrung sammelt der Lerner während des Leselernprozesses.

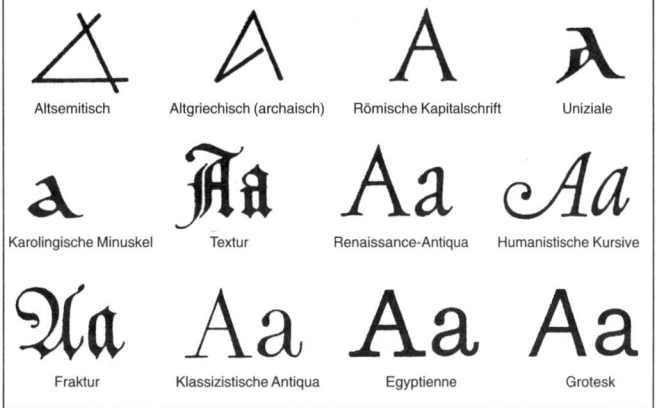

Abb. 2 Auswahl aus Realisationsmöglichkeiten der Buchstaben „A" bzw. „a" (nach *Brockhaus Enzyklopädie in vierundzwanzig Bänden. Erster Band.* Mannheim: F. A. Brockhaus, S. 5)

Altsemitisch   Altgriechisch (archaisch)   Römische Kapitalschrift   Uniziale

Karolingische Minuskel   Textur   Renaissance-Antiqua   Humanistische Kursive

Fraktur   Klassizistische Antiqua   Egyptienne   Grotesk

2.3 Wörter

Bei den bisherigen Beispielen war physikalisch Ungleiches mental gleich. Genauso häufig kann aber auch physikalisch Gleiches mental ungleich sein. Dies machen insbesondere die vielen Homophone (z. B. /nəʊ/ für *no* und *know*) und Homographe (z. B. *bow* für /bəʊ/ = „Bogen" und /baʊ/ = „Verbeugung") deutlich, die es gerade im Englischen gibt. Ebenso wird die Buchstabenfolge „ho-" in den Wörtern *hot, hope, hook, house, hoist, horse, horizon, honey* und *hour* jeweils verschieden ausgesprochen; dies wird jedoch erst deutlich, wenn man jeweils das ganze Wort im Blick hat.

Beim Lesen kann sich ein weiteres Problem ergeben. Wie beispielweise an den Wörtern *nation* und *national* leicht nachvollziehbar ist, dürfen Wörter nicht nur von links nach rechts gelesen werden. Man muss das Ende etwa des Wortes *national* bereits registriert und das Wort als Ganzheit erfasst haben, ehe man die erste Silbe richtig aussprechen kann. Ähnliches geschieht, wenn wir beim Zeitunglesen am Zeilenende auf Trennungen wie *Analphabet* oder *Oster-weiterung der NATO* stoßen.

Damit diese Wörter ganzheitlich erfasst und von da aus korrekt segmentiert werden können, müssen sie zunächst einmal von ihren inhaltlichen Entsprechungen her als mentale Ganzheiten verfügbar sein. Der einzige Weg, der dahin führt, ist ein entsprechendes funktionales Wissen, das aus der häufigen Begegnung mit diesen Formen im Kontext, mündlich wie schriftlich, resultiert.

2.4 Satzteile und Sätze

Lesen Sie sich den folgenden Satz laut vor: *The Lexical Approach totally rejects the Present–Practise–Produce paradigm advocated within a behaviourist learning model* (Lewis, 1993, S. 6). Mussten Sie sich korrigieren? Ist Ihnen erst über *Practise* und *Produce* deutlich geworden, was *Present* bedeutet und welches Akzentmuster es demzufolge hat? Und wenn wir in William Faulkners *Sanctuary* lesen: *that other house in Jefferson which his wife did not know he still owned any share in*, dann ist die Bestimmung des Objekts von *know* und damit die korrekte Intonation der Äußerung auch hier nur vom Satzganzen her zu bestimmen.

Ein weiteres (konstruiertes) Beispiel: Wenn Sie lesen: *George VI was the last king of England's people*, dann haben Sie mit der Struktur dieses Satzes sicher keine Probleme: Sie verstehen ihn spontan, von „links" nach „rechts" entwickeln Sie (selbstverständlich unbewusst) ein mentales Bild von dieser Struktur, nämlich *George VI was [the last king] of [England's people]* (die Klammern markieren mentale Zuordnungen). Wenn Sie ein paar Sätze weiter jedoch auf den Satzanfang *Elizabeth is the last king ...* stoßen, dann stutzen Sie, weil die Äußerung mit ihrem Weltwissen kollidiert. Erst wenn Sie weiterlesen: *... of England's daughter* und so den Rest des Satzes im Blick haben, können Sie – wieder vom Ganzen her – die Analogie zu vertrauten Fügungen wie *Elizabeth is George's daughter* erkennen, das mentale Bild der ersten Interpretation über Bord werfen und den zweiten Satz als *Elizabeth is [the last king of England]'s daughter* strukturieren.

Die Probleme, die diese Phänomene für die Lernenden mit sich bringen, können auch hier nur über die entsprechende mentale Verknüpfung inhaltlicher und formaler Konzepte gelöst werden. Hieraus ergibt sich eine methodische Folgerung: Erst gilt es, das funktionale bzw. inhaltliche Konzept aufzubauen, indem die Schüler in eine Situation geführt werden, aus der heraus es sich zwangsläufig ergibt; erst dann bietet der Lehrer das betreffende Wort bzw. die Äußerung als Realisation dieses Konzepts an (*comprehended input*; vgl. Einleitung, Abschnitt 3). Erst wenn diese Verknüpfung – über eine ausreichende Anzahl von Kontexterfahrungen – sicher etabliert ist, können lautliche bzw. grafische Form und inhaltliches Konzept einander sofort evozieren.

2.5 Semantische Konzepte

Wird im Unterricht ein fremdsprachliches Wort einfach mit einem deutschen Wort wiedergegeben, dann wird im Allgemeinen impliziert, dass die Bedeutungsbereiche der beiden Wörter weitgehend deckungsgleich sind. Das scheint es, z. B. bei *Katze* und *cat*, durchaus zu geben. Aber schon ein zweiter Blick lässt Unterschiede erkennen. Nehmen wir den Bereich der Geschirre, Gefäße (Abb. 3):

Wie uns unsere simultanen Erfahrungen mit Welt und Sprache lehren, gibt es keine absoluten Grenzen für die Bezeichnung eines dieser Gefäße. Überdies sind diese Grenzen und damit die Geltungsbereiche der einzelnen Begriffe in verschiedenen Sprachkulturen auch noch ganz verschieden gelagert. Beispielsweise machen wir im Deutschen die Erfahrung, dass je nach Umstand dasselbe Gefäß mal als *Teller*

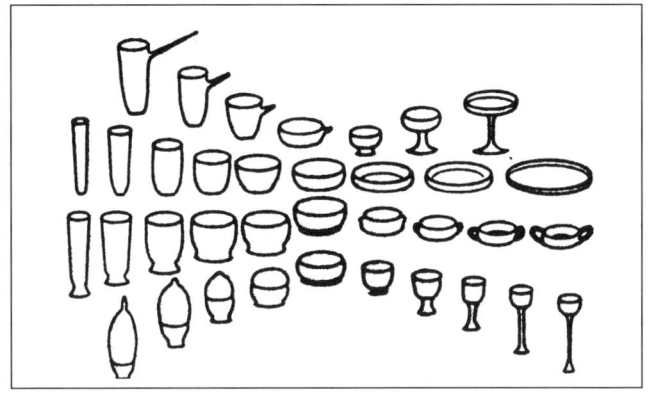

Abb. 3 Polymorphie der Geschirre (nach Riedl, 1987, S. 96)

und mal als *Platte*, ein anderes Mal als *Becher* und mal als *Glas* bezeichnet werden kann. Und im Englischen, und hier nähern wir uns schon dem Bereich der Kollokationen, ist die Begriffseinteilung wieder anders: Beispielsweise ist eine Tasse gemeinhin *a cup*. Die henkellose Variante, der Becher, ist im Englischen *a beaker*, insbesondere, wenn er aus Plastik oder Papier ist; gelegentlich wird er aber auch als *cup* bezeichnet. Dementsprechend ist auch der Eierbecher (der viel kleiner, ganz anders geformt und gar nicht für eine Flüssigkeit bestimmt ist) *an egg-cup*. Form und Funktion eines *cup* für den Sieger in einer Sportveranstaltung sind dagegen wieder ganz anders. *A mug* ist meist etwas größer als *a cup* und kommt ohne Untertasse daher; die Grenze ist jedoch fließend. Eine Suppentasse kann – größenabhängig – *a cup* oder *a bowl* sein; in Verbindung mit *soup* ist allerdings nur *a soup bowl* gebräuchlich, was – je nach Größe – eine Suppentasse oder eine Suppenschale (ebenso natürlich auch eine Suppenschüssel) bezeichnen kann. Ein Papier- oder Plastikbecher – mit oder ohne Henkel – für heiße oder kalte Getränke ist *a paper cup* oder *a plastic cup*, gelegentlich – auch mit Henkel – *a beaker* (vgl. oben). Ein Glas in Becherform ist *a tumbler*. In Zusammensetzungen ist ein Glas dagegen immer *a glass*, unabhängig von seiner Form: *a whisky/water/wine/sherry glass*, ebenso als Maßangabe: *a glass of water / of milk / of wine*. Das sind alles Konventionen, die man „erfahren" haben muss. Das Wort allein ist also nichts, es braucht Umgebung.

Wir sehen: Die Begriffe der natürlichen Sprachen sind unscharf, *fuzzy* (vgl. Bleyhl, 1996b; Timm, 1995d). Wenn wir Phänomene wahrnehmen, ordnen wir sie kategorial in unser persönliches Begriffssystem ein, das wir im Zuge unserer Erfahrungen mit der Sprache in der Welt entwickelt haben. Und die Bereiche, die wir mit diesen Begriffen belegen, haben unscharfe, offene Grenzen. Die notwendige Präzision liefert der Kontext.

2.6 Kollokationen und andere „lexical items"
Zweisprachige Wörterbücher wie auch einfache Computer-Vokabel-Trainer lassen den Hinübersetzer bei Kollokationen (vgl. Kap. E.2, Abschnitt 2.2) sehr häufig im Stich. Wörter mit ähnlichen Bedeutungen sind in verschiedenen Sprachen eben nicht gleich verteilt. Sicher kann man *stark* oftmals mit *strong* übersetzen (z.B. mit *arms, nerves, teeth; current, sunlight, wind; tea, coffee; arguments, views, will; effect, influence, pressure* usw.); aber ein starker Raucher bzw. Trinker ist eben *a heavy smoker* bzw. *a heavy drinker*, ebenso wie auch *blow, rain, snow* und *traffic* mit *heavy* kollokieren.

Einige weitere Beispiele für Kollokationen, die Schülern immer wieder Probleme bereiten: (1) „putzen": *to clean one's shoes, to blow one's nose, to brush one's teeth* und *to wipe one's bottom*; (2) „halten": *to make/give/deliver a speech, to keep a promise* (aber: *this holds a promise for the future*), *to keep one's balance* und *to hold one's tongue*; (3) „groß": Während in vielen Fällen sowohl *big* als auch *large* gebraucht werden können (*a big/large hotel*), finden wir nur *big people*, aber *large envelopes*: Das eine hat mit Status, das andere mit flächenmäßiger Ausdehnung zu tun. Und obwohl wir sagen können *This shirt is too big* oder *too large*, werden uns im Geschäft nur *large shirts* angeboten, was mit dem stilistischen Wert von *large* gegenüber *big* und damit mit der Dominanz der sozialen Schicht über die formale zusammenhängt.

Allein an diesen wenigen Beispielen ist ablesbar, dass die Einheit im sprachlichen Denken, der „sprachliche Baustein" (wenn hier der Anschaulichkeit wegen ein mechanisches Bild erlaubt ist) nicht das Einzelwort ist, sondern die sprachliche Wendung, das komplexe *lexical item*. Dieser unscharfe Begriff beinhaltet bei Lewis (1993, S. 91ff.) auch Komposita und feste nominale Fügungen (*record player, continuous assessment*), *phrasal verbs* (*put off, look up to*), andere sog. *polywords* (*of course, on the other hand, all at once, the day after tomorrow* sowie *at the weekend*) und „Routinen", nämlich Kollokationen und die große und schwer abgrenzbare Gruppe von *institutionalised expressions* (*not yet, by the way, certainly not, sorry to interrupt* oder *I see what you mean, but ...*). Solche Fügungen stehen für mentale Ganzheiten, und dementsprechend sind sie auch als Ganzheiten im Gehirn verankert (sog. *chunks*). Deshalb müssen sie auch beim Sprachlernen als Ganzheiten erscheinen. Einzelwörter gehören weder an die Tafel noch ins Schülerheft.

Wie in komplexen *lexical items*, so zwingt auch in Satzteilen und ganzen Äußerungen das jeweilige Kernwort eines sprachlich gefassten Gedankens den Nachbarwörtern sozusagen seinen Willen auf, in stilistischer wie in syntaktischer Hinsicht. *Receive* erscheint in einem anderen Kontext als *get, tell* verlangt eine andere Syntax als *say*. So trifft Michael Lewis den Nagel auf den Kopf: "Language consists of grammaticalised lexis, not lexicalised grammar" (1993, S. vi). Sein lesens- und bedenkenswertes Buch ist eine Erläuterung dieser Feststellung.

2.7 Semantische Netze
Kielhöfer (1994, S. 214f.) begründet, weshalb er statt der rigiden, auf Ausschnitte aus dem Sprachsystem bezogenen Feldmetapher von Jost Trier den dynamischen, auf die Verarbeitung konkreter Äußerungen oder Texte bezogenen Begriff des „Netzes" bzw. „Netzwerks" vorzieht. Die folgende *mind map* zu Begriffen aus dem Text „The red stamp" (*English G B2*, Cornelsen, 1987, S. 90; leicht ergänzt) macht die Vielfalt solcher kontextueller, semantischer, morphologischer und assoziativer Verknüpfungen deutlich, die für Text- und Worterklärungen nutzbar gemacht werden können. (Welche Bedeutungen hat zum Beispiel das Verb *collect* in diesem Text?)

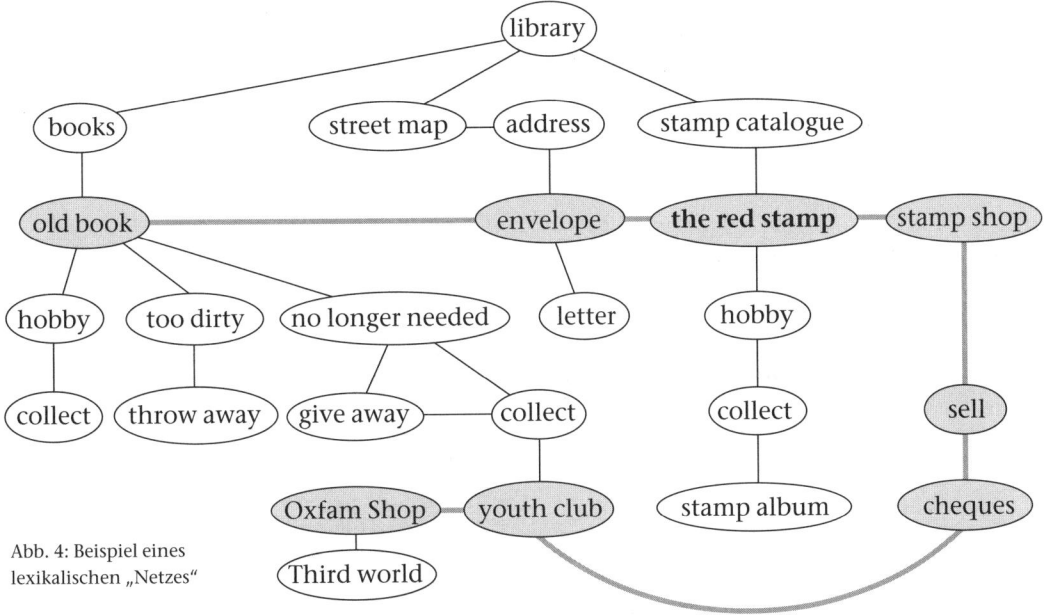

Abb. 4: Beispiel eines
lexikalischen „Netzes"

2.8 Satzgrammatik: Inhalt, Form, Funktion

Im Zusammenhang mit den Lauterscheinungen wurde bereits festgestellt, dass wahrgenommene Laute, also akzidentiell realisierte Lautgestalten, einer mental gespeicherten Norm – einem Prototypen – zugeordnet und durch dieses Filter wahrgenommen werden. Erinnert werden darf hier daran, dass Hüllen in Bezug auf grammatische Phänomene betont, dass „Grammatiken nicht objektive Naturgesetze ‚aufdecken', sondern Sprache nach weitgehend subjektiven – wenn auch plausiblen – Gesichtspunkten ordnen" (Hüllen, 1989, S. 337). Grammatische Phänomene stehen nun einmal nicht für scharf abgrenzbare Bedeutungen. Vielmehr ergibt sich die jeweilige Bedeutung immer aus dem Zusammenspiel einer Vielzahl situativer und kontextueller – oftmals individuell realisierter – Faktoren, und nur aus deren wiederholter Wahrnehmung können Lernende allmählich ihre „prototypische" Bedeutung herausfiltern.

Nehmen wir als Beispiel das *progressive*. Wie im Hochschulbetrieb täglich feststellbar ist, zeigen selbst Studenten, die Englischlehrer werden wollen, sehr häufig große Unsicherheiten im Gebrauch des *progressive* – sicher kein Beweis dafür, dass die herkömmliche Art des Englisch- bzw. des Grammatikunterrichts erfolgreich ist. Sie erkennen beispielsweise selten, dass angesichts einer nachlässig gewarteten und unsauber arbeitenden Maschine in der Äußerung *If this goes on, there will be trouble* eine Drohung steckt, in *If this is going on, there will be trouble* dagegen eine Befürchtung; das Erste sagt der Vorarbeiter, das Zweite der Kollege. Der Sachverhalt ist kompliziert und, wenn man die vom Sprecher ins Auge gefasste Situation, sein mentales Konzept, nicht berücksichtigt, auch nie hinreichend zu erklären. Dementsprechend kommt Susan Bland in ihrer Studie zu dem Ergebnis: "... not only does the progressive have different effects on different types of verbs, but it also has different effects on different speech acts" (1988, S. 65). Damit sind wir wieder beim Leitmotiv: Gleiches ist nicht gleich. Oder: Wir können nicht von einer Eins-zu-eins-Entsprechung zwischen Form und Funktion ausgehen. Kein Schema wird der Sprachwirklichkeit ganz gerecht. So wenig man aus der Form der Komposita *Schweineschnitzel* und *Kinderschnitzel* bzw. aus *beef mince* (Gehacktes vom Rind) und *pet mince* (Gehacktes für den Hund oder die Katze) die Bedeutungsrelationen ihrer Teile ableiten kann, so wenig kann man sich auf die grammatische Form als Schlüssel für die Bedeutung verlassen!

Dies trifft selbst für die Interpretation ganz einfacher syntaktischer Strukturen zu. Wie – wenn nicht aus dem situativen Kontext heraus – erkennt der Hörer oder Leser, ob eine Äußerung wie *I like Mary as much as Peter* als *I like Mary as much as I like Peter* oder als *I like Mary as much as Peter does* zu verstehen ist? Mit anderen Worten: Man muss die Äußerung aus der Situation heraus, als Ganzes verstehen, dann erst kann man ihre grammatische Form nachvollziehen.

So erklärt sich auch die Wirkung des folgenden Witzes – das Missverständnis zwischen Zimmerwirtin und Untermieter – aus der unterschiedlichen Einschätzung der Situation, aus der wiederum ein unterschiedliches mentales Bild der Bedeutung und damit der syntaktischen Struktur der ersten Äußerung resultiert:

Landlady: *I think you had better board elsewhere.* (= Sie sollten lieber …)
Lodger: *Yes, I had, often.*
Landlady: *Had what?*
Lodger: *Better board elsewhere.* (= bessere Kost)
(nach Hanowell, Kranz, Real & Real, 1994, S. 75)

Wenn dennoch in den meisten grammatischen Beiheften Form und Bedeutung direkt, d. h. ohne Bezug auf situativ bedingte Redeintentionen und andere kontextuelle Faktoren gleichgesetzt werden, dann wird dort das Pferd am Schwanz aufgezäumt. Das Lernen der Fremdsprache wird damit aber nicht erleichtert. Die Bedeutung der Sprache kommt aus der Theorie der Welt, die ein Sprecher bzw. Hörer hat. Darauf hat der Entwicklungspsychologe Palermo (1983) schon hingewiesen, als der Begriff des Konstruktivismus noch so gut wie unbekannt war. Und so resultieren die Bedeutungen von Äußerungen und entsprechende Lernprozesse in allererster Linie aus dem Verständnis von Situationen und Kontexten (*comprehended input*; vgl. Kap. B.3, Abschnitt 3).

2.9 *Grammatik im Text*
Wenn es – nachträglich – um die Erklärung geht, wie und warum ein Text verstanden wird, ist es hilfreich zu sehen, dass auch ein ausgewiesener Linguist wie Manfred Bierwisch davor warnt, reduktionistisch verfälschte grammatische Strukturen mit Prozessen des Sprachverstehens gleichzusetzen. Nach ihm beinhaltet die Interpretation eines Sprachsignals neben der Interpretation seiner phonetischen und syntaktischen Struktur immer auch die seiner logischen Form und seiner kontextuellen Bedeutung unter Bezug auf kontextuelle Informationen (1983, S. 122f.). Zwar sei es legitim und für bestimmte Analysezwecke auch notwendig, bei der Sprachbeschreibung auch isolierte Sprachphänomene zu beschreiben: "… explicit modelling of particular aspects – though indispensible in principle – nevertheless tends to obscure the essential point that language understanding, though determined by well defined separate levels of structure, is a rather flexible, interactive process. This should be borne in mind" (ebd., S. 158).

Dies ist eine deutliche Warnung vor einem formorientierten Sprachunterricht, der eine reduzierte *pseudo-grammar* (ebd.) operieren lassen will und das Verstehen grammatischer

Strukturen mit dem Verstehen von Sprache verwechselt. Um es an einem biologisch-medizinischen Bild zu verdeutlichen: Es wäre, als ob Organe oder Teile von Organen aus einem lebenden Körper herausgeschnitten und vom Pathologen seziert würden. Solche Präparate sind kaum sinnvoll in lebende Organismen zu implantieren und selbst wenn die Operation gelänge, wäre Leben kaum mehr möglich. Sicher ist es bei der Einführung grammatischer Phänomene sinnvoll, diese – eingebettet in funktional eindeutige Kontexte – zunächst gezielt und relativ isoliert anzubieten, wie es Detlef und Margaret von Ziegésar in den beiden ersten Phasen (Demonstration sowie Verstehen und Reagieren) ihrer „erwerbsorientierten Methode" vorschlagen (vgl. Kap. E.3). Grammatiklernen erfordert dann jedoch möglichst bald auch die Erfahrung von nicht reduzierter Grammatik in Texten, von *Grammatik-im-Vollzug*. Erst über das Verstehen verschiedenster Kontexte können die Schüler nicht nur die Vielfalt der verschiedenen, in ihrer Abgrenzung voneinander stets „unscharfen" (*fuzzy*) grammatischen Phänomene kennen lernen, sondern ganz allmählich auch zu intuitiven grammatischen Kenntnissen gelangen.

Dabei wird methodisch nicht vom Einzelphänomen, sondern vom Kontext ausgegangen: Erst wenn der Text – mit vorgeschalteten oder begleitenden Verständnishilfen – zumindest global verstanden ist, wird das detailliertere Verständnis einzelner Äußerungssequenzen und von da aus das Verständnis seiner – kontextuell vernetzten – lexikalischen, kollokativen, grammatischen und idiomatischen Formen angebahnt und gesichert. Und erst zur nachträglichen, zusätzlichen Absicherung können dann grammatische oder andere Einzelaspekte herausgegriffen, besprochen und in weiteren Kontexten geübt werden (vgl. Kap.E.4, insbes. Abschnitt 7).

Wie sehr der Kontext einer Äußerung deren Bedeutung bestimmt und deshalb auch zur Erklärung der Bedeutung grammatischer Phänomene herangezogen werden kann, machen – neben den Songtexten in Kap. C.8, Abschnitt 3 – die folgenden Beispiele deutlich:

(1) *Present perfect:* Im ersten Kapitel von William Goldings *Lord of the Flies* (London: Faber and Faber, 1954, Neudruck 1984), als Ralph und der noch namenlose *fat boy* nicht wissen, ob es noch andere Überlebende des Flugzeugabsturzes auf der Insel gibt, fragt dieser: "'I expect there's a lot more of us scattered about. You haven't seen any others have you?'" (S. 9). Dies ist, der prekären Situation der Jugendlichen und der ängstlichen Natur des *fat boy* entsprechend, nicht die Bitte um einen Bericht über Vergangenes, sondern Ausdruck des Wunsches, Sicherheit über die gegenwärtige Situation zu gewinnen – sehr frei übersetzt: „Du weißt wohl nicht, wo die anderen sind?". Zu Beginn des zweiten Kapitels berichtet Ralph dann der Versammlung der Jungen vom Ergebnis eines Kundschaftergangs: "'We're on an island. We've been on the mountain-top and seen water all round'" (S. 35). Hier unterstreicht die zweite Äußerung die Bedeutung der ersten: „Wir wissen jetzt, dass wir uns auf einer Insel befinden: Wir habens von oben gesehen." Diese Bedeutung vieler Äußerungen im *present perfect* – nämlich etwas über eine gegenwärtige Situation auszusagen – müssen die Schüler selbst auf der Grundlage von vielen vergleichbaren Kontexten „erfahren". Der Lehrer kann allenfalls auf diese Kontexte hinweisen und die Schüler auffordern, die Äußerungen (mit dem *present perfect*) auf diese zu beziehen, und sie so die Bedeutung des *present perfect* selbst herausfinden und formulieren lassen. (Vgl. auch das Beispiel in Timm, 1995d, S. 225f., sowie die Übung in Kap. E.4, Abschnitt 5.2; für eine andere Textfunktion des *present perfect* vgl. Zydatiß, 1995, S. 308ff.).

(2) *„Will"-Futur:* Die Bedeutung „Voraussage eines zukünftigen Ereignisses", die im Gebrauch des *will*-Futurs liegt, wird im gleichen Text durch Ralphs stolzen Hinweis auf die

Fähigkeiten seines Vaters unterstrichen: "'I could swim when I was five. Daddy taught me. He's a commander in the Navy. When he gets leave he'll come and rescue us.'" Aus dem gleichen Vertrauen heraus – weil Ralph für ihn eine Autorität ist – fragt Piggy (der *fat boy*) zurück: "'When'll your dad rescue us?'" (S. 14). Auch an anderen Stellen drückt *will* eine solche Gewissheit aus: "Merridew turned to Ralph. 'Aren't there any grown-ups?' 'No.' Merridew sat down on a trunk and looked round the circle. 'Then we'll have to look after ourselves.'" (S. 22). Und als Teil des Berichts über den Kundschaftergang, während dessen Merridew nicht die Kaltblütigkeit hatte ein Ferkel zu töten, das sich im Schlingengewirr verfangen hatte: "He snatched his knife out of the sheath and slammed it into a tree trunk. Next time there would be no mercy. He looked round fiercely, daring them to contradict" (S. 34): Hier dient *would* (als *past tense*-Form von *will* in der erlebten Rede) dazu, Entschlossenheit und damit den Anspruch auf Führerschaft zu demonstrieren.

(3) *Restriktiver Relativsatz:* In Verbindung mit dem bestimmten Artikel dienen restriktive Relativsätze dazu, das durch die Nominalphrase bezeichnete „Objekt" (Person, Gegenstand, Ereignis usw.) zu identifizieren; hierbei wird im Allgemeinen auf eine bekannte oder als bekannt vorausgesetzte Information zurückgegriffen, z. B.: A: *I've applied for a job.* – Eine Woche später: B: *Did you get the job you applied for last week?* So lässt auch die Äußerung des Zimmermädchens in der folgenden Geschichte (nach Feilhauer & Ehrhardt, 1987, S. 84; leicht gekürzt) erkennen, dass ihr der am Vorabend geäußerte Wunsch des Gastes bewusst ist:

The chambermaid knocked at the door of the hotel bedroom. "Come in," said a voice. She opened the door. "Good morning," she said. "Are you the gentleman who wanted to be woken up to catch the early train?" "Yes," replied the man. "Well, you can go back to sleep again," she told him. "You've missed it."

Die Schüler können sicher selbst formulieren, worauf die Pointe der Geschichte beruht: auf dem Gegensatz zwischen den „normalen" Gepflogenheiten eines Hotels – nämlich den Gast nach vorheriger Absprache zum gewünschten Zeitpunkt zu wecken – und dem hiervon abweichenden Verhalten des Zimmermädchens: *How do you you know that the chambermaid knew very well that the gentleman wanted to be woken up early? – Because she asks: "Are you the gentleman who wanted to be woken up to catch the early train?" – And how did she come to know that he wanted to be woken up early? – The gentleman told her the night before. – What exactly did he tell her? – "Can you please wake me up at seven o'clock because I want to catch the early train."* Die lakonische Feststellung, mit der das Zimmermädchen den kurzen Dialog beendet, steht in eklatantem Widerspruch zu ihrem im Relativsatz implizierten Eingeständnis, dass ihr der Wunsch des Gastes sehr wohl bekannt ist. Linguistisch gesprochen: Die Pointe besteht darin, dass der Relativsatz seine grammatische Funktion erfüllt!

Dass mit einem solchen Dialog, wie in jedem Lerngespräch, implizit auch Grammatik verhandelt wird, ist den Schülern nicht bewusst. „Prozedural" wissen sie so oder so (vom Deutschen her), was solche Relativsätze leisten, auch wenn sie dieses Wissen – wie auch die meisten Lehrer – nicht explizit formulieren können. Das deklarative Wissen um die textuelle Funktion dieses Typs von Relativsätzen kann jedoch dem Lehrer helfen, sinnlose mechanische Übungen zu vermeiden, in denen die Schüler aufgefordert werden, aus zwei vorgegebenen Sätzen einen einzigen zu machen: *The man phoned me this morning. I met him yesterday.* → *The man I met yesterday phoned me this morning.* Sinnvoller wäre es, die Schüler würden im Anschluss an einen kurzen Text wie den folgenden eine Wiederaufnahme des Gesprächs am nächsten Tag formulieren. Damit könnte nicht nur die Form des Relativsatzes geübt werden; implizit käme auch die textuelle Funktion der entsprechenden Relativsätze zum Tragen:

A: *I must tell you what happened to me this morning. I was walking down Hill Street, when all of a sudden a car pulled up next to me and a man jumped out. He insulted me in the rudest way. Then he tried to blackmail me.* (etc.)

The next day:
A: *Imagine what happened today. The man phoned me this morning.*
B: *Who are you talking about?*
A: *About the man* ....
(e.g.: *About the man I told you about yesterday / the man I met yesterday morning / the man who insulted me / who tried to blackmail me yesterday morning, etc.*)

3. Der Aufbau von Sprache im Kopf der Lerner

3.1 *Sprachliche Erfahrungen: Wortschatz*

Ein zweifelhafter didaktischer „Fortschritt" der letzten Jahrzehnte bestand darin, dass von Lehrplanrevision zu Lehrplanrevision die Anzahl der in einem Schuljahr zu lernenden Vokabeln reduziert wurde. Die Schüler seien mit der im alten Lehrplan angegebenen Anzahl der Vokabeln überfordert gewesen. Resultat: Mit noch weniger Vokabeln kann man im Unterricht über noch weniger Interessantes sprechen. Außerdem erlauben die wenigen Vokabeln weniger „Vernetzungen" und werden so noch weniger „merkbar". Der Unterricht wird noch öder für die Schüler und noch schwerer für die Lehrer. Und niemand scheint diesen Zirkel der Kontraproduktivität durchbrechen zu wollen. Dabei ist es hinreichend gesicherte Erkenntnis, dass Wörter umso leichter merkbar werden, je mehr man kennt: „Erst wenn eine kritische Menge von Wörtern überschritten wird, kann der induktive Prozess der Ordnungssuche und Klassenbildung überhaupt einsetzen" (Kielhöfer, 1994, S. 216; vgl. auch Bleyhl, 1995a).

Hier zeigt sich die Bedeutung einer elementaren – im Grunde banalen – Erkenntnis: dass nämlich der rezeptive (früher sagte man „passive") Wortschatz jedes Sprechers einer Sprache weit größer ist als sein produktiver (früher „aktiver"). Dies ist eine im Wesen der Sprache liegende Notwendigkeit. Das heißt: Jedes einem Sprecher zur Verfügung stehende Wort befindet sich zuerst für einige Zeit – am Anfang des Erstspracherwerbs sind es 5 bis 7 Monate – im rezeptiven Wortschatz, in einer Art „rezeptivem Puffer", ehe es nach hinreichender Abklärung und Ausdifferenzierung auch produktiv verwendet wird. Wenn in einem Schuljahr somit 500 „lexikalische Einheiten" gelernt, d. h. dem produktiven Wortschatz zugeführt werden sollen, dann müssen die Lerner mit einem Mehrfachen dieser Zahl Bekanntschaft gemacht haben.

Auf den Lernverlauf bezogen heißt dies: Sprachenlernen beruht nicht auf Imitation und es verläuft nicht in einer geraden Leistungslinie. Erst wenn die am Anfang des Lernprozesses gesammelte Menge an Einzelphänomenen und Brocken (*chunks*) eine gewisse „kritische Masse" erreicht hat, kann ein qualitativer Umschlag erfolgen: Das System muss innere Struktur gewinnen, erst danach kann es kreativ angewandt werden. Pike (1960) benützte hierfür den Terminus *nucleation*, den er aus der Chemie und Physik bezog, wo es für den Beginn der Kristallisierung einer gesättigten Flüssigkeit benützt wird.

Wir stoßen hier auf ein Paradoxon im Fremdsprachenlernen, den *word frequency effect*: Je dichter ein semantisches Netz im mentalen Lexikon des Sprachbenutzers mit Wörtern besetzt ist und je häufiger die Wörter auftauchen, desto leichter ist es, sie zu erkennen, in vielfältige lautliche, semantische, morpho-syntaktische und pragmatische Bezüge einzuordnen und sich so zu merken (Frauenfelder, 1990; vgl. auch Miller & Gildea, 1987; Miller, 1993). Das entspricht der Erfahrung im Fremdsprachenunterricht: Je mehr Wörter ein Lerner weiß, desto leichter lernt er neue. Dabei darf auch an die empirischen Untersuchungen von Nagy, Andersen & Herman (1987) erinnert werden, wonach ein Wort fünf- bis zwanzigmal, möglichst in verschiedenen semantischen und syntaktischen Kontexten, auftauchen und geistig verarbeitet werden muss, ehe es „gelernt" ist und dem Lerner nicht nur vorübergehend, sondern mittelfristig oder gar langfristig zur Verfügung steht.

3.3 *Sprachliche Erfahrungen: Grammatik*

Ein „rezeptiver Puffer" ist selbstverständlich auch für grammatische Phänomene entscheidend: Auch sie müssen von den Lernenden über längere Zeit hinweg in einer Vielzahl unterschiedlichster Vorkommen erfahren, „erlebt" worden sein, ehe sie auch nur einigermaßen sicher verstanden und später auch gebraucht werden können.

Auch hier besteht die Aufgabe des Unterrichts also darin, dem Lerner das Ansammeln einer „kritischen Masse" an Spracherfahrung zu ermöglichen. Hierfür ist es notwendig, ihn durch Bereitstellen eines Angebots herauszufordern, diese Erfahrungen zu sammeln und im weiteren Sprachgebrauch immer mehr zu erweitern, um auf diese Weise seine kommunikativem und intellektuellen Bedürfnisse immer präziser und damit auch ökonomischer befriedigen zu können. Bei diesem Prozess kommt den rezeptiven Fertigkeiten des Lese- bzw. des Hörverstehens besondere Bedeutung zu (vgl. Kap. D.1 und D.2).

Aber was tun Fremdsprachenlehrer immer wieder: Im guten Glauben, dadurch alles leichter zu machen, isolieren sie sprachliche Phänomene, die nur im Kontext, von den „höheren" Schichten der Sprache her, ihre Bedeutung erhalten (vgl. auch Kap. E.4, Abschnitt 7). Dieses Prinzip der Isolierung der Phänomene ist der Mehltau, den gut gemeintes, aber unzureichend informiertes didaktisches Denken auf die Schule legt! Es erschwert in Wirklichkeit das Lernen, weil das Vergleichen, das gegenseitige „Verrechnungen" im Gehirn be- und verhindert wird. Isoliert taugen Sprachphänomene nur für das Wörterbuch oder das Grammatikbuch. Oder für Pseudo-Übungen, in denen etwa gefragt wird, ob es *your* oder *you're* heißt. In welcher Situation des Lebens könnte man denn „dein" und „du bist" verwechseln? Solche Aufgaben sind noch absurder als Ionescos *Die Unterrichtsstunde*.

Nicht das grammatische Phänomen an sich ist also von Bedeutung, sondern das grammatische Phänomen in der Situation, im Kontext. Deshalb gilt es, den Schülern ein Lernen zu ermöglichen, das so weit wie möglich die – in der Evolution bewährte – Arbeitsweise des Gehirns unterstützt: Wahrnehmungen, Informationen werden simultan vom Gesamten zum Einzelnen und vom Einzelnen zum Gesamten verglichen, das heißt gleichzeitig *top-down* und *bottom-up* „verrechnet" (vgl. Kap. B.3, Abschnitt 3).

Wie weit die *top-down*-Wirkung der Situation reichen kann, zeigt das folgende Beispiel. Klasse 5, zweitletzte Stunde vor Weihnachten, die Klasse hat also seit etwa vier Monaten Englischunterricht. Die Lehrerin, eine englische Muttersprachlerin, spricht über den *Christmas tree* und bastelt mit den Schülern einfachen Baumschmuck. Sie hat einen etwa

60 cm großen zusammenklappbaren Papiertannenbaum mitgebracht und einige Weihnachtsmotive wie *Father Christmas, a candle, a (roasted) turkey, a Christmas stocking, a cracker* usw. auf größeren Karten gezeigt. Diese hat sie vorgestellt mit *Look what I have drawn.* Die Schüler malen nun ähnliche Motive auf kleine Kärtchen, schneiden sie aus und hängen sie dann am Baum auf. Als nach ein paar Minuten die ersten vier Bildchen hängen, fragt die Lehrerin am Baum stehend in die geschäftige Stille hinein: *Who drew this Christmas pudding?* Antwort: keine. Die Lehrerin fragt nochmals. Antwort: keine. Wie könnten die Schüler auch verstehen? Die Lehrerin geht nun durch die Klasse und fragt, nachdem sie halblaut den Weihnachtsmann einer Schülerin bewundert hat: *Who else has drawn a Father Christmas?* Nach einer kleinen Pause meldet sich einer, dann noch zwei. Bemerkung der Lehrerin: *So you have drawn a Father Christmas too.* Wieder am Baum stehend fragt sie: *And who drew this turkey?* Diesmal meldet sich der Künstler sofort. Auf Fragen mit *past* bzw. *present perfect* – beides Tempusformen, die vom Lehrplan und vom Lehrbuch her längst noch nicht „dran" sind – wird anschließend sicher geantwortet, wobei die Lerner natürlich nie diese Zeitformen aktiv benützen. Ihre Antworten zeigen aber, dass sie deren Sinn verstanden haben. Die Lehrerin verabschiedet sich von der Klasse mit: *Make sure you have not left any paper on the floor. And off we go.* Die Schüler sammeln liegen gebliebenes Papier auf und verlassen das Klassenzimmer.

Die Lernenden erhielten vielfältige Gelegenheiten, die neuen Sprachformen zu erfahren. Keiner von ihnen wird sich bewusst gewesen sein, dass hier „Grammatik" im Spiel war. Manches war (noch) fremd, aber nie fühlten sie sich verunsichert, alle waren aktiv und höchst aufmerksam. Alle haben zumindest vage registriert: So geht man in Großbritannien sprachlich miteinander um. Es handelte sich übrigens um eine Hauptschulklasse.

2 Der systematische Aufbau
eines „mentalen Lexikons"
Jürgen Quetz

Man kann sich in einer fremden Sprache auch dann verständigen, wenn man ihre Grammatik nur rudimentär beherrscht. Fehlen einem aber die Wörter, ist Kommunikation unmöglich. Wortschatzarbeit ist also eine der zentralen Aufgaben im Englischunterricht.

Dieses Kapitel befasst sich mit dem Lehren und Lernen fremdsprachlicher Lexik. Wie sieht die lerntheoretische und linguistische Basis der Wortschatzarbeit aus? Welche Einführungstechniken für neue Wörter gibt es und wie erfolgreich sind sie? Welche Übungsformen gibt es für die Festigungs- und Integrierungsphase im Unterricht und wie lernt man zu Hause?

1. Wie lernen Kinder den Wortschatz ihrer Muttersprache?

Es mag überraschen, dass ein Kapitel über Wortschatzarbeit mit einem Blick auf den Mutterspracherwerb beginnt. Dieser Blick soll uns aber helfen, die Lernaufgabe besser zu verstehen, vor der Lernende einer Fremdsprache stehen.

Europäische Sprachen haben ca. 500.000 Wörter. Die Schätzungen, wie viele davon gebildeten Sprechern bekannt sind, gehen weit auseinander (30.000 bis 70.000); mit 6.000 bis 8.000 kommt man in alltäglicher Kommunikation aus. Der Wortschatz von Fremdsprachenlernenden ist oft auch nach Jahren noch sehr viel bescheidener und vor allem im Anfangsunterricht wächst er nur sehr langsam (I. S. P. Nation, 1990, S. 12ff.).

Aber auch bei Kindern geht dieser Prozess zunächst langsam voran. Sie lernen die Wörter ihrer Muttersprache, indem sie zunächst Lautketten nachzuahmen versuchen, die ihre Eltern benutzen: *hosh* steht etwa für *horse*, *tee* für *cat(tie)* usw. (Wode, 1988, S. 151). Bis sich eine solche Lautkette der Erwachsenennorm annähert, vergehen oft Monate. Aber auch die Bedeutung eines Wortes wird nicht sofort normgerecht übernommen: sie etabliert sich erst in einem langwierigen Erwerbsprozess.

Die Lautkette *tee* etwa wird zunächst für alles benutzt, was Fell und Beine hat und sich bewegt. Auch Hunde und andere Tiere werden als *tee* bezeichnet (Wode, 1988, S. 151); *tee* wird also übergeneralisiert. Dann beginnt das Kind dieses Wortfeld auszudifferenzieren. Wörter wie *goggie/doggie*, *hosh*, *moo-ka* werden benutzt, wobei es durchaus vorkommen kann, dass große Hunde als *hosh* bezeichnet werden. Die Korrektur durch die Eltern führt zu immer genaueren Bezeichnungen der Dinge in diesem Wortfeld. Generalisierung und Differenzierung sind also zwei Grundprinzipien des Bedeutungserwerbs bei Kindern.

Eine Besonderheit des kindlichen Spracherwerbs ist, dass ein Kind gleichzeitig mit den Wörtern auch seine Welt kennen lernt, Konzepte lernt, aus denen später sein Weltwissen bestehen wird. Es lernt, was ein Baum ist, ein Busch oder ein Strauch, dass einige Bäume Blätter haben, andere Nadeln; es lernt, welche Mahlzeit „Frühstück" heißt und welche „Abendessen". Dabei lernt es auch, was man zu diesen Mahlzeiten isst und trinkt, und zwar zu Hause, aber auch bei anderen Leuten oder im Hotel. Wörter sind also „Schnittstellen" zu „artikulatorischen Programmen bzw. akustischen Signalen und zum konzeptuellen System (Weltwissen)" (Scherfer, 1995, S. 166).

Ein Kind lernt aber nicht nur Wörter für Dinge, sondern auch für Konzepte, die kein sichtbares Korrelat in der Wirklichkeit haben. Solche Konzepte wie *lieb haben, fleißig, frech* versteht man oft aus einer Situation heraus; nur selten erklärt ein Erwachsener sie explizit („Du bist *frech*, wenn du mich ärgerst, wenn du böse Sachen sagst"). Infolgedessen ist die Bedeutung solcher Wörter lange Zeit unscharf, oft bis ins Erwachsenenalter, wie das Wort *Liebe* zeigt. Dass Kinder erst eine gewisse kognitive Reife haben müssen, bevor sie komplexere Definitionen nachvollziehen können, sieht man daran, dass noch ein dreijähriges Kind *brother* als „a boy" definiert und auf die Frage *What do you have to have to be a brother?* antwortet: *Pants with pockets* (Wode, 1988, S. 156); erst Achtjährige geben eine korrekte Definition.

Die Lernaufgabe für Kinder besteht aber nicht nur aus dem Speichern von Lautketten und dem Bedeutungserwerb; gespeichert werden müssen auch die damit verbundenen visuellen Konzepte (*Stuhl* zum Beispiel in all seinen vielfältigen Erscheinungsformen, abgegrenzt gegen *Hocker, Sessel*), grammatische Valenzen und, später dann, das Schriftbild. So entsteht nach und nach das *mentale Lexikon*: „[Es] wird gemeinhin definiert als der Teil des Langzeitgedächtnisses, in dem lexikalische und konzeptuelle Einheiten abgespeichert sind. Während das Nachschlagen in einem Wörterbuch eine Tätigkeit ist, die bewusst abläuft, geschieht das Nachschlagen im mentalen Lexikon unbewusst: [Es] ist so etwas wie ein Kenntnissystem, das wir automatisch aktivieren, wenn wir sprechen oder lesen. ... Erst wenn wir mit einer Problemstelle konfrontiert werden, uns etwa eine Vokabel nicht einfällt oder wir das Wort lediglich auf der Zunge haben, ohne es abrufen zu können, so wird unsere Aufmerksamkeit auf diesen Aspekt von Sprachverarbeitung gelenkt: Mithilfe kommunikativer Strategien versuchen wir in derartigen Situationen Kontrolle über den Zugang zu unserem mentalen Lexikon zu erhalten" (Koll-Stobbe, 1994, S. 56f.).

Die Metapher „mentales Lexikon" wirft die Frage auf, wie dieses Lexikon sortiert ist. Studien zu Versprechern und zum „Es-liegt-mir-auf-der-Zunge"-Phänomen (Aitchison, 1994) haben gezeigt, dass es bis zu einem gewissen Grad auch alphabetisch angelegt ist. Das Beispiel „Das *Glühwürmchen am Radio ist kaputt" (statt: *Glühbirnchen*) zeigt aber, dass Wörter nicht nur alphabetisch abrufbar sind: Auch Betonungsmuster spielen eine Rolle. Weiterhin können wir reimen; Wörter sind also auch nach Klangmustern am Wortende gespeichert. Dazu sind Wörter, wie bei einem Computer, mit sehr hoher Geschwindigkeit „abrufbar". Beim Sprechen ruft man ein Konzept auf und muss diesem eine Lautkette zuordnen; beim Hören nimmt man eine Lautkette wahr und muss ihr eine Bedeutung, ein Konzept, zuordnen.

Neuere psycholinguistische Forschungen zeigen, dass das mentale Lexikon nicht nur fertige sprachliche Produkte („Wörter") speichert, sondern auch Verfahrensweisen für die Benutzung dieser Wörter. Dieses *prozedurale* Wissen, also die Fähigkeit eines Menschen, beim Sprechen Bedeutungen zu versprachlichen oder zu verstehen, spiegelt sich nur zum Teil in den Wörtern selbst oder in dem, was wir über Sprache und Sprechen wissen, also in unserem *deklarativen* Wissen (vgl. Kap. B.2, Abschnitt 3). In unserer weiteren Darstellung beschränken wir uns aber auf die traditionellere Annahme, dass die Struktur einer Sprache auch die Struktur mentaler Prozesse bei ihrer Verarbeitung widerspiegelt.

2. Zur (linguistischen) Struktur des „mentalen Lexikons"

2.1 *Paradigmatische Strukturen*
Die wichtigste Eigenschaft des mentalen Lexikons spiegelt sich in den semantischen Strukturen des Wortschatzes wider. Es gibt paradigmatische Strukturen (bei denen einzelne Wörter zu anderen der gleichen Klasse in Beziehung stehen) und syntagmatische (in denen

Wörter sich zu größeren Einheiten wie Kollokationen, Redewendungen oder Idioms verbinden). Zu den Ersteren gehören auch Wortklassen wie Verben und Substantive. Dass der Wortschatz einer Sprache keine ungeordnete Menge ist, sieht man vor allem an den Wortfeldern, die in sich nach semantischen Merkmalen strukturiert sind. Ein Ausschnitt aus dem Wortfeld „Gewässer" zum Beispiel könnte in seiner Struktur wie folgt beschrieben werden:

	fließend	stehend	natürlich	künstlich	groß	klein	linear	flächig
lake	-	+	+	?[1]	+	-	-	+
pond	-	+	-	+	-	+	-	+
pool	-	+	+	?[2]	-	+	-	+
river	+	-	+	-	+	-	+	-
stream	+	-	+	-	-	+[3]	+	-
brook	+	-	+	-	-	++[3,4]	+	-
canal	+	-	-	+	+	+	+	-

[1] *aber:* Lake (!) Powell = künstlich – [2] *aber:* swimming-pool – [3] *eher:* schmal – [4] *kleiner als* „stream"

Abb. 1: Ausschnitt aus dem Wortfeld „Gewässer"

Nach ähnlichen Prinzipien wie Wortfelder lassen sich Synonyme und Antonyme beschreiben. Man sieht im eben zitierten Beispiel, dass *stream* und *brook* als Bezeichnungen für Gewässer nahezu synonym sind; allerdings gibt es *stream* auch in anderen Bedeutungen und Kollokationen (*a steady stream of complaints*), die für *brook* nicht gelten.

Andere Felder sind wie Wortskalen (*cold, warm, hot*) aufgebaut, was aber nicht zu dem Fehlschluss führen darf, dass wir hier klar abgrenzbare Phänomene in der Natur beschreiben: Im Hochsommer ist ein Tag *cold*, der im Winter durchaus als *warm* gilt. Dazu kommt, dass Mitglieder solcher Felder auch stilistische Varianten sind, *frigid* oder *torrid* etwa. Linguisten unterscheiden noch andere Beziehungen, etwa Teil/Ganzes (*finger/hand*), gleich klingende, gleich geschriebene oder sowohl gleich klingende als auch gleich geschriebene Wörter (Homophone, Homographe, Homonyme), komplementäre und reversive Beziehungen (*dead/ alive, parents/children, dress/undress, buy/sell, bring/take*).

Fremdsprachendidaktiker haben semantische Merkmale als kleinste Bausteine der Bedeutung bei der Erklärung neuer Vokabeln benutzt (vgl. Doyé, 1982). Nicht alle Felder aber sind streng nach Merkmalen gegliedert. In der Fremdsprachendidaktik begnügt man sich sogar oft mit Sachfeldern, in denen man alle Wörter unterbringen kann, die etwas mit einem Thema zu tun haben, auch wenn sie ganz unterschiedlichen Klassen angehören (*transport: car, bike, to drive* u. a.).

Zu den paradigmatischen Beziehungen zählt man weiterhin Ableitungen und Zusammensetzungen. Der potenzielle Wortschatz, über den man in einer Sprache verfügt, ist groß, wenn man die wichtigsten Regeln der Wortbildung kennt (Kastovsky, 1981). Die Kenntnis von Ableitungen durch Präfixe (*un/comfortable, in/convenient, im/possible, non/existent, dis/like* usw.) oder durch Suffixe (*teach/er, success/ful* usw.) ist eine große Hilfe beim Verstehen von Texten. Auch Zusammensetzungen sind oft, aber nicht immer, aus ihren Bestandteilen zu verstehen (*handbag, blackbird*). Im Englischen ist auch der Wechsel der Wortklasse häufig (*to walk – a walk, to cheat – a cheat;* auch mit Betonungswechsel: *to transfér – a tránsfer*).

2.2 Syntagmatische Strukturen

Wörter verbinden sich aber auch miteinander zu größeren Einheiten, stehen in syntagmatischen Beziehungen. Am bekanntesten ist das Phänomen der *idioms*, fester Fügungen aus Wort A + Wort B, wobei A + B nicht AB, sondern C ergeben: *to kick the bucket, to shoot the breeze, to spill the beans.* Schwierig zu handhaben sind Kollokationen und Auswahlbeschränkungen, die die Benutzung von Wörtern zusammen mit anderen regeln: *rancid* etwa wird in Wörterbüchern definiert als *smelling or tasting rank* (= *offensive in odour or flavour*); *rancid* wird zusammen mit *egg* benutzt, bei *dirty socks* oder *cow dung* ist aber nur *rank* akzeptabel (vgl. Aitchison, 1994, S. 13). Beim Telefon sagt man nicht *The line is *occupied*, sondern *busy.* Eine Zigarette ist *strong* oder *light,* aber nicht *weak,* Wein ist *dry* oder *sweet,* wohingegen die „üblichen" Antonyme zu diesen Adjektiven, *wet* und *sour,* nicht in diese Verbindung passen (vgl. auch Kap. E1, Abschnitt 2.6). Viele Redewendungen der Alltagssprache sind ähnlich fest gefügt. Oft erkennt man *non-native speakers* gerade an Verstößen gegen solche Auswahlbeschränkungen, die Muttersprachler beherrschen, ohne dass sie sie erklären könnten. Wir stehen hier an der Grenze zur Grammatik und damit schließt sich der Kreis unserer Bestandsaufnahme, denn auch die zuerst erwähnten Wortklassen regeln ja, wie man einzelne Wörter in Sätze einbaut.

2.3 Konnotative und andere Aspekte

Das sind aber noch nicht alle Bereiche, in denen sich Sprecher einer Sprache zurechtfinden müssen. Früher sprach man von „Atomkraftwerk" und *atomic power-station,* heute nennt man diese Anlagen „Kernkraftwerk" und *nuclear power-station.* Auf diese bewusste Umbenennung drängte die Stromindustrie, weil *atomic* eher mit Bomben und Gefahr assoziiert wird, also negative Konnotationen hat, als *nuclear,* das eher Assoziationen zu „Kern" oder „wichtig" auslöst. Solche emotionalen Ladungen von Wörtern sind zu einem großen Teil auch konventionell und vor allem kulturell gebunden. Die Farbe *red* z. B. steht für die meisten Menschen für ‚Liebe' oder ‚Blut', für einige für ‚Fortschritt', bei Verkehrsampeln für ‚Stop'. In China zog man einmal in Erwägung, bei Rot freie Fahrt zu gewähren, da es ja „die Farbe des Fortschritts" sei ...

Was wir bisher über die Struktur des Wortschatzes gesagt haben, folgt einem vorwiegend linguistischen Ansatz. In der Kognitionspsychologie hat man außerdem gezeigt, dass zusammen mit den Formen von Wörtern und ihrer sprachimmanenten Bedeutung auch visuelle und sensorisch-motorische Vorstellungen gespeichert sind (Zimmer, 1988). Wenn wir z. B. einen „besonders typischen" *Vogel* benennen sollen, werden wir eher an *Spatzen, Amseln* oder *Meisen* denken als an einen *Pinguin* oder einen *Strauß.* Solche Prototypen (Aitchison, 1994, S. 51ff.) gibt es bei vielen Wörtern. Sie spiegeln ganzheitliche Prinzipien unserer Kategorisierungsfähigkeit wider oder sind kulturell bedingt. Warum mancher Vogel für uns ein „typischerer" Vogel ist als ein anderer, lässt sich mithilfe genau definierter Merkmale kaum beschreiben.

3. Die Lernaufgabe beim Zweitspracherwerb und beim Fremdsprachenlernen

Die Ausgangssituation hat sich gewandelt, wenn ein Kind eine zweite Sprache lernt. Der wichtigste Unterschied ist, dass nun schon eine erste Sprache vorhanden ist, also ein Vorrat an Konzepten existiert, die beim Erwerb der Muttersprache gebildet worden sind. Was geschieht nun, wenn Lernende neue Wörter aus einer fremden Sprache aufnehmen?

Viele Indizien sprechen dafür, dass sich das fremdsprachliche nicht von dem mutter-sprachlichen System (oder besser: den Systemen oder Netzwerken) trennen lässt, wie man früher einmal angenommen hat. Es ist kaum vorstellbar, dass Lernende mit dem Erwerb der neuen Sprache auch ein völlig neues Weltwissen aufbauen. Wer schon weiß, was ein *Haus* ist, wird die Lautkette *house* ohne Zögern mit seinem beim Mutterspracherwerb gebildeten Konzept eines (deutschen) Hauses verbinden. Erst später wird ihm vielleicht auffallen, dass man in Großbritannien größere „Häuser" *block of flats, highrise* oder *building* nennt, in den USA *apartment house*. Es gibt also Entwicklungsstufen wie beim Mutterspracherwerb: Neue Lexik wird zunächst (über-)generalisiert und später ausdifferenziert. Das Wort *breakfast* zum Beispiel wird von deutschsprachigen Lernenden zunächst analog zu *Frühstück* als „ers-te Mahlzeit des Tages" semantisiert. Wenn die Lehrerin die Bedeutung des Wortes anrei-chert durch Bilder von britischem Frühstück, so leistet sie einen Beitrag zur Ausdifferenzie-rung. Beim ersten Frühstück in einem amerikanischen *coffee shop* muss ein Lernender sein Konzept noch einmal revidieren, um *bagels, hash-browns* und anderes zu integrieren, und unter Umständen wird er in einer englischen Familie feststellen, dass man dort heute auch von Rühreiern und Frühstücksspeck zu *muesli* oder *fruit loops* übergegangen ist. Wir sehen die wichtige Funktion einer interkulturell vergleichenden Landeskunde in einem solchen Lernmodell (vgl. B.-D. Müller, 1981), da Ausdifferenzierungen im mentalen Lexikon immer bei Erscheinungen erfolgen, die im Land der Zielsprache anders sind. Gleichzeitig darf man aber nicht übersehen, dass das grundlegende Konzept „erste Mahlzeit des Tages" mit einer muttersprachlichen Lautkette und vermutlich mit visuellen, geschmacklichen und ande-ren nonverbalen Vorstellungen zusammen kodiert und gespeichert ist (Zimmer, 1988; Scherfer, 1994).

Wenn nun eine Äußerungsabsicht besteht und dem Lernenden die fremdsprachliche Lautkette nicht sogleich einfällt, kann er jederzeit den sprachlichen Code wechseln und die muttersprachliche Lautkette in den Satz einfügen: *What's* Schraubenzieher *in English?* Um-gekehrt kann man auch beim Hören oder Lesen fremdsprachlicher Texte beobachten, dass viele Wörter spontan übersetzt werden, um zu testen, ob man den Text richtig verstanden hat („Ein *screwdriver* ist also ein Schraubenzieher"). Aus solchen Beobachtungen kann man schließen, dass fremdsprachliche Lautketten sowohl mit muttersprachlichen Lautketten in Verbindung stehen als auch mit den ihnen zugrunde liegenden Konzepten. Diese Be-obachtung ist wichtig für die Klärung der Frage, wie „einsprachig" Englischunterricht sein kann. Hiller (1981) hat in einer kleinen Fallstudie gezeigt, dass bilinguale Kinder bei Din-gen, die sie in der einen Sprache schon kennen, Übersetzungen bevorzugen, während sie bei neuen Konzepten durchaus mit einsprachigen Erklärungen zufrieden sind. Die beiden Sprachen interagieren also im mentalen Lexikon sowohl formal als auch inhaltlich.

Die semantische Ausdifferenzierung des zweitsprachlichen mentalen Lexikons ähnelt den Vorgängen, die sich beim Mutterspracherwerb abspielen. "The simplistic view that vo-cabulary learning is nothing more than the memorization of a series of wordforms with fixed meanings ought finally to be discarded. Learning words is a process of 'semantiza-tion', i. e. a continuous process of getting acquainted with verbal forms in their polysemous diversity within varying contexts" (Beheydt, 1987, S. 55).

Die Lernaufgabe, die Menschen beim Erwerb fremdsprachlicher Lexik zu bewältigen ha-ben, wollen wir so beschreiben: Beim Erwerb der Muttersprache gebildete Konzepte müs-sen teilweise modifiziert werden, wenn man eine fremdsprachliche Lautkette mit ihnen verbindet; dabei bleiben aber in der Regel viele der vertrauten Merkmale und Vorstellungen identisch. Die neue Lautkette muss auf möglichst vielen Wegen mit diesen (alten und veränderten) Konzepten verknüpft werden, damit sie in verschiedene Netzwerke integriert und folglich leichter aufrufbar wird. Solche Netzwerke sind, wie wir aus unserer Beschäftigung mit dem muttersprachlichen mentalen Lexikon wissen, semantischer, aber auch formaler Art, und sie sind verbunden mit Informationen, die wir zusammen mit dem Wort auch über andere Sinne aufgenommen haben (bildliche Vorstellungen, Erinnerungen an Gefühle, Ereignisse usw.). Der Erwerb eines neuen Wortes der Fremdsprache muss also so erfolgen, dass man an bekannte Strukturen anknüpft und möglichst viele kognitive und affektive Netzwerke aktiviert oder ähnliche schafft (vgl. auch Kap. B.2, Abschnitt 3).

4. Wie man Wörter im Unterricht einführt

Neue Wörter begegnen Lernenden vor allem in Äußerungen und Texten und aus diesen heraus erhalten sie ihre jeweilige spezifische Bedeutung (vgl. Kap. E.1, Abschnitt 2.7). Vor allem fortgeschrittene Lernende erschließen sich Wortbedeutungen aus dem Kontext und schlagen sie nur sehr selten in Wörterbüchern nach. Überhaupt betrachten viele Lehrende den Wortschatzerwerb bei Fortgeschrittenen als „Spracherwerb". Sie empfehlen zur Verbesserung der Sprachkenntnisse zwar meist Lerngrammatiken, umfangreiche Lektüre oder einen Auslandsaufenthalt, fast nie aber die Benutzung eines Lernwörterbuchs. Nur im Anfangsunterricht legt man Wert auf eine systematische Einführung neuer Wörter und steuert das Behalten durch Übungen und Kontrollen. Trotzdem lernen wahrscheinlich auch Anfänger viele Wörter „intuitiv".

Die Techniken, die man zur systematischen Einführung neuer Wörter benutzen kann, lassen sich wie folgt systematisch darstellen; die Entscheidung darüber, welche Technik(en) man benutzen will, erfolgt unter Berücksichtigung der Lerngruppe und der Art und Schwierigkeit des zu erklärenden Wortes.

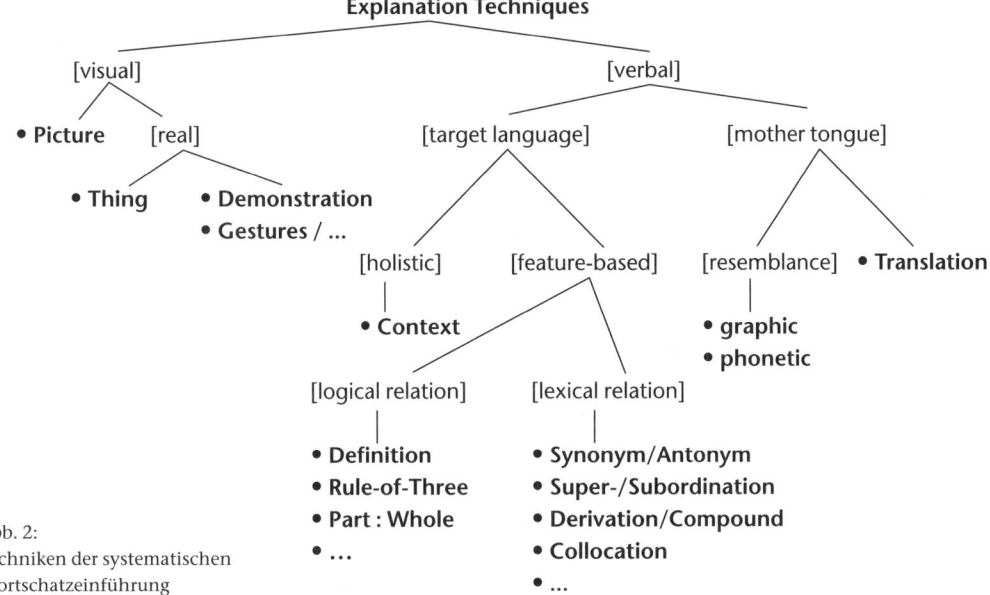

Abb. 2:
Techniken der systematischen
Wortschatzeinführung

Ziel der Vokabeleinführung ist es, den neuen Wortschatz im Gedächtnis zu verankern. Die Behaltensleistung ist „besser,
● wenn die zu behaltende Information semantisch, also bedeutungstragend, verarbeitet wird,
● wenn die Information möglichst gut in bereits vorhandenes Wissen eingebunden wird,
● wenn die Information möglichst distinktiv gemacht wurde, also nicht nur eingebunden sondern auch abgegrenzt wurde, und so deren *individueller Charakter* herausgearbeitet wurde" (Zimmer, 1988, S. 152).

Wenn im Folgenden einige bewährte Einführungstechniken (vgl. Doyé, 1982; Gairns & Redman, 1986; McCarthy, 1990; I. S. P. Nation, 1990) dargestellt und kritisch bewertet werden, muss dies berücksichtigt werden. Man darf sich nämlich nicht mit dem Einüben der Assoziationen zwischen fremdsprachlicher Wortform und muttersprachlichem Wort begnügen, wenn man Wörter langfristig verfügbar machen und zudem ihre schnelle Abrufbarkeit trainieren will. Ersteres erreicht man offenbar am besten durch die Benutzung neuer Wörter in sinnvollen und persönlich bedeutsamen Kontexten, Letzteres durch das Einbinden der neuen Wörter in vielfältige semantische, syntaktische, visuelle, sensomotorische u. a. Netze, sodass ein Zugriff von verschiedenen Ausgangspunkten möglich wird.

4.1 *Visuelle Verfahren (Dinge, Bilder, Mimik und Gestik)*
Visuelle Erklärungstechniken sind Verweise auf wirklich vorhandene Dinge (*This is* a chair) oder auf Bilder (*This is* an elephant), oder mimisch-gestische Verdeutlichungen (*I'm walking*). Diese Verfahren gehören zu den „ganzheitlichen" und verlangen in der Regel keine schwierigen logischen Operationen wie die Verfahren unter 4.2. Viele Lehrende schätzen diese Techniken, weil sie einen einsprachigen Unterricht ermöglichen. Sie tun dies aber nur an der Oberfläche, denn die Muttersprache kann man dabei nicht ausklammern, wie schon Lübke (1971, S. 174) gezeigt hat: „Aha, eine Birne!" ist die Reaktion der meisten Schüler, wenn ein Lehrer sich um Semantisierung des fremdsprachlichen Wortes durch das Bild einer Birne bemüht. Dennoch ist der Wert von Erklärungen mithilfe von Bildern (*flashcards*, Haftelementen, Zeichnungen auf Tafel oder Tageslichtprojektor usw.) hoch, weil sie visuelle Netzwerke aktivieren und vor allem bei visuellen Lerntypen die Behaltensleistung verbessern. Außerdem lassen sich mit Bildern oft landeskundliche Besonderheiten zeigen, die wiederum den „individuellen Charakter" des neuen Wortes betonen. Benutzt man „prototypische" Darstellungen (viele Handzeichnungen der Lehrenden genügen dieser Forderung!), so verknüpft man das neue Wort direkt mit der „Bildmarke", die im Gedächtnis mit dem muttersprachlichen Wort bzw. Konzept verbunden ist, sodass der Zugriff auf das neue Wort auch von dort aus möglich ist.

4.2 *Einsprachige verbale Verfahren, die systematische Beziehungen im Wortschatz nutzen*
Viele Lehrerinnen und Lehrer möchten die Muttersprache der Lernenden aus dem Unterricht verbannen. Wie wir oben gesehen haben, ist das lerntheoretisch gar nicht möglich. Kommunikativ ist es aber wichtig, einsprachige Erklärungsverfahren zu kennen und selbst zu beherrschen, weil sie im Umgang mit *native speakers*, die die Muttersprache des Lernenden nicht sprechen, eine wichtige Kommunikationsstrategie sind.

(1) *Synonyme, Antonyme, Ableitungen:* Diese Verfahren sind, wie auch die visuellen, nicht immer ganz unproblematisch. Synonyme sind oft nur in bestimmten Kollokationen zu benutzen oder textsortenspezifisch: neuere Häufigkeitszählungen bei gesprochener und ge-

schriebener Sprache zeigen zum Beispiel, dass *start* in beiden etwa gleich häufig zu finden ist, *begin* aber nur in schriftlichen Texten, und auch dies wesentlich seltener, als man meinen sollte; in geprochenen Texten spielt es kaum eine Rolle. Die Kapitel zum Wortgebrauch in neueren einsprachigen Wörterbüchern machen oft auf solche Erscheinungen aufmerksam. Bei den meisten Wörtern sind die „angelsächsischen" Synonyme in der Alltagssprache häufiger als diejenigen romanischen Ursprungs (*begin – commence, go on – proceed*). Im Allgemeinen wird also das angelsächsische Wort vor dem romanischen gelernt sein, sodass man es später bei Erklärungen als bekannt voraussetzen kann – ein Vorteil für Lernende mit deutscher Muttersprache. Oft gibt es auch Unterschiede im Stil und in den situativen Bedingungen, unter denen man ein Wort benutzen kann (*toilet, lavatory, bathroom, WC, public convenience, the gents/ladies, loo, John*). Lernt man das „neutrale" Wort zuerst, kann es später bei Erklärungen der Bezugspunkt sein.

Auch bei Antonymen muss man sich oft mit einer linguistisch nicht so exakten Erklärung als *opposite of* begnügen, wobei dann *black* das Gegenteil von *white* ist, *old* das von *young* oder *new, single* von *double* oder *married, husband* von *wife* und *buy* von *sell*.

Zu den Wortbildungsregeln gehören Ableitungen (*to drive – driver; happy – unhappy – unhappiness* usw.) und Zusammensetzungen (*driveway, drive-in, garden centre* usw.). Diese Prozesse bieten viele Möglichkeiten zur Gestaltung von Erklärungen (vgl. Porsch, 1985). Noch effektiver ist es allerdings, wenn man die wichtigsten dieser Prozesse erläutert, weil sich Erklärungen dann meist erübrigen: Wer den Zusammenhang von *to drive* und *driver* verstanden hat, weiß auch, was ein *runner* ist, wenn er *to run* kennt.

(2) *Definitionen und andere logische Bezüge:* Definitionen benutzen in der Regel über- oder untergeordnete Wörter und stützen sich auf semantische Merkmale eines Wortes: *A dog is an animal with four legs and a tail. It barks.* Der Einsatz von Definitionen ist allerdings problematisch, wenn der Definitionswortschatz komplizierter ist als das zu erklärende Wort. Definitionen sind folglich im Fremdsprachenunterricht seltener, als man vermutet. Gelegentlich kann man Wörter auch durch eine Art Dreisatz (*rule-of-three*) erklären: *A man has a mouth, a bird has a beak* (Doyé, 1982, S. 46; vgl. auch Hamilton, 1985, S. 13: *fast : X :: tall : short* oder *X : sell :: come : go*) oder durch eine Gleichung: „*A week* = 7 days". Zu dieser Gruppe gehört auch die Erklärung durch Aufzählung von Mitgliedern einer Klasse: *Dogs, elephants and horses are animals* und von *part : whole*-Beziehungen: *hand : finger*.

Verfahren der Vokabelerklärung, die auf Bezügen im Wortschatz basieren, sind aber nicht unumstritten. Scherfer (1994) und viele andere sind zwar der Auffassung, dass sie die erfolgversprechendsten sind, weil sie eine große Verarbeitungstiefe der neuen Vokabel in semantische Netzwerke bedeuten. Tinkham (1993) hingegen hat festgestellt, dass Vokabelarbeit in Wortfeldern keinesfalls die Behaltensleistung erhöht. Schon Quasthoff & Hartmann (1982) haben beobachtet, dass ganzheitliche Verfahren (vgl. Abschnitt 4.3) bei fremdsprachlichen Worterklärungen häufiger benutzt werden und offenbar auch effektiver sind als solche, die sich an linguistischen Merkmalen orientieren. Man darf auch nicht übersehen, dass merkmalsorientierte Verfahren erhebliche kognitive Gewandtheit voraussetzen, da man durch logische Schlüsse die Bedeutung des neuen Wortes gleichsam erraten muss, was lernschwächere Schüler unter Umständen vor einige Probleme stellt.

4.3 *Ganzheitliche Verfahren (Typischer Kontext, Umschreibungen)*

Dass visuelle Erklärungstechniken „ganzheitlich" sind, weil sie ohne logische und sprachliche Operationen auskommen, ist bereits in Abschnitt 4.1 festgestellt worden. Ein eher

„ganzheitliches" sprachliches Verfahren ist auch die Erklärung durch einen semantisch typischen Kontext: *We wash our hands with soap and water.* Das Verfahren führt aber leicht zu Missverständnissen, wenn der Kontext zu knapp ist. Aus dem Satz *The Red Indians *woggled him* kann man die Bedeutung von **woggle* noch nicht erschließen; klärend ist erst der Zusatz *... to a tree with a rope* (nach Doyé, 1982, S. 44).

Der Wert solcher semantisch typischen Kontexte für das Vokabellernen ist recht gut erforscht, aber auch umstritten. Xiaolong Li (1988) betont, dass nur solche Kontexte verstehens- und lernfördernd sind, die genügend Information enthalten. Henrici, Kostrzewa & Zöfgen (1991) fanden keine klare Überlegenheit kontextueller Verfahren über nicht kontextuelle. Carter (1987) schließt nicht aus, dass Anfänger durchaus auch vom Lernen nicht kontextualisierter Vokabellisten profitieren können, während Fortgeschrittene eher kontextgebunden arbeiten sollten. Für alle gilt aber, dass Kontexte Netzwerke anderer Wörter aktivieren und dadurch in der Regel die Behaltensleistung fördern (vgl. Kap. E.1, Abschnitt 2.7).

4.4 Verfahren, die implizit die Muttersprache einbeziehen

Obgleich sie Doyé (1982, S. 49) als „einsprachige" Erklärungen gelten und nicht als „Übersetzung", gehören der Verweis auf grafische Ähnlichkeit (*zoo, temperature*) und der auf akustische (*house*) zu denjenigen Verfahren, die die Muttersprache der Lernenden als Erklärungshilfe explizit mit einbeziehen. Oft weicht aber die korrekte englische Aussprache doch ein wenig von der deutschen ab (vgl. dt. *Finger* – engl. *finger*), worauf man Lernende aufmerksam machen muss.

4.5 Zweisprachige verbale Verfahren: Übersetzung

Lerntheoretiker, die der audiolingualen Methode verpflichtet waren, wollten die Übersetzung aus dem Fremdsprachenunterricht verbannen, weil sie meinten, dass die „Spurensysteme" der beiden Sprachen im Hirn getrennt bleiben sollten. Schon seit Butzkamms (1973) gründlicher Auseinandersetzung mit diesem Ansatz sieht man die Dinge differenzierter und steht zweisprachigen Vokabelerklärungen offener gegenüber. Lerntheoretisch gibt es jedenfalls keinen Grund zu der Annahme, dass die Übersetzung in irgendeiner Weise zu schlechteren Lernresultaten führen könnte (Atkinson, 1987); ganz im Gegenteil bringen Lernende die beiden Sprachsysteme zusammen, wenn sie sich versichern wollen, dass sie die zielsprachliche Wortform an ein adäquates Konzept gekoppelt haben. Außerdem weiß man schon aus den Untersuchungen von Preibusch & Zander (1971), dass lernschwächere Schüler durch strikte Einsprachigkeit benachteiligt werden. Bevor man aber den zweisprachigen Vokabelerklärungen Tür und Tor öffnet, muss man bedenken, dass einsprachige Verfahren für den „Ernstfall" der Kommunikation mit *native speakers* geübt sein müssen. Zudem ist eine einsprachige Verständigung über Wortbedeutungen eine Chance für ernsthafte Kommunikation im Unterricht, bei der Unbekanntes erklärt und „verhandelt" wird.

4.6 Welche Erklärungsverfahren sollte man benutzen?

Diese Frage scheint für Lehrerinnen und Lehrer nachrangig zu sein: Sie benutzen einfach alle verfügbaren Techniken und sie verknüpfen in der Regel bei der Erklärung eines neuen Wortes mehrere davon, wie wir im nächsten Abschnitt sehen werden. Dennoch muss man sich fragen, ob alle Einführungstechniken gleich geeignet sind für alle Lerngruppen und alle Unterrichtssituationen.

Es gibt nur wenige Untersuchungen zur Frage, welche Faktoren zu besseren Behaltensleistungen führen (vgl. I. S. P. Nation, 1990, S. 33ff.). Macht & Steiner (1983, S. 105ff.) fanden, dass früh im Kurs eingeführte, konkrete, dem Deutschen in der Form ähnliche und leicht auszusprechende Wörter am besten behalten werden. Sie geben zwar einen Überblick über Arbeiten, die den Einfluss von Einführungstechniken auf die Behaltensleistung untersuchen (ebd., S. 17–20), sehen selbst aber eher Zusammenhänge mit anderen Faktoren (z. B. Leistungsstärke und Geschlecht der Lernenden, vor allem auch Schriftbild der Wörter). Laufer (1990) ist umgekehrt der Frage nachgegangen, was einige Wörter schwieriger macht als andere, und fand, dass es schwierige Aussprache und komplexe Morphologie sind, die das Lernen erschweren.

Eine besondere Position nimmt Schouten-van Parreren (1990) ein, die neue Wörter nur anhand von authentischen und motivierenden Texten einführen will, bei denen die Lernenden Vokabular aus dem Kontext erschließen und ihre Hypothesen überprüfen und analysieren sollen. Dieses Verfahren sichere schon einen großen Teil des Lernerfolgs.

5. Wie sieht die Einführungsphase in der Praxis aus?

Ein Blick auf Alltagskommunikation zwischen *native speakers* und Nicht-Muttersprachlern zeigt, dass hier Erklärungen meist von den Lernenden initiiert werden, dass Bedeutung in längeren Erklärungssequenzen mithilfe verschiedener Verfahren förmlich „ausgehandelt" wird und dass hierbei „ganzheitliche" Erklärungsverfahren dominieren. Bei Unterrichtshospitationen kann man beobachten, dass Lehrerinnen und Lehrer ähnlich vorgehen und vor allem mehrere Erklärungsverfahren miteinander kombinieren:

> L: *Now our next word is* to smell. *Now watch me and look at me. Now I'm smelling.*
>   (L schnüffelt) *Hmmmm. The smell is OK in here. It's not too bad. ... Now – when you smell, what do*
>   *you smell with?* (S schnüffeln)
> S1:   *Er – with my nose.*
> L: *That's right. Yeah, you smell with your nose. And sometimes things also smell. And they can smell good,*
>   *or they can smell ...*
> S: (mehrere murmeln) *... bad.*
> L: *Right. ... My socks, for example, smell terrible.*
> S2:   (leise) *Müllabfuhr ...*

Der Lehrer hat in diesem Fall mithilfe von Gestik und Mimik (Schnüffeln), einer Art Definition (*You* smell *with your nose*) und mehrerer Beispielsätze das neue Wort erklärt. Er hat es dabei in beiden Bedeutungen (transitiv: „ich rieche etwas", intransitiv: „etwas riecht") benutzt. Die Muttersprache ist zwar nur durch das Witzchen des Schülers ins Spiel gekommen, war aber sicher auch schon vorher präsent.

DeFlorio-Hansen (1994) hat am Beispiel des Italienischunterrichts mit Erwachsenen dargestellt, wie zwischen Lehrenden und Lernenden die Bedeutung von Wörtern "ausgehandelt" wird. Die Initiative geht in der Regel vom Lehrer aus. Vom Lernenden initiierte Erklärungssequenzen sind erheblich seltener. Man sieht, wie wichtig es für Schüler ist, Techniken des Nachfragens von Anfang an zu üben. Studien zum *good language learner* (vgl. Naiman, Fröhlich, Stern & Todesco, 1995) dokumentieren, dass erfolgreiche Sprachenlerner öfter nachfragen als andere und sich somit besseren Input beschaffen, der ihnen in ihrer sprachlichen Entwicklung weiterhilft. Ellis, Tanaka & Yamazaki (1994, S. 449) bestätigen, dass „interactionally modified input" besser verstanden wird als eine Erklärung allein durch den Lehrer und dass mithilfe solcher Bedeutungsaushandlungen in der gleichen Zeit mehr neue Wörter gelernt werden, auch wenn man selbst nicht aktiv daran teilnimmt.

Schon im Anfangsunterricht sollten folglich Redewendungen (ohne grammatische Analyse) gelehrt und ständig benutzt werden wie: *What's the meaning of ...? Could you explain (that), please? Sorry, I didn't get that. Can you say it again, please?* usw. (vgl. auch Kap. D.3, Abschnitt 2). Wichtig ist es aber auch, dass die Lernenden einsprachige Erklärungen verstehen und dass sie selbst Paraphrasen für unbekannte Wörter zu bilden üben (*It's the thing you need to pull a nail out of the wall*).

Bei Erklärungen in außerunterrichtlicher Kommunikation dominieren außerdem ganzheitliche Verfahren, also Demonstrationen oder semantisch typische Kontexte, bei denen prototypische Vorstellungen aufgerufen werden (Quasthoff & Hartmann, 1982). Offenbar ist die ganzheitliche Erklärung für beide Partner leichter zu handhaben und besser verständlich. Verfahren wie die Definition oder die Benutzung von Antonymen, die systematische Beziehungen in der Sprache aufgreifen, dominieren hingegen im Unterricht. Vielleicht sollten Lehrende bewusst trainieren, eher auf ganzheitliche Verfahren zurückzugreifen, um den Lernenden das Leben leichter zu machen.

Auf eines hat allerdings Chaudron aufmerksam gemacht: "It seems that a major problem for the students may lie in the teacher's overelaboration of vocabulary meanings through increased redundancy; the non-native listener may find it difficult to decode the exact message, because he cannot discern whether the same information has been provided redundantly or whether new information has been supplied" (1982, S. 170).

6. Was ist bei Erklärungen noch zu beachten?

Wörter, die nur einmal vorgesprochen und erklärt wurden, entfallen uns meist sofort wieder. Unser Ultra-Kurzzeitgedächtnis löscht schon nach ganz kurzer Zeit alle Information, die nicht weiterverarbeitet wird (Kostrzewa, 1994; Zimmer, 1988). Nur was als relevant und interessant registriert wird, hat eine Chance, länger behalten zu werden. Folglich muss die Einführung eines neuen Wortes immer mehrere Schritte umfassen: Die Darbietung eines Wortes im Rahmen einer Situation oder eines Textes, das isolierte Vorsprechen, das Nachsprechen durch die Lernenden (auch im Chor!), die Erklärung(en), die möglichst auch von Schülern gegeben oder ergänzt werden sollten, das Einbetten in weitere Kontexte oder die Verknüpfung mit visueller Information (Bild, aber auch Schriftbild), vor allem aber auch die aktive Benutzung des Wortes durch den Lernenden in einem sinnvollen Zusammenhang. Ein stark idealisiertes Beispiel dafür, wie man das in einem Lehrbuchtext vorkommende Wort *umbrella* einführen könnte, wenn man diesen Text vorentlasten will, ist das folgende:

Lehrerin	Schüler/Schülerinnen
(zeichnet Tafelskizze eines Regenschirms)	
This is an umbrella. Can you repeat the word,	
please, Jenny? Umbrella.	*Umbrella.*
And you, Peter?	*Umbrella.*
(zeigt auf den Schirm) *What's this? Pat?*	*An umbrella.*

All together, please: An umbrella.	*(Chor) An umbrella.*
And what's an umbrella? Can you explain the	
word in English?	*It's a thing you need when it is raining.*
(schreibt Wort an) *Can you read the word, please?*	
(Umbrella.)	*Umbrella.*
(zeichnet Striche für herabfallenden Regen)	
Look, it is raining. Do you have an umbrella	
with you, Inge?	*No, I don't.*
Ask Peter.	*Peter, do you have an umbrella with you?*
	(Peter) No, but I have a rain coat.
Peter, ask Dan.	*Dan, do you have an umbrella with you?*
	(Dan) Yes, I have.
Ask Dan if you can have it.	*Can I have your umbrella, please?*
	(Dan) Yes, here you are. But I need my
	umbrella after school when I go home. usw.
OK. So what do you need when it's raining?	*An umbrella.*
Do you have an umbrella with you today, Pat?	*No, I don't.*
And why not?	*It isn't raining.*

Es gibt viele Varianten eines solchen Vorgehens, die sich alle gut begründen lassen. Ganz gleich, wie solche Abläufe im Detail aussehen: Sie stellen sicher, dass das neue Wort in vielfältige Netzwerke eingearbeitet wird, und zwar in die lautlichen und rhythmischen der Aussprache, die visuellen der Schreibung oder begleitender Bilder, vor allem aber in die semantischen Netzwerke. Es können aber auch ganzheitlich-assoziative Netze sein, interessante Kontexte usw. Wichtig ist, dass dieser Prozess nicht einseitig verläuft: In jeder dieser Phasen müssen die Lernenden aktiv mit dem neuen Wort umzugehen lernen. Nur so schafft das Wort es, die Barriere zum Langzeitgedächtnis zu überwinden. Das Kurzzeitgedächtnis fungiert dabei als eine Art Arbeitsspeicher, in dem die neue Vokabel mit bereits im Gedächtnis vorhandener Information aus anderen Netzwerken verknüpft wird. Dies geschieht vor allem durch unterrichtliche oder häusliche Übungen (vgl. Abschnitte 7 und 8).

Erwähnt worden ist schon, dass man Wörter auch „nicht-lehren" kann, indem man ihre schrittweise Erschließung ganz den Lernenden überlässt. Dies tun viele Lehrende vor allem im Unterricht mit Fortgeschrittenen. Ob dies aber ein effektives Verfahren ist, das zu einer systematischen Erweiterung des aktiven Wortschatzes führt, ist zumindest für den Anfangsunterricht bezweifelt worden (I. S. P. Nation, 1990, S. 43ff.)

7. Übungen zur Festigung des Wortschatzes

Im Kurzzeitgedächtnis angelangt, ist das neue Wort nicht vor dem Vergessen geschützt: In genau beschreibbaren zeitlichen Rhythmen wird Information gelöscht, die nicht ständig aktiviert wird. Sinnvolle Wiederholung hingegen transportiert sie in das Langzeitgedächtnis (vgl. Kostrzewa, 1994).

Eine kleine Einschränkung muss allerdings bei diesem Modell gemacht werden. Psychologische Gedächtnistheorien arbeiten mit der Prämisse, dass es einen isolierbaren Lernstoff gibt, den man sich einprägen will, z. B. Geschichtszahlen oder sinnlose Silben. Man kann dann leicht feststellen, welche dieser Zahlen oder Silben nach einer bestimmten Zeit gelernt wurden, welche nicht.

Fremdsprachenerwerb ist aber eine von Grund auf andere Tätigkeit. „Lernstoff" ist hier zunächst nur die Form der Wörter sowie ihre Zuordnung zu mentalen Konzepten: die mentalen Konzepte selbst sind bereits vorhanden. Sie gehören zum stabilen *semantischen Gedächtnis* des Menschen, wohingegen Lernstoffe wie Geschichtszahlen eher das *episodische Gedächtnis* ansprechen.

Es fragt sich also, ob sprachliches Lernen überhaupt mit den Grundsätzen psychologischer Gedächtnistheorien erklärt werden kann oder ob nicht eigene Spracherwerbsmodelle benutzt werden müssten. Sie müssten die Erweiterung des mentalen Lexikons nicht als „Auswendiglernaufgabe" erfassen, sondern in der semantischen Dimension Prozesse wie Generalisierung, Differenzierung, Transferleistungen, Schlüsse, Hypothesenbildung usw. umfassen. Die reine Feststellung, dass zehn neue Vokabeln „gelernt" wurden und folglich in der nächsten Stunde reproduziert werden können (= *deklaratives Wissen*), besagt unter Umständen wenig darüber, ob und wie diese Vokabeln in das mentale Lexikon eingearbeitet wurden, ob sie also Teil des semantischen Gedächtnisses oder besser: Teil der Sprachkompetenz geworden sind (= *prozedurales Wissen*; vgl. Haastrup, 1994, S. 131, sowie Kap. E.4, Abschnitt 1).

Die allgemein akzeptierten psychologischen Gedächtnistheorien erklären im Grund nur das Behalten, nicht aber das prozedurale Wissen eines Lernenden. Man ist sich zwar einig, dass die Verarbeitungstiefe (*cognitive depth*; vgl. Zimmer, 1988, S. 151) eines neuen Wortes in vielfältige semantische und andere Netze der entscheidende Faktor dafür ist, wie gut dieses Wort behalten wird und ob es aktiv benutzbar ist. Wie diese Prozesse des Wiedererkennens, Erschließens und Zuweisens von Bedeutung aber ablaufen, ist noch nicht geklärt. Börner & Vogel (1994, S. 4ff.) geben einen Überblick über die offenen oder kontrovers diskutierten Forschungsfragen auf diesem Feld. In diesem Kapitel dürfen wir dennoch nicht aus den Augen verlieren, dass Vokabellernen nicht nur deren Speicherung, sondern vor allem auch ihre Abrufbarkeit fördern soll.

Nun kann man im Unterricht aber oft beobachten, dass Lehrerinnen und Lehrer ihre Wiederholungsarbeit darauf beschränken, dass sie die Wörter, die in der vorigen Stunde aufgegeben wurden, in Form zweisprachiger Gleichungen abfragen: „Was heißt *Tisch* auf Englisch?" Dies ist wahrscheinlich die ineffektivste Form der Wiederholung. Andere Lehrer vertrauen darauf, dass die neuen Wörter ohnehin in den Texten und Übungen des Lehrbuchs benutzt und dadurch automatisch wiederholt werden. Analysen von Lehrbüchern zeigen aber, dass das nur auf eine kleine Zahl von Wörtern zutrifft. Außerdem beschränkt sich die Lernarbeit dann auf die lehrwerkgebundenen Kontexte. Eine eigenständige Wiederholung mithilfe flexibler und kreativer Übungen ist deshalb auf jeden Fall effektiver.

7.1 *Übungen zur Festigung formaler Eigenschaften*

Da, wie wir gesehen haben, das Erlernen neuer Wortformen eine zentrale Aufgabe der Vokabelarbeit ist, stellen wir Übungen zur Festigung formaler Eigenschaften an den Anfang dieser kleinen Übungstypologie. Es ist wichtig, die lautliche Form neuer Vokabeln, aber auch die Umsetzung von Schrift in Laute immer wieder zu üben. Dazu kann man Wörter mit ähnlicher Aussprache gruppieren lassen (*dear, here – bear, there* usw.). Einfach zu konstruieren ist auch der „Buchstabensalat": SANTATISS = *assistant* usw. Regelmäßigkeiten im Schriftbild kann man zur Wiederholung ausnutzen:

1.		A		E
2.		A		E
3.		A		E
4.		A		E

1. "May 4th" is a ... .
2. "Cooper" is a ... .
3. "Tennis" is a ... .
4. A budgie's house.   (vgl. Vettel, 1988, S. 9)

Aber auch Wörter mit gleicher Betonung kann man sammeln lassen:

o **O** o   **O** o o
department   interesting
cathedral   passenger

Kreuzworträtsel, *letter squares* und *vocabulary grids* sind ebenfalls leicht zu erstellen. Reime und spielerische Aktivitäten mit Wortformen haben eine nicht zu unterschätzende gedächtnisfördernde Funktion.

7.2 Übungen zur semantischen Vertiefung

Übungsvorschläge zum Zweck der semantischen Vertiefung gibt es mittlerweile in großer Zahl. Für den Unterricht mit Fortgeschrittenen finden sich bei Rohrer (1985) zahlreiche Übungsvorschläge, die konzeptuelles und taxonomisches Denken aktivieren; Wort- und Sachfelder sind die linguistischen Resultate solcher Übungen. Weiter in kreativere Bereiche hinein gehen die Übungsvorschläge von Morgan & Rinvolucri: "[One section] looks at the ways we categorize words internally: thematically ...; in causative or temporal chains ...; through associations that derive from reading or cliché ..., prejudice ..., or background. [Another exercise] links the way we view words to our perception of other people, and [other exercises] show the added meaning that can be created by arbitrary or even perverse categorizations: what items, for example, can *you* think of that are *grey, expensive,* and *dangerous*?" (1986, S. 9).

Die meisten dieser Übungen sind zwar eher für fortgeschrittenere Lernende geeignet, die ihnen zugrunde liegenden Prinzipien sind aber auch schon im Anfangsunterricht zu benutzen. Übungen, mit denen man an vorhandene Ordnungsschemata anknüpft, empfiehlt auch Aßbeck (1987).

7.3 Übungen zur Verknüpfung von Vokabeln und Bildmarken bzw. sensomotorischen Komponenten

Bilder waren das zentrale Element der audiovisuellen Methode der Sechzigerjahre. Vielleicht liegt es daran, dass heute ihr Wert zwar allgemein akzeptiert wird, dass sie aber höchstens im Anfangsunterricht eine gewisse Rolle spielen. Das ist bedauerlich, weil gerade bildliche Vorstellungen, verbunden mit neuen Wörtern, die Behaltensleistung fördern. Bildgesteuerte Vokabelübungen sollten nicht nur dem Lehrbuch entnommen werden; gerade auch die Lehrerskizze an der Tafel oder auf Folie oder das selbst entworfene Bild im Heft wird wegen seiner wenig professionellen Qualität in lebhafterer Erinnerung bleiben. "Students tend to remember what they have created and discovered for themselves" (Morgan & Rinvolucri, 1986, S. 9). Der Wert von Bildern für das Behalten wird immer wieder betont, heute aber oft ergänzt durch den Hinweis, dass Aufnahme und Übung neuer Wörter über möglichst viele Sinneskanäle erfolgen sollte (Aßbeck, 1987; vgl. auch Abschnitt 7.8: „Eselsbrücken").

7.4 Übungen zur Festigung assoziativer und affektiver Verbindungen
Assoziogramme oder auch *mind maps* um ein zentrales Wort herum sind mittlerweile wohl bekannt. Ein Thema wird in der Mitte der Tafel vorgegeben und die Schüler schreiben Wörter drum herum, die ihnen einfallen (*HOLIDAY – sun, beach, camping, ... winter holiday, skiing, ...*). Eine Fülle einfacher Übungen findet man bei Hamilton (1985). Rohrer (1990, S. 17) empfiehlt gelenkte und freie Ideennetze; Erstere entsprechen eher Sachfeldern, Letztere spiegeln oft gar keine linguistische Ordnung wider, sondern nur die frei wandernden Assoziationen der Lernenden.

Affektiv besetzte Wörter, die für einen selbst bedeutungshaltig sind, mit denen man eigene Empfindungen verbindet oder Erlebnisse verbalisiert, bleiben besser im Gedächtnis (vgl. Aßbeck, 1987; Kostrzewa, 1994). Es ist daher wichtig, Vokabeln „merk-würdig" zu machen (Kuntze, 1988), sie in visuelle, sensorische und affektive Netze einzubetten (Rohrer, 1990). Gruppierungsübungen wie die folgenden sortieren zwar einerseits ein Wortfeld, sprechen aber gleichzeitig emotionale Komponenten der Wörter an: *Clothes I like to wear/ I don't (like to) wear*, oder: *Food I like/dislike; Where did I eat it for the first time?* Gegensatzpaare kann man zwar einfach abfragen; man kann sie aber auch einem Partner auf den Rücken buchstabieren und der Partner „schreibt" zur Kontrolle das Antonym.

7.5 Übungen zur Festigung syntagmatischer (kontextueller) Beziehungen
Man darf nicht vergessen, immer wieder auch die syntagmatischen Beziehungen von Wörtern zu üben, z. B. über die Aufgabe, fünf oder sieben vorgegebene Wörter zu einer kleinen Geschichte zu verbinden. Auch über eine Tabelle können die Kollokationsmöglichkeiten von Wörtern erfasst werden. Bei denen gibt es nämlich vor allem bei Wörtern, die man als Synonyme eingeführt hat, oft Schwierigkeiten:

	What time do do you ... work?	*I couldn't ... my car, the battery was flat.*	*If we want to be there at 8, we should ... now.*	*The concert ...s at 7:30 pm.*
start	+	+	+	+
begin	+	-	-	+

Sogenannte *cloze*-Aufgaben dienen dem gleichen Zweck: *This morning everything went wrong. I didn't hear the _____ . The lift _____ . ... The train _____ . ... While I was walking to school it started _____ .* (nach: Rohrer, 1985, S. 609). Solche Lückentexte sind leicht zu erstellen, indem man Texte aus dem Lehrbuch kopiert, jedes fünfte oder siebte Wort (oder die, die neu gelernt werden sollen) mit TippEx löscht, das Blatt in Klassenstärke fotokopiert und bearbeiten lässt.

Letztlich geht der Ansatz von Schouten-van Parreren (1990), Wörter nur sinnvollen, authentischen Texten zu entnehmen (vgl. S. 281), in die gleiche Richtung. Wichtig ist auch Aßbecks Vorschlag, neue Wörter in narrative Strukturen einzubetten, da ein solches *chunking* es leichter macht, mehr einzelne Wörter zu behalten als beim Lernen von Wortlisten (Aßbeck, 1987).

7.6 Übungen zum Gebrauch von Wörtern im Diskurs

McCarthy hat darauf aufmerksam gemacht, dass Synonyme im Diskurs eine wichtige Rolle spielen:

<Speaker 1> Oh that's that's a *great* wine that yeah yeah
<Speaker 2> It's *lovely*
<Speaker 1> That's a
<Speaker 3> *Good* winter wine that
<Speaker 1> A *terrific* one
<Speaker 3> Puts hairs on your chest that one
<Speaker 2> It is *very nice*   (McCarthy, Vortrag Frankfurter Buchmesse 1996)

Bei Reaktionen auf das, was jemand sagt, vermeidet man, dessen Worte zu wiederholen, greift also zu Paraphrasen oder, wie hier, zu Synonymen. Auch Antonyme können diese Funktion haben; sie können aber auch eine Rolle spielen, wenn ein Sprecher die Bedeutung eines Wortes genauer abstecken möchte: "It's *flat* you know it's *not* er *hilly* like Wales ... you get used to that strangely enough after a while, I mean it's *not as flat as a pancake* it's kind of *undulating* and lots of little villages" (McCarthy, Vortrag Frankfurter Buchmesse 1996). Diskurse wie diese kann man zur Basis kleinerer kreativer Übungen machen, bei denen man auch schon im Anfangsunterricht die Fähigkeit der Lernenden schulen kann, ihre Äußerungen abwechslungsreicher zu gestalten (McCarthy, 1990, S. 53).

7.7 Übungen zur Selbsthilfe

Ganz wichtig sind Übungen zur „lexikalischen Selbsthilfe" (Scherfer, 1994, S. 212), denn nicht immer fallen einem die Wörter ein, die man benutzen will oder verstehen soll. Übungen zum Paraphrasieren sind deshalb immer wieder notwendig: *It's a thing to put water, beer, wine or other drinks in.* (bottle) – *It's a thing for drinking coffee from.* (cup, *mug*) Vor allem muss auch der Umgang mit einsprachigen und zweisprachigen Wörterbüchern geübt werden.

7.8 Spezielle Gedächtnistechniken, „Eselsbrücken" und Musik

Gedächtnistechniken (Mnemotechniken) sind uralte Verfahren, sich schwierigen Lernstoff einzuprägen (K. Müller, 1990). Solche assoziativen Verknüpfungen fördern das Behalten, wie man am Beispiel der Schlüsselwortmethode nachgewiesen hat. „Das englische Wort *rope* kann man über das deutsche Schlüsselwort ... *Raupe* behalten; man stelle sich eine lange Raupe auf einem langen Tau vor" (Hulstijn, 1994, S. 170). Solche „Eselsbrücken" sollten Lernende bei Wörtern einsetzen, die für sie schwer zu lernen sind. Ott, Butler, Blake & Ball (1973) benutzen statt der Schlüsselwörter mentale Bilder als Gedächtnistechnik: Ein Auge, das aus einem Ei schaut, soll z. B. für englischsprachige Lernende das deutsche Wort *Ei* einfacher zu behalten machen, weil *Ei* wie das englische Wort *eye* klingt.

Zur Wiederholung und Festigung von Wortschatz kann man aber auch Wortplakate benutzen, auf denen man Sachfelder, Assoziogramme u. a. in großer Schrift festhält. Die Plakate können entweder im Klassenzimmer hängen oder zu Hause am Kühlschrank, sodass man sie immer wieder sieht. Sensomotorische Lerntypen könnten auch Handlungen ausführen, wenn sie Wörter lernen, was nicht nur bei Verben geht (*Turn left, turn right*), sondern auch bei Substantiven (typische Gesten, etwa Daumen und Finger reiben beim Wort *money*). Lautes Sprechen der Wörter beim Lernen ist eine wichtige Lernhilfe für Menschen, die eher auditiv lernen, und auf den Wert von Bildern vor allem für visuelle Lerntypen wurde bereits hingewiesen. So schafft man Assoziationen, die den Zugriff auf Wörter von verschiedenen Ausgangspunkten aus erleichtern. Sie stützen die semantischen Netze, die durch andere Lernaktivitäten geschaffen werden.

7.9 Lernen durch Gebrauch

Lernen durch Sprachgebrauch ist die ergiebigste Form der Erweiterung des Wortschatzes, auch wenn sie systematisches Lernen vor allem bei Anfängern nicht ersetzen kann. Ausgiebige Lektüre, das Nutzen von spontanen Alltagssituationen zur mündlichen Kommunikation (z. B. Hilfsangebote an Ausländer am Fahrkarten- oder am Parkscheinautomaten), aber auch Briefpartnerschaften sind ideale Formen der Erweiterung des Wortschatzes, sofern man die dafür benötigten Wörter und Redewendungen reflektiert und sammelt. Bei der Projektarbeit ergeben sich ohnehin andere Verfahren der Wortschatzarbeit, die eher ein *personalized vocabulary* fördern. I. S. P. Nation (1990, Kapitel 6 bis 9) hat vorbildlich dargestellt, wie man den für die Fertigkeiten Hörverstehen, Sprechen, Lesen und Schreiben nötigen Wortschatz bestimmen und durch gezielte Übungen erweitern kann.

Wichtig ist, Wortschatzübungen zu einem regelmäßigen Element jeder Englischstunde zu machen. Integriert man *language awareness*-Übungen (vgl. Haastrup, 1994) und Lernertraining in die Wortschatzarbeit, so schlägt man die Brücke zur Arbeit zu Hause. Aus den unterrichtlichen Beispielen sehen die Lernenden, wie sie mit dem Material, das ihnen zu Hause zur Verfügung steht, umgehen können. Mit diesen Anmerkungen haben wir den Klassenraum bereits verlassen und wenden uns der häuslichen Lerntätigkeit zu.

8. Medien für die Wortschatzarbeit zu Hause

Schülern das Lernen zu Hause zu erleichtern ist eine wichtige Aufgabe für Lehrende. Dazu gehört nicht nur, dass man ihnen sinnvolle Lernmaterialien erschliesst, sondern auch, dass man effektive Lerntechniken einübt (vgl. Rampillon & Reisener, 1995 sowie Kap. E.7).

Schüler können mit selbst gemachten oder mit kommerziellen Materialien lernen. Selbst gemachte Materialien sind Vokabelhefte, Ringbücher, Vokabelkarteien, selbst besprochene Toncassetten, eventuell auch mithilfe von „Autorenprogrammen" selbst erstellte Übungen auf dem PC (vgl. Kap. C.5, Abschnitt 3). Kommerzielle Materialien sind entweder lehrbuchabhängig oder -unabhängig. Wichtigstes Arbeitsmittel für Schüler ist nach wie vor der Vokabelteil des Lehrbuchs. Lehrwerkabhängige Zusatzmaterialien haben den Vorzug, den Schüler in der Wortschatzprogression nicht zu überfordern. Richtungsweisend war hier die Serie *Wordmaster* (zum Lehrbuch *English G*, Cornelsen; vgl. Vettel, 1988), die viele abwechslungsreiche Übungen enthält. Lehrbuchunabhängige Materialien sind für die späte Mittelstufe oder die Oberstufe sinnvoll. Als Medium steht heute neben Druckerzeugnissen vor allem PC-Software zur Verfügung (vgl. die Kataloge der verschiedenen Lehrwerkverlage).

8.1 Vokabelteil des Lehrbuchs, Vokabelheft, Vokabelkartei, Ringbuch

Während in den siebziger Jahren der dreispaltige Vokabelteil mit semantisch typischen Beispielen und Erklärungen bei (fast) jedem Wort als optimales Lernmittel galt, bieten viele neuere Lehrwerke heute nur noch Vokabelteile mit dem englischen Wort, der Lautschrift und der deutschen Übersetzung an und verlagern die Wortschatzarbeit in andere Komponenten des Lehrwerks. In „dritten" Spalten finden sich jetzt vor allem Wortfelder und kleinere systematische Zusammenstellungen, Hinweise auf *false friends*, Bilder und andere Lernhilfen. Forderte man früher, dass Schüler von links nach rechts lernen, also ausgehend vom deutschen Wort den Beispielsatz ergänzen sollten, so lehrte die Erfahrung, dass die Vokabelgleichung (auf dem Umweg über das Vokabelheft) die populärste Form des Lernens geblieben war. Eltern konnten so am besten die Lernenden „abhören" und ein kurzfristig verfügbares deklaratives Wissen ließ sich so ohne großen Aufwand herstellen. Langfristige Lernerfolge waren so aber schwer zu erreichen und hingen weitgehend von der systematischen Arbeit der Lehrer im Unterricht ab. War die nicht gegeben, taten sich bald Lücken im Wortschatz auf, die nur schwer wieder zu schließen waren.

Eine erste wichtige Entscheidung, die Lehrer und Klasse treffen müssen, ist, wie man über die neuen Wörter Buch führt und mit welchen Lernmitteln man Vokabeln übt. Das traditionelle Vokabelheft, in dem die neuen Wörter in der Reihenfolge ihres Auftretens erfasst sind, ist die verbreitetste, aber auch die am wenigsten nützliche Form, zumal es oft nur den Vokabelteil des Lehrbuchs verdoppelt und seine Erstellung eine reine Abschreibarbeit ist, ohne Vertiefung in anderen wichtigen Dimensionen des Wortschatzes. Sinnvoller sind deshalb andere Medien für die Wortschatzarbeit.

Eine Vokabelkartei (Rampillon, 1995b) ist aufwendiger, aber auch vielseitiger nutzbar. Auf einer Seite des Vokabelkärtchens steht ein Beispielsatz oder eine Definition (übernommen aus dem Lehrbuch) und die deutsche Übersetzung, auf der anderen die englische Lösung. Helms (1995) schlägt vor, für die beiden Seiten getrennte Zettel zu nehmen und sie mit einer Heftklammer zusammenzufügen, damit man mit den Wörtern auch „Memory" spielen kann; das ergibt aber recht unhandliche Karten. Hilfreicher ist der Hinweis auf feste Wiederholungsrhythmen: Wenn man ein Wort kann, wandert es in ein neues Fach, wenn man es bei der Wiederholung beherrscht, kommt es in den „Langzeitspeicher". Man kann einen ähnlichen Effekt aber auch mit dem Vokabelteil des Lehrbuchs erzielen, wenn man neben nicht beherrschte Wörter einen Punkt macht; klappt es bei der Wiederholung wiederum nicht, kommt ein zweiter oder dritter Punkt hinzu, und man muss zu rigoroseren Lernhilfen greifen.

Ein Kompromiss ist das Ringbuch, in dem man gleich beim Eintrag neuer Vokabeln Ordnungsprinzipien benutzt, die zunächst vom Lehrer vorgegeben werden müssen (Sachfelder, Wortfelder, Redewendungen zu bestimmten Situationen, *false friends* usw.).

8.2 *Cassettenrecorder*

Eine für auditive Lerntypen gut geeignete Form der Vokabelwiederholung ist die Arbeit mit dem Cassettenrecorder. Man spricht das deutsche Äquivalent und einen Beispielsatz oder eine Definition auf Band und sagt dort, wo das Wort eingefügt werden muss, „bliep!". Danach folgt eine Pause zur Wiederholung des vollständigen Satzes. Arbeitsteilig angefertigt, können Schüler die Cassetten untereinander tauschen.

8.3 *Die Arbeit mit dem PC*

Sofern eine Schule gut mit Computern ausgestattet ist, lässt sich eine Vielfalt an Lernprogrammen in den Unterricht integrieren. Vokabellernprogramme allerdings sollten die Schüler besser zu Hause benutzen. Lehrwerkbegleitende Programme werden mittlerweile von fast allen Verlagen angeboten. War die ältere Software noch recht primitiv auf das Abfragen von Vokabelgleichungen in festen Wiederholungsrhythmen ausgerichtet, so bieten neuere Programme kontextgebundene und oft recht spielerische Übungen an. Software ist

aber oft teuer und hinkt gelegentlich in ihrer grafischen Oberfläche hinter den Sehgewohnheiten der Schüler her. Manche Software ist auch wenig sinnvoll, da sie zu rigide ist
und „richtige" Antworten als „falsch" zurückweist. Ein PC erkennt eben nur, was man vorher eingegeben hat. Einige neuere Publikationen befassen sich speziell mit Vokabellern-
programmen (vor allem Behrning, 1993; Rüschoff, 1995b). Leider ist wegen der rapiden
Entwicklung im Bereich der Software alle Literatur auf diesem Feld schnell veraltet. (Vgl.
auch Kap. C.5 sowie Lausevic & Windeatt, 1996.)

9. Ausblick

Wortschatzarbeit ist zwar eine zentrale Aufgabe für den Fremdsprachenunterricht; sie ist
aber immer im Zusammenhang mit anderen Aufgaben zu sehen. Die Übergänge zur
Grammatik sind ohnehin fließend und vor allem die Arbeit mit Texten erfordert Entscheidungen darüber, wie viele Wörter man zur Vorentlastung einführt, wie man Strategien der
Erschließung unbekannter Wörter aus dem Kontext heraus fördert, wie man ad hoc erklärt
und wie man mit aktivem und passivem Vokabular umgeht. Schließlich stellt sich auch die
Frage, wie man das Erreichen von Lernzielen im Bereich des Wortschatzes überprüfen kann
(vgl. Kap. F.2). Gerade weil Wortschatz ständig „mitgeübt" wird, gerät die Aufgabe der systematischen Arbeit mit Wörtern gelegentlich aus dem Blickfeld von Lehrenden. Das aber
darf auf keinen Fall geschehen, denn die Kommunikation in der Zielsprache leidet unter
dem Mangel an Wörtern mehr als unter defizitärer Kompetenz im Bereich grammatischer
Strukturen.

Abschließend sei auf einige besonders empfehlenswerte Bücher zur unterrichtlichen
Wortschatzarbeit verwiesen:

Nation (1990): Ein wissenschaftliches außerordentlich gründlich fundiertes Werk mit einer
   Fülle von praktischen Beispielen zur Wortschatzarbeit.

McCarthy (1990): Eine gelungene Mischung aus aktueller Theorie und vielen unterrichtspraktischen Vorschlägen.

Gairns & Redman (1986): Für Lehrerinnen und Lehrer, die eher an praktischen Beispielen interessiert sind; die enthält das Buch in reicher Zahl.

Doyé (1971, 6. Aufl. 1982): Mittlerweile ein „Klassiker"; theoretisch nicht mehr up to date,
   aber voll guter methodischer Vorschläge.

3 Die systematische Einführung von Grammatik

Detlef und Margaret von Ziegésar

In seinen jüngsten empirischen Untersuchungen zu Lernerkognitionen im Fremdsprachenunterricht bekam Günther Zimmermann auf die Frage, wie Lernende Grammatik und Grammatikunterricht einschätzen, u. a. die Antworten, sie seien „langweilig", „schematisch", „monoton" und „abstrakt", „inhalts- und ideenlos", „wirklichkeitsfern", „leblos" und „künstlich" (Zimmermann, 1991a, S. 152 und 159). Obwohl Grammatik und Grammatikunterricht Schülern und Schülerinnen offensichtlich wenig Freude bereiten, belegen frühere Untersuchungen Zimmermanns, dass die Lernenden Grammatik als „Hilfe für das Sprechen" wichtig finden. Des Weiteren ergab sich, dass der Grammatikunterricht bei 75 % der Lehrer und Lehrerinnen nicht nur sehr beliebt ist, sondern mit 40 bis 60 % an der Gesamtunterrichtszeit eine dominante Stelle im Fremdsprachenunterricht einnimmt (Zimmermann, 1984, S. 31). Grammatikunterricht also ein notwendiges Übel zum besseren Erlernen der Fremdsprache? Muss das so sein? Oder lässt sich nicht eine geeignete Methode finden, die den Grammatikunterricht, besonders die Ersteinführung von Grammatikstrukturen, nicht nur effizient gestaltet, sondern auch die Freude am Lernen fördert? Dieser Frage wollen wir in diesem Kapitel anhand eines konkreten Unterrichtsbeispiels nachgehen.

1. Erwerbsorientiertes Lernen

Die von uns entwickelte „erwerbsorientierte Methode" zur Ersteinführung von Grammatikstrukturen (Ziegésar, 1992) geht von Annahmen der Spracherwerbsforschung aus, denen zufolge deutliche Parallelen zwischen dem Erstsprachenerwerb einerseits und dem natürlichen Zweitsprachenerwerb und gesteuertem Fremdsprachenlernen andererseits bestehen. Forscher glauben u. a., dass allen „Erwerbstypen dieselben Verarbeitungs- und Internalisierungsprozesse und -mechanismen unterliegen" (Vogel, 1993, S. 160). Diese Prozesse und Mechanismen gilt es im gesteuerten Fremdsprachenunterricht zu nutzen.

Die erwerbsorientierte Methode besteht aus folgenden vier Phasen plus einer optionalen Bewusstmachungsphase:

- *Phase 1: Demonstration*
- *Phase 2: Verstehen und Reagieren*
- *Phase 3: Reproduzieren*
- *Phase 4: Produzieren*
- *Optional: Bewusstmachung*

Einsatz und Abfolge der ersten vier Phasen können im Unterricht flexibel gehandhabt werden und hängen vom Lerntyp und -tempo der Schüler ab. Phasen 1 und 4 sind in der vorgegebenen Reihenfolge unabdingbar, Phasen 2 und 3 können gekürzt oder zusammengefasst werden. Die explizite Bewusstmachung von Regeln ist optional und kann im Anschluss an die zweite Phase an jeder Stelle erscheinen (vgl. Kap. E.4).

2. Ein Unterrichtsmodell

Das folgende Unterrichtsmodell zur Einführung des realen Bedingungssatzes mit der Tempusfolge *present* (konditionaler Nebensatz) – *will-future* (Hauptsatz) ist für das dritte Lernjahr der Sekundarstufe I gedacht. Folgende Konditionalsatzgefüge werden eingeführt:

1. Nebensatz – Hauptsatz: *If you take the bus it will be cheaper.*
2. Hauptsatz – Nebensatz: *It will be cheaper if you take the bus.*
3. Nebensatz – verneinter Hauptsatz: *If you fly you won't see very much.*
4. Verneinter Hauptsatz – Nebensatz: *You won't see very much if you fly.*

Bei leistungsschwächeren Klassen kann eine Reduzierung der Satzgefüge vorgenommen werden. Das vorliegende Modell umfasst zwei Unterrichtsstunden. Wenn im Folgenden die fünf Phasen des Unterrichtsmodells erläutert werden, steht jeweils an erster Stelle der Unterrichtsverlauf und an zweiter Stelle die lernpsychologische Begründung.

(1) *Demonstration* – Thema *Planning a Trip to Britain*
Mithilfe einer Europakarte und mehreren Reiseprospekten mit Flug- und Fährverbindungen wird über eine hypothetische Reise nach Großbritannien gesprochen. Alle vier Konditionalsatzgefüge werden jetzt schon eingeführt:

L: *You all know quite a lot of English now. One day you'll speak it so well that you'll be able to go to Britain for a holiday. If you go to Britain you'll need a passport or identity card, of course. If you don't have these documents they won't let you into the country.* (L. zeigt eigenen Pass und Personalausweis.)
Now let's think about how you'll get there. How could you travel?

S: *Fly / By train and ferry.*

L: (Zeigt Reiseprospekte und auf Folie Auszug mit verschiedenen Flugverbindungen.)
You can fly from (Stuttgart to Heathrow). That takes (just over an hour). Can you find Heathrow on the map? Or from (Frankfurt) to (Manchester). It will be faster if you fly. But if you fly you won't see very much, will you? You'll see much more if you go by train and ferry. And, of course, if you go that way it'll be cheaper.

L: (Zeigt Reiseprospekte mit Fährverbindungen, real und Auszüge auf Folie.)
If you can't afford the flight you'll probably go to Britain by train and ferry. Let's see which way you can go. If you go this way, through Belgium, you'll get to Ostend.
(Schüler kennzeichnen Verbindung auf Landkarte, z. B. mit roter Schnur.)
If you get on a ferry in Ostend you'll arrive at Ramsgate. Who can show us the Ostend-Ramsgate route on the map? That's a long way. If you go from Ostend you'll be on the ferry for about four and a half hours. So let's find a different route. If you go from Calais you'll arrive in Dover. Who can show us this route? That will take one and a half hours if you go by normal ferry. But if you go by hovercraft it will only take half an hour. Can you find a picture of a hovercraft in your catalogue? Have any of you been on a ferry before? Where to? How long did the crossing take? (Schüler berichten.)

L: *Now, let's say you've arrived in Britain and you haven't been seasick. Let's think about what you're going to do. If you go to London you'll see lots of famous sights. But then you won't see much of the rest of the country if you stay there all the time, will you? What would you like to see in Britain?* (Schüler äußern sich.)

Die Grundlage der Demonstrationsphase bildet die kognitionspsychologische Annahme, dass im schulischen Fremdsprachenerwerb dieselben Verarbeitungsprozesse zum Tragen kommen wie im Erstsprachenerwerb. Voraussetzung dafür ist allerdings, dass Lernbedingungen geschaffen werden, die denen des Erstsprachenerwerbs nahe kommen. Für eine erfolgreiche Demonstrationsphase lassen sich demnach fünf Prinzipien ableiten:
1. Die vom Lehrer erstellte Kommunikationssituation muss für die Lernenden so klar und eindeutig sein, dass sich ein Grobverständnis der neuen Struktur zwangsläufig aus der Logik des situativen Kontextes ergibt (*comprehensible input*).

2. Die neue Struktur muss in genügend hoher Anzahl vorgesprochen werden. Während sie in den üblichen Einführungsphasen gängiger Lehrwerke meist nur vier- oder fünfmal vorkommt, wird sie im vorstehenden Beispiel 15-mal verwendet. Diese Anzahl, die bei komplexeren Strukturen und lernschwachen Schülern noch erhöht werden muss, ist notwendig, um den Lernenden wie beim Erstsprachenerwerb genügend sprachlichen Input für eigene Verarbeitungsprozesse anzubieten.
3. Die Kommunikationssituation muss nicht nur sprachlich ergiebig, sondern für den Gebrauch der Struktur typisch sein (vgl. spätere Bewusstmachungsphase).
4. Die Schüler und Schülerinnen müssen die neuen sprachlichen Mittel wie beim Erwerb der Muttersprache als Instrument sprachlichen Handelns erfahren. Belanglose Texte, die nur als Verpackung grammatischer Strukturen dienen und keine echten Informationen enthalten, können diese ganzheitliche Spracherfahrung nicht vermitteln.
5. Der Lehrer spricht die neuen grammatischen Strukturen selbst vor, er bietet sie nicht über einen Text oder Tonträger dar. Indem der Lehrer die Kommunikationssituation durch seinen eigenen Sprachbeitrag, durch ausgeprägte Intonation, Gestik und Mimik und mithilfe von authentischem Material (Landkarte, Reiseprospekte, Fahrpläne) selbst gestaltet und zudem die Schüler zu nonverbalem und verbalem Handeln veranlasst (Reisewege auf der Landkarte markieren, Kataloge einsehen, sprachliche Vor- und Nachteile von Reiserouten abwägen, über eigene Reisen berichten), erfüllt er Prinzipien des ganzheitlichen, mehrere Rezeptionskanäle aktivierenden, mehrdimensionalen Lernens (vgl. Vester, 1996).

(2) *Verstehen und Reagieren* – Thema *In Britain: Signs and Notices*
Der Lehrer fertigt in Form von Haftelementen in Großbritannien vorfindbare informative und verhaltenssteuernde Zeichen an wie Verkehrsschilder, Auskunftstafeln, Ver- und Gebotsschilder. Bei weniger Aufwand genügt auch eine Folie. Der Lehrer verbalisiert die Zeichen unter Verwendung der einzuführenden Strukturen und fordert die Schüler auf, seine Beschreibungen den Zeichen zuzuordnen und deren Aufschriften gegebenenfalls vorzulesen. Die Beschreibungen können den Schülern zusätzlich auf Arbeitsblättern (Abb. 1) angeboten werden. Dann erfolgt die Zuordnung in Partnerarbeit.

L: *When you arrive in Britain you'll probably see some of these notices. Let's see if you can understand them all. Listen. Which notice am I talking about?*
    1. They won't let you into the country if you haven't got one.
S: *Passports / Identity cards (A).*
L: *That's right. Can you go on? Which notice is this?*
    2. If you go faster you'll have to pay a fine. (F)
    3. You'll have to change money here if you want English pounds. (I)
    4. If you put money in here you won't get any coins back. (H)
    5. If you're only fourteen or fifteen you won't be able to buy anything in here. (B)
    6. They won't let you go in here if you're not dressed properly. (E)
    7. If you drop paper in the street you'll have to pay some money. (J)
    8. If you don't stand in the right place people will get angry. (C)
    9. You'll have to leave your dog outside if you go in here. (G)
    10. If you need information someone in this building will help you. (D)

Abb. 1:
Signs and Notices

In der Verstehens- und Reagierensphase wird den Schülern die neue Struktur ein weiteres Mal mitteilungsbezogen und wiederum in erheblicher Anzahl mündlich und schriftlich dargeboten. Man gibt ihnen reichlich Gelegenheit, das neue Sprachmaterial wiederzuerkennen und seine Form und Bedeutung, unterstützt durch den Lernkontext, weiter zu verinnerlichen und zu verarbeiten. Das Verstehen der Struktur weisen die Schüler durch eine nonverbale bzw. verbale Handlung nach, bei der das neue Sprachmittel ausdrücklich noch nicht verwendet wird. Die im vorstehenden Beispiel benutzten Konditionalsätze sind so formuliert, dass ihre richtige Zuordnung zu den Zeichen und ihren Aufschriften nur gelingen kann, wenn sie als Ganzes verstanden werden. Gleiche Wörter in Zeichenbeschreibung und -aufschrift werden so weit wie möglich vermieden, um ein bloßes Raten auszuschließen.

Die Schüler werden bewusst noch nicht dazu aufgefordert, die neue Struktur zu produzieren, wie es häufig im Grammatikunterricht geschieht. Ein derartiger Zwang zur Produktion besteht im natürlichen Spracherwerb nicht und ist auch im Fremdsprachenunterricht kontraproduktiv: "If the teacher tries to hurry the process, the learners may be uncertain of what to say, make mistakes, and lose confidence" (Billows, 1961, S. 5).

(3) *Reproduzieren* – Thema *Habits and Customs in Britain*
Auf der Informationsgrundlage der in den ersten beiden Phasen und in früheren landeskundlichen Stunden vermittelten Kenntnisse provoziert der Lehrer die Schüler und Schülerinnen mit inhaltlich falschen Aussagen über Bräuche und Gewohnheiten in Großbritannien und fordert sie zur Korrektur auf. An geeigneten Stellen und ganz ungezwungen verwendet der Lehrer Eigen- und Fremdwiederholungen sowie variierende Wiederholungen (Lehrerecho). Legt der Lehrer Wert auf eine explizite Bewusstmachung, werden in dieser Phase auch Beispielsätze, die sich für die spätere Bewusstmachung eignen, nach den vier einzuführenden Typen des Konditionalsatzgefüges getrennt, an die Tafel geschrieben.

L: *Let's imagine you're going to Britain on holiday. Let's see if you know everything you'll need to know. Tell me if this is right:*
     *– You **won't** need a passport or identity card if you go to Britain. (Tafelanschrieb)*
S: *That's wrong. You **will** need a passport or identity card if you go to Britain.*
L: *Yes, of course you'll need one of these documents if you go to Britain.*
     Listen again, what about this?
     *– If you drop your **passport** in the street you'll have to pay a fine.*
S: *No. If you drop **paper** in the street you'll have to pay a fine.*
L: *(Lehrerecho und Tafelanschrieb) Yes, that's right. If you drop your passport in the street you **won't** have to pay a fine. But you **will** have to pick it up, or you won't be able to come home again.*

Zur Fortführung dieses Lehrer-Schülergesprächs eignen sich folgende Lehreraussagen, deren erwartete Schülerkorrekturen jeweils in Klammern stehen:

L: *If you queue people will get angry.*
S: *(If you **don't** queue people will get angry.)*
L: *If you meet someone they will shake hands with you.*
S: *(If you meet someone they **won't** shake hands with you.)*
L: *If you ask for a cup of tea you'll get it with lemon.*
S: *(If you ask for a cup of tea you'll get it with **milk**.)*
L: *If you go to Britain you won't need a raincoat.*
S: *(If you go to Britain you **will** need a raincoat.)*
L: *If you order an English breakfast you'll get rolls and coffee.*
S: *(If you order an English breakfast you'll get **bacon and eggs**.)*
L: *If you call a Scot 'English' he will be very happy.*
S: *(If you call a Scot 'English' he **won't** be happy / will be **angry**.)*

In der Reproduktionsphase verwenden die Schüler die zu erlernende Struktur zum ersten Mal selbst. Sie brauchen sie jedoch nur zu reproduzieren, da sie bei der Korrektur der Falschaussagen des Lehrers deren syntaktische Struktur noch im Kurzzeitgedächtnis haben und sie nur mit geringfügigen inhaltlichen Veränderungen wiedergeben müssen. Die Lehreraussagen, die Eigen- und Fremdwiederholungen sowie die variierenden Wiederholungen spielen den Lernenden die neue Struktur wie schon in den Phasen 1 und 2 in reichlicher Anzahl zu. Außerdem lenken sie im Sinne des bedeutungsvollen Lernens die Aufmerksamkeit der Schüler auf die sprachlich-formale Komponente der neuen Grammatikstruktur und tragen in einer Art „kooperativer Problemlösehandlung" (vgl. Vogel, 1993, S. 158) zwischen kompetentem Sprachlehrer und Lernendem – analog zur Erstsprachenerwerbssituation – dazu bei, das gemeinsame Ziel der Verständigung zu erreichen.

Phasen 1 und 2 unseres Modells erfüllen drei von Krashen im Rahmen seiner Input-Hypothese (Krashen, 1982, S. 62ff.) an einen optimalen Input gestellte Anforderungen: der Input muss erstens für die Schüler interessant und relevant, zweitens verständlich und drittens in ausreichendem Maße vorhanden sein. Mit der dritten Phase weichen wir jedoch von Krashen und ihm nahe stehenden Sprachlehrern ab, die annehmen, dem Fremdsprachenunterricht lägen dieselben Erwerbssequenzen wie dem natürlichen Spracherwerb zugrunde, und die daraus folgern, dass die mentalen Spracherwerbsprozesse auch im Klassenzimmer gegen externe Faktoren resistent seien und eine Steuerung der Lernprozesse durch den Lehrer und die Lehrmethode deshalb überflüssig machten.

Die hier vorgestellt Methode berücksichtigt vielmehr das in der Erstsprachenerwerbsforschung beschriebene Phänomen der mit dem Begriff *motherese* bekannt gewordenen Inputvereinfachung. Empirische Untersuchungen von Dialogen zwischen Mutter und Kind belegen, dass auch im Erstsprachenerwerb die kompetente Sprecherin dem Lernenden gegenüber nicht nur um einen *comprehensible input* bemüht ist, sondern den Spracherwerbsprozess zudem durch klarere Artikulation, langsamere Sprechgeschwindigkeit, längere Pausen, akzentuiertere Intonation, einfacheren Wortschatz, geringere syntaktische Komplexität, Verständnisbestätigungen, Verständnissicherungskontrollen, wörtliche Fremd- und Eigenwiederholungen, Paraphrasen und Korrekturen zu fördern versucht (vgl. Snow, 1972; Moerk, 1985).

Diese den Erstsprachenerwerbern gewährten Spracherwerbshilfen wollen wir den Fremdsprachenlernern nicht vorenthalten, zumal ihnen aufgrund der geringen Unterrichtszeit viel weniger sprachlicher Input zur Verfügung steht als Erstsprachenerwerbern.

(4) *Bewusstmachung*
Im vorliegenden Grammatikbeispiel wählten wir für den realen Bedingungssatz die Tempusfolge *present* (konditionaler Nebensatz) – *will-future* (Hauptsatz). Der situative Kontext – über Bedingungen und Konsequenzen im Rahmen einer möglichen zukünftigen Reise nach Großbritannien oder eines Aufenthalts in diesem Lande zu sprechen – weist einen konkreten Zeitbezug der Bedingungen auf. Deshalb ist die Verwendung des *will-future* linguistisch gerechtfertigt. Wir sind uns jedoch dessen bewusst, dass die Tempusfolge *present* – *present* (*Oil floats if you pour it on water*), mit der Bedingungen ohne konkreten Zeitbezug ausgedrückt, d. h. allgemein gültige Aussagen gemacht werden, viel häufiger ist (vgl. Mindt, 1989, S. 351) und zu einem anderen Zeitpunkt im Unterricht behandelt und mit der Tempusfolge *present* – *will-future* kontrastiert werden muss.
　Ob eine explizite Bewusstmachung von Grammatikregeln den Sprachlernprozess der Schüler im Fremdsprachenunterricht fördert, wird in der fachdidaktischen Forschung kontrovers diskutiert (vgl. Kap. E.4, Abschnitt 3.1). Die erwerbsorientierte Methode der Grammatikeinführung lehrt Sprachphänomene implizit, indem sie diese grundsätzlich als Transportmittel für Informationen gebraucht und den Lernenden genügend Gelegenheit gibt, eigene Hypothesen über Regelhaftigkeiten zu bilden und die neuen Strukturen gemäß der Arbeitsweise ihres Gehirns zu verarbeiten und zu vernetzen. Eine explizite Bewusstmachung stellt eine Option dar. Entscheidet sich der Lehrer dafür, empfehlen wir das vielerorts beschriebene, lernpsychologisch und sprachdidaktisch begründete Verfahren der geleiteten Induktion, bei dem die grammatischen Regeln nicht vom Lehrer vorgegeben, sondern als sprachliche Gesetzmäßigkeiten von den Schülern selbst erarbeitet werden (vgl. Kap. E.4, Abschnitte 1 und 2, sowie das Unterrichtsbeispiel bei Kahl, 1986).

(5) *Produzieren* – Thema *Tips for Going to Britain*
In Partnerarbeit und mithilfe von so genannten Tandembogen (Abb. 2 und 3) geben sich Schüler gegenseitig Ratschläge über einen zukünftigen Aufenthalt in Großbritannien. Jeweils zwei Partnern wird ein inhaltlich verschiedener, aber im Aufbau gleicher Bogen ausgeteilt. Auf den Bogen stehen in Lückenform die Antworten, die zuerst in Stillarbeit zu vollständigen Konditionalsätzen umgewandelt werden müssen, und die an den Partner zu stellenden Fragen. Erst in der letzten Phase produzieren die Schüler die neue Grammatikstruktur selbst. Dies im Gegensatz zu dem Vorgehen im herkömmlichen Grammatikunterricht, in dem oft zu früh eine aktive Sprachproduktion verlangt wird, mit dem Ergebnis, dass die Lernenden überfordert sind, zu viel korrigiert werden müssen und dementsprechend die Freude am Lernen verlieren (vgl. Kap. F.1).
　Um alle Lernenden zu aktivem und mitteilungsbezogenem Sprechen anzuregen, wird Partnerarbeit und eine der in den einschlägigen Veröffentlichungen zum kommunikativen Grammatikunterricht dargestellten und gesammelten *information gap*-Aufgaben gewählt (vgl. Ziegésar, 1981). Voraussetzung für das gute Gelingen der Produktionsphase ist jedoch, dass die Schüler mithilfe der spracherwerbsorientiert aufeinander abgestimmten vorausgegangenen Phasen Form und Funktion der neuen Struktur genügend verinnerlicht und das notwendige Sprachgefühl aufgebaut haben. Herkömmliche Sprachlehrmaterialien ma-

chen zwar genügend gute Angebote für die Reproduktions- und Produktionsphasen, geben dem Lehrer jedoch zu wenig Anregung für die Selbstgestaltung der Demonstrationsphase und kennen die Verstehens- und Reagierensphase überhaupt nicht. Dadurch kommt eine für erfolgreiches Lernen notwendige erwerbsorientierte Unterrichtsfolge nicht zustande.[1]

Bogen A:

I. TIPS FOR GOING TO BRITAIN

Your partner is going to ask you for some tips about going to Britain. Here is some help with your answers. First write the sentences out so that you will be able to answer your partner correctly. Be careful with the tenses.

YOUR ANSWERS

Example: passport?
                     If – go to Britain – need a passport or identity card
                     → *If you go to Britain you'll need a passport or identity card.*

    1. fly?
        If – fly – expensive
        You – not see much – if – fly
    2. go by train?
        See more – if – go by train
        If – go by train – cheaper
    3. travelling?
        If – travel around – be able to get cheap day tickets
    4. 'Request stop'?
        'Request stop' means – bus – only stop if – put hand out
        usw.

II. GIVING TIPS

You and your partner want to go to Britain sometime. Your partner asks you for some tips. Can you help? Look at what you have just written.

III. ASKING FOR TIPS

Now you ask for some tips: a) Is it difficult to find hotels?
                                      b) Do you know anything about phoning?
                                      c) Can anyone go into pubs?
                                      d) What about electricity?
                                        usw.

Abb. 2: Tandembogen A für die Partnerarbeit

---

[1] Vgl. demgegenüber die 46 erwerbsorientierten Unterrichtsmodelle in Ziegésar (1992) sowie das zusätzliche Beispiel in Ziegésar (1995).

Bogen B:

I. TIPS FOR GOING TO BRITAIN

Your partner is going to ask you for some tips about going to Britain. Here is some help with your answers. First write the sentences out so that you will be able to answer your partner correctly. Be careful with the tenses.

YOUR ANSWERS

Example: passport?

If – go to Britain – need a passport or identity card

→ *If you go to Britain you will need a passport or identity card.*

1. hotel?
   If – need a hotel – help you at the tourist information office
2. phoning?
   If – buy a Phonecard from the post office – not have to collect coins
3. Can I go into pubs?
   They – not serve you – if – under eighteen
4. electricity?
   Need adaptor – if – take electric things
   usw.

II. ASKING FOR TIPS

You and your partner want to go to Britain sometime. Ask your partner for some tips.
You start: a) Should I fly?
          b What if I go by train?
          c) Can you give me any tips about travelling around?
          d) What does 'Request stop' mean?
          usw.

III. GIVING TIPS

Now you give your partner some tips. Look at what you have written.

Abb. 3: Tandembogen B für die Partnerarbeit

4 Grammatiklernen: Die Entwicklung praktischer Sprachkenntnisse

Johannes-Peter Timm

In der bereits genannten Untersuchung von Günther Zimmermann aus dem Jahre 1984 (vgl. Kap. E.3) nannte die Mehrzahl der 681 beteiligten Lehrerinnen und Lehrer als wichtigstes Unterrichtsziel: „Schüler sollen sich mühelos ausdrücken können, wobei grammatische Korrektheit nicht von ausschlaggebender Bedeutung ist" (Zimmermann, 1984, S. 27). Dass Grammatikvermittlung in der tatsächlichen Unterrichtspraxis dennoch eine starke, wenn nicht dominante Stellung innerhalb des gesamten Englisch- bzw. Französischunterrichts einnahm und mehr als drei Viertel der befragten Lehrer angaben, dass sie Grammatik sehr gern oder gern unterrichteten, erklärt Zimmermann aus der Tatsache, „daß die Grammatik einer Sprache – jedenfalls so, wie sie im Grammatikbuch zu finden ist – ein begrenzter, relativ leicht ‚beherrschbarer' Stoff ist, während die Sprache insgesamt einen infiniten, nie ganz zu meisternden Unterrichtsinhalt von großer Komplexität und Lernschwierigkeit für den Schüler (und den Lehrer!) darstellt" (ebd., S. 37).

Trotz einer wachsenden Zahl von Veröffentlichungen zu einem kommunikativen und handlungsorientierten Fremdsprachenunterricht wird auch heute noch weithin „Grammatik" statt „Sprache" unterrichtet, wobei die Schüler exakt das lernen und reproduzieren sollen, was im Unterricht gelehrt wird – pointiert formuliert: was der Lehrer oder die Lehrerin beherrscht. Es überrascht nicht, dass die Schüler einen solchen Unterricht als „langweilig", „trocken" und „ätzend" empfinden (Zimmermann, 1991a, 1995a). Außerdem sind solche Kenntnisse auch nicht direkt umsetzbar in fremdsprachliches Handeln in natürlichen, didaktisch nicht vorstrukturierten Situationen.

Grammatiklernen muss deshalb in einen grundsätzlich handlungs- und lernorientierten Fremdsprachenunterricht eingebettet sein (vgl. Einleitung). Dieses Kapitel zeigt, unter welchen Bedingungen darüber hinaus expliziter Grammatikunterricht das Fremdsprachenlernen fördern kann und wie solche Hilfen konkret aussehen können.

1. Grammatiklernen und Grammatikunterricht

Die hier vertretene Konzeption von Grammatiklernen lässt sich in vier Punkten zusammenfassen:

(1) *Bedeutsame Themen und Inhalte*, die sich an ihren persönlichen Erfahrungen und Interessen orientieren, können die Lernenden anregen, sich mit ihnen gedanklich und damit auch sprachlich auseinander zu setzen. (Für ein schönes Beispiel aus einer 9. Hauptschulklasse zum Thema *Adjectives and Adverbs* vgl. Stührmann, 1997.)

(2) *Eigenaktives Lernen* wird insbesondere durch solche Situationen und Materialien gefördert, die nicht erkennbar vorstrukturiert sind, Intellekt, Gefühl und Sinne gleichermaßen ansprechen und Freiräume zum handelnden Umgang bieten, z. B. Singen, Spielen, Textarbeit, Simulationen und Projektarbeit. Dabei erhalten die Lernenden Gelegenheit, Regelhaftigkeiten zu „erspüren" (und damit ein naives, unreflektiertes fremdsprachliches Sprachgefühl zu entwickeln) oder auch bewusst zu ermitteln und zu formulieren („Schüler als Forscher"; vgl. Abschnitt 2).

(3) Auf der Grundlage solcher Aktivitäten helfen die Unterrichtenden den Schülern, *individuelle Lernstrategien und Lerntechniken* zu entwickeln (vgl. Kap. C.7).

(4) Bei fehleranfälligen, d. h. semantisch oder syntaktisch komplexen sowie interferenz-gefährdeten Regularitäten werden den Schülern *zusätzliche Verständnis- und Strukturierungs-hilfen* angeboten in Form gezielter Hinweise, die die jeweiligen Zusammenhänge „transparent" machen sollen (vgl. Abschnitt 3). Solche Hilfen können allerdings nur unter zwei Bedingungen wirksam werden, die zusammentreffen müssen: Die Schüler müssen diese Erklärungen, zumindest nach einer gewissen *incubation period* (Billows, 1961, S. 37), für sich nachstrukturieren und ihr Wissen damit letztlich doch selbst „konstruieren" können *und* sie müssen diese Strukturierungen durch funktional orientiertes Üben (bei dem also Inhalte, nicht sprachstrukturelle Aspekte im Vordergrund stehen) allmählich intuitiv verfügbar machen können. Solchermaßen zunächst bewusst erworbene intuitive Sprachkenntnisse unterscheidet Günther Zimmermann von dem ohne Beteiligung des Bewusstseins aufgebauten „Sprachgefühl" und spricht von „abgesunkenem expliziten Wissen" (pers. Mitteileilung).[1]

Sprachgefühl wird hier (in Anlehnung an Lewandowski, 1994, S. 1018) definiert als naive, unreflektierte Vorstellung über korrekten Sprachgebrauch, die in erster Linie aus reichhaltiger Spracherfahrung abgeleitet ist und im Allgemeinen nicht bewusst begründet werden kann. *Abgesunkenes explizites Wissen* beruht dagegen in erster Linie auf explizitem Lernen unter Einschluss unterrichtlicher Bewusstmachungsprozesse; deshalb kann es von Schülern häufig selbst wieder – meist allerdings nur sehr unvollständig und fehlerhaft – expliziert werden.

Beim spontanen Sprachgebrauch kommen beide Formen impliziten Wissens – unreflektiert erworbenes Sprachgefühl und abgesunkenes explizites Wissen – zum Tragen; sie werden deshalb hier als *praktische Sprachkenntnisse* (Sprachhandlungswissen) zusammengefasst. Explizites Wissen wird demgegenüber in erster Linie beim bewussten „Konstruieren" sprachlicher Äußerungen in Übungs- und Testsituationen eingesetzt; darüber hinaus ist es Grundlage expliziter Sprachbeschreibungen. Aus dieser Dichotomie zwischen *implizitem* und *explizitem Wissen* ergibt sich ein Spezifikum sprachlicher Beschreibungen, das für Sprachlernende durchaus bedeutsam ist. Grammatiken und Wörterbücher erwecken zwar im Allgemeinen den Eindruck, als sei die in ihnen beschriebene Sprache etwas Absolutes, von ihren Benutzern Losgelöstes. Eine lebende Sprache – im Gegensatz zu den „toten" Sprachen wie Griechisch oder Latein – existiert jedoch nur als Summe dessen, was ihre Benutzer als implizites, auf vielfältigen Lebenserfahrungen basierendes Wissen in ihren Köpfen haben und in der sprachlichen Kommunikation realisieren (vgl. Kap. A.3, Abschnitt 1). In diesem Sinne sind sprachliche Strukturen und Regeln, wie andere erfahrungsbasierte Kenntnisse, nichts anderes als „Konstruktionen" von Menschen, mit denen sie ihre Welt ordnen und die sich im praktischen Leben bewähren müssen (vgl. Foerster, 1995; Glasersfeld, 1995).

Sprachbeschreibungen beruhen dagegen auf explizitem Wissen. Es handelt sich dabei um verallgemeinernde und idealisierende Versuche, die Vielfalt dieser individuellen Konstruktionen „in den Griff" zu bekommen. Dabei gehen jedoch viele Facetten sprachlicher

---

[1] Zur Erklärung dieses Vorgangs des „Absinkens" ist die Unterscheidung zwischen *declarative knowledge*, dem implizit oder explizit gelernten Wissen über Sachverhalte wie z. B. sprachstrukturelles und lexikalisches Wissen, und *procedural knowledge*, der Fähigkeit, beim Handeln, also z. B. beim Sprachgebrauch, auf deklaratives Wissen zurückzugreifen, hilfreich (O'Malley & Chamot, 1990, S. 20ff. und 68ff.): *Declarative knowledge* muss in *procedural knowledge* überführt werden (vgl. auch Abschnitt 3.7 sowie Kap. E.6, Abschnitt 1).

Erfahrungen verloren, die der Muttersprachler im Sprachgefühl hat und die für ihn voller Lebensbezüge stecken. Wegen ihrer Komplexität und *fuzziness*, d. h. der Unmöglichkeit, sie eindeutig zu klassifizieren und von benachbarten Phänomenen abzugrenzen, können sie auch nicht systematisch erfasst und nicht systematisch gelehrt werden (vgl. Bleyhl, 1995b, 1996b; Timm, 1995c). Von daher wird auch deutlich, warum es Schülern oft so schwer fällt, explizit „vermittelte" Strukturierungen anderer auf ihre eigenen Erfahrungen zu beziehen und so zu lernen. Lernende müssen ihre Strukturierungen vielmehr in allererster Linie selbst leisten, auf der Grundlage ihrer individuellen sprachlichen Erfahrungen. Sie benötigen deshalb möglichst viel Begegnung mit situationsgebundener Sprache, in der sie Regelhaftigkeiten intuitiv erspüren oder bewusst aufspüren (vgl. Abschnitt 2) und auch selbst aktiv erproben können.

Allerdings ist dies allein, wie die Erfahrung zeigt, für viele Schüler nicht ausreichend; sie benötigen zusätzliche Hilfen, die es ihnen ermöglichen, Strukturierungen bewusst nachzuvollziehen („Analyse"), mit anderen Bestandteilen ihrer Sprachkenntnisse zu verbinden („Integration") und durch entsprechende Übungen möglichst intuitiv verfügbar zu machen („Automatisierung") (vgl. Edmondson & House, 1993, S. 271ff. und 299ff.).

In ähnlicher Weise schlägt Batstone (1994) eine Kombination von drei *approaches* vor, die – mit unterschiedlichem Gewicht – in verschiedenen Phasen des Lernprozesses zusammenwirken müssen:

(1) Im Rahmen klar strukturierter Situationen und Kontexte erhalten die Lernenden explizite Verständnishilfen durch ein zweistufiges *teaching grammar as product*: Zum einen wird ihre Aufmerksamkeit auf relevante formale und inhaltlich-funktionale Elemente des sprachlichen Materials gelenkt (*noticing*); soweit notwendig, erhalten sie zusätzlich direktere Hinweise auf der Grundlage von deutlich vorstrukturiertem Material (*structuring*) (ebd., S. 39ff. und 54ff.). Dieses Vorgehen entspricht der „Analyse" bei Edmondson & House. In der deutschen Fremdsprachendidaktik wird hier von „geleiteter" oder „gelenkter Induktion" gesprochen.

(2) Ziel des Unterrichtsgeschehens ist die Erfahrung von *grammar as process*, bei dem die Lernenden die Fremdsprache – wieder in klar strukturierten Situationen und Kontexten – gebrauchen, um eigene Erfahrungen, Kenntnisse, Ideen, Meinungen usw. auszudrücken: "... it is only through extended practice in language use that learners can *proceduralize* their knowledge, learning to deploy grammar while for the most part concentrating their attention on meaning" (ebd., S. 51). Diese Schwerpunktsetzung entspricht der eingangs erhobenen Forderung, dass Grammatiklernen in einen grundsätzlich handlungs- und lernorientierten Fremdsprachenunterricht eingebettet sein muss. Dabei „integrieren" die Lernenden Kenntnisse aus den verschiedensten sprachlichen Teilgebieten.

(3) Die Lücke zwischen *product teaching* und *process teaching* kann durch gezielte Übungsphasen geschlossen werden, die Batstone *teaching grammar as skill* nennt: "When we teach grammar as skill, the learner is required to attend to grammar, while working on tasks which retain an emphasis on language use" (S. 52). Bei diesen Übungen, die der „Automatisierung" deklarativen Wissens dienen, kann die Grenze zum *process teaching*, d. h. zum weitgehend freien, handelnden Sprachgebrauch nicht eindeutig gezogen werden.

Wie die Untersuchung von Hecht & Green (1992) zeigt, sind solchermaßen entwickelte intuitive (d. h. nicht explizite) praktische Sprachkenntnisse recht zuverlässig und insbesondere für lernschwächere Schüler oftmals die einzige verfügbare sprachliche Kontrollinstanz.[2] Außerdem enthalten sie nicht nur vom Lehrer durchschaute und dementsprechend systematisch gelehrte grammatische Regelhaftigkeiten, sondern darüber hinaus viele der Regularitäten, die – wie oben begründet – nur schwer beschrieben oder gelehrt werden können.

2. Entdeckendes Lernen

Möglichkeiten für ein eigenaktives, „entdeckendes" Lernen durch die Schüler selbst gibt es viele. Grundsätzlich gilt, dass die Schüler ermutigt werden sollten, so viel Eigentätigkeit wie möglich zu entfalten und damit eigene Lernwege zu erproben. Andererseits dürfen sie mit vergeblichen und damit frustrierenden Versuchen auch nicht alleine gelassen werden.

(1) Eigene Strukturierungsversuche der Schülerinnen und Schüler sollten vor allem immer dann gefördert werden, wenn aus der Klasse heraus ein sprachliches Verständnisproblem artikuliert wird:

● Die Schüler werden aufgefordert, die Ungewissheit bis zu einer möglichen Klärung aus dem weiteren Kontext zu ertragen.

● Die Schüler sollen das Problem präzisieren. Schon dieses Bemühen hilft vielen, der Lösung näher zu kommen. In diesem Zusammenhang spricht sich Zimmermann (1995a, S. 192f., unter Rückgriff auf Untersuchungen von Raabe und Tönshoff) dafür aus, die Lernenden immer wieder aufzufordern Fragen zu stellen, und dies von vornherein zu einem Teil eines Methodenkonzepts zu machen, das nicht produkt-, sondern prozessorientiert ist (fragegeleiteter Unterricht). Da sie Ausdruck individueller Lernbedürfnisse sind, sollten solche Fragen dann auch nicht nur sachbezogen beantwortet, sondern darüber hinaus auch als Ausdruck von Selbststeuerungsaktivitäten der Lernenden selbst diskutiert werden. Dies kann den Schülern helfen, über eigene Schwierigkeiten und Missverständnisse nachzudenken und sie so zu überwinden (vgl. Kap. B.4 und E.7).

● Die Schüler stellen selbst oder in der Lerngruppe plausible (situations- bzw. kontextgestützte) Vermutungen zur Bedeutung einer bestimmten Formulierung an, um im weiteren Verlauf des Textes bzw. der Interaktion nach Bestätigung oder Korrektur zu suchen. So können Schüler auf der Grundlage zusätzlicher kontextueller Hinweise sicher selbst herausfinden, dass bei *We've been married for ten years* der Partner noch lebt *(… and we still love each other)*, während er bei *We were married for ten years* tot bzw. die Ehe geschieden ist *(… and I miss her so much)* (vgl. W. Kieweg, 1996b, S. 8).

● Bei der Suche nach einer Erklärung schlagen die Schüler im Grammatikteil des Schulbuchs oder in einer Schülergrammatik nach und vergleichen die eigene Antwort mit der des Partners oder anderer Schüler der Tischgruppe. Hierfür sollten im Klassenzimmer mehrere geeignete Schülergrammatiken verfügbar sein, deren Benützung allerdings systematisch geübt werden muss.

● Über ein sog. „Konkordanzprogramm" wie z. B. *Mini Concordancer* (Longman) oder *MicroConcord* bzw. *Wordsmith* (Oxford University Press) suchen Schüler am Computer

---

[2] Hecht & Green untersuchten, ob das Grammatikwissen von Schülern (nachzuweisen über die Korrektur grammatisch inkorrekter Satzvorgaben mit zusätzlicher Begründung durch eine selbst zu formulierende Regel) eher „gefühlsgeleitet" oder eher „regelgeleitet" sei. Ihr Ergebnis: Viele der *richtigen* Korrekturen – insbesondere bei denen der lernschwächeren Gruppen – gingen auf intuitive Kenntnisse zurück, also auf das, was hier als „implizites Wissen" oder „praktische Sprachkenntnisse" bezeichnet wird.

aus einem ausgewählten Textkorpus Stellen heraus, in denen ein bestimmtes Wort bzw. eine Struktur vorkommt, und versuchen „typische" Verwendungskontexte und damit Regelhaftigkeiten zu erkennen (vgl. Kap. C.5, Abschnitte 2.2 und 3).

● Mittels eines „Autorenprogramms" zur Erstellung von Lernmaterialien entwerfen die Schüler eine Übung zu einem bestimmten grammatischen Thema, wobei sie auch auf Daten einer der oben genannten Datenbanken zurückgreifen können (vgl. Kap. C.5, Abschnitt 3).

● Die Schüler vergleichen englische Sprachstrukturen mit den entsprechenden deutschen unter Einschluss der jeweiligen Lexik und schärfen so ihren Blick für unterschiedliche Formen der Konzeptualisierung (vgl. die Beispiele in Abschnitt 3.3, Punkt 2b: „Stille Regeln", sowie Kap. E.5 zum Konzept der *Language Awareness*, Abschnitt 3).

(2) Über die aktuelle Problemsituation hinaus können solche Aktivitäten auch in Phasen der Freiarbeit unternommen werden, wobei die Schüler mehr Zeit für die Entwicklung eigener „Hypothesen" haben (Billows' *incubation period*):

● Die Schüler bearbeiten auf der Grundlage eines zuvor gemeinschaftlich vereinbarten authentischen Texts eine von mehreren angebotenen *post-reading tasks* zu einem bestimmten grammatischen Problembereich (vgl. auch Starkebaum, 1992).

● In solchen Phasen bewähren sich auch vom Lehrer bzw. im Lehrerteam erstellte grammatische „Instruktionstexte" zum Selbstlernen, gegebenenfalls mit einem beigefügten Lösungsblatt zur Selbstkontrolle. (Für ein Beispiel vgl. Weskamp, 1992; für die Anforderungen an Instruktionstexte vgl. Zimmermann & Wißner-Kurzawa, 1985; Wißner-Kurzawa, 1987; Rampillon, 1991; Zimmermann, 1991b, 1992.)

Eigenständiges „Forschen" der Schüler kann im Unterricht vorbereitet und eingeübt werden. Insbesondere müssen ihnen grundlegende Lernstrategien und entsprechende Techniken vorgestellt und zur individuellen Verwendung angeboten werden. (Für umfangreiche Listen von Möglichkeiten vgl. Kap. E.7, Abb. 1, sowie Rampillon, 1995a, S. 54.)

3. Strukturierungshilfen

3.1 *Grundsätzliches zur Bewusstmachung grammatischer Strukturen*

Die zentralen Probleme des Grammatiklernens betreffen zwei verschiedene Ebenen: zum einen den Gebrauch bestimmter Formen in bestimmten Situationen, z. B. *tenses, if-clauses, passive voice* usw.; zum andern die regelhaften Beziehungen zwischen sprachlichen Formen (z. B. *3rd person agreement*, die Realisierung von *if*-Sätzen oder passivischen Formen, Fragebildung mit *do* usw.).

In allen Fällen müssen die Sprachlernenden zunächst einmal Gelegenheit haben, sprachliche Formen und Regularitäten immer wieder in den verschiedensten Situationen und Kontexten zu erfahren (*noticing*) und zu verstehen (*comprehending*), um aus diesem Verständnis heraus die bewussten oder unbewussten sprachlichen Zuordnungen und Strukturierungen (*structuring*) möglichst selbst zu leisten (vgl. Abschnitt 2). Nur insoweit sie dieses Ziel nicht selbst erreichen, benötigen sie entsprechende Strukturierungshilfen, d. h. Hilfen für die explizite Zuordnung der relevanten „Bauelemente" einer Struktur zueinander sowie zu den entsprechenden semantischen oder funktionalen Konzepten (gelenkte Induktion):

● Zum einen kann ihre Aufmerksamkeit ganz gezielt auf relevante Phänomene gerichtet werden. Aufforderungen können sein: „Have a look at …", „Compare …". In einer solchen zielgerichteten Aufmerksamkeit (*focal attention*) sieht R. Schmidt (1994a: S. 17)

„the necessary and sufficient condition for the conversion of input to intake for learning". Dennoch scheint dies allein nicht immer ausreichend zu sein.

● In semantisch oder syntaktisch komplexen Fällen ist über *focal attention* hinaus für die Anbahnung von Lernprozessen oft auch eine stärkere Bewusstheit fremdsprachlicher Konzepte und Regelhaftigkeiten (*structuring*) notwendig, d. h. eine innere Repräsentation systematischer Zusammenhänge zwischen sprachlichen Formen und Bedeutungen (Kognition). Dies schließt in vielen Fällen auch eine *language awareness* auf dem Hintergrund des muttersprachlichen Sprachbewusstseins mit ein (vgl. Kap. E.5). Hierfür sind in vielen Fällen explizite Lehrerhilfen notwendig.

Die Kernfrage ist, welche Funktion eine solche Bewusstmachung (Kognitivierung; engl.: *consciousness raising, raising to consciousness, formal instruction*) im Lernprozess haben kann. Eine eindeutige Antwort hierauf ist immer noch nicht möglich.[3] Die Verarbeitungs- und Lernprozesse des Individuums sind höchst komplex und wegen der individuellen Natur der jeweiligen Vorerfahrungen und Vorkenntnisse von außen kaum nachvollziehbar. Demgegenüber sprechen Bewusstmachungsstrategien im Allgemeinen die gesamte Lerngruppe an und berücksichtigen nur wenig individuelle Gegebenheiten. Ihr Einfluss auf das Lernen des Einzelnen ist deshalb nicht vorhersagbar.

Eines scheint jedoch festzustehen: Die Funktion von bewusst machenden Maßnahmen kann offensichtlich immer nur indirekt sein: die Aufmerksamkeit der Lernenden zu steuern und damit die Verarbeitung von *comprehended input* (vgl. Einleitung, Abschnitte 2 und 3) zu erleichtern: "Instruction works by helping learners to pay selective attention to form and form-meaning connections in the input" (R. Ellis, 1994a, S. 656). Mit anderen Worten: Vorgaben von Lehrerseite können immer nur Hilfen für eine möglichst weitgehende Eigentätigkeit der Schüler selbst sein. Wenn die Lernenden auf bestimmte sprachliche Zusammenhänge aufmerksam gemacht worden sind und sie auch nachvollziehen können, können sie diese dann auch in anderen Äußerungen leichter entdecken und – je nach individuellen Lernvoraussetzungen – mental verarbeiten. Dabei müssen sie von ihrem Vorwissen her allerdings aufnahmefähig sein für die maßgeblichen Konzepte und die entsprechenden Hilfen des Lehrers: "... instruction has an accelerating effect on acquisition for learners who are ready for it" (Pienemann 1989, S. 61; vgl. auch R. Ellis, 1994a, S. 634ff., sowie Kap. B.5, Abschnitt 1.3).

Darüber hinaus sollten Strukturierungshilfen variabel gehandhabt werden, um unterschiedliche Lernertypen mit unterschiedlichen Lernmodi anzusprechen (vgl. Kap. E.7, Abschnitt 3.2). Auch scheint es für den Lernerfolg wesentlich, dass die bewusst machenden Maßnahmen mit möglichst „natürlicher" Sprachbegegnung gekoppelt sind (R. Ellis, 1994a, S. 616f.; vgl. auch Kap. E.1, Abschnitt 2.9). Und schließlich hängt der individuelle Lernerfolg ganz offensichtlich von der konkreten Schüler-Lehrer-Interaktion (*mediation*) ab, wobei auch die jeweilige Klassensituation, insbesondere eine positive Klassenatmosphäre, eine wesentliche Rolle spielt (Donato & McCormick, 1994; vgl. auch Kap. B.2).

Im Folgenden werden einige Möglichkeiten diskutiert, wie *focal attention* und *structuring* gefördert werden können.

---

[3] Grundsätzliche Erörterungen des komplexen Bereichs der Bewusstmachung, zum Teil mit Beispielen, liegen in Hülle und Fülle vor; vgl. z. B. Zimmermann (1977, Kap. 2.4), Vielau (1983), Digeser (1988), Kahl (1990), Tönshoff (1990, Kap. 4 und 6), Timm (1991), Bleyhl (1995b), Wolff (1995), Finkbeiner (1995c, 1996a), Haudeck (1996) und W. Kieweg (1996b). Eine gut gegliederte Übersicht über einschlägige Forschungsergebnisse gibt R. Ellis (1994a, Kap. 14, S. 611ff.).

3.2 Lerngespräche

Beim Erlernen der Muttersprache erleichtern die Bezugspersonen den Kindern das Verstehen von Äußerungen zum einen durch Hinweise auf situative Gegebenheiten, zum andern aber auch durch direkt sprachbezogene Hilfen wie kurze Sätze, deutliche Aussprache, ausgeprägte Mimik und Intonation, deutliche Gesten, Pausen, lexikalische oder strukturelle Vereinfachungen, direkte Wiederholungen oder variierende Paraphrasen, gelegentliche Rückfragen zur Sicherung des Verständnisses, Hinweise auf den Kontext, Erklärungen u. a. (*motherese*, *caretaker speech*; vgl. Butzkamm, 1993a, S. 8ff., sowie Edmondson & House, 1993, S. 235ff.).

Diese Aspekte spielen auch für unterrichtliche Lerngespräche eine wesentliche Rolle. Lerngespräche stellen die natürlichste und „sanfteste" Form der Bewusstmachung dar. Sie fördern *focal attention*, indem sie anfängliches „Basiswissen" der Schüler im Dialog aktivieren, entfalten, differenzieren und verändern. Auf diese Weise werden die Schüler zu mentaler Aktivität angeregt, ohne dass ihnen Strukturierungen direkt „von außen" aufgezwungen werden. Ein solches „Aushandeln" von Bedeutung (*negotiation of meaning*) aus dem jeweiligen Kontext heraus hilft ihnen, fremdsprachliche Äußerungen/Texte sowie ihre Konstituenten und deren Zusammenspiel Schritt für Schritt zu verstehen. Es steht deshalb auch im Zentrum unterrichtlicher Grammatikarbeit (vgl. Kap. C.6 und die dort angegebene Literatur, zusätzlich Mercer, 1995).

Im folgenden einfachen Lerngespräch (nach Doff, 1993, S. 34) geht es um die Bedeutung der Struktur *it's too* + Adj + *to* ...:

Der Lehrer zeichnet ein 100-Kilo-Gewicht an die Tafel:
L: *Look at this. Is it light or heavy?*
Ss: *Heavy.*
L: *Yes, it's heavy. How heavy is it?*
Ss: *A hundred kilos.*
L: *That's right. It's very heavy. Could you lift it?*
Ss: *No.*
L: *No, of course you couldn't. It's too heavy. It's too heavy to lift.*
(Statt auf eine Zeichnung könnte auch auf einen Gegenstand oder eine Person in der Klasse oder aus dem sonstigen Erfahrungsbereich der Schüler verwiesen werden.)

Dies allein ist für manche Schüler jedoch nicht immer ausreichend; sie mögen die ins Lerngespräch eingebetteten Hinweise zwar verstehen, sind jedoch nicht imstande, die entsprechenden Zuordnungen nachzuvollziehen: „Ohne die Mittel zunehmender Kognitivierung zerläuft, was die ersten Phasen des Lerngesprächs mobilisiert und ausgebaut haben" (Nissen, 1992, S. 162). Solche direkteren Strukturierungshilfen – auch durch einfache „Visualisierungen" gestützt – können durchaus in das Lerngespräch eingebettet werden. Dies hat den Vorteil, dass auch Ideen und Strukturierungen der Schüler mit einfließen können (gelenkte Induktion). So wurde, nachdem im Rahmen einer Textbesprechung in einer 6. Klasse immer wieder Tempusfehler gemacht wurden, das *present perfect* für Handlungen in einem noch nicht abgeschlossenen Zeitraum (*What have you done this morning? What else have you done?*) über einen offenen, das *simple past* für Handlungen in einem abgeschlossenen Zeitraum (*What did you do before you came to school?*) über einen zugebundenen *ragbag* visualisiert und durch entsprechende Zeitbezüge kontextualisiert (vgl. Abb. 1).

What have you done this morning?

What did you do before you came to school?

Abb. 1: Visualisierung zum Unterschied zwischen *present perfect* und *simple past*

3.3 *Muttersprachliche Hilfen*

Wolfgang Butzkamm ist es zu verdanken, dass die deutsche Fremdsprachendidaktik die Rolle der Muttersprache beim Fremdsprachenlernen zu sehen beginnt. Er weist nicht nur auf die vielfältigen Vorleistungen hin, die das Lernen und die intuitive Verfügbarkeit der Muttersprache für das Fremdsprachenlernen mit sich bringen (1993, S. 14ff., sowie Kap. B.1, Abschnitt 6); er setzt sich vor allem seit vielen Jahren dafür ein, dass „Einsprachigkeit" als Prinzip des Fremdsprachenunterrichts nicht mehr dogmatisch betrachtet wird. Bei allem Festhalten am grundsätzlichen Gebrauch der Fremdsprache bei der Unterrichtsorganisation und im Lerngespräch („funktionale Einsprachigkeit"; vgl. Kap. B.,1, Abschnitt 3) wird in der Muttersprache doch auch eine wesentliche Lernhilfe gesehen.

(1) Ein kurzes *muttersprachliches Einsprengsel* hilft Schülern „im Gespräch zu bleiben". Butzkamm führt dazu den folgenden Unterrichtsdialog an: „S: If the child ... what does it mean, hat Schläge verdient? – L: deserves it – S: If the child deserves it, he should get it" (1993, S. 24). Gerade durch den kurzen Einsatz der Muttersprache kann das inhaltsorientierte Gespräch aufrechterhalten und vor einem Abgleiten in „grammatische Verwirrspiele" (vgl. die Beispiele ebd., S. 137) bewahrt werden.

(2) Der *Appell an die muttersprachliche Kompetenz* kann den Schülern helfen, fremdsprachliche Formen und Strukturen zu durchschauen, d. h. nicht nur inhaltlich, sondern auch strukturell zu verstehen, auch ohne dass die relevanten grammatischen Gesetzmäßigkeiten benannt werden können:

(a) „Stille Regeln": In manchen Fällen hilft schon eine freie, idiomatische Übersetzung zu erkennen, um was es bei einer bestimmten grammatischen Form geht: *You haven't seen any others, have you?* = „Du weißt wohl nicht, wo die andern sind?" (vgl. S. 267) oder Butzkamms Beispiele: *Your bike is black, mine is blue* = „Meins ist blau", *She's been learning Latin for two hours* = „Schon seit zwei Stunden paukt sie Latein." Dabei können auch Gegenüberstellungen hilfreich sein: *Is anybody listening?* = „Hört mir überhaupt jemand zu (egal wer)?" gegenüber *Is everybody listening?* = „Hört auch jeder zu?" oder *Have you ever written a poem?* = „Hast du schon mal ein Gedicht geschrieben?" gegenüber *Have you washed up yet?* = „Hast du schon gespült?" (nach Butzkamm, 1993, S. 248ff., und 1995, S. 191).

Die Übersetzung einzelner grammatischer Wörter wie z. B. „meines" für *mine* oder „wer", „wen" oder „wem" für das englische *who* kann auch helfen, Regelformulierungen mithilfe abstrakter, oft nur „blind" memorierbarer Begriffe wie „Possessivpronomen", „Subjekt" oder „Objekt" zu vermeiden und gerade so – durch den Appell an die intuitive muttersprachliche Kompetenz – bei den Schülern eine eigenaktive innere Regelbildung anzubahnen (vgl. Abschnitt 3.6, Abb. 10).

(b) „Muttersprachliche Spiegelung": Auch eine strukturverdeutlichende Übersetzung, d. h. das bewusste Nachbilden der fremden Struktur „auch oder gerade dann, wenn dabei muttersprachliche Normen verletzt werden", kann eine Lernhilfe darstellen: *Good, isn't it =* „Gut, ist es nicht?", *Does your dog bite? =* „Tut dein Hund beißen?", *All I want is a room somewhere =* „Alles (was) ich brauche ist …" (ebd.).

(c) Hinzu kommt ein Punkt, der von Butzkamm nicht angesprochen wird: Vor allem auf der Sekundarstufe II kann eine „integrative Grammatikbetrachtung", bei der deutsche und englische Sprachstrukturen (z.T. auch unter Berücksichtigung der jeweiligen Lexik) einander gegenübergestellt werden, den Schülern helfen, eine *language awareness* zu entwickeln, die positive Auswirkungen auch auf ihre sprachliche Performanz haben kann (vgl. Kap. E.5, Abschnitt 3).

3.4 Vorfeldmediatoren („advance organizers")

Wenn für das Verständnis explizierter Strukturierungshilfen ein bestimmtes „Hintergrundwissen" notwendig sein sollte, kann dieses durch gezielte vorgeschaltete Aktivitäten oder Erklärungen bereitgestellt oder reaktiviert werden, sodass die Schüler auf vertrauten, in ihrer Funktion integrativen „Ankerideen" aufbauen können (vgl. Ausubel, Novak & Hanesian, 1980, S. 201ff.). Im folgenden Lerngespräch wurde ein kognitives Gerüst über die „Richtung" von Handlungen aufgebaut, das die spätere Bewusstmachung vorbereiten sollte (*wh*-Fragen, 7. Klasse Realschule):

L: *I told you that during the holidays, in October, I visited an old friend of mine … my friend Peter. What does this mean again: I visited my friend Peter? Sven?*

S1: *You go to his house.*

L: *Yes, that's what I did. I went, I went to my friend's house … to his home. Actually, I went by car, because he lives in Augsburg and that's … that's quite a long way from here. Look here: This is me* (zeichnet Strichmännchen), *and this* (zeichnet Haus; Schüler lachen) *– what's this then?*

S2: *Your friend's house.*

L: *That's right. And here is my friend Peter* (L zeichnet Strichmännchen ins Haus, S lachen). *Do you like him?* (unverständliche Antworten) *Well, I do. He is very nice. So I went to Augsburg to see my friend, I visited him* (zeichnet Pfeil vom ersten Strichmännchen zum Haus).

Die Richtung dieses „Handlungspfeils", nämlich von links nach rechts, entspricht dabei der – zumindest in unseren westlichen Kulturen – häufigsten Form der Vorstellung von Handlungen in Zeit und Raum: Zeitpfeile werden von links nach rechts gezeichnet, ebenso wie Zeitabläufe und Bewegungen fast immer durch Handbewegungen von links nach rechts veranschaulicht werden. Dies ist auch Teil der vertrauten Erfahrungswelt der meisten Schüler und hieran kann deshalb auch im weiteren Verlauf des Unterrichts angeknüpft werden (vgl. Abschnitt 3.6).

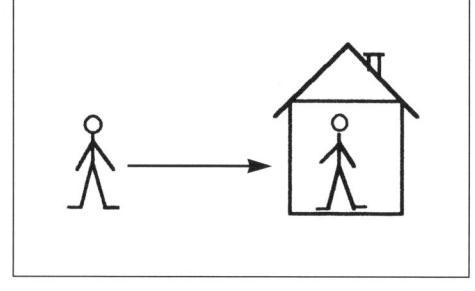

Abb. 2: Visualisierung der „Richtung" einer Handlung

3.5 Formale Strukturierungen

Wenn sprachliche Formen mit formal ähnlichen, funktional jedoch verschiedenen Formen der Muttersprache kollidieren, kommt es häufig zu Interferenzproblemen. So entstand während der Besprechung möglicher Gründe für eine Häufung der bekannten Verwechslung von *wer* und *where* bzw. *wo* und *who* in einer 7. Klasse die folgende – sicher nicht neue – Grafik (A). Diese Grafik wurde dann in der Klasse diskutiert, was schließlich zu der Version (B) führte. (Der Gewinn für die Schüler liegt dabei nicht in dem neuen Diagramm, sondern in der Diskussion.)

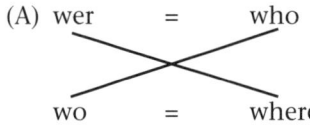 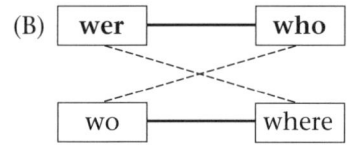

Abb. 3: Visualisierungen eines deutsch-englischen Interferenzproblems

In vielen Fällen muss den Schülern der morphosyntaktische Bau einer Struktur „transparent" und damit nachvollziehbar gemacht werden:

| | Larissa | visit**ed** | her friend last month. |
| **Did** | Larissa | visit | her friend last month? |

Abb. 4: Visuelle Zuordnung der relevanten „Bauelemente" einer Struktur (I)

Für eine andere Form der Darstellung sei hier auf die Vorschläge von Claudia Finkbeiner (1995c, S. 165, bzw. 1996c, S. 55) zur Fragebildung mit *do* verwiesen, die auf den Personen „Didi" (für *did*) und „Ede" (für die prototypische *Past*-Endung *-ed*) basieren und in der leicht nachvollziehbaren Regel münden „Wenn der *Didi* kommt, geht der *Ede* weg".

Anschaulich, wenngleich schwerer nachzuvollziehen, sind auch die Visualisierungen zu Fragebildung und Negation von Helga Haudeck, die bei unterschiedlichen Schülern einer 8. Klasse zu ganz unterschiedlichen Lerneffekten führten (1996, S. 421ff.). Viele von ihnen wollten sich nicht von den vertrauten Regel- und Beispieldarstellungen lösen und fühlten sich durch diese neuartigen Visualisierungen eher verwirrt. Haudeck folgert deshalb, dass die Schüler möglichst frühzeitig mit alternativen Strukturierungshilfen vertraut gemacht werden und diese vor allem immer auch als „Gelegenheit zur Eigeninitiative" erfahren sollten (vgl. die Überlegungen zu „Schülern als Forschern" in Abschnitt 2). Darüber hinaus kann es hilfreich sein die Schüler dazu zu bringen, sich über typische Schwierigkeiten und Missverständnisse sowie ihr eigenes Denken (Lernstrategien bzw. Lernmodi; vgl. Kap. E.7) in Verbindung mit Visualisierungen in Schulbüchern oder Grammatiken bzw. an der Tafel oder auf Arbeitsblättern zu äußern.

Fehlerträchtig können auch verschiedene Formen des Passivs sein. Sicher spielen im Unterricht komplexe Formen wie *they would have been being stolen* keine Rolle; aber auch mit Formen wie *they are stolen* (*they *will stolen*, entsprechend dem deutschen *sie werden gestohlen*) und *they have been stolen* (*they have *be stolen*, *they have been *stealing*) haben Schüler oft Probleme. Hier kann eine gemeinsam erarbeitete Darstellung wie die folgende helfen, die deutlich macht, wie einfach das Verhältnis von aktivischen und passivischen Strukturen im Prinzip ist – auch wenn es von da bis zum „Absinken" dieses Wissens und bis zur flüssigen Produktion dieser Formen noch ein weiter Weg sein kann:

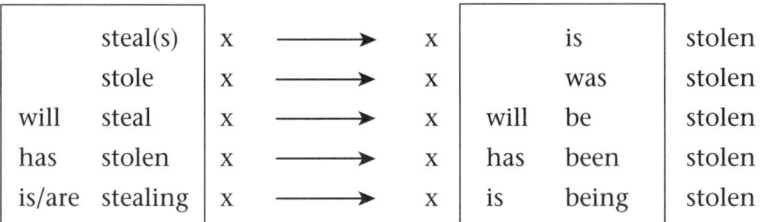

Abb. 5: Visuelle Zuordnung der relevanten „Bauelemente" einer Struktur (II)

3.6 Der Gebrauch sprachlicher Formen

Das Individuum lernt, indem es bestimmte Phänomene wahrnimmt (*noticing*) und gedanklich (anders als bisher) strukturiert (*structuring*). Dies sind fachbezogene Spezifizierungen von *Unterscheiden* bzw. *Erkennen*, die v. Ditfurth als „lebensnotwendige" Fähigkeiten bezeichnet (vgl. Einleitung, Abschnitt 2). Beim Sprachlernen spielt dabei die wiederholte Verknüpfung von situativen und sprachlichen Erfahrungen eine entscheidende Rolle.

Für das Kleinkind übernehmen hierbei die Bezugspersonen (*caretakers*), also in erster Linie die Eltern, eine wichtige vermittelnde Funktion. In ähnlicher Weise müssen Lehrer gegebenenfalls den Schülern helfen, Bezüge zwischen situativen und sprachlichen Phänomenen bewusst wahrzunehmen:

- Nur wenn die Schüler den Unterschied zwischen dem statischen und damit „zeitlosen" Charakter von Eigenschaften und Zuständen und dem dynamischen Charakter von Handlungen oder Ereignissen wahrnehmen, hat eine explizite Gegenüberstellung von *simple form* und *progressive form* Sinn.
- Nur wenn sie den Gegenwartsbezug bzw. die Abgeschlossenheit bestimmter vergangener Handlungen oder Ereignisse deutlich wahrnehmen, kann der Unterschied zwischen *present perfect* und *simple past* bewusst gemacht werden.
- Nur wenn sie die Unterscheidung zwischen „grammatischem" und „natürlichem" Geschlecht durchschauen, sind sie fähig, den Unterschied zwischen dem Gebrauch von Personal- und Relativpronomen im Deutschen und im Englischen nachzuvollziehen.
- Nur wenn sie erkennen, dass Aussagen oder Voraussagen über zukünftige Ereignisse oder Sachverhalte (*The museum will be closed for security checks tomorrow*; *This time tomorrow I'll be in Venice*; Frau vom Wetteramt: *London will be sunny tomorrow*) etwas grundsätzlich anderes sind als Voraussagen oder Vermutungen aufgrund gegenwärtiger Anzeichen (*Look at those clouds, it's going to rain*), die Benennung von Plänen (*We're going to spend our holiday in Greece this year*), Vereinbarungen (*I'm seeing my dentist tomorrow*) und sich anbahnende Ereignisse oder in Angriff genommene Handlungen (Lehrer zu einem Schüler, der plötzlich aufsteht: *What are you doing?* – Schüler: *I'm opening the window*) sowie die Feststellung von „zeitlosen" Sachverhalten (*The museum opens at 9 pm*), ist eine bewusste Abgrenzung des *will*-Futurs von diesen anderen Formen sinnvoll.

Zwischen den hier genannten und anderen gleichartigen situativen Elementen auf der einen Seite und dem Verständnis der entsprechenden sprachlichen Formen auf der anderen muss vonseiten der Schüler allerdings ein Abstraktionsprozess liegen, das heißt, die Schüler müssen den Schritt von der Wahrnehmung verschiedener gleich gearteter Situationen zum (intuitiven oder bewussten) Erkennen dieser Gleichartigkeit, d. h. zum Abstrakten schaffen. Hierfür können aus konkreten Texten gewonnene Zusammenstellungen wie die folgende hilfreich sein; dabei werden die Schüler selbst dazu herangezogen, die in verschiedenen Sätzen liegende Gemeinsamkeit (in der rechten Spalte) zu formulieren:

Mary likes to sleep long.
Tom talks a lot.
Mike has got a new mountain bike.
Fiona is excellent at school.
Helga speaks English with a German accent.
Every Friday night Tom and Sue go to the youth club.
How often does Mehmet go there?
} → { grundsätzlich / regelmäßig / jede(n) ...

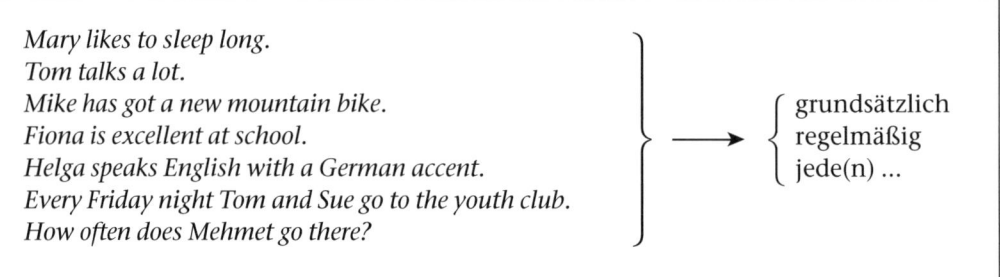

Abb. 6: Unterstützung eines situationsbezogenen Abstraktionsprozesses

Für die Zuordnung situativer (semantischer oder funktionaler) Konzepte zu sprachlichen Formen können „signalgrammatische" Formen der Bewusstmachung häufig als effiziente *rules of thumb* wirken (vgl. Zimmermann, 1977, S. 123ff.; 1985):

grundsätzlich / regelmäßig / jede(n) ... } → he *talks* a lot / he *goes* to the youth club / he *likes to sleep* long } → *simple present*

yesterday / last week / last month } → *did, -ed*

Plan, Absicht → *I'm going to do ...*
Vereinbarung → *I'm doing ...*

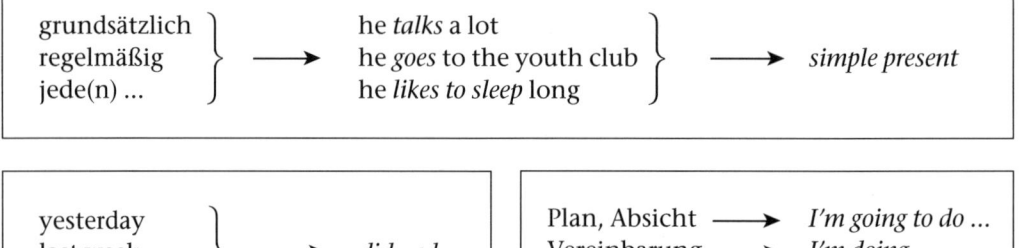

Abb. 7: Signalgrammatische Bewusstmachung des Gebrauchs sprachlicher Formen

Die „Signalwörter" vor dem Pfeil stellen dabei entweder kontexttypische „Signalwörter" oder extrem verkürzende verbale Paraphrasen (Abstraktionen) von Kontextfaktoren dar, die zuvor ins Bewusstsein der Schüler gehoben worden sind und ihnen einsichtig sein müssen. Zwischen ihnen und den folgenden konkreten sprachlichen Formen stellt der Pfeil dann eine (regelhafte) Beziehung des Typs „Wenn X, dann Y" her (vgl. auch Timm, 1991, S. 56f.).

Wirkungsvoll sind auch humorvolle, teilweise bewusst provokative und dadurch „merk-würdige" Zeichnungen:

wh – Pers nen
wh ch – D nge

Abb. 8: „Merk-würdige" Zeichnungen

Visualisierungen können auch auf die für die meisten Menschen „natürliche" Links-Rechts-Orientierung zurückgreifen, mit der Zeitabläufe und Bewegungen veranschaulicht werden. So basiert die folgende Bewusstmachungsstrategie zu *wh*-Fragen (7. Klasse Realschule) auf der in Abschnitt 3.4 entwickelten Idee eines „Handlungspfeils", der den *actor,* das Subjekt, mit dem *goal* bzw. *beneficiary*, dem direkten bzw. indirekten Objekt, verbindet. (Zu diesen Konzepten aus der *Functional Grammar* Hallidays vgl. Kress, 1976.) Im folgenden Lerngespräch ging es, nach einem einleitenden Klassengespräch über Besuche während der vorangegangenen Sommerferien, um die Vorbereitung einer schriftlichen Partnerarbeit:

L: *What we want to know is: Who did you visit during your holidays, that is, who did you go to see?* (Schüler melden sich) *No, wait a minute. We also want to know where you went, where that person lives. And we want to know who came to see you in your home. But before you ask each other these questions, have a look at this transparency* (OHP-Folie mit Sätzen ohne Markierungen und Pfeile; L zeigt auf die linke Spalte und zeichnet beim Sprechen Kästchen und Pfeile ein)*:*

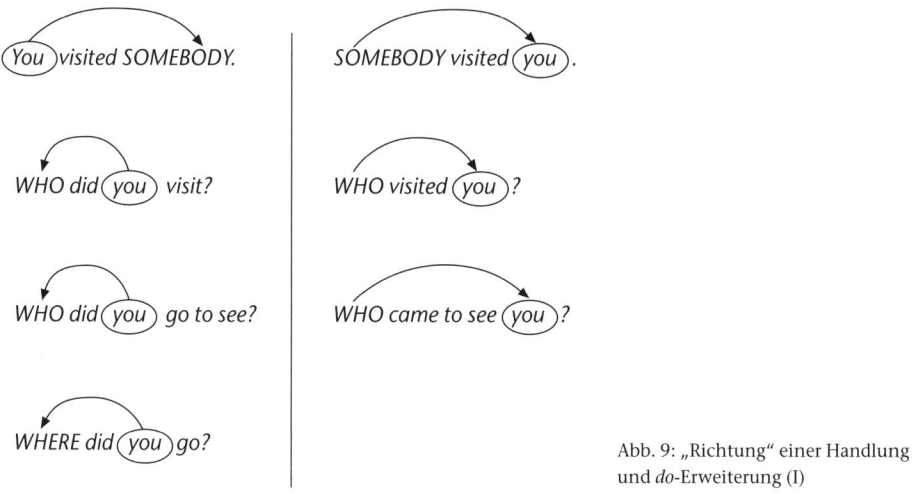

Abb. 9: „Richtung" einer Handlung und *do*-Erweiterung (I)

L: *Look: You visited somebody. Now, what we want to know is: Who did you visit? That is, who did you go to see? Who did you visit, Mehmet?*
S1: *My uncle.*
L: *And where does he live?*
S1: *In Ulm.*
L: *Oh, that's a nice place. ... And now here, on this side* (zeigt auf die rechte Spalte)*, it's somebody else who visited you. And we want to know: Who visited you? That is, who came to see you? Martina, can you draw the arrows?* (Schülerin zeichnet) *By the way, we ask "Who did you* go *to see?", but "Who* came *to see you?". Why do you think it is "go" on the left side and "came" on the right side? Sven?*
S2: *You go away to another ... er ...*
L: *... to another place, yes ...*
S2: *... yes, and ... er ... somebody comes to you.*
L: *Exactly, that's it. Now, work in pairs now, please, and start with your interviews. And remember, whenever you are not sure about how to ask, you can look here ... at these diagrams.*

Nach Beendigung der Partnerarbeit wurden die Ergebnisse vorgetragen, teilweise kommentiert und schließlich über eine vorbereitete und während des Schülervortrags ergänzte Folie systematisiert. Zusätzliche Nachfragen sollten die Erkenntnisse im Gebrauch festigen:

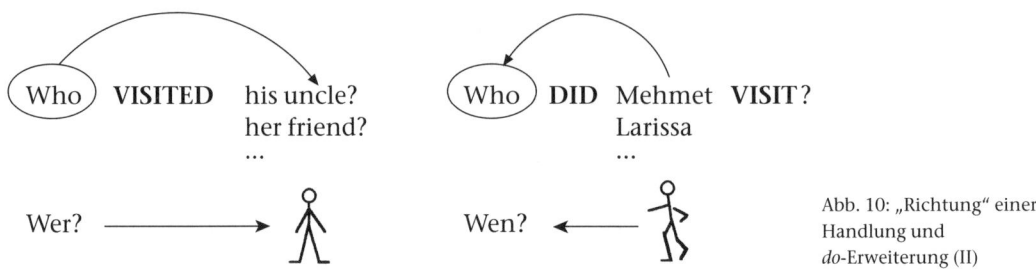

Abb. 10: „Richtung" einer Handlung und *do*-Erweiterung (II)

Ein wichtiges Moment für die (indirekte) Wirksamkeit dieser Visualisierung auf die Sicherheit im Gebrauch der *do*-Erweiterung ist möglicherweise die intuitive Verknüpfung des Gebrauchs von *do* mit der „Gegenläufigkeit" des entsprechenden Handlungspfeils (vgl. die entsprechenden Überlegungen in Abschnitt 3.4). Ebenso spielt möglicherweise der Appell an die muttersprachliche Kompetenz der Schüler durch die Einbeziehung der deutschen Fragewörter *wer* bzw. *wen* eine Rolle, deren Bedeutung ihnen – ohne Rückgriff auf die problematischen Begriffe „Subjekt" bzw. „Objekt" – intuitiv vertraut ist (vgl. Abschnitt 3.3, 2a). In einem – in seiner Übertragbarkeit sicher fraglichen – Unterrichtsexperiment wurde die Wirksamkeit dieser Strukturhilfen jedenfalls überzeugend bestätigt.[4] (Für eine Darstellung der schrittweisen Entwicklung dieser Bewusstmachungsstragie in einer anderen Klasse vgl. Timm, 1991, S. 60ff. und 560ff.).

Bei einem Wochenendseminar wurde die obige Darstellungsform von einer studentischen Arbeitsgruppe in einer Weise weitergeführt, die Handelnde und Betroffene, die „Richtung" der Handlung und die entsprechenden sprachlichen Formen sehr sinnfällig miteinander verbindet (Abb. 11–14; Zeichnungen von Christiane Metzger). (Es ist günstig, wenn die entsprechenden Figuren jeweils mehrfach auf Folien für den Overheadprojektor kopiert vorliegen.) Im ersten, gemeinsamen Schritt wird, ausgehend von Abb. 11, die „Fresskette" (*Who eats who?*) erarbeitet und mit Pfeilen markiert.

Abb. 11: *Who eats who?* (I)

Im nächsten Schritt sollen die Schüler in Partnerarbeit den beiden Fragen *Who eats the frog?* bzw. *Who does the frog eat?* die entsprechenden Kombinationen von Tieren zuordnen und dies auch auf einem Blatt (das später in den persönlichen *grammar folder* eingeheftet werden kann) zeichnerisch umsetzen; dabei sollen sie *who* sowie das Tier, nach dem jeweils gefragt wird, einkreisen. Beim resümierenden Lerngespräch lassen sich die *dramatis personae* auf dem Overheadprojektor an die entsprechende Stelle verschieben:

---

[4] In einem Experiment zur Wirksamkeit unterschiedlicher Typen von Visualisierungen zur Wiederholung von *wh*-Fragen mit 215 Schülern mehrerer 7. und 8. Klassen verschiedener Realschulen erreichten die Schüler, denen Regeln der hier dargestellten Art präsentiert wurden, signifikant bis hochsignifikant bessere Ergebnisse als die Schüler, denen die Darstellung des eingeführten Lehrbuchs bzw. gar kein Instruktionstext vorgelegt worden war (vgl. Timm, 1982).

Abb. 12: *Who eats who?* (II)

Wenn die Schüler in einem dritten Schritt jetzt die jeweilige Handlungsrichtung mit der Wortstellung vergleichen, wird sich zumindest bei manchen bereits ein Aha-Effekt einstellen: Die Folie mit dem zweiten Arrangement muss umgedreht werden:

Abb. 13: *Who eats who?* (III)

Diese Aktivität kann bei einigen Schülern wegen der Störung der vertrauten Links-Rechts-Orientierung schon zu einer unbewussten Verbindung dieser „gegenläufigen" Handlungsrichtung mit der *do*-Erweiterung führen.

Diese Zuordnungen lassen sich schließlich in der folgenden Darstellung explizit mit den entsprechenden sprachlichen Konzepten (einschließlich der *do*-Erweiterung) verbinden, wobei diese Zeichnung auch auf ein Poster übertragen und einige Zeit im Klassenzimmer ausgehängt werden kann:

Abb. 14: Visualisierung der *do*-Erweiterung bei Fragen mit *who*

(Für andere Formen der Visualisierung vgl. Timm, 1991, S. 563.)

3.7 *„Prozeduralisierung" grammatischen Wissens*
Bei allen genannten Formen der Bewusstmachung gilt grundsätzlich, dass ein auf solche
Weise erworbenes oder (re)aktiviertes deklaratives Wissen zunächst „absinken", d. h. „automatisiert" bzw. „prozeduralisiert" werden muss, ehe es mittel- oder langfristig gesehen
wirksam werden kann (vgl. Abschnitt 1). Dies geschieht in erster Linie in vielfältigen Ge-
sprächs- und Textbegegnungen, darüber hinaus aber auch in systematischen Übungen.

4. Handlungsorientierte Formen der Festigung grammatischen Wissens

Grammatisches Wissen kann durch viele Formen der handlungsorientierten Einzel-, Part-
ner- oder Gruppenarbeit gefestigt werden, die – im Sinne eines ganzheitlichen Lernens –
Lernprozesse durch Freude am eigenen Tun unterstützen:

- Anhand eines kurzen Textes, eines Witzes (Feilhauer & Ehrhardt, 1987, 1989) oder eines
Sponti-Spruchs (Meyer-Wefel, 1985) erklärt ein Schüler der Tischgruppe oder der ganzen Klasse ein grammatisches Problem („Lernen durch Lehren"; vgl. Kap. C.12). Leider
sind die grammatischen Merkverse aus Bosewitz & Kleinschroth (1989), trotz des viel
versprechenden Titels, größtenteils überhaupt nicht witzig und außerdem viel zu kompliziert und daher für diesen Zweck wenig geeignet.
- Für einen abwesenden Klassenkameraden entwerfen die Schüler ein Arbeitsblatt mit
Grafik, Erklärungen und Beispielen (auch als Teil eines eigenen Portfolio, d. h. einer
Sammlung von *in-progress* bzw. *completed work*; vgl. Finkbeiner, 1996b, S. 4f.).
- Die Schüler erstellen ein Poster mit Grafik, Erklärungen und Beispielen zum zeitweili-
gen Aufhängen in der Klasse; dabei können solche Visualisierungen – als sog. „Monitor-
regeln" – wirksamer sein als von außen vermittelte Regeln (vgl. W. Kieweg, 1996b, S. 10f.).
- Sie erstellen ein Arbeitsblatt mit einer systematischen Übung, lassen es von der Klasse
bearbeiten und besprechen die Aufgaben anschließend.
- Sie schreiben einen „Spickzettel", der auf die für den individuellen Schüler wesentlichs-
ten Punkte beschränkt ist.
- Sie finden einfache Merksprüche, „Eselsbrücken" oder andere mnemotechnische Hilfen
wie z. B. *„If* mit *will* und *would* ist nur fürs Wollen gut", *„He, she, it* – das *-s* muss mit" oder
„Wenn der *Didi* kommt, geht der *Ede* weg" (vgl. auch K. Müller, 1990; Baumgarten, 1994).
- Sie entwerfen eine *mind map* relevanter inhaltlicher und formaler Konzepte.
- Sie systematisieren Merkzettel (kurze Texte mit klaren Kontextbezügen, Systematisie-
rungen, Merksprüche, Eselsbrücken, *mind maps* usw.) in einer Grammatikkartei (vgl.
auch Karl, 1991).
- Sie schreiben einen Rap-Song oder einen anderen Songtext (auf eine selbst gewählte Melodie) zur Übung eines bestimmten grammatischen Problems und bieten das Ergebnis
vor der Klasse dar.

Solche Aktivitäten stehen selbstverständlich nicht notwendigerweise am Ende einer gram-
matikzentrierten Unterrichtsphase; es bietet sich vielmehr an, sie immer wieder punktuell
zwischen Phasen mehr oder weniger systematischen Übens, ebenso aber auch zwischen
Phasen handlungsorientierten Sprachgebrauchs einzuschieben, damit die spezifischen
Wirkungen der verschiedenen Aktivitäten einander verstärken können. Solche unterschiedlichen Verarbeitungsschritte „laufen … nicht getrennt voneinander oder in einer
festgelegten Reihenfolge ab – das Gehirn verarbeitet Informationen parallel und nicht se-
quentiell" (Edmondson & House, 1993, S. 273; vgl. auch Kap. B.3, Abschnitt 3).

5. Systematische Übungen

5.1 *Zur Funktion von Übungen*

Übungen haben immer einen mehr oder weniger systematischen Charakter; insofern ist die Überschrift tautologisch. Sie sind sorgfältig auf ein bestimmtes Ziel hin geplant, und sie tragen durch mehr oder weniger deutliche Wiederholungseffekte dazu bei, dass die Lernenden den Gebrauch bestimmter Phänomene üben, d. h. durch verteilte und variierte Wiederholung festigen können (vgl. Heuer & Klippel, 1987, S. 145ff.). Solche Übungen dienen zum einen dazu, die Geläufigkeit bei der mündlichen oder schriftlichen Sprachproduktion zu steigern; zum andern können sie helfen, explizite Sprachkenntnisse „absinken" zu lassen (vgl. Abschnitt 1) und so ihre Verfügbarkeit zu erleichtern, wenn nicht zu „automatisieren". (Vgl. auch Kap. B.1, Abschnitt 4, sowie E.6.)

Einige empirische Untersuchungen weisen darauf hin, dass ausschließlich *form-* bzw. *strukturbezogene* Übungen nicht die Auswirkungen auf die sprachliche Kompetenz haben, die ihnen traditionellerweise zugesprochen werden (vgl. R. Ellis, 1988a, sowie 1994a, S. 643f.). Deshalb muss darauf geachtet werden, dass Übungen immer primär *inhaltlich-funktional bestimmt* sind und dass die Aufmerksamkeit der Schüler (*focal attention*; vgl. Abschnitt 3.1) immer wieder hierauf gelenkt wird.

Je nach Häufigkeit des Auftretens des zu übenden grammatischen Phänomens wird im Folgenden zwischen „systematisch-funktionalen" und „funktionalen" Übungen unterschieden. (Dass viele Übungen nicht eindeutig der einen oder der anderen Rubrik zugeordnet werden können, macht die Übungstypologie in Kap. E.6, Abschnitt 6 deutlich.)

5.2 *Systematisch-funktionale Übungen*

Bei systematisch-funktionalen Übungen tritt die spezifische grammatische Funktion besonders häufig auf; dabei ist sie in deutlich strukturierte Mini-Situationen eingebunden, die von den Schülern durchschaut und sprachlich umgesetzt werden müssen. Die meisten der Vorschläge in Batstone (1994, Kap. 7) gehören in diese Gruppe; ebenso kann die *situational pattern practice* von Leuschner (1995, S. 44f.) als „systematisch-funktional" bezeichnet werden. Im folgenden Beispiel geht die Funktion des *present perfect* in den Äußerungen von B aus den Mini-Situationen hervor, die durch die Äußerungen von A aufgebaut werden. Sie machen deutlich, dass mit dem *present perfect* letztlich immer eine Aussage über einen gegenwärtigen Zustand gemacht wird, was auch durch eine freie Übersetzung nach Abschnitt 2 (2)a verdeutlicht werden kann: *I've just had lunch* = „Ich bin satt":

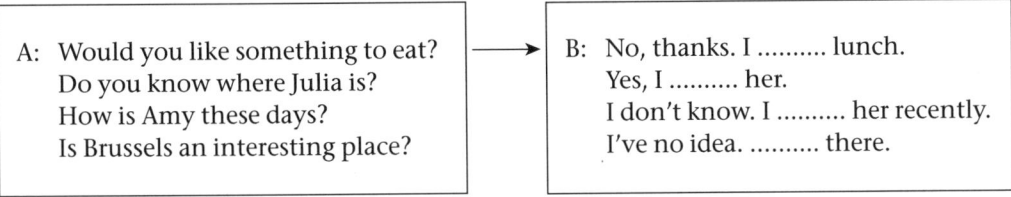

A: Would you like something to eat? → B: No, thanks. I .... lunch.
    Do you know where Julia is?   Yes, I .... her.
    How is Amy these days?   I don't know. I .... her recently.
    Is Brussels an interesting place?   I've no idea. .... there.

Abb. 15: Beispiel einer systematisch-funktionalen Übung (nach Murphy, 1994, S. 15 und 17)

5.3 *Funktionale Übungen*

Der Begriff der *functional practice* deckt sich im Wesentlichen mit dem, was Candlin (1987) als *task-based learning* bezeichnet. (Vgl. auch die Unterscheidung von *practice/exercise* und *task* in Kap. E.6, Abschnitt 2.) Hierunter fallen auch die offeneren, häufig affektiv besetzten Übungsformen zum *process teaching* (Batstone, 1994, Kap. 8) sowie vor allem die stärker auf eine bewusste Verbindung von Form und Funktion abhebenden Übungen zum *skill teaching* (ebd., Kap. 9). Eine scharfe Trennung ist jedoch auch hier nicht möglich.

Prototypen solchen funktionalen Übens sind grammatikorientierte Spiele und *awareness* bzw. *discovery activities* (Frank & Rinvolucri, 1983; Rinvolucri, 1984; Ur, 1988; Hall & Shepheard, 1991; Gerngross & Puchta, 1992; Batstone, 1994, Kap. 8 und 9), Simulationen, in deren Verlauf bestimmte grammatische Funktionen besonders relevant sind (vgl. Kap. D.3, Abschnitt 6.2), sowie *post-listening* bzw. *post-reading activities* auf der Grundlage eines authentischen Textes, zum Beispiel eines Songs, der inhaltlich motivierte Häufungen einer bestimmten grammatischen Form enthält. (Dabei bieten Songs den Vorteil, dass sie – ergänzend zum Gespräch – zu mehrfachem Hören, Mitsummen und Mitsingen einladen, was zu zusätzlichen Übungseffekten führt; vgl. Kap. C.8.) Gerade die Tatsache, dass bei solchen *activities*, bei aller Systematik im oben genannten Sinne, Inhalte und damit persönliches Engagement, nicht grammatische Problempunkte, im Vordergrund stehen, macht den besonderen Charakter funktionaler Übungen aus (vgl. auch Kap. D.3, Abschnitt 4).

Was die Bedeutung funktionalen Übens für die Entwicklung von Sprachkompetenz, für das „Absinken" grammatischen Wissens angeht, so resümieren O'Malley & Chamot (1990, S. 108) eine Untersuchung von Bialystok aus dem Jahre 1981, in der zwischen „practice in functional settings" und „practice in formal settings" unterschieden wurde: "Results indicated that functional practice had a stronger relationship with achievement than any other strategy, irrespective of the task ..."

6. Hilfen für das „Verlernen" von Fehlern

Fehlerkorrekturen sollten immer „phasenbezogen" sein (Rattunde, 1982, S. 612), d. h., sie sollten sich in Art und Häufigkeit danach richten, ob es sich um eine kommunikativ-handelnde Phase handelt oder um eine systematische Übungsphase.

Innerhalb kommunikativ-handelnder Phasen sollten Korrekturen ganz strikt dem Prinzip *message before accuracy* folgen, wobei sich die folgenden Strategien anbieten: Zeit zum Formulieren und zur sofortigen Selbstkorrektur geben, Reparaturangebot machen (Gelegenheit zur Selbstkorrektur), Reparaturhilfe geben (Hilfe zur Selbstkorrektur) sowie Korrekturgespräch im Anschluss an die kommunikative Phase (vgl. ausführlicher Timm, 1996a, Abschnitte 6 bis 8, sowie Kap. F.1).

Innerhalb systematischer Übungsphasen müssen Fehler, die den jeweiligen Lerngegenstand betreffen, grundsätzlich verbessert werden. Andere Fehler brauchen dagegen nicht notwendigerweise korrigiert zu werden, wenn eine Häufung von Eingriffen pädagogisch nicht vertretbar wäre. Als Hilfe zum „Verlernen" sollte den Lernenden möglichst oft der Stellenwert eines Fehlers im Kommunikationsprozess vor Augen geführt werden. So macht *We *were married for ten years* aus einem lebenden Partner einen toten oder aus einer bestehenden Ehe eine geschiedene; *How long *do you play tennis?* lässt an „üblicherweise" denken, wo „schon" gemeint ist; *Who *visited you?* statt *Who did you visit?* vertauscht Besucher und Besuchte, und *Would you like *any more tea?* lässt den Gast vermuten, dass der Gastgeber auf eine ablehnende Antwort hofft (Sternchen markieren einen Fehler).

Bei bestimmten Fehlern kann zusammen mit den Schülern nach der konkreten bzw. einer möglichen Ursache gesucht werden; z. B.: *All the *childs; Who *did come?; What *means* *'usually'?*; *I have *my watch lost*; *When *have you lost your watch?*; *The thief *will arrested* (vgl. Timm, 1996a, S. 172f.).

Zur Form der Korrektur ist auch das Ergebnis einer Studie von Aljaafreh & Lantolf (1994) bedeutsam. Danach akzeptieren die Schüler die Korrektur leichter als Lernhilfe, wenn sie ihnen nicht aufgezwungen, sondern in einem Lerngespräch „ausgehandelt" wird (vgl. Abschnitt 3.2).

7. Grammatik im Text

Eine wichtige Lernhilfe für Schüler ist es, sie die Funktion grammatischer Phänomene im Kontext erkennen zu lassen (vgl. Kap. E.1, Abschnitt 2.9). Dabei kann der Weg sowohl von der Diskussion des grammatischen Phänomens zum erhellenden Kontext als auch von der Textbesprechung zum grammatischen Phänomen und von dort zurück zum Text führen.

Beim folgenden Beispiel, dem ersten Teil des Textes „A new life" aus dem Lehrbuch *English G A5* (Cornelsen, 1989, S. 39), können beide Zugänge zum Tragen kommen, wobei die Tempusformen von *happen* eine zentrale Rolle spielen:

A new life
Suddenly, without warning, the door was kicked in, and out of the darkness of the night soldiers stormed into the quiet house.
Upstairs in his bedroom Michael lay terrified in bed, unable to move or call for his parents, while outside on the street the heavy noise of diesel engines could be heard and the shouts of neighbours who had come out of their houses to protest. He knew what it meant, and now it had happened to them.
The door of his bedroom flew open and a soldier pulled him out of his bed. "Hurry up and get dressed," he said. Michael climbed quickly into his trousers and pulled a pullover over his pyjamas.
Soldiers were in every room. They were opening cupboards, pulling things off shelves and putting them into large boxes which they carried out to their vehicles. His mother, he noticed, was alone. She was confused and frightened, not sure that what was happening was real. She saw Michael and held him to her. Together they were led out of the house and into an army vehicle.
More neighbours were now in the street. Their voices were loud and angry over the sound of the engines.
"What's happening?" he asked.
"I don't know," she said. "I just don't know."

Die Geschichte steht im Kontext einer Unit, deren Rahmenthema die politischen Auseinandersetzungen in Nordirland sind. Vor diesem Hintergrund wird Michaels Angst (*he knew what it meant*) deutlich: Er und seine Mutter würden verhaftet und verhört werden. Warum wird aber in *now it had happened to them* das *past perfect* gebraucht, wo die Geschehnisse doch noch in vollem Gange waren? Die Frage ist nicht ganz einfach zu beantworten. Sicher könnte hier – wie in *[His mother was] not sure that was happening was real* – auch das *present progressive* stehen: *now it was happening to them*, relativ frei übersetzt: „jetzt waren *sie* dran". Es ist klar, dass *it had happened to them* sich nicht – rückblickend – lediglich auf das vorangegangene Eindringen der Soldaten bezieht, sondern (wie *he knew what it meant*) auf die gesamten, immer noch andauernden Geschehnisse im und um das Haus, d. h. auf ihre Verhaftung. Wie ist dies jedoch mit dem Gebrauch des *past perfect* vereinbar?

Die Lösung des Problems liegt in der zweiten, in deutschen Schulgrammatiken weniger beachteten Bedeutung des *past perfect*. Bezogen auf einen in der Vergangenheit liegenden Bezugszeitpunkt kann das *past perfect* nämlich nicht nur für *„past in the past"* stehen, sondern auch für *„present perfect in the past"*: (1) Bezogen auf die Gegenwart: *Where is Mary? –* (a) *She left yesterday.* (b) *She has already left.* (2) Bezogen auf die Vergangenheit: *I arrived Monday night and asked where Mary was.* (a) *They told me that she had left the day before.* (b) *They told me that she had already left.* Bezogen auf die Vergangenheit wird der Unterschied zwischen *simple past* und *present perfect* also neutralisiert. Übertragen wir diese Analyse auf unseren Text, so ist – vom Bezugszeitpunkt *Michael lay terrified in bed* aus gesehen – das *past perfect* hier kein rückblickendes *past tense*, sondern ein gegenwartsbezogenes *present perfect*. Michaels Gedanken, in der direkten Rede: *"now it has happened to us"*, werden im inneren Monolog zu *now it had happened to them*. Entsprechend der obigen Analyse kann auch diese Wendung, wie *now it was happening to them*, deshalb mit „jetzt waren *sie* dran" wiedergegeben werden.

Methodisch wird die Besprechung dieses Problems sich wohl an der grammatischen Form entzünden, wobei zur Lösung, wie hier demonstriert, der Kontext herangezogen wird. Ausgangspunkt können die Gedanken sein, die Michael angesichts der Lärms um ihn herum durch den Kopf schießen und die von den Schülern selbst formuliert werden können; z. B.: *What is happening? – Why are they storming our house? – They must have come to arrest us. – This means trouble. – What did we do wrong? – Why has this happened to us?* Werden diese Gedanken als innerer Monolog Michaels wiedergegeben, so erhält man: *What was happening? – Why were they storming their house? – They must have come to arrest them. – This meant trouble. – What had they done wrong? – Why had this happened to them?*

Die Diskussion des *present progressive* in *What's happening?* am Ende dieser Passage wird dagegen nicht vom grammatischen Phänomen ausgehen, sondern eher von der Textbesprechung. Warum stellt Michael diese Frage? Eigentlich ist ihm wie auch seiner Mutter doch bekannt, was geschieht: nämlich all das, was im Text beschrieben ist, wobei ihnen auch klar ist, dass es sich um eine Verhaftung handelt. So heißt es ja zu Beginn auch: *He knew what it meant.* Die Frage *What's happening?* reicht jedoch über diese aktuellen Geschehnisse hinaus und bezieht sich in erster Linie auf die sich anbahnende ungewisse Zukunft (vgl. S. 309). Ganz offensichtlich tauchen hier erste Zweifel daran auf, dass es sich um eine „normale" Verhaftung handelt. Deren weiterer Verlauf wäre ja abzusehen, während hier auf eine Zukunft verwiesen wird, die erst im nachfolgenden Text entfaltet wird.

Diese Überlegungen bestätigen wieder einmal die bereits mehrfach getroffene Feststellung, dass grammatische Phänomene ihre konkrete Bedeutung letztlich immer nur aus dem jeweiligen Kontext heraus erhalten (vgl. auch Kap. E.1, Abschnitt 2.9). Deshalb benötigen die Lernenden auch eine Vielzahl von Textbegegnungen, um Grammatik so oft wie irgend möglich im Gebrauch zu erfahren und auf diese Weise ihre funktionale Sprachkompetenz allmählich zu erweitern.

5 *Language Awareness* und Bewusstmachung auf der Sekundarstufe II

Claus Gnutzmann und Marion Kiffe

Im Jahre 1882 mahnte Wilhelm Viëtor mit seiner Schrift „Der Fremdsprachenunterricht muss umkehren" zu einer Abkehr von der bis dahin gängigen Grammatik-Übersetzungs-Methode und ihrer Konzentration auf expliziten Grammatikunterricht. So wurden in den späteren Sprachlehrmethoden – zumindest in der Theorie – bewusst machende Verfahren mehr oder weniger zurückgedrängt, wenngleich sie in der Praxis durch die Jahrzehnte hindurch für viele Lehrer und Lehrerinnen immer eine gewisse Rolle spielten.

Gemeinsam war allen in der Folge der Grammatik-Übersetzungs-Methode konzipierten Ansätzen, dass kognitives Lernen vor allem mit Grammatiklernen gleichgesetzt und dass Grammatikwissen nur in seinen Auswirkungen auf die sprachliche Kompetenz, nicht aber als Wert an sich diskutiert wurde. Kognitivierung, der Einsatz von auf Bewusstmachung zielenden Lehr- und Lernverfahren, wurde also durchgängig instrumentalisiert.

Mit dem Konzept *Language Awareness*, das sich zu Beginn der Achtzigerjahre zu konturieren begann, aber auch mit ähnlich gelagerten Ansätzen wie „Reflexion über Sprache", „Sprachbetrachtung" und „Sprachbewusstsein" (Gnutzmann, 1995), weitete sich diese Zielvorstellung bewussten Lernens aus: Der Wert sprachlichen Bewusstseins wurde nicht mehr ausschließlich im Hinblick auf eine erwartete verbesserte sprachliche Kompetenz gesehen, sondern auch als kognitiver und affektiver Wert an sich, als Teil der Allgemeinbildung und als ein Kulturgut.

1. Historischer Kontext

Die einflussreichsten in der Nachfolge (und in Abkehr von) der Grammatik-Übersetzungs-Methode konzipierten Sprachlehrmethoden versuchten einen möglichst natürlichen Spracherwerb zu imitieren und damit die Rolle bewussten Sprachlernens zu minimieren: Die direkte Methode ließ Grammatikinstruktion nur dann zu, wenn diese eine deutliche Lernerleichterung versprach; nach der audiolingualen und der audiovisuellen Methode wurde Grammatik lediglich implizit, durch eine entsprechende Strukturierung und wiederholte Einübung des sprachlichen Materials vermittelt; der kommunikative Ansatz letztlich betrachtete Grammatikkenntnisse und Grammatizität fremdsprachlicher Äußerungen als der freien und kommunikativ wirksamen Sprachproduktion untergeordnet.

Bewusste, kognitive Ansätze waren zwar schon seit den Vierzigerjahren in der ehemaligen Sowjetunion, der ehemaligen DDR und anderen Ländern des Ostblocks diskutiert worden, allerdings hatten sie sich in der Praxis nicht nennenswert durchsetzen können, sodass das Pendel erst gegen Ende der Achtzigerjahre wieder zurückzuschwingen begann: Erneut wurde die Rolle der Grammatikvermittlung zur Lernerleichterung diskutiert, und auch Vertreter der kommunikativen Methode beschäftigten sich mit der Integration von Grammatikunterricht und kommunikativen Verfahren, da man erkennen musste, dass die ursprünglich favorisierte Hintanstellung grammatischer Korrektheit unerwartete Auswirkungen auf die Verständlichkeit von Schüleräußerungen und unerwünschte Auswirkungen auf deren Akzeptanz durch *native speakers* haben konnte (Piepho, 1982).

Im Gegensatz zu diesen Positionen, bei denen es im wesentlichen immer um die Zurückdrängung oder Förderung des Grammatikunterrichts geht, zeichnet sich mit dem Konzept der *Language Awareness* – wie gesagt – eine neue Sehweise ab: eine Überwindung der Gleichsetzung von bewusstem Lernen mit Grammatiklernen. Diese Tendenz wird z. B. bei Tönshoff (1992, S. 16f.) deutlich: Auch in Themenbereichen wie Landeskunde, Lern- und Kommunikationsstrategien, literarische Texte und Unterrichtsmethodik seien bewusst machende Verfahren einzusetzen.

2. Zur Terminologie: *Language Awareness*, Bewusstmachung, Kognitivierung

Das Konzept *Language Awareness* hat sich vor dem Hintergrund wachsender Schulprobleme in Großbritannien in den Sechziger- und Siebzigerjahren herausgebildet. In diesem Zusammenhang ist vor allem Eric Hawkins mit seinem 1984 erschienenen Buch *Awareness of Language* (2. Aufl. 1987) zu nennen, aber auch auf später entstandene Publikationen wie Carter (1990, 1995), James & Garrett (1992a) und Mittins (1991) sowie die seit 1992 erscheinende Zeitschrift *Language Awareness* ist hinzuweisen.

Hawkins (1984, S. 4) beschreibt die Zielsetzung von *Language Awareness* folgendermaßen: "It [= *Language Awareness*] seeks to bridge the difficult transition from primary to secondary school language work, and especially to the start of foreign language studies and the explosion of concepts and language introduced by the specialist secondary school subjects. It also bridges the 'space between' the different aspects of language education (English / foreign language / ethnic minority mother tongues / English as a second language / Latin) which at present are pursued in isolation, with no meeting place for the different teachers, no common vocabulary for discussing language."

Inzwischen haben sich sowohl die Inhalte (z. B. in Richtung „critical *Language Awareness*"; Fairclough, 1992) wie auch der Adressatenkreis und die Perspektive von *Language Awareness* erweitert, und zwar, wie das folgende Zitat von James & Garrett (1992a, S. 98) zeigt, verstärkt in Richtung *Fremd*sprachenlernende und deren Lern*prozess*: "A somewhat different area of LA [= *Language Awareness*] concerns the language learners' awareness of how they best master a second language. Here LA is not concerned with explicit knowledge about language or about languages, but with learners' perceptions about the process of language learning and their awareness of themselves in that process."

Wie vielleicht nicht anders zu erwarten, gibt es bis heute keine einheitliche Definition von *Language Awareness*; eine solche wird auch dadurch erschwert, dass sich in der Forschung und Praxis des Sprachunterrichts in Großbritannien weitere und z. T. konkurrierende Termini herausgebildet haben, wie z. B. *knowledge about language, linguistic consciousness, metalinguistic awareness, linguistic insight, explicit knowledge, metacognition*. Ohne Zweifel ist *Language Awareness* in der internationalen Fachkommunikation jedoch der gebräuchlichere Terminus und wird dort nicht selten als Lehnwort verwendet, wenngleich etwa in der deutschen Fachdidaktik eine ganze Reihe von Termini im näheren und weiteren Umfeld von *Language Awareness* mit ähnlichen und unterschiedlichen Bedeutungen zu konstatieren sind. Einer der Termini, die in der deutschsprachigen Diskussion häufig anzutreffen sind, ist der der „Bewusstmachung". Tönshoff (1992, S. 14) versteht darunter den Einsatz von kognitivierenden Lehrverfahren und fasst Bewusstmachung somit deutlich weiter als *Language Awareness*, da sie nicht spezifisch auf sprachliches Lernen bezogen ist. Zudem ist Bewusstmachung nicht explizit mit einer bestimmten Funktion des Lernens verbunden, während sich für *Language Awareness* deutlich konturierte Zielvorstellungen unterscheiden lassen. So differenzieren James & Garrett (1992b) fünf *domains* von *Language*

Awareness, die jeweils verschiedene Funktionen des Sprachbewusstseins ausmachen: die affektive, die soziale, die politische (*power domain*), die kognitive und die *performance domain*:

(1) Die *affektive* Dimension des Sprachbewusstseins kommt in der Herausbildung von Einstellungen der Lerner, der Stimulierung von Aufmerksamkeit, Sensibilität, Neugierde und Interesse zum Tragen. Sie betrifft vor allem die emotionale Seite der Sprecher und unterstreicht, "that learning is done with the heart as well as the head" (vgl. ebd., S. 13).

(2) Angesichts der verstärkten Migrationsbewegungen der letzten Jahrzehnte nach Großbritannien und anderswo und den daraus resultierenden *multicultural classrooms* wird im Zusammenhang mit der *sozialen* Funktion des Sprachbewusstseins auf die Erziehung zur Toleranz gegenüber (sprachlichen) Minderheiten hingewiesen. Die hiermit bei den Lernern intendierte Persönlichkeitsentwicklung steht in enger Beziehung zur affektiven Dimension und verdeutlicht die Korrelation der Domänen.

(3) Die *politische* Dimension des Sprachbewusstseins zielt ab auf einen kritischen Umgang mit Texten. Hier geht es insbesondere darum, Lerner für das Manipulationspotenzial von Sprache zu sensibilisieren und ihnen zu helfen sprachliche Manipulationen und Verführungen, wie sie häufig in persuasiven Texten, z. B. politischen und Werbetexten, vorzufinden sind, zu erkennen und darauf entsprechend zu reagieren.

(4) Die *kognitive* Domäne hebt auf die Einsicht der Lernenden in den Bau und die Struktur einer Sprache ab, insbesondere also auf die geistige Durchdringung von Sprache, d. h. etwa das Erkennen von sprachlichen Einheiten, Kontrasten und Regularitäten auf den verschiedenen sprachlichen Ebenen unter Einschluss ihrer Verwendungen (vgl. Kap. E.4).

(5) Die *performance domain* wird von James & Garrett nicht zu Unrecht als die problematischste der verschiedenen Funktionen des Sprachbewusstseins angesehen. Sie thematisiert die Frage, ob und inwieweit Lernenden durch Wissen über die Sprache in ihrer Sprachfertigkeit und in ihrer Fähigkeit, Grammatik und Wortschatz in Bezug auf ein Kommunikationsziel möglichst effektiv zu verwenden, gefördert werden können. Diese in der Fremdsprachenforschung auch unter der Bezeichnung *interface hypothesis* bekannte Hypothese ist für den Muttersprachenunterricht immer weniger akzeptabel gewesen als für den Fremdsprachenunterricht, obwohl der endgültige Nachweis ihrer Gültigkeit auch dort bis heute nicht gelungen ist.

3. Anwendungsfelder: Grammatikunterricht und Wortschatzarbeit

Die Grammatik ist das Gebiet, das sowohl in der Fremdsprachendidaktik wie auch in der unterrichtlichen Praxis (Tönshoff, 1995, S. 227) am häufigsten mit bewusst machenden Verfahren in Verbindung gebracht wurde. Überlegungen zur Bewusstmachung im Zusammenhang mit Wortschatzarbeit haben in der Fremdsprachendidaktik hingegen nur wenig Beachtung gefunden (vgl. aber Seidel, 1989, zum muttersprachlichen Deutschunterricht).

Ein integrativer Grammatikunterricht (Gnutzmann & Köpcke, 1988), d. h. die Verknüpfung von mutter- und fremdsprachlicher Grammatikarbeit, eignet sich in besonderem Maße für eine Förderung von *Language Awareness* und Bewusstmachung. Ein solcher Grammatikunterricht dient nicht nur dem besseren Verständnis der Mutter- oder Fremdsprache, sondern versucht aus der sprachlichen Begrenztheit einer Einzelsprache herauszukommen. Hieraus ergibt sich, dass der Einsatz bewusst machender Verfahren und die Verwendung grammatischer Terminologie in Abhängigkeit von der Unterrichtssituation auch muttersprachlich erfolgen kann. Auch im Hinblick auf ein mehrsprachiges Europa scheint ein solches sprachenübergreifendes Unterrichtsprinzip viel versprechend und angemessen zu sein.

In der Lernzieldiskussion des Fremdsprachenunterrichts besteht weitgehend Einigkeit darüber, dass der Grammatikunterricht nicht um seiner selbst willen stattfinden hat, sondern bei den Schülern und Schülerinnen vor allem Erkenntnisprozesse initiieren sollte. Die Lernenden wären somit selbst aktiv erkennende Subjekte: Sie erfahren nicht nur die Ergebnisse von Erkenntnisprozessen, sondern vollziehen diese selbst in ihrer Entstehung verstehend und kritisierend nach. Die Schüler und Schülerinnen sind bei diesem Verfahren kognitiv stark gefordert, sie müssen selbst nachdenken, experimentieren und Informationen im Hinblick auf Lösungen von Problemen verarbeiten. Es geht also darum, bei den Lernenden schon früh Interesse für Sprache zu wecken und sie für Beobachtungen sprachlicher Phänomene zu sensibilisieren (vgl. z. B. Kap. C.2, Abschnitt 6.7, und E.6, Abschnitt 6, Punkte 7 bis 10). Wesentliche Bestandteile dieses Vorgehens wären das Erlernen von Hypothesenbildungen und Hypothesenbewertungen auf der Grundlage sprachlicher Materialien durch geeignete Prüfverfahren (vgl. Gnutzmann & Köpcke, 1988, sowie Kap. E.4, Abschnitt 2).

Was das Deutsche und das Englische anbelangt, so gibt es eine Reihe von Phänomenen, die aufgrund ihrer strukturellen Unterschiede für eine integrative Grammatikbetrachtung besonders geeignet sind; z. B.:

(1) *Progressiver Aspekt:* Man vergleiche die Grammatikalisierung dieser aspektuellen Unterschiede im Englischen (*He drinks* vs. *He is drinking*) und seine lexikalischen (z. B. „gerade") und dialekt-grammatischen Entsprechungen im Deutschen (z. B. „Er ist am Arbeiten").

(2) *Relativsätze:* Während im Englischen die Wahl des Relativpronomens durch die semantische Eigenschaft der vorangehenden Nominalphrase (menschlich; belebt vs. unbelebt: *who* vs. *which*) sowie durch die Unterscheidung zwischen restriktiven und nicht restriktiven Relativsätzen (z. B. *that* vs. *who, which*) bestimmt wird, wird sie im Deutschen allein durch deren grammatisches Geschlecht determiniert.

(3) *Passiv:* Man vergleiche die Mehrfachpassivierung im Englischen bei dreiwertigen Verben wie *offer, give* usw. (*A book was given to her* und *She was given a book*), die im Deutschen nicht vorkommt (**Sie wurde ein Buch gegeben*), bzw. die formale Differenzierung von Vorgangs- und Zustandspassiv im Deutschen durch „werden" bzw. „sein" (*Der Laden war geschlossen* und *Der Laden wurde geschlossen*), die im Englischen beide durch „be" ausgedrückt werden.

(4) *Wortstellung:* Im Englischen finden wir eine starke Korrelation von Thema und Subjekt[1] gegenüber der freien Wortstellung im Deutschen: *This bet won me twenty pounds* vs. *Mit dieser Wette habe ich zwanzig Pfund gewonnen* bzw. *Ich habe zwanzig Pfund mit dieser Wette gewonnen*.

Betrachtet man die Inhalte des Fremdsprachenunterrichts über die Dauer eines „Lehrgangs" von der Sekundarstufe I bis zur Sekundarstufe II, so ist festzustellen, dass die Bedeutung des Grammatikunterrichts als der hauptsächliche Ort der Bewusstmachung im Laufe

---

[1] Mit *Thema* wird seit den Arbeiten der Prager Linguistischen Schule die bereits bekannte Information einer Äußerung bezeichnet (im Gegensatz zum *Rhema,* das die neue Information beinhaltet). Das Thema befindet sich üblicherweise am Anfang eines Satzes. Da das Englische über eine sehr rigide Satzstellung mit dem Subjekt an Anfangsposition verfügt, ergibt sich in dieser Sprache sehr häufig die Übereinstimmung von Subjekt und Thema.

eines Schülerlebens vom Anfangs- bis zum Oberstufenunterricht kontinuierlich abnimmt: Während in den ersten Lernjahren die Vermittlung von sprachlichen Strukturen mindestens den gleichen Stellenwert hat wie die Wortschatzarbeit, so nimmt sie in der gymnasialen Oberstufe immer weniger Raum ein. Beispielsweise übertragen die Richtlinien des Landes Nordrhein-Westfalen für die Gymnasiale Oberstufe (Kultusministerium, 1981, S. 37) dem Grammatikunterricht der Sekundarstufe II vor allem die Aufgabe, jene Bereiche erneut zu behandeln, in denen die Schülerinnen und Schüler Kenntnislücken haben; der Grammatikunterricht ist also primär remedial. Die Ausführungen der Richtlinien zur Wortschatzarbeit sind deutlich umfangreicher als zur Grammatik und unterstreichen so erneut die Gewichtung dieser Inhalte.

Die Konzentration der Sprachlehre in der Sekundarstufe II auf Wortschatzarbeit lässt es sinnvoll erscheinen, kognitivierende Verfahren auch an wortschatzorientierte Fragestellungen zu knüpfen oder aber Grammatik und Wortschatz integrativ zu erfassen. Nach Tönshoff (1992, S. 99ff.) sind es vor allem sechs Bereiche des Wortschatzunterrichts, die sich für eine Bewusstmachung eignen: Wort- und Sachfelder; Wortbildung; Kontrastierung von Mutter- und Fremdsprache zur Identifikation form- und bedeutungsähnlicher Lexeme sowie der Grenzen dieser Überschneidung (vgl. hierzu auch Abschnitt. 4.1); semantische Regeln z. B. im Bereich der Kollokationen; präpositionale Anschlüsse und Phraseologismen.

Diese Ziele kognitivierender Wortschatzarbeit sind deutlich der *performance*-Dimension von *Language Awareness* zuzuordnen. Im Vordergrund steht die Vergrößerung des Wortschatzes und die Erhöhung der Verwendungssicherheit und damit die traditionelle Zielvorstellung bewusst machender Ansätze.

Die folgenden Unterrichtsvorschläge sind unter zwei Prämissen zusammengestellt worden: Sie sollen Beispiele für sprachliche Bewusstmachung sein, die vor allem wortschatzorientierte Phänomene zum Gegenstand hat, und sie sollen illustrieren, dass Kognitivierung nicht ausschließlich zum Zwecke der Verbesserung sprachlicher Kompetenz eingesetzt werden kann, sondern dass die anderen Dimensionen von *Language Awareness* (in unserem Falle die politische und die kognitive) durchaus auch wertvolle Erkenntnisse liefern können.

4. Unterrichtsbeispiele

4.1 *Die politische Dimension: Politically Correct Bedtime Stories*
Die Bemühungen um *Political Correctness* (kurz *PC*), die zu Beginn der Achtzigerjahre in den USA ihren Ursprung hatten und schließlich auch in Europa Fuß fassten, sind sicherlich weit davon entfernt, sich aus dem öffentlichen Bewusstsein zu verabschieden. Seit die Diskussion über Diskriminierung in und durch Sprache etwa Mitte der Achtzigerjahre in den USA begann, ist sie um 1990 auch nach Europa importiert worden. Ziel dieser Bewegung war und ist es, diskriminierenden, Anstoß erregenden oder beleidigenden Sprachgebrauch zu vermeiden, was – in den Augen der Gegner – zumindest teilweise zur Verwendung unpräziser und umständlicher Paraphrasen oder auch verlogener Euphemismen geführt hat. Es wird heute ebenso diskutiert, ob nicht die Vermeidung vermeintlich diskriminierender Termini und ihre Ersetzung durch euphemistische Umschreibungen die Ausgrenzung der so Bezeichneten nicht noch begünstige. Die im Zentrum stehende Frage ist allerdings, inwieweit sprachliche „Bereinigung" überhaupt mit einer sozialen „Bereinigung" einhergehen oder sie initiieren kann.

Das Thema *PC* kann im Englischunterricht sowohl eine eigenständige Unterrichtseinheit als auch einen Exkurs z. B. zu einem literarischen Thema bilden. Als Einstieg bietet sich z. B. eine der politisch korrekten Märchenparodien Garners (1995) an, die aufgrund des bekannten Inhalts (oder zumindest des Handlungsgerüstes) das Augenmerk sofort auf die „verfremdeten" Aspekte lenken: Dies sind einerseits sprachliche Elemente, andererseits oftmals der Handlungsverlauf oder einzelne Handlungselemente. So gehen die politisch korrekten, umweltbewussten Hänsel und Gretel oder – wie sie im Verlauf des Märchens umbenannt werden – Heathdweller und Gaia eine Allianz mit der „New-Age-Hexe" gegen ihren Vater ein, der sich von einem bescheidenen Holzfäller zu einem skrupellosen Holzgroßhändler gemausert hat, und stellen schließlich das ökologische Gleichgewicht ihres Waldes wieder her.

Ausgangspunkt der sprachlichen Analyse des Märchens sollte eine Sammlung der verwendeten Begriffe sein, die auffällig oder „anders" als im Grimmschen Text sind. Anschließend sollten sie gegebenenfalls erläutert und ihre politisch inkorrekten Äquivalente erarbeitet werden (vgl. Abb. 1).

PC-**Lexem**	**Alltagssprachliches Äquivalent**
forested bioregion	wood
chalet	hut
tree-butcher	woodman
pre-adult	child
complete economic disadvantage	poverty
live in the style to which they had been accustomed	survive
sibling	sister
wommon (in her golden years)	(old) woman
Wiccan	witch + magician
persun	person
non-human animals	animals
temporally advanced	old
arboreal home	forest
compadres, commadres	comrades
woodspersun	woodsman
spokeswommon, spokespersun	spokesman
nutritional needs	hunger
different (though certainly not inferior) species	animal

Abb. 1: *Political Correctness* in „Hänsel und Gretel"

Eine anschließende Gruppierung der Termini nach „Sachgebieten" würde einige der Bereiche aufzeigen, in denen politisch korrektes Sprachverhalten gefordert worden ist; dies sind

z. B. Alter (*temporally advanced*), (männliches) Geschlecht (*wommon, persun*), nicht menschliches Leben (*forested bioregion, different (though certainly not inferior) species*), Armut (*economic disadvantage*). Insbesondere sollten die Prozesse diskutiert werden, die zur Bildung nicht sexistischer Formen wie *persun, wommon* (pl. *wimmin*), *compadres/commadres* führen, und weitere Beispiele wie *herstory*, aber auch grammatische Phänomene wie z. B. die Possessivpronomen nach Indefinitpronomen (*Everybody should do his* bzw. *his or her* bzw. *their share of the work*) genannt werden. Eine kritische Durchforstung „politisch inkorrekter" Texte und ihre „Verbesserung" könnten sich ebenso anschließen wie ein Vergleich mit deutschen *PC*-Lexemen.

Ziel der Auseinandersetzung mit dem Thema *PC* ist die Erkenntnis, dass Sprache hier als Reflex außersprachlicher Realität verstanden wird und über Manipulation der Sprache eben diese Realität verändert oder zumindest weniger sichtbar gemacht werden soll: Sprache fungiert als politisches Instrument. In Auseinandersetzung mit theoretischen Texten könnte diskutiert werden, ob es realistisch ist, über den Sprachgebrauch soziale Realität korrigieren zu wollen, oder ob letztlich die *PC*-Begriffe, da sie die gleiche außersprachliche Referenz haben wie ihre „inkorrekten" Äquivalente, nicht lediglich weitaus umständlichere und offensichtlich euphemistische Varianten sind, die eben deshalb letztlich nur zu einer Diskreditierung der humanitär motivierten Bewegung führen müssen. Als Anregung für die Auseinandersetzung mit letzterem Gesichtspunkt könnten die Parodien politisch korrekter Sprache fungieren, die in der Sammlung von Rees (1993) zuhauf enthalten sind: Schon auf dem Cover werden *bald* durch *follicularly challenged*, *fat* durch *horizontally challenged* und *one-legged* durch *physiologically disenfranchised* ersetzt.

4.2 Die kognitive Dimension: Grenzfälle interkultureller Übersetzung

Die Diskussionen um ein Richtziel wie interkulturelle Kompetenz im Fremdsprachenunterricht, die in Deutschland seit den Achtzigerjahren geführt werden, haben zweifellos dazu beigetragen, dass das Wissen um die Kulturgebundenheit von Sprache als ein wichtiges Element sprachlichen Bewusstseins angesehen wird. Die Verbindung von Sprache und Kultur wird unter anderem darin sichtbar, dass Lexeme der einen Sprache nicht ohne weiteres in eine andere übertragbar sind, da in der dazugehörigen Kultur das entsprechende Konzept nicht oder nur in modifizierter Form existiert. Bei Begriffen wie *Frühstück/breakfast* oder *Autobahn/motorway* mag diese fehlende Deckung nicht auf den ersten Blick sichtbar sein, auch wenn den Lernenden bewusst gemacht wird, dass die zur ersten Mahlzeit des Tages gereichten Speisen bzw. die Verkehrsregeln auf Schnellstraßen im deutschen und im angelsächsischen Raum deutlich differieren können. Für die Schüler und Schülerinnen wird dieser Kontext greifbarer, wenn sie mit quasi unübersetzbaren Lexemen wie *Frühschoppen, sitzen bleiben, Schützenfest, elevenses, baked beans* oder *Yorkshire pudding* konfrontiert werden, die in zweisprachigen Lexika nur annähernd und unter Verlust kultureller Details übersetzt sind. Die Übersetzungsproblematik verschärft sich, wenn bedacht wird, dass sich mit der Funktion einer Übersetzung möglicherweise auch deren Form ändern muss. Vermeer (1986, S. 34) macht dies am Beispiel eines Vertragsdokumentes deutlich: Soll dieses auch in der fremden Kultur die Funktion eines Vertrages übernehmen, so muss die Übersetzung die Konventionen von Verträgen in der Zielkultur übernehmen, für die übersetzt wird; dient der Vertrag hingegen als Beweisstück in einem Verfahren, so sollte seine ausgangskulturelle Struktur beibehalten werden. Dieser Zusammenhang zwischen Kultur und Sprache sowie zwischen Funktion und Form einer Übersetzung kann im schulischen Kontext anhand von Übersetzungsvarianten deutlich gemacht werden. So könnten der Klasse englisch- oder deutschsprachige Sätze vorgelegt werden, die von einem Teil in die Ziel*kultur*, von dem anderen Teil der Klasse hingegen „nur" in die Ziel*sprache* übertragen werden sollen.

Behandelt man im Englischunterricht beispielsweise den Satz: *Am Wochenende waren wir in unserem Schrebergarten*, so könnte die zielkulturelle Übersetzung lauten: *We were on the allotment this weekend*. Das Lexem *Schrebergarten* würde mit dem bedeutungsverwandten *allotment* wiedergegeben, dem allerdings der kulturelle Gehalt von *Schrebergarten* vollständig verloren geht. Der Übersetzung ist nicht anzumerken, dass ihr Ausgangstext deutsch ist.

Anders bei der ziel*sprachlichen* Übersetzung, bei der die ausgangskulturellen Gegebenheiten in der anderen Sprache formuliert werden: *This weekend we stayed in the little house in our "Schrebergarten" – it's a kind of allotment in the suburbs, with a summer house built on it. They are quite common in Germany ever since Schreber came up with the idea in the early 19th century.* Hier wird der kulturelle Hintergrund explizit gemacht und der Ursprung der Übersetzung ist unverkennbar. Im Fremdsprachenunterricht könnten diese beiden Verfahren und ihre Bedeutung für den kulturellen Gehalt einer Übersetzung an den folgenden Beispielen und ihren Übersetzungsvarianten deutlich gemacht werden:

(1) *No thanks, I couldn't possibly eat any more, I'm stuffed. I know it's Pancake Day (Shrove Tuesday), but if I eat another pankake I'll burst!*

(a) Nein, danke, ich kann nicht mehr. Ich weiß, es ist Ihr Geburtstag, aber wenn ich noch ein Stück Schwarzwälder esse, platze ich. // Ich weiß, morgen ist Karfreitag, aber wenn ich noch ein Stück Braten esse, platze ich.

(b) Nein, danke, ich kann nicht mehr. Ich weiß, es ist Pfannkuchen-Dienstag, aber wenn ich noch einen Pfannkuchen esse, platze ich.

(2) *Hey, what are you going to wear to school tomorrow? You haven't forgotten, have you? It's red nose day, so we don't have to wear school uniform!*

(a) Hey, was ziehst du morgen zur Schule an? Hast du das etwa vergessen – morgen ist Rosenmontag und du kommst doch wohl nicht ohne Verkleidung?

(b) Hey, was ziehst du morgen zur Schule an? Hast du das etwa vergessen – morgen ist der Rotnasentag und da brauchen wir keine Schuluniform anzuziehen.

(3) *Weihnachten? Och, war ganz normal, wie immer: Heiligabend noch schnell die letzten Geschenke gekauft, den Baum geschmückt, gekocht, viel gegessen, Bescherung. Ersten Feiertag bei meinen Eltern, zweiten Feiertag bei seinen.*

(a) Christmas? Oh, just as usual: Christmas Eve spent buying the last-minute presents, decorated the tree, cooked, ate loads, shared out the presents. Christmas Day at my parents' house, Boxing Day at his.

(b) Christmas? Oh, just as usual: Decorated the tree early December, spent Christmas Eve buying the last-minute presents, hung up my stocking, then went to the pub with friends, opened the presents with the family on Christmas morning, cooked, ate the usual turkey with cranberry sauce. Went for a long walk on Boxing Day.

(4) *Ist das alles kompliziert! Glas in den Altglascontainer, Dosen in den Metallcontainer, Verpackungen mit dem grünen Punkt in den gelben Sack und Kaffeefilter auf den Kompost!*

(a) It's so complicated! Glass in the glass-recycling container, tin cans in the metal container, packaging with the green symbol in the yellow rubbish-sack and coffee filters on the compost heap!

(b) It's very straightforward. Glass bottles in the glass-recycling container, newspapers in the paper container and everything else in the bin!

Die kognitiven, Sprachbewusstsein schaffenden Lernziele einer solchen Übung sind das Wissen über den kulturellen Gehalt von Lexemen, die kulturelle Einbettung von Sprache wie auch die Kenntnis einzelner schwer übersetzbarer kultureller Fakten. Entsprechend ausgeweitet, können diese Übersetzungen auch die *performance*-Dimension des Sprachbewusstseins ansprechen, wenn die Lernenden zu einem kritischeren Umgang mit Wörterbüchern (insbesondere zweisprachigen) angeleitet werden und lernen, sich bei Formulierungsschwierigkeiten nicht an einem unbekannten Wort auf- und festzuhalten, sondern dies zu paraphrasieren und so zu einer freieren Sprachanwendung zu kommen.

5. Fazit

Language Awareness und Bewusstmachung sind aus der heutigen fremdsprachendidaktischen Diskussion und – derzeit allerdings noch in geringerem Maße – aus der unterrichtlichen Praxis nicht mehr wegzudenken. Wie dieser Beitrag gezeigt hat, sind *Language Awareness* und Bewusstmachung keinesfalls gleichzusetzen mit kognitivem, die Verbesserung sprachlicher Kompetenz anstrebendem Grammatikunterricht. Sie können vielmehr durch viele sprachliche Lerninhalte vermittelt werden und zielen vor allen Dingen auf die Erkenntnis ab, dass Sprache weit mehr ist als ein Kommunikationsmedium.

6 Systematisches Üben
Friederike Klippel

Üben ist nicht interessant. Als mittlere Stufe des klassischen und neuerdings nicht mehr unumstrittenen Sprachstundenschemas *presentation – practice – production* (vgl. Kap. B.3, Abschnitt 1) wird es gegenwärtig in vielen Handbüchern für den Fremdsprachenunterricht, in wissenschaftlichen und unterrichtspraktischen Fachaufsätzen und nicht zuletzt in den „Vorführstunden" zu Prüfungs- und Ausbildungszwecken gegenüber den vermeintlich ansprechenderen Phasen der Darbietung (*presentation*) oder der Anwendung (*production*) stark vernachlässigt.

Üben ist Arbeit. An der festigenden Wiederholung des Gelernten haftet vielfach der Geruch monotonen Paukens und zähen Einübens. In Übungsphasen passiert nichts Aufregendes; es gibt weder plötzliche, umwerfende Einsichten bei den Lernenden noch – so scheint es vielen Unterrichtenden – besteht die Möglichkeit, in gleicher Weise kreativ mit Texten und Aufgaben zu verfahren wie bei der Ersteinführung oder der freien Anwendung. Übungsmotivation ist daher bei den Lernenden schwerer aufzubauen und zu erhalten als Lernmotivation für andere Phasen.

Der Wert des Übens ist umstritten. Zwar trifft dies weniger auf Lehrerinnen und Lehrer zu, doch wird in der neueren Forschung immer wieder gezweifelt, ob Üben zum Spracherwerb tatsächlich unabdingbar ist. Gerade deshalb ist es notwendig, das Üben genauer zu betrachten, um seine Merkmale, Funktionen und effektiven Realisierungsmöglichkeiten innerhalb eines kommunikativen und handlungsorientierten Englischunterrichts zu bestimmen.

1. Einschätzung des Übens

Ähnlich wie in der Fremdsprachendidaktik, so fristet das Üben auch in der Allgemeinen Pädagogik und in der Didaktik ein Schattendasein (vgl. Bollnow, 1978, S. 14ff.). Die dort herrschende Überbetonung von Erstbegegnung und Lernerlebnis habe die beiden Aspekte der Festigung und der Ergebnissicherung in den Hintergrund treten lassen (so Odenbach, 1974, S. 12ff.). In jüngerer Zeit hat Bönsch (1993) die erziehungswissenschaftliche Diskussion zum Üben und Wiederholen zusammengefasst und insbesondere eine Differenzierung als notwendig hervorgehoben, die auch für das Üben im Fremdsprachenunterricht fruchtbar sein kann. Anschließend an die Schriften von Eggersdorfer (1961) und insbesondere Bollnow (1978) kann man beim Lernen zwischen dem *Erwerb von Wissen* und *von Können* unterscheiden. Einmal gelerntes Wissen wird durch Wiederholung reaktiviert und gefestigt; es wird leichter verfügbar gemacht, aber durch die Wiederholung nicht verändert. Ein im Unterricht erworbenes Können dagegen muss nicht nur wiederholt, sondern systematisch geübt werden, damit es verbessert, geläufiger gemacht und schließlich automatisiert wird (vgl. Bollnow, ebd., S. 28f.). Überträgt man diese Einsicht auf den Fremdsprachenunterricht, so muss zuerst festgelegt werden, worin Wissen und Können bestehen.

Üblicherweise bezeichnet man mit *Wissen* vor allem grammatisches Wissen und Vokabelkenntnisse; unter *Können* versteht man zunächst die vier Fertigkeiten, das heißt, die fremde Sprache hörend oder lesend zu verstehen und sie mündlich und schriftlich produktiv zu gebrauchen. Darüber hinaus zählt die Fähigkeit der angemessenen, kontextgerechten Verwendung der Fremdsprache ebenfalls zum Könnensbereich. Diese Unterscheidung von Wissen und Können besitzt Ähnlichkeiten mit der in der kognitiven Psychologie und der Zweitsprachenerwerbsforschung heute gängigen Differenzierung von Zweitsprachenkenntnissen in deklaratives und prozedurales Wissen (z. B. Ellis, 1985, S. 164ff; Wolff, 1990). Das *deklarative Wissen* besteht aus den gelernten Regeln und sprachlichen Versatzstücken. Diese Art von Wissen kann als Prüfinstanz für das Produzieren und Einschätzen fremdsprachlicher Äußerungen eingesetzt werden. Das *prozedurale Wissen* betrifft Prozesse und Strategien zum Gebrauch der Fremdsprache und umfasst sowohl soziale Fähigkeiten für die Interaktion als auch kognitive Strategien zur Steuerung des Lernens und Verwendens der Fremdsprache (R. Ellis, 1985, S. 165).

Es wird deutlich, dass prozedurales Wissen wesentlich mehr umgreift als die vier Fertigkeiten. Fremdsprachliches Können wäre damit nicht mehr vor allem auf den handelnden Umgang mit der fremden Sprache bezogen, sondern beträfe auch die jeweiligen Lernenden selbst. Ihr prozedurales Wissen ermöglicht es ihnen, das eigene Lernen autonom und zielgerecht zu organisieren. Prozedurales Wissen, sei es sprach- oder lernbezogen, wird durch Übung gefestigt. Deklaratives Wissen kann nach Ansicht einiger Wissenschaftler durch Übung, *practice* (Anderson, 1983, zit. bei R. Ellis, 1994a, S. 389), ebenfalls in prozedurales Wissen überführt werden. Folglich nimmt das Üben eine zentrale Rolle im Fremdsprachenlernprozess ein, insbesondere dann, wenn es sich auf die gesamte Breite des prozeduralen Wissens bezieht und damit auch jene Lernstrategien einschließt, für die der schulische Fremdsprachenunterricht bisher wenig gesorgt hat (Wolff, 1990).

Angesichts dieser, wie es scheint, eindeutigen Wertschätzung des Übens überraschen Forschungsergebnisse, die nachzuweisen scheinen, dass Üben nicht die große Wirkung besitzt, die man ihm generell zuschreibt (vgl. z. B. R. Ellis, 1992, 1994a; Sciarone & Meijer, 1995). Allerdings beziehen sich diese Studien vor allem auf das Einüben von grammatischen Strukturen, nicht auf das Beherrschen bestimmter Fertigkeiten. Grammatische Kenntnisse aber gehören in den Bereich des Wissens, des *declarative knowledge*, und werden der pädagogischen Theorie der Übung zufolge vor allem durch Wiederholung gefestigt. Zudem fällt auf, dass die genannten Studien sich wenig mit der Art und der Organisation der durchgeführten Übungen beschäftigen. Es dürfte nämlich nicht ohne Bedeutung für Lernprozesse und Lernerfolge individueller Lernender sein, wie, wie oft, wie lange, mithilfe welchen Sprachmaterials und in welchen situativen Kontexten etwas geübt wird. Daher ist es geboten, sich als nächstes mit dem Begriff der Übung auseinander zu setzen.

2. Zur Begriffsklärung

Üben ist ein umgangssprachlicher Begriff und deshalb mehrdeutig und unpräzise. Im Kontext von Pädagogik und Didaktik besitzt das Wort „Übung" mindestens zwei Bedeutungen; zum Ersten bezeichnet es den Prozess des Übens, zum Zweiten die Aufgabe oder den Plan, welche den Übungsprozess steuern. Solcherart Aufgaben finden sich in Lehrbüchern und Lehrmaterialien wie Übungssammlungen oder Computerprogrammen, aber auch in der Unterrichtsplanung von Lehrerinnen und Lehrern. Umgangssprachlich tritt noch eine dritte Bedeutung für „Übung" hinzu, die das Resultat des Übungsprozesses bezeichnet: „Jemand besitzt Übung in einer Fertigkeit."

Ein wesentliches Merkmal der Übung ist die Tatsache, dass nicht neuer, sondern bereits eingeführter Stoff aufgegriffen und bearbeitet wird. Der Übung wohnt damit ein Element der Wiederholung inne. Allerdings sind Übung und Wiederholung nicht identisch:

- *Üben* betont das Tätigsein, die Durchführung bestimmter Aufgaben zum Zwecke der Verbesserung von Fertigkeiten.
- *Wiederholung* impliziert die nochmalige Beschäftigung mit bestimmten Inhalten, wie beispielsweise Vokabeln oder grammatischen Regeln, wobei dieser Wiederholungsstoff nicht neu strukturiert oder in irgendeiner Weise verändert werden muss.

Die oben vorgenommene Unterteilung des Lernpensums in Wissen und Können spiegelt sich in gewisser Hinsicht in den Verarbeitungsformen der Wiederholung und der Übung – *Wissensbestände bedürfen der regelmäßigen Wiederholung, Fertigkeiten der systematischen Übung, damit beide zum festen Lernbesitz werden.*

Es stimmt nachdenklich, dass ein solch zentraler Teil des Fremdsprachenlernens wie das Üben bisher weder klar definiert noch intensiv diskutiert wurde. Zwar trägt die umfassende Monographie zur Typologie des fremdsprachlichen Übens von Segermann (1992) Übungsmerkmale und -formen in großer Zahl aus der Fremdsprachendidaktik dieses Jahrhunderts zusammen, doch wird das Üben als Sprachlerntätigkeit nicht problematisiert. Segermann vertritt zudem einen relativ engen Übungsbegriff; in ihrer Definition von Übung nennt sie diese eine „unterrichtsmethodische Maßnahme, die den Lernenden eine bestimmte, wiederholt erfolgende Tätigkeit an bzw. mit in einer bestimmten Gestalt vorgegebenem oder hervorzubringendem Sprachmaterial ausführen lässt, damit er im Umgang mit diesem Sprachmaterial bestimmte Fähigkeiten erlangt" (ebd., 1992, S. 12).

Diese Begriffsbestimmung greift in zweierlei Hinsicht etwas zu kurz. Zum einen impliziert der Ausdruck „unterrichtsmethodische Maßnahme", dass die Übung ein von der Lehrerin oder dem Lehrer bewusst eingesetztes Verfahren ist. Damit könnten Übungen nur schwer Bestandteil autonomen Lernens sein. Gerade motivierte Autodidakten organisieren jedoch Übungssituationen für das eigene Weiterlernen. Zum anderen erscheint der Bezug auf das vorgegebene oder hervorzubringende Sprachmaterial in der Übungsdefinition von Segermann jene Übungsformen nicht zu berücksichtigen, in denen es um das Training prozeduralen Wissens geht, also auch um bestimmte Lernstrategien. Schließlich bleibt ein Übungseffekt unbeachtet, der sich auch in nicht explizit als Übungen geplanten und etikettierten Phasen ergeben kann, das Nebenbei-Üben. Im schulischen Fremdsprachenunterricht werden vielerlei Fertigkeiten und Fähigkeiten nebenher geübt, wenn die Aufmerksamkeit von Lehrperson und Klasse auf etwas ganz anderes gerichtet ist. Ein gutes Beispiel dafür sind Sprachlernspiele, in denen das Augenmerk der Spielenden zuerst dem Spielziel gilt und nicht den sprachlichen Fertigkeiten, die zur Erreichung des Spielziels nötig sind. Für Übungen gilt daher wie für andere Unterrichtsverfahren, dass sie explizites und implizites Lernen fördern können.

Neben den Begriff der Übung tritt in neueren fremdsprachendidaktischen Veröffentlichungen häufig derjenige der „Aufgabe" (*task*). Demzufolge spricht man auch von *task-based foreign language teaching*, was wiederum meist als „handlungsorientierter Fremdsprachenunterricht" übersetzt wird. Anders als die englischen Termini *practice* oder *exercise*, die beide stark an die Zeit des *pattern drill* erinnern, verweisen *task* und „Aufgabe" auf ein neueres Unterrichtskonzept. Während Übung oder *practice* im klassischen Dreierschritt der Unterrichtsplanung die Mittelposition besitzen, lässt sich *task* nicht in gleicher Weise in ein Schema einfügen. Vielmehr bedeutet *task-based teaching*, dass globale Aufgabenstellungen Ausgangs- und Zielpunkt des Unterrichts sein können. Eine solcherart verstandene Aufgabe verfolgt den Zweck, viele unterschiedliche Lernprozesse in Gang zu setzen, die den Lernenden selbst noch ein gewisses Maß an Mitbestimmung und Mitgestaltung ermöglichen

(Neuner, 1994, S. 9). Aufgaben sind somit umfassendere Lernsituationen als Übungen, zumal sie weniger stark als Übungen auf Einzelfertigkeiten und Teiltätigkeiten zurückgreifen. Dennoch sind die Grenzen fließend. Aufgaben enthalten Übungssequenzen; Übungen können als Spiel verstanden werden. Wichtig bleibt jedoch immer, dass die Lernenden mit etwas bereits Gelerntem tätig umgehen und dies im Anwenden, im Gestalten festigen.

3. Übungselemente und Übungsmerkmale

Ein Blick auf die einzelnen Elemente vermag dabei zu helfen, Übungen zu analysieren und in ihrer Eignung zu bewerten. Im Folgenden werden zwei neuere Analyseschemata gegenübergestellt: von Segermann (1992) zu „Übung" und von Nunan (1989) zu *task*.

Übung nach Segermann (1992), S. 47 ff.	**Task** nach Nunan (1989, S. 135ff.; hier in veränderter Reihenfolge)
Zielsetzung	Goals and rationale
Schülertätigkeit	Activities
Materialgestaltung; Steuerung	Input
Arbeitsweise	Roles and settings; implementation
	Grading and integration Assessment and evaluation

Abb. 1: Die Elemente von Übungen und *tasks*

Zunächst muss berücksichtigt werden, dass beide Listen unterschiedliche Erkenntnisinteressen widerspiegeln. Segermann geht es um eine Bestandsaufnahme der Übungsformen, die in der fremdsprachendidaktischen Literatur der letzten Jahrzehnte vorgeschlagen worden sind, Nunan um die Evaluierung von kommunikationsorientierten Aufgaben für den heutigen Fremdsprachenunterricht. Folglich sind Segermanns Kriterien deskriptiv, möglichst neutral und betreffen weder die tatsächliche Verwendung von Übungen im Unterricht noch die Frage der Überprüfung des Lernfortschritts beziehungsweise des Übungserfolgs.

Für eine genaue Beurteilung von einzelnen Übungen oder Aufgaben und die Lehrerentscheidung, ob man eine Übung im eigenen Unterricht einsetzt oder nicht, sind demgegenüber Nunans Merkmale und insbesondere die Leitfragen, die er zu den einzelnen Aspekten entwickelt, sehr hilfreich (vgl. Nunan, 1989, S. 135ff.). Er selbst sieht diese Fragen als eine Art *checklist*, die sowohl für die Unterrichtsplanung und Auswahl von Verfahren als auch für die nachträgliche Bewertung der in einer Lerngruppe tatsächlich eingesetzten Aufgaben von Nutzen ist. Für den Englischunterricht an deutschen Schulen wurden Nunans Leitfragen hier etwas abgewandelt und ergänzt, sodass sich ein Evaluationsraster für Übungen ergibt, das – ebenso wie Nunans – auf dem Konzept eines kommunikativen, handlungsorientierten Fremdsprachenunterrichts basiert (Abb. 2). Jegliches Üben muss insofern dem Leitziel des Erwerbs der Kommunikationsfähigkeit in der Fremdsprache dienen und sollte die Lernenden zunehmend befähigen, sich fremdsprachliches Können selbst gesteuert und zieladäquat anzueignen.

ZIELE

- Welche Auffassungen von Sprache und Sprachenlernen liegen der Übung zugrunde?
- Passt das Ziel der Übung zum Konzept des handlungsorientierten, kommunikativen Englischunterrichts?
- Inwieweit entspricht das Ziel der Übung dem tatsächlichem Sprachgebrauch?
- Inwieweit können die Lernenden zur Erreichung des Ziels möglichst viel Vorwissen einbringen?
- Inwieweit motiviert die Übungsaufgabe?

SPRACHLICHE GESTALTUNG

- Welche sprachlichen Vorgaben enthält die Übung?
- Ist die Sprache authentisch oder didaktisiert?

STEUERUNG

- Ist der Ablauf der Übung vor allem gesteuert durch die Aufgabenstellung, das Material, die Lehrperson oder die Lernenden?
- Inwiefern können die Lernenden den Übungsablauf selbst beeinflussen?
- Wie stark ist die Steuerung?

ÜBUNGSTÄTIGKEITEN

- Passen die Übungstätigkeiten zum Ziel der Übung, zum vorgegebenen Sprachmaterial, zum Kenntnisstand der Lerngruppe?
- Welche verschiedenen Tätigkeiten verlangt die Aufgabenstellung?
- Inwiefern müssen rezeptive und produktive Fertigkeiten eingesetzt werden?
- Welche Sozialformen sind vorgesehen?
- Enthält die Übung ein Element des *information gap* oder *opinion gap*?
- Inwieweit werden Gespräch und Kooperation ermöglicht?
- Inwieweit enthält die Übung Gelegenheiten zu Erwerb oder Training bestimmter Lernstrategien?

DURCHFÜHRUNG

- Ist die Durchführung der Übung auf das Klassenzimmer beschränkt?
- Werden die Lernenden ausreichend motiviert?
- Welche Probleme ergeben sich bei der Durchführung im Hinblick auf die Aufgabenstellung, das Material, die sprachliche Umsetzung, die Lernenden?
- Welche spontanen Änderungen sind notwendig?

NIVEAU

- Ist die Aufgabe dem Leistungsstand der Lerngruppe angemessen? Falls dies nicht der Fall ist, ist eine Anpassung möglich?
- Lässt sich die Übung für verschiedene Lernniveaus adaptieren?

LERNERFOLGSKONTROLLE

- Woran erkennt die Lehrperson, ob die Lernenden erfolgreich geübt haben?
- Woran können die Lernenden ihren Lernertrag ersehen?
- Stehen Übungsaufwand und Lernertrag in einem sinnvollen Verhältnis?

Abb. 2: Frageliste zur Übungsevaluation im kommunikativen Englischunterricht (in Anlehnung an Nunan, 1989, S. 135ff.)

4. Warum systematisch üben?

Eine Fremdsprache zu erlernen ist ein langwieriger, niemals endender Prozess. In unserem Schulsystem ist der Fremdsprachenunterricht seit vielen Jahrzehnten als Langzeitunterricht etabliert, der mehrere Jahre umfasst. Im Vergleich zum natürlichen Fremdsprachenerwerb ist im Schulunterricht die Menge des möglichen Inputs relativ klein. Auch gibt es nicht in ausreichendem Maße Gelegenheiten für die Lernenden, die fremde Sprache aktiv zu gebrauchen. Ein Teil der zeitlichen Einschränkung lässt sich vielleicht durch die systematische Planung von progressiv aufeinander aufbauenden Lernsituationen auffangen.

Freilich ist gerade dieses stark strukturierte schrittweise Vorgehen in letzter Zeit häufiger kritisiert worden, weil es so wenig der natürlichen Fremdsprachenerwerbssituation und den jeweiligen Schülerinteressen entspricht. Insbesondere Werner Bleyhl polemisiert heftig gegen die vermeintliche Linearität des schulischen Fremdsprachenunterrichts und argumentiert, dass die Ergebnisse der Lernforschung eher ein nicht lineares Vorgehen nahe legten (Bleyhl 1996a; vgl. auch Kap. B.3). Als nicht linear bezeichnet Bleyhl unter anderem eine stärkere Trennung von rezeptiver Sprachaufnahme und produktiver Sprachleistung. Konkret bedeute dies, dass man Schülerinnen und Schülern eine lange Phase des Einhörens zubilligen müsse, ehe man von ihnen den produktiven Gebrauch der Fremdsprache verlangen dürfe (Bleyhl, 1996a, S. 340ff.). Besonders das Üben von einzelnen grammatischen Strukturen hält Bleyhl für wenig Erfolg versprechend, da die Lernenden nach Abschluss einer solchen Übungsphase den Transfer zur freien Anwendung des Geübten nicht leisten könnten (ebd., S. 340).

Damit berührt Bleyhl eine in der Forschung immer wieder aufgeworfene Frage, nämlich die nach dem Verhältnis von explizitem und implizitem Lernen und dem Nutzen beider Lernformen für die praktische Beherrschung der fremden Sprache (vgl. die Diskussionen in N. C. Ellis, 1994). Vieles lernen wir nämlich, ohne dass wir es uns mit Bewusstsein einprägen, anderes bedarf der gezielten und wiederholten Lernanstrengung. Auch in der Geschichte des Fremdsprachenunterrichts hat es immer wieder Phasen gegeben, in denen entweder das explizite und oftmals regelgeleitete Lernen im Mittelpunkt stand (wie bei der Grammatik-Übersetzungs-Methode) oder das implizite Erwerben von fremder Sprache durch extensives Hören und Lesen (wie beim *Natural Approach*; vgl. Krashen & Terrell, 1983). Allein die Tatsache, dass es diese Pendelschwünge gibt, deutet darauf hin, dass Fremdsprachenerwerb beider Lernformen bedarf, um erfolgreich zu sein. Allerdings besteht über die Wechselwirkung zwischen explizitem und implizitem Lernen bisher keine Einigkeit (vgl. die Beiträge in N. C. Ellis, 1994, sowie Kap. E.4).

Wir wissen momentan noch viel zu wenig darüber, auf welche Weise ganz bestimmte Elemente der Fremdsprache am effektivsten gelernt werden können. Erfordern etwa grammatische Strukturen explizites Lernen, um verstanden und korrekt gebildet zu werden, oder reicht es tatsächlich aus, möglichst viel mündliche und schriftliche Fremdsprachentexte verstehen zu wollen und zu können, wie Krashen meint (1994b, S. 62ff.). Eine weitere, ebenfalls noch ungelöste Frage betrifft die individuellen Variationen des Lernens. Können wir denn angesichts der wachsenden Zahl von Studien zu persönlichen Lernstrategien (vgl. Kap. B.4 und E.7) davon ausgehen, dass allgemein gültige, d. h. auf jeden Lerner und jede Lernsituation zutreffende Aussagen tatsächlich möglich sind?

Fremdsprachenlehrerinnen können jedoch nicht untätig warten, bis die Sprachlehrforschung eindeutige Ergebnisse liefert, sie müssen ihren Unterricht hier und heute planen und für ihre Schülerinnen und Schüler möglichst umfassende Lernsituationen schaffen. Zudem sind subjektive Erfahrungen von Fremdsprachenlernenden nicht von der Hand zu weisen. Haben wir nicht alle erlebt, dass wir durch gezieltes Üben unsere Sprachfertigkeiten verbessern konnten?

Ein Übungseffekt kann dabei auf zweierlei Gebieten liegen:

● Zum Ersten können Übungen die Aufmerksamkeit auf ganz bestimmte sprachliche Phänomene und Abläufe lenken, indem sie diese isoliert üben (*focal attention*).

"While the intention to learn is not always crucial to learning, attention to the material to be learned is. ... the allocation of attention is the necessary and sufficient condition for encoding a stimulus into long-term memory, and that efficient retrieval depends on both the quantity and the quality of attention" (R. Schmidt, 1994b, S. 176; vgl. auch Kap. E.4, Abschnitt 3.1). Wenn also Art und Dauer der Aufmerksamkeit für die Erinnerungstiefe und die spätere Verfügbarkeit des Gelernten ausschlaggebend sind, dann leuchtet sofort ein, dass rein mechanisch zu bewältigende Übungen, die vom Lernenden wenig Aufmerksamkeit verlangen, auch wenig lernintensiv sind. Die Lenkung der Aufmerksamkeit führt also dazu, dass die Lernenden sich vor allem um eine korrekte Sprachverwendung bemühen. Hier liegt das Übungsziel in *accuracy*.

● Der zweite Übungseffekt besteht darin, dass bestimmte Abläufe durch die in das Üben eingebettete Wiederholung geläufiger werden, somit schneller und mit weniger bewusster Planung durchgeführt werden können.

Das betrifft etwa die fremdsprachliche Reaktion auf bestimmte Begrüßungsformeln; so müssen geübte Schülerinnen und Schüler weniger lange überlegen, wie man denn auf *How do you do?* und *How are you?* antwortet. Nicht nur die Reaktionen in bestimmten ritualisierten Kommunikationssituationen, sondern auch Teilfertigkeiten wie das überfliegende Lesen (*skimming*) oder der Gebrauch von Redewendungen können durch Übungen verbessert und (fast) automatisiert werden. Solcherart geläufig gemachte Teilfertigkeiten und fremdsprachliche Versatzstücke stehen den Lernenden spontan zur Verfügung; die Verwendung der Fremdsprache wird flüssiger. Das Übungsziel ist also *fluency*. Beide Ziele, *accuracy* und *fluency*, sprachliche Korrektheit und Flüssigkeit, müssen im Unterricht gefördert werden (vgl. Skehan, 1996, S. 46ff.).

Zusätzlich zu diesen beiden Übungseffekten spricht ein weiterer Grund für regelmäßiges Üben im Fremdsprachenunterricht, nämlich die Rücksichtnahme auf unterschiedliche Lerntypen in einer Lerngruppe. Sowohl diejenigen, die sich Lernerfolge durch intensive Beschäftigung mit dem Lernstoff erarbeiten müssen, als auch diejenigen, die bevorzugt durch einen einzigen Wahrnehmungskanal lernen – z. B. auditiv – und daher die übrigen Fertigkeiten trainieren müssen, benötigen Übungszeit und eine breite Palette von Übungssituationen. Jede Lernende muss zudem den neuen Lernstoff in ihr bisheriges Wissen und Können integrieren, das eigene Könnensprofil quasi umstrukturieren (Skehan, ebd., S. 53). Auch dazu sind Übungszeit und -gelegenheit nötig. Um den verschiedenen Lernvoraussetzungen in einer Gruppe zumindest annähernd gerecht zu werden, sollten Fremdsprachenlehrer und -lehrerinnen deshalb über ein vielfältiges Repertoire von Übungstypen verfügen.

Systematisches Üben bedeutet jedoch nicht nur, lerntypadäquat vorzugehen und Übungstätigkeiten dementsprechend abzuwechseln, sondern auch im Hinblick auf die Übungsziele möglichst vielseitig zu sein, d. h. die Kommunikationsfähigkeit in Richtung auf größere Sprachrichtigkeit und -flüssigkeit zu fördern. Solange in der Sprachlehrfor-

schung allerdings keine gesicherten Erkenntnisse über die Eignung bestimmter Übungsformen vorliegen, muss sich die Übungsarbeit im Unterricht an allgemein-didaktischen
Prinzipien orientieren.

Das Üben sollte sich demnach möglichst gleichmäßig auf alle Lernziele des Unterrichts
beziehen. Die Leitsätze der Stufung, der Passung und Abwechslung sollten berücksichtigt
werden (vgl. u. a. Heigl & Zöpfl, 1987; Beile, 1988):

- *Stufung* heißt, dass auch beim Üben ein Fortschreiten vom Leichten zum Schweren angebracht ist. Der Schwierigkeitsgrad einer Übung wird durch einen ganzen Strauß von
  Merkmalen bestimmt: Umfang und Art der sprachlichen Vorgaben, Grad der Steuerung,
  Zahl und Art der Übungstätigkeiten, Anpassung der Übungsaufgabe an das Leistungsniveau der Lernenden.

- Der letztgenannte Gesichtspunkt ist auch für den Aspekt der *Passung* wichtig. Wie bei
  jeder Lernaufgabe, so muss auch beim Üben darauf geachtet werden, dass Ziel und Verfahren der Übung der Leistungsfähigkeit, dem Vorwissen und der Motivationslage der
  Lerngruppe angemessen sind. Lernförderung durch Herausforderung ist gut, Überforderung ist kontraproduktiv.

- Schließlich ist das Prinzip der *Abwechslung* zu beachten. Durch ständiges Variieren von
  Übungszielen, Übungstätigkeiten, Übungsmaterialien und Sozialformen kann den Lernenden geholfen werden, der jeweiligen fremdsprachlichen Lernaufgabe Aufmerksamkeit zu schenken und sie motiviert zu lösen zu versuchen. Abwechslung fördert somit
  die Übungsbereitschaft und die Übungsmotivation. Diese werden selten bei allen Schülerinnen und Schülern einer Klasse in gleichem Maße vorhanden oder zu erreichen sein.
  Um dennoch zeitweilig eine individuell differenzierende Übungsgestaltung zu versuchen, bedarf es zuvor der Evaluation von Übungen durch Lehrperson und Lernende.
  Insbesondere wenn wir unsere Schülerinnen und Schüler auf autonomes Fremdsprachenlernen vorbereiten wollen, müssen wir ihre Meinung erfragen und bei weiteren
  Planungen berücksichtigen.

Auch aus einem weiteren Grund ist der Dialog mit den Lernenden über Lernwege und
Lernverfahren wichtig. Übungsbereitschaft und Übungsmotivation sind notwendig für
den Übungserfolg. Ein rein mechanisches „Abspulen" beispielsweise einer Einsetzübung
wird – wenn überhaupt – nur einen sehr geringen Übungseffekt hervorbringen. Eine bloße
Teilnahme an einer Übung bedeutet ja noch nicht, dass der oder die Betreffende tatsächlich
lernt, ebenso wie auch das bloße Dabeisitzen im Unterricht nicht automatisch zum Lernen
führt. Schüler müssen daher übungswillig sein. Ein solcher Wille lässt sich dann wecken,
wenn Üben sinnvoll und erfolgversprechend erscheint (Heigl & Zöpfl, 1987, S. 32). Der
Sinn einer Übung mag wiederum in vielen Bereichen liegen: eine nochmalige Beschäftigung mit einem schwierigen Gebiet unter neuer Aufgabenstellung, ein Kennenlernen einer
neuen Lerntechnik, ein Einbeziehen individueller Vorerfahrungen usw. Erfolg beim Üben
stellt sich ein, wenn die Anforderungen dem Leistungsvermögen der Schüler entsprechen.

5. Prinzipien erfolgreichen Übens

Aus den Überlegungen des vorangegangenen Abschnitts und der pädagogischen Theorie
des Übens (vgl. u. a. Heigl & Zöpfl, 1987; Susteck, 1990; Bönsch, 1993) lassen sich eine Anzahl von Prinzipien erfolgreichen Übens im Fremdsprachenunterricht ableiten. Sie sollen
im Folgenden pointiert als Handlungsempfehlungen für Lehrerinnen und Lehrer formu-

liert werden. Richtschnur der Empfehlungen sind die Übungsmerkmale nach Nunan, wie sie in der oben angeführten Frageliste zum Ausdruck kommen (vgl. Abb. 2).

(1) *Übungen zielgerecht planen:* Der Gestaltung von Übungsphasen und -sequenzen muss genauso viel Aufmerksamkeit geschenkt werden wie denen der Darbietung oder Anwendung. Sinnvolle Übungsinhalte ergeben sich aus dem bereits behandelten Stoff; Übungstätigkeiten zielen auf eine Verbesserung kommunikativer fremdsprachlicher Fertigkeiten im Hinblick auf die beiden Aspekte Sprachrichtigkeit (*accuracy*) und Sprachflüssigkeit (*fluency*). Daher muss darauf geachtet werden, dass sowohl formbezogene als auch kommunikationsorientierte Übungen eingeplant werden. Unbekanntes und Unverstandenes lässt sich nicht üben (Heigl & Zöpfl, 1987, S. 34).

(2) *Übungen lernergerecht planen:* Übungen sollte man nicht nur mit Blick auf den Übungsinhalt und die zur Verfügung stehende Zeit planen, sondern vor allem für die Übungsteilnehmer. Übungsaufgaben müssen für die Schülerinnen und Schüler passen; sie müssen ihrem Entwicklungsstand, ihrer Leistungsfähigkeit und ihren Arbeitstechniken entsprechen. Natürlich können sich die Lernenden Übungen auch selbst passend machen. Das wäre ein erster Schritt zur Lernerautonomie.

(3) *Übungen stufen:* Übungen sind unterschiedlich schwierig. In der Regel wird man mit einfachen Aufgaben, die einen Aspekt isoliert üben, beginnen, ehe kombinierte und ganzheitliche Übungen folgen. Es kann aber auch motivierend sein, den abgestuften Weg zu verlassen und Lernende mit einer komplexen Übung zu fordern oder bei einer ganz einfachen sich ausruhen zu lassen. Über einen längeren Zeitraum hin gesehen, nimmt der Grad der Steuerung von Übungen ab, weil die Lernenden zunehmend sprachliche Fertigkeiten, Vorwissen und Arbeitstechniken einbringen können. Eine geschickte Stufung hilft der Erziehung zur Selbstständigkeit.

(4) *Verteilt üben:* Ein altbekanntes Übungsgesetz der Lernpsychologie besagt, dass regelmäßiges Üben in größer werdenden zeitlichen Abständen lerneffektiver ist als einmaliges massiertes Üben (vgl. Heuer, 1976, S. 57f.; Eisenhut, Heigl & Zöpfl, 1981, S. 68ff.). Der Langzeitkurs des Fremdsprachenunterrichts und die für ihn entwickelten Lehr- und Lernmaterialien berücksichtigen diesen Grundsatz insbesondere für das formbezogene, grammatikorientierte Üben. Strukturen werden in gewissen Abständen umgewälzt und erneut in anderen Zusammenhängen geübt. Lehrerinnen und Lehrer benötigen jedoch auch einen Überblick über die immer wieder zu übenden Fertigkeiten und Lerntechniken. Auch für die einzelne Übungsstunde gilt, dass Pausen lernwichtig sind.

(5) *Abwechslungsreich üben:* Gleichartige Übungen sollten einander nicht direkt folgen. Es ist nicht zuletzt die Monotonie des häufigen Einsatzes von *pattern drill* und Lückentexten, die das Üben in Verruf gebracht hat. Selbst Lückenübungen lassen sich kreativ abwandeln, indem man etwa eine andere Sozialform wählt, originelle (aber grammatisch korrekte) Ergänzungen besonders belohnt, Auswahlantworten inklusive Distraktoren vorgibt, die Übung in ein Wettbewerbsspiel zwischen zwei Teams umwandelt, statt geschriebener auch Bilderantworten zulässt oder eine Schülergruppe die Lücken festlegen lässt. Für jedes Merkmal einer Übung gibt es eine große Anzahl von Optionen der Veränderung (vgl. auch Koenig, 1994). Diese Optionen sind jedoch nicht beliebig. Das Ziel einer Übung darf nicht in Vergessenheit geraten.

(6) *Feedback geben und Übungen evaluieren:* Am Ende einer Übung brauchen die Lernenden Rückmeldung darüber, wie sie die Aufgabe bewältigt haben. Dieses Feedback können sie entweder aus der Übung selbst erhalten, wenn sie beispielsweise das Problem gelöst ha-

ben, oder von der Lehrerin. Aber auch die Lehrerin benötigt Rückmeldung über die Probleme bei der Bearbeitung der Übung sowie über das Interesse, das Aufgabe- und Übungsform geweckt haben. Auch hierzu kann eine Buchführung der Lehrkraft aufschlussreich und für die zukünftige Planung von Nutzen sein.

6. Zehn Prototypen fremdsprachlichen Übens

Es wurde bereits darauf hingewiesen, dass es sehr viele Klassifizierungsmöglichkeiten für Übungen gibt. Jedes Übungsmerkmal kann dazu dienen, Übungen zu sortieren. So mag differenziert werden zwischen Partnerübungen und Übungen für die Einzelarbeit, zwischen Hörverstehens- oder Sprechübungen oder zwischen Übungen anhand von didaktischem oder authentischem sprachlichen Input. Tatsächlich existieren bereits vielfältige Klassifikationen anhand eines oder mehrerer dieser Merkmale (vgl. Pattison, 1987; Beile, 1988; Ur, 1984; P. Nation, 1989; Fortune, 1992). Vermutlich wäre es schwierig, wenn nicht gar unmöglich, alle bekannten Übungsformen in ein einziges, in sich schlüssiges und handliches Schema zu pressen. Immerhin unterscheidet Segermann (1992), die diese Bestandsaufnahme versucht, nicht weniger als 92 Übungsformen.

Stattdessen werden hier zehn Prototypen fremdsprachlicher Übungsformen vorgestellt, mit deren Hilfe in einem handlungsorientierten kommunikativen Fremdsprachenunterricht sinnvoll geübt werden kann. Natürlich gibt es über diese zehn Prototypen hinaus vielerart Übungen, die ebenfalls sinnvoll sind. Die interessierte Lehrkraft findet vor allem in der englischsprachigen Handbuchliteratur eine riesige Auswahl an themen-, fertigkeits- und stufenorientierten Übungssammlungen (vgl. u. a. Klippel, 1984; Sexton & Williams, 1984; Gairns & Redman, 1986; Ur, 1988; Tomalin & Stempleski, 1993; Nuttall, 1994).

Die zehn Prototypen sind nach den sie charakterisierenden Übungstätigkeiten benannt. Wenn man bedenkt, dass man für (fast) jeden Prototyp Übungsvariationen schaffen kann, indem beispielsweise der sprachliche Input, das Übungsmaterial, die Sozialform, die geübte Fertigkeit oder andere Elemente verändert werden, so wird deutlich, dass damit ein wirkungsvolles Instrument zur eigenen Übungsplanung und Übungsentwicklung zur Verfügung steht. Ein weiteres Mittel der Variierung liegt bei einigen der Prototypen in der Erweiterung um die spiegelbildliche Tätigkeit, also quasi in der Umkehrung. Somit gehört zum Beantworten von Fragen auch das Formulieren von Fragen, zum Ergänzen von Lücken auch das Schaffen von Lücken. Die Auflistung der Übungstypen erfolgt in alphabetischer Reihenfolge.

1. Auswählen
2. Beantworten/Fragen
3. Darstellen
4. Ergänzen/Entfernen
5. Gestalten

6. Imitieren
7. Problemlösen
8. Sortieren
9. Umformen
10. Vergleichen

(1) Auswählen – *Selecting*: Die Schüler wollen wählen können. Oft lässt ihnen die Schule nur sehr wenige Möglichkeiten, selbst bestimmt zu arbeiten. Als Übung können Lernende überzeugende Argumente aus einem Text zusammenstellen, aus einem Stapel Bilder dasjenige aussuchen, das sie am meisten anspricht, in einem Text die *key words* finden. Natürlich können sie auch alle Sätze mit dem *past progressive* auswählen oder alle Wörter, die sich auf *pot*

reimen. Solche Auswahlübungen sind nicht sehr anspruchsvoll; man kann sie aber nicht mechanisch durchführen, denn sie erfordern Aufmerksamkeit (*focal attention*). Auswahlübungen eignen sich demnach für formbezogenes und kommunikationsorientiertes Üben gleichermaßen.

Motivierender sind allerdings jene Übungsaufgaben, die den Beteiligten ein gewisses Maß an eigener Wahl lassen. Im Übrigen, eine individuelle Auswahl muss begründet werden, Auswahlkriterien kann man diskutieren und insofern stimulieren freiere Auswahlübungen das Sprechen und Schreiben in der Fremdsprache.

(2) Beantworten/Fragen – *Asking and answering questions*: Traditionell sind die Rollen der Fragesteller und Fragebeantworter im Unterricht klar verteilt: Schülerinnen und Schüler antworten auf Lehrerfragen. Warum sollte man dieses Gewohnheitsrecht nicht einmal umkehren? Fragen sind ein wirkungsvoller Weg zum Lernen; wer viel fragt, wird viel erfahren. Also lassen wir die Lernenden die Fragen zum Text stellen, die sie interessieren, und suchen gemeinsam nach der Antwort. Lernende können sich gegenseitig zu allen möglichen Dingen befragen, zu gemeinsamen und unterschiedlichen Vorlieben oder Fähigkeiten, zu außerschulischem Wissen oder Grammatikkenntnissen. Fragebögen, Interviews und alle Arten von Ratespielen zwingen die Lernenden dazu, unterschiedliche Fragestrukturen kontextgebunden und wiederholt anzuwenden. Praktische Hinweise finden sich u. a. bei Morgan & Rinvolucri (1988) und Klippel (1984, S. 12ff.).

(3) Darstellen – *Role play / Mime*: Darstellerische Fähigkeiten besitzen wir alle. Am einfachsten ist es, in eine fremdsprachlich vorgegebene Rolle zu schlüpfen und einen Dialog nachzuspielen, schwieriger schon, ihn improvisierend zu verändern. In diesen Situationen wird das (Nach-)Sprechen geübt. Gerade im Anfangsunterricht können kleine Rollenspiele helfen kommunikative Muster und häufige Entgegnungen schneller verfügbar zu machen. Beim Darstellen verwischen sich die Grenzen zwischen Üben und freier Anwendung, zwischen explizitem Lernen und implizitem Wiederholen.

(4) Ergänzen/Entfernen – *Filling in / Taking out*: Lückenhaftes und Unvollständiges motiviert zur Vervollständigung. Wichtig bei allen Ergänzungsübungen ist es, kein mechanisches Ausfüllen zu gestatten. Vielmehr sollten die Lücken so gestaltet sein, dass die Schüler Vorwissen, Sprachgefühl und eventuell auch ihre Fantasie einsetzen müssen, um sie zu ergänzen. Als mögliche Lückenfüller eignen sich grammatische Strukturen ebenso wie Vokabular oder auch inhaltliche Aspekte eines Textes. Lücken können unterschiedlich lang und unterschiedlich verteilt sein. *Cloze texts* besitzen Einwort-Lücken in regelmäßigem Abstand; *defective dialogues* erfordern das Ergänzen von Äußerungen, die gegebenenfalls aus mehreren Sätzen bestehen.

Lücken-Übungen (*blank-filling exercises*) sind in der jüngeren Forschung etwas in Verruf geraten; ihr Wert für das Fremdsprachenlernen wird zunehmend kritisch gesehen (Sciarone & Meijer, 1995). Vereinzelte Kritik an Einwort-Lückenübungen kann jedoch nicht in Abrede stellen, dass die Ergänzung einer defizitären Gestalt ein starkes Bedürfnis ist, das für das Fremdsprachenüben nutzbar gemacht werden kann.

Weniger Beachtung in der bisherigen Übungsliteratur findet die Komplementärtätigkeit des Entfernens. Aber auch das Herausnehmen von Elementen aus einem fremdsprachigen Text erfordert vielfältige Kenntnisse und fördert sprachliche Fertigkeiten. So kann man Lernende bitten, durch Entfernen aller Wörter einer bestimmten Kategorie einen Lückentext für andere zu erstellen; aus einem umständlichen Dialog könnte durch Entfernen redundanter Passagen ein kommunikativ wirksamer Kurztext entstehen.

(5) Gestalten – *Creating / Creative writing*: Schöpferisch mit der Fremdsprache umzugehen ist ein anspruchsvolles Übungsziel. Dennoch können Lernanfänger auch mit den geringen ihnen zur Verfügung stehenden sprachlichen Mitteln bereits kreativ sein. Wichtig ist, dass Schüler ihre eigenen Bedeutungen in der fremden Sprache ausdrücken lernen, ihrer eigenen Meinung oder Fantasie folgen können. Als Input für eine Gestaltungsübung eignen sich sowohl Bilder, z. B. rätselhafte oder provozierende Fotos, als auch Begriffe oder Texte. Insbesondere Letztere können zur Weiterführung, Nachgestaltung oder Kontrastierung anregen (vgl. u. a. Genzlinger, 1980; Maley, Duff & Grellet, 1980; Maley & Moulding, 1985; Bassnett & Grundy, 1993).

Die Kreativität lebt von neuen Anregungen. Daher sollte man nicht immer nur ein Verfahren, beispielsweise das Fortsetzen einer Geschichte, verwenden, sondern gerade bei Gestaltungsübungen möglichst abwechslungsreich sein. Bei wenig gesteuerten Gestaltungsaufgaben zeigt sich oft, dass auch die Schwächeren in einer Lerngruppe mit viel Motivation und Einsatzfreude ans Werk gehen, sofern sie Freiräume bekommen. Völlige Freiheit kann aber auch blockieren. Daher weder *Write a story* noch *Write a letter of complaint using all the arguments listed in the text*, sondern *Write a story or dialogue in which the following words occur ...* Anregungen für Gestaltungsaufgaben finden sich vor allem in den englischsprachigen *Resource Books*, aber auch in den praxisorientierten Fachzeitschriften wie *Practical English Teaching*, *Modern English Teacher* oder *English Teaching Professional*.

(6) Imitieren – *Imitating*: Etwas genau nachzuahmen erscheint einfach und altmodisch. Häufig denkt man bei dem Begriff Imitation an das Aussprachetraining im Anfangsunterricht. Da die Ausspracheschulung momentan keine Konjunktur hat, sind auch Imitationsübungen wenig populär. Dennoch gehören Nachsprechen und möglichst genaues Wiederholen fremdsprachlicher Äußerungen zum notwendigen Repertoire fremdsprachlichen Übens. Denn genaues Nachsprechen erfordert Hinhören. Dadurch wird die Wahrnehmung fremdsprachlicher Laute und Intonationsmuster geschult (vgl. Kap. D.3, Abschnitt 5). Die Lernenden brauchen dazu jedoch genügend Feedback zu ihren Imitationsleistungen. Eine Rückmeldung kann von der Lehrerin kommen oder durch eine Tonaufnahme (Sprachlabor). Für das erste Imitieren und Ausprobieren neuer Laute eignen sich Chorsprechen in der Klasse oder in Gruppen; genaueres Üben erfordert Einzelarbeit.

(7) Problemlösen – *Problem solving*: Im handlungsorientierten Unterricht nimmt das Üben durch Problemlösung eine zentrale Stellung ein. Wie oben ausgeführt wurde, ist *problem solving*, das Erledigen von *tasks*, eine komplexe und oftmals mehrere Stufen und Tätigkeiten umfassende Aktivität. Zu den bekannten Problemarten, die im Fremdsprachenunterricht Verwendung finden, zählen *moral dilemmas* (Beispiele: Beantwortung von Briefen englischer *problem pages*; Beurteilung von Handlungen wie *shop lifting*; Diskussion philosophischer/sozialer Fragen am Fallbeispiel), *survival situations* (Beispiele: Welche zehn Dinge braucht man zum Überleben auf einer einsamen Insel? Welche Möglichkeiten hat man, sich nach einem Flugzeugabsturz in der Wüste zu retten? Die bekannte *balloon discussion*) und Kombinationsaufgaben wie das Arrangieren von Verabredungen anhand unterschiedlicher Wochenplanungen. Auch logische *puzzles*, bei denen es darum geht, anhand von einigen Aussagen beispielsweise Haustiere, Berufe oder Freizeitinteressen den Einwohnern einer Häuserzeile zuzuordnen, gehören zu den Problemlösungsaufgaben.

Häufig verlangen Problemlösungsaufgaben die Kooperation mehrerer Teilnehmer, sei es, dass eine gemeinsame Lösung innerhalb einer Gruppe gefunden werden muss, sei es dass die Informationen für die Lösung auf die einzelnen Teilnehmer verteilt sind und erst kombiniert werden müssen. *Moral dilemmas* und *survival situations* enthalten eine Situationsbeschreibung, der die Problemstellung folgt. Die Lösung muss in der Diskussion ausgehandelt werden; Problemlösungsübungen fördern daher meist die Sprechfertigkeit und machen Äußerungsmuster argumentativer Sprache geläufiger.

(8) Sortieren – *Sorting/Ranking*: Vorgegebenes Sprachmaterial zu ordnen, zu gruppieren und in eine bestimmte Abfolge zu bringen sind Übungstätigkeiten, die den Risikofaktor für die Lernenden gering halten. Die Sprache ist vorstrukturiert; der Lernende hat das Material, mit dem gearbeitet wird, vorliegen und muss es nicht selbst schaffen. Sortierübungen sind äußerst vielfältig einsetzbar. Mit ihnen kann Einsicht in grammatische Zusammenhänge vertieft, Wortschatzgebrauch geläufig gemacht, die Aussprache trainiert und ein Gespräch vorbereitet werden. Geschlossene Reihen wie Monatsnamen, halboffene wie Mahlzeiten oder Farben und offene wie Adjektive, die Empfindungen beschreiben, werden unter bestimmten Gesichtspunkten sortiert; allgemein gültige, aber auch persönliche Listen können von den Schülerinnen und Schülern erstellt werden (Beispiel: *List the ten most important qualities your friend should have*). Insbesondere Ranglisten sind hervorragend als Auslöser für Diskussionen geeignet, denn es ist höchst unwahrscheinlich, dass sich alle über eine Rangfolge einig sind. Die Möglichkeit, eigene Meinungen in Sortierübungen einfließen zu lassen, macht diese Übungsform für viele Lernende motivierend. Wichtig für das fremdsprachliche Üben ist auch hier, dass man die Übung meist nicht mechanisch durchführen kann und alle Aufmerksamkeit auf das zu sortierende Sprachmaterial richten muss.

(9) Umformen – *Transforming*: Umformübungen gehören zu den Klassikern des Fremdsprachenunterrichts. Streng genommen handelt es sich ja auch bei einer Übersetzung um eine Umformung in eine andere Sprache. Vertraut sind uns Aufforderungen wie *Rewrite the story from the point of view of the little boy* oder *Put all the verbs in the past tense*. Während die erste Aufgabe einiges an gedanklicher und sprachlicher Arbeit erfordert, ist die zweite eher mechanisch. Unter Berücksichtigung eines kommunikativen Lehrziels des Unterrichts sind solche Umformungsübungen zu bevorzugen, in denen nicht einfach eine sprachliche Form durch eine andere – ohne Blick auf den Kontext – ersetzt wird. Umformungen haben durchaus kommunikative Relevanz. Wenn ich mich nicht verständlich machen kann, muss ich meine Aussage umformulieren. Paraphrasierübungen und ein Training von Umwegstrategien („Wie kann ich es noch sagen?") sind sinnvoll. Für die Lernenden mag es interessant sein, einen vorgebenen Text einmal inhaltlich so umzuformen, dass seine Aussage ins Gegenteil verkehrt wird. Wie alle Übungsformen eignen sich auch Umformübungen zu Sprachspiel und zum Schaffen von Nonsens. Hierzu sind ungewöhnliche Umformaufträge geeignet, z. B. *Change all the adjectives*; *Replace all the people in the story by animals*; *Change the tone of the dialogue so that both speakers are really furious*. Manchmal führen nämlich gerade vermeintlich absurde Aufgaben zu vermehrter Einsicht in den Aufbau und die Bedeutungsstruktur der fremden Sprache, zu *language awareness* (vgl. Kap. E.5).

(10) Vergleichen – *Comparing*: Vor allem solche Übungen, die auf dem Prinzip des *information gap* aufbauen, arbeiten mit dem Vergleich. So müssen die unterschiedlichen Arten der den einzelnen Schülerinnen zur Verfügung stehenden Information verglichen und ausgetauscht werden, um beispielsweise ein Textpuzzle wieder zusammenzusetzen oder die Unterschiede in zwei ähnlichen Bildern herauszufinden. Vergleichen erfordert ein genaues Hinhören oder Hinsehen. Bevor ich entscheiden kann, ob etwas gleich oder nicht gleich ist, muss ich beides kennen. Vergleichsübungen zwingen daher zu Aufmerksamkeit und Genauigkeit.

In der Skizzierung dieser zehn Prototypen wird deutlich, dass die einzelnen Übungsformen unterschiedlich komplex sind und dass sich von daher nahe liegende Kombinationen und Stufungen ergeben, und zwar sowohl im Hinblick auf das Leistungsniveau der Lerngruppe als auch auf die einzelne Übungssequenz. Das bedeutet jedoch keineswegs, dass gewisse Übungsabfolgen eingehalten werden müssen; die Entscheidung darüber, was auf welche Weise geübt wird, muss jede Unterrichtende zielbezogen für die eigene Lerngruppe treffen.

Dennoch kann eine Gruppierung der Übungsformen Lehrerinnen und Lehrern bei der Unterrichtsplanung helfen: So eignen sich die Prototypen *Auswählen*, *Ergänzen/Entfernen*, *Imitieren*, *Sortieren* und *Umformen* schwerpunktmäßig für das Üben der rezeptiven Fertigkeiten Hören und Lesen, wenngleich produktiver Sprachgebrauch natürlich ebenfalls eine Rolle spielen kann. In diesen Übungsformen wird den Lernenden nämlich Sprachmaterial vorgegeben, mit dem sie mehr oder weniger stark gesteuert hantieren. Bei den übrigen Prototypen – *Beantworten/Fragen*, *Darstellen*, *Gestalten*, *Problemlösen* und *Vergleichen* – geht es stärker um produktiven Sprachgebrauch. Nicht immer müssen diese Übungen sprachliche Vorlagen bieten, mit deren Hilfe Lernende die Übungsaufgabe bewältigen. In ähnlicher Manier lassen sich die Prototypen auch nach der ihnen vornehmlich angemessenen Sozialform gruppieren: *Auswählen*, *Ergänzen/Entfernen*, *Gestalten*, *Sortieren* und *Umformen* mag oft in Einzelarbeit geschehen; für das *Vergleichen*, das (mündliche) *Fragenstellen* und das *Darstellen* benötigt man eine Lerngruppe oder zumindest einen Partner. Einige Übungen, wie *Problemlösen* oder *Imitieren*, können sowohl in Einzelarbeit als auch in Paaren oder Gruppen durchgeführt werden. Es ist für die Vorbereitung unserer Englischschüler auf autonomes Lernen bzw. Weiterlernen nicht unwichtig, ob sie über ein ausreichend großes Repertoire zum selbst gesteuerten Üben verfügen. Abwechslungsreiches, systematisches und sinnvolles Üben im Englischunterricht dient demnach nicht nur der Verbesserung des Sprachkönnens der Lernenden, sondern auch dem Training von Arbeits- und Lerntechniken.

7 Lernstrategien und Lerntechniken für Schüler

Helga Haudeck

Die Begriffe „Lernstrategien" und „Lerntechniken" sind in den vergangenen Jahren verstärkt in die Diskussion der Fremdsprachendidaktik eingegangen. Im alltäglichen Fremdsprachenunterricht jedoch sind sie immer noch in Randbereiche verdrängt. Lehrer erkennen zwar die Notwendigkeit, hier neue Wege zu gehen, sie fühlen sich jedoch durch die uneinheitliche Begriffsverwendung verwirrt und bezüglich der konkreten Umsetzung im Unterricht verunsichert.

Die Forschungslage bietet zu dieser Thematik noch keine widerspruchsfreien Befunde. Dies liegt nicht zuletzt daran, dass die Fremdsprachendidaktik im Spannungsfeld zwischen *Instruktion* und *Konstruktion* immer noch um Orientierung ringt. Weitere Untersuchungen sind deshalb erforderlich.

1. Begriffsklärung

Es gibt in der gegenwärtigen lern- und spracherwerbspsychologischen sowie didaktischen Literatur eine verwirrend große Anzahl unterschiedlicher Definitionen zum Strategiebegriff (vgl. Zimmermann, 1997). Die Überlegungen dieses Kapitels basieren auf folgender Begriffsgrundlage:

In der kognitiven Psychologie versteht man unter *Lernen* die Aufnahme und Verarbeitung von Informationen, die der Selbststeuerung des Lernenden unterliegt. Die Prozesse, die der Aufnahme und der Verarbeitung zugrunde liegen, werden von Strategien bestimmt. *Lernstrategien* strukturieren demnach die Art und Weise, wie Lernhandlungen ausgeführt werden. Sie sind handlungsprägende Muster oder Pläne, nach denen ein Lerner vorgeht, um eine bestimmte Lernanforderung zu bewältigen (vgl. Nold, Haudeck & Schnaitmann, 1996; Haudeck, 1996).

Lernstrategien reihen sich in das umfassendere Konzept der *Lernerstrategien* ein (vgl. Kap. B.4, Abschnitt 2.1), welches strategische Verhaltensweisen nicht nur beim Fremdsprachenerwerb, sondern auch beim Fremdsprachengebrauch einschließt. Nun impliziert jedoch Fremdsprachenerwerb notwendigerweise bereits Fremdsprachengebrauch. Mit anderen Worten: In einem ganzheitlich orientierten Fremdsprachenunterricht werden sprachliche Mittel sowie rezeptive und produktive Fertigkeiten in erster Linie im Gebrauch, d. h. in der fremdsprachlichen Kommunikation erworben. Beim schulischen Grammatikerwerb sind allerdings häufig auch metasprachliche Prozesse beteiligt, wobei es unterschiedliche Standpunkte darüber gibt, zu welchem Zeitpunkt sie zum Tragen kommen und welchen Stellenwert sie im Fremdsprachenunterricht besitzen sollten (vgl. Kap. E.4 und E.5).

Auf das Lernen bezogene Strategien, so genannte metakognitive Lernstrategien, beeinflussen alle Lernbereiche und sollten deshalb hier ebenfalls angesprochen werden (vgl. Kap. B.4, Abschnitt 2.5). Mithilfe metakognitiver Lernstrategien werden Lernaktivitäten geplant, überwacht und bewertet, wohingegen kognitive Lernstrategien direkt auf die Informationsverarbeitung während der Lernaktivität einwirken.

Dass auch *soziale Strategien* bei Schülern eine große Rolle spielen, beweist das Interesse an Kontaktaufnahmen mit Sprechern der Zielsprache, z. B. über Brieffreundschaften, Austauschprogramme oder neuerdings E-Mail-Projekte (vgl. ebd., Abschnitt 2.6).

Um zu betonen, dass sich die folgenden Ausführungen vornehmlich auf das *Lernen* der Fremdsprache beziehen, wird im weiteren Verlauf generell von Lernstrategien die Rede sein, auch wenn sie anderen der in Kap. B.4 genannten Lernerstrategien zugeordnet werden können. Da Lernstrategien intern vom Lerner je nach individuellem Wissensstand, aktueller Lernanforderung und Zielorientierung flexibel eingesetzt (und oft ad hoc verändert) werden, sind sie meist nicht konkret fassbar. Das strategische Vorgehen des Lerners kann sich jedoch an konkreten Lernhandlungen ablesen lassen, mit denen der Lerner unter Einsatz von adäquaten *Lerntechniken* ein bestimmtes Lernziel erreichen möchte. Die allgemein akzeptierte Definition Rampillons (1989, S. 14) definiert Lerntechniken als „Verfahren, die vom Lernenden absichtlich und planvoll angewandt werden, um sein fremdsprachliches Lernen vorzubereiten, zu steuern und zu kontrollieren". Darüber hinaus sollen in diese Begriffsbestimmung allgemeine Techniken des „Lernen Lernens" mit einbezogen werden, da sie von fremdsprachenspezifischen Lerntechniken nicht immer eindeutig abgegrenzt werden können.

2. Lernstrategien und Fremdsprachenerwerb

Neuere Erkenntnisse der kognitiv orientierten Lernpsychologie zeigen, dass die überaus komplexen Lernprozesse vom Lerner aktiv und selbstständig durchgeführt werden. Er „konstruiert" seine Wissens- und Verstehensstrukturen, indem er auf sein bisheriges Welt- und Sprachwissen, das je nach Lerner individuell verschieden ist, zurückgreift und es mit neuen Informationen verbindet. Diese „Selbstorganisation" des Lernens (Bleyhl, 1993; vgl. auch Kap. B.3) ist auch der Grund dafür, dass eine beliebige Steuerung von außen nicht direkt möglich ist. Der Aufsatz von Allwright (1984) mit dem provokativen Titel "Why don't learners learn what teachers teach?" weist auf diesen Sachverhalt hin.

Es drängt sich die Frage auf, ob man nicht bestimmte Faktoren der natürlichen, beim Erwerb der Muttersprache wirksamen – und ja außerordentlich effektiven – Sprachlernfähigkeit auch im Fremdsprachenunterricht nutzbar machen kann. So ist im natürlichen Spracherwerb eine lange innere Verarbeitungsphase zu verzeichnen, in der „Hypothesen" zu den mannigfach auftretenden Spracherscheinungen gebildet, überprüft, präzisiert und angepasst werden. Diese Strategien des Hypothesenbildens und -testens wendet das Kind zunächst unbewusst nicht nur beim Sprechenlernen, sondern auch in anderen kognitiven Entwicklungsbereichen an. Ähnliche Denkprozesse finden sich aber auch bei kognitiv ausgereifteren Sprachenlernern, die in einer natürlichen Umgebung (im Gegensatz zur schulischen) eine Sprache erwerben. Dabei ist das strategisch bewusste oder potenziell bewusste Vorgehen primär auf den Inhalt, nicht auf den sprachlichen Lernprozess gerichtet (*fertigkeitsbezogene Strategien*; vgl. Kap. B.4, Abschnitt 2.2).

Der „erwerbsorientierte" Fremdsprachenunterricht (vgl. Kap. E.3) berücksichtigt diese natürlichen Spracherwerbsprinzipien, indem er dem Schüler einerseits ein *rich language environment* bietet und andererseits längere rezeptive Phasen als „Inkubationszeiten" zugesteht (vgl. Kap. E.3, Abschnitt 3). Bei einem derartigen Aufbau der Fremdsprache kann sich beim Lerner ein intuitives Sprachgefühl entwickeln (vgl. Kap. E.4, Abschnitt 1).

Auf der anderen Seite ist festzustellen, dass diese „von Natur aus" dem Menschen mitgegebenen Strategien für die in der gegenwärtigen schulischen Landschaft gestellten Lernanforderungen nicht ausreichen, weil die Schule – etwa im Grammatikunterricht – andere Aufgaben stellt, als sie der Lerner beim natürlichen Spracherwerb zu bewältigen hat. Jeder

Schüler entwickelt deshalb im Laufe seiner Schulzeit Strategien, um diesen Anforderungen zu begegnen. Treten Lernschwierigkeiten auf, so könnte ein Grund darin liegen, dass der Schüler ineffektive Strategien anwendet (vgl. Zielinski, 1995). Hier ist nun die Schule gefordert, durch die Bewusstmachung und Bewertung strategischer Vorgehensweisen und ihrer Realisierung mithilfe von Lerntechniken dem Schüler die Erfahrung zu ermöglichen, dass er selbst steuernd in seine Lernprozesse eingreifen kann. Dies ist ein wichtiger Faktor beim Aufbau von Eigenverantwortlichkeit und Selbstbestimmung. Ein Unterricht, in dem verschiedene Lerntechniken vorgestellt werden und die Schüler die Möglichkeit haben, diese an aktuellen Lernaufgaben (in verschiedenen Sozialformen wie auch in Freiarbeitsphasen) auszuprobieren und in ihrer Funktions- und Wirkungsweise zu analysieren, wird diese darin unterstützen, ihre bisherigen Lerngewohnheiten zu erkennen und zu bewerten. Folglich ermöglicht erst die Bewusstmachung von Lernprozessen den Schülern, „introspektiv" eigene Lerngewohnheiten zu erforschen. Durch die Thematisierung verschiedener Lernwege erkennen sie auch, dass es je nach bevorzugten Eingangskanälen unterschiedliche *Lernertypen* mit unterschiedlichen Lernmodi gibt (vgl. Abschnitt 3.2) und dass sie selbst aktiv ihre eigenen Wege finden müssen. Wenn dann neu erworbene Lerntechniken bessere Lernerfolge zeitigen, wirkt sich dies auf das Selbstbewusstsein und die Lernmotivation verstärkend aus.

3. Konsequenzen für den Fremdsprachenunterricht

3.1 *Die Rolle des Lehrers*

Fremdsprachenunterricht war und ist zum Teil immer noch dadurch geprägt, dass Lehrer glauben, durch didaktisch „richtige" Entscheidungen über Lerninhalte und -ziele, über Lehrmethoden und Unterrichtsmittel bei Schülern Lernprozesse in Gang setzen und steuern zu können. Die Aufgabe der Schüler besteht danach nur darin, auf die Lehrersteuerung hin zu reagieren. Viele engagierte Lehrer machen jedoch die Erfahrung, dass sie den tatsächlich stattfindenden oder auch nicht stattfindenden Lernprozessen der Schüler eher ohnmächtig als allmächtig gegenüberstehen. Und häufig führt das Versäumnis, das Unterrichtsgeschehen für die Schüler sinnvoll zu gestalten, dazu, dass diese sich nicht ernst genommen fühlen.

Die heutige Betonung der Lerner- und Lernorientierung erfordert jedoch eine deutlich veränderte Unterrichtsgestaltung. Der Lehrer stellt Lernmaterialien und Arbeitsmittel bereit, erläutert ihre Nutzungsmöglichkeiten, moderiert als Lernberater die Eigenaktivität der Schüler und leistet Hilfestellung bei Problemen, die die Schüler noch nicht eigenständig bewältigen können. Als *classroom manager* thematisiert er auch Lernprozesse und Lerntechniken und gibt Hilfen zur Introspektion im „pädagogischen Dialog" (P. Roth, 1996, S. 139), z. B. durch den Einsatz von Fragebögen, das Führen von Lerntagebüchern oder durch die Möglichkeit zum Erfahrungsaustausch. Phasen der externen Steuerung werden vom Lehrer bewusst schrittweise zurückgenommen zugunsten einer zunehmenden Selbststeuerung des Schülers (Prinzipien des *scaffolding*; vgl. Friedrich & Mandl, 1992, S. 32; Lehtinen, 1992, S. 138; Simons, 1992, S. 263). Unterstützend wirkt es sich auch aus, wenn der Lehrer gleichzeitig ein Modell für autonomes Lernen darstellt, indem er bei auftretenden Fragen seine persönlichen Lerntechniken im Unterricht vorstellt.

Ein derartiger Unterricht ist also vor allem auf die Förderung von Lernprozessen, nicht nur auf Lernergebnisse, ausgerichtet (vgl. Rampillon, 1995a, S. 55).

3.2 *Lernertypen*

Lernprozesse werden vom *Lern-* bzw. *Lernertyp* des Schülers mitbestimmt. Diese Begriffe beziehen sich zum einen auf die bevorzugten Eingangskanäle der Informationsaufnahme ins sensorische Gedächtnis, zum anderen aber auch auf die mentalen Prozesse, die der Informationsverarbeitung und -aufbereitung dienen.

Bezüglich der *Informationsaufnahme* unterscheidet M. Kieweg (1996, S. 19) acht verschiedene Lerntypen: 1. visuell, 2. auditiv, 3. audio-visuell, 4. haptisch, 5. abstrakt-verbal, 6. mediumorientiert, 7. einsichts- bzw. sinnanstrebend und 8. kontakt- bzw. handlungsorientiert.

Bei den *mentalen Prozessen* trennt A. de la Garanderie in seinen Forschungsarbeiten zur *gestion mentale* zwischen visuellen und verbal-auditiven „Evokationen" (P. Roth, 1996, S. 134ff.). Dabei verweist Roth auf die Unterscheidung zwischen der Wahrnehmung, die ein mehr oder weniger flüchtiger Sinneseindruck ist, und der Evokation als „innere aktive Rückkehr zu den Sinneseindrücken, um ihnen Sinn zu verleihen, sie zu interpretieren, sie in Verbindung mit Vorwissen zu bringen oder einfach sie zu kodieren und zu memorieren" (ebd., S. 142).

Wenn also der Lerner in der Lage ist, *bewusst* Evokationen zu schaffen, steuert er sein Lernen gezielt. Voraussetzung dafür ist, dass er seine eigenen Evokationsgewohnheiten erkannt hat. Ein „visueller" Typ wird sich bemühen, akustische Information in visuelle Vorstellungen umzuwandeln, vor seinem inneren Auge entstehen zu lassen. Ein „verbal-auditiver" Typ wird Gesehenes umwandeln in Sprache, die sein inneres Ohr hört. Schwieriger wird es für Lerner, die den Lernstoff kinästhetisch „begreifen" müssen. Sie sind in der gegenwärtigen Unterrichtspraxis, in der der größte Teil des Lernstoffes nicht kinästhetisch vermittelt wird, meist benachteiligt. Mögliche Wege könnten das selbstständige Anfertigen von Anschauungsmaterial zum jeweiligen Lernstoff (vgl. M. Kieweg, 1996, S. 20) oder auch mentale Vorstellung eines sensomotorischen Umgangs mit dem Lernstoff sein (z. B. Wörter im Geist niederschreiben, vergleichbar einem Hürdenläufer, der seine Laufstrecke mental abläuft und dabei seinen Schrittrhythmus mit den Hürdenabständen koordiniert).

Selbstverständlich sind die oben beschriebenen Lernertypen idealtypisch zu verstehen. Die meisten Schüler sind mehreren Formen (mit bestimmten Präferenzen) zuzuordnen. Dennoch ist es sinnvoll, dass sie mögliche Vorgehensweisen und Gewohnheiten erkennen und nutzen bzw. bisher vernachlässigte Vorstellungsformen stärken, um das Lernen effizienter zu gestalten. Der von Finkbeiner entwickelte Lerntyptest, der auf den Englischunterricht zugeschnitten wurde, kann Schülern bei diesem Unterfangen eine wertvolle Hilfe sein (Finkbeiner, 1995a, S. 351ff.; in Anlehnung an Vester, 1996, S. 144–151).

3.3 *Kognitive Lernstrategien und Lerntechniken des Fremdsprachenunterrichts*

Kognitive Lernprozesse lassen sich in die zwei Bereiche der Informationsaufnahme und -verarbeitung einteilen. Ein Bruchteil der Informationen, die über unser sensorisches Gedächtnis aufgenommen werden, gelangt in das so genannte Kurzzeitgedächtnis, das wie ein Arbeitsspeicher funktioniert. Um diese Informationen ins Langzeitgedächtnis aufzunehmen, müssen weitere Verarbeitungs- bzw. Lernprozesse stattfinden. Ein wirklicher Lernerfolg ist dann gegeben, wenn man das Gelernte nicht nur unmittelbar nach der Aufnahme, sondern auch zu einem späteren Zeitpunkt abrufen kann. Welcher Lehrer und Schüler kennt nicht die leidvolle Erfahrung, dass auswendig gelernte Vokabeln in der darauf folgenden Unterrichtsstunde ohne Probleme wiedergegeben werden können, nach einigen Tagen jedoch bereits nicht mehr abrufbar sind. Andererseits sind bestimmte Phrasen oder ganze Texte (z. B. Gedichte, Liedtexte, Dialoge, Texte aus Theaterstücken), die vor Jahren gelernt wurden, ein Leben lang im Gedächtnis präsent, häufig sogar verbunden mit Erinnerungen an die Begleitumstände des Lernens. In diesem Fall wurde *ganzheitlich* gelernt, d. h., logisch-rationale Denkoperationen wurden mit Reim, Rhythmik, Musik, Emotionen, Assoziationen und Bewegungen verbunden (vgl. Timm, 1995b).

Es gibt also unterschiedlich wirkende Lernstrategien, die die Informationsaufnahme und -verarbeitung steuern. Abb. 1 gibt einen Überblick über die für das Fremdsprachenlernen relevanten Lernstrategien und entsprechende Lerntechniken; Abb. 2 ist ein Beispiel für die unter Punkt 6 genannten *mind maps*.

Kognitive Lernstrategien	Beispiele für entsprechende Techniken
1. Erschließungsstrategien (*inferencing; transfer*)	● Bedeutungserschließung von unbekannten Wörtern, Worteinheiten oder Strukturen aus dem Gesamtzusammenhang (*inferencing*) ● Bedeutungserschließung aus der Muttersprache oder anderen Sprachen über die akustische (z. B. *grass* oder *blonde*) oder grafische Ähnlichkeit (z. B. *tunnel* oder *pilot*) (*transfer*) (Weitere Beispiele für Erschließungstechniken in Rampillon, 1989.)
2. Nutzung zielsprachiger Referenzmaterialien (*resourcing*)	● Techniken des Wörternachschlagens (Wörterbuch, Wortlisten im Schulbuch) ● Lösung von grammatischen Problemen mithilfe von Grammatiken, dem Grammatikanhang im Schulbuch usw. ● Nutzung der Lautschrift bei Fragen zur Aussprache
3. Memorierungs-/ Wiederholungs- strategien (*repetition*)	● Imitation eines Sprachmodells auf Cassette, CD-ROM o. a.: Nachsprechen, Mitsprechen, Voraussprechen/Freisprechen und danach Vergleichen mit Sprachmodell auf Tonträger als Lernkontrolle ● Mündliches und schriftliches Wiederholen von Wörtern, *phrases* und *institutionalized sentences* (vgl. Lewis, 1993), z. B. mithilfe einer Vokabelkartei oder eines Vokabelringbuchs ● Auswendiglernen: *Read-and-look-up*-Methode, *backward buildup technique*, stiller Monolog, lautes Vor-sich-hin-Sprechen (vgl. Rampillon, 1989) ● Selbstverfassen von Übungen (z. B. Kreuzworträtsel, *cloze*-Tests) ● Sich selbst abfragen (lassen)
4. Organisationsstrategien (Klassifizierungs- strategien) (*structuring; grouping*)	● Visualisierung/Strukturierung, z. B. farbliches Hervorheben bestimmter lexikalischer oder struktureller Erscheinungsformen wie *-y/-ies*; Anordnung von Sätzen oder Satzteilen in Spalten entsprechend ihrer jeweiligen Funktion; Herstellung von Bezügen mittels Doppelpfeilen (vgl. auch Rampillon, 1989) ● Wortschatzorganisation (*grouping*), z. B. Zusammenstellung von Wortfeldern, Hierarchisierungen, *collocation boxes* und *pattern displays* (vgl. Lewis, 1993, S. 124), subjektiv bestimmte Gruppierungen, in denen der Schüler Wörter, Phrasen und Sätze zu Einheiten gemäß seines Weltwissens zusammenstellt

Kognitive Lernstrategien	Beispiele für entsprechende Techniken
5. Informationsreduzie-rende Strategien	• *Note-taking* • *Summarizing*
6. Elaborationsstrategien[1] (*elaboration*)	• Mnemotechniken[2], z. B. Schlüsselwortmethode, „Eselsbrücken" (vgl. auch Metzig & Schuster, 1993; Finkbeiner, 1995b) • Assoziationen, z. B. durch *mind mapping* (vgl. Abb. 2) • bildhafte, akustische, kinästhetische Evokationen (Vorstellungen) • Ausdruck von Gefühlen beim lauten Sprechen (z. B. Wut, Freude, Verlegenheit), dabei bildliche Vorstellung oder mimischer Ausdruck entsprechender Situationen • Wiedergabe von Lernstoff in eigenen Worten (z. B. eigene Schüler-grammatik verfassen) • Verbindung neuer Information mit persönlicher Betroffenheit und Erfahrungen • Kritische Stellungnahme zu neuer Information

Abb. 1: Kognitive Lernstrategien und Lerntechniken beim Fremdsprachenlernen

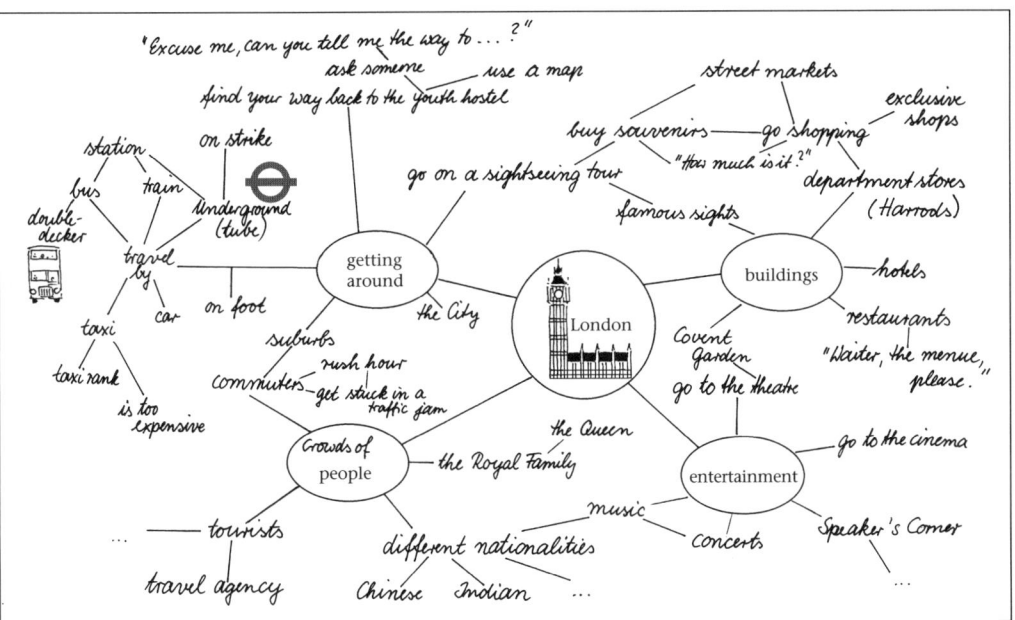

Abb. 2: *Mind map* (7. Klasse, Thema: London)

[1] Unter *Elaborationen* versteht man kognitive Operationen, über die der Lerner die wahrgenommene neue Information mit seinem bereits gespeicherten Wissen verknüpft. Sie unterstützen sowohl das Verstehen als auch das Behalten, weil sie im Gegensatz zum bloßen Memorieren über Bedeutungszusammenhänge mehr Zugangswege zum Gedächtnis ermöglichen.
[2] Mithilfe von *Mnemotechniken* wird Lernstoff, der „bedeutungsarm" und „unstrukturiert" ist, mit Bedeutung „angereichert", damit er leichter gelernt werden kann (vgl. Friedrich & Mandl, 1992, S. 12).

Einige der oben aufgeführten Strategien und Techniken sind vom Lerner im Lauf seiner Lerngeschichte ausgebildet worden, ohne dass er sich ihrer explizit bewusst wurde. Beispielsweise wendet jeder Lerner beim natürlichen Spracherwerb implizit Erschließungsstrategien an. Es ist jedoch festzustellen, dass sie von Schülern im Fremdsprachenunterricht nur in geringem Maße eingesetzt werden (vgl. auch Kap. B.4, Abschnitt 2.2: *fertigkeitsbezogene Strategien*). Was könnte der Grund dafür sein? Sicherlich nicht die Tatsache, dass diese Strategien unbewusst angewandt werden, sondern eher, dass traditionell entstandenes Unterrichtsverhalten Schüler dazu erzieht, ihre „natürlichen Strategien" verkümmern zu lassen und sich erst an der Hand des Lehrers oder mithilfe von Wörterbüchern oder anderen Hilfsmitteln sicher zu fühlen. Häufig anzutreffende Lehrerfragen bei der Begegnung mit fremdsprachlichem Material wie z. B. "Are there any words in this text you don't know?" sind Indikatoren dafür. Um dieses selbst gemachte Problem zu lösen, bietet man gut gemeinte Hilfestellungen in Form expliziter Techniken an, die sich später als Stolpersteine erweisen, anstatt Schüler lexikalische Einheiten mehrfach in ganzheitlichen Kontexten erfahren zu lassen. Der jeweilige Kontext aktiviert das individuelle Weltwissen der Schüler und hilft ihnen auf diese Weise neue Worteinheiten und Strukturen aus dem Gesamtzusammenhang zu erschließen.

Wie beschreiben nun aber Schüler ihre individuelle Art zu lernen? Spiegeln sich die in Abb. 1 genannten Lernstrategien und Lerntechniken in ihren Aussagen wider? Auf die Frage, wie man sich den Lernstoff am besten einprägt, nennen die Schüler vor allem Techniken, die sich auf das Wiederholen beziehen (*repetition*): „mehrmals durchlesen, nochmals anschauen, auswendig lernen".[3] Unabhängig von der Art und Weise, wie z. B. Vokabeln im Unterricht eingeführt werden, versuchen Schüler sie zu Hause in Form von Vokabelgleichungen und Definitionen im Gedächtnis zu verankern. Häufig setzen sie dabei „Lernen" mit „Auswendiglernen" gleich. Diese Vorgehensweise übertragen sie auch auf andere Bereiche des Fremdsprachenunterrichts wie etwa das Grammatiklernen.[4]

Der Schulalltag zeigt jedoch, dass diese Vorgehensweise zu keiner lang andauernden Speicherung führt. Durch ein solches oberflächennahes Lernen findet keine wirkliche Vernetzung von neuer Information mit dem bereits bestehenden Vorwissen statt. Eine größere Verarbeitungstiefe im Sinne des *deep processing* bieten demgegenüber *Elaborationen*. Wenn Schüler auf die Frage „Wie prägst du dir den Lernstoff am besten ein?" Antworten geben wie „in meinen Worten wiedergeben, mir selbst erklären, das Wichtigste herausschreiben, Eselsbrücken machen, Beispiele dazu suchen", so sind sie sich dieser effektiveren Methode(n) durchaus bewusst.

In seinen Überlegungen zum autonomen Wortschatzerwerb erläutert Macht (1995, S. 22) die Techniken der „akustischen" und der „visuellen Kodierung" und weist auf die

[3] Dies ergaben Lerntagebucheintragungen von Schülern der 8. Klasse Realschule im Rahmen des Ludwigsburger Forschungsprojektes „Lernstrategien zur Förderung von Verstehensprozessen in verschiedenen Fächern 1994/95" (Nold, 1996; Nold, Haudeck & Schnaitmann, 1997).

[4] Nach einer exemplarischen Vorstellung von drei alternativen Lernwegen zur Aufnahme und Verarbeitung grammatischer Strukturen (vgl. Haudeck, 1996) wurde im Lerntagebuch gefragt: „Fallen dir noch andere Wege zum Lernen von Grammatik ein?" Die folgende Schülerantwort steht exemplarisch für viele: „Ich finde, man sollte auswendig lernen. Dann soll das, was ich auswendig gelernt habe, auch in der Arbeit drankommen. Das ist für mich das beste. Bester Weg zum Lernen von Grammatik ist: Auswendig lernen!"

Nützlichkeit von „Geruchs-" und „Berührungskodierungen" hin. Auf diese Weise werden Begriffe in vielfältiger Weise mit dem Vorwissen verknüpft, aus neurophysiologischer Sicht werden „neuronale Muster" aufgebaut, verändert und miteinander verbunden (vgl. Timm, 1995c, S. 133).[5] Solche persönlichen Kodierungsgewohnheiten sind Schülern häufig nicht bewusst und werden deshalb nur in wenigen Fällen als mögliche Lernwege angesprochen (auditiv: „Ich nehme meinen Cassettenrecorder, halte mein Grammatikheft und spreche alles auf Band und höre es mir immer wieder an", visuell: „Mit dem Passiv habe ich mich mithilfe von Bildern, aber auch Merksätzen beschäftigt. Ich konnte es mir mit Bildern am besten merken"). Es ist zu vermuten, dass gerade diese Art der Informationsaufnahme und -verarbeitung im Unterricht noch zu wenig thematisiert wird. Der Kommentar eines Schülers, „Ich finde, die Grammatik kann man nur so lernen wie man es gelernt gekriegt hat. Ein neues Verfahren würde alles durcheinander bringen", weist darauf hin, wie wichtig es ist, von Anfang an unterschiedliche Lernwege in den Unterricht zu integrieren.

3.4 Metakognitive Lernstrategien und Techniken des „Lernen Lernens"

Den Techniken des „Lernen Lernens", auf die in den vergangenen Jahren in der pädagogischen und fremdsprachendidaktischen Diskussion verstärkt Bezug genommen wurde, liegen metakognitive Lernstrategien zugrunde. Sie lassen sich drei Bereichen zuordnen, dem Planen (*planning*), dem Überwachen und Steuern (*monitoring*) und dem Bewerten (*evaluating*) von Lernprozessen (vgl. O'Malley & Chamot, 1990; Ellis, 1994a, S. 538).

In Abb. 3 auf S. 350 sind einige Beispiele für Techniken angeführt, die diesen drei Bereichen zugeordnet werden können. Es wird hier schon erkennbar (z. B. beim Führen eines Lerntagebuchs), dass eine eindeutige Zuordnung nicht immer möglich ist und es unscharfe Übergangsbereiche gibt.

Während der Lerner im natürlichen Spracherwerb die erfolgreiche Kommunikation als primäres Ziel verfolgt, definieren Schüler im schulischen Fremdsprachenunterricht ihren Lernerfolg über ihre Resultate bei der Leistungsmessung.[6] Dementsprechend planen, steuern und bewerten sie auch ihre Lernaktivitäten. Solange also im Fremdsprachenunterricht in erster Linie doch für die Schule, d. h. für die Klassenarbeiten, und nicht für „das Leben" gelernt wird, werden manche auf lange Sicht effektive Strategien auf der Strecke bleiben.

---

[5] Vergleicht man z. B. die Vorstellung eines „sandwich" mit der Vorstellung eines „belegten Brotes" (als Wortgleichung in vielen Schulbüchern zu finden), so wird man hier zwei vollkommen unterschiedliche visuelle und wohl auch geschmackliche Assoziationen antreffen. Eine multisensorische Kodierung könnte z. B. so erreicht werden, dass die Schüler verschiedene Arten von *sandwiches* mit verbaler (durch den Lehrer oder über Cassette) und visueller (Foto, Skizze o.Ä.) Unterstützung zubereiten und natürlich auch kosten, wobei Geschmacks- und Tastsinn zu zusätzlichen Gedächtnisverankerungen führen. (Dieser Aufwand lohnt natürlich nur, wenn die *sandwiches* zusammen mit anderen Speisen in einen größeren Kontext eingebettet sind.)

[6] Beispiele von Schüleraussagen in den Lerntagebüchern zu der Frage „Hältst du dich für einen erfolgreichen Lerner in Englisch?": „Es kommt auf den Stoff an, über den die Arbeit geschrieben wird." – „Schwer zu sagen, erst recht, weil ich in der letzten Arbeit eine 4 hatte. Aber im Normalfall bin ich durchschnittlich." – „Na ja. Es geht! Im Diktat bin ich gut, in der Grammatik, da geht es gerade noch, bei den Vokabeln bin ich auch gut."

Metakognitive Lernstrategien	Beispiele für Techniken des „Lernen Lernens"
1. Planen (*planning*)	• Zielsetzung • Selbstmotivation • Zeiteinteilung (z. B. Berücksichtigung der individuell verschiedenen optimalen Lernzeiten) • Gestaltung einer günstigen Lernumgebung (ergonomischer Arbeitsplatz, entspannte Atmosphäre) • Gezieltes Suchen nach Informationsquellen und multisensorischen Aufnahmemöglichkeiten
2. Überwachen und Steuern (*monitoring*)	• Verständniskontrolle (während der Aufnahme des Lernstoffes) und Erinnerungskontrolle (in zeitlichen Abständen) • Lerntagebuch • Kontrolle der Aufmerksamkeit • Korrekturlesen
3. Bewerten (*evaluating*)	• Lernzielkontrolle • Lerntagebuch • Erfahrungsaustausch mit anderen Lernern • Fehlerstatistik

Abb. 3: Metakognitive Lernstrategien und Techniken des „Lernen Lernens"

3.5 *Weitere Bedingungen für den Erwerb und Einsatz von Lernstrategien und Lerntechniken*

Selbst bestimmtes Lernen ist ein wesentlicher Bestandteil der generellen schulischen Erziehungsziele wie Selbstständigkeit und Mündigkeit. Dabei ist es notwendig, dass Schüler sich die ihnen angemessenen, auf die jeweilige Lernanforderung und das Lernziel abgestimmten Lerntechniken auf der Grundlage effektiver Lernstrategien aneignen und sie dann anwenden. Strategienerwerb und -gebrauch wird jedoch von motivationalen und sozioemotionalen Faktoren mit bedingt (vgl. Lehtinen, 1992). Empirische Untersuchungen wie das Ludwigsburger Forschungsprojekt zu Lernstrategien zeigen, dass sich „emotional-motivationale und kognitive Prozesse gegenseitig durchdringen" (Nold, 1996, S. 168). Wenn Schüler eine (Lern-)Aufgabe oder ein Problem als ihre eigene Sache, d. h. auf ihre Bedürfnisse und Interessen abgestimmt, ansehen und eine Lösung finden wollen, werden sie auch effektiven Lerntechniken einen hohen Stellenwert zumessen. Erinnert sei hier nur an das Engagement, das Schüler zeigen, wenn es z. B. darum geht, fremdsprachliche „Botschaften" eines Popsängers zu verstehen und zu interpretieren oder fremdsprachliche Anleitungen zu Computerprogrammen umzusetzen. In der Formel von *skill and will* (vgl. auch Baumert, 1993) kommt die enge Verbindung dieser beiden Bereiche zum Ausdruck. Deshalb ist es zum einen wichtig, dass die Thematisierung von Lernstrategien und Lerntechniken an interessanten und motivierenden, den Bedürfnissen der Schüler entsprechenden Lerninhalten ausgerichtet werden, und zum anderen, dass selbstwertbedrohende Situationen wie z. B. kontinuierliche Misserfolgserlebnisse, welche die Schüler daran hindern, sich mit Lerninhalten strategisch adäquat auseinanderzusetzen (Lehtinen, 1992, S. 136), soweit wie möglich vermieden werden.

4. Schlussbemerkung

Bei allen Diskussionen zu Lernstrategien und Lerntechniken muss man sich einer Gefahr bewusst sein. Wenn Personen, die den Lernprozess mit begleiten, am Dogma des Instruktivismus festhalten, so werden sie Lernstrategien formal lehren, vergleichbar dem formalen Grammatikunterricht. So wie das explizite Unterrichten von Grammatikregeln jedoch keineswegs garantiert, dass sich Schüler grammatikalisch korrekt in der Zielsprache äußern können, wird explizites Lehren von Strategien und Techniken nicht zwangsläufig zu einer erfolgreichen Strategieanwendung aufseiten der Schüler führen. Little plädiert stattdessen dafür, dass während der Lösung von immer wiederkehrenden Aufgaben eine *strategic awareness* entwickelt wird, in anderen Worten: "learning by reflection interacting with learning by doing" (Little, 1997, S. 6).

Ausgehend von der konstruktivistisch begründeten „Unmöglichkeit, die Wahrnehmung und das Erkennen steuernd von außen zu beeinflussen" (Wolff, 1994a, S. 412), bleiben dem Lehrer zwei Aufgaben:

- Vertrauen in die Sprachlernfähigkeit seiner Schüler und damit auch in die Wirksamkeit impliziter, d. h. unbewusster Lernstrategien zu setzen, indem er für ein *rich language environment* sorgt und *incubation periods* zulässt, und
- dort Hilfestellungen für die eigenverantwortliche Selbststeuerung des Schülers zu geben, wo die impliziten Lernstrategien nicht ausreichen, indem verschiedenartige Lernwege, in denen sich individuelle Lernstrategien und Lerntechniken widerspiegeln, an bestimmten Lernanforderungen aufgezeigt und den Schülern zum Bewusstsein gebracht werden.

Wenn dann die gestellten Lernaufgaben an den Schülerinteressen orientiert sind, motivieren sie die Schüler dazu, die ins Bewusstsein gerückten Strategien und Techniken nicht nur zu kennen, sondern auch anzuwenden. Inwieweit Schüler dann in der Lage und willens sind, diese Hilfestellungen anzunehmen und umzusetzen, entzieht sich allerdings dem direkten Einfluss des Lehrers.

F Leistungsfeststellung und -bewertung

1 Vom Umgang mit Fehlern
Konrad Macht

Eine natürliche Sprache ist als Zeichensystem so komplex und die Bezüge dieses Zeichensystems zu den situativen Konstellationen, in denen sie Verwendung finden, sind so vielfältig, dass es nicht möglich ist, sprachliches Handeln auf Anhieb völlig konventionsgerecht, d. h. fehlerfrei, zu meistern. Das gilt gleichermaßen für den Erstsprachenerwerb im Kleinkindalter, für den Zweitsprachenerwerb im reiferen Alter in zielsprachiger Umgebung sowie für das gesteuerte Fremdsprachenlernen von Schülerinnen im Unterricht. Allerdings neigen Lehrerinnen und Lehrer dazu, die Zahl der von den Lernenden gemachten Fehler als Gradmesser des Erfolgs ihrer eigenen Arbeit zu betrachten, und deshalb verwenden sie viel Mühe darauf, solche Fehler so schnell und so gründlich wie möglich „auszumerzen". Ausgehend von dieser Situation wird in diesem Kapitel gefragt, worin Fehler bestehen und wie Lehrende und Lernende auf Fehler reagieren sollen.

1. Worin bestehen Fehler?

Die Tatsache, dass ein Kommunikationspartner in einer gegebenen Sprachhandlung sprachliche Mittel benutzt, die in dieser Form von der konventionell zu erwartenden Realisierung abweichen, kann aus unterschiedlichen Perspektiven beschrieben und interpretiert werden.

1.1 *Fehler aus der Sicht des Lehrprozesses*
Generationen von Fremdsprachenlehrerinnen haben sich darum bemüht, die Fehler ihrer Schülerinnen zu kategorisieren in große Bereiche wie Grammatik, Wortschatz, Idiomatik, Orthographie, Stil usw. und innerhalb eines jeden dieser Bereiche noch einmal in Subkategorien wie *tense*, *prepositions*, *auxiliaries* usw. (vgl. z. B. Brinkmann, 1975; Burgschmidt & Cornell, 1979–1985). Da herkömmlicherweise der Lernstoff nach diesen Kategorien aufbereitet und behandelt wurde, ist es verständlich, dass die Lehrpersonen in dem so beschriebenen Fehlerinventar einen Gradmesser für den Erfolg ihres Unterrichts erblicken. Der Versuch, eine möglichst präzise Kennzeichnung und Zuordnung eines jeden Fehlers vorzunehmen, verfolgt also ein doppeltes Ziel. Zum einen soll dadurch die Lehrperson eine detaillierte Rückmeldung bekommen über diejenigen Bereiche des sprachlichen Systems, gegen die seitens der Lernenden noch am häufigsten verstoßen wird und die folglich besonders intensiv weiterbearbeitet werden müssen. Zum anderen soll es auf diese Weise auch den Schülerinnen erleichtert werden, sich auf bestimmte Aspekte des Sprachsystems zu konzentrieren.

Vom Standpunkt des Unterrichtenden aus gesehen ist es dabei wichtig, zu unterscheiden zwischen Fehlern, die eine grundsätzliche Unsicherheit oder Wissenslücke innerhalb eines sprachlichen Teilsystems verraten (Kompetenzfehler bzw. *errors*), und solchen Fehlern, die in einigen Sprachhandlungen zwar auftreten, in anderen aber vermieden werden, und die dem Lernenden selbst als Fehler bewusst sind (Performanzfehler bzw. *mistakes*; vgl.

Corder, 1967). Kompetenzfehler treten bei entsprechenden Kontexten mit hoher Wahrscheinlichkeit auf, Performanzfehler sind nur gelegentlich eingestreut und wechseln mit dem Gebrauch der zutreffenden Form ab. Kompetenzfehler deuten darauf hin, dass die kognitive Fundierung des Unterrichts nicht fest genug ist. Gehäufte Performanzfehler dagegen zeigen auf, dass die betreffenden Formen noch der weiteren Einübung bedürfen.

Die ausschließliche Beschäftigung mit der Einordnung von Fehlern in die verschiedenen sprachlichen Teilsysteme kann allerdings aus dem Auge verlieren lassen, dass Fehler auch dann entstehen können, wenn gegen überhaupt keine sprachliche Regel im engeren Sinne verstoßen worden ist. Im Zuge der kommunikativen Ausrichtung des Unterrichts ist es erforderlich, den Verstößen gegen Teile des sprachlichen Systems solche Verstöße gegenüberzustellen, die sich gegen den situationsangemessenen Gebrauch sprachlicher Mittel richten (Thomas, 1983). Es ist eine alte Erfahrung, dass nicht alle formal wohlgeformten Sätze in einer konkreten Situation auch als „passend", d. h. als konventionell üblich und vom zielsprachlichen Partner als erwartet empfunden werden. Das gilt nicht nur für konventionalisierte Kollokationen (vgl. Kap. E.2, Abschnitt 2.2) und sprachliche Rituale des Alltags, sondern auch für die impliziten Konventionen, die bei verschiedenen Sprachebenen, Registern und Textsorten eingehalten werden. Ein Schüler, der nach einer versäumten Unterrichtsstunde sagen würde: *I could not attend the last lesson, thus I am ignorant of what you did*, begeht damit zwar keinen System-Fehler, wohl aber mehrere Verstöße gegen den situationsangemessenen Sprachgebrauch. In einem konkreten Kommunikationsprozess sind Verstöße gegen den Gebrauch (*errors of use*) vielfach sogar störender als Verstöße gegen ein sprachliches Teilsystem (*errors of system*).

Der gesteuerte Fremdsprachenunterricht baut auf vorstrukturiertem sprachlichem Input auf. Dieser Input ist so ausgewählt, dass er sich im Rahmen eines bestimmten Sprachstandards bewegt und somit den Normen unterworfen ist, die für diesen Standard gelten. Theoretisch handelt es sich in den deutschen Schulen um das *Standard English*, wie es in der BBC und in *quality papers* verwendet wird. Andere Varianten des Englischen (nationale Standards, Regiolekte, Soziolekte und Idiolekte) werden dabei außer Acht gelassen und gelten als „schlechtes Englisch" oder gar als fehlerhaft. In der Praxis geht die Einengung noch einen Schritt weiter. Nicht das *Standard English* des tatsächlichen Gebrauchs wird als Norm verwendet, sondern nur das, was als seine Abstraktion in Grammatiken, Wörterbüchern und Lehrwerken niedergeschrieben ist bzw. das, was über die Lehrer den Schülern hiervon vermittelt wird und schließlich die Quintessenz des „Schulenglisch" bildet. So ist zu erklären, dass die Richtigkeitsnormen, an denen viele Lehrerinnen die Schülerleistungen messen, häufig künstliche, überkorrekte Normen sind, die mit dem tatsächlichen Sprachgebrauch in der englischsprachigen Welt nicht immer übereinstimmen. Deutsche Englischlehrerinnen sehen deshalb vielfach auch dort noch Fehler, wo englische Muttersprachler nichts auffallend bzw. unannehmbar Abweichendes entdecken würden. Dies gilt insbesondere für den Bereich der Grammatik.

1.2 *Fehler aus der Sicht des Lernprozesses*

Die Tatsache, dass Schülerinnen häufig die durch ihre Fehler verursachten aufgeregten Reaktionen der Lehrerinnen nicht recht verstehen können, erklärt sich daraus, dass sie in ihrem Lernprozess andere Aspekte im Vordergrund sehen, als dies aus der Sicht der Lehrenden der Fall ist. Letztere denken oft an eine einfache Übernahme des Lernstoffs durch die Lernenden und bei der Beurteilung des Erfolgs dieser Übernahme stellen sie einen Vergleich zwischen der vom Schüler produzierten und der intendierten normgerechten Sprachform an. Aus Schülersicht erscheint es dagegen viel nahe liegender, die produzierte fehlerhafte Form mit dem zu vergleichen, was im Speicher ihres sprachlichen Repertoires in diesem Augenblick verfügbar ist. Ihr Maßstab kann nur das sein, was sie kennen, und das ist nicht das vollständige System der Fremdsprache, das sie erst lückenhaft beherrschen. Wenn es bei den Lernenden eine Sorge gibt, dann bezieht sich diese nicht so sehr auf die im Idealfall anzustrebenden Normen, sondern eher auf die für sie immer wieder deutlich werdenden Bruchstellen und Grenzen ihres tatsächlich vorhandenen sprachlichen Wissens und Könnens. Aus der Sicht der Lernenden sind Fehler also Markierungen von Unsicherheitsstellen in ihrem gegenwärtigen Repertoire. Eine Beschreibung der Natur dieser Unsicherheitsstellen ist nur dann möglich, wenn es gelingt zu erklären, auf welche Weise das sprachliche Repertoire der Lernenden überhaupt aufgebaut wird. Dazu kann auf mindestens drei Hypothesen zurückgegriffen werden (vgl. Bausch & Kasper, 1979; Vogel, 1990).

(1) *Die Kontrastiv-Hypothese:* Das neue Sprachsystem entwickelt sich parallel zum System der Erstsprache. Der Lernende übernimmt bewusst oder unbewusst die sprachlichen Kenntnisse und Gewohnheiten, mit denen er aus der Erstsprache bereits vertraut ist, und überträgt sie in die Zielsprache.

An vielen Stellen des Systems sind sich die Strukturen der beiden Sprachen ähnlich; dort gelingt die Übertragung problemlos. Fehler im Sinne von interlingualen Interferenzen (d. h. negativem Transfer aus der Erstsprache) entstehen dort, wo die beiden Sprachen divergierende Strukturen bezüglich Aussprache, Wortschatz, Grammatik, Idiomatik usw. aufweisen. Lernende erleben in diesem Modell ihre Fehler also als Warnschilder, die auf Kontraststellen zwischen der Muttersprache und der Fremdsprache hinweisen. Sie verschwinden, wenn diese Gefahrenzonen vom betreffenden Lernenden besser erkannt und kontrolliert werden.

Dass beim Fremdsprachenlernen immer wieder an die Ausgangssprache angeknüpft wird und dass dabei vielfach Interferenzen entstehen, steht außer Zweifel. Mit großer Zurückhaltung wird allerdings heute die These betrachtet, dass die Muttersprache die einzige Ausgangsbasis für das Erlernen der Zielsprache sei. Analysen von Lernersprachen-Korpora sowohl aus Situationen des natürlichen Spracherwerbs als auch aus schulischen Lernsituationen (mit einsprachiger Unterrichtsführung) zeigen, dass bei weitem nicht alle, ja nicht einmal die meisten Fehler auf eine Beeinflussung durch die Ausgangssprache zurückgeführt werden können.

(2) *Die Identitäts-Hypothese:* Das neue Sprachsystem entwickelt sich nach Gesetzmäßigkeiten, die von der Natur vorgegeben sind (dem sog. *inbuilt syllabus*), und diese Entwicklung ist in ihrem Verlauf praktisch identisch mit der Entwicklung der Muttersprache (R. Ellis, 1994a, S. 63–67).

Über die Geschwindigkeit, mit der ein Lernender die verschiedenen vorgegebenen Stadien der Zweitsprachenentwicklung durchläuft, entscheiden in erster Linie Faktoren wie Input, *affective filter* und *habit of monitor-use*. Externe Faktoren, wie z. B. die Reihenfolge und Intensität der Präsentation von Grammatikstoffen, haben dagegen praktisch keinen Einfluss auf die Entwicklung der Zielsprache. Fehler im Sinne von noch nicht normgerechten Äußerungen sind nach dieser Auffassung notwendige Bestandteile der Sprachentwicklung (Bahns, 1991). Sie markieren lediglich das Stadium dieser Entwicklung, bei dem ein Lernender angekommen ist. Es ist sinnlos, den Lernenden für Fehler, die ja unvermeidbar sind, verantwortlich zu machen. Die einzige Möglichkeit, Fehler zu beseitigen, besteht darin,

durch vermehrten Input und durch erhöhte Motivation den sprachlichen Entwicklungsprozess möglichst rasch in ein weiteres Stadium überzuführen.

Das Identitäts-Modell, das v. a. von Stephen Krashen (1985) vertreten wurde, löste be-
greiflicherweise in Lehrerkreisen heftige Kontroversen aus. Neben forschungstechnischen
Einwänden wird dem Modell vor allem seine extreme Skepsis gegen alle Lehrprozesse vor-
geworfen, eine Skepsis, die angesichts der weltweiten und jahrhundertelang doch recht erfolgreichen Praxis des Fremdsprachenunterrichts ungerechtfertigt erscheint.

(3) *Die Interimsprachen-Hypothese:* Das neue Sprachsystem entwickelt sich als Interimsprache (*interlanguage*) zwischen Ausgangssprache und Zielsprache (Corder, 1981; Selinker,
1972, 1992 sowie Kap. A.3, Abschnitt 2.4).

Interlanguage ist die Summe der fremdsprachlichen Hypothesen und Verhaltensweisen
eines Individuums, die weder mit den Gesetzmäßigkeiten der Ausgangssprache noch mit
denen der Zielsprache in vollem Umfang identisch sind. Die Verantwortung für Fehler liegt
also nicht einfach bei den kontrastierenden sprachlichen Strukturen von Ausgangs- und
Zielsprache, auch nicht bei einem naturgegebenen Entwicklungsprozess, sondern bei der
Art und Weise, wie ein Lernender die ihm verfügbaren Informationen der unterschiedlichsten Art benutzt, um eigene Hypothesen aufzustellen. Fehler können reduziert werden,
wenn der Lerner so viele Hilfen bei der Informationsverarbeitung erhält, dass seine Hypothesen möglichst nahe an die Zielsprachennorm herankommen.

Die Interimsprache kann als eigenständiges Sprachsystem betrachtet werden, weil sie zu
einem gegebenen Zeitpunkt in sich schlüssige Äußerungen hervorbringt. Sie weist also einen relativ hohen Grad an Konsistenz in einem gegebenen Lernstadium auf. Trotzdem
zeigt sich die Interimsprache aber im Verlauf des Lernprozesses variabel, d. h. ständig um
noch engere Annäherung an die Zielsprache bemüht (*approximation*). Diese Variabilität in
aufeinander folgenden Lernstadien ist aus didaktischer Sicht das entscheidende Merkmal
der Interimsprache. Sie bedeutet, dass der Lernende zu jedem Zeitpunkt bereit ist, aufgrund
neuer Informationen oder aufgrund eines zur Revision zwingenden Feedbacks eine oder
mehrere gegenwärtig gehaltene Approximations-Hypothesen gegen neue auszutauschen.
Damit ist eine offene Haltung angesprochen, die generell als sprachliche Entwicklungsbe-
reitschaft (*readiness*) interpretiert werden kann.

Ist diese Bereitschaft zur Revision der jeweiligen Approximations-Hypothesen im
sprachlichen Entwicklungsprozess nicht oder nur eingeschränkt feststellbar, so ergibt sich
an verschiedenen Stellen des Interimsprachensystems eine noch nicht zielsprachenkon-
forme Fixierung, die seit Selinker (1972) als „Fossilisierung" bekannt ist. Solche Fossilisierungen scheinen blind bzw. resistent zu machen sowohl gegen neue Informationen aus
dem sprachlichen Input als auch gegen das oft unbefriedigende Feedback. Am offenkun-
digsten treten Fossilisierungen bei Lernern auf, die erst im Erwachsenenalter mit der Fremdsprache konfrontiert wurden. Sobald der praktische Zweck des Spracherwerbs aus der Sicht
des Lernenden hinreichend gesichert ist, scheint das Interesse an einer weiteren laufenden
Revision ihrer Approximations-Hypothesen geringer zu werden oder zu erlöschen. Auch
im Kontext des schulischen Fremdsprachenlernens ist die Gefahr der Fossilisierung aber
durchaus vorhanden in dem Sinne, dass Schülerinnen manche ihrer fremdsprachlichen
Gewohnheiten so sehr festigen, dass es ihnen nach einiger Zeit kaum mehr möglich ist, diese Gewohnheiten gegen andere, zielsprachenkonformere, auszutauschen.

Im Rahmen des Interimsprachen-Modells des Spracherwerbs erhält das Feedback zentrale Bedeutung für den Fortschritt des Lernens. Approximativ-Hypothesen werden von

den Schülerinnen ja nur als revisionsbedürftig erkannt, wenn die darauf aufbauenden Äußerungen als unbefriedigend erlebt werden. Oft reicht das implizite Feedback, das vom sprachlichen Input ausgeht, nicht aus, um dem Sprachbenutzer die Diskrepanz zwischen interimsprachlicher Hypothese und entsprechender Zielsprachennorm bewusst zu machen. Es bedarf eines expliziten Feedbacks, also eines ausdrücklichen Hinweises auf einen Fehler seitens eines zielsprachenkundigen Partners, in der Regel der Lehrperson, um zur Revision der Approximativ-Hypothese anzuregen und um im Extremfall die Fossilisierung von interimsprachlichen Gewohnheiten zu verhindern.

2. Fehleranalyse

Die Frage nach einem didaktisch sinnvollen Umgang mit Schülerfehlern stellt sich kaum im Zusammenhang mit Aufgaben, die von vornherein auf bestimmte isolierte Aspekte eines sprachlichen Teilsystems ausgerichtet sind und den Schüler zu einer vorher festgelegten sprachlichen Reaktion zwingen. Dazu zählen Aufgaben wie z. B. das Bearbeiten von Lückentexten, das Übersetzen einzelner Wörter, das Umformen von Sätzen in einen anderen Satztyp, die Entscheidung über die Richtigkeit bestimmter Morpheme usw. Wenn in einer dieser Aufgaben eine falsche Form produziert wird, bedeutet das schlicht, dass der betreffende Schüler die vorangegangene Lernaufgabe nicht gut erfüllt hat. Bei der Bewertung dieser „Fehler" bedarf es keiner aufwendigen Analyse oder Interpretation.

Erst dann, wenn die Schülerin mit Aufgaben konfrontiert wird, in denen sie die freie Wahl über das von ihr verwendete sprachliche Inventar hat, beginnt der Fehler eine Indikator-Funktion über eben dieses sprachliche Inventar zu erhalten. Er weist u. a. darauf hin, welche Wörter und grammatischen Formen bereits produktiv verfügbar sind und mit welchen von ihnen die Schülerin noch Probleme hat. In den folgenden Überlegungen zur Fehleranalyse wird deshalb davon ausgegangen, dass die zu analysierenden Fehler ausschließlich solchen Aufgaben entstammen, in denen die Schülerinnen mündliche oder schriftliche Texte frei formulieren sollten.

2.1 *Analyse nach Fehlertypen*
In der Praxis des Fremdsprachenunterrichts ist es weitgehend üblich, mündliche und schriftliche Schüleräußerungen dahingehend zu untersuchen, ob die Oberflächenstruktur des Textes mit den Regelkonventionen der Zielsprache übereinstimmt. Die klassische Korrektur läuft darauf hinaus, Satz für Satz abzusuchen nach Fehlern in der Aussprache, in der Wortstellung, im Tempusgebrauch, im Gebrauch der Präpositionen, in der Verwendung passender Wörter, in der Orthographie bis hin zur Zeichensetzung. Ziel dieser Analyse im Sinne der Zuordnung zu bestimmten Fehlerkategorien ist es herauszufinden, wo bei jeder Schülerin noch die meisten Normabweichungen auftreten.

Das Verfahren, das in dieser Beschreibung so einfach erscheinen mag, ist allerdings in der Praxis mit einem großen Problem verbunden, dem der *Fehleridentifizierung*. Korrektoren, die nicht Muttersprachler der betreffenden Sprache sind, stoßen auf Schritt und Tritt auf Wörter, Phrasen und Satzformen, über deren Gebrauchsberechtigung in diesem speziellen Kontext sie unsicher sind. Häufig bleibt den Korrektoren kein anderer Ausweg, als die Entscheidung einem Nachschlagewerk zu überlassen. In diesem Fall wird dann aber nur entschieden, ob es die betreffende Form überhaupt gibt. Wenig Information ist zu bekommen zur Frage, ob in einem konkreten Kontext die Form üblich ist. Diese Unsicherheit über die spezifische Gebrauchs-Norm entsteht besonders häufig im Zusammenhang mit festgefügten Wortgruppen (v. a. Kollokationen und *idioms*) und mit Einzelwörtern. Bei Experimenten, in denen Schülerarbeiten sowohl von deutschen als auch von britischen Englischlehrerinnen korrigiert wurden, stellte sich heraus, dass deutsche Korrektoren sich stärker auf die Bewertung der auftretenden Formen selbst (v. a. in der Grammatik) bezogen, *native speakers* dagegen in erster Linie auf den konventionell üblichen Gebrauch von Sprachsegmenten achteten (R. Ellis, 1994a, S. 63–67; Hecht & Green, 1983; Tomiyana, 1980). Die Übereinstimmung der jeweiligen Fehler-Inventare war recht gering. Ein Desiderat bei der Identifizierung von Fehlern ist also, dass stärker, als dies traditionell üblich ist, neben den Formen an sich auch der konventionelle Gebrauch dieser Formen als potenzielle Fehlerquelle im Auge behalten wird.

Die Total-Erfassung der Schülerfehler und deren statistische Zusammenstellung leidet aber nicht nur darunter, dass Normverstöße oft schwer zu identifizieren sind. Als Grundlage für die Bewertung des vorausgehenden und für die Planung des weiteren Lernprozesses ist das Fehlerinventar ungeeignet, weil es nur im negativen Sinn Beispiele von missglückten Approximations-Hypothesen liefert und nichts darüber aussagt, wie weit bestimmte Hypothesen auch angemessene sprachliche Formen generiert haben. An die Stelle von Fehlerinventaren sollten also Verfahren der *Lernersprachen-Analyse* treten, in denen die Beherrschung des Formeninventars durch die Schüler auch unter positiven Gesichtspunkten erfasst werden kann.

Das in diesem Sinne vielfach praktizierte Verfahren der *Formanalyse* beginnt damit, dass Analysekriterien festgesetzt werden, die es erlauben, spezifische Merkmale der jeweiligen Lernersprachen-Stichprobe bloßzulegen. In der Regel wird es sich dabei um solche Aspekte der sprachlichen Teilsysteme handeln, die in den vorausgehenden Unterrichtswochen bzw. -monaten in besonderer Weise bearbeitet worden sind oder von denen vermutet wird, dass sie einer weiteren Bearbeitung bedürfen. So könnten die Schülerarbeiten z. B. nach der Verwendung bestimmter Wörter oder nach dem Auftreten von Tempusmarkierungen oder auch nach dem Vorhandensein einer problematischen Satzstruktur untersucht werden.

Bei der Auszählung der als Analysekriterien benutzten Formelemente wird in einschlägigen Forschungsarbeiten auf die Bedeutung der „zwingenden Kontexte" hingewiesen. Im Schülertext wird das betreffende Formelement also nicht nur dort gezählt, wo es tatsächlich steht, sondern auch dort, wo es aufgrund eines zwingenden Kontextes eigentlich stehen müsste. Auf diese Weise muss in der Auszählung eines jeden Analysekriteriums zumindest nach drei Möglichkeiten unterschieden werden:
- Das Formelement tritt nicht auf, obwohl es auftreten müsste.
- Das Formelement tritt im richtigen Kontext auf und ist richtig gebildet.
- Das Formelement tritt auf, aber im falschen Kontext (Gebrauch) oder in der falschen Form.

Die Frage, inwieweit es sinnvoll ist, zwingende Kontexte dadurch zu schaffen, dass die Aufgabenstellung bereits bestimmte Ausdrucksmittel nahe legt, wird in der Forschung kontrovers diskutiert. In der Unterrichtspraxis scheint eine solche Pointierung der Aufgabenstellung durchaus empfehlenswert zu sein.

Die Formanalyse gibt zwar der Lehrerin Auskunft über den Grad, in dem der sprachliche Unterrichtsstoff aufgenommen worden ist, sie vermag aber nichts darüber zu sagen, wie gut eine Schülerin bei einem spezifischen Ausdrucksproblem von ihrem sprachlichen Können spontan Gebrauch machen kann. Wenn Letzteres erwünscht ist, müssten die Kriterien der

Lernersprachenanalyse nicht auf die verwendeten Formen, sondern auf die *Funktionen* konzentriert sein, wie z. B.: Vergangenheit, Modalität, Intensivierung, Kausalbeziehung, Schlussfolgerung, Vermutung usw. Die Frage wird dann lauten: Wie normkonform und gebrauchsüblich sind die sprachlichen Mittel, mit denen der Lernende die Funktionen X, Y und Z zu realisieren versucht? Es ist damit zu rechnen, dass nicht alle sprachlichen Realisierungen der vorgegebenen Funktionen akzeptabel sind. Die auf diese Weise ermittelten Fehler geben einen wesentlich besseren Eindruck von der kommunikativen Kompetenz einer Schülerin, als dies durch reine Formanalysen möglich wäre.

2.3 Analyse der Fehlerursachen

Ein völlig anders gearteter Ansatz der Fehleranalyse wird durch die Strategieforschung nahe gelegt. Während sowohl die formzentrierte als auch die funktionszentrierte Analyse sich auf das Zuordnen der Fehler zu bestimmten linguistischen Kategorien konzentrieren, fragt die strategiebezogene Analyse nach den wahrscheinlichen Gründen, die zur Wahl der vorliegenden Formelemente geführt haben könnten (vgl. auch Kap. B.4 und E.7). Dabei wird postuliert, dass diese Gründe in erster Linie in den vom Lerner verwendeten Kommunikationsstrategien zu suchen sind (Macht, 1992).

Strategien sind gewohnheitsmäßig eingeschlagene Lösungswege, die häufig dem Sprachbenutzer selbst nicht bewusst sind. Es ist deshalb kaum aufschlussreich, wenn Schülerinnen danach gefragt würden, wie sie eine Kommunikationsaufgabe angehen. Erfolgreicher ist sicher der indirekte Weg des Rückschlusses aus dem in einer mündlichen oder schriftlichen Äußerung tatsächlich vorgefundenen sprachlichen Verhalten. Die Schülerfehler werden hier als wertvolle Hinweise betrachtet, die einen Einblick gewähren in die mentalen Prozesse, die beim jeweiligen Sprachbenutzer bei der Sprachplanung abgelaufen sind. Die einzelnen Auffälligkeiten bzw. Normabweichungen in dem Lernertext werden einzeln danach befragt, welcher der im Folgenden kurz skizzierten Kommunikationsstrategien sie zuzuordnen sind.

Im Laufe der Diskussion sind u. a. folgende Gruppen von Kommunikationsstrategien genannt worden (vgl. u. a. R. Ellis, 1994a, S. 57ff.; Færch & Kasper, 1983; Macht, 1992; Marrie & Netten, 1991; O'Malley & Chamot, 1990, sowie Kap. B.4, Abschnitt 2.3):

(1) *Strategien der Elementarisierung (Reduktions- bzw. Vereinfachungsstrategien):* Die nahe liegendste Reaktion bei der Konfrontation mit schwierigen Kommunikationsaufgaben ist zweifellos das Vermeidungsverhalten. Das beginnt bereits bei der Versuchung, auf vieles von dem, was man sagen oder schreiben wollte, zu verzichten, um sich die Mühe des Ringens mit der Sprache weitgehend zu ersparen (inhaltliche Reduktion). Selbst wenn auf die wesentlichen Bestandteile der beabsichtigten Botschaft nicht verzichtet wird, so geschieht es aber doch sehr häufig, dass diese Botschaft „elementarisiert" wird in dem Sinne, dass bestimmte kommunikative Funktionen (z. B. die Modalität des höflichen Anfragens) durch stereotype und wenig differenzierte sprachliche Mittel realisiert werden (funktionale Reduktion).

Zusätzlich zur inhaltlichen und funktionalen Reduktion neigen Lernende aber auch noch dazu, aus dem Forminventar der Zielsprache eine sehr eingeschränkte Auswahl zu treffen (vgl. Macht, 1991a). Dies gilt insbesondere für die Bereiche der Morphologie und der Lexis. Die Strategie besteht darin, gebundene grammatische Morpheme und Strukturwörter immer dann ersatzlos wegzulassen, wenn Unsicherheiten damit verbunden sind. Typisch dafür ist der routinemäßige Rückgriff auf gut gelernte und deshalb dominierende Elemente in Wortfeldern und grammatischen Paradigmen. Es ist z. B. eine alltägliche Be-obachtung, dass Schüler in einem Wortfeld wie *beautiful, handsome, pretty, nice, pleasant* fast durchweg das Wort *nice* als dominierendes Wort dieser Gruppe auswählen. Nicht selten wird auch beobachtet, dass Schülerinnen aus der Gruppe der Präpositionen bevorzugt *on* auswählen, auch wenn es nicht zum Kontext passt. Sogar unter den Tempus-Markierungen gibt es bei manchen Schülerinnen dominierende Präferenzen. Sie werden z. B. unabhängig vom Kontext nach Möglichkeit alle Verben in das *simple past* setzen.

Neben die morphologische und lexikalische tritt auch die syntaktische Elementarisie-rung. Häufig werden „Sätze" auf die allergebräuchlichsten Grundmuster reduziert. Statt ei-ner Äußerung wie *Does he often come to see you?* begnügt sich der Lerner aufgrund der Re-duktionsstrategie mit der Wortkette: **He see you often?* Relativsätze, Partizipkonstruktionen und generell alle komplexeren Satzformen fallen der syntaktischen Reduktion zum Opfer.

Reduktionsstrategien sind bei der Fehleranalyse schwer nachweisbar, weil die vom Ler-ner produzierten Wortketten zumeist die ursprüngliche Sprechabsicht nicht mehr verra-ten. Als Indiz für das Vorhandensein von Reduktion kann lediglich das offenkundige Feh-len von notwendigen Morphemen gewertet werden.

(2) *Strategien der Übertragung aus der Muttersprache:* Zwar gehen Fremdsprachenbenutzer nur in den seltensten Fällen so vor, dass sie sich das, was sie in der Fremdsprache sagen möchten, zuerst ausdrücklich in der Muttersprache zurechtlegen. Trotzdem bleibt die Mut-tersprache die sprachliche Ressource, die am leichtesten zur Verfügung steht und auf die bei Kommunikationsproblemen spontan zurückgegriffen wird. Dieser Rückgriff kann sich da-rin äußern, dass muttersprachliche Segmente in die beabsichtigte fremdsprachliche Äuße-rung eingefügt werden; häufiger aber ist der indirekte Rückgriff, d. h., gelernte fremd-sprachliche Entsprechungen von muttersprachlichen Wörtern werden ohne Rücksicht auf deren Gebrauchsrestriktionen verwendet, syntaktische Strukturen werden nach gewohn-ten Strukturen der Muttersprache gebildet und oft werden sogar ausgangssprachliche Re-dewendungen (Kollokationen, Standard-Phrasen und Idiome) durch wörtliche Übersetz-ungen in die beabsichtigte fremdsprachliche Äußerung importiert. Diese Strategie wird besonders gefördert, wenn im Lernprozess die Ausgangssprache des Schülers ständig prä-sent gehalten wurde. Es entstehen Fehler durch *interlinguale Interferenz*.

(3) *Strategien der fremdsprachlichen Approximation:* Wie beim Erstsprachenerwerb, so ge-schieht es auch beim Bilden interimsprachlicher Approximations-Hypothesen im Prozess des Fremdsprachenlernens, dass der Geltungsbereich von sprachlichen Annahmen über-dehnt wird. Es kommt zur Übergeneralisierung von Regeln. So wird z. B. ein Schüler, der plötzlich verstanden hat, dass Adverbien wie *never, always, often* zwischen Subjekt und Verb eingefügt werden, auch sagen: **The twins all day quarreled*, und dies u. U. auch dann, wenn er Sätze dieser Art bis zur Entdeckung der neuen Erkenntnis immer richtig gebildet hatte. Dies gilt aber nicht nur für die Bereiche der Syntax und der Morphologie, sondern auch auf den Feldern der Lexis, der Aussprache und der Orthographie. Bei der Übergeneralisierung von Wörtern handelt es sich zumeist um die Missachtung der Konventionen in Bezug auf die Kollokation von Wörtern, wie z. B.: **I always drive to school by bike*. Begünstigt wird der Vorgang der Übergeneralisierung durch das häufig praktizierte *overlearning*. Wenn Phä-nomene wie z. B. die Form des *present progressive* so intensiv eingeübt worden sind, dass die Schülerinnen jedes Verb automatisch mit den entsprechenden Morphemen versehen, dann ist zu erwarten, dass sie bei der Einführung weiterer Tempusformen einige Zeit lang Elemente wie eine Form von *be* oder die *ing*-Endung auf die neuen Verbformen ausdehnen.

Auch die Reihenfolge, in der verwandte sprachliche Formen eingeführt werden, kann die
Übergeneralisierung des zuerst gelernten Phänomens zu Lasten des später gelernten be-
günstigen. In allen Fällen der Übergeneralisierung einer fremdsprachlichen Struktur entstehen Fehler durch *intralinguale Interferenz*.

(4) *Strategien des Umschreibens:* Gemeint sind damit in erster Linie Paraphrasen im Bereich der Lexis, wie sie aus traditionellen Übungen im Unterricht bekannt sind. Sie werden
in der mündlichen Kommunikation vielfach durch Verzögerungspartikeln wie *kind of, sort
of* oder *well* eingeführt und gehen oft mit einem Appell um Hilfe durch den zielsprachigen
Partner einher. Ebenso häufig wie lexikalische Umschreibungen sind syntaktische Paraphrasen, d. h. das Ersetzen von komplexeren Konstruktionen durch längere, aber einfache-
re syntaktische Mittel. So werden z. B. Relativsätze oder Partizipkonstruktionen gern durch
zwei Hauptsätze ersetzt. In gewissem Sinne ist die Strategie des Umschreibens offenbar ver-
wandt mit der Strategie des Elementarisierens, teilweise kann sie sogar als ihre Kehrseite betrachtet werden.

Wie die Reduktionsstrategie, so ist auch die Umschreibungsstrategie kaum durch Fehler
nachweisbar. Nur bei überaus umständlichen Umschreibungen wird gelegentlich die „un-
geschickte" Ausdrucksweise des Lernenden gerügt. Trotz der holprigen Sprache, die aus der
Umschreibungsstrategie resultiert, wird sie aber von didaktischer Seite als begrüßenswerte
Strategie angesehen, weil sie an den kommunikativen Inhalten keine Abstriche macht und
die zur Verfügung stehenden interimsprachlichen Ressourcen voll ausschöpft. Der Prozess
des Bildens und Testens von eigenen Approximations-Hypothesen (gelegentlich durchaus
„kreativer" Art) wird bei der Umschreibungsstrategie besonders intensiv betrieben. Dass dabei Fehler im Sinne der Nichtübereinstimmung mit der Fremdsprachennorm unterlaufen
können, sollte nicht vergessen lassen, dass es sich hierbei in weit größerem Ausmaß als bei
den vorausgehenden Strategien um kompetenzfördernde Fehler handelt.

3. Fehlertherapie

Der metaphorische Terminus Fehlertherapie (*repair*) wird heute gern verwendet, um all jene Maßnahmen zusammenzufassen, die die eigenen Kräfte des Lernenden mobilisieren
sollen, um ein unbefriedigendes sprachliches Verhalten in ein befriedigenderes zu verwandeln. Während in früheren Epochen häufig von „Fehlerbekämpfung" die Rede war, betont
der Terminus „Fehlertherapie", dass es sich um ein Hilfsangebot seitens der Lehrenden handelt. Das Ziel ist, die sprachgestaltenden Kräfte der Lerner so anzuregen, dass sie möglichst
rasch zu einem neuen Stadium der Interimsprache überleiten.

Die oft entmutigenden Erfahrung der Fremdsprachenlehrerinnen deuten an, dass der
Versuch, Schülerfehler zu beheben, ein sehr langwieriger und oft wenig erfolgreicher Vorgang ist. Empirische Studien in diesem Bereich sind Mangelware (vgl. die hilfreiche, wenn
auch nicht mehr aktuelle Übersicht von Hendrickson, 1980). Angesichts der Konzeption
eines handlungsorientierten, kommunikativen Englischunterrichts wird auch kritisch gefragt, inwieweit das Korrigieren von Abweichungen in der sprachlichen Form und damit
das dauernde Vermischen von inhaltsbezogenem Handeln und sprachbezogener Reflexion
überhaupt sinnvoll sei (Timm, 1992 und 1996a).

Andererseits macht das Interimsprachen-Modell des Zweitsprachenerwerbs klar, welch
unersetzliche Bedeutung dem Feedback zukommt. Nur an diesem Feedback kann der Lernende erkennen, ob seine Äußerung richtig und angemessen war. Nur so kann evtl. auch

eine Ersatzhypothese aufgestellt und neuerlich erprobt werden. Eine Lehrerin, die nie auf die Fehler ihrer Schülerinnen reagierte, würde ihnen die Möglichkeit zur individuellen Weiterentwicklung nehmen.

3.1 Die Signalisierung von Fehlern durch die Lehrenden

Nicht alles, was die Lehrerin als Fehler identifiziert hat, muss sofort und in schonungsloser Form an die Schülerinnen zurückgegeben werden. Als generelle Faustregel gilt, dass in formzentrierten Phasen des Unterrichts, d. h. bei der Einführung und Übung sprachlicher Elemente, alle Schülerfehler – zumindest diejenigen im Bereich der zu übenden Formen und Strukturen – möglichst umgehend angezeigt und verbessert werden müssen, dass in mitteilungsbezogenen Unterrichtsphasen, d. h. bei Rollenspielen, Simulationen, Gesprächsübungen und Diskussionen, kreativen Schreibaufgaben, *essays* usw., jedoch ein hohes Maß an Fehlertoleranz nötig ist. In der Folge wird nur von Fehlern die Rede sein, die bei mitteilungsbezogenen Phasen, d. h. bei mündlichen und schriftlichen kommunikativen Äußerungen der Lernenden, auftreten.

(1) *Fehlersignalisierung bei mündlichen Äußerungen:* Beim mündlichen Sprachhandeln stellen Hinweise auf Fehler offenbar Ablenkungen bzw. Unterbrechungen dar, die den Fortgang des Gesprächs stark beeinträchtigen würden und nach und nach die Bereitschaft der Schülerinnen, sich überhaupt noch frei in der Fremdsprache zu äußern, völlig zerstören könnten. Die Priorität muss daher sein: *Message before accuracy* (Timm, 1996a, S.182–184). Das heißt, dass nicht bei jedem Fehler eingegriffen wird, sondern bevorzugt nur bei solchen, die die Schüleräußerung unverständlich oder unklar machen bzw. bei solchen, die einen Missgriff im Ton oder Register darstellen.

Auf fehlerhafte Gesprächsäußerungen dieser Art wird am sinnvollsten reagiert, indem die Lehrperson selbst am Diskurs (d. h. an der Folge von Sprechhandlungen) teilnimmt und dabei u. a. rückfragt, sich vergewissert, das Richtige verstanden zu haben, oder die Schüleräußerung aufgreift und erweitert oder kommentiert (vgl. Timm, 1996a, S. 184ff.). Eventuell reagiert die Lehrerin auch überrascht, schockiert oder aggressiv, wenn sich die Schülerin im Ton oder im Register vertan hat. Diese in den Gesprächsablauf integrierten indirekten Hinweise auf kommunikationsbehindernde Fehler haben den großen Vorteil, dass sie dem Lernenden das Gefühl erhalten, dass das, was er sagt, ernst genommen wird.

Eine direktere Art, während einer mündlichen Äußerungsfolge auf sprachliche Missgriffe aufmerksam zu machen, stellt das *prompting* dar, d. h. die dem Sprecher zugeflüsterte Phrase, nach der er offenbar erfolglos sucht oder für die er einen falschen Ersatz benutzt hat. Wenn dieses Soufflieren durch die Lehrkraft diskret und in partnerschaftlich-kooperativer Weise erfolgt, muss der Gesprächsfluss davon keinen Schaden nehmen.

Vielfach (z. B. von Edge, 1990, S. 28) wird empfohlen, dass die Lehrperson in mündlichen Kommunikationssituationen Schülerfehler überwiegend nicht verbal durch Mimik und Gestik signalisieren sollte. Bei einer sprachlich fehlerhaften Äußerung kneift die Lehrerin z. B. die Augen zu, schüttelt den Kopf oder macht eine abwehrende Handbewegung. Manche Lehrerinnen haben mit den Schülerinnen sogar vereinbart, welche Gesten welche Fehler andeuten. Obwohl der Gesprächsfluss durch die stummen Fehlersignale nicht unterbrochen wird, ergibt sich dabei aber eine Aufmerksamkeitsverschiebung weg vom Gesprächsinhalt hin zur sprachlichen Form, was insgesamt doch irritieren kann.

Die verbreitetste Form der Fehlersignalisierung im mündlichen Diskurs ist leider nach wie vor der direkte didaktische Eingriff durch die Lehrperson (Kleppin & Königs, 1991).

Dies nimmt in der Regel die Form der unterbrechenden Berichtigung an, worauf häufig von der betreffenden Schülerin verlangt wird, die berichtigte Form mechanisch zu wiederholen. Wenn dieses Vorgehen auch noch mit Tadel verbunden ist, so wird damit einem kommunikativ-handelnden Sprachunterricht jede Basis entzogen.

(2) *Fehlersignalisierung bei schriftlichen Äußerungen:* Bei der Korrektur frei formulierter schriftlicher Schülertexte (Hausarbeiten, Ergebnisse schriftlicher Stillarbeit, offene Aufgabenstellungen in Klassenarbeiten) führt die traditionelle Rotstift-Korrektur oft dazu, dass die Schülerin bei der Rückgabe der Arbeit „nur noch Rot sieht". Niemand wird im Ernst erwarten, dass eine so gerötete Arbeit beim Lerner zu einem Therapie-Effekt führen kann. Wünschenswert wäre vielmehr, dass die Signalisierung von Fehlern der Schülerin zu verstehen gibt, dass sie in allererster Hilfe zur Weiterentwicklung sein will (vgl. Bartram & Walton, 1991).

Das Standardverfahren für die Fehlersignalisierung bei freien schriftlichen Arbeiten ist das Unterstreichen der Wörter oder Wortgruppen, in denen ein Verstoß gegen die Norm oder den Gebrauch der Fremdsprache festgestellt wurde. Üblicherweise wird für jeden angezeigten Fehler an den Rand des Blattes ein Kodierungszeichen angeführt, das Aufschluss gibt über den sprachlichen Bereich, gegen den verstoßen wurde, z. B.: *w* = *wrong word*; *t* = *wrong tense*; *adv* = *wrong place of adverb* usw. Bei leistungsstärkeren oder fortgeschrittenen Lernenden werden gelegentlich nur diese Kodierungszeichen angegeben und die Schülerinnen müssen in der jeweiligen Zeile selbst nach dem Fehler suchen. Bei sehr leistungsschwachen Schülern kann es dagegen u. U. notwendig sein, die berichtigten Formen über die fehlerhaften Formen zu schreiben.

Es muss nicht immer die Lehrerin sein, die Fehler signalisiert. Falls das Sozialklima einer Klasse dies gestattet, ist auch *peer correction* nützlich. Die Schülerarbeiten werden in Kleingruppen gelesen, wobei die Mitschüler versuchen, eventuelle Fehler zu identifizieren und mit Bleistift zu unterstreichen. Möglicherweise wird in der Gruppe auch über eine Berichtigung beraten.

Weniger konventionell ist die von Bartram & Walton (ebd.) vorgeschlagene selektive Fehlersignalisierung. Je nach Aufgabe bzw. je nach Lernstadium bestimmt die Lehrerin, auf welche sprachlichen Merkmale sie bei der Durchsicht der Schülerarbeiten achten will, und sie streicht ausschließlich Verstöße gegen dieses Merkmal an (z. B. Tempusgebrauch und Tempusformen). Selbstverständlich müssten die Lernenden darauf hingewiesen werden, dass ihre Arbeiten auch Schwächen in anderen Bereichen enthalten können. Möglicherweise werden diese nicht speziell zu beachtenden Fehler durch einfaches Unterstreichen mit Bleistift angezeigt. Die selektive Signalisierung hat den Vorteil, dass der Lernende nicht durch die große Zahl der Fehler entmutigt wird und seine Aufmerksamkeit leichter auf ein spezielles Problem lenken kann.

Gleichgültig, ob eine erschöpfende oder eine nur selektive Fehlersignalisierung stattfindet, ist es Aufgabe der Lehrperson, die angestrichenen Fehler zu analysieren. Diese Analyse verfolgt das Ziel, entweder die Formelemente, gegen die eine Schülerin auffallend häufig verstößt, oder die Funktionen, die auffallend unbefriedigend realisiert werden, oder aber die Kommunikationsstrategien, die bevorzugt verwendet werden, zu bestimmen. Das Ergebnis dieser individuellen Fehleranalyse wird am Ende der Schülerarbeit in eine Anmerkung gefasst, z. B.: „Wo muss im Englischen die Zeitangabe stehen? – Bitte nachschlagen!", „Es gibt viele Verben, die eine ganz bestimmte Präposition brauchen. Lege eine Liste solcher Verben an" oder „An manchen Stellen hast du deutsch gedacht. Findest du sie?"

3.2 *Fehlerverarbeitung durch die Lernenden*

Unmittelbar mit dem Signalisieren von Fehlern verbunden ist die Aufforderung an die Lernenden, sich aktiv mit ihren Fehlern auseinander zu setzen. Eindeutiges Ziel der Lehrerkorrektur ist also die Selbstkorrektur (*self-monitoring*) durch die Lernenden anzustoßen (vgl. Hecht & Green, 1991).

Die Verarbeitung eines Fehlers durch den Lernenden bedeutet nach dem Interimsprachen-Modell zweierlei: Zum einen muss der Lernende seinen fehlerhaften Output mit der betreffenden interimsprachlichen Hypothese rückkoppeln und eine verbesserte Hypothese formulieren; zum anderen muss er dann Gelegenheit erhalten, durch neuen Output die verbesserte Hypothese in verschiedenen Kontexten zu testen.

(1) *Verarbeitung von Fehlern in der mündlichen Kommunikation:* Da mündliche Äußerungen nicht festgehalten werden und da es auch nicht sinnvoll erscheint, bei einzelnen Fehlern den Kommunikationsablauf abzubrechen, ist eine unmittelbare Reflexion auf Fehler kaum möglich. Nur wenn die Lehrerin sich einige besonders gravierende Verstöße gemerkt hat oder während des Gesprächs Notizen anfertigen konnte, ist eine Nachbesprechung denkbar. Diese wird sich notgedrungen auf einige wenige fehlerhafte Äußerungen beschränken. Die Schüler werden aufgefordert, in gemeinsamer Reflexion herauszufinden, was an den beanstandeten Äußerungen fehlerhaft ist.

Um die neue Einsicht in sprachliches Verhalten umzusetzen, eignen sich insbesondere Übungen vom Typ „Minimalsituation", in denen eine einfache Situation von der Lehrerin beschrieben wird und die Schülerinnen dazu eine passende sprachliche Reaktion finden müssen.

(2) *Verarbeitung von Fehlern in geschriebenen Texten:* Die „Berichtigung" von Fehlern hat in der Vergangenheit gelegentlich merkwürdige Formen angenommen, vom zehnmaligen berichtigten Abschreiben des angestrichenen Wortes bis hin zum Abschreiben aller Sätze, in denen ein Fehler angestrichen worden war. Abgesehen davon, dass diese Übungen von den Lernenden durchweg als lästig und wenig hilfreich empfunden werden, entbehren sie auch einer überzeugenden didaktischen Rechtfertigung. Das wiederholte richtige Ausführen einer Handlung, die früher einmal falsch ausgeführt worden war, führt entgegen den behavioristischen Annahmen, auf denen diese Ansicht beruht, bestenfalls zu einer Art Symptom-Therapie: Dieses spezielle Wort in diesem speziellen Kontext wird in Zukunft u. U. richtig geschrieben; ein Übertragungseffekt auf verwandte Probleme geht von dieser Art der mechanischen Berichtigung allerdings kaum aus.

Anknüpfend an die oben beschriebenen Verfahren der Fehlersignalisierung dürfte es nicht schwer sein, sinnvollere Möglichkeiten zu finden, um die Schüler zur Hypothesenkorrektur und zum erneuten Output anzuregen. Eine häufig praktizierte Form der Fehlerverarbeitung ist es, jeden Schüler dazu zu veranlassen, in einem Nachschlagewerk diejenigen Formen zu suchen, die in der Lehrerkorrektur entsprechend angezeigt wurden. Im Unterricht erhalten die Schülerinnen dann Gelegenheit, ihre neuen Erkenntnisse zu formulieren.

Nach Durcharbeitung aller angestrichenen Fehler und nach eventueller Beratung in der Kleingruppe kann von jeder Schülerin erwartet werden, dass sie eine berichtigte Zweitschrift ihres Textes anfertigt.

Die Bemerkungen, die die Lehrerin als Ergebnis ihrer Fehleranalyse unter die individuellen Arbeiten schreibt, werden in der Regel mit einer Aufgabe verbunden, z. B.: „Wähle 10 Ereignisse der Weltgeschichte und sage, wann sie stattfanden", „Schreibe eine Geschichte, in der du die Verben *look at, look for, look after, look forward to* verwendest" oder „Unterstreiche im beiliegenden Text 10 Sätze, die im Deutschen ganz anders gebildet werden".

Individuelle Fehlerkarten werden im Deutschunterricht häufig verwendet. Sie wären auch im Fach Englisch sinnvoll. Jede Schülerin wählt aus den angestrichenen Fehlern der letzten schriftlichen Arbeit drei bis fünf Fehler aus, die ihr besondere Schwierigkeiten bereiten, und schreibt sowohl die falsche als auch die berichtigte Form auf ihre Fehlerkarte. Bei der Berichtigung und deren Begründung kann wieder die Kleingruppe oder aber die Lehrerin behilflich sein.

Aufwendig, aber nachweislich effektiv (vgl. Meier, 1994) ist das individuelle Kurzgespräch mit Schülerinnen, mit dem Ziel, sie auf die Strategien aufmerksam zu machen, von denen viele ihrer Fehler herrühren. Das Gespräch beginnt damit, dass ein Fehler herausgegriffen wird und die Schülerin gefragt wird, was sie damit eigentlich ausdrücken wollte. Es folgt eine gemeinsame Reflexion von Lehrerin und Schülerin über die Gedankenverbindungen, die wahrscheinlich zur Wahl der vorliegenden Form geführt haben (vgl. auch Kap. E.7, Abschnitt 3.3). Zeitlich ist diese Gesprächsphase im Einzelnen nicht lang; da aber mehrere Schülerinnen die Möglichkeit dazu haben sollten, setzt das Verfahren voraus, dass die Klasse mit einer längeren Stillarbeit beschäftigt ist.

3.3 *Fehlertherapeutische Nachsorge*
Über die unmittelbare Verarbeitung der Fehler hinaus erwarten die Englischlehrer zu Recht, dass ihre Bemühungen auch eine Langzeitwirkung auf die Entwicklung der Interimsprache haben. Dies kann aber nur dann der Fall sein, wenn die durch die Fehler geschaffenen neuen Einsichten und Output-Gewohnheiten von Zeit zu Zeit wieder aufgegriffen und aktualisiert werden.

Am gebräuchlichsten ist dabei die gemeinsame Übung im Klassenverband. Die Lehrerin hat aufgrund der Durchsicht der individuellen Fehlerkarten oder ihrer eigenen Fehleranalysen solche Fehler, die von mehreren Schülerinnen gemacht worden sind, in Übungsblätter eingearbeitet, die Anlass geben zur gemeinsamen Sprachreflexion und möglichst kontextbezogenen Sprachproduktion.

Die längerfristige fehlertherapeutische Nachsorge kann aber auch individualisiert werden, wenn sich die Lehrerin auf neuere Unterrichtsformen wie Freiarbeit oder Stationentraining einlässt. Zu diesem Zweck werden mehrere Übungsmöglichkeiten (z. B. Übungsblätter, Lernspiele, gelenkte Dialoge, Texte oder Lückentexte, Nachsprechübungen auf Cassette, Karteikarten usw.) zu solchen Ausdrucksmitteln zur Verfügung gestellt, in denen des Öfteren Fehler beobachtet worden sind. Jeder Lernende wählt nach seinen individuellen Bedürfnissen eines der Materialien aus und übt während der vorgesehenen Zeit in eigener Verantwortung. Damit werden die Lernenden ermuntert, sich selbst klar vor Augen zu führen, wo ihre individuellen Probleme liegen; sie erfahren gleichzeitig, dass diese Probleme nur durch ihre persönlichen Lernanstrengungen überwunden werden können.

2 Aufgaben als Bewertungsinstrumente
Konrad Macht

Fremdsprachenlernen im schulischen Kontext ist aufgabengesteuert. Sprachlicher Input wird praktisch immer mit Anleitungen verbunden, die darauf abzielen, bestimmte Einsichten anzustoßen, bestimmte sprachliche Elemente im Gedächtnis zu speichern oder aber den Lernenden zu eigenem sprachlichen Output anzuregen. Aufgaben, die auf diese Weise den sprachlichen Lernprozess vorantreiben sollen, werden gemeinhin als „Übungen" bezeichnet. Die fachdidaktische Reflexion zur Unterrichtsmethodik stellt stattliche Sammlungen solcher Übungsanregungen bereit (vgl. Bausch, Christ & Krumm, 1995, S. 223–258; vgl. auch Kap. E.6).

Neben ihrer zentralen Funktion als Motor des Lernprozesses kommt den Aufgaben im Fremdsprachenunterricht allerdings noch eine zweite Funktion zu: Sie geben dem Lernenden und dem Lehrenden Hinweise auf den Erfolg der abgelaufenen Lernprozesse. Zur Steuerungsfunktion gesellt sich also die Kontrollfunktion – und zwar von Anfang an (vgl. Kap. C.2, Abschnitt 6.12).

In den vergangenen Jahren, insbesondere seit dem viel beachteten Buch von Henri Holec *Autonomy and foreign language learning* (1981), ist die Tradition, dass Aufgaben immer von den Lehrenden gestellt werden, ins Wanken geraten. Aus der Sicht der Anhänger eines zumindest teilweise autonomen Fremdsprachenlernens wird gefordert, dass zusammen mit der Eigensteuerung des Lernprozesses auch eine Eigenkontrolle des Lernerfolgs durch die Lernenden anzustreben ist. Von Leni Dam (1995) wird die Selbstbewertung sogar als „the pivot of learner autonomy" angesprochen, erhält also eine Schlüsselposition im gesamten Konzept des selbst gesteuerten Lernens. Die Selbstbewertung seitens der Lernenden basiert in diesem Konzept auf Aufgaben, die diese sich selbst gestellt haben und anhand derer sie selbst beurteilen, inwieweit sie mit ihren Lernanstrengungen subjektiv zufrieden sein können.

Auch wenn der Selbstbewertung (*self-assessment*) in den kommenden Jahren zweifellos immer mehr Bedeutung beigemessen werden wird, so bleibt denn doch die traditionelle Fremdbewertung des unterrichtlichen Lernerfolgs unumgänglich. Die folgenden Überlegungen beschränken sich auf dieses traditionelle Feld.

1. Gründe für die Fremdbewertung

Die Fachdiskussion nennt im Wesentlichen drei Argumente, die dafür sprechen, dass die Lernbemühungen von Schülern ab und zu auch von außen her einer Bewertung unterzogen werden sollten:

(1) *Dokumentierung der Leistungshierarchie:* Die Mitglieder einer Lerngruppe entwickeln sehr schnell ein Gefühl dafür, wer in ihrem Kreis in bestimmten Fertigkeiten sehr gut oder weniger gut zurechtkommt. Eine Dokumentation dieser implizit vorhandenen Leistungshierarchie mittels der Fremdbewertung stellt also keinen vernichtenden Eingriff in die Sozialstruktur einer Klasse dar. Andererseits ist diese Dokumentation für Eltern und für spätere potenzielle Arbeitgeber eine notwendige Grundlage, um sich ein realistisches Bild des fachlichen Bildungsstandes eines Schülers machen zu können.

(2) *Extrinsische Motivation:* Es ist eine Erfahrungstatsache, dass insbesondere bei lang anhaltenden Lernanstrengungen neben dem spontanen Interesse auch ein Lernanreiz von

außen hilfreich ist. Die regelmäßige Bewertung des Lernerfolgs in Verbindung mit dem Hinweis auf den momentanen Platz in der Leistungshierarchie kann ein sehr potenter extrinsischer Motivationsfaktor sein.

(3) *Feedback für Lerner und Lehrer:* Ein positives oder negatives Feedback kann für den Lerner Anlass sein, sein Lernverhalten zu revidieren. Gleichermaßen sollte das Ergebnis von Kontrollaufgaben von den Lehrern als Signal verstanden werden, um eventuelle Remedialmaßnahmen einzuleiten und die Schwerpunkte des weiteren Unterrichts neu festzulegen.

2. Gefahren der Fremdbewertung

Vor allem aus pädagogischer Sicht ist des Öfteren darauf hingewiesen worden (vgl. Macht, 1982), dass eine ausschließliche Fremdbewertung nicht nur das Gefühl der Selbstverantwortung des Lernenden für seine eigene Arbeit zu schmälern droht, sondern dass außerdem das Lernresultat gegenüber dem Lernprozess zu einseitig in den Vordergrund rückt. Wenn von außen her bewertet wird, und wenn dies auch noch mit dem Anspruch geschieht, Leistungshierarchien zu dokumentieren, dann liegt es nahe, sich nur auf harte Fakten zu beschränken – und das schließt die subjektiven Lernanstrengungen in der Regel nicht ein. Damit werden u. U. bei leistungswilligen, aber leistungsschwachen Schülern Frustrationen ausgelöst.

Unter fremdsprachendidaktischem Aspekt ist vor allem die Gefahr der curricularen Einseitigkeit zu erkennen. Da kommunikatives Handeln ein überaus komplexes Gefüge von Kenntnissen und Fertigkeiten voraussetzt, die nicht alle in gleicher Gewichtung bewertet werden können, sind die Vorlieben des Lehrers, der Kontrollaufgaben stellt, für die Schüler ein Signal für die mehr oder minder große Wichtigkeit bestimmter Lerngebiete. Wenn beispielsweise die Aussprache nie zum Gegenstand von Kontrollaufgaben gemacht wird, so wird sie von den Schülern nach und nach für nicht relevant gehalten. Dieser curriculare Selektionseffekt, der mit der Wahl der Kontrollaufgaben verbunden ist, wird als *examining washback* (Wall & Alderson, 1996) bezeichnet. Für den einzelnen Schüler kann die Fremdbewertung besonders dann von großem Nachteil sein, wenn seine Vorlieben oder Stärken ausgerechnet auf solchen Gebieten liegen, von denen die verschiedenen Kontrollaufgaben praktisch keine Notiz nehmen. Dazu könnten z. B. kulturelle Interessen, phonetische Fertigkeiten oder kreativ-kommunikative Vorlieben zählen.

3. Aufgabentypen zur Bewertung der sprachlichen Handlungskompetenz

Insbesondere die oben angesprochene Gefahr der curricularen Einseitigkeit unterstreicht, wie wichtig es ist, das Repertoire der verfügbaren Kontrollaufgaben gründlich zu analysieren, um Klarheit darüber zu gewinnen, was jede von ihnen leisten kann.

3.1 *Aufgabeneinteilung nach Lernzielbereichen*
Eine erste Analysedimension von Kontrollaufgaben stellt der Lernzielbezug dar. Dabei wird der Versuch unternommen, Aufgaben in diejenigen Bereiche einzuordnen, in die infolge der bisherigen curricularen Diskussion das Gesamtziel der kommunikativen Kompetenz heute aufgegliedert wird. Weitgehender Konsens besteht dabei bezüglich folgender drei Bereiche:

- *sprachliche Teilsysteme*, d. h. Phonologie, Orthographie, Wortschatz und Grammatik;
- *integrierte sprachliche Fertigkeiten*, die heute als kommunikative Handlungsbereiche interpretiert werden, d. h. Hörverstehen, Sprechen, Leseverstehen, schriftliche Mitteilung, evtl. Übersetzen;
- *kulturelle Kompetenz*, die sich sowohl auf Wissen als auch auf Einstellungen und Verhaltenspotenziale erstreckt.

Zwischen diesen Kompetenzbereichen werden je nach Lernergruppen mit ihren unterschiedlichen Lerngeschichten, Lerninteressen und Verwendungsperspektiven unterschiedliche Prioritäten gesetzt. Das betrifft unmittelbar auch die Frequenz und das Niveau der Aufgabenformen, die den jeweiligen Lernergruppen vorgelegt werden. So wird etwa einem Volkshochschulkurs nur selten eine Aufgabe zum grammatischen Teilsystem gestellt, und das auch nur auf vergleichsweise elementarem Niveau, während Aufgaben zum Hörverstehen und Sprechen sowie Aufgaben zum kulturell adäquaten Verhalten im Vordergrund stehen dürften. Ideal ist also nicht eine Aufgabenmischung, die alle Lernzielbereiche gleichgewichtig erfasst, sondern vielmehr eine dem jeweiligen Zielprofil angepasste Aufgabenhierarchie.

Bei aller notwendigen Berücksichtigung der Schwerpunkte im Curriculum einer bestimmten Gruppe darf jedoch die Aufgabenauswahl nicht so eng gefasst werden, dass keiner der kommunikativen Handlungsbereiche direkt angesprochen wird. Weder unter dem Gesichtspunkt der Steuerungsfunktion von Aufgaben noch unter dem der Bewertungsfunktion ist es zu rechtfertigen, die Aufgaben ausschließlich isolierten sprachlichen Teilsystemen zuzuordnen.

In diesem Zusammenhang stellt sich außerdem die Frage, ob es nötig ist, die Beherrschung der sprachlichen Teilsysteme jeweils durch spezielle Aufgabenstellungen explizit und punktuell zu erfassen. Vielfach wird heute die Ansicht vertreten, dies könnte genauso gut aus den Reaktionen der Schüler zu kommunikativen Aufgaben implizit herausgelesen werden, mit dem Vorteil, dann echte Hinweise auf die Natur der verfügbaren Lernersprache zu erhalten (vgl. Kap. F.1). Für explizite Aufgaben zu den sprachlichen Teilsystemen spricht, dass dies Lernbereiche sind, auf die sich Schülerinnen gezielt vorbereiten können und in denen auch Schülerinnen mit Lernproblemen bei ausreichendem Fleiß Erfolgserlebnisse erzielen können. Da ganz offenkundig spezielle Aufgaben zu den sprachlichen Teilkompetenzen zum Zwecke der Lernsteuerung im Unterricht unverzichtbar sind, wäre es wohl auch inkonsequent, sie aus dem Repertoire der Bewertungsaufgaben zu streichen.

3.2 *Aufgabeneinteilung nach dem Reaktionsspielraum*

Als zweite Analysedimension von Kontrollaufgaben kann der Grad gelten, bis zu dem sie die Lernerreaktion vorherbestimmen. Untersucht wird dabei, wie eng oder wie weit der Entscheidungsspielraum des Lernenden ist. Aufgaben, die gar keinen oder nur wenig Reaktionsspielraum lassen, werden als *geschlossene Aufgaben* bezeichnet; solche, die einen großen Spielraum geben, als *offene Aufgaben*. Bei einer detaillierten Analyse lassen sich Aufgaben im Sinne dieses Kriteriums den folgenden Kategorien zuordnen:

(1) *Nichtsprachliche Reaktion:* Typische Aufgaben in dieser Kategorie sind fremdsprachliche Anweisungen, die vom Probanden erwarten, dass er eine Zeichnung anfertigt oder einen bestimmten Bewegungsablauf ausführt. Hinzu kommen alle Entscheidungs- und Auswahlaufgaben, die vom Lernenden fordern, dass er zu einer Frage oder Aussage die seiner Ansicht nach passende sprachliche Reaktion durch Ankreuzen hervorhebt. Schließlich

sind die im Unterricht noch immer verbreiteten, aber in Kontrollaufgaben selten anzutreffenden *yes-no-questions* ebenfalls hier einzuordnen, insofern als die bejahende oder verneinende Reaktion vollwertig durch Mimik oder Gestik ersetzt werden könnte.

(2) *Punktuelle sprachliche Reaktion:* Dazu gehören alle Einsetzaufgaben, bei denen entweder passende Wörter oder passende grammatische Elemente zu produzieren sind, ohne dass sich der Proband um eine eigene sprachliche Äußerung bemühen müsste. Außerdem sind hier diejenigen *wh-questions* einzuordnen, auf die in der natürlichen Sprechsituation durch eine Ein-Wort-Antwort reagiert würde.

(3) *Sprachlich und inhaltlich vorbestimmte Äußerung:* Bei vielen Aufgaben wird vom Probanden zwar eine zusammenhängende fremdsprachliche Äußerung erwartet, weder bei der Auswahl der Form noch bei der des Inhalts dieser Äußerung hat er aber einen nennenswerten Spielraum. Typisch für solche Aufgaben sind die verschiedenen Varianten der so genannten *pattern exercises*, bei denen in vorgegebenen Satzmustern einzelne Funktionsstellen (zumeist nach Vorgaben) lexikalisch verändert werden müssen. Hinzu kommen alle Spielarten der *transformation exercises*, bei denen vorgegebene Sätze nach bestimmten „Spielregeln" grammatisch verändert werden müssen, ebenso wie *construction exercises*, die vom Schüler verlangen, dass er unzusammenhängendes sprachliches Material zu einer sinnvollen Äußerung kombiniere. Der Kategorie der sprachlich und inhaltlich vorbestimmten Äußerungen sind darüber hinaus auch die traditionellen Aufgaben der Übersetzung, der Version (Übersetzung eines fremdsprachlichen Textes ins Deutsche) und des Diktates hinzuzurechnen.

(4) *Inhaltlich, aber nicht sprachlich vorbestimmte Äußerung:* Die inhaltlichen Vorgaben können durch sehr unterschiedliche Techniken vermittelt werden. Am bekanntesten ist wohl die Nacherzählung, nach dem Prinzip *Facts are sacred, comment is free*. Sehr populär sind auch alle Arten der inhaltlichen Steuerung durch Bilder: Bildbeschreibungen, Bildervergleiche, Bildergeschichten, Diagramme usw. Viele „Verständnisfragen" zu Hör- und Lesetexten gehören ebenfalls in diese Kategorie. Im mündlichen Bereich ist insbesondere der *guided dialogue* in seinen verschiedenen Varianten zu nennen, bei dem es darum geht, aufgrund von fremd- oder muttersprachlich angedeuteten Hinweisen bestimmte Sprechakte zu realisieren.

(5) *„Freie" Äußerungen:* Die Anführungszeichen sollen eine Einschränkung signalisieren. Sprachliche Äußerungen sind ja kaum je völlig frei, denn sie unterliegen immer einer gewissen kontextuellen oder situativen Motiviertheit. Hier ist an Aufgaben im Sinne von *eliciting devices* gedacht, d. h. an kontextuelle oder situative Vorgaben, die den Probanden zu einer angemessenen, aber nicht bereits sprachlich oder inhaltlich vorbestimmten sprachlichen Reaktion führen sollen. Die Grenzen zur inhaltlich vorbestimmten Äußerung sind fließend. Beispiele von Kontrollaufgaben, die als *eliciting tasks* gelten können, sind u.a.: freie Assoziationen zu Wörtern, Interpretationsfragen zu Texten, Rollenspiel nach einer Rollenkarte, freie Äußerungen in einem Brainstorming, einem themabezogenen Gespräch oder einer Diskussion, kreatives Schreiben sowie Schreiben von *essays* oder Briefen.

Bei der Frage, welche Aussage eine bestimmte Kontrollaufgabe über die fremdsprachliche Leistung eines Probanden machen kann, ist sowohl der curriculare Bezug dieser Aufgabe als auch deren Reaktionsspielraum zu berücksichtigen. So hat z. B. das Ergebnis eines (geschlossenen) Multiple-Choice-Tests zum Wortschatz eine andere Aussagequalität als das Ergebnis einer (halboffenen) Bildbeschreibung zum gleichen lexikalischen Bereich. Als generelle Regel dürfte gelten: Je komplexer der curriculare Bezug und je offener die Aufgabenstellung, desto valider ist die Aufgabe bezüglich der Bewertung der kommunikativen Kompetenz eines Probanden.

Bei der Entscheidung für die im Bewertungsverfahren bevorzugten Aufgabenformen stehen Lehrerinnen allerdings nicht vor einer völlig unbeeinflussten individuellen Wahl. Im Laufe der Geschichte des Fremdsprachenunterrichts haben sich vielmehr Grundmodelle von Bewertungsstrategien herausgebildet, die mit den jeweils vorherrschenden methodischen Grundkonzepten des Fremdsprachenunterrichts parallel liefen (vgl. Vollmer, 1995b, S. 274) und die dazu führten, dass bestimmte Aufgabenformen besonders bevorzugt wurden.

4. Grundmodelle von Bewertungsstrategien

Das Nachdenken über verschiedene Konzepte des Lehrens, Lernens und Bewertens im Fremdsprachenunterricht ist nicht nur von historischem Interesse. Es gibt ja keine klaren Einschnitte in die Entwicklungsstufen des Fremdsprachenunterrichts, die das endgültige Ende einer Auffassung und den Beginn eines völlig anderen Konzeptes markieren würden (vgl. Macht, 1986–1990; Klippel, 1994). Alles Gewesene lebt und wirkt vielmehr in der heutigen Theorie- und Praxiswelt weiter, so auch viele Vorstellungen darüber, warum die fremdsprachliche Leistung von Schülern bewertet werden muss und wie dies am zweckmäßigsten zu geschehen hat. Die Lehrenden sollten sich bei ihren Entscheidungen jeweils des Zusammenhangs zwischen einer bestimmten Form der Leistungserhebung und der in einer bestimmten Epoche damit verbundenen schulpolitischen, pädagogischen und fachdidaktischen Sinngebung bewusst sein.

4.1 *Bewertung auf der Basis komplexer, nicht kommunikativer sprachlicher Leistungen*
Kennzeichnend für die Praxis der Leistungsbewertung im Fremdsprachenunterricht der höheren Schulen war seit dem 19. Jahrhundert bis in die Siebzigerjahre des 20. Jahrhunderts die Auffassung, dass die neusprachliche Zensur in erster Linie das allgemeine intellektuelle Niveau der Probanden widerzuspiegeln habe. Wie die anderen Fächer, so hatte auch der neusprachliche Unterricht die Aufgabe, die geistigen Kräfte der Schülerinnen zu entwickeln und somit „Bildung" bzw. „Reife" zu bewirken. Zu diesem Zweck eigneten sich Aufgabenformen, die eine komplexe Leistung erfordern und die so nahe wie möglich am Muster des Lateinunterrichts modelliert waren. Verwendung fanden also in erster Linie Übersetzungen deutscher Satz-Folgen in die Fremdsprache sowie fremdsprachliche Aufsätze. Im Zuge der Neusprachlichen Reform gegen Ende des 19. Jahrhunderts kam das Diktat hinzu, später auch die Nacherzählung. Erst spät in den Dreißigerjahren des 20. Jahrhunderts wurden die Ansprüche so weit reduziert, dass auch die Version Aufnahme in die Abiturprüfung finden konnte. An eine Überprüfung mündlicher sprachlicher Leistungen war nicht gedacht.

Alle genannten Aufgabenformen enthalten neben einem fremdsprachlichen Leistungsanteil auch unterschiedlich hohe Anteile von Leistungen, die über die praktische Sprachbeherrschung hinausgehen. Die *Übersetzung in die Fremdsprache* erfordert z. B. allgemeine sprachanalytische Fähigkeiten, um die sprachlichen Parallelitäten, Kontraste und Äquivalenzen zwischen den beiden Sprachen zu identifizieren und zu markieren. Aus diesem Grund wurde sie von den Reformern als eine Spezialfertigkeit abgelehnt, die mit dem Sprachenlernen nichts zu tun haben könne (Viëtor, 1905). Der fremdsprachliche *Aufsatz* erforderte viel Geschick im Mobilisieren von Auszügen und Phrasen aus verschiedenen gelernten Quellentexten, um daraus im Mosaikverfahren ein eigenes kohärentes Textgebilde zu erstellen. Dies wurde in der Reformzeit als Hochstapelei und geistlose Nachäfferei abgetan. Aber auch das von Viëtor favorisierte *Diktat* wurde bald als „Intelligenztest" interpretiert, indem bewusst unbekanntes Sprachmaterial aufgenommen wurde, um zu erfahren, wie weit die Schüler intuitiv in den „Geist der fremden Sprache" eindringen können. Die *Nacherzählung* ist auch heute noch umstritten wegen der nicht unerheblichen Gedächtnisleistung, die damit bewertet wird. Die *Version* schließlich setzt ein gutes Gefühl für die Muttersprache voraus, denn bewertet wird nicht nur die inhaltliche Wiedergabe des Inhalts, sondern auch die einwandfreie sprachliche Form, in die dieser Inhalt in der Muttersprache gegossen wurde (vgl. Macht, 1982).

Der Versuch, die soeben genannten „traditionellen Aufgabenformen" verschiedenen Lernzielbereichen zuzuordnen, gestaltet sich sehr schwierig. Die *Übersetzung* wird üblicherweise als Bewertung der Grammatikkenntnisse ausgegeben. In Wirklichkeit spielen dabei aber auch die Wortschatzkenntnis und die Fähigkeit zur schriftlichen Texterstellung eine erhebliche Rolle. Der fremdsprachliche *Aufsatz* sollte schriftliche Mitteilung sein, beruht aber sehr stark auf dem Umfang des memorierten Textmaterials. Das *Diktat* verbindet Hörverstehen mit Wortschatz- und Grammatikkenntnissen (i. S. von „Erwartungsgrammatik"). Bei der *Nacherzählung* beruht die Leistung genauso sehr auf dem Hörverstehen wie auf der Fähigkeit zur schriftlichen Mitteilung. Die *Version* hat das Leseverstehen zum Inhalt, erfordert aber darüber hinaus viel kulturelles Hintergrundwissen. Keine der Aufgabenformen (mit Ausnahme des Aufsatzes) stellt auch nur annähernd eine Form „natürlichen" kommunikativen Sprachhandelns dar.

Bezogen auf das Kriterium des Reaktionsspielraums bewegen sich die *Übersetzung*, die *Version* und das *Diktat* auf dem Niveau der sprachlich und inhaltlich vorbestimmten Reaktion. Es geht um die „technischen" Fähigkeiten des Schülers, d. h., um seine Fähigkeit, die Regeln der Sprache anzuwenden. Die *Nacherzählung* will die Schülerreaktion nur im inhaltlichen Sinne vorbestimmen, in der Praxis wird aber auch die Übernahme möglichst vieler sprachlicher Wendungen erwartet. Der fremdsprachliche *Aufsatz* wird als freie Sprachproduktion ausgegeben; allerdings wird oft darauf hingewiesen, dass dies eine Illusion ist, weil die Schüler ihn häufig mosaikartig aus verschiedenen Phrasen einzelner Lektüren zusammensetzen.

4.2 Bewertung auf der Basis isolierter sprachlicher Leistungen

Als Gegenreaktion zu einer elitär erscheinenden Bildungsideologie wurde in den Sechzigerjahren der Ruf nach einer Bildungsoffensive laut, die den Kindern aller sozialer Schichten den Zugang zur höheren Schulbildung ermöglichen sollte (vgl. z. B. Dahrendorf, 1965). Als einer der Gründe, warum ein so geringer Anteil von Schülern aus sozial schwachen Elternhäusern die höheren Schulen besuchte, wurde das herrschende Verfahren der Leistungsbewertung ausgemacht. Dieses Verfahren, so wurde argumentiert, benutzt Kriterien, die überaus subjektiv sind und die beurteilenden Lehrkräfte dazu verleiten, Kinder, die wie sie selbst dem Mittelstand angehören, zu bevorzugen. Um den unterstellten Subjektivismus der Beurteilung zu beenden, wurde der Ruf nach objektiver Leistungsmessung erhoben (Ingenkamp, 1971).

Ob ein gegebenes Leistungsbewertungsverfahren als objektiv bezeichnet werden kann oder nicht, hängt jeweils von der Natur der gestellten Aufgaben ab. Diese müssten – wollten sie zu einem objektiven Urteil führen – einer Reihe von „Gütekriterien" entsprechen. Die zwei wichtigsten davon sind:

(1) Das Kriterium der *Validität* (Gültigkeit) besagt, dass eine Aufgabe das, und nach Möglichkeit nur das, messen soll, was sie zu messen vorgibt. Eine Aufgabe im Bereich des Fremdsprachenunterrichts muss also einerseits auf eine Fähigkeit bezogen sein, die in sichtbarem Zusammenhang steht mit der Fremdsprachenbeherrschung. Andererseits sollte sich die Aufgabe nach Möglichkeit nur auf diese eine Fähigkeit beschränken, nach dem Prinzip *test one thing at a time*. Das heißt, es sollten nicht mehrere fremdsprachliche Fähigkeiten gleichzeitig nötig sein, um die gegebene Aufgabe zu lösen, wie dies beispielsweise bei den traditionellen Aufgabenformen der Fall war (Lado, 1961; Valette, 1967; Doyé, 1986). Wegen dieser pointierten Eingrenzung einer jeden Aufgabe auf eine einzige fremdsprachliche Fähigkeit wird diese Art der Aufgabenstellung hier als „isolierende" Bewertungsstrategie bezeichnet.

(2) Das Kriterium der *Reliabilität* (Zuverlässigkeit) besagt, dass die Aufgaben so beschaffen sein sollen, dass sie unter vergleichbaren Bedingungen immer wieder zum gleichen Ergebnis führen und dass die Bewertung auch bei unterschiedlichen Bewertern die gleiche bleibt. In der Praxis führt dieses Kriterium zu zwei Forderungen: Zum einen ist darauf zu achten, dass allen Schülern, die eine bestimmte Aufgabe (z. B. eine Hörverstehensaufgabe) bearbeiten sollen, die gleichen Arbeitsbedingungen (hier v. a. die gleiche Tonqualität) eingeräumt werden; zum anderen müssen die Aufgaben so formuliert sein, dass die Bewerter keinerlei Ermessensspielraum bei ihrem Urteil haben. Letzteres bedeutet umgekehrt aber auch, dass es bei der Bearbeitung der Aufgabe nur eine einzige korrekte Lösung geben darf. Diese zentrale Forderung nach einer eindeutigen Lösungserwartung wird gelegentlich dadurch hervorgehoben, dass von einem eigenen Gütekriterium der *Objektivität* gesprochen wird. Von der Sache her handelt es sich aber um einen Aspekt des Reliabilitätskriteriums.

Neben den erwähnten beiden Gütekriterien von objektiven Aufgaben wurden weitere Forderungen gestellt. So sollten die Aufgaben vor ihrer Verwendung einer Aufgabenanalyse unterzogen worden sein, d. h. einem Probedurchlauf mit statistischer Auswertung, um zu ermitteln, wie „trennscharf" eine bestimmte Aufgabe ist, d. h., wie deutlich sie zwischen „guten" und „schwächeren" Probanden unterscheidet. Gewünscht war auch, dass Aufgaben vor ihrer Verwendung an einer möglichst großen und repräsentativen Stichprobe von Probanden geeicht werden sollten, um dann eine Platzierung eines gegebenen Schülers in einer Prozentreihe vergleichbarer Probanden vornehmen zu können. Und schließlich sollten die Aufgaben der Forderung nach praktischer Handhabbarkeit (Ökonomie) entsprechen, d. h., der Arbeitsaufwand bei der Erstellung, Bearbeitung und Bewertung der Aufgabe sollte in vertretbaren Grenzen bleiben.

Sammlungen von Aufgaben, die allesamt zumindest den Kriterien der Validität und der Reliabilität entsprechen, werden *Tests* genannt. Wenn ein Test von einer Lehrperson zur unmittelbaren Verwendung in einer Lerngruppe erstellt worden ist, wird von einem *informellen Test* gesprochen. Verfolgt ein Test jedoch das Ziel, Vergleiche zwischen Schülern und Schülergruppen in größeren geografischen Räumen herstellen zu können, dann ist es notwendig, zusätzlich zur statistischen Ermittlung der zentralen Gütekriterien auch noch umfangreiche Studien zur Aufgabenanalyse anzustellen und die Aufgabenreihe dann an einer landesweit repräsentativen Stichprobe zu eichen. Die in einem solchen professionell durchgeführten Projekt erstellte Aufgabenreihe kann sich dann als *standardisierter Leistungstest* bezeichnen (z. B. Diagnostischer Englisch-Leistungstest ELT 6–7, 1966; Hamburger Englischtest HET 6+, 1966).

Da die Lösungen von objektiven Aufgaben jeweils eindeutig mit „richtig" oder „falsch" beurteilt werden können, führt das Gesamtergebnis des Tests zu einem numerisch klaren Urteil über die getestete Schülerleistung. Es wird davon ausgegangen, dass es sich dabei um metrisch skalierte Daten handelt, d. h. dass die Größe der zahlenmäßigen Abstände im Testergebnis auch der Größe der Abstände in der Leistungsfähigkeit der Probanden entspricht. Um diesen metrischen Charakter der Testergebnisse hervorzuheben, wurde in den Siebziger- und Achtzigerjahren häufig der Terminus „Leistungsbewertung" durch den Terminus „Leistungsmessung" ersetzt.

Das Repertoire der Aufgabenformen, die im hier geforderten Sinn als objektiv bezeichnet werden dürfen, ist relativ begrenzt. Üblicherweise werden folgende fünf Aufgabentypen dazu gezählt:

(1) Die Entscheidungsaufgabe (*true/false task*): Die Entscheidung im Sinne von richtig–falsch, gleich–verschieden, zutreffend–nicht zutreffend kann auf unterschiedlich komplexe sprachliche Gebilde angewandt werden, z. B. auf Laute, orthographische Erscheinungen, Wörter, grammatische Formen, Textaussagen.

(2) Die Auswahlaufgabe (*multiple-choice task*): Einem Einleitungsteil (*stem*), der als Frage, Aussage oder lediglich als Satzanfang gestaltet sein kann, werden in der Regel vier Auswahlmöglichkeiten (*options*) zugeordnet, von denen nur eine eindeutig richtig ist (*key*), die anderen (*distractors*) aber unzweifelhaft falsch. Auch die Auswahlaufgabe kann sich auf Sprachgebilde unterschiedlichster Komplexität beziehen.

(3) Die Zuordnungsaufgabe (*matching task*): Aus zwei Gruppen (zumeist Spalten) von sprachlichen Elementen müssen nach einem vorgegebenen Kriterium jeweils zusammengehörige Paare gebildet werden. Dies eignet sich besonders für sprachliche Einzelsegmente, nur in begrenztem Maße für Sätze.

(4) Die Konstruktionsaufgabe (*construction task*): Vorgegebene sprachliche Segmente müssen nach einer bestimmten Regel zu einem komplexeren Segment zusammengesetzt werden. Bekanntestes Beispiel dafür ist die sog. *jumbled sentence task*, in der vorgegebene Wörter zu einem Satz kombiniert werden müssen. Außerdem ist aber auch denkbar, Aussagesätze in Fragen verwandeln zu lassen usw.

(5) Die Einsetzaufgabe (*completion task*): In Sätzen oder ganzen Texten werden einzelne Wörter weggelassen, die vom Probanden aufgrund der Gesamtbedeutung ergänzt werden müssen. Es gibt einige Probleme, die den objektiven Charakter dieser Aufgabenstellung manchmal zweifelhaft erscheinen lassen. Da ist zunächst die Schwierigkeit, jede Lücke durch Kontexte, Bilder oder muttersprachliche Entsprechungen so eindeutig zu markieren, dass nur ein bestimmtes Wort als eindeutig richtig und alle anderen als eindeutig falsch zu erkennen sind. Außerdem entstehen Ermessensspielräume bei der Bewertung durch die mehr oder minder korrekte Orthographie der eingesetzten Wörter. Darüber hinaus stellt sich beim Einsetzen von Wörtern in einen Text die Frage nach der Validität im Sinne des Prinzips *test one thing at a time*, da dabei doch offenkundig mehr als nur die reine Wortschatzkenntnis erforderlich ist. Trotz dieser testtheoretischen Bedenken erfreut sich die Einsetzaufgabe nach wie vor großer Beliebtheit. Variationen ergeben sich durch die unterschiedlichen „Spielregeln", nach denen die Lücken geschaffen werden. War es in den Sechzigerjahren noch weitgehend der Beliebigkeit überlassen, welche Wörter weggelassen würden, so legte die klassische *cloze*-Aufgabe fest, dass die Lücken durch ein vorgegebenes festes Zahlenverhältnis entstehen sollten, indem z. B. jedes fünfte Wort weggelassen würde. Noch stringenter wird dies in der sog. *modified cloze task* (C-Test) gehandhabt. Hier wird ab dem

dritten Satz eines Textes jedes zweite Wort nur noch mit den zwei Anfangsbuchstaben markiert, alles andere muss ergänzt werden (Klein-Braley & Raatz, 1985; Stemmer, 1991).

Prinzipiell könnten diese Aufgabenformen sowohl auf schriftliche als auch auf mündliche Sprachleistungen angewendet werden (vgl. Doyé, 1996). In der Praxis wurden objektive Tests überwiegend in schriftlicher Form durchgeführt. Lediglich die Aussprache einzelner Laute und Wörter sowie das Hörverständnis wurden gelegentlich mittels objektiver Aufgabenformen überprüft (vgl. Linder, 1977).

So nachvollziehbar das Anliegen der objektiven Leistungsmessung im Fremdsprachenunterricht auch ist, so wurden doch im Laufe der Diskussion nicht wenige Bedenken unterschiedlicher Art gegen den Alleinanspruch dieses Modells vorgebracht. Von pädagogischer Warte aus wird darauf hingewiesen, dass eine objektive Beurteilung nur das Leistungsprodukt im Auge haben kann, dass der Lernprozess, der zu dieser Leistung geführt hat, dagegen völlig ausgeklammert bleibt. Damit wird die subjektive Leistungsbereitschaft der einzelnen Schülerin nicht mehr honoriert. Aus fremdsprachendidaktischer Sicht wird vor allem kritisiert, dass objektive Aufgabenstellungen die Reaktionstypen, die von Schülern zu erwarten sind, extrem einschränken auf Entscheidungsreaktionen und bestenfalls noch auf das Hervorbringen von Einzelwörtern. Alle Reaktionen komplexerer Natur können dem Reliabilitätskriterium nicht mehr genügen, scheiden also aus dem Test aus. Das bedeutet, dass Lernzielbereiche wie etwa das kommunikative Sprechen und Schreiben in keinem Fall Gegenstand eines fremdsprachlichen Leistungstests sein können. Wenn aber diese zentralen kommunikativen Handlungsbereiche ausscheiden, so wird zu Recht gefragt, welchen Nutzen dann das ganze Bewertungsverfahren hat. Die Prämisse der Forderung nach objektiver Aufgabenstellung war, dass die Summe der Aufgaben zu isolierten Fähigkeiten in ihrer Gesamtheit sehr wohl ein Urteil über die komplexe sprachliche Handlungsfähigkeit eines Probanden ergibt. Aus der Sicht einer kommunikativen Auffassung des Sprachlernprozesses wird diese Prämisse aber heute immer stärker infrage gestellt (vgl. Widdowson, 1990).

4.3 *Bewertung auf der Basis simulierter sprachlicher Handlungen*
Um zu überprüfen, ob ein Mensch gut schwimmen kann, genügt es offenbar nicht, ihn die verschiedenen Bewegungsabläufe beschreiben zu lassen; am zweckmäßigsten ist es wohl, ihn eine Strecke schwimmen zu lassen und diese Performanz zu bewerten. Im schulischen Fremdsprachenunterricht ist dies nicht ganz so einfach, denn authentische kommunikative Handlungssituationen im Zielsprachenland sind organisatorisch nicht möglich. Es bleibt also nur der Versuch, solche sprachlichen Bewährungssituationen im Unterricht bzw. in der Prüfung zu simulieren. Damit passen sich die Aufgabenstellungen zur Leistungsbewertung wieder denjenigen Aufgaben an, die den kommunikativ konzipierten Lernprozess steuern und konstitutiv für den heutigen Fremdsprachenunterricht sind. Simuliert werden Hör- und Lesesituationen; besondere Aufmerksamkeit wird aber vor allem der aktiven partnerbezogenen Kommunikation gewidmet. Somit erweist sich die Bewertung der mündlichen kommunikativen Leistung als genauso bedeutsam wie die Beurteilung der schriftlichen Leistung.

4.3.1 *Leistungsbewertung in schriftlichen Handlungssituationen:* Aufgabentypen zur schriftlichen Kommunikation können durch die vom Lernenden erwarteten Textformen definiert werden. Sie schließen u. a. ein:

- *Antworten zu Textfragen:* Kommunikative Handlungen sind solche Frage-Antwort-Spiele nur, wenn dem Fragenden der betreffende Text nicht bekannt ist und wenn die Fragen einem bestimmten Zweck dienen, z. B. herauszufinden, ob in dem Text nützliche Informationen enthalten sind.
- *Erzählende Texte:* Diese können mit mehr oder weniger ausführlichen Vorgaben sprachlich und inhaltlich gelenkt werden. Anregungen sind z. B. Bildergeschichten, *point-of-view*-Veränderungen eines vorgegebenen Textes, Reizwortgeschichten, Weiterführung eines Textes, Umänderung eines Textes (etwa als Parodie) usw.
- *Briefe:* Für persönliche Briefe und Geschäftsbriefe sollten Adressaten, Sachverhalte und Schreibzweck klar vorgegeben werden.
- *Dialoge:* Dazu zählen u. a. Umformung einer Erzählung in ein Gespräch, eine Szene eines Rollenspiels oder in Sprechblasen in einem Comic.
- *Sachtexte:* Beschreibung von Arbeitsabläufen, Darstellung eines beruflichen oder sozialen Sachverhalts, Annoncen, Werbetexte, Plakate usw.

Bei allen diesen Aufgaben hat der Proband einen sehr großen sprachlichen und inhaltlichen Spielraum. Eine objektive bzw. reliable Bewertung im Sinne der klassischen Testtheorie ist damit nicht möglich. Um trotzdem zu einer fairen Bewertung dieser kommunikativen Schülerleistungen zu kommen, sind seit den Siebzigerjahren zweierlei Verfahren praktiziert worden.

(1) *Der Fehlerindex:* Die Kultusministerkonferenz schlug in ihrem Konzept für „Einheitliche Prüfungsanforderungen auf der Abiturstufe" für die Bewertung solcher „offenen Aufgaben" das Modell des Fehlerindex vor. Es besteht darin, dass alle Fehler in dem Schülertext gezählt und als Prozentsatz der Gesamtzahl der Wörter des Schülertextes ausgedrückt werden. Der so errechnete Index zeigt an, wie viel Prozent der Schülerarbeit fehlerhaft sind. Dieser Index, eventuell modifiziert durch ein zweites Bewertungskriterium, nämlich das der Reichhaltigkeit des Textinhalts, wird dann der Benotung zugrunde gelegt (Schnädter, 1991). Die Validität dieses Verfahrens – gelegentlich als „Erbsenzählen" geschmäht – leidet darunter, dass es die Schüler ermuntert, möglichst elementare sprachliche Mittel zu verwenden, um die Fehlerzahl niedrig zu halten.

(2) *Subjektiv-integrative Beurteilung:* Nicht alle Bundesländer haben sich dem Konzept des Fehlerindex angeschlossen. So wird z. B. in Bayern (ISB, 1978) das sprachliche Bewertungskriterium mittels einer Schätzskala definiert, deren Ausprägungsstufen von 0 bis 5 Punkten verbal definiert werden, um nicht nur die gezählten Fehler, sondern auch die beobachteten positiven Aspekte des Schülertextes mit einfließen lassen zu können. Trotz scheinbarer Subjektivität, die sich durch zunehmende Erfahrung der Bewerter weitgehend ausschalten lässt, ergibt dieses Verfahren dem Anschein nach ein valideres Urteil über die kommunikative Leistungsfähigkeit eines Lernenden als der Fehlerindex. Bei fachkundiger Handhabung scheinen beide Bewertungswege jedoch zu weitgehend gleichen Gesamteinschätzungen zu führen.

4.3.2 *Leistungsbewertung in mündlichen Handlungssituationen:* Aufgaben zur simulierten mündlichen Kommunikation mit Bewertungsfunktion haben in Deutschland keine lange Tradition (Macht, 1989; Reisener, 1992). In angelsächsischen Ländern (Underhill, 1988; Weir, 1988) haben sich dagegen u. a. folgende Aufgabentypen bewährt:
- *Oral presentation:* Kurzreferate können in den normalen Unterricht eingeplant oder aber als spezielle Prüfungsleistung vorgesehen werden.

- *Describing pictures:* Aus mehreren ähnlichen Bildern wird ein bestimmtes Bild identifiziert oder es wird eine Geschichte zum vorgelegten Bild erfunden. Nützlich ist auch, Einzelheiten eines Bildes zu interpretieren, insbesondere bei Grafiken und technischen Zeichnungen.
- *Closing information gaps:* Um eine bestimmte fiktive Aufgabe zu erfüllen (z. B. das Bereitstellen von Werkzeug für einen Arbeitsvorgang, das Erstellen einer Einkaufsliste für eine Party, die Auswahl eines passenden Geschenkes für das Kind eines Freundes usw.), müssen vorher sachdienliche Informationen eingeholt werden. Die vorhandenen *information gaps* werden in einem Gespräch mit dem Handwerker, den Party-Organisatoren, dem Freund usw. geschlossen.
- *Role play:* Die Aufgabe kann halboffen in Form einer *structural conversation* gestaltet sein (z. B. Vorgabe der Äußerungen eines Sprechers, der wichtigsten Gesprächsinhalte oder der erwarteten Sprechakte) oder als offene Aufgabe in Form einer *interaction* (Vorgabe von mehr oder minder ausführlichen Rollenkarten) oder gar einer *simulation* (Vorgabe eines zu lösenden Problems und der beteiligten Rollenträger).
- *Controlled interview:* Das in den USA weit verbreitete *Oral Proficiency Interview* (OPI) besteht aus vorbereiteten Fragen zur Person und zu bestimmten Themen, die der Interviewte zu beantworten hat.
- *Topical conversation:* Mehrere Schüler nehmen gleichzeitig (mit oder ohne Lehrperson) an einer Unterhaltung zu einem vorgegebenen Thema teil.
- *Interpreting:* Der Prüfling muss ein Gespräch zwischen einem englischsprachigen und einem deutschsprachigen Partner sinn- und funktionsgemäß (nicht wörtlich!) dolmetschen.

Bei der Bewertung mündlicher Äußerungen werden in der Regel verbal definierte Schätzskalen zu den zwei Kriterien „sprachliche Richtigkeit" und „kommunikative Effizienz" angelegt (vgl. A. Harrison, 1986; Macht, 1989). Um bereits während des Gesprächs einsetzbar zu sein, sollten diese Skalen nur wenige Stufen umfassen, z. B.:

- *für die inhaltliche/kommunikative Leistung:*

  0 Punkte =   nicht situationsangemessen, bedeutungsleer
  1 Punkt   =   geringer Situationsbezug
  2 Punkte =   situatives Erfordernis erkannt
  3 Punkte =   offenkundiger Versuch, der Situation gerecht zu werden
  4 Punkte =   der Situation voll entsprechend, sehr informativ

- *für die sprachliche Leistung:*

  0 Punkte =   unverständlich bzw. völlig entstellt
  1 Punkt   =   verständlich, aber mit kommunikationsbehindernden Fehlern
  2 Punkte =   mit kommunikativ wenig belastenden Fehlern
  3 Punkte =   fehlerfrei, aber nicht ganz idiomatisch
  4 Punkte =   fehlerfrei und voll angemessen

Als Haupthindernis für die Bewertung der mündlichen kommunikativen Performanz im hier beschriebenen Sinn erweist sich vor allem die organisatorische Schwierigkeit, in der knapp bemessenen Unterrichtszeit einzelnen Schülerinnen soviel Aufmerksamkeit schenken zu können wie es das Bewertungsverfahren erfordern würde.

4.4 *Die Praxis der Leistungsbewertung*

Im praktischen Unterrichtsvollzug wird nur selten eine der oben beschriebenen Bewertungsstrategien zur alleinigen Grundlage der Zensurengebung gemacht. In der Regel werden Aufgabentypen unterschiedlicher Herkunft in Klassenarbeiten und sonstigen Leistungskontrollen kombiniert.

Um den isolierenden Charakter der objektiven Leistungsmessung aufzuheben, wird seit den Siebzigerjahren der Versuch unternommen, alle Aufgaben auf eine Textvorlage zu beziehen. Dies führte zum sog. *comprehension test* bzw. zur Textaufgabe. Während die Einzelaufgaben anfangs noch deutlich das Bemühen um objektive Aufgabenstellung erkennen ließen, bewegten sie sich nach und nach immer weiter in Richtung inhaltlich festgelegte Schülerreaktion und sogar freie Schülerreaktion (vgl. Macht, 1982). Es ist heute üblich, im Aufgabenapparat einer Textaufgabe Fragen zum Wortschatz zu finden, bei denen nach bedeutungsverwandten oder bedeutungsentgegengesetzten Wörtern oder aber nach Paraphrasen gefragt wird. Außerdem finden sich in Textaufgaben der Mittelstufe oft Fragen zu grammatischen Details im Text und vor allem Fragen zum Oberflächenverständnis des Textinhalts. In der gymnasialen Oberstufe wird mit der Textaufgabe überwiegend auf eine kommunikative Bewertungsstrategie zurückgegriffen, die allerdings weder hinsichtlich der Sprachrezeption noch hinsichtlich der Sprachproduktion einen wahrnehmbaren Partnerbezug aufweist. An den vorgegebenen Text wird ein Aufgabenapparat angeschlossen, der sich auf Inhalt und Vertextungsweise bezieht, gefolgt von einem *comment*, in dem eigene Meinungen dargelegt werden sollen.

Klassenarbeiten in der Sekundarstufe I sind zumeist eine Mischung aus der isolierenden und aus der kommunikativen Bewertungsstrategie (Bebermeier, 1989). In einer Reihe von Aufgaben, die nach objektiven Gesichtspunkten auswertbar sind, werden die Kenntnisse der Schüler in den sprachlichen Teilsystemen überprüft, die in den vorausgehenden Unterrichtsphasen schwerpunktmäßig bearbeitet worden waren. Diese isolierenden Aufgaben sind für die Lehrer von besonderer Wichtigkeit, weil daraus diagnostische Erkenntnisse abgeleitet werden können über das Lernverhalten der Schüler und auch über die Angemessenheit des eigenen Lehrverhaltens. Für die Lernenden selbst sind diese isolierenden Aufgaben eine unmittelbare Rückmeldung und ein lernmotivierendes Element, da hier offenkundig ist, dass sich das sorgfältige Durcharbeiten des Unterrichtsstoffes lohnt.

Über die isolierenden Aufgaben hinaus werden in Klassenarbeiten aber auch Aufgaben aufgenommen, die der kommunikativen Bewertungsstrategie folgen. Es handelt sich dabei um das Hervorbringen von Texten, die sich zwar eng an das im Unterricht Gelernte anlehnen, aber von den Schülerinnen ein gelenktes bis freies simuliertes kommunikatives Handeln erfordern. Dadurch werden die Schülerinnen daran erinnert, dass es im Fremdsprachenunterricht nicht reicht, isolierte Stoffe zu lernen, sondern dass das weitergehende Ziel des Lernprozesses die kommunikative Verwendung des Gelernten sein muss.

Literaturverzeichnis

Abelson, R. P., Aronson, E., McGuire, W. J., Newcomb, T. M., Rosenberg, M. J. & Tannen-baum, P. H. (Hrsg.) (1968). *Theories of cognitive consistency: A sourcebook*. Chicago: Rand McNally.

Ahrens, R., Bald, W.-D. & Hüllen, W. (Hrsg.) (1995). *Handbuch Englisch als Fremdsprache (HEF)*. Berlin: Erich Schmidt.

Aitchison, J. (1994). *Words in the mind. An introduction to the mental lexicon* (2. Aufl.). Cambridge: Blackwell (1. Aufl. 1987).

Alderson, J. Ch. (1984). Reading in a foreign language: a reading problem or a language problem? In: Alderson & Urquhart (1984a), S. 1–24.

Alderson, J. Ch. & Urquhart, A. H. (Hrsg.) (1984a). *Reading in a foreign language*. London, New York: Longman.

Alderson, J. Ch. & Urquhart, A. H. (1984b). Introduction: What is reading? In: Alderson & Urquhart (1984a), S. xv–xxviii.

Aljaafreh, A. & Lantolf, J. P. (1994). Negative feedback as regulation and second language learning in the zone of proximal development. *Modern Language Journal, 78*, S. 463–483.

Allwright, D. (1984). Why don't learners learn what teachers teach? – The interaction hypothesis. In: Singleton & Little (1984), S. 3–18.

Anderson, A. & Lynch, T. (1988). *Listening*. Oxford: Oxford University Press.

Anderson, J. R. (1983). *The architecture of cognition*. Cambridge, Mass.: Harvard University Press.

Arendt, M. (1982). Plädoyer gegen das laute Lesen: 'Flogging a Dead Horse?' *Englisch, 27*, S. 41–44.

Arendt, M. (1996). Zwei Wege zur Schulung des *small talk. Fremdsprachenunterricht, 40/49*, S. 25–31.

Arendt, M. (Hrsg.) (1997). *Simulationen* [Themenheft]. *Der Fremdsprachliche Unterricht / Englisch, 31*(2), Heft 26.

Asante, M. K., Newmark, E. & Blake, C. A. (Hrsg.) (1979). *Handbook of intercultural communication*. Beverly Hills, Cal.: Sage.

Asher, J. J. (1977). *Learning another language through actions. The complete teacher's guidebook*. Los Gatos, Cal.: Sky Oaks.

Aßbeck, J. (1987). Wider das Vergessen. Gedächtnistechniken im Fremdsprachenunterricht. *Praxis des neusprachlichen Unterrichts, 34*, S. 115–124.

Aßbeck, J. (1996). „Schaut Euch dann bis zur nächsten Stunde die Wörter an!" Hausaufgaben und Wörterlernen. *Der Fremdsprachliche Unterricht / Englisch, 30*(2), Heft 22, S. 25–30.

Atkinson, D. (1987). The mother tongue in the classroom: a neglected resource? *ELT Journal, 41*, S. 241–247.

Auernheimer, G. (1994). Das Anderssein ist kein Thema. *Erziehung und Wissenschaft, 10*, S. 12.

Ausubel, D. P. & Robinson, F. G. (1971). *School learning. An introduction to educational psychology*. London: Holt, Rinehart & Winston.

Ausubel, D. P., Novak, J. D. & Hanesian, H. (1980). *Psychologie des Unterrichts* (2. Aufl.). Weinheim: Beltz (1. Aufl. 1978).

Bach, G. (1996). Englisch wozu? Bedarfsqualifizierende Fremdsprachenkompetenz als Kulturtechnik. In: Bach & Timm (1996a), S. 210–233.

Bach, G. & Timm, J.-P. (1996a). *Englischunterricht. Grundlagen und Methoden einer handlungsorientierten Unterrichtspraxis* (2., verb. und erw. Aufl.). Tübingen, Basel: Francke (1. Aufl. 1989).

Bach, G. & Timm, J.-P. (1996b). Handlungsorientierung als Ziel und als Methode. In: Bach & Timm (1996a), S. 1–21.

Bachmann, S., Gerhold, S. & Wessling, G. (1996). Aufgaben- und Übungstypologie zum interkulturellen Lernen mit Beispielen aus *Sichtwechsel neu. Zielsprache Deutsch, 27,* S. 77–91.

Baetens Beardsmore, H. (Hrsg.) (1993). *European models of bilingual education.* Clevedon: Multilingual Matters.

Bahlsen, L. (1905). *The teaching of modern languages.* Boston: Gin & Co.

Bahns, J. (1991). What did you bought? Explaining a typical error in the acquisition of English. *International Review of Applied Linguistics, 29,* S. 213–228.

Bakhurst, D. & Sypnowich, C. (Hrsg.) (1995). *The social self.* London: Sage.

Ballstaedt, St. P., Mandl, H., Schnotz, W. & Tergan S. O. (1981). *Texte verstehen, Texte gestalten.* München: Urban & Schwarzenberg.

Bamberger, R. (1996). „Lehrplanarbeit" und Schulbuchentwicklung. *Zeitschrift des Instituts Lesen und Lernen für Schulbuchforschung und Lernförderung,* vormals Schulbuch-Kontakte (hrsg. vom Institut für Schulbuchforschung und Lernförderung), 7(1), S. 3–5.

Barnes, D. (1976). *From communication to curriculum.* Harmondsworth: Penguin.

Barnes, S., M. Gutfreund, D. Satterly & Wells, G. (1983). Characteristics of adult speech which predict children's language development. *Journal of Child Language, 10,* S. 65–84.

Barnett, M. A. (1989). *More than meets the eye. Foreign language reading. Theory and practice.* Englewood Cliffs, N.J.: Prentice Hall Regents.

Bartram, M. & Walton, R. (1991). *Correction: mistake management, a positive approach for language learners.* Hove: Language Teaching Publications.

Bassnett, S. & Grundy, P. (1993). *Language through literature.* Harlow: Longman.

Bateson, G. (1981). *Ökologie des Geistes.* Frankfurt/M.: Suhrkamp.

Batstone, R. (1994). *Grammar.* Oxford: Oxford University Press.

Baumert, J. (1993). Lernstrategien, motivationale Orientierung und Selbstwirksamkeitsüberzeugung im Kontext schulischen Lernens. *Unterrichtswissenschaft, 21,* S. 327–354.

Baumgarten, H. (1984). „Eselsbrücken" als Hilfen für die Grammatikvermittlung im Englischunterricht in der Sekundarstufe I. *Englisch, 19*(4), S. 140–143.

Bausch, K.-R. (Hrsg.) (1979). *Beiträge zur Didaktischen Grammatik.* Königstein/Ts.: Scriptor.

Bausch, K.-R. (1991). Vier allgemeine Thesen zum Textbegriff im fremdsprachlichen Lern- und Lehrprozeß. In: Bausch, Christ & Krumm (1991), S. 15–19.

Bausch, K.-R., Christ, H., Hüllen, W. & Krumm, H.-J. (Hrsg.) (1989). *Der Fremdsprachenunterricht und seine institutionellen Bedingungen. Arbeitspapiere der 9. Frühjahrskonferenz zur Erforschung des Fremdsprachenunterrichts.* Tübingen: Narr.

Bausch, K.-R., Christ, H., Königs, F. G. & Krumm, H.-J. (Hrsg.) (1995). *Erwerb und Vermittlung von Wortschatz im Fremdsprachenunterricht. Arbeitspapiere der 15. Frühjahrskonferenz zur Erforschung des Fremdsprachenunterrichts.* Tübingen: Narr.

Bausch, K.-R., Christ, H. & Krumm, H.-J. (Hrsg.) (1991). *Texte im Fremdsprachenunterricht als Forschungsgegenstand. Arbeitspapiere der 11. Frühjahrskonferenz zur Erforschung des Fremdsprachenunterrichts.* Bochum: Brockmeyer.

Bausch, K.-R., Christ, H. & Krumm, H.-J. (Hrsg.) (1993). *Fremdsprachenlehr- und -lernprozesse im Spannungsfeld von Steuerung und Offenheit. Arbeitspapiere der 13. Frühjahrskonferenz zur Erforschung des Fremdsprachenunterrichts.* Bochum: Brockmeyer.

Bausch, K.-R., Christ, H. & Krumm, H.-J. (Hrsg.) (1994). *Interkulturelles Lernen im Fremdsprachenunterricht. Arbeitspapiere der 14. Frühjahrskonferenz zur Erforschung des Fremdsprachenunterrichts.* Tübingen: Narr.

Bausch, K.-R., Christ, H. & Krumm, H.-J. (Hrsg.) (1995). *Handbuch Fremdsprachenunterricht* (3. Aufl.). Tübingen, Basel: Francke (1. Aufl. 1989).

Bausch, K.-R. & Kasper, G. (1979). Der Zweitsprachenerwerb. Möglichkeiten und Grenzen der ‚großen‘ Hypothesen. *Linguistische Berichte, 64*, S. 3–35.

Bebermeier, H. (1989). Die Klassenarbeit als pädagogisches Instrument der Leistungsfeststellung. *Der Fremdsprachliche Unterricht, 23*(2), Heft 94, S. 22–24.

Bebermeier, H. (1996). Neue Perspektiven für fremdsprachliches Lernen an Hauptschulen. *Englisch, 31*, S. 9–13.

Bechler, P. (1991). Homework as an element of learning. *English Teacher's Journal, 42*, S. 56–61.

Beheydt, L. (1987). The semantization of vocabulary in foreign language learning. *System, 15*, S. 55–67.

Behrendt, B. (1993). *Gesteigerte Lern-Ergebnisse durch Lese-Erlebnisse mit englischsprachiger Literatur: Ein neues Lehrgangsmodell von H.-J. Modlmayr.* Bochum: Brockmeyer.

Behrning, J. (1993). *Computergestütztes Vokabellernen im Fremdsprachenunterricht – eine verfolgenswerte Problematik?* Diss. Universität Saarbrücken.

Beile, W. (1988). Übungen und Üben im fremdsprachlichen Lernprozeß. *Der Fremdsprachliche Unterricht, 22*(6), Heft 92, S. 4–7.

Beile, W. (1996). Kreatives Schreiben in der fremden Sprache. *Der Fremdsprachliche Unterricht / Englisch, 30*(3), Heft 23, S. 4–10.

Belasco, S. (1981). Toward the acquisition of a second language: Nucleation revisited. In: Winitz (1981), S. 308–323.

Bell, S. (1995). Storyline as an approach to language learning. *Die Neueren Sprachen, 94*, S. 5–25.

Benner, D., Kell, A. & Lenzen, D. (Hrsg.) (1996). Bildung zwischen Staat und Markt. Beiträge zum 15. Kongress der Deutschen Gesellschaft für Erziehungswissenschaft vom 11.–13. März 1996 in Halle an der Saale. *Zeitschrift für Pädagogik, 35.* Beiheft.

Berger, P. L. & Luckmann, T. (1989). *Die gesellschaftliche Konstruktion der Wirklichkeit. Eine Theorie der Wissenssoziologie.* Frankfurt/M.: Fischer.

Betz, H.-J. (1995). Spielerisch agieren, imaginieren und kommunizieren – ein Weg zu mehr Ganzheitlichkeit im Englischunterricht. In: Timm (1995a), S. 78–104.

Bialystok, E. (1987). Influences of bilingualism on metalinguistic development. *Second Language Research, 3*, S. 154–166.

Biederstädt, W. (1984). Lieder im Englischunterricht und Vorschläge für den Unterricht in der Sekundarstufe I. *Der Fremdsprachliche Unterricht, 18*, Heft 72, S. 267–276.

Biederstädt, W. (1993). *Around the World. Volume One.* Berlin: Cornelsen.

Bierwisch, M. (1983). How on-line is language processing? In: Flores d'Arcais & Jarvella (1983), S. 113–168.

Bildungskommission Nordrhein-Westfalen (1995). *Zukunft der Bildung – Schule der Zukunft: Denkschrift der Kommission "Zukunft der Bildung – Schule der Zukunft" beim Ministerpräsidenten des Landes Nordrhein-Westfalen.* Neuwied, Kriftel, Berlin: Luchterhand.

Billows, F. L. (1961). *The techniques of language teaching.* London: Longman.

Black, C. & Butzkamm, W. (1977). *Klassengespräche: kommunikativer Englischunterricht. Beispiel und Anleitung.* Heidelberg: Groos.

Black, J. A. (1971). *The effect of instruction in general semantics on ethnic prejudice as expressed in measurements of social dissonance, ethnocentrism and authoritarianism.* Diss. University of New York.

Bland, S. K. (1988). The present progressive in discourse: Grammar versus usage revisited. *TESOL Quarterly, 22*(1), S. 53–69.

Blell, G. (1995). "Popsongs are the ESP of youth": ihr Einsatz im Englischunterricht unter Beachtung textlicher und musikalischer Komponenten. In: Bredella (1995a), S. 305–310.

Blell, G. & Hellwig, K. (Hrsg.) (1996). *Bildende Kunst und Musik im Fremdsprachenunterricht.* Frankfurt/M.: Lang.

Bleyhl, W. (1982). Variationen über das Thema: Fremdsprachenmethoden. *Praxis des neusprachlichen Unterrichts, 29*, S. 3–14.

Bleyhl, W. (1988). Ungereimtheiten unseres Fremdsprachenunterrichts. Interview. *Praxis des neusprachlichen Unterrichts, 35*, S. 122–127.

Bleyhl, W. (1993). Nicht Steuerung, Selbstorganisation ist der Schlüssel. In: Bausch, Christ & Krumm (1993), S. 27–42.

Bleyhl, W. (1995a). Wortschatz und Fremdsprachenunterricht, oder: Das Problem sind nicht die Lerner. In: Bausch, Christ, Königs & Krumm (1995), S. 20–31.

Bleyhl, W. (1995b). Nicht Grammatik, sondern Sprache! *Der Fremdsprachliche Unterricht / Englisch, 29*(3), Heft 19, S. 14–19.

Bleyhl, W. (1995c). Die Gretchenfrage des Fremdsprachenunterrichts: „Wie hältst du es mit der Grammatik?" *Fremdsprachenunterricht, 39/48*, S. 321–327 und 401–405.

Bleyhl, W. (1995d). Selbstorganisation oder die List der Natur, im Menschen das implizite sprachliche Wissen zu etablieren. In: Bredella (1995a), S. 211–224.

Bleyhl, W. (1996a). Der Fallstrick des traditionellen Lehrens und Lernens fremder Sprachen. Vom Unterschied zwischen linearem und nicht-linearem Fremdsprachenunterricht. *Praxis des neusprachlichen Unterrichts, 43*, S. 339–347.

Bleyhl, W. (1996b). Psycholinguistische und pragmadidaktische Überlegungen zum handlungsorientierten Fremdsprachenunterricht. In: Bach & Timm (1996a), S. 22–41.

Bleyhl, W. (1997). Fremdsprachenlernen als dynamischer und nichtlinearer Prozeß, oder: weshalb die Bilanz des traditionellen Unterrichts und auch die der Fremdsprachenforschung „nicht schmeichelhaft" sein kann. *Fremdsprachen Lehren und Lernen, 26*, S. 219–238.

Blombach, J. (1991). Lerntechniken zur Förderung des Hörverstehens. Erfahrungen in einer 9. Realschulklasse. *Der Fremdsprachliche Unterricht / Englisch, 25*(2), Heft 2, S. 20–33.

Bloom, B. S., Krathwohl, D. R. & Masia, B. B. (1974). *Taxonomie von Lernzielen im kognitiven Bereich* (4. Aufl.). Weinheim: Beltz (1. Aufl. 1964).

Bloom, J., Blaich, E. & Löffler, R. (1986). *Spielen und Lernen im Englischunterricht*. Berlin: Cornelsen, Velhagen & Klasing.

Bludau, M. (1975). Didaktische Dialoge: Ein Beitrag zur Operationalisierung kommunikativer Lernziele im Englischunterricht. *Praxis des neusprachlichen Unterrichts, 22*, S. 251–264.

Bludau, M. (1985). Englischer Anfangsunterricht stellt sich vor. *Englisch, 20*, S. 43–45.

Bludau, M. (1993). *Student's guide to better reading skills*. Berlin: Cornelsen.

Bohnen, E. (1990). Schülerzentrierte Kontrolle schriftlicher Arbeiten. *Praxis des neusprachlichen Unterrichts, 37*, S. 193–195.

Bollnow, O. F. (1978). *Vom Geist des Übens*. Freiburg: Herder.

Bönsch, M. (1993). *Üben und Wiederholen im Unterricht* (2. Aufl.). München: Ehrenwirth (1. Aufl. 1988).

Börner, O. (1988). Umgewöhnung. Die kleinen Schritte und die großen Perspektiven. In: Edelhoff & Liebau (1988), S. 15–27.

Börner, O. (1992). Auch der Fremdsprachenunterricht läßt sich öffnen! *Der Fremdsprachliche Unterricht, 23*(2), Heft 6, S. 14–20.

Börner, W. & Vogel, K. (Hrsg.) (1994). *Kognitive Linguistik und Fremdsprachenerwerb. Das mentale Lexikon*. Tübingen: Narr.

Börner, W. & Vogel, K. (Hrsg.) (1996a). *Der Text im Fremdsprachenunterricht*. Bochum: AKS.

Börner, W. & Vogel, K. (Hrsg.) (1996b). *Texte im Fremdsprachenerwerb: Verstehen und Produzieren*. Tübingen: Narr.

Bosewitz, R. & Kleinschroth, R. (1994). *Joke your way through English grammar. Wichtige Regeln zum Anlachen*. Reinbek: Rowohlt.

Brazil, D. (1996). *The teaching of intonation to advanced learners of English*. Oxford: Oxford University Press.

Brazil, D., Coulthard, M. & Johns, C. (Hrsg.) (1980). *Discourse intonation and teaching*. London: Longman.

Bredella, L. (1992). Towards a pedagogy of intercultural understanding. *Amerikastudien/ American Studies, 37*(4), S. 559–594.

Bredella, L. (Hrsg.) (1995a). *Verstehen und Verständigung durch Sprachenlernen? Dokumentation des 15. Kongresses für Fremdsprachendidaktik*. Bochum: Brockmeyer.

Bredella, L. (1995b). Verstehen und Verständigung als Grundbegriffe und Zielvorstellungen des Fremdsprachenlehrens und -lernens? In: Bredella (1995a), S. 1–34.

Bredella, L. & Christ, H. (Hrsg.) (1995). *Didaktik des Fremdverstehens*. Tübingen: Narr.

Bredella, L. & Christ, H. (Hrsg.) (1996). *Begegnungen mit dem Fremden*. Gießen: Verlag der Ferber'schen Universitätsbuchhandlung.

Bredella, L. & Legutke, M. (Hrsg.) (1985). *Schüleraktivierende Methoden im Fremdsprachenunterricht Englisch*. Bochum: Kamp.

Breen, M. (1983). How would we recognize a communicative language classroom? In: Coffey (1983), S. 133–154.

Breen, M. (1984). Process syllabuses for the language classroom. In: Brumfit (1984), S. 47–60.

Breen, M. (1985). The social context for language learning – a neglected situation? *Studies in Second Language Acquisition, 7*, S. 135–158.

Breen, M. (1987). Contemporary paradigms in syllabus design. *Language Teaching, 20*, Part I: S. 81–92; Part II: S. 157–174.

Bright, J. A. & McGregor G. P. (1973). *Teaching English as a second language* (2. Aufl.). London: Longman (1.Aufl. 1970).

Brinkmann, H. (1975). *Practise avoiding mistakes. A practice book for advanced learners*. Frankfurt/M.: Diesterweg.

Brockhaus, W. (1975). Zur Fertigkeit des Hörverstehens im neusprachlichen Unterricht. *Praxis des neusprachlichen Unterrichts, 33*, S. 229–237.

Brown, G. (1977). *Listening to spoken English*. London: Longman.

Brown, G. & Yule, G. (1983). *Teaching the spoken language. An approach based on the analysis of conversational English*. Cambridge: Cambridge University Press.

Brown, R. (1973). *A first language*. Cambridge, Mass.: Harvard University Press.

Brumfit, C. J. (Hrsg.) (1984). *General English syllabus design. Curriculum and syllabus design for the English classroom*. Oxford: Pergamon Press.

Bruner, J. (1974). The ontogenesis of speech acts. *Journal of Child Language, 2*, S. 1–19.

Bruner, J. (1983). *Child's talk*. New York: Norton.

Bruner, J. (1995). Meaning and self in cultural perspective. In: Bakhurst & Sypnowich (1995), S. 20–29.

Brusch, W. (Hrsg.) (1977). *Projects in literature*. Heidelberg: Quelle & Meyer.

Brusch, W. (1986). *Text und Gespräch in der fremdsprachlichen Erziehung*. Hamburg: ELT.

Brusch, W. (1994). Erziehung zum Lesen im Englischen durch Klassenbibliotheken. Ein empirisches Unterrichtsprojekt. *Praxis des neusprachlichen Unterrichts, 41*, S. 17–26.

Brusch, W. (Hrsg.) (1996). *Discovering Shakespeare*. Stuttgart: Klett.

Bultmann, R. (1952). Das Problem der Hermeneutik. In : *Glauben und Verstehen* (Bd. 2). Tübingen: J. C. B. Mohr (Paul Siebeck), S. 211 –235.

Bundesarbeitsgemeinschaft Englisch an Gesamtschulen (1986). *Problemfach Englisch. Beiträge zur Überwindung von Leistungsversagen*. München: Langenscheidt-Longman.

Bundesarbeitsgemeinschaft Englisch an Gesamtschulen (1996). *Kommunikativer Englischunterricht. Prinzipien und Übungstypologie. Neue Ausgabe. Ein Handbuch für Lehrer*. München: Langenscheidt-Longman (1. Aufl. 1978).

Bundesministerium für Bildung, Wissenschaft, Forschung und Technologie (Hrsg.) (1997). *Die Gewinnung neuer Zielgruppen für die fremdsprachliche Weiterbildung. Dokumentation des Werkstattgesprächs am 10. und 11. Dezember 1996 in Bonn*. Bonn.

Burgess, A. (1988). *Little Wilson and Big God*. London: Penguin Books.

Burgschmidt, E. & Cornell, A. (1979–1985). *EBA-Fehlerkartei Englisch*. Braunschweig: Burgschmidt.

Burke, J. & Legutke, M. (1992). „Kleinstadtgespräche". A project on intercultural learning and understanding through GAPP exchange. *Die Unterrichtspraxis. Teaching German, 25*, S. 71–78.

Burmeister, P. (1997). Untersuchungen zum verstärkten Vorlauf in 5. Klassen deutschenglischer bilingualer Gymnasialzweige in Schleswig-Holstein. In: Wendt & Zydatiß (1997), S. 248–256.

Burstall, C. (1974). *Primary French in the balance*. Slough: NFER.

Buttjes, D. (1991). Interkulturelles Lernen im Englischunterricht. *Der Fremdsprachliche Unterricht / Englisch, 25*(1) Heft 1, S. 2–9.

Buttjes, D. (1995). Landeskunde-Didaktik und landeskundliches Curriculum. In: Bausch, Christ & Krumm (1995), S. 142–149.

Buttjes, D. (1996). Lernziel Kulturkompetenz. In: Bach & Timm (1996a), S. 69–102.

Butzkamm, W. (1973). *Aufgeklärte Einsprachigkeit. Zur Entdogmatisierung der Methode im Fremdsprachenunterricht.* Heidelberg: Quelle & Meyer.

Butzkamm, W. (1980). *Praxis und Theorie der bilingualen Methode.* Heidelberg: Quelle & Meyer.

Butzkamm, W. (1985). The use of the printed word in teaching beginners. *International Review of Applied Linguistics, 23,* S. 315–322.

Butzkamm, W. (1993a). *Psycholinguistik des Fremdsprachenunterrichts. Natürliche Künstlichkeit: Von der Muttersprache zur Fremdsprache* (2. Aufl.). Tübingen: Francke (1. Aufl. 1989).

Butzkamm, W. (1993b). Bewegungsspiele für Anfänger. *Englisch betrifft uns,* Heft 4, S. 1–3.

Butzkamm, W. (1995). Unterrichtsmethodische Problembereiche. In: Bausch, Christ & Krumm (1995), S.188–194.

Butzkamm, W. & Schmid-Schönbein, G. (1984). Die vertrackten ,contracted forms' – ein ungelöstes methodisches Problem. *Praxis des neusprachlichen Unterrichts, 31,* S. 388–392.

Candelier, M. & Hermann-Brennecke, G. (1993). *Entre le choix et l'abandon: les langues étrangères à l'école, vues d'Allemagne et de France.* Paris: Didier.

Candlin, C. N. (1984). Syllabus design as a critical process. In: Brumfit (1984), S. 29–46.

Candlin, C. N. (1987). Towards task-based learning. In: Candlin & Murphy (1987), S. 5–22.

Candlin, C. N. & Murphy, D. (Hrsg.) (1987). *Language learning tasks.* Englewood Cliffs, N.J.: Prentice Hall.

Caré, J.-M. (1995). Inventer pour apprendre – les simulations globales. *Die Neueren Sprachen, 94,* S. 69–87.

Carrell, P. L., Devine, J. & Eskey, D. E. (1988). *Interactive approaches to second language reading.* Cambridge: Cambridge University Press.

Carroll, J. B. (1958) Some psychological effects of language structure. In: Hoch & Zubin (1958), S. 28–36.

Carroll, J. B. (Hrsg.) (1978). *Language, thought & reality. Selected writings of Benjamin Lee Whorf* (13. Aufl.). Cambridge, Mass.: M.I.T. Press (1. Aufl. 1956).

Carter, R. (1987). *Vocabulary.* London: Allen and Unwin.

Carter, R. (Hrsg.) (1990). *Knowledge about language and the curriculum: The LINC reader.* London: Hodder & Stoughton.

Carter, R. (1995). *Keywords in language and literacy.* London: Routledge.

Carter, R. & Long, M. N. (1987). *The web of words. Exploring literature through language.* Cambridge: Cambridge University Press.

Caspari, D. (1994). *Kreativität im Umgang mit literarischen Texten im Fremdsprachenunterricht. Theoretische Studien und unterrichtspraktische Erfahrungen.* Frankfurt/M.: Lang.

Cattliff, R. & Thorne, S. (1988). *English in the classroom.* Frankfurt/M.: Diesterweg.

Changeux, J.-P. (1984). *Der neuronale Mensch.* Reinbek: Rowohlt.

Chaudron, C. (1982). Vocabulary elaboration in teachers' speech to L2 learners. *Studies in Second Language Acquisition, 4,* S. 170–181.

Christ, H. (1996). *Bericht über die Arbeit der „Gruppe Fremdsprachen" im Arbeitskreis 2 der konzertierten Aktion Weiterbildung (1989 bis 1995) im Auftrag des Bundesministeriums für Bildung, Wissenschaft, Forschung und Technologie.* Gießen/Düsseldorf (unveröffentlichtes Manuskript).

Christ, H. & Legutke M. K. (Hrsg.) (1996). *Fremde Texte verstehen. Festschrift für Lothar Bredella zum 60. Geburtstag.* Tübingen: Narr.

Clark, M. S. & Fiske, T. (Hrsg.) (1982). *Affect and cognition.* Hillsdale, N.J.: Erlbaum.

Clarke, M. A. (1984). The short circuit hypothesis of ESL reading – or when language competence interferes with reading performance. In: Alderson & Urquhart (1984a), S. 114–124.

Coffey, B. (Hrsg.) (1983). *Teacher training and the curriculum: the Dunford House Seminar 1982.* London: The British Council.

Cole, P. & Morgan, J. L. (Hrsg.) (1975). *Syntax and semantics. Vol. 3: Speech acts.* New York: Academic Press.

Collie, J. & Slater, S. (1987). *Literature in the language classroom. A resource book of ideas and activities.* Cambridge: Cambridge University Press.

Corder, S. P. (1967). The significance of learners' errors. *International Review of Applied Linguistics, 5*, S. 161–169.

Corder, S. P. (1971). *The visual element in language teaching* (2. Aufl.). London: Longman (1. Aufl. 1966).

Corder, S. P. (1981). *Error analysis and interlanguage.* Oxford: Oxford University Press.

Courchène, R., Glidden, J. I., St. John, J. & Thérien, C. (Hrsg.) (1992). *Comprehension-based second language teaching.* Ottawa: Ottawa University Press.

Croft, K. (Hrsg.). *Readings on English as a second language.* Cambridge, Mass.: Winthrop.

Crouse, G. K. (Hrsg.) (1994). *Meeting new challenges in the foreign language classroom.* Lincolnwood, Ill.: National Textbook Company.

Cumming, A. & Berwick, R. (Hrsg.) (1996). *Validation in language testing.* Clevedon: Multilingual Matters.

Cummins, J. (1979). Linguistic interdependence and the educational development of bilingual children. *Review of Educational Research, 49*, S. 222–251.

Curtain, H. & Pesola, C. (1994). *Languages and children. Making the match.* New York: Longman.

Dahl, J. & Weis, B. (Hrsg.) (1988). *Grammatik im Unterricht.* München: Goethe-Institut.

Dahrendorf, R. (1965). *Bildung ist Bürgerrecht. Plädoyer für eine aktive Bildungspolitik.* Hamburg: Nannen.

Dam, L. (1994). How do we recognize an autonomous classroom? *Die Neueren Sprachen, 93*, S. 503–527.

Dam, L. (1995). *Learner autonomy 3. From theory to classroom practice.* Dublin: Authentik (Trinity College).

Dam, L. & Gabrielsen, G. (1988). Developing learner autonomy in a school context – a six-year experiment beginning in the learner's first year of English. In: Holec (1988), S. 19–30.

Dam, L. & Legenhausen, L. (1996). The acquisition of vocabulary in an autonomous learning environment – the first months of beginning English. In: Pemberton, Li, Or & Pierson (1996), S. 265–280.

Damasio, A. R. (1995). *Descartes' Irrtum.* München: Paul List.

Debyser, F. (1986). *L'Immeuble.* Paris: Hachette.

Decke-Cornill, H. (1994). Intertextualität als literaturdidaktische Dimension. Zur Frage der Textzusammenstellung bei literarischen Lektürereihen. *Die Neueren Sprachen, 93*, S. 272–287.

DeFlorio-Hansen, I. (1994). *Vom Reden über Wörter. Vokabelerklärungen im Italienischunterricht mit Erwachsenen.* Tübingen: Narr.

Delanoy, W. (1996). Die Relevanz der englischsprachigen Literaturpädagogik für die fremd-sprachliche Literaturdidaktik. In: Christ & Legutke (1996), S. 72–86.

Dennett, D. C. (1993). *Consciousness explained* (3. Aufl.). London: Penguin (1. Aufl. 1991, Boston: Little, Brown & Company).

Dewey, J. & Kilpatrick, W. H. (1935). *Der Projekt-Plan – Grundlegung und Praxis*. Weimar: Böhlau.

Diaz, Ch. (1993). Für wen sind eigentlich die Hausaufgaben? Hausaufgaben als Selbstlern-aufgaben im schülerzentrierten Unterricht. *Fremdsprache Deutsch, 1*, S. 37–38.

Dickinson, L. (1987). *Self-instruction in language learning*. Cambridge: Cambridge University Press.

Dietrich, I. (1979). Freinet-Pädagogik im Fremdsprachenunterricht. *Englisch Amerikanische Studien, 1*, S. 542–563.

Dietrich, I. (Hrsg.) (1995a). *Handbuch Freinet-Pädagogik: eine praxisbezogene Einführung*. Weinheim, Basel: Beltz.

Dietrich, I. (1995b). Übungen und Arbeitsformen im Projektunterricht. In: Bausch, Christ & Krumm (1995), S. 255–258.

Digeser, A. (1978). *Phonetik und Phonologie des Englischen. Ein Lernbuch mit Übungen*. Pader-born: Schöningh.

Digeser, A. (1988). Hemmt explizites Sprachwissen das Fremdsprachenlernen? *Praxis des neusprachlichen Unterrichts, 35*, S. 227–238.

Ditfurth, H. von (1979). *Der Geist fiel nicht vom Himmel. Die Evolution unseres Bewußtseins* (2. Aufl.). Hamburg: Hoffmann und Campe (1. Aufl. 1976).

Doff, A. (1993). *Teach English. A training course for teachers. Trainer's handbook* (Neudruck). Cambridge: Cambridge University Press / The British Council (1. Aufl. 1988).

Donath, R. (1991). Pancake and Pommes. Electronic-Mail-Projekte Ostfriesland–USA. *Der Fremdsprachliche Unterricht / Englisch, 25*(4), Heft 4, S. 30–32.

Donath, R. (1994). Opening the Classroom. Electronic mail im Englischunterricht. *RAAbits English, 10*, S. 1–12.

Donath, R. (1996). *E-Mail-Projekte im Englischunterricht. Authentische Kommunikation mit englischen Partnerklassen*. Stuttgart: Klett.

Donath, R. (1997a). *Internet und Englischunterricht*. Stuttgart: Klett.

Donath, R. (1997b). Fremdsprachenlernen und Kommunikationstechnologien: Möglich-keiten der elektronischen Kommunikation durch das Internet. *Neusprachliche Mittei-lungen aus Wissenschaft und Praxis, 50*, S. 33–37.

Donato, R. & McCormick, D. (1994). A sociocultural perspective on language learning strategies: the role of mediation. *Modern Language Journal, 78*, S. 453–464.

Dörner, D., Kreuzig, H. W., Reither, F. & Stäudel, T. (Hrsg.) (1983). *Lohhausen: vom Umgang mit Unbestimmtheit und Komplexität*. Bern: Huber.

Doyé, P. (1982). *Systematische Wortschatzvermittlung im Englischunterricht* (6. Aufl.). Hanno-ver, Dortmund: Schroedel, Lensing (1. Aufl. 1971).

Doyé, P. (1986). *Typologie der Testaufgaben für den Englischunterricht*. München: Langen-scheidt-Longman.

Doyé, P. (1996). Prüfung der Handlungskompetenz durch pragmatische Tests. In: Bach & Timm (1996a), S. 192–209.

Dressler, W. (1973). *Einführung in die Textlinguistik*. Tübingen: Niemeyer.

Duff, A. & Maley, A. (1990). *Literature*. Oxford: Oxford University Press.

Dulay, H., Burt, M. & Krashen, S. (1983). *Language Two*. Oxford: Oxford University Press.

Dusinberre, J. (1979) *Shakespeare and the nature of women*. London: Macmillan.

Eck, A., Legenhausen, L. & Wolff, D. (1995). *Telekommunikation und Fremdsprachenunterricht: Informationen, Projekte, Ergebnisse*. Bochum: AKS.

Eckstut, S. et al. (1989a). *First Impressions. Longman Elementary Reading Skills*. London: Longman.

Eckstut, S. et al. (1989b). *Beneath the Surface. Longman Pre-Intermediate Reading Skills*. London: Longman.

Eckstut, S. et al. (1989c). *Widely Read. Longman Intermediate Reading Skills*. London: Longman.

Edelhoff, C. (1996). Themenorientierter Englischunterricht, Textsorten, Medien, Fertigkeiten und Projekte. In: Bundesarbeitsgemeinschaft Englisch an Gesamtschulen (1996), S. 60–76.

Edelhoff, C. & Candlin, C. N. (Hrsg.) (1989). *Verstehen und Verständigung. Zum 60. Geburtstag von Hans-Eberhard Piepho*. Bochum: Kamp.

Edelhoff, C. & Liebau, E. (Hrsg.) (1988). *Über die Grenze. Praktisches Lernen im fremdsprachlichen Unterricht*. Weinheim: Beltz.

Edelhoff, C. & Weskamp, R. (Hrsg.) (1998). *Autonomes Fremdsprachenlernen*. München: Hueber.

Edge, J. (1990). *Mistakes and correction*. London: Longman.

Edmondson, W. (1982). *A communicative course for German teachers of English*. Bochum: Ruhr-Universität, Seminar für Sprachlehrforschung.

Edmondson, W. & House, J. (1981). *Let's talk and talk about it*. München: Urban & Schwarzenberg.

Edmondson, W. & House, J. (1993). *Einführung in die Sprachlehrforschung*. Tübingen, Basel: Francke.

Eggersdorfer, F. X. (1961). *Jugendbildung. Allgemeine Theorie des Schulunterrichts* (7. Aufl.). München: Kösel (1. Aufl. 1928).

Einhoff, J. (1993). Interkulturelles Lernen und Systemtheorie – eine Standortbestimmung. *Neusprachliche Mitteilungen aus Wissenschaft und Praxis, 46*, S. 6–13.

Einsiedler, W. (1981). *Lehrmethoden. Probleme und Ergebnisse der Lehrmethodenforschung*. München: Urban & Schwarzenberg.

Eisenhut, G., Heigl, J. & Zöpfl, H. (1981). *Üben und Anwenden. Zur Funktion und Gestaltung der Übung im Unterricht*. Bad Heilbrunn: Klinkhardt.

Ek, J. van (1975). *Systems development in adult language learning: The threshold level in a European unit/credit system for modern language learning by adults*. Strasbourg: European Council.

Ek, J. van & Trim, J. L. M. (1984) *Across the Threshold Level*. Oxford: Pergamon.

Ellis, G. & Brewster, J. (1991). *The story-telling handbook for primary teachers*. London: Penguin.

Ellis, G. & Sinclair, B. (1989). *Learning to learn English. A course in learner training*. Cambridge: Cambridge University Press.

Ellis, N. C. (Hrsg.) (1994). *Implicit and explicit learning of languages*. London: Academic Press.

Ellis, R. (1985). *Understanding second language acquisition*. Oxford: Oxford University Press.

Ellis, R. (Hrsg.) (1987). *Second language acquisition in context*. London: Prentice Hall.

Ellis, R. (1988a). The role of practice in classroom learning. In: Kasper (1988), S. 20–39.

Ellis, R. (1988b). Investigating language teaching: the case for an educational approach. *System, 16*, S.1–11.

Ellis, R. (1992). On the relationship between formal practice and second language acquisition: a study of the effects of formal practice on the acquisition of German word order rules. *Die Neueren Sprachen, 91*, S. 131–147.

Ellis, R. (1994a). *The study of second language acquisition*. Oxford: Oxford University Press.

Ellis, R. (1994b). A theory of instructed second language acquisition. In: Ellis, N.C. (1994), S. 79–114.

Ellis, R., Tanaka, Y. & Yamazaki, A. (1994). Classroom interaction, comprehension, and the acquisition of L2 word meanings. *Language Learning, 44*, S. 449–491.

Ernst, M. (1995). Fehlerkorrektur und Leistungsbewertung im bilingualen Sachfachunterricht. *Praxis des neusprachlichen Unterrichts, 42*, S. 258–264.

Eskey, D. E. & Grabe, W. (1984). Interactive models for second language reading: perspectives on instruction. In: Alderson & Urquhart (1984a), S. 223–238.

Esselborn, K. (1991). Neue Beurteilungskriterien für audiovisuelle Lehrmaterialien. *Zielsprache Deutsch, 22*(2), S. 64–68.

Europäische Gemeinschaft – Europäische Union (Hrsg.) (1993). *Die Vertragstexte von Maastricht mit den deutschen Begleitgesetzen*, bearbeitet und eingeleitet von Thomas Läufer (2. Aufl.). Bonn: Europa Union Verlag (1. Aufl. 1992).

Færch, C. & Kasper, G. (Hrsg.) (1983). *Strategies in interlanguage communication*. Harlow: Longman.

Fairclough, N. (Hrsg.) (1992). *Critical language awareness*. London: Longman.

Fehse, K.-D. (1995). Storyline as an approach to language teaching. *Die Neueren Sprachen, 94*, S. 26–53.

Fehse, K.-D. & Kocher, D. (1995). *Storyline – Handlungsorientiertes Lernen im Englischunterricht: „The Farm"*. Freiburg: Pädagogische Hochschule Freiburg.

Fehse, K.-D. & Schocker-von Ditfurth, M. (1996). Sinnvolle Aufgabenstellung im schülerorientierten Unterricht. *Der Fremdsprachliche Unterricht / Englisch, 30*(2), Heft 22, S. 19–24.

Feilhauer, A. & Ehrhardt, C. (Hrsg.) (1987). *Englisch lernen mit Witzen*. Ravensburg: Otto Maier.

Feilhauer, A. & Ehrhardt, C. (Hrsg.) (1989). *Englisch lernen mit neuen Witzen*. Ravensburg: Otto Maier.

Festinger, L. (1957). *A theory of cognitive dissonance*. Stanford: University Press.

Finger, H. (1996). Styles of popular music. *Praxis des neusprachlichen Unterrichts, 43*, S. 420–422.

Finkbeiner, C. (1995a). *Englischunterricht in europäischer Dimension: Zwischen Qualifikationserwartungen der Gesellschaft und Schülereinstellungen und Schülerinteressen. Berichte und Kontexte zweier empirischer Untersuchungen*. Bochum: Brockmeyer.

Finkbeiner, C. (1995b). Überlegungen zur Textarbeit in einem lernaktiven Fremdsprachenunterricht. *Die Neueren Sprachen, 94*, S. 372–387.

Finkbeiner, C. (1995c). Sprachenlernen als konstruktiver Verstehensprozeß – Überlegungen zur Vermittlung grammatischen Wissens. In: Timm (1995b), S. 149–174.

Finkbeiner, C. (1996a). Die Entwicklung des Fremdsprachenunterrichts aus historischer Perspektive: Von der Arbeitsteiligkeit zur Sprachenteiligkeit? *Neusprachliche Mitteilungen aus Wissenschaft und Praxis, 49*, S. 160–167.

Finkbeiner, C. (1996b). Handlungsorientierter Fremdsprachenunterricht: ein Weg zu einer neuen holistischen Lernkultur? *Fremdsprachenunterricht, 40/49*, S. 2–11.

Finkbeiner, C. (1996c). Möglichkeiten der grammatikalischen Kognitivierung. *Der Fremdsprachliche Unterricht / Englisch, 30*(4), Heft 24, S. 52–57.

Finkbeiner, C. (1997). Zielgruppen und Zielgruppenarbeit im Fremdsprachenunterricht der Erwachsenenbildung (Grundsatzreferat). In: Bundesministerium für Bildung, Wissenschaft, Forschung und Technologie (1997), S. 14–29.

Fischer, G. (1994). The semantics of culture: Communication and miscommunication in the foreign language classroom. In: Crouse (1994), S. 67–76.

Fischer, G. (1996). *Virtual connections and German instruction in American High Schools: Reconstitution of meaning in e-mail based discourse with Germans.* Diss. University of Wisconsin (Madison) (Typoskript).

Fisher, R. (1995). *Teaching children to think* (4. Aufl.). Cheltenham: Stanley Thornes (1. Aufl. 1990, Oxford: Basil Blackwell).

Fishman, J. (1982). Whorfianism of the third kind: Ethnolinguistic diversity as a worldwide societal asset. *Language in society, 2*, S. 1–14.

Flammer, A. (1990). *Erfahrung der eigenen Wirksamkeit.* Bern: Huber.

Flechsig, K. H. (Hrsg.) (1970). *Neusprachlicher Unterricht II.* Weinheim: Beltz.

Flores d'Arcais, G. B. & Jarvella, R. J. (Hrsg.) (1983). *The process of language understanding.* Chichester: John Wiley and Sons.

Foerster, H. von (1995). Das Konstruieren einer Wirklichkeit. In: Watzlawick (1995), S. 39–60.

Fortune, A. (1992). Self-study grammar practice: learners' views and preferences. *English Language Teaching Journal, 46*, S. 161–171.

Frank, C. & Rinvolucri, M. (1983). *Grammar in action. Awareness activities for language learning.* München: Hueber.

Frauenfelder, U. H. (1990). Structure and computation in the human mental lexicon. In: Haken & Stadler (1990), S. 406–414.

Freese, P. (1986). Textanalyse oder Rezeptionsgespräch? Zu einer Kontroverse der gegenwärtigen Literaturdidaktik. *Englisch Amerikanische Studien, 8*, S. 50–65.

Freinet, C. (1980). Pädagogische Texte. Mit Beispielen aus der praktischen Arbeit nach Freinet. Reinbek: Rowohlt.

Freudenstein, R. (1982). Zankapfel 'Hausaufgaben'. Sind sie überflüssig oder ist die Schule auf sie angewiesen? *Bildungsfragen der Gegenwart.* Hessischer Rundfunk, 2. Programm, 28.2.1982.

Freudenstein, R. (1992). >Wählen Sie Kanal 93!< Unterrichtsmaterialien für das 21. Jahrhundert. *Info Deutsch als Fremdsprache, 19*, S. 543–550.

Freudenstein, R. (1996). Hausaufgaben? Ja, aber ... Grundsätze für eine neue Sprachlernpraxis. *Der Fremdsprachliche Unterricht / Englisch, 30*(2), Heft 22, S. 10–13.

Frey, D. & Irle, M. (Hrsg.) (1993). *Theorien der Sozialpsychologie. Bd. I: Kognitive Theorien.* Bern: Hans Huber.

Fricke, D. & Glaap, A.-R. (Hrsg.) (1990). *Literatur im Fremdsprachenunterricht – Fremdsprache im Literaturunterricht.* Frankfurt/M.: Diesterweg.

Friedrich, H. F. & Mandl, H. (1992). Lern- und Denkstrategien – Ein Problemaufriß. In: Mandl & Friedrich (1992), S. 3–54.

Fries, C. C. (1945). *Teaching and learning English as a foreign language*. Ann Arbor, Mich.: The University of Michigan Press.

Gadamer, H.-G. (1972). *Wahrheit und Methode*. Tübingen: J. C. B. Mohr (Paul Siebeck).

Gadamer, H.-G. & Boehm, G. (Hrsg.) (1978). *Seminar: Die Hermeneutik und die Wissenschaften*. Frankfurt/M.: Suhrkamp.

Gairns, R. & Redman, S. (1986). *Working with words. A guide to teaching and learning vocabulary*. Cambridge: Cambridge University Press.

Garbe, G. (1986). Zur Bedeutung von Lehrbuch und Unterrichtshilfen für die Entwicklung der Zieltätigkeit Sprechen im Aufbaukurs Englisch. *Wissenschaftliche Zeitschrift der Wilhelm-Pieck-Universität Rostock, 35*, Gesellschaftswissenschaftliche Reihe 3, S. 37–39.

Gardner, R. (1984). Discourse analysis: Implications for language teaching, with particular reference to casual conversation. *Language Teaching, 13*, 102–117

Garner, J. F. (1995). *Once upon a more enlightened time: More politically correct bedtime stories*. New York: Macmillan.

Gartner, A., Kohler, M. C. & Riessmann, F. (1971). *Children teach children – Learning by teaching*. New York: Harper & Row.

Garvie, E. (1990). *Story as vehicle: teaching English to young children*. Clevedon: Multilingual Matters.

Gass, S. (1988). Integrating research areas: a framework for second language studies. *Applied Linguistics, 9*, S. 198–217.

Gass, S. & Madden, C. (Hrsg.) (1985). *Input in second language acquisition*. Rowley, Mass.: Newbury House.

Geddes, M. & Sturtridge, G. (1979). *Listening links*. London: Heinemann.

Geertz, C. (1973). *The interpretation of cultures*. New York: Basic Books.

Geisler, W. (1987). *Die anglistische Fachdidaktik als Unterrichtswissenschaft. Zur empirischen Erforschung der Lernbedingungen und des Lernerfolgs im Englischunterricht*. Frankfurt/M.: Lang.

Geisler, W. & Hermann-Brennecke, G. (1997). Fremdsprachenlernen zwischen Affekt und Kognition – Bestandsaufnahme und Perspektivierung. *Zeitschrift für Fremdsprachenforschung, 8*(1), S. 79–95.

Geissler, W.-G., Link, S. W. & Townsend, J. T. (Hrsg.) (1992). *Cognition, information processing and psychophysics: Basic issues*. Hillsdale, N.J.: Erlbaum.

Genzlinger, W. (1980). *Kreativität im Englischunterricht*. Bochum: Kamp.

Gerngross, G. & Puchta, H. (1992). *Creative grammar practice. Getting learners to use both sides of the brain*. Harlow: Longman.

Gienow, W. (1987). *Audiovisualität und Fremdsprachenerwerb: Untersuchungen zu Grundlagen, Realisierung und Wirksamkeit audiovisueller Veranschaulichung im Englischunterricht*. Habil. Pädagogische Hochschule Potsdam.

Gienow, W. (1993). Differenzierte Informationspräsentation und -verarbeitung: Eine Begründung prozeßorientierter Arbeit mit Medien im Fremdsprachenunterricht. In: Gienow & Hellwig (1993), S. 43–57.

Gienow, W. & Hellwig, K. (Hrsg.) (1993). *Prozeßorientierte Mediendidaktik im Fremdsprachenunterricht*. Frankfurt/M.: Lang.

Gienow, W. & Hellwig, K. (Hrsg.) (1994). *Interkulturelle Kommunikation und prozeßorientierte Medienpraxis im Fremdsprachenunterricht – Grundlagen, Realisierung, Wirksamkeit.* Seelze: Friedrich.

Gienow, W. & Hellwig, K. (Hrsg.) (1996a). *Lernen: Medien – Prozesse – Produkte* [Themenheft]. *Der Fremdsprachliche Unterricht / Englisch, 30*(1), Heft 21.

Gienow, W. & Hellwig, K. (1996b). Prozeßorientierung – ein integratives fremdsprachendidaktisches Konzept. *Der Fremdsprachliche Unterricht / Englisch, 30*(1), Heft 21, S. 4–12.

Glaap, A.-R. (1995). Literaturdidaktik und literarisches Curriculum. In: Bausch, Christ & Krumm (1995), S. 149–156.

Glaap, A.-R. (1997). Der bilinguale Schulversuch an Realschulen in Nordrhein-Westfalen. Perspektiven, Erfahrungen, Konsequenzen. In: Wendt & Zydatiß (1997), S. 257–267.

Glas, H. (1976). Hilfen für Lernschwache. *Praxis des neusprachlichen Unterrichts, 23*, S. 321–324.

Glasersfeld, E. von (1995). Einführung in den radikalen Konstruktivismus. In: Watzlawick (1995), S. 16–38.

Gnutzmann, C. (1995). Sprachbewußtsein („Language Awareness") und integrativer Grammatikunterricht. In: Gnutzmann & Königs (1995), S. 267–284.

Gnutzmann, C. et al. (Hrsg.) (1982). *Fremdsprachendidaktiker Kongreß Hannover 1981: Nachpublikation.* Hannover: C.T.

Gnutzmann, C. & Königs, F. G. (1992) *Fremdsprachenunterricht im internationalen Vergleich: Perspektive 2000.* Frankfurt/M.: Diesterweg.

Gnutzmann, C. & Königs, F. G. (Hrsg.) (1995). *Perspektiven des Grammatikunterrichts.* Tübingen: Narr.

Gnutzmann, C. & Köpcke, K.-M. (1988). Integrativer Grammatikunterricht: Wider die Trennung von Mutter- und Fremdsprachenunterricht. *Neusprachliche Mitteilungen aus Wissenschaft und Praxis, 41*, S. 75–84.

Goch, M. (1993). Mit Musik geht alles besser!? Popsongs im Englischunterricht der Sekundarstufe I. *Praxis des neusprachlichen Unterrichts, 40*, S. 363–372.

Gogolin, I. (1994). Allgemeine sprachliche Bildung als Bildung zur Mehrsprachigkeit. Einige Überlegungen zur Innovation, auch des Fremdsprachenunterrichts. In: Bausch, Christ & Krumm (1994), S. 73–84.

Gogolin, I., Krüger-Potratz, M. & Meyer, M. (Hrsg.) (1997). *Pluralität und Bildung.* Opladen: Leske und Budrich.

Goleman, D. (1996). *Emotional intelligence.* New York: Bantam Books.

Göller, A. (1983). Die Hausaufgabe im Fremdsprachenunterricht. *Praxis des neusprachlichen Unterrichts, 30,·*S. 57–59.

Goodlad, S. & Hirst, B. (1989). *Peer tutoring. A guide to learning by teaching.* London: Kogan Page.

Grabe, W. (1991). Current developments in second language reading research. *TESOL Quarterly, 25*, S. 375–406.

Graef, R. & Preller, R.-D. (Hrsg.) (1994). *Lernen durch Lehren.* Rimbach: Verlag im Wald.

Grant, N. (1987). *Making the most of your textbook.* London: Longman.

Gray, A. & McGuigan, J. (Hrsg.) (1993). *Studying culture: An introductory reader.* London: Edward Arnold.

Grebing, R. (Hrsg.) (1991). *Grenzenloses Sprachenlernen. Festschrift für Reinhold Freudenstein.* Berlin: Cornelsen & Oxford University Press.

Greenwood, J. (1988). *Class readers.* Oxford: Oxford University Press.

Grellet, F. (1981). *Developing reading skills. A practical guide to reading comprehension exercises.* Cambridge: Cambridge University Press.

Gressmann, L. & Rich, A. (1982). *Classroom language.* München/Bielefeld: Oldenbourg/Cornelsen-Velhagen & Klasing.

Grice, H. P. (1975). Logic and Conversation. In: Cole & Morgan (1975), S. 41–58.

Grieser, H. G. & Tuch, J. (1996). *Lernorte im Internet. Hilfreiche Adressen für Schule und Unterricht.* Mülheim: Verlag an der Ruhr.

Grigely, J. (1995). *Textualterity. Art, theory, and textual criticism.* Ann Arbor, Mich.: University of Michigan Press.

Grimm, H. (1995). Sprachentwicklung – allgemeintheoretisch und differentiell betrachtet. In: Oerter & Montada (1995), S. 705–758.

Gutschow, H. (1964). *Englisch an Hauptschulen. Probleme und Arbeitsformen.* Berlin: Cornelsen.

Gutschow, H. (1978). *Eine Methodik des elementaren Englischunterrichts.* Berlin: Cornelsen-Velhagen & Klasing.

Gutschow, H. (1979). Die Rehabilitierung der Literatur. In: Mainusch (1979), S. 130–138.

Gutschow, H. (1982). Die Hausaufgabe im Englischunterricht. *Praxis des neusprachlichen Unterrichts, 29,* S. 357–364.

Haastrup, K. (1994). On word processing and vocabulary learning. In: Börner & Vogel (1994), S. 129–147.

Hagge, H. P. & Reisener, H. (Hrsg.) (1989). *Lesen und Leseschulung* [Themenheft]. *Der Fremdsprachliche Unterricht, 23*(5), Heft 97.

Hahn, M., Künzel, S. & Wazel, G. (1996). *Multimedia – eine neue Herausforderung für den Fremdsprachenunterricht.* Frankfurt/M.: Lang.

Haken, H. & Stadler, M. (Hrsg.) (1990). *Synergetics of cognition.* Berlin: Springer.

Hall, N. & Shepheard, J. (1991). *The anti-grammar grammar book. Discovery activities for grammar teaching.* Harlow: Longman.

Halliday, M. A. K, McIntosh, A. & Strevens, P. (1973). *The linguistic sciences and language teaching.* London: Longman.

Hamilton, E. (1985). *Vokabellernen?!* Berlin: Pädagogisches Zentrum.

Hamm, W. (1996). Englisch in der Grundschule – Blick auf Lehrwerke. *Englisch, 31,* S. 23–30.

Handke, J. (1989). Computer Assisted Language Learning und künstliche Intelligenz. *Die Neueren Sprachen, 88,* S. 21–32.

Hanowell, M., Kranz, D., Real, H. J. & Real, W. (1994). *Studium Anglistik.* München: Fink.

Hansen, M. & Zuber, B. (1996). *Zwischen den Kulturen. Strategien und Aktivitäten für landeskundliches Lehren und Lernen.* Berlin: Langenscheidt.

Hansmann, O. & Marotzki, W. (Hrsg.) (1988). *Diskurs Bildungstheorie I: Systematische Markierungen. Rekonstruktion der Bildungstheorie unter Bedingungen der gegenwärtigen Gesellschaft.* Weinheim: Deutscher Studien Verlag.

Harrison, A. (1986). Assessing text in action. In: Portal (1986), S. 14–30.

Harrison, C. (1980). *Readability in the classroom.* Cambridge: Cambridge University Press.

Hatch, E. (Hrsg.) (1978a). *Second language acquisition.* Rowley, Mass.: Newbury House.

Hatch, E. (1978b). Discourse analysis and second language acquisition. In: Hatch (1978a), S. 401–435.

Haudeck, H. (1996). Bewußtmachung von Lernstrategien im Grammatikbereich am Beispiel von Negation und Interrogation. *Fremdsprachenunterricht, 40/49*, S. 419–425.

Häussermann, U. & Piepho, H.-E. (1996). *Aufgaben-Handbuch. Deutsch als Fremdsprache. Abriß einer Aufgaben- und Übungstypologie.* München: iudicium.

Hawkins, E. (1987). *Awareness of language: An introduction* (2. Aufl.). Cambridge: Cambridge University Press (1. Aufl. 1984).

Hecht, K.-H. & Green, P. (1983). *Fehleranalyse und Leistungsbewertung im Englischunterricht der Sekundarstufe I.* Donauwörth: Auer.

Hecht, K.-H. & Green, P. S. (1991). Schülerselbstkorrektur beim Einsatz des Englischen in mündlicher Kommunikation – eine empirische Untersuchung. *Die Neueren Sprachen, 90*, S. 607–624.

Hecht, K.-H.& Green, P. S. (1992). Grammatikwissen unserer Schüler: gefühls- oder regelgeleitet? *Praxis des neusprachlichen Unterrichts, 39*, S. 151–162.

Heckhausen, H. (1969). Förderung der Lernmotivierung und der intellektuellen Tüchtigkeiten. In: Roth (1969), S. 193–228.

Hedge, T. (1985). *Using readers in language teaching.* London: Macmillan.

Heider, F. (1958). *The psychology of interpersonal relations.* New York: John Wiley.

Heigl, J. & Zöpfl, H. (1987). Methodische und didaktische Aspekte des Übens im Unterricht. *Pädagogische Beiträge, 39*(11), S. 30–35.

Heinisch, R. (1996). Das Europäische Jahr des lebensbegleitenden Lernens. In: Ministerium für Kultus, Jugend und Sport Baden-Württemberg (1996), S. 97–106.

Heitz, S. (1985). Zigger-Zagger. Die Behandlung und Aufführung eines Dramas im Englischunterricht in einer Gymnasialklasse. In: Bredella & Legutke (1985), S. 185–200.

Helfrich, H. (1994). Bilingualer Unterricht in Europa: eine Bestandsaufnahme. *Triangle, 13*, S. 7–16.

Hellwig, K. (1995a). *Fremdsprachen an Grundschulen als Spielen und Lernen.* München: Hueber.

Hellwig, K. (1995b). Sprachlich handeln – von Medium zu Medium. Prozeßorientiert-kreatives Lernen im Englischunterricht durch Sprach-, Bild- und Musiktexte. *Fremdsprachenunterricht, 39/48*, S. 91–96.

Hellwig, K. & Siekmann, M. (1987). Authentische Bildergeschichten im Englischunterricht (I). Theoretische Grundlegung. *Die Neueren Sprachen, 86*, S. 474–499.

Hellwig, K. & Siekmann, M. (1988). Authentische Bildergeschichten im Englischunterricht (II). Praxis. *Die Neueren Sprachen, 87*, S. 386–404.

Helms, W. (1995). *Vokabeln lernen – 100 % behalten.* München, Wien: Kerle.

Hendrickson, J. M. (1980). Correction in foreign language teaching. In: Croft (1980), S. 153–173.

Henrici, G., Kostrzewa, F. & Zoefgen, E. (1991). Zur Wirkung von Bedeutungserklärungsverfahren auf Verstehen und Behalten. Ergebnisse aus einem empirischen Projekt. *Zeitschrift für Fremdsprachenforschung, 2*(2), S. 30–65.

Hermann, G. (1978). *Lernziele im affektiven Bereich. Eine empirische Untersuchung zu den Beziehungen zwischen Englischunterricht und Einstellungen von Schülern.* Paderborn: Schöningh.

Hermann, G. (1980). Attitudes and success in children's learning of English as a second language: the motivational vs. the resultative hypothesis. *English Language Teaching Journal, 34*, S. 247–254.

Hermann-Brennecke, G. (1993). Schulisches Fremdsprachenlernen im Urteil der Lernenden. In: Timm & Vollmer (1993), S. 434–443.

Hermann-Brennecke, G. (1994). Affektive und kognitive Flexibilität durch Fremdsprachenvielfalt auf der Primarstufe. *Zeitschrift für Fremdsprachenforschung, 5*(2), S. 1–22.

Hermes, L. (1981). Lektüre und Kassette. Überlegungen zum kombinierten Einsatz von Lese- und Hörtexten. *Englisch, 16*, S. 1–7.

Hermes, L. (1983). Hörverstehen und Kreativität: Zum Einsatz eines „radio play". *Englisch, 18*, S. 93–97.

Hermes, L. (1984a). „Ich verstehe nur Bahnhof!" – Abhilfe durch Schulung des Hörverstehens. *Englisch, 19*, S. 121–128.

Hermes, L. (1984b). *Fun-reading*: Möglichkeiten und Anregungen. *Praxis des neusprachlichen Unterrichts, 31*, S. 115–123

Hermes, L. (1987). Einführung in den Umgang mit einem zweisprachigen Wörterbuch in einer 6. Hauptschulklasse. *Englisch, 22*, S. 68–71.

Hermes, L. (1988). „Fun-reading" im Englischunterricht. Über Sinn und Notwendigkeit eines langfristigen Lektüreeinsatzes. In: Raasch, Bludau & Zapp (1988), S. 77–88.

Hess, N. (1991). *Headstarts: One hundred original pre-text activities.* Essex: Longman.

Hessisches Institut für Bildungsplanung und Schulentwicklung (HIBS) (Hrsg.) (1995). *Lehrpläne und Lehreralltag. Einführung neuer Rahmenpläne in Hessen. Materialien zur Schulentwicklung.* Karben: F. M. Druck.

Hessisches Kultusministerium (1996). *Rahmenplan Neue Sprachen, Sekundarstufe I gemäß der 210. Verordnung über Rahmenpläne des Hessischen Kultusministers vom 27.6.1996.* Wiesbaden: Diesterweg.

Heuer, H. (1976). *Lerntheorie des Englischunterrichts.* Heidelberg: Quelle & Meyer.

Heuer, H. & Klippel, F. (1987). *Englischmethodik. Problemfelder, Unterrichtswirklichkeit und Handlungsempfehlungen.* Berlin: Cornelsen-Velhagen & Klasing.

Heuer, H. & Müller, R. M. (Hrsg.) (1973). *Lehrwerkkritik – ein Neuansatz.* Dortmund: Lensing.

Heuer, H. & Müller, R. M. (Hrsg.) (1975). *Lehrwerkkritik 2. Landeskunde, Illustrationen, Grammatik.* Dortmund: Lensing.

Heuermann, H. (1995). Medienkompetenz als Abwehrerziehung: Herausforderung für den Fremdsprachenlehrer? *Zeitschrift für Fremdsprachenforschung, 6*(2), S. 15–36.

Hilgard, E. R. & Bower, G. H. (1966). *Theories of learning* (3. Aufl.). New York: Appleton Century Crofts.

Hiller, U. (1981). Der Semantisierungsprozeß im Zweitsprachenerwerb. *Neusprachliche Mitteilungen aus Wissenschaft und Praxis, 34*, S. 144–152.

Hirsch, E. D. (1972) *Validity in interpretation.* New Haven, London: Yale University Press.

Hoch, P. H. & Zubin, J. (Hrsg.) (1958). *Psychopathology of communication.* New York: Gruner & Strutton.

Hoey, M. (1991). *Patterns of lexis in text.* Oxford: Oxford University Press.

Hohmann, H.-O. (1987). Methodische Leitlinien zum text- und schülerbezogenen Unterrichtsgespräch. Ein Orientierungsrahmen für die Unterrichtspraxis. *Neusprachliche Mitteilungen aus Wissenschaft und Praxis, 40*, S. 101–107.

Holec, H. (1981). *Autonomy in foreign language learning.* Oxford: Pergamon.

Holec, H. (Hrsg.) (1988). *Autonomy and self-directed learning: Present fields of application.* Strasbourg: Council of Europe.

Holtwisch, H. (1996). Kreative Klassenarbeiten und ihre Bewertung im Englischunterricht der Sekundarstufe I. *Praxis des neusprachlichen Unterrichts, 43*, S. 237–245.

Holzkamp, K. (1995). *Lernen: Subjektwissenschaftliche Grundlegung.* Frankfurt/M., New York: Campus.

Hörmann, H. (1981). *Einführung in die Psycholinguistik.* Darmstadt: Wissenschaftliche Buchgesellschaft.

Howatt, A. P. R. (1984). *A history of English language teaching.* Oxford: Oxford University Press.

Huber, L. (1995). Was ist Bildung? *DIE ZEIT Nr. 27*, 30.6.1995, S. 34.

Hughes, G. S. (1981). *A handbook of classroom English.* Oxford: Oxford University Press.

Hüllen, W. (1987). *Englisch als Fremdsprache. Beiträge zur Theorie des Englischunterrichts an deutschen Schulen.* Tübingen: Francke.

Hüllen, W. (1989). Be prepared: Die Grammatik des englischen Verbs. *Anglistik und Englischunterricht*, Bd. 38/39, S. 335–347.

Hüllen, W. (1992a). Interkulturelle Kommunikation – was ist das eigentlich? *Der Fremdsprachliche Unterricht / Englisch, 26*(1), Heft 5, S. 8–11.

Hüllen, W. (1992b). Identifikationssprachen und Kommunikationssprachen. *Zeitschrift für germanistische Linguistik, 20*, S. 298–317.

Hulstijn, J. H. (1994). Die Schlüsselwortmethode: Ein Weg zum Aufbau des Lernerlexikons in der Fremdsprache. In: Börner & Vogel (1994), S. 169–183.

Hulstijn, J. H. & Schmidt, R. (Hrsg.) (1994). *Consciousness in second language learning* [Themenheft]. *AILA Review, 11.*

Humboldt, W. von (1907). Über die Verschiedenheit des menschlichen Sprachbaus. In: Leitzmann (1907), Band VII, 1. Hälfte, S. 111–304.

Humboldt, W. von (1963). *Werke in fünf Bänden. Bd. III: Schriften zur Sprachphilosophie.* Stuttgart: Cotta'sche Buchhandlung.

Humburg, L., Legutke, M. & Thiel, W. (1983). Airport – Ein Projekt für den Englischunterricht in Klasse 6. Videofilm VHS, Farbe, 29 Min. Grünwald: FWU 420379. Begleitheft: Legutke, M. & Thiel, W.

Hunfeld, H. (Hrsg.) (1982). *Literaturwissenschaft – Literaturdidaktik – Literaturunterricht: Englisch II. Eichstätter Kolloquium zum Fremdsprachenunterricht (1981).* Königstein: Scriptor.

Ilson, R. (Hrsg.) (1985). *Dictionaries, lexicography and language learning.* Oxford: Pergamon Press.

Ingenkamp, K. (Hrsg.) (1971). *Die Fragwürdigkeit der Zensurengebung.* Weinheim: Beltz.

ISB (Hrsg.) (1978). *Handreichungen für den Englischunterricht in der Kollegstufe des Gymnasiums.* Donauwörth: Auer.

Iser, W. (1976). *Der Akt des Lesens. Theorie ästhetischer Wirkung.* München: Fink.

Jaffke, C. (1994). *Fremdsprachenunterricht auf der Primarstufe: Seine Begründung und Praxis in der Waldorfpädagogik.* Weinheim: Deutscher Studien Verlag.

James, C. & Garrett, P. (Hrsg.) (1992a). *Language Awareness in the classroom.* London: Longman.

James, C. & Garrett, P. (1992b). The scope of Language Awareness. In: James & Garrett (1992a), S. 3–23.

Jarmann, F., Whybra, D. & Hase, H. D. (1983). *Pink, Black, Brown and Yellow: Multiracial Britain.* Hannover: Schroedel.

Jauß, H. R. (1970). *Literaturgeschichte als Provokation.* Frankfurt/M.: Suhrkamp.

Jean Paul (1963). *Levana oder Erziehlehre. Gesammelte Werke, Bd. 5* (Hrsg. von N. Müller). München: Hanser.

Jean Paul (1971). *Selberlebensbeschreibung. Konjektural-Biographie* (1826). Stuttgart: Reclam.

Jochems, H. (1978). Gesprächskompetenz durch Lerngespräche im Fremdsprachenunterricht. *Praxis des neusprachlichen Unterrichts, 25*, S. 140–147.

Joerger, K. (1989). *Einführung in die Lernpsychologie* (13. Aufl.). Freiburg i. Br.: Herderbücherei (1. Aufl. 1976).

Jones, K. (1984a). *Nine graded simulations.* Ismaning: Hueber.

Jones, K. (1984b). Simulationen – ein Unterrichtskonzept. In: Jones, Edelhoff, Meinhold & Oakley (1984), S. 10–95.

Jones, K., Edelhoff, C., Meinhold, M. & Oakley, C. (1984). *Simulationen im Fremdsprachenunterricht. Handbuch.* Ismaning: Hueber.

Jones, L. (1983). *Eight simulations. For upper-intermediate and more advanced students of English (Vol. 1: Participant's Book, Vol. 2: Controller's Book).* Cambridge: Cambridge University Press.

Jost, A. & Multhaup, U. (1996). Prozeßorientierte Interpretation eines Telekommunikationsprojektes. *Der Fremdsprachliche Unterricht / Englisch, 30*(1), Heft 21, S. 31–36.

Jung, U. O. H. (Hrsg.) (1992). *Praktische Handreichung für Fremdsprachenlehrer.* Frankfurt/M.: Lang (2., verb. und erw. Aufl. 1998).

Jung, U. O. H. (1994). An international efl videography. *Der Fremdsprachliche Unterricht / Englisch, 30*(4), Heft 16, S. 46–54.

Jung, U. O. H. & Erdmenger, M. (1994). Video: Facilitating the foreign language learner's task (Sek. I/II) (mit Auswahlbibliographie). *Der Fremdsprachliche Unterricht / Englisch, 30*(4), Heft 16, S. 5–12.

Kahl, P. W. (1986). What would you do if you saw a lion in the street? *Englisch, 21*, S. 13–18.

Kahl, P. W. (1990). Weitere Fragen zur Grammatik im Fremdsprachenunterricht. *Praxis des neusprachlichen Unterrichts, 37*, S. 234–243.

Kahl, P. W. & Klippel, F. (1997). In eigener Sache: Interview. *Englisch, 32*, S. 1–2.

Kahl, P. W. & Knebler, U. (1996). *Englisch in der Grundschule – und dann?* Berlin: Cornelsen.

Kahrmann, B. (1982). Zur Theorie und Methode des Fragens im fremdsprachlichen Literaturunterricht. In: Hunfeld (1982), S. 121–140.

Kallenbach, C. (1996). *Subjektive Theorien. Was Schüler und Schülerinnen über Fremdsprachenlernen denken.* Tübingen: Narr.

Karl, W. (1991). Lernen mit Karteien im fortgeschrittenen Englischunterricht. *Der Fremdsprachliche Unterricht / Englisch, 25*(2), Heft 2, S. 14–19.

Kasper, G. (Hrsg.) (1988). *Classroom research* [Themenheft]. *AILA Review, 5.*

Kasper, G. (1995). Wessen Pragmatik? Für eine Neubestimmung fremdsprachlicher Handlungskompetenz. *Zeitschrift für Fremdsprachenforschung, 6*(1), 69–94.

Kästner, H. (1993). Zweisprachige Bildungsgänge an Schulen in der Bundesrepublik Deutschland. *Die Neueren Sprachen, 92*, S. 23–53.

Kastovsky, D. (1981). Wortbildung bei der Wortschatzarbeit. *Der Fremdsprachliche Unterricht, 15*, Heft 59, S. 169–176.

Kaufmann, F. (1977). Lernen in Freiheit – im Fremdsprachenunterricht. Bericht über einen Schulversuch. *Praxis des neusprachlichen Unterrichts, 24*, S. 227–236.

Kelchner, R. (1994). Lyrik und Hermeneutik im fremdsprachlichen Literaturunterricht. Frankfurt/M.: Lang.

Keller, E. & Warner, S. T. (1988). *Conversation gambits: Real English conversation practices.* Hove: Language Teaching Publications.

Kerschensteiner, G. (1916). *Deutsche Schulerziehung in Krieg und Frieden.* Leipzig: Teubner.

Kielhöfer, B. (1994). Wörter lernen, behalten und erinnern. *Neusprachliche Mitteilungen aus Wissenschaft und Praxis, 47*, S. 211–220.

Kieweg, M. (1996). Lerntypengerechte Vermittlungsverfahren zum Zeitensystem. *Der Fremdsprachliche Unterricht / Englisch, 30*(4), Heft 24, S.19–25.

Kieweg, W. (Hrsg.) (1996a). *Workshop Grammar: Tenses* [Themenheft]. *Der Fremdsprachliche Unterricht / Englisch, 30*(4), Heft 24.

Kieweg, W. (1996b). Alternative Konzepte zur Vermittlung der Grammatik (mit Auswahlbibliographie). *Der Fremdsprachliche Unterricht / Englisch, 30*(4), Heft 24, S. 4–12.

Klafki, W. (1992). Allgemeinbildung heute – Grundzüge einer internationalen Erziehung. Ausgearbeitete Fassung eines Vortrages in der Pädagogischen Hochschule Heidelberg am 24.6.1992 (Typoskript).

Klafki, W. (1993). *Neue Studien zur Bildungstheorie und Didaktik. Zeitgemäße Allgemeinbildung und kritisch-konstruktive Didaktik* (3. Aufl.). Weinheim, Basel: Beltz (1. Aufl. 1985).

Klein-Braley, C. & Raatz, U. (Hrsg.) (1985). C-Tests in der Praxis. *AKS Rundbrief 13/14.* Bochum: Universität.

Kleine, P. (1983). Hausaufgaben zu Beginn des Englischunterrichts – Ein Beitrag aus der Praxis. *Englisch, 18*, S. 140–144.

Kleinschmidt, E. (Hrsg.) (1989). *Fremdsprachenunterricht zwischen Fremdsprachenpolitik und Praxis: Festschrift für Herbert Christ zum 60. Geburtstag.* Tübingen: Narr.

Kleinschroth, R. (1996). *Neues Lernen mit dem Computer.* Reinbek: Rowohlt.

Kleppin, K. & Königs, F. G. (1991). *Der Korrektur auf der Spur: Untersuchungen zum mündlichen Korrekturverhalten von Fremdsprachenlehrern.* Bochum: Brockmeyer.

Klippel, F. (1980). *Lernspiele im Englischunterricht.* Paderborn: Schöningh.

Klippel, F. (1983). Which Games? Ein Überblick über Spielesammlungen für den Englischunterricht. *Praxis des neusprachlichen Unterrichts, 30*, S. 417–425.

Klippel, F. (1984). *Keep talking. Communicative fluency activities for language teaching.* Cambridge: Cambridge University Press.

Klippel, F. (1991). Zielbereiche und Verwirklichung interkulturellen Lernens im Englischunterricht. *Der Fremdsprachliche Unterricht / Englisch, 25*(1), Heft 1, S. 15–21.

Klippel, F. (1994). *Englischlernen im 18. und 19. Jahrhundert. Die Geschichte der Lehrbücher und Unterrichtsmethoden.* Münster: Nodus.

Knapp, K. & Knapp-Potthoff, A. (1990). Interkulturelle Kommunikation. *Zeitschrift für Fremdsprachenforschung, 1*, S. 62–93.

Knauf, D. & Wickert, K.-U. (1980). The Story of Rock: Eine Unterrichtseinheit für die Sekundarstufe I. *Englisch Amerikanische Studien, 2*, S. 381–406.

Koch, W. A. (Hrsg.) (1994). *Simple forms. An encyclopedia of simple text-types in lore and literature.* Bochum: Brockmeyer.

Koenig, M. (1994). Übungen selbst machen oder: Wie man von alten Pfaden abweicht. *Fremdsprache Deutsch, 10*, S. 28–32.

Kolbe, J. (1973). *Ansichten einer künftigen Germanistik.* Frankfurt/M.: Ullstein.

Koll-Stobbe, A. (1994). Verstehen von Bedeutungen: Situative Wortbildungen und mentales Lexikon. In: Börner & Vogel (1994), S. 51–68.

Kommers, P. A. M., Jonassen, D. H. & Mayes, J. T. (Hrsg.) (1992). *Cognitive tools for learning.* Berlin: Springer.

Königs, F. G. (1991). Sprachlehrforschung: Konturen und Perspektiven. *Neusprachliche Mitteilungen aus Wissenschaft und Praxis, 44,* S. 75–83.

Konrad, K. & Wosnitza, M. (Hrsg.) (1995). *Neue Formen des Lernens in Schule, Aus- und Weiterbildung. Einführung in die Thematik des motivierten selbstgesteuerten Lernens mit Bibliographie* [Themenheft]. Berichte des Zentrums Nr. 13. Landau: Empirisch.

Kostrzewa, F. (1994). Sprache und Gedächtnis. *Neusprachliche Mitteilungen aus Wissenschaft und Praxis, 47,* S. 221–228.

Kramsch, C. (1993). *Context and culture in language teaching.* Oxford: Oxford University Press.

Kramsch, C. (1995). Andere Worte – andere Werte: Zum Verhältnis von Sprache und Kultur im Fremdsprachenunterricht. In: Bredella (1995a), S. 51–66.

Krappmann, L. (1975). *Soziologische Dimensionen der Identität. Strukturelle Bedingungen für die Teilnahme an Interaktionsprozessen* (4. Aufl.). Stuttgart: Klett (1. Aufl. 1965).

Krashen, S. D. (1981). *Second language acquisition and second language learning.* Oxford: Pergamon Press.

Krashen, S. D. (1982). *Principles and practice in second language acquisition.* Oxford, New York: Pergamon Press.

Krashen, S. D. (1985). *The input hypothesis: issues and implications.* London: Longman.

Krashen, S. D. (1993). *The power of reading. Insights from the research.* Englewood, Col.: Libraries Unlimited.

Krashen, S. D. (1994a). The case for free voluntary reading. *Praxis des neusprachlichen Unterrichts, 41,* S. 237–243.

Krashen, S. D. (1994b). The input hypothesis and its rivals. In: Ellis, N. C. (1994), S. 45–77.

Krashen, S. D. & Terrell, T. D. (1983). *The natural approach. Language acquisition in the classroom.* Hayward, Cal.: Alemany.

Krathwohl, D. R. , Bloom, B. S. & Masia B. B. (1973). *Taxonomy of educational objectives. Handbook II: Affective domain* (9. Aufl.). New York: David McKay (1. Aufl. 1964).

Kress, G. R. (Hrsg.) (1976). *Halliday: System and function in language.* London: Oxford University Press.

Kristeva, J. (1990). *Fremde sind wir uns selbst.* Frankfurt/M.: Suhrkamp.

Krohn, D. (1981). *Lernervariablen und Versagen im Englischunterricht.* Paderborn: Schöningh.

Krohn, D. (1996a). Hörverstehen – prozeßorientiert. *Der Fremdsprachliche Unterricht / Englisch, 30*(1), Heft 21, S. 20–26.

Krohn, D. (1996b). Keine Hausaufgaben für die Eltern! Selbstverantwortetes Englischlernen außerhalb des Unterrichts. *Der Fremdsprachliche Unterricht / Englisch, 30*(2), Heft 22, S. 31– 33.

Kubanek-German, A. (1992). Geschichten und narrative Prinzipien. Überlegungen am Beispiel des Frühen Fremdsprachenlernens. *Der Fremdsprachliche Unterricht / Englisch, 26*(1), Heft 5, S. 11–17.

Kuhfuß, W. (1997). Ausbildung bilingualer Sachfachlehrerinnen und -lehrer in der 2. Phase der Lehrerausbildung (Das Modell Rheinland-Pfalz). In: Wendt & Zydatiß (1997), S. 273–278.

Kuhn, M. & Leuthen, A. (1997). Krefeld via Internet. Erste Fahrversuche einer Englischklasse auf der „Datenautobahn". *Praxis des neusprachlichen Unterrichts, 44,* S. 169– 178.

Kultusministerium des Landes Nordrhein-Westfalen (1981). *Richtlinien für die Gymnasiale Oberstufe in Nordrhein-Westfalen: Englisch*. Köln: Greven Verlag.

Kultusministerium des Landes Nordrhein-Westfalen (1993). *Richtlinien und Lehrpläne für das Gymnasium – Sekundarstufe I – in Nordrhein-Westfalen: Englisch*. Frechen: Rittersbach.

Kultusministerium des Landes Nordrhein-Westfalen (1994). *Richtlinien und Lehrpläne für die Realschule in Nordrhein-Westfalen*. Frechen: Rittersbach.

Kuntze, W.-M. (1988). Wörter ‚merk-würdig‘ machen. *Englisch, 23*, S. 134–136.

Kuntze, W.-M. (1995). Der Fremdsprachenunterricht im Kontext einer Weiterentwicklung der Realschule in Baden-Württemberg. In: Timm (1995a), S. 230–237.

Kunz, D. (1996). Selbständiges Lernen lernen durch Hausaufgaben. *Der Fremdsprachliche Unterricht / Englisch, 30*(2), Heft 22, S. 15–18.

Kupetz, R. (Hrsg.) (1997). *Vom gelenkten zum freien Schreiben im Fremdsprachenunterricht. Freiräume sprachlichen Handelns*. Frankfurt/M.: Lang.

Kurtz, J. (1997a). Improvisation als Übung zum freien Sprechen. *Englisch, 32*, S. 87–97.

Kurtz, J. (1997b). Auf dem Weg zum selbständigen Sprechhandeln im 5. Schuljahr: Die Improvisation „The Chase“. *Englisch, 32*, S. 121–127.

Lademann, N. & Wendt, G. (Hrsg.) (1991). *Kommunikativ-funktional orientierter Fremdsprachenunterricht*. Berlin: Cornelsen.

Lado, R. (1961). *Language testing*. London: Longman.

Lado, R. (1967). *Moderner Sprachunterricht. Eine Einführung auf wissenschaftlicher Grundlage*. München: Hueber.

Landesinstitut für Schule und Weiterbildung (Hrsg.) (1996). *Fremdsprachen als Arbeitssprachen im Unterricht – Eine Bibliographie zum bilingualen Lernen und Lehren*. Bönen: Kettler.

Lanz, J. (1971). Affekt. In: Ritter (1971), S. 89–100.

Laufer, B. (1990). Why are some words more difficult to learn than others? Some intra-lexical factors that affect the learning of words. *International Review of Applied Linguistics, 28*, S. 293–307.

Lausevic, C. & Windeatt, S. (1996). Multimediale Technologien für einen handlungsorientierten Fremdsprachenerwerb. In: Bach & Timm (1996a), S. 129–166.

Lazarus, R. S. (1984). On the primacy of cognition. *American Psychologist, 39*, S. 124–129.

Lechler, H.-J. (1972). *Lust und Unlust im Englischunterricht. Methodische Beispiele*. Stuttgart: Klett.

Lee, W. R. (1979). *Language teaching games and contests*. Oxford: Oxford University Press.

Legenhausen, L. (1994). Vokabelerwerb im autonomen Lernkontext. *Die Neueren Sprachen, 93*, S. 467–483.

Legenhausen, L. (1997). The impact of classroom culture on attitudes and communicative behaviour. In: Edelhoff & Weskamp (1998).

Legenhausen, L. & Wolff, D. (1991a). Zur Arbeit mit Konkordanzen im Englischunterricht. *Der Fremdsprachliche Unterricht / Englisch, 25*(4), Heft 4, S. 24–29.

Legenhausen, L. & Wolff, D. (1991b). Der Micro-Computer als Hilfsmittel beim Sprachenlernen: Schreiben als Gruppenaktivität. *Praxis des neusprachlichen Unterrichts, 38*, S. 346–356.

Legutke, M. (1988a). *Lebendiger Englischunterricht. Kommunikative Aufgaben und Projekte für schüleraktiven Fremdsprachenunterricht*. Bochum: Kamp.

Legutke, M. (1988b). Szenario für ein Textprojekt: J. D. Salingers *The Catcher in the Rye*. In: Edelhoff & Liebau (1988), S. 39–62.

Legutke, M. (1989). Projekte im Fremdsprachenunterricht. Bilanz und Perspektiven. In: Edelhoff & Candlin (1989), S. 81–97.

Legutke, M. (1996a). Szenarien für einen handlungsorientierten Fremdsprachenunterricht. In: Bach & Timm (1996a), S. 103–128.

Legutke, M. (1996b). Begegnungen mit Fremdem – via E-mail? In: Bredella & Christ (1996), S. 206–232.

Legutke, M. & Thiel, W. (1983). *Airport. Ein Projekt für den Englischunterricht in Klasse 6* (= Materialien zum Unterricht Sekundarstufe I. Heft 40. Neuere Sprachen – Englisch 3. Hessisches Institut für Bildungsplanung und Schulentwicklung). Frankfurt/M.

Legutke, M. & Thomas, H. (1993). *Process and experience in the language classroom* (2. Aufl.). London, New York: Longman (1. Aufl. 1991).

Lehtinen, E. (1992). Lern- und Bewältigungsstrategien im Unterricht. In: Mandl & Friedrich (1992), S.125–149.

Leitzmann, A. (Hrsg.) (1907). *Wilhelm von Humboldts Werke*. Berlin: Behr's Verlag.

Lennon, P. (1993). Teaching English to German-speaking pupils in the Europe of 1990's – Implications for the academic training of teachers. *Mitteilungen des Verbandes deutscher Anglisten, 4*, S. 24–34.

Leont'ev, A. (1974). *Psycholinguistik und Sprachunterricht*. Stuttgart: Kohlhammer.

Leuschner, B. (1995). Vom gehirngerechten Lernen des Tempus. *Der Fremdsprachliche Unterricht / Englisch, 29*(3), Heft 19, S. 40–46.

Levinson, S. E. & Liberman M. Y. (1981). Computer lernen hören. *Spektrum der Wissenschaft, 4*(6), S. 20–34.

Lewandowski, T. (1994). *Linguistisches Wörterbuch* (3 Bde.) (6. Aufl.). Heidelberg: Quelle & Meyer (1. Aufl. 1973/1975).

Lewis, M. (1993). *The lexical approach. The state of ELT and a way forward*. Hove: Language Teaching Publications.

Lewis, M. & Haviland, J. M. (Hrsg.) (1993). *Handbook of emotions*. New York: The Guildford Press.

Lewy, A. (Hrsg.) (1991). *The international encyclopedia of curriculum*. Oxford, New York, Bejing: Pergamon Press.

Lichte, M. (1994). Wir holen die Welt ins Klassenzimmer. Das Abenteuer der AT&T Learning Circles. *Praxis des neusprachlichen Unterrichts, 41*, S. 383–391.

Lier, L. van (1996). *Interaction in the language curriculum. Awareness, autonomy and authenticity*. London: Longman.

Lightbown, P. M. (1992). "Can they do it themselves?" A comprehension-based ESL course for young children. In: Courchène, Glidden, St. John & Thérien (1992), S. 353–370.

Linder, C. (1977). *Oral communication testing*. Skokie, Ill.: National Textbook Company.

Little, D. (1991). *Learner autonomy 1: Definitions, issues and problems*. Dublin: Authentik.

Little, D. (1995). Learning as dialogue: the dependence of learner autonomy on teacher autonomy. *System, 23*, S. 175–181.

Little, D. (1996). Learner autonomy: Some steps in the evolution of theory and practice. *Teanga, 16* (The Irish Yearbook of Applied Linguistics), S. 1–13.

Little, D. (1997). *Strategies in language learning and teaching: some introductory reflections*. Vortrag CILT Research Forum on Strategies in Foreign Language Learning, London, 22.2.1997.

Littlewood, W. (1984). *Foreign and second language learning. Language acquisition research and its implication for the classroom.* Cambridge: Cambridge University Press.

Löffler, R. (1981). *Spiele im Englischunterricht. Vom lehrergelenkten Lernspiel zum schülerorientierten Rollenspiel* (2. Aufl.). München: Urban & Schwarzenberg (1. Aufl. 1979).

Löffler, R. (1996). Ganzheitliches Lernen: Grundlagen und Arbeitsformen. In: Bach & Timm (1996a), S. 42–68.

Löffler, R. & Kuntze W.-M. (1983). *Spiele im Englischunterricht 2. Lernspiele, darstellende Spiele, Interaktionsspiele* (2. Aufl.). München: Urban & Schwarzenberg (1. Aufl. 1980).

Löffler, R. & Schweitzer, K. (1988). *„Brainlinks". Bausteine für einen ganzheitlichen Englischunterricht.* Weinheim, Basel: Beltz.

Lompscher, J. (Hrsg.) (1973). *Sowjetische Beiträge zur Lerntheorie. Die Schule P. J. Galperins.* Köln: Pahl-Rugenstein.

Lorenz, K. (1973). *Die Rückseite des Spiegels.* München: Piper.

Lörscher, W. (1995). Textstrukturen im Englischen. In: Ahrens, Bald & Hüllen (1995), S. 165–168.

Lübke, D. (1971). Die Rolle der Muttersprache beim Vokabellernen. *Die Neueren Sprachen, 70,* S. 169–177.

Lutjeharms, M. (1994). Lesen in der Fremdsprache. Zum Leseprozeß und zum Einsatz der Lesefertigkeit im Fremdsprachenunterricht. *Zeitschrift für Fremdsprachenforschung, 5*(2), S. 36–77.

Lyster, R. (1997). Corrective feedback and learner uptake: Negotiation of form in communicative classrooms. *Studies in Second Language Acquisition, 19*(1), 37–66.

Macht, K. (1982). *Leistungsaspekte des Englischlernens.* Frankfurt/M.: Diesterweg.

Macht, K. (1986, 1987, 1990). *Methodengeschichte des Englischunterrichts.* Bd. 1: 1800–1880, Bd. 2: 1880–1960, Bd. 3: 1960–1985. Augsburg: Universität.

Macht, K. (1989). Ist Gesprächsfähigkeit benotbar? *Der Fremdsprachliche Unterricht, 23*(2), Heft 94, S. 4–7.

Macht, K. (1991a). Die Realisation von Sprachfunktionen. Eine Studie zum Vermeidungsverhalten. In: Lademann & Wendt (1991), S. 35–39.

Macht, K. (1991b). Erfolg und Misserfolg beim Fremdsprachenlernen. Ein Streifzug durch die Ursachenforschung. *Die Neueren Sprachen, 90,* S. 259–279.

Macht, K. (1992). Enkodierungsstrategien als Fehlerursachen. *Der Fremdsprachliche Unterricht / Englisch, 26*(4), Heft 8, S. 22–25.

Macht, K. (1995). Wortschatz Marke Do-It-Yourself. *Der Fremdsprachliche Unterricht / Englisch, 29*(1), Heft 17, S. 17–23.

Macht, K. & Steiner, F. (1983). *Erfolgsfaktoren des Vokabellernens* (I & I-Schriften Bd. 25). Augsburg: Universität.

Madison, G. B. (1978). Eine Kritik an Hirschs Begriff der „Richtigkeit". In: Gadamer & Boehm (1978), S. 393–425.

Mainusch, H. (Hrsg.) (1979). *Literatur im Unterricht.* München: Fink.

Maley, A. & Duff, A. (1985). *Szenisches Spiel und freies Sprechen im Fremdsprachenunterricht.* Ismaning: Hueber.

Maley, A., Duff, A. & Grellet, F. (Hrsg.) (1980). *The mind's eye.* Cambridge: Cambridge University Press.

Maley, A. & Moulding, S. (1985). *Poem into poem.* Cambridge: Cambridge University Press.

Mandl, H. & Friedrich, H. F. (Hrsg.) (1992). *Lern- und Denkstrategien. Analyse und Intervention.* Göttingen: Hogrefe.

Mandl, H. & Huber, G. L. (Hrsg.) (1983a). *Emotion und Kognition.* München, Wien, Baltimore: Urban & Schwarzenberg.

Mandl, H. & Huber, G. L. (1983b). Theoretische Grundpositionen zum Verhältnis von Kognition und Emotion. In: Mandl & Huber (1983a), S. 1–61.

Mandler, G. (1975). *Mind and emotion.* New York: John Wiley.

Mandler, G. (1992). Toward a theory of consciousness. In: Geissler, Link & Townsend (1992), S. 43–65.

Markl, H. (1995). Evolution des Bewußtseins. In: *Jahrbuch der Heidelberger Akademie der Wissenschaften für 1994.* Heidelberg, S. 51–69.

Marrie, B. & Netten, J. N. (1991). Communication strategies. *The Canadian Modern Language Review, 47,* S. 442–459.

Martin, A., Wiggs, C. L., Ungerleider, L. G. & Haxby, J. V. (1996). Neural correlates of category-specific knowledge. *Nature,* Heft 379, S. 649–652.

Martin, J.-P. (1985). *Zum Aufbau didaktischer Teilkompetenzen beim Schüler.* Tübingen: Narr.

Martin, J.-P. (1989). Kontaktnetz: ein Fortbildungskonzept. In: Kleinschmidt (1989), S. 389–400.

Martin, J.-P. (1994a). *Vorschlag eines anthropologisch begründeten Curriculums für den Fremdsprachenunterricht.* Tübingen: Narr.

Martin, J.-P. (1994b). Didaktische Briefe I bis III. In: Graef & Preller (1994), S. 29–48.

Martin, J.-P. (1996). Das Projekt „Lernen durch Lehren" – eine vorläufige Bilanz. *Fremdsprachen Lehren und Lernen, 25,* S. 70–86.

McCandless, P. & Winitz, H. (1986). Test of pronunciation following one year of comprehension instruction in college German. *Modern Language Journal, 70,* S. 355–362.

McCarthy, M. (1990). *Vocabulary.* Oxford: Oxford University Press.

McCrum, R., Cran, W. & MacNeil, R. (1986). *The story of English.* New York: Viking Penguin.

McGaugh, J. L., Weinberger, N. M. & Lynch, G. (Hrsg.) (1990). *Brain organization and memory, cell, systems, and circuits.* New York, Oxford: Oxford University Press.

McLaughlin, D. (1987). *Theories of second language learning.* London: Edward Arnold.

Mead, G. H. (1975). *Geist, Identität und Gesellschaft.* Frankfurt/M.: Suhrkamp.

Mehrabian, A. (1981). *Silent messages: Implicit communication of emotion and attitude* (2. Aufl.). Belmont, Cal.: Wadsworth (1. Aufl. 1971).

Meier, J. (1994). Individuelle Fehlertherapie im Fremdsprachenunterricht. *Englisch, 29,* S. 58–62.

Mercer, N. (1995). *The guided construction of knowledge. Talk among teachers and learners.* Clevedon, Philadelphia: Multilingual Matters.

Metzig, W. & Schuster, M. (1993). *Lernen zu lernen. Lernstrategien wirkungsvoll einsetzen* (2. Aufl.). Berlin, Heidelberg, New York: Springer (1. Aufl. 1982).

Mey, H. (1993). Gesichtspunkte für die Beurteilung von Lehrwerken für den Fremdsprachenunterricht. *Fremdsprachenunterricht, 37/46,* S. 90–92.

Meyer, M. A. (1992). Negotiation of Meaning: Der Versuch einer handlungsorientierten Verknüpfung von Landeskunde und Politik im Englischunterricht (Sek. II). *Der Fremdsprachliche Unterricht / Englisch, 26*(3), Heft 7, S. 16–21.

Meyer, W. (1993). Internationale Lernkooperation durch elektronische Post. *Die Neueren Sprachen, 92,* S. 332–344.

Meyer, W.-U. & Försterling, F. (1993). Die Attributionstheorie. In: Frey & Irle (1993), S. 175–216.

Meyer-Herbst, I. (1989). Moderne Zeiten? Zur Darstellung von Frauen- und Männerrollen in neueren Englischlehrwerken. *Praxis des neusprachlichen Unterrichts, 36*, S. 227–237.

Meyer-Wefel, F. (Hrsg.) (1985). *Sponti-Sprüche englisch: Save water, bath with a friend.* Frankfurt/M.: Eichborn.

Miller, G. A. (1993). *Wörter. Streifzüge durch die Psycholinguistik.* Heidelberg: Spektrum der Wissenschaft.

Miller, G. A. & Gildea, P. M. (1987). Wie Kinder Wörter lernen. *Spektrum der Wissenschaft, 10*(11), S. 120–125.

Mindt, D. (1989). Richtlinien und Lehrwerke für den Englischunterricht. *Praxis des neusprachlichen Unterrichts, 36*, S. 347–356.

Ministerium für Kultus, Jugend und Sport Baden-Württemberg (Hrsg.) (1996). *Europa mitgestalten II. Texte zur Europawoche 1996.* Köln: Omnia.

Mitchell, R. (1988) *Communicative language teaching in practice.* London: cilt.

Mitchell, R., Parkinson, B. & Johnstone, R. (1981). The foreign language classroom: an observational study. *Stirling Educational Monographs, 9.*

Mittins, B. (1991). *Language Awareness for teachers.* Milton Keynes: Open University Press.

Moerk, E. L. (1985). Analytic, synthetic, abstracting and word-class-defining aspects of verbal mother-child interactions. *Journal of Psycholinguistic Research, 3*, S. 263–288.

Moerk, E. L. (1992). *First language taught and learned.* Baltimore: Brookes.

Mohrmann, Ch., Sommerfelt, A. & Whatmough, J. (Hrsg.) (1961). *Trends in European and American linguistics 1930–1960.* Utrecht: Spectrum Publishers.

Morgan, J. & Rinvolucri, M. (1983). *Once upon a time. Using stories in the language classroom.* Cambridge: Cambridge University Press.

Morgan, J. & Rinvolucri, M. (1986). *Vocabulary.* Oxford: Oxford University Press.

Morgan, J. & Rinvolucri, M. (1988). *The Q Book.* London: Longman.

Moskowitz, G. (1978). *Caring and sharing in the foreign language class.* Rowley, Mass.: Newbury House.

Moulton, W. (1961). Linguistics and language teaching in the United States 1940–1960. In: Mohrmann, Sommerfelt & Whatmough (1961), S. 82–109.

Müller, A. & Thomas, A. (1991). *Interkulturelles Orientierungstraining für die USA.* Saarbrücken: Breitenbach.

Müller, B. (1994). Fremdsprachenunterricht als Ausgangspunkt für interkulturelles Lernen. In: Bausch, Christ & Krumm (1994), S. 155–164.

Müller, B.-D. (Hrsg.) (1981). *Konfrontative Semantik.* Weil der Stadt: Lexika-Verlag.

Müller, H. (1970). Nationale Stereotypen bei Schülern und Methoden zu ihrer Auflockerung. In: Flechsig (1970), S. 182–190.

Müller, K. (1990). Auf der Oder schwimmt kein Graf. Zur Rolle von Memotechniken im modernen Fremdsprachenunterricht. *Der Fremdsprachliche Unterricht, 24*(4), Heft 102, S. 4–10.

Müller-Hartmann, A. (1997). Hello Europe! – Oder wie man ein E-mail Projekt in eine Projektwoche einbauen kann. *Fremdsprachenunterricht, 41/50*, S. 278–282.

Multhaup, U. (1995). *Psycholinguistik und fremdsprachliches Lernen. Von Lehrplänen zu Lernprozessen.* München: Hueber.

Multhaup, U. (1997). Prozedurales Wissen und Fremdsprachenunterricht. *Neusprachliche Mitteilungen aus Wissenschaft und Praxis, 50*, S. 74–83.

Multhaup, U. & Wolff, D. (Hrsg.) (1992a). *Prozeßorientierung in der Fremdsprachendidaktik.* Frankfurt/M.: Diesterweg.

Multhaup, U. & Wolff, D. (1992b). Prozeßorientierung in der Fremdsprachendidaktik: Statt einer Einleitung. In: Multhaup & Wolff (1992a), S. 7–13.

Murphey, T. (1990a). *Song and music in language learning. An analysis of pop song lyrics and the use of song and music in teaching English to speakers of other languages.* Bern u. a.: Lang.

Murphey, T. (1990b). The song stuck in my head phenomenon: a melodic Din in the LAD? *System, 18*, S. 53–64.

Murphy, R. (1994). *English grammar in use* (2. Aufl.). Cambridge University Press: Cambridge.

Nagy, W. E., Andersen, R. C. & Herman, P. A. (1987). Learning word meanings from context during normal reading. *American Educational Research Journal, 24*, S. 237–270.

Naiman, N., Fröhlich, M., Stern, H. H. & Todesco, A. (1995). *The good language learner* (Wiederauflage). Clevedon: Multilingual Matters (Originalaufl. 1978: Toronto: Ontario Institute for Studies in Education).

Nation, I. S. P. (1990). *Teaching and learning vocabulary.* Boston, Mass: Heinle & Heinle.

Nation, P. (1989). Speaking activities: five features. *English Language Teaching Journal, 43*, S. 24–29.

Nattinger, J. & DeCarrico, J. (1992). *Lexical phrases and language teaching.* Oxford: Oxford University Press.

Nenniger, P. (1995). Vorwort. In: Konrad & Wosnitza (1995), S. i–ii.

Neuner, G. (Hrsg.) (1979). *Zur Analyse fremdsprachlicher Lehrwerke.* Frankfurt/M.: Lang.

Neuner, G. (Hrsg.) (1983). *Lehrpläne und Lehrwerke für den Englischunterricht.* Frankfurt/M.: Lang.

Neuner, G. (1994). Aufgaben und Übungsgeschehen im Deutschunterricht. *Fremdsprache Deutsch, 10*, S. 6–13.

Neville, H. J., Mills, D. L. & Lawson, D. S. (1992). Fractioning language: Different neural subsystems with different sensitive periods. *Cerebral Cortex, 2*(3), S. 244–258.

Newcomb, T. M. (1968). Interpersonal balance. In: Abelson, Aronson, McGuire, Newcomb, Rosenberg & Tannenbaum (1968), S. 28–52.

Nida, E. A. (1968). *Gott spricht viele Sprachen. Der dramatische Bericht von der Übersetzung der Bibel für alle Völker* (2. Aufl.). Stuttgart: Evang. Missionsverlag (1. Aufl. 1966).

Nissen, R. (1974). *Kritische Methodik des Englischunterrichts. Erster Teil: Grundlegung.* Heidelberg: Quelle & Meyer.

Nissen, R. (1982). Phasen und Formen des textverarbeitenden Lerngesprächs im Englischunterricht. *Neusprachliche Mitteilungen aus Wissenschaft und Praxis, 35*, S. 114–125.

Nissen, R. (1984). Vorbereitende Bemerkungen zu einer allgemeinen Gesprächslehre für den fremdsprachlichen Unterricht. *Englisch Amerikanische Studien, 6*, S. 386–403.

Nissen, R. (1986). „Echte" Gespräche – im Englischunterricht? *Praxis des neusprachlichen Unterrichts, 33*, S. 25–29.

Nissen, R. (1992). Rezeptionsgespräche als Lerngespräche: Schema-Begriff und kommunikatives Lernen im fremdsprachlichen Literaturunterricht. In: Multhaup & Wolff (1992a), S. 157–172.

Nissen, R. (1994). Literaturdidaktik als kommunikative Sprachdidaktik. Am Beispiel der Kurzgeschichte „Neighbors" von Raymond Carver. In: FB Erziehungswissenschaft der Universität Hamburg (Hrsg.) (1994). *Dokumentation zur Ehrenpromotion Dr. phil. h.c. Rudolf Nissen*, Hamburg, S. 26–50

Nold, G. (Hrsg.) (1992). *Lernbedingungen und Lernstrategien. Welche Rolle spielen kognitive Verstehensstrukturen?* Tübingen: Narr.

Nold, G. (1996). Die Analyse kognitiver Verstehensstrukturen in verschiedenen Tätigkeitsbereichen des Fremdsprachenunterrichts. In: Schnaitmann (1996a), S. 167–182.

Nold, G., Haudeck, H. & Schnaitmann G. W. (1997). Die Rolle von Lernstrategien im Fremdsprachenunterricht. *Zeitschrift für Fremdsprachenforschung, 8*(1), S. 27–50.

Nold, G. & Schnaitmann, G. W. (1995). Lernbedingungen und Lernstrategien in verschiedenen Tätigkeitsbereichen des Fremdsprachenunterrichts. *Empirische Pädagogik, 9*, S. 239–261.

Nunan, D. (1989). *Designing tasks for the communicative classroom.* Cambridge: Cambridge University Press.

Nuttall, C. (1994). *Teaching reading skills in a foreign language* (2. Aufl.). London: Heinemann (1. Aufl. 1982).

Oakhill, J. & Garnham, A. (1988). *Becoming a skilled reader.* Oxford: Blackwell.

Odenbach, K. (1974). *Die Übung im Unterricht* (6. Aufl.). Braunschweig: Westermann (1. Aufl. 1963).

Oerter, R. & Montada, L. (Hrsg.) (1995). *Entwicklungspsychologie: ein Lehrbuch* (3. Aufl.). Weinheim: Psychologie Verlags Union (1. Aufl. 1982).

Oliver, H. J. (Hrsg.) (1984). *William Shakespeare: The Taming of the Shrew.* Oxford: Oxford University Press.

O'Malley J. M. & Chamot, A. U. (1990). *Learning strategies in second language acquisition.* Cambridge: Cambridge University Press.

Oppermann, R. (1976). *Einstellung und Verhaltensabsicht. Eine Studie zur schulischen Weiterbildung.* Darmstadt: Steinkopf.

Organisation For Economic Co-Operation and Development (OECD) (Hrsg.) (1994). *The curriculum redefined: Schooling for the 21st century. OECD Documents.* Paris: Head of Publications Service, OECD.

Ott, C. E., Butler, D. C., Blake, R. S. & Ball, J. P. (1973). The effect of interactive-image elaboration on the acquisition of foreign language vocabulary. *Language Learning, 23*, S. 197–206.

Oxford, R. (1990). *Language learning strategies. What every teacher should know.* Rowley, Mass.: Newbury House.

Pädagogisches Zentrum Rheinland-Pfalz (Hrsg.) (1995). *Bilingualer Unterricht an Hauptschulen und Realschulen.* Bad Kreuznach (Selbstverlag).

Paech, J. (Hrsg.) (1988). *Methodenprobleme der Analyse verfilmter Literatur* (2. Aufl.). Münster: Nodus (1. Aufl. 1984).

Palermo, D. S. (1983). Looking to the future: Theory and research in language and cognitive development. In: Seiler (1983), S. 297–319.

Palmer, H. E. & Palmer, D. (1970). *English through actions* (3. Aufl.). London: Longman (1. Aufl. 1925).

Pap, E. (1989). Differenzierte mündliche Hausaufgaben. Eine Möglichkeit zur Entwicklung der Sprechfertigkeit. *Praxis des neusprachlichen Unterrichts, 36*, S. 298–303.

Paradis, M. (1994). Neurolinguistic aspects of implicit and explicit memory: Implications for bilingualism and SLA. In: Ellis, N. C. (1994), S. 393–419.

Pattison, P. (1987). *Developing communication skills*. Cambridge: Cambridge University Press.

Pauels, W. (1979). *Die Hausaufgabe im Englischunterricht der Sekundarstufe I*. Paderborn: Schöningh.

Pauels, W. (1984). Notwendige und sinnvolle Hausaufgaben im Englischunterricht. *Englisch, 19*, S. 128–132.

Pauels, W. (1990). Psycholinguistik des Hörverstehens und die Rolle von Hausaufgaben. *Praxis des neusprachlichen Unterrichts, 37*, S. 4–10.

Pauels, W. (1992). Hausaufgaben in sprachpraktischen Kursen an der Hochschule. In: Jung (1992), S. 79–84.

Pauels, W. (1995a). Hausaufgaben im prozeßorientierten Fremdsprachenunterricht. *Praxis des neusprachlichen Unterrichts, 42*, S. 233–239.

Pauels, W. (1995b). Hausaufgaben. In: Bausch, Christ & Krumm (1995), S. 258–260.

Pauels, W. (1995c). Kommunikative Übungen. In: Bausch, Christ & Krumm (1995), S. 236–238.

Pauels, W. (Hrsg.) (1996a). *Sinnvolle (Haus)Aufgaben* [Themenheft]. *Der Fremdsprachliche Unterricht / Englisch, 30*(2), Heft 22.

Pauels, W. (1996b). Veränderte Funktionen von (Haus-)Aufgaben in einem veränderten Englischunterricht. *Der Fremdsprachliche Unterricht / Englisch, 30*(2), Heft 22, S. 4–9.

Pemberton, R., Li, E. S. L., Or, W. W. F. & Pierson, H. D. (Hrsg.) (1996). *Taking control. Autonomy in language learning*. Hong Kong: Hong Kong University Press.

Pennac, D. (1994). *Wie ein Roman*. Köln: Kiepenheuer & Witsch.

Pervin, L. A. (1993). Affect and personality. In: Lewis & Haviland (1993), S. 301–311.

Petersen, P. (1951). *Führungslehre des Unterrichts* (3. Aufl.). Braunschweig, Berlin, Hamburg: Westermann (1. Aufl. 1937).

Petersen, S. M. (1996). EU Jobrotation: One means to a lot of ends! *Lifelong Learning in Europe*, Heft 2, S. 28–33.

Piaget, J. (1953). Les relations entre l'intelligence et l'affectivité dans le développement de l'enfant. *Bulletin de psychologie, 1*, S. 143–150 und 346–361.

Pienemann, M. (1984). Psychological constraints on the teachability of language. *Studies in Second Language Acquisition, 6*, S. 186–214.

Pienemann, M. (1989). Is language teachable? Psycholinguistic experiments and hypotheses. *Applied Linguistics, 10*, S. 52–79.

Piepho, H.-E. (1974). *Kommunikative Kompetenz als übergeordnetes Lernziel im Englischunterricht*. Dornburg-Frickhofen: Frankonius.

Piepho, H.-E. (1979). *Kommunikative Didaktik des Englischunterrichts. Sekundarstufe I*. Limburg: Frankonius.

Piepho, H.-E. (1982). Grammatikbewußtes Lehren und Lernen im Englischunterricht. *Sprache und Beruf, 3*(2), S. 1–14.

Piepho, H.-E. (1993). Pop goes the weasel. Lehrerkommentar. *Englisch in der Grundschule 3*. Bochum: Kamp.

Pike, K. L. (1960). Nucleation. *Modern Language Journal, 44*, S. 291–295.

Plitsch, A. (Hrsg.) (1997a). *Hits for the kids* [Themenheft]. *Der Fremdsprachliche Unterricht / Englisch, 31*(1), Heft 25.

Plitsch, A. (1997b). Music + song = authentic listening in the language classroom. *Der Fremdsprachliche Unterricht / Englisch, 31*(1), Heft 25, S. 4–13.

Pöppel, E. (Hrsg.) (1989). *Gehirn und Bewußtsein.* Weinheim: VCH.

Porsch, G. (1985). Arbeit mit der Wortbildung im Englischunterricht. *Fremdsprachenunterricht, 29*, S. 398–405.

Portal, M. (Hrsg.) (1986). *Innovations in language testing.* Windsor/Philadelphia: National Foundation for Educational Research.

Postman, N. (1992). *Technopoly. Das Technopol. Die Macht der Technologien und die Entmündigung der Gesellschaft.* Frankfurt/M.: S. Fischer.

Prator, C. H. (1976). In search of a method. *Forum, 14*(1), S. 2–8.

Preibusch, W. & Zander, H. (1971). Wortschatzvermittlung: Auf der Suche nach einem analytischen Modell. *International Review of Applied Linguistics, 9*, S. 131–145.

Preis, K. (1993). No homework? *Practical English Teaching, 13*, S. 11.

Puchta, H. & Schratz, M. (1984). *Handelndes Lernen im Englischunterricht* (3 Bde.). München: Hueber.

Quasthoff, U. & Hartmann, D. (1982). Bedeutungserklärungen als empirischer Zugang zu Wortbedeutungen. Zur Entscheidbarkeit zwischen holistischen und komponentiellen Bedeutungskonzeptionen. *Deutsche Sprache, 2*, S. 97–118.

Raasch, A., Bludau, M. & Zapp, F. J. (1988). *Aspekte des Lernens und Lehrens von Fremdsprachen.* Frankfurt/M.: Diesterweg.

Radtke, F.-O. (1995). Interkulturelle Erziehung. Über die Gefahren eines pädagogisch halbierten Anti-Rassismus. *Zeitschrift für Pädagogik, 41*, S. 853–864.

Rampillon, U. (1989). *Lerntechniken im Fremdsprachenunterricht* (2. Aufl.). München: Hueber (1. Aufl. 1985).

Rampillon, U. (1990). *English Beyond the Classroom. Unterrichtsvorschläge und Materialien zur Förderung der interkulturellen Gesprächsfertigkeit im Englischunterricht.* Bochum: Kamp.

Rampillon, U. (1991). Zur Gestaltung von Selbstlerngrammatiken und ihre Bedeutung für das Fremdsprachenlernen in der Sekundarstufe I. *Fremdsprachen Lehren und Lernen, 20*, S. 224–230.

Rampillon, U. (1995a). Grammatiklernen durch weniger Unterrichten: selbstverantwortetes Lernen. *Der Fremdsprachliche Unterricht / Englisch, 29*(3), Heft 19, S. 53–58.

Rampillon, U. (1995b). Das Lernen des Lernens fremder Sprachen: Die Vokabelkartei. *Der Fremdsprachliche Unterricht / Englisch, 29*(1), Heft 17, Beilage, S. 1–4.

Rampillon, U. (1995c). Lerntechniken. In: Bausch, Christ & Krumm (1995), S. 261–263.

Rampillon, U. (1996). *Lerntechniken im Fremdsprachenunterricht – Handbuch.* Ismaning: Hueber.

Rampillon, U. (1997). Offenes Fremdsprachenlernen in der Lernwerkstatt. *Der Fremdsprachliche Unterricht / Englisch, 31*(2), Heft 26, S. 46–47.

Rampillon, U. & Reisener, H. (Hrsg.) (1992). *Aspekte der Textarbeit* [Themenheft]. *Der Fremdsprachliche Unterricht / Englisch, 26*(1), Heft 5.

Rampillon, U. & Reisener, H. (Hrsg.) (1993). *Kreativität im Unterricht* [Themenheft]. *Der Fremdsprachliche Unterricht / Englisch, 27*(2), Heft 10.

Rampillon, U. & Reisener, H. (1995). Words – words – words. *Der Fremdsprachliche Unterricht / Englisch, 29*(1), Heft 17, S. 4–9 und 25–40.

Rampillon, U. & Reisener, H. (Hrsg.) (1996). *Workshop: Writing* [Themenheft]. *Der Fremdsprachliche Unterricht / Englisch, 30*(3), Heft 23.

Rampillon, U. & Zimmermann, G. (Hrsg.) (1997). *Strategien und Techniken beim Erwerb fremder Sprachen*. Ismaning: Hueber.

Raths, A. (1994). Paßt Ihnen diese Brille? – Zum Bild von Frauen und Männern in neueren Lehrwerken für Deutsch als Fremdsprache. *Zielsprache Deutsch, 25*, S. 222–230.

Rattunde, E. (1982.) Sprachlern- und Spracherwerbsphasen im Fremdsprachenunterricht. *Die Neueren Sprachen, 81*, S. 611624.

Rattunde, E. (1995). Offene Lerneinheiten im Französischunterricht – Materialien und Möglichkeiten. *Die Neueren Sprachen, 94*, S. 88–111.

Rautenhaus, H. (1978). *Der lernschwache Englischschüler*. Berlin: Cornelsen-Velhagen & Klasing.

Rees, N. (1993). *The politically correct phrasebook*. London: Bloomsbury.

Reetz, L. (1990). Zur Bedeutung der Schlüsselqualifikationen in der Berufsbildung. In: Reetz & Reitmann (1990), S. 16–25.

Reetz, L. & Reitmann, T. (Hrsg.) (1990). *Schlüsselqualifikationen. Dokumentation des Symposions in Hamburg „Schlüsselqualifikationen – Fachwissen in der Krise?"*. Hamburg: Feldhaus.

Reisener, H. (1991). Welches Lehrbuch soll es denn nun sein? *Fremdsprachenunterricht, 35/44*, S. 31–35.

Reisener, H. (1992). Wie lassen sich mündliche Leistungen bewerten? *Der Fremdsprachliche Unterricht / Englisch, 26*(4), Heft 8, S. 32–36.

Reisener, H. (1994). Vom Umgang mit Texten. *Der Fremdsprachliche Unterricht / Englisch, 28*(3), Heft 15, S. 4–12.

Richards, J. C. (1990). *Listen carefully*. Oxford: Oxford University Press.

Riedl, R. (1987). *Begriff und Welt. Biologische Grundlagen des Erkennens und Begreifens*. Berlin: Parey.

Ringon, B. (1989). *Tänk positivt. Del 1*. Falun: Larson.

Rinvolucri, M. (1984). *Grammar games. Cognitive, affective and drama activities for EFL students*. Cambridge: Cambridge University Press.

Ritter, H. & Kohonen, T. (1989). Self-organizing semantic maps. *Biological Cybernetics, 61*, S. 241–254.

Ritter, J. (Hrsg.) (1971). *Historisches Wörterbuch der Philosophie, Bd. 1*. Basel, Stuttgart: Schwabe.

Ritter, M. (1995). *Computer und handlungsorientierter Unterricht. Zur allgemein- und fremdsprachendidaktischen Reichweite eines neuen Mediums*. Donauwörth: Auer.

Ritter, M. (1996). Neue Technologien: Chance für eine neue Schule und einen neuen Sprachunterricht? In: Rüschoff & Schmitz (1996), S. 39–48.

Rivers, W. M. (1972). Talking off the tops of their heads. *TESOL Quarterly, 6*, S. 71–81.

Rohrer, J. (1985). Lernpsychologische Aspekte der Wortschatzarbeit. *Die Neueren Sprachen, 84*, S. 595–612.

Rohrer, J. (1990). Gedächtnis und Sprachenlernen aus neuropädagogischer Sicht. *Der Fremdsprachliche Unterricht, 24*(4), Heft 102, S. 12–19.

Rosch, E. (1978). Principles of categorization. In: Rosch & Lloyd (1978), S. 27–48.

Rosch, E. & Lloyd, B. (Hrsg.) (1978). *Cognition and categorization*. Hillsdale, N.J.: Erlbaum.

Rosch, E. & Mervis, C. B. (1975). Family resemblances: Studies in the internal structure of categories. *Cognitive Psychology, 7*, S. 573–605.

Rost, M. (1990). *Listening in language learning*. London & New York: Longman.

Roth, H. (Hrsg.) (1969). *Begabung und Lernen*. Stuttgart: Klett.

Roth, H. (1976). *Pädagogische Anthropologie. Bd. II: Entwicklung und Erziehung* (4. Aufl.). Hannover u. a.: Schroedel (1. Aufl. 1971).

Roth, P. (1996). Gestion mentale – ein phänomenologischer Ansatz zum selbständigen Lernen. In: Schnaitmann (1996a), S. 130–166.

Rubin, J. (1987). Learner strategies: theoretical assumptions, research history and typology. In: Wenden & Rubin (1987), S. 15–30.

Rubin, J. & Thompson, J. (1982). *How to be a more successful language learner*. Boston: Heinle & Heinle.

Rülcker, T. (1969). *Der Neusprachenunterricht an höheren Schulen*. Frankfurt/M.: Diesterweg.

Rumelhart, D. E., McClelland, J. L. et al. (Hrsg.) (1986). *Parallel distributed processing. Explorations in the microstructure of cognition. Vol. II: Psychological and biological models*. Cambridge, Mass.: MIT Press.

Rumelhart, D. E. & McClelland, J. L. (1986). On learning the past tenses of English verbs. In: Rumelhart, McClelland et al. (1986), S. 216–271.

Rüschoff, B. (1995a). Technologiegestützte Lernsysteme und Datenbanken und Untersuchungen zu Spracherwerbs- und Sprachverstehensstrategien. *Die Neueren Sprachen, 94*, S. 555–568.

Rüschoff, B. (1995b). Technologiegestütztes Lernen und innovative Formen der Wortschatzarbeit. *Der Fremdsprachliche Unterricht / Englisch, 29*(1), Heft 17, S. 49–52.

Rüschoff, B. & Schmitz, U. (Hrsg.) (1996). *Kommunikation und Lernen mit alten und neuen Medien*. Frankfurt/M.: Lang.

Samuels, S. J. & Kamil, M. L. (1988). Models of the reading process. In: Carrell, Devine & Eskey (1988), S. 22–36.

Sarter, H. (1997). *Fremdsprachen in der Grundschule*. Darmstadt: Wissenschaftliche Buchgesellschaft.

Sattler, G. (1981). *Englischunterricht im FEGA-Modell*. Stuttgart: Klett-Cotta.

Sauer, H. (1971). Sequentialität als Ursache für Minderleistungen im Fremdsprachenunterricht. *Neusprachliche Mitteilungen aus Wissenschaft und Praxis, 24*, S. 133–143.

Sauer, H. (1985). Sequentialität und Erfolg im Fremdsprachenunterricht. *Praxis des neusprachlichen Unterrichts, 32*, S. 282–291.

Schanz-Hering, B. & Hering, W. (1990). *Jump down, turn around. Action songs for English* (Buch und Toncassette). Berlin: Cornelsen.

Schenke, P. (1992). *Die Rezeptionsperspektive des Schülers als Zugang zu literarischen Texten im Englischunterricht der Sekundarstufe II. Ein empirisches Forschungsprojekt*. Diss. Universität Hamburg (Typoskript).

Scherfer, P. (1994). Überlegungen zu einer Theorie des Vokabellernens und -lehrens. In: Börner & Vogel (1994), S. 185–215.

Scherfer, P. (1995). Zu einigen Aspekten der Erforschung des mentalen Lexikons von Fremdsprachenlernern. In: Bausch, Christ, Königs & Krumm (1995), S. 165–173.

Schier, J. (1989). *Schülerorientierung als Leitprinzip des fremdsprachlichen Literaturunterrichts*. Frankfurt/M.: Lang.

Schier, J. (1990). Lesen und Verstehen im Fremdsprachenunterricht. *Neusprachliche Mitteilungen aus Wissenschaft und Praxis, 43*, S. 149–161.

Schiffler, L. (1989). *Suggestopädie und Superlearning – empirisch geprüft*. Frankfurt/M.: Diesterweg.

Schinschke, A. (1995). *Literarische Texte im interkulturellen Lernprozeß. Zur Verbindung von Literatur und Landeskunde im Fremdsprachenunterricht Französisch*. Tübingen: Narr.

Schlemminger, G. (1996). Freinet-Pädagogik – (auch) ein Ansatz für den Fremdsprachenunterricht? *Fremdsprachen Lehren und Lernen, 25*, S. 87–105.

Schmid-Schönbein, G. (1988). *Für Englisch unbegabt? Förderstrategien bei versagenden Englischschülern – Ergebnisse empirischer Untersuchungen*. Bochum: AKS-Verlag.

Schmid-Schönbein, G., Goetz, H. & Hoffknecht, V. (1994). „Mehr oder anders" – Konzepte, Modelle und Probleme des Bilingualen Unterrichts. *Der Fremdsprachliche Unterricht/ Englisch, 28*(1), Heft 13, S. 6–11.

Schmidt, R. (1994a). Deconstructing consciousness in search of useful definitions for applied linguistics. In: Hulstijn & Schmidt (1994), S. 11–26.

Schmidt, R. (1994b). Implicit learning and the cognitive unconscious: of artificial grammars and SLA. In: Ellis, N. C. (1994), S. 165–209.

Schmidt, S. J. (1973). *Texttheorie*. München: Fink.

Schmidt, S. J. (Hrsg.). (1992). *Kognition und Gesellschaft. Der Diskurs des Radikalen Konstruktivismus 2*. Frankfurt/M.: Suhrkamp.

Schmidt, S. J. (Hrsg.) (1994). *Der Diskurs des Radikalen Konstruktivismus* (6. Aufl.). Frankfurt/M.: Suhrkamp (1. Aufl. 1987).

Schnädter, H. (1991). Der Fehlerindex – ein zuverlässiger Bewertungsfaktor für fremdsprachliche Arbeiten? – Zur Korrekturpraxis im Französischen. *Die Neueren Sprachen, 90*, S. 636–652.

Schnaitmann, G. W. (Hrsg.) (1996a). *Theorie und Praxis der Unterrichtsforschung. Methodologische und praktische Ansätze zur Erforschung von Lernprozessen*. Donauwörth: Auer.

Schnaitmann, G. W. (1996b). Analyse subjektiver Lernkonzepte: Methodologische Überlegungen bei der Erforschung von Lernstrategien. In: Treumann, Neubauer, Möller & Abel (1996), S. 130–144.

Schocker-Ditfurth, M. (1996). *Learning to listen. Authentic texts and learner-centred tasks*. Berlin: Cornelsen.

Schouten-van Parreren, C. (1990). Wider das Vergessen. *Fremdsprache Deutsch, 3*, S. 12–16.

Schratz, M. (Hrsg.) (1984). *Englischunterricht im Gespräch. Probleme und Praxishilfen*. Bochum: Kamp.

Schröder, G. (1988). Text und Film im Fremdsprachenunterricht. In: Paech (1988), S. 213–223.

Schröder, K. (1984). *Wilhelm Viëtor: „Der Sprachunterricht muß umkehren"*. München: Hueber.

Schröder, K. (1994). Multi-kulti. *Neusprachliche Mitteilungen aus Wissenschaft und Praxis, 47*, S. 72–73.

Schuhbeck, R. Baron (in Vorbereitung). *Intercultural learning and the foreign language classroom: Training teachers and writing textbooks for an International Agenda in Germany*. Diss. Universität München.

Schwerdtfeger, I. C. (1993). Fremdsprachenlehren, Fremdsprachenlernen und Medien – immer noch eine Rechnung mit drei Unbekannten? In: Gienow & Hellwig (1993), S. 15–26.

Schwerdtfeger, I. C. (1994). Zum dialektischen Verhältnis des Fremden und Eigenen – Übungsformen und Wirkungen von Medien im Fremdsprachenunterricht. In: Gienow & Hellwig (1994), S. 28–42.

Sciarone, A. G. & Meijer, P. J. (1995). Does practice make perfect? On the effect of exercises on second/foreign language acquisition, *Review of Applied Linguistics*, 107/108, S. 35–57.

Scovel, Th. (1988). *A time to speak. A psycholinguistic inquiry into the critical period for human speech*. Rowley, Mass.: Newbury House.

Seelye, H. N. (1984). *Teaching culture: Strategies for intercultural communication*. Lincoln-wood, Ill.: National Textbook Company.

Segermann, K. (1992). *Typologie des fremdsprachlichen Übens*. Bochum: Brockmeyer.

Seidel, B. (1989). *Wörter im Sprachbewußtsein: Sprachkunde in der Sekundarstufe I*. Hannover: Schroedel.

Seiler, Th. B. (Hrsg.) (1983). *Concept development and the development of word meaning*. Berlin: Springer.

Sekretariat der Ständigen Konferenz der Kultusminister der Länder in der Bundesrepublik Deutschland (1987). Resolution III über die Arbeiten des Rates für kulturelle Zusammenarbeit des Europarates. *Mitteilungen und Informationen des Sekretariats der KMK*, 4/1987, S. 21–24.

Selinker, L. (1972). Interlanguage. *International Review of Applied Linguistics, 10*, S. 209–231.

Selinker, L. (1992). *Rediscovering interlanguage*. London: Longman.

Sexton, M. & Williams, P. (1984). *Communicative activities for advanced students of English: A typology*. München: Langenscheidt-Longman.

Sheils, J. (1988). *Communication in the modern languages classroom*. Strasbourg: Council of Europe.

Shirts, R. G. (1969). *Starpower. Simile II*. Bedford: Management Games.

Siebert, H. (1996). *Über die Nutzlosigkeit von Belehrungen und Bekehrungen. Beiträge zur konstruktivistischen Pädagogik* (hg. vom Landesinstitut für Schule und Weiterbildung, Soest). Bönen: Kettler.

Simons, P. R. J. (1992). Lernen, selbständig zu lernen – ein Rahmenmodell. In: Mandl & Friedrich (1992), S. 251–264.

Singer, W. (1988). Wie unser Gehirn sehen lernt – Angeborenes und Erworbenes. In: *Max-Planck-Gesellschaft. Jahrbuch 1988*. Göttingen: Vandenhoeck, S. 58–67.

Singer, W. (1989). Zur Selbstorganisation kognitiver Strukturen. In: Pöppel (1989), S. 45–59.

Singer, W. (1990). Ontogenetic self-organization and learning. In: McGaugh, Weinberger & Lynch (1990), S. 211–233.

Singleton, D. M. & Little, D. G. (Hrsg.) (1984). *Language learning in formal and informal contexts*. Dublin: IRAAL.

Skehan, P. (1996). A framework for the implementation of task-based instruction. *Applied Linguistics, 17*, S. 38–62.

Skutnabb-Kangas, T. (1981). *Bilingualism or not. The education of minorities*. Clevedon: Multilingual Matters.

Snell-Hornby, M. (Hrsg.) (1986). *Übersetzungswissenschaft. Eine Neuorientierung*. Tübingen: Francke.

Snow, C. (1972). Mothers' speech to children learning language. *Child Development, 43*, S. 549–565.

Sokolowski, K. (1993). *Emotion und volition*. Göttingen: Hogrefe.

Speight, S. (1995). Konversationsübungen. In: Bausch, Christ & Krumm (1995), S. 252–255.

Spies, K. & Hesse, F. W. (1986). Interaktion von Emotion und Kognition. *Psychologische Rundschau, 37*, S. 75–90.

Spratt, M. (1989). *Tuning in. London*: Longman.

Staatliches Institut für Lehrerfort- und Weiterbildung Rheinland-Pfalz (1995). *Entwicklung und Erprobung eines didaktischen Konzeptes zur Fremdsprachenarbeit in der Grundschule – Abschlussbericht*. Speyer (Selbstverlag).

Starkebaum, K. (1992). Freiarbeit und Grammatik. *Der Fremdsprachliche Unterricht / Englisch, 26*(2), Heft 6, S. 9–15.

Steinmann, T. (1985). *Re-creating literary texts. Arbeitsbuch Literatur*. München: Hueber.

Stemmer, B. (1991). *What's on a C-test taker's mind? Mental processes in C-test taking*. Bochum: Brockmeyer.

Stern, H. H. (1984). Review and discussion. In: Brumfit (1984), S. 6–12.

Stevick, E. W. (1976). *Memory, meaning and method*. Rowley, Mass.: Newbury House.

Stiefenhöfer, H. (1986). *Lesen als Handlung: Didaktisch-methodische Überlegungen und unterrichtspraktische Versuche zur fremdsprachlichen Lesefähigkeit*. Weinheim: Beltz.

Stiller, H. (1990). Texte und ihre Verfilmungen: Vorteile einer Medienkombination für das textverarbeitende Lerngespräch im fortgeschrittenen Englischunterricht. *Der Fremdsprachliche Untericht, 24*(1), Heft 99, S. 4–9.

Strohner, H. (1995). *Kognitive Systeme*. Opladen: Westdeutscher Verlag.

Stührmann, R. (1997). Grammar is fun, isn't it? *Englisch, 32*, S. 85–86.

Sturm, B. (1983). Differenzierende Hausaufgaben. *Praxis des neusprachlichen Unterrichts, 30*, S. 170–171.

Susteck, H. (1990). Die Übung in der Schule. *Pädagogische Welt, 44*, S. 321–325.

Svartvik, J. & Quirk, R. (Hrsg.) (1980). *A corpus of English conversation*. Lund: Gleerup.

Swain, M. (1985). Communicative competence: Some roles of comprehensible input and comprehensible output in its development. In: Gass & Madden (1985), S. 235–253.

Terrell, T. (1977). A natural approach to second language acquisition and learning. *Modern Language Journal, 61*, S. 325–336.

Thiel, W. (1984). Wir haben die Schmetterlinge im Bauch gespürt. Was Schüler und Lehrer bei der Verfilmung des Airport-Projektes wahrnahmen. In: Schratz (1984), S. 135–147.

Thomas, J. (1983). Cross-cultural pragmatic failure. *Applied Linguistics, 4*, S. 91–112.

Tillmann, K.-J. (1995a). Vorwort. In: Hessisches Institut für Bildungsplanung und Schulentwicklung (HIBS) (1995), S. 1–2.

Tillmann, K.-J. (1995b). Lehrpläne und alltägliches Lehrerhandeln: Das Forschungskonzept. In: Hessisches Institut für Bildungsplanung und Schulentwicklung (HIBS) (1995), S. 3–15.

Tillyard, E. M. W. (1978). *The Elizabethan world picture*. Harmondsworth: Penguin.

Timm, J.-P. (1982). Wh-Fragen im Englischunterricht: Eine Untersuchung zur Effizienz von operationellen Regeln als Mittel für eine lernerbezogene Bewußtmachung. In: Gnutzmann et al. (1982), S. 91–107.

Timm, J.-P. (1991). Englischunterricht zwischen Handlungsorientierung und didaktischer Steuerung. *Die Neueren Sprachen, 90*, S. 46–65 und 559–563.

Timm, J.-P. (1992). Fehler und Fehlerkorrektur im kommunikativen Englischunterricht. *Der Fremdsprachliche Unterricht / Englisch, 26*(4), Heft 8, S. 4–10.

Timm, J.-P. (Hrsg.) (1995a). *Workshop: Grammar* [Themenheft]. *Der Fremdsprachliche Unterricht / Englisch, 29*(3), Heft 19.

Timm, J.-P. (Hrsg.) (1995b). *Ganzheitlicher Fremdsprachenunterricht*. Weinheim: Deutscher Studien Verlag.

Timm, J.-P. (1995c). Die „Fuzziness" der Sprache als Begründung für einen ganzheitlich-funktionalen, erfahrungsorientierten Grammatikunterricht. In: Timm (1995b), S. 120–148.

Timm, J.-P. (1995d). Dem „Sprachgefühl" auf der Spur: Fuzzy Sets in der englischen Grammatik. In: Bredella (1995a), S. 225–235.

Timm, J.-P. (1996a). Fehlerkorrektur zwischen Handlungsorientierung und didaktischer Steuerung. In: Bach & Timm (1996a), S. 167–191.

Timm, J.-P. (1996b). Neue Perspektiven: Konsequente Schülerorientierung. In: Bach & Timm (1996a), S. 268–284.

Timm, J.-P. & Vollmer, H. J. (Hrsg.) (1993). *Kontroversen in der Fremdsprachenforschung. Dokumentation des 14. Kongresses für Fremdsprachendidaktik.* Bochum: Brockmeyer.

Tinkham, Th. (1993). The effect of semantic clustering on the learning of second language vocabulary. *System, 21,* S. 371–380.

Tomalin, B. & Stempleski, S. (1993). *Cultural awareness.* Oxford: Oxford University Press.

Tomatis, A. A. (1992). *Der Klang des Lebens. Vorgeburtliche Kommunikation – die Anfänge der seelischen Entwicklung.* Reinbek: Rowohlt.

Tomiyana, M. (1980). Grammatical errors and communication breakdown. *TESOL Quarterly, 14,* S. 71–79.

Tönshoff, W. (1990). *Bewußtmachung – Zeitverschwendung oder Lernhilfe? Ausgewählte Aspekte sprachbezogener Kognitivierung im Fremdsprachenunterricht.* Bochum: Brockmeyer.

Tönshoff, W. (1992). *Kognitivierende Verfahren im Fremdsprachenunterricht: Formen und Funktion.* Hamburg: Kovac.

Tönshoff, W. (1995). Entscheidungsfelder der sprachbezogenen Kognitivierung. In: Gnutzmann & Königs (1995), S. 225–246.

Treumann, K.-P., Neubauer, G., Möller, R. & Abel, J. (Hrsg.) (1996). *Methoden und Anwendungen empirischer pädagogischer Forschung.* Münster, New York: Waxmann.

Underhill, N. (1988). *Testing spoken language: a handbook of oral testing techniques.* Cambridge: Cambridge University Press.

Unruh, Th. (1993). *Video: Offener Englischunterricht – so geht's.* Stuttgart: Klett.

Ur, P. (1981). *Discussions that work. Task-centred fluency practice.* Cambridge: Cambridge University Press.

Ur, P. (1984). *Teaching listening comprehension.* Cambridge: Cambridge University Press.

Ur, P. (1988). *Grammar practice activities.* Cambridge: Cambridge University Press.

Ur, P. (1992). *Five-minute activities. A resource book of short activities.* Cambridge: Cambridge University Press.

Valette, R. (1967). *Modern language testing.* New York: Harcourt, Brace & World.

Vallance, E. (1991). Hidden curriculum. In: Lewy (1991), S. 40–42.

VanPatten, B. (1991/1992). Second-language acquisition research and foreign language teaching. *ADFL (Association of Departments of Foreign Languages) Bulletin,* Part 1: 23(1), S. 52–56; Part 2: 23(3), S. 23–27.

Veith, I. (1995). *Einsatz unterschiedlicher Medientexte zur Ausbildung produktiver Sprachhandlungskomponenten im Englischunterricht der Klasse 6.* Hausarbeit Universität Potsdam.

Vermeer, H. J. (1986). Übersetzen als kultureller Transfer. In: Snell-Hornby (1986), S. 30–53.

Vester, F. (1996). *Denken, Lernen, Vergessen* (23. Aufl.). München: dtv (1. Aufl. 1978).

Vettel, F. (1988). *Wordmaster A 1/2. English G.* Berlin: Cornelsen.

Vickers, B. (1993). *Appropriating Shakespeare. Contemporary critical quarrels*. New Haven, London: Yale University Press.

Vielau, A. (1983). Probleme der grammatischen Bewußtmachung im kommunikativen Englischunterricht. *Englisch Amerikanische Studien, 5*, S. 6–18.

Viëtor, W. (1905). *Der Sprachunterricht muß umkehren! Ein Beitrag zur Überbürdungsfrage von Quousque tandem* (3. Aufl.). Heilbronn: Salzer (1. Aufl. 1882); Wiederabdruck in K. Schröder (1984), S. 53–86.

Vogel, K. (1990). *Lernersprache. Linguistische und psychologische Grundfragen zu ihrer Erforschung*. Tübingen: Narr.

Vogel, K. (1993). Input und Fremdsprachenerwerb. Psycholinguistische Überlegungen zu Rolle und Funktion des sprachlichen Inputs beim Lernen und Verstehen einer Fremdsprache. *Neusprachliche Mitteilungen aus Wissenschaft und Praxis, 46*, S. 151–162.

Vogt, G. & Quetz, J. (1992). Hausaufgaben oder Hilfe beim Lernen zu Hause? *Zielsprache Englisch, 22*, S. 39–42.

Vollmer, H. J. (1979). Sprachliches Handeln als Simulation gruppeneigener Handlungssituationen. *Gulliver. Deutsch-Englische Jahrbücher, 5*, S. 100–105.

Vollmer, H. J. (1994). Interkulturelles Lernen – interkulturelles Kommunizieren: Vom Wissen zum sprachlichen Handeln. In: Bausch, Christ & Krumm (1994), S. 172–185.

Vollmer, H. J. (1995a). Diskurslernen und Kommunikationsfähigkeit. Der Beitrag der Pragmalinguistik und der Diskursanalyse zu einem erweiterten Sprachlernkonzept. In: Bredella (1995a), S. 104–127.

Vollmer, H. J. (1995b). Leistungsmessung: Überblick. In: Bausch, Christ & Krumm (1995), S. 273–277.

Vollmer, H. J. (1997a). Strategien der Verständnis- und Verstehenssicherung in interkultureller Kommunikation: Der Beitrag des Hörers. In: Rampillon & Zimmermann (1997), S. 216–269.

Vollmer, H. J. (1997b). Fremdsprachendidaktik im Aufbruch: Zwischen Selbstverständnis und Fremdverstehen. In: Gogolin, Krüger-Potratz & Meyer (1997), S. 213–234.

Vollstädt, W. (1995). Wie sehen Lehrerinnen und Lehrer die Probleme ihres Faches? Ergebnisse von Gruppendiskussionen in Fachkonferenzen. In: Hessisches Institut für Bildungsplanung und Schulentwicklung (HIBS) (1995), S. 119–147.

Vygotsky, L. S. (Hrsg.) (1962a). *Thought and language*. Cambridge, Mass.: M.I.T Press.

Vygotsky, L. S. (1962b). The genetic roots of thought and speech. In: Vygotsky (1962a), S. 41–51.

Wall, D. & Alderson, J. C. (1996). Examining washback: the Sri Lankan impact study. In: Cumming & Berwick (1996), S. 194–221.

Walter, G. (1979). *Englisch für Hauptschüler*. Königstein/Ts.: Scriptor.

Wardaugh, R. (1986). *An introduction to sociolinguistics*. Oxford: Basil Blackwell.

Watcyn-Jones, P. (1981). *Pair work. Activities for effective communication. Vol. 1: Student A; Vol. 2: Student B*. London: Penguin.

Watzlawick, P. (Hrsg.) (1995). *Die erfundene Wirklichkeit. Wie wissen wir, was wir zu wissen glauben? Beiträge zum Konstruktivismus* (9. Aufl.). München, Zürich: Piper (1. Aufl. 1985).

Watzlawick, P., Beavin, J. H. & Jackson, D. D. (1996). *Menschliche Kommunikation. Formen, Störungen, Paradoxien* (9. Aufl.). Bern: Huber (1. Aufl. 1969).

Weber, H. (Hrsg.) (1979a). *Aufforderungen zum literaturdidaktischen Dialog. Kolloquium zum englischen Literaturunterricht*. Paderborn: Schöningh.

Weber, H. (Hrsg.) (1979b). Literaturunterricht als Fremdsprachenunterricht. In: Weber (1979a), S. 112–128

Weimann, R. (1974). *Literaturgeschichte und Mythologie*. Berlin, Weimar: Aufbau.

Weinert, R. (1987). Processes in classroom second language development: the acquisition of negation in German. In: R. Ellis (1987), S. 83–99.

Weinrich, H. (1994). *Tempus. Besprochene und erzählte Welt* (5. Aufl.). Stuttgart: Kohlhammer (1. Aufl. 1964).

Weir, C. J. (1988). *Communicative language testing*. Exeter: University of Exeter.

Wells, G. (1981). *Learning through interaction. The study of language development. Language at home and at school, vol. 1*. Cambridge: Cambridge University Press.

Weltner, K. (1992). Über das Lernen von Lernstrategien. In: Nold (1992), S. 125–150.

Wenden, A. (1991). *Learner strategies for learner autonomy*. New York: Prentice Hall.

Wenden, A. & Rubin, J. (Hrsg.) (1987). *Learner strategies in language learning*. Englewood Cliffs, N. J.: Prentice Hall.

Wendt, M. (1996). *Konstruktivistische Fremdsprachendidaktik. Lerner- und handlungsorientierter Fremdsprachenunterricht aus neuer Sicht*. Tübingen: Narr.

Wendt, M. & Zydatiß, W. (Hrsg.) (1997). *Fremdsprachliches Handeln im Spannungsfeld von Prozeß und Inhalt. Dokumentation des 16. Kongresses für Fremdsprachendidaktik*. Bochum: Brockmeyer.

Werlich, E. (1986). *Praktische Methodik des Fremdsprachenunterrichts mit authentischen Texten*. Berlin: Cornelsen-Velhagen & Klasing.

Wernsing, A. V. (1995). *Kreativität im Französischunterricht*. Berlin: Cornelsen.

Weskamp, R. (1992). Schülerorientierter Grammatikunterricht. Die Vermittlung der indirekten Rede im Englischen mit Hilfe eines grammatischen Instruktionstextes. *Der Fremdsprachliche Unterricht / Englisch, 26*(2), Heft 6, S. 16–20.

Westbury, I. (1991). Textbooks. In: Lewy (1991), S. 74–77.

Whorf, B. L. (1978). Language, mind, and reality. In: Carroll (1978), S. 246–270.

Wicke, R. (1995). *Kontakte knüpfen*. München: Langenscheidt-Longman.

Widdowson, H. G. (1990). *Aspects of language teaching*. Oxford: Oxford University Press.

Williams, E. (1984). *Reading in the language classroom*. London: Macmillan.

Williams, R. (1993). Culture is ordinary. Wiederabdruck in: Gray & McGuigan (1993), S. 5–14.

Willing, K. (1989). *Teaching how to learn. Learning strategies in ESL*. Sydney: National Centre for English Language Teaching and Research.

Winitz, H. (Hrsg.) (1981). *Native language and foreign language acquisition*. New York: New York Academy of Sciences.

Winkler, N. (1994). *Bilinguale Zweige im Kontext des Zweitsprachenlernens an deutschen Schulen*. Hausarbeit Gerhard-Mercator-Universität Duisburg.

Winnefeld, F. (1971). *Pädagogischer Kontakt und pädagogisches Feld. Beiträge zur Pädagogischen Psychologie* (5. Aufl.). München, Basel: Ernst Reinhardt (1. Aufl. 1957).

Wintgens, H.-H. (1979). Kreativität im Literaturunterricht durch kreative Methoden. *Neue Unterrichtspraxis, 12*(4), S. 229–233.

Wißner-Kurzawa, E. (1987). Lernverhalten und Instruktionsoptimierung im Bereich grammatischer Regeltexte. *Praxis des neusprachlichen Unterrichts, 34*, S. 18–27.

Wode, H. (1979). *Learning a second language. An integrated view of language acquisition*. Tübingen: Narr.

Wode, H. (1988). *Einführung in die Psycholinguistik.* Ismaning: Hueber.

Wode, H. (1995). *Lernen in der Fremdsprache – Grundzüge von Immersion und bilingualem Unterricht.* Ismaning: Hueber.

Wolff, D. (1983). Überlegungen zum Hörverstehen im Fremdsprachenunterricht. *Die Neueren Sprachen, 82,* S. 282–297.

Wolff, D. (1990). Zur Bedeutung des prozeduralen Wissens bei Verstehens- und Lernprozessen im schulischen Fremdsprachenunterricht. *Die Neueren Sprachen, 89,* S. 610–625.

Wolff, D. (1992). Lern- und Arbeitstechniken für den Fremdsprachenunterricht: Versuch einer theoretischen Fundierung. In: Multhaup & Wolff (1992a), S. 101–120.

Wolff, D. (1993). Der Beitrag der kognitiv orientierten Psycholinguistik zur Erklärung der Sprach- und Wissensverarbeitung. In: Gienow & Hellwig (1993), S. 27–41.

Wolff, D. (1994a) . Der Konstruktivismus: Ein neues Paradigma in der Fremdsprachendidaktik? *Die Neueren Sprachen, 93,* S. 407–429.

Wolff, D. (1994b). Lehrbuchtexte und Verstehensprozesse in einer zweiten Sprache. *Neusprachliche Mitteilungen aus Wissenschaft und Praxis, 47,* S. 4–11.

Wolff, D. (1995a). Lern- und Arbeitstechniken: Randgebiet oder neuer Mittelpunkt des Fremdsprachenunterrichts? *Finlance, 15,* S. 267–295.

Wolff, D. (1995b). Angewandte Psycholinguistik und zweitsprachliches Verstehen. In: Bredella (1995a), S. 67–86.

Wolff, D. (1995c). Zur Rolle des Sprachwissens beim Spracherwerb. In: Gnutzmann & Königs (1995), S. 201–224.

Wolff, D. (1996a). Kognitionspsychologische Grundlagen neuer Ansätze in der Fremdsprachendidaktik. *Info DaF, 23*(5), S. 541–560.

Wolff, D. (1996b). Möglichkeiten des Computereinsatzes beim fremdsprachlichen Lernen mit Texten. In: Börner & Vogel (1996a), S. 48–66.

Wolff, D. (1997). Strategien des Textverstehens: Was wissen Fremdsprachenlerner über den eigenen Verstehensprozeß? In: Rampillon & Zimmermann (1997), S. 270–289.

Wolff, D. & Krechel, H.-L. (1997). Lehrerausbildung für bilingualen Unterricht – Das Studienangebot „Bilingualer Unterricht" an der Bergischen Universität – Gesamthochschule Wuppertal. In: Wendt & Zydatiß (1997), S. 268–272.

Wong-Fillmore, L. (1976). *The second time around: cognitive and social strategies in second language acquisition.* Diss. Stanford University.

Wright, A. (1987). *How to communicate successfully.* Cambridge: Cambridge University Press.

Wright, A. (1989). *Pictures for language learning.* Cambridge: Cambridge University Press.

Wright, A. (1995). *Storytelling with children.* Oxford: Oxford University Press.

Wright, A., Betteridge, D. & Buckby, M. (1984). *Games for language learning. New edition.* Cambridge: Cambridge University Press.

Wulf, H. (1978) "They can die." – "Very good." Zur Sprache des Lehrers im modernen Fremdsprachenunterricht. *Praxis des neusprachlichen Unterrichts, 25,* S. 364–372.

Xiaolong Li (1988). Effects of contextual cues on inferring and remembering meanings of new words. *Applied Linguistics, 9,* S. 402–413.

Zajonc, R. B. (1984). On the primacy of affect. *American Psychologist, 39,* S. 117–123.

Zajonc, R. B., Pietromonaco, P. & Bargh, J. (1982). Independence and interaction of affect and cognition. In: Clark & Fiske (1982), S. 211–229.

Ziegésar, D. & M. von (1981). *Kommunikative Grammatikübungen für den Englischunterricht – Sekundarstufe I.* Stuttgart: Klett.

Ziegésar, D. & M. von (1992). *Einführung von Grammatik im Englischunterricht.* München: Ehrenwirth.

Ziegésar, D. & M. von (1995). Einführung von Grammatik im Englischunterricht. *Der Fremdsprachliche Unterricht / Englisch, 29*(3), Heft 19, S. 24–29.

Zielinski, W. (1995). *Lernschwierigkeiten* (2. Aufl.). Stuttgart: Kohlhammer (1. Aufl. 1980).

Zielke, W. (1983). *Schneller lesen, intensiver lesen, besser behalten.* Kempten: mgv.

Zimmer, H. D. (1988). Gedächtnispsychologische Aspekte des Lernens und Verarbeitens von Fremdsprache. *Info DaF, 15,* S. 149–163.

Zimmermann, G. (1969). Integrierungsphase und Transfer im neusprachlichen Unterricht. *Praxis des neusprachlichen Unterrichts, 16,* S. 245–260.

Zimmermann, G. (1977). *Grammatik im Fremdsprachenunterricht.* Frankfurt/M.: Diesterweg.

Zimmermann, G. (1984). *Erkundungen zur Praxis des Grammatikunterrichts.* Frankfurt/M.: Diesterweg.

Zimmermann, G. (1985). Verstehensregel und Monitorregel. Zum lehrtheoretischen Status der Signalgrammatik. *Praxis des neusprachlichen Unterrichts, 32,* S. 292–296.

Zimmermann, G. (1988). Lehrphasenmodell für den fremdsprachlichen Grammatikunterricht. In: Dahl & Weis (1988), S. 160–177.

Zimmermann, G. (1991a). Warum ist Grammatik „trocken"? Untersuchungen zu Lernerkognitionen im Fremdsprachenunterricht. In: Grebing (1991), S. 150–163.

Zimmermann, G. (1991b). Strategien und Strategiendefizite beim Lernen mit Instruktionstexten. *Fremdsprachen Lehren und Lernen, 20,* S. 195–210.

Zimmermann, G. (1992). Zur Funktion von Vorwissen und Strategien beim Lernen mit Instruktionstexten. *Zeitschrift für Fremdsprachenforschung, 3*(2), S. 57–79.

Zimmermann, G. (1995a). Einstellungen zu Grammatik und Grammatikunterricht. In: Gnutzmann & Königs (1995), S. 181–200.

Zimmermann, G. (1995b). Das sprachliche Curriculum. In: Bausch, Christ & Krumm (1995), S. 135–142.

Zimmermann, G. (1997). Anmerkungen zum Strategienkonzept. In: Rampillon & Zimmermann (1997), S. 95–113.

Zimmermann, G. & Wißner-Kurzawa, E. (1985). *Grammatik lehren – lernen – selbstlernen. Zur Optimierung grammatischer Texte im Fremdsprachenunterricht.* München: Hueber.

Zydatiß, W. (1995). Zwischen Strukturenverständnis und produktiver Textarbeit. Die Suche nach dem *missing link.* In: Gnutzmann & Königs (1995), S. 303–323.

Sachregister

Dieses Sachregister ist sehr ausführlich gehalten und enthält viele Querverweise. Damit können – insbesondere im Studium – thematische Schwerpunkte systematisch unter verschiedenen Aspekten erarbeitet werden. Dabei ist zu beachten, dass ein Begriff auf einer Seite durchaus mehrmals, auch in verschiedenen Kontexten, vorkommen kann. Gelegentlich verweist ein Begriff auch auf entsprechende Ausführungen, ohne dass der betreffende Begriff explizit genannt ist. Begriffe, die keinen eigenen Eintrag haben, sind unter dem entsprechenden Haupteintrag eingeordnet, z. B. „Leseverstehen" unter „Lesen" usw.